生态马克思主义经济学原理

（修订版）

SHENGTAI MAKESI ZHUYI
JINGJIXUE YUANLI

刘思华 著

人民出版社

修订版前言

《生态马克思主义经济学原理》一书，第一版问世于 2006 年，现在读到的是它的修订版。它最初源自 2002 年国家社会科学基金项目《马克思主义生态经济理论与当代中国生态经济思想史研究》的最终成果，全书 64 万字。本书出版后引起国内外学术界尤其是马克思主义经济学界的极大关注，故在法国巴黎荣获 2009 年首届世界政治经济学杰出成果奖。接着应土耳其卡努特（Canut）出版社之约，对全书进行压缩及合并删减了一些章节，形成 46 万字的土耳其文版中文稿。它的内容和观点没有作文字修改，只是就书中的笔误或错漏等作了校正，译成土耳其文稿，于 2013 年出版了土耳其文版 2 卷本共 760 页。这次修订虽然对土耳其文版中文稿中某些节、目的文字作了删减，但实际上是土耳其文版的中文版。当然，这次修订最大的变动是，既要保持第一版的原貌，又要体现与时俱进和创新理论的时代要求，就特意增加了附录"社会主义生态文明科学理论的若干基础理论问题"。这就是收录了生态文明的生态马克思主义经济学哲学研究的四篇论文，既反映了目前社会主义生态文明基础理论研究新的理论进展，又体现了生态马克思主义经济学研究新的理论建树。因此，特为其修订版前言忝列数语，以述心意。

一

世界生态马克思主义思想史表明：在 20 世纪 70 年代兴起的西方生态学马克思主义，是人类文明发展从工业文明（包括后工业文明）向生态文明创新转型的一种社会主义理论形态，体现了当代人类文明形态创新转型发展时代对马克思主义新的理论召唤。在 20 世纪 90 年代以前，马克思主义理论的生态转向，这个最伟大的壮举恐怕就是创建了马克思主义哲学发展的新形态，即生态学马克思主义哲学形态。正如我在本书第一版中所指出的："西方学者建立的生态学马克思主义，从总体上看，主要表现为生态学马克思主义哲学形态，这是西方尤其是北美马克思主义哲学家贡献于世界的新的马克思主义哲学形态，是当代马克思主义哲学发展具有原创性的马克思主义研究成果。"我们可以说，生态马克思主义哲学形态代表了西方马克思主义理论，甚至整个马克思主义理论发展的一个新的阶段。在此，我们也看到在这一时期，生态马克思主义研究的学术前沿，未能从马克思主义的整体性详细解读马克思、恩格斯的生态学与生态经济思想理论，未能从经济学形态的变革上实现马克思主义经济学理论的生态转向。这是 20 世纪 90 年代以后世界生态马克思主义研究的历史任务。

《中国延安干部学院学报》2012 年第 5 期发表的浙江大学段治文教授撰写的《马克思主义视阈下的生态社会主义理论新发展》一文中，阐释了生态社会主义理论最新成果对马克思主义经济学的理论贡献。该文明确指出："90 年代以来，以保罗·伯克特、约翰·福斯特、岩佐茂和刘思华为代表的生态社会主义学者通过生态视角对马克思主义的经济学著作进行解读，反思资本主义的生产目的、生产条件和生产方式，提出了许多值得探讨的重要命题，建立了自己的经济学理论体系。"2006 年《生态马克思主义经济学原理》出版之时，伯克特的《马克思主义与生态经济学——走向一种红绿政治经济学》一书在同年出版。该书的书题和全书内容阐述中都没有使用生态马克思主义经济学的新表述，但书中探讨的重要命题和基本观念，都属于生态马克思主义政治经济学基本理论问题研究，故本书仍是世界生态马克思主义经济学理论研究的代表作之一。2011 年美国《每月评论》第 63 卷第 4 期发表了福斯特的《生态马克思主义政治经济学——从自由资本主义到垄断阶段的发展》一文认同了生态马克思主义经济学的新命题。该文再次强调全球生态危机的根源在于资本主义的经济制度，明确指出一些学者提出构建"自然资本主义"或者"气候资本主义"（笔者称之为"生态资本主义"或者"绿色资本主义"）的观点是错误的。福斯特认为，"按照这种说法，资本主义制度就从环境的敌人变成了环境的救世主。"这些学术事实足以证明，2006年出版本书第一版在国内外首次提出的生态马克思主义经济学的新理念、新学说即马克思主义经济学形态，已经取得国内外生态马克思主义学者的认同，并使这一新的马克思主义经济学形态已经屹立于世界生态马克思主义和马克思主义经济学创新发展问题研究之林。

《生态马克思主义经济学原理》一书中，作为国内外首部生态马克思主义经济学的本真形态，在创新经济理论上有两个突出特点：一是以马克思主义整体性详细解读了马克思、恩格斯生态学和生态经济思想理论；二是从马克思主义三个组成部分之间的有机联系对马克思、恩格斯生态学和生态经济思想理论进行综合创新。因此，本书是从马克思、恩格斯生态经济学哲学与社会学之统一的独特理论视角，对马克思、恩格斯学说中蕴藏着丰富的生态学和生态经济意蕴进行追根溯源的全面发掘和梳理、科学总结和概括；还从更广阔的视野、更深的层次证明和拓展马克思、恩格斯生态学和生态经济思想理论，丰富创新发展马克思主义经济学的生态内涵和当代价值；并创造性理论分析和回答现时代人类生态经济社会实践中出现的文明形态和经济社会形态的生态变革、绿色创新转型发展问题，从而在经济学形态的生态转向上探讨、概括其生态马克思主义经济学本身特有的核心理念、基本范畴、主要原理和理论体系，基本形成马克思主义经济学发展的当代新形态，填补了生态马克思主义经济学形态的空白，成为当代中国和当今世界生态马克思主义和马克思主义经济学多学派发展的主要标志。

我曾经说过："任何学说与学派都是时代变迁的产物与标志，并服务于时代的发展。"因此，要以高度的生态马克思主义经济学理论自觉和理论自信，创立适应人类文明发展从工业文明向生态文明创新转型的社会主义经济理论形态，这是当今马克思主义学者的时代使命与历史责任。这一绿色使命与责任很自然地落在生活在社会主义文明世界中的中国马克思主义学者肩上。正是在这个意义上，我多次指出本书不仅是我个人长期研究马克思主义经济学和生态学与生态经济理论的结晶，而且吸取了同仁们的大量研究成果，尤其是在法国巴黎举行的世界政治经济学杰出成果颁奖仪式上的致谢词中还强调，这是"中国所有投身于马克思恩格斯生态学和生态经济理论的研究同仁们共同努力的结果"。正因如此，我在第一版后记中写道："本书是中国马克思主义经济学者和马克思主义研究者贡献于当今世界的新的马克思主义经济学形态，是当代中国马克思主义经济学发展一个具有原创性的马克思主义研究成果。"原国家教委副主任、中国生态经济学学会第三任理事长滕藤先生还认为：本书"是马克思主义经济科学前沿领域原创性的精品力作"。党的十八大报告说得好，"实践发展永无止境，认识真理永无止境，理论创新永无止境。"本书再版意在推动生态马克思主义经济学的创新理论研究和创新实践探索，"努力走向社会主义生态文明新时代"。

2014年4月8日，国家绿色发展战略研究课题组致函笔者工作单位告知："2013年春，刘先生把土耳其文本的中文稿送我组领导审阅，我组领导亲自敬呈习近平总书记，得到好评。"信函还明确指出："《生态马克思主义经济学原理》是填补世界生态马克思主义经济学空白的杰作，是生态马克思主义在经济学领域内取得的突破性理论创造，获得国内外马克思主义经济学界的公认。"事实上，本书的学术、社会影响不仅在学界和政界，而且还走进平民百姓的视野。2013年1月陕西省凤翔县城关镇马村的一位农民同志来信说："我是一个农民，非常喜欢马克思主义理论，特别是更加关注当代生态马克思主义的发展状况。据有关资料介绍，您所著的《生态马克思主义经济学原理》一书，在国际上颇有影响，我很想仔细拜读。"但因他所处县镇购不到本书，故求笔者寄他一本，并告知汇款办法。因我手头无书只好将现存的两本土耳其文版中文稿寄了一本给他。其后这位农民还回音致谢。修订版问世后，我首先要做的事，就是送书给习近平总书记和这位农民同志，这正是一个晚年的学术平民，还在谱写忠诚于党、忠诚于人民的马克思主义理论战士人生。

<h1 style="text-align:center">二</h1>

本书修订版同第一版最大不同之处，就是增加了附录"社会主义生态文明科学理论的若干基本理论问题"。应当说本议题的内容，在有关章节尤其是在修订版的第十一章和第十二章中修订和补充，是这次修订的重要任务。而这一任务的完成则是以收录对生态文明的生态马克思主义经济学哲学研究的四篇论文，把它单独成章以附录形式纳入本书理论体系之中，就其直接原因前面已述。现从理论、学说的真正价值在于探寻本源、发现真理的视角再作几点说明。

1. 生态马克思主义经济学的必然理论逻辑，是发现社会主义生态文明真理。现在，我们可以肯定地说，生态马克思主义经济学是人类文明发展从工业文明向生态文明的文明形态与经济社会形态创新转型的一种社会主义经济理论形态。它是从现时代生态经济社会生活中探求生态文明本源，发现生态文明是社会主义的一个本质属性，内在规定性和固有价值，是社会主义的本质表现。当然，把生态文明看成社会主义根本属性与内在本质，真正是对工业文明与资本主义文明形态的超越的一种新的文明形态与社会主义文明形态，是我在 1992 年《生态时代论》的演讲[1]，即是 1994 年出版的《当代中国的绿色道路》一书中提出来的。现仅摘引一段原文："农业革命创造农业文明，到被比它高级的工业文明所代替，经历了一万年之久。工业革命创造工业文明，至今已有近三百年的发展历史。我们可以预言，生态革命创造比工业文明更高级的生态文明，以及生态文明从低级向高级阶段发展，也必然会经历一个相当长的历史时期。在这个历史时期，正是社会主义不断前进，社会主义制度不断发展，日益完善，直到最

---

[1] 《生态时代论》演讲的打印稿发给当时中国生态经济学会刘国光、石山等几位正副理事长以及厉以宁教授，其中有关生态文明是对工业文明和资本主义文明的超越的论述，在《当代中国的绿色道路》一书中公开发表，全文收录在 2003 年出版的《刘思华文集》之中。

终胜利，向共产主义过渡的历史时期。"因此，生态文明必然是社会主义生态文明。它的三个基本概念：生态文明、建设生态文明、生态文明建设就必定是社会主义的，也只能是社会主义的，而不是别的什么主义的。据此而言，生态文明不仅具有同农业文明、工业文明相比较的人类文明发展新阶段的历史标记，而且具有同资本主义文明相区别的社会主义文明发展新时代的时代标识，甚至可以说是区别社会主义文明和资本主义文明的一个最终标志。正因如此，修订版再次强调，社会主义生态文明不仅是人类文明发展的理想蓝图，即马克思、恩格斯共产主义文明形态科学预见的当代形态，而且是对工业文明与资本主义文明的现实批判和立足于现实社会主义文明发展的科学思考，是理想性和现实性高度统一的科学理论。这是用生态马克思主义经济学哲学观察人类文明演进和经济社会发展得出来的必然结论。党的十八大明确地把"社会主义生态文明"、"走向社会主义生态文明新时代"写进党代会报告，尤其是把"建设社会主义生态文明"写入党章，这就科学地揭示了社会主义生态文明的伟大真理，向我们指明了坚持和发展中国特色社会主义的新方向与新道路。在当下中国，社会主义生态文明是中华文明发展之根，是中国特色社会主义之基。如果抽象地谈人与自然和谐共生的生态文明，就脱离了建设发展中国特色社会主义的根基。习近平总书记在中共中央政治局第六次集体学习时说得好：把生态文明建设纳入中国特色社会主义事业五位一体总体布局，明确提出大力推进生态文明建设，努力建设美丽中国，实现中华民族永续发展，努力走向社会主义生态文明新时代，标志着我们进一步深化了对中国特色社会主义规律的认识（引自《光明日报》2013年5月25日第一版）。因此，在今日之中国，高举中国特色社会主义伟大旗帜，就必须坚持建设社会主义生态文明，大力推进生态文明建设（即社会主义生态文明建设），这是一个马克思主义真理。然而，使我深感忧虑的是，近两年来，生态文明、建设生态文明、生态文明建设"非社会主义"的解释十分盛行，导致"西化"、"异化"、"标签化"即"泛化"、"功利化"、"庸俗化"的"伪生态文明论"、"半生态文明论"混迹于学界和主流媒体；甚至有些人大肆宣扬"西方资本主义生态文明"、"资本主义生态文明建设（发展）道路"、"生态文明视域下的资本主义路径"、"发达资本主义国家建设生态文明已经走到了世界前列"、"美国是生态文明立法（制度）最为完善的国家"之类的资本主义生态文明论调。应当说这是某些中国文人的理论虚构，在本质上是一种新的资本主义制度永恒化错误论调，完全违背了科学社会主义的基本原则，也就违反了生态马克思主义经济学哲学的根本原理。这是修订版增加附录的一个重要原因。

2. 生态马克思主义经济学的绿色使命，是探寻社会主义生态文明产生、形成、发展的客观规律。本书第一版在界定生态马克思主义经济学的科学内涵时指出："生态马克思主义经济学是从马克思主义人学、生态学和经济学之统一上，围绕着人的解放与发展和自然解放与发展之间相互关系这个中心，研究人的可持续生存与自由而全面发展和自然的可持续生存与多样性而高度发展之间矛盾运动过程中发生的生态经济问题和所体现的生态经济关系这个主题，阐明产生它们的生态经济社会原因及其解决问题的理论原则，从而揭示人的解放与发展和自然解放与发展有机统一运动发展规律。"修订版进一步指出，人的解放与全面发展和自然解放与高度发展始终是社会主义、共产主义文明发展的最终价值追求与最高价值取向，就必然成为社会主义生态文明的理论与实践选择的最高价值取向和双重终极目的。因此，我们必须强调建设社会主义生态文明，绝不能仅仅理解为抽象的人与自然和谐共生和协同进化，而应当是以人的解放与全面发展和自然解放与高度发展有机统一为基本范畴的人与自然、人与人、人与社会、人与自身的和谐统一和协调发展：既表现为自然、人、社会有机整体全面和谐发展，又表现为生态经济社会有机整体全面协调发展，这是社会主义、共产主义文明发展的客观规律，即社会主义生态文明发展的基本规律。据此而言，我们以历史形态维度来理解和把握这一规律，是对人类文明形态演进和经济社会形态演进之间相互关系认识的深化，这是人类文明形态演进规律；当我们从文明结构形态维度来理解和把握这一规律，是对整个社会文明结构及各部分相互关系认识的深化，则是社会整体文明构成要素互动规律。两种规律相互作用的合力，推动着社会主义生态文明产生、成长并从低级形态（初级阶段）向高级形态（高级阶段）不断上升发展，是从走向社会主义生态文明新时代，直到最终迈进共产主义生态文明社会。这是建设社会主义生态文明的主旨，是实践生态马克思主义经济学哲学理论的真谛。

3. 生态马克思主义经济学哲学创新理论引领社会主义生态文明创新实践，集中表现为生态马克思主义创新经济理论引领社会主义生态文明创新经济实践。它正在成为新的历史起点上坚持和发展中国特色社会主义文明的一个重大理论和现实问题。2008年，我就认为，它的理论概括和学理表现就是生态马克思主义经济学，实质上是社会主义生态文明创新经济学。对这个探求生态文明本源、追寻社会主义生态文明发展规律所得出来的合乎逻辑的基本结论，修订版特别强调了两点：

第一，遵循马克思、恩格斯经济社会形态演进和人类文明形态演进一致性的历史唯物主义社会历史观的理论思路，确立生态文明是社会形态和经济形态内在统一的社会经济形态（或经济社会形态）。生态文明作为一种全新的文明形态发展价值观和经济社会形态发展观，是自然生态和社会经济有机整体的整体性、综合性的概念。它既包括生产力和生产关系的内容，又包括由此决定的社会经济结构和上层建筑的内容，是经济的、政治的、精神的及社会各领域的综合有机体，其本源是生产力、生产关系（经济基础）、上层建筑有机统一体。因此，只有从生产力和生产关系、经济基础和上层建筑辩证统一关系解读生态文明，才能科学地揭示社会主义生态文明的起源、形成与发展规律。正是在这个意义上说，社会主义生态文明是生态和谐、经济和谐、社会和谐内在统一的崭新文明形态与生态经济社会有机整体全面和谐协调发展的经济社会形态。因此，在当下中国特色社会主义语境下，我们党领导人民建设社会主义生态文明，既具有中国特色社会主义文明发展的独特性，又具有中国特色社会主义经济社会发展的开创性，并是两者内在统一与高度融合的生态经济社会有机整体全面和谐协调发展。在现实生态经济社会实践中，应当是中国特色社会主义文明形态和经济社会形态的生态变革，绿色创新与全面转型发展，同时也是中国特色社会主义文明模式和经济社会模式的生态变革，绿色创新与全面转型发展，使中国特色社会主义真正走向社会主义生态文明新时代，在全世界率先跨入社会主义生态文明社会。这是实现中华民族伟大复兴和中国梦的必然走向和美好前景。

第二，对生态马克思主义经济学哲学原理的深刻证明与科学运用，就必须创新生态文明理念，重新界定生态文明概念。在附录中的生态文明新界定恢复了生态文明本真形态的全貌，全面揭示了社会主义生态文明的本质属性、科学内涵、基本特征与实践指向，是个生态马克思主义经济学哲学的科学概念。不过新界定追求理论逻辑严谨与全面性，却使文字表述较长。因此，如果只是为了克服生态文明定义的"文化伦理形态"论的片面性与局限性，那么这个新界定可以简化为：生态文明是指联合劳动者遵循自然、人、社会有机整体和谐协调发展的客观规律，在生态经济社会实践中取得的以人与自然、人与人、人与社会、人与自身和谐共生共荣为根本宗旨的伦理、规范、原则和方式及途径等成果的总和，是以实现生态经济社会有机整体全面和谐协调发展为基本内容的社会经济形态。这个新界定明确地揭示了生态文明是扬弃、超越资本主义与资本主义工业文明的全新的社会主义文明形态与经济社会形态。它不仅为建设社会主义生态文明及创新经济实践发展奠定了新的理论基础，而且为创立社会主义生态文明创新经济学提供了新的科学依据。

鉴于以上独特的理论分析，可以看出《生态马克思主义经济学原理》修订版增加"社会主义生态文明科学理论的若干基本理论问题"这一篇，既丰富、发展了生态马克思主义经济学的理论精髓，又开拓、创新了社会主义生态文明创新理论与创新经济理论的新境界，使本书集中体现了社会主义生态文明创新理论的全部精华。正是在这个意义上说，生态马克思主义经济学实质上是重建自然、人、社会有机整体全面和谐发展、实现生态经济社会有机整体全面协调发展的社会主义生态文明创新经济学。

三

本书修订版不再写后记了，故在前言中致谢。青年生态马克思主义学者郭剑仁副教授提供的第一版绪论的第二节初稿，青年生态马克思主义经济学者方时姣教授提供的第一版第十章第一节和第十二章第三节初稿，分别在修订版的绪论和第十章、第十一章中保留；附录的第一节和第四节是笔者同方时姣教授合写的，谨此表示衷心的感谢！特别要感谢广西大学马克思主义生态经济发展研究院把本书修订、出版列入2014年特别委托绿色项目给予资助；在此对人民出版社的大力支持和吴焰东编辑付出的辛勤劳动一并表示深深的谢意！

最后要说的是，在本书第一版的后记中曾写道：本书研究与写作6年期间，正是笔者患青光眼最严重的时期，2002年秋右眼完全失明，左眼视力不到0.1。现在左眼视力仅有0.0几了。因而从初版到本版都是用传统撰写手段即"爬格子"方法，履行马克思主义经济学家的时代使命与历史责任。中国特色社会主义文明发展已经进入在新的历史起点坚持和发展中国特色社会主义的新时期，本书修订版面世，希冀发挥对我们党领导人民建设社会主义生态文明，促进中国特色社会主义文明和经济社会发展的生态变革，全面创新与绿色转型的指导与促进作用；更希冀推动生态马克思主义经济学理论体系的深入探究和创新发展，促使当今世界经济科学园地增添一门新的马克思主义经济学，即是社会主义生态文明创新经济学能在当下社会主义中国产生与形成。修订版同第一版一样，值得商榷之处一定不少，缺点甚至错误在所难免，故热切盼望得到马克思主义经济学家、理论家的指教和广大读者的批评指正。

刘思华

2014 年 7 月 18 日于武昌

目　录

第一篇
马克思生态经济思想的理论基础

第二篇
马克思生态经济学说的总体构架

第三篇
马克思发展理论的生态经济意蕴与当代的新发展

附　录

社会主义生态文明的若干基本理论问题

绪　论

　　重新解读马克思经济学说与生态经济理论，是 21 世纪人的解放与人的发展和自然的解放与自然的发展的客观需要，更是推进中国社会主义现代化建设与实现中华民族伟大复兴的客观需要。对马克思、恩格斯的经济理论与生态经济理论的新解读，其根本立足点是遵循马克思学说的整体性，即是从整体上按照马克思主义的科学世界观和方法论，来探索马克思、恩格斯的经济理论与生态经济理论，并把马克思的生态学、生态经济理论及其可持续性发展思想，中国化马克思主义经济建设同人口、资源、环境相互关系的生态经济可持续发展新学说，都纳入新的马克思主义形态——生态学马克思主义的理论框架，从而创建中国特色生态马克思主义经济学形态，从一个侧面展示马克思经济学说与生态经济理论中国化研究的新进展和新成果，就成为本书写作的目标与任务。这是 21 世纪的新时代赋予我们的神圣使命，是马克思主义经济学创新与发展赋予我们的历史任务。

一、马克思学说是放之四海而皆准的科学真理

　　1942 年，毛泽东同志在《整顿党的作风》中评价马克思时指出：马克思是“代表人类最高智慧的最完全的知识分子”，马克思学说“是从客观实际产生出来又在客观实际中获得了证明的最正确最科学最革命的真理”。两年后，他和美国记者根瑟·斯坦因谈话时还说过：“所有国家的共产主义者，只有一样是共同的，他们所共同的是他们政治的思想方法，全遵循着马克思主义的道路的。”实践已经证明，今后的实践将继续证明，毛泽东

的这些论述是非常正确的。当今世界，不仅是马克思主义者，而且一切进步的思想家、学者和人士都认为，马克思是人类文明发展的最伟大的设计师，马克思科学地揭示了人类社会历史的发展规律，为人类文明进步、经济社会发展指明了正确道路和前进方向。因此，马克思主义是"放之四海而皆准"的理论科学，是人类思想史上最进步最正确最科学的真理。

（一）最伟大的设计师与最科学的学说

1. 马克思活在当今世界中也必将活在未来世界中。当 20 世纪即将结束的时候，英国广播公司等多家西方媒体组织了公元第二个千年最伟大的思想家的评选活动，马克思主义的创始人马克思高居榜首，被称为"千年风云人物"、"千年最伟大的思想家"。2003 年美国权威的《图书》杂志评选出的"改变美国的 20 本书"中，非美国人的著作仅有 3 部，马克思、恩格斯的《共产党宣言》名列其中，该刊文章认为此书是对美国历史影响甚为重大的著作。

2004 年，87 岁的著名马克思主义历史学家、英国皇家科学院院士霍布斯鲍姆为了接受俄罗斯《自由思想——21 世纪》杂志主编伊诺泽姆采夫的采访，专门系统搜索了有关一些著名思想家的信息，有关马克思的信息比他搜索的其他世界著名思想家的信息要多得多。在检索系统中，有关冯·兰克[①]的信息有 3.2 万条，阿尔诺德·汤因比[②]的有 3.8 万条，根本无法与马克思的约有 370 万条相比。由此可见，"不管你怎样看待马克思的理论，他至今仍然是具有重大现实意义的人物"。[③] 因此，美国斯坦福大学教授艾伦·W. 伍德在 2004 年再版的《卡尔·马克思》的序言中认为，"马克思在 21 世纪"，并指出"在 20 世纪最后 25 年的时间，与其说马克思被驳倒了，还不如说马克思得到证实"[④]。

---

① 冯·兰克（1795~1886），著名德国历史学家。

② 阿尔诺德·汤因比（1889~1975），著名英国历史学家。

③ 李兴耕译：《马克思至今仍然是具有重大现实意义的人物》，《当代世界社会主义问题》2005 年第 1 期。

④ 详见徐洋译：《马克思在 21 世纪》，《马克思主义与现实》2005 年第 6 期。

　　2005 年，英国广播公司第四电台举办了古今最伟大哲学家评选，马克思再次超越维特根斯坦、休姆、康德、柏拉图、波普尔、萨特等声名显赫的人物，在全球十大哲学伟人中独占鳌头。在这次评选活动中，意大利思想学术界不仅积极参与投票，并且在国内掀起了一场研究和评价马克思主义的热潮。意大利学者们有一个基本共识，对作为"革命预言家"的马克思虽然可以有不同的评价，但"马克思之伟大是永存的"。著名社会学家弗朗基认为，对马克思科学社会主义学说本身及其历史作用的评价，需要有一个更深远和宏观的历史尺度。可以肯定的是，"从历史和现实意义上看，谁都不能妄想使今人和后人远离马克思主义"。①

　　马克思活在现实世界中的奇特的新动向，就是当 20 世纪八九十年代苏联东欧发生剧变、社会主义在欧洲失去了阵地后，在资产阶级极右势力的欢庆声中，欧美国家一些享有盛誉的思想家，不论他们是马克思主义者还是马克思主义研究者，都不约而同地重新把目光投向马克思，研究马克思主义，尤其是一些原来与马克思主义无缘的思想大师都"转身"走近马克思，研究马克思，宣传马克思，拥护马克思，这就成了 20 世纪 90 年代中期以来国际思想文化界的一个耐人寻味的历史现象。法国的解构主义思想大师德里达明确提出马克思主义没有过时，时代仍然呼唤马克思的精神，这是时代需要的精神。他在《马克思的幽灵》一书中强调指出："不能没有马克思，没有马克思，没有对马克思的记忆，没有马克思的遗产，也就没有将来；无论如何得有个马克思，得有他的才华，至少得有他的某种精神。"② 他还认为："地球上所有的人，所有的男人和女人，不管他们愿意与否，知道与否，他们今天在某种程度上说都是马克思和马克思主义的继承人。"③ 这些维护马克思的真知灼见现已成为至理名言流传于世。美国的詹姆逊是当代西方具有广泛影响的文艺理论家，他给自己规定了这样的历

---

　　① 《国外思潮与动态》，《光明日报》2005 年 7 月 20 日 C2 版。
　　② ［法］雅克·德里达著，何一译：《马克思的幽灵》，中国人民大学出版社 1999 年版，第 21 页。
　　③ ［法］雅克·德里达著，何一译：《马克思的幽灵》，中国人民大学出版社 1999 年版，第 127 页。

史使命：把马克思主义变为一种不可避免的存在，变为美国社会、文化和学术生活中的一个独具一格、富于创新、清楚明白的声音。他的一篇《论现实存在的马克思主义》的论文虽不足万字，但却饱含深情，极有说服力地论证了马克思主义的现实性。① 英国的吉斯登是当代著名的社会理论家，他原先也是著名的马克思主义的研究者，却具有鲜明的反马克思主义色彩。苏东剧变后，却改变了这种态度，不仅继续坚持马克思主义的研究，而且越来越发现马克思学说的内在价值，并把马克思的某些观点纳入他的"第三条道路"的理论中去，声称"虽然不再时髦，但我仍看重马克思"。② 德国的哈贝斯是高擎"批判理论"大旗的法兰克福学派的思想大师，他曾走过一条远离马克思主义的道路，所以到了20世纪80年代中期，尽管他还是法兰克福学派的当代领军人物，但人们已很少再把他与马克思主义联系在一起。而在苏东剧变后他重新致力于马克思主义的研究，并向世人宣布：我仍然是马克思主义者。于是他重新回到马克思的旗帜下。还有波兰的沙夫等人，都是在各自学术殿堂上享有盛名的当代思想大师，尽管他们的背景和经历不同，却不约而同地"转身"走近马克思，回到马克思。这种发人深思的历史现象告诉我们："马克思活在现实世界中，也必将活在未来世界中。"③

另外，还要指出的是，马克思活在现实世界中还有个插曲，即反面的历史现象。法国年鉴派史学家费尔南·布罗代尔说过："事实是自1945年来（或许更早，但影响范围较小），马克思的词汇已经闯入政治生活乃至各门社会科学的普通用语之中。""在今天，任何一位历史学家，不论其政治立场或哲学立场如何，都躲不开马克思思想的侵袭和困扰"。④ 这里的"都躲不开马克思思想的侵袭和困扰"，在当代还反映在马克思学说从反面"侵袭"着那些极右的资产阶级思想家，其突出表现是由于苏东剧变使社

---

① 《重读马克思》，《光明日报》2002年4月18日C2版。
② 《重读马克思》，《光明日报》2002年4月18日C2版。
③ 王天玺：《马克思主义中国化与中国经验马克思主义化》，《求是》2003年第24期。
④ 中共中央编译局文献信息中心：《国外书刊信息》2002年第18期。

会主义处于低潮，出现了马克思主义"过时论"、"破产论"、"失败论"、"终结论"等否定马克思和反对马克思主义的思潮。以当代资本主义守护人弗朗西斯·福山为代表的极右资产阶级思想家宣称："马克思已经死了，共产主义已经灭亡了"；他们高呼资本主义万岁，市场经济万岁，经济自由幸甚，政治自由幸甚！香港大学教授张五常，公开攻击马克思和马克思主义，咒骂马克思"愚蠢"，诬蔑"马克思由头错到尾"，"在中国马克思的理论是奄奄一息了"。

2. 马克思是人类文明发展与社会进步的伟大设计师。人类历史发展进入 21 世纪的时候，大英博物馆的留言簿上有人写道："卡尔·马克思，您的思想永存。因为您永远是人类社会进步的伟大设计师。"马克思揭示的人类社会历史发展规律的科学真理，是任何不怀偏见的人都无法否定的，它为人类生存与发展指明了科学发展道路。近年来，意大利思想学术界的学者们认为，马克思是 19 世纪资本主义的最伟大的阐释者，他对资本主义剥削和压迫的深刻剖析与猛烈批判，确定了他的人类最伟大解放者之一的地位。而且，他以天才的洞察力总结出了迄今为止的西方历史都是生产方式和交换方式的变革史，因而也是对立阶级不断冲突的历史。他让所有的人——反动的、保守的、进步的、革命的以及研究古代和现代的学者——明白了历史的运动是变化过程中的形态。任何历史学家都不能撇开马克思。因此，"今天所有为社会主义和资源公平分配而进行的斗争，仍然都是按照马克思主义的既定轨道进行的"。① 这就说在现时代人类社会历史的发展轨迹并没有超出马克思主义所揭示的基本规律，正像哈贝马斯所认为的那样，只有马克思主义才能使我们看清当今错综复杂的形势，"马克思又一次处在正确无误地揭示我们这种类型的社会发展趋势的位置上"。

从国内外著名学者所强调的马克思学说阐明的人类社会发展理论是多方面的，仍然具有普遍指导意义：意大利著名哲学家、社会学家萨尔瓦利在《今日马克思主义》研讨会上强调了三个方面：一是马克思所开启的分

---

① 《国外思潮与动态》，《光明日报》2005 年 7 月 20 日 C2 版。

析经济、社会体制和意识形态三者关系的学说，这在一个多世纪以来已被学术界广泛承认。二是马克思所揭示的经济权力日益集中的趋势及其与政治权力的相互关系的学说。经济权力的集中及其与政治权力的联姻还在加强。这种联姻不仅已被历史验证，也是国际现实的写照。三是已经被事实证明了的马克思对"全球化"的科学预言，为各国人民如何观察和面对世界的发展和变化指明了正确道路。[①] 这一点，英国著名马克思主义历史学家霍布斯鲍姆认为，马克思确实预见到当代资本主义全球化的本质，而在100多年前，没有一个人比马克思更鲜明地描绘了历史发展的总方向。[②] 美国耶鲁大学戴维·阿普特教授还认为，马克思主义关于生产力决定社会发展的观点至今仍然具有强大的生命力，是迄今为止解释能力最强的社会发展理论之一。[③] 包括笔者在内的我国马克思主义学者都认为马克思学说揭示了人的解放与全面发展的客观规律及其实现的现实道路。笔者还认为，尤其马克思、恩格斯的科学社会主义学说揭示了社会主义、共产主义制度下人与自然和人与人双重和谐协调的发展规律，这在100多年前，没有任何人能像马克思那样抓住人的发展的实质来理解人类社会历史发展的总方向，它对于当今和未来的人与自然的可持续发展具有更直接、更重大的现实指导意义。

3. 马克思学说与马克思主义真理永放光芒。从理论上说，国内外学者对马克思主义"过时论"、"终结论"都作了有力的深刻的批判，现在，马克思学说与发展着的马克思主义更能科学地解释当代的客观世界，正如赵凌云教授所指出的："20世纪90年代初期以来，当今世界的主要轮廓几乎都可以从马克思主义的经典文本所凸显出来的理论视域中被解读出来，而亚当·斯密的《国富论》这一自由主义的经典就难以做到这一点。"[④] 杨耕教授在批驳"过时论"时说得好：看一种学说或体系过时与否，归根到

---

① 《国外思潮与动态》，《光明日报》2005年7月20日C2版。
② 李兴耕译：《马克思至今仍然是具有重大现实意义的人物》，《当代世界社会主义问题》2005年第1期。
③ 《马克思主义与现实》1999年第5期，第4页。
④ 赵凌云：《生态马克思主义与马克思主义当代发展》，《伦理学研究》2005年第2期。

底，是看它所提出的根本问题在现时代是否还存在，它是否抓住了问题的根本。仅仅从时间的远近来判明一种思想是否过时是一种理论近视。由于深刻地把握了物化社会人的异化及其根源，抓住了人与自然和人与人关系及其根本，预示了东方与西方的关系及其发展趋向，而且这些问题又契合着当代重大的社会①问题，所以，产生于19世纪中叶的马克思主义超越了19世纪，依然是我们这个时代的真理。一句话，今天马克思仍然"在场"②。因此，现在，人们比过去更加清楚地看到，马克思学说所阐明的人类社会历史发展规律并没有因为反马克思主义者的喧嚣而改变，马克思主义真理的光辉也没有因为共产主义运动某种挫折而失芒。

　　从实践上看，共产主义运动仍然兴起，现实的社会主义正在迅速发展。这突出表现在当代中国，马克思学说与发展的马克思主义已经是人们认识新事物、适应新形势、完成新任务、创造新世界的强大思想武器。社会主义中国在东方迅速地崛起并日益兴旺，充分显示了马克思主义的巨大威力，充分显示了马克思学说的最新发展的中国化马克思主义的威力。这是全世界人民的共识。在建党80周年之际，我国记者在大英博物馆追寻马克思脚印时，巧遇一位俄罗斯老人，当他得知记者来自中国就很有感触地说："你们的路子走对了！中国在日益强大，证明马克思的理想在东方又找到了伟大的家园。"③

（二）　马克思生态经济学说具有与时俱进的理论品质

　　本书所研究的马克思的生态经济学说，是指马克思主义创始人马克思和恩格斯的生态学与生态经济观点、思想、理论，我们应当把马克思和恩格斯的生态学思想与生态经济理论视为一个有机的统一整体。这是因为，是恩格斯最先把马克思的唯物辩证法扩展到自然科学领域，从而把马克思

---

　　①　笔者认为，这里的"社会"应当指广义的社会，即包括经济、政治、生态等领域的社会。因而社会问题应当包括经济、政治、生态等问题。

　　②　《重读马克思》，《光明日报》2002年4月18日C2版。

　　③　《马列主义永放光芒》，《光明日报》2001年6月22日A4版。

的唯物史观进一步扩展为世界观，最终实现了马克思主义世界观是唯物主义历史观和唯物主义自然观的内在统一，马克思主义方法论是自然辩证法和历史辩证法的内在统一。马克思、恩格斯运用这种科学世界观和方法论揭示了自然界和人类社会中进行的并服从于辩证形式的现实发展的客观规律，他们的生态学思想与生态经济理论正是这一客观规律的反映，或者说理论表现。

在当今世界和当代中国正处于一个巨大变革的历史时期，无论是马克思主义理论发展的需要，还是现时代的实践发展的需要，都要求我们遵循马克思主义的科学世界观和方法论，以与时俱进的态度，重新解读马克思的经济学、生态学和生态经济理论，从而使它始终保持着旺盛的活力和强大生命力，这样做，具体地讲，有多方面的重大意义。

1. 有利于更好为回应 21 世纪现代发展面临的最大挑战、消除生态危机，探索出一条生态经济协调可持续发展的科学发展道路提供新的指导思想。在进入 21 世纪的时候，我们回顾 20 世纪人类生存与发展的历史进程，就发现，20 世纪人类生存与发展明显地经历了两个截然不同的历史阶段：在 20 世纪的上半叶，人类遭受了全球的经济大危机和两次世界大战的大灾难；在 20 世纪的后半叶，人类文明发展取得空前未有的现代科学技术的飞跃进步和世界经济大发展。值得庆幸的是，20 世纪上半叶空前的大灾难及其所带来的各种问题，到了 20 世纪 60 年代末 70 年代初，世界经济尤其是发达国家出现战后经济增长的繁荣时期，就标志着从世界总体来看基本被消除。但是，值得高度重视的是，20 世纪下半叶以来现代科技在人类的利用中和发展市场经济中产生了一种反自然、反人性的异化力量，使科学技术进步和市场经济发展在创造高度发达的物质文明的同时，却摧毁了人类自身赖以存在的自然生态环境，导致全球性的生态危机即不可持续发展危机，人类遭受着空前的生态灾难。现在，生态灾难及其产生的负效应，恐怕至少要在近几十年内危害着人类与自然的可持续生存，阻碍着人的全面发展与自然的多样性发展。因此，"我们完全可以说，生态危机既是 20 世纪人类遭受的巨大灾难，又是 21 世纪人类面临的最大危机"。① 21 世纪人类文明发展面临的最大挑战是生态环境问题，从而使得生态环境问题已成为全球性的重大问题，它在现时代已经关系到整个人类的全球利益，直接决定和影响到每一个国家与民族的根本利益。我国是个人口大国、资源小国、生态弱国，这是我们的基本国情。特别是经济快速高速持续增长和人口不断增加，自然资源与生态环境的瓶颈约束日益加重，经济社会发展和自然资源与生态环境的矛盾日益突出，不仅淡水、耕地资源环境紧缺是中华民族的心腹之患，而且良好生态环境作为经济运行与发展的内在要素是一种高度短缺的生产要素，它的短缺程度远远超过能源等生产要素的短缺程度，成为制约中国经济运行与发展的重大结构问题。这实质上是中国经济运行与发展面临着生态经济结构危机，即经济高速增长过程中生态环境恶化、生态资本存量下降与生态赤字扩大同快速积累的经济增长之间的结构严重失衡，极大阻碍着中国经济社会全面、协调、可持续发展。因而，生态环境资源问题将是 21 世纪中国全面协调可持续发展面临的最大的瓶颈因素。

　　生态灾难教育了人类。人类面临的生态环境问题的严重性与尖锐性已为国际社会普遍认同，各个国家、各个民族和各个阶层的人们都在为此而殚精竭虑、献计献策。面对生态危机全球化及经济全球化和环境全球化融合发展的新趋势，国内外的学者们纷纷到马克思、恩格斯的经典著作中寻找良策，为解决全球生态危机，探索生态与经济协调可持续发展提供新的指导思想。尤其是在全球生态危机凸显的今天，国内外生态马克思主义者与生态马克思主义研究者，都非常注重从马克思的经济学生态学思想，尤其是马克思人与自然和谐与生态与经济协调思想中吸取营养。马克思、恩格斯的生态经济学说不仅对于解决当今世界和当代中国由于工业化、现代化过程中无限制地征服、掠夺自然而带来的资源短缺、环境污染、生态退化等生态经济问题，具有重大的现实意义，而且对于解决当今发达国家和发展中国家人民由于异化和无限制地膨胀物欲而带来的人态失调、心态失

---

① 刘思华:《绿色经济论》，中国财政经济出版社 2001 年版，第 10 页。

衡等人的解放与自由而全面发展问题，更具有重大的指导意义。

在此，笔者还要强调指出的是，在当今世界，不管是资本主义社会还是社会主义社会，不论是富国还是穷国，生态环境问题都是一个建设和谐世界的基石问题，因此，必须依靠全人类通力合作，各国人民共同努力，来解决人的可持续生存与全面发展和自然的可持续生存与多样化发展。这就必然引起当今世界文明发展发生巨大变革。"它有三个主要标志：即现代文明形式由工业文明向生态文明的转变；现代经济形态由物质经济向知识经济的转变；现代经济发展道路由非持续发展向可持续发展的转变。我们把它称之为现代经济发展的'三重转变'。这是新世纪现代经济发展的必然趋势与时代洪流。现在，世界各国正在为推进三重转变采取全球范围内的行动，使三重转变的浪潮席卷全球，一个新时代正在三重转变的推动下来临了。"① 因此，我们站在新时代发展的前沿，最充分地适应新时代发展的要求，重新研究马克思学说所阐明的人类社会发展总趋势的理论，就一定会从指导思想上解决推进三重转变实践问题提供理论上的支持。

2. 有利于全面地认识和把握马克思学说，并在新的历史时代更好地在坚持中发展马克思学说与马克思主义理论。20 世纪 90 年代前期以后，在国际国内出现的马克思主义"过渡论"、"终结论"等反马克思主义思潮的时候，由于与生态环境问题的关联，马克思学说再次受到种种关注，尤其是对待马克思的经济学生态学与生态经济思想，形成肯定和否定两种截然不同的观点。否定论是指因社会主义发展过程中出现了严重生态环境恶化问题，他们就将此思想的根源归结为马克思学说和他的经济学说，甚至认为"没有比马克思的思想对生态学更加有害的思想了"。这就把马克思学说尤其是马克思经济学看成不仅完全没有包含着生态环境思想，而且是同生态学相对立的。很明显，仅从学术研究的角度来说，这种否定论完全不能全面认识与把握马克思学说，更不能全面认识和把握马克思经济学说与发展学说。恰恰相反，肯定论的观点认为，马克思学说中蕴藏着生态学思

---

① 刘思华：《经济可持续发展论丛》，中国环境科学出版社 2002 年版，总序第 1 页。

想，马克思的哲学学说中有着丰富的生态环境思想；马克思的发展学说中蕴涵着丰富的生态经济发展思想，其中包括马克思经济学关于"生产方式是经历了产生、成熟、灭亡和演替等各历史阶段的完整系统的思想提出了一些有关生态的观点"。而马克思的科学社会主义学说关于"人类解放及其物质基础要求有一种生态上的持续性。剔除它的传统和19世纪的假想，马克思主义能够为探讨一种新的持续发展的理论模式提供一个内容丰富的框架"。①

当今，国际国内生态马克思主义者和生态马克思主义研究者，坚持与发展马克思学说与马克思主义理论，就从生态学和生态经济学的新视角重新解读马克思学说，把其中内蕴着而一些又被忽视、被抑制乃至遗忘的生态学、生态哲学、生态经济学及生态社会主义思想挖掘出来，使人们全面认识与把握马克思学说和发展着的马克思主义理论。

我们全面认识与把握马克思学说，就会清楚地看到，马克思、恩格斯不仅是哲学、经济学大师和科学社会主义的伟大思想家，而且是生态学家。1995年9月在法国巴黎召开的国际马克思大会上，一些学者就指出马克思是第一个生态哲学家，同时也是第一个社会生态学家，还有学者认为，青年恩格斯是最早的伟大的生态学作家之一。我国哲学学者也认为："我们可以说马克思、恩格斯是人类历史上第一批生态学家，尤其是人类生态学家，是社会生态学家。"② 20世纪80年代前期，我国学者为了创立中国生态经济学，从马克思、恩格斯经典著作中去寻找理论渊源，对马克思、恩格斯的生态经济思想进行研究，那只是停留在马克思、恩格斯的某些生态经济的基本观点，没有从马克思学说的整体性进行研究，因而没有认识到马克思学说中蕴藏着丰富的生态学思想，就不可能认识到马克思、恩格斯是最早的生态经济学家。关于这个问题，正像解保军教授从哲学角度说的那样："我并无意将马克思、恩格斯封为现代意义上的生态学家，也不想在马克思、恩格斯的思想上再加上一道生态学的光环。我想说的是，

---

① ［美］拉斯金等著，刘庸安译：《生态学与马克思主义》，《国外社会科学》1992年第1期。
② 解保军：《马克思自然观的生态哲学意蕴》，黑龙江人民出版社2002年版，第5页。

如果我们在今天这样一个生态环境意识日益复苏与强化的时代去重温他们的著作，我们都会深深地感到他们思想中有着生态哲学的理论取向。"① 而笔者从经济学的角度来说，也是如此。笔者并无意将马克思、恩格斯封为现代意义上的生态经济家，因为生态经济学作为一门独立的新兴学科，是在马克思、恩格斯逝世几十年之后的事情。所以，笔者不想在马克思、恩格斯的思想上再加上一道生态经济学家的光环。笔者想说的是，如果我们在当今人类文明发展正在进入生态时代与可持续发展经济时代，去重读他们的著作，我们确实都会深深感到马克思学说中有着生态经济学的理论取向。正是从这个意义上说，马克思、恩格斯是人类思想发展史上最早的生态经济学家。现在，我们重读马克思学说和他的经济学说，就是要深入地、系统地全面地研究他们的生态学思想与生态经济理论及当代价值，从而丰富和发展马克思主义科学理论。

如前所说，21 世纪人类文明发展面临着生态危机，生态问题（包括资源问题与环境问题）及其与此相联系的以生态可持续性为核心的可持续发展问题，已成为当今世界与当代中国发展进程中的一个最大的、最综合的根本性问题。霍布斯鲍姆指出："在我看来，21 世纪最重要的任务是克服人对周围环境和生态的重大影响所造成的后果。"② 这是当代马克思主义必须科学回答和正确解决的时代课题。因此，"生态问题是发展马克思主义的理论基点"。③ 我们重新探索马克思的经济学生态学与生态经济理论，就是要根据时代和实践的发展，根据最广大人民的实践要求，在此领域构建发展马克思主义的当代基点和理论平台，显示出马克思的经济学生态学和马克思主义生态经济理论的旺盛活力与强大生命力。这是本书希冀完成的基本任务。

3. 有利于更好地回应来自各方面对马克思的自然观和经济学的指责。

---

① 解保军：《马克思自然观的生态哲学意蕴》，黑龙江人民出版社 2002 年版，第 144 页。

② 李兴耕译：《马克思至今仍然是具有重大现实意义的人物》，《当代世界社会主义问题》2005 年第 1 期。

③ 赵凌云：《生态马克思主义与马克思主义当代发展》，《伦理学研究》2005 年第 2 期。

自 20 世纪 80 年代以来，西方一些学科的学者诸如某些生态学家、生态经济学者、西方马克思主义学者、生态马克思主义学者、环境保护思想家及倡导者，他们对马克思的自然观和经济学进行了许多无理的指责或批评。他们指责马克思的自然观和经济学理论中"忘却了自然"。某些西方生态经济学者硬说马克思经济学说同生态经济学是不相容的。艾伦·科特雷的《环境经济学》一书中还说马克思经济学"在一般考虑经济发展过程时，很大程度上忽视自然环境，把地球一直看作丰富的储藏库和无底的垃圾堆"。有的西方学者甚至认为马克思不是生态学家，以此为借口说什么马克思不关心生态问题，忽视人与自然的和谐，因而失去了现实指导意义。尤其是西方马克思主义和某些生态学马克思主义研究者对马克思的经济学哲学中一些基本观点的误读与诘难，他们把马克思的自然观和经济学理论看成是导致社会主义国家在经济建设中生态环境问题日益恶化的理论根源的观点，这是中国马克思主义经济学家绝对不敢苟同的。

西方学者对马克思的自然观和经济学理论指责较多的，主要有三个重大理论问题：一是认为马克思的自然观和经济学理论否认自然生态价值，这是导致社会主义经济发展中生态环境恶化的经济学根源。二是认为马克思的劳动过程理论忽视了整体生态学意义。例如日本经济学家玉野井芳郎和英国的本顿都认为马克思在《资本论》中阐述的劳动过程理论过度夸大了人类劳动的生产能力，把土地和自然只视为劳动对象或劳动手段，忽视了首先应该是整体生态学意义上的土壤环境。三是认为马克思的劳动价值学说里没有自然问题。例如德国经济学家依姆拉认为，马克思把价值形成的原因只限于劳动，这就把自然概念从经济学中消除出去了，造成劳动价值中的"自然的消失"和"不在"。对于这些指责和挑战，国内外马克思主义学者都旗帜鲜明地进行有力的驳斥和批判。笔者在 20 世纪 80 年代前期和 90 年代前期，针对西方学者对马克思政治经济学理论体系中不存在生态与生态经济思想的指责作过多次反驳与批判，在《生态经济理论的发展与政治经济学的创新》一文中明确指出："历史事实雄辩表明，说马克思不关心生态问题，是毫无根据的，把马克思主义政治经济学同生态经济学对立起来，也是十分荒谬的。以此否定马克思的生态经济思想对现代化建设的指导意义，也是徒劳的。"笔者还强调指出："按照马克思主义观点，马克思主义者不应该把马克思的学说当成一成不变的公式，而应该根据实际生活的经验把它加以丰富和发展。马克思主义政治经济学是随着社会经济实践的发展而发展的生气勃勃的学说；马克思主义的生态经济理论，也是随着现代社会经济实践的发展而发展的生气勃勃的理论。现在，我们沿着马克思研究资本主义经济运动的思路和方法，既考察现代经济社会发展中人与人之间相互关系的经济学问题，又考察人与自然之间相互作用的经济学和生态学问题。"①

在 21 世纪人类文明发展的新时代，我们要坚持的马克思主义是以与时俱进为根本理论品质的马克思主义。面对那些对马克思的自然观和经济学的挑战与诘难，就必然要求当代马克思主义者必须结合当代实际和时代特征重新研究马克思的经济学生态学与生态经济理论，在实践中检验真理和发展真理，因而，不仅迫切要求我们回应国内外对马克思的自然观和经济学的挑战与指责，从丰富、发展马克思主义生态经济学说的高度，加以梳理、总结与概括；而且迫切要求我们从马克思学说的整体性，努力挖掘马克思主义哲学、政治经济学与科学社会主义理论之间的内在关联性，而马克思学说中许多重要的生态与生态经济思想正是这种关联性的重要表现。为此，我们必须大力推进马克思的生态学和经济学之间更高层次的整合，揭示现时代发展的生态经济协调可持续发展的客观规律，构建起发展马克思主义生态经济学说的当代理论平台，这就是新的马克思主义经济学形态——生态马克思主义经济学形态。

4. 有利于构建生态马克思主义经济学，展示中国马克思主义经济学的当代风貌。在 20 世纪 70 年代兴起的生态学马克思主义，是时代使然。它的产生与形成有着深刻的社会历史背景，是西方资本主义国家马克思主义的最新发展阶段，也是马克思主义新发展的一个现代表现。生态学马克思

---

① 《刘思华选集》，广西人民出版社 2000 年版，第 124~125 页。

主义是现代生态学与马克思主义相结合的产物，是人类文明发展从工业文明向生态文明的现代文明转型的一种理论形态。它是当代国外马克思主义学派中一个主要流派，还是最有影响的流派，在一定程度上代表了当代马克思主义的发展方向，其影响正在日益扩大，体现了现代文明转型时期对马克思主义新的理论召唤。

国外马克思主义学者对于马克思主义和生态学之间关系的认识，经历了生态学马克思主义、生态社会主义和马克思的生态学三个阶段；而以美国著名学者福斯特为代表的马克思学派重构马克思的生态学理论，标志着国外马克思主义的马克思的生态学阶段，使生态学马克思主义发展到成熟阶段，是生态学马克思主义的完整形态。这一理论构建了马克思主义整个理论体系的生态学理论框架，恢复了马克思作为生态学家的本来面目，最终确立了马克思对解决现代人类文明发展进程中的生态环境问题的发言权，从而为复兴马克思的生态哲学、生态经济学和生态社会学等生态马克思主义理论提供了思维框架和思想资料。当然，生态学马克思主义也存在明显的理论缺陷，尤其是在发达国家生态学马克思主义派别较多，它们的具体观点也有很大差异，有的人实际上偏离了马克思主义的轨道。对此，我们必须加以澄清和科学批判。

西方学者建立的生态学马克思主义，从总体上来看，主要表现为生态学马克思主义哲学形态，这是西方尤其是北美马克思主义哲学家贡献于世界的新的马克思主义哲学形态，是当代马克思主义哲学发展具有原创性的马克思主义研究成果。自20世纪80年代以来，我国一些哲学家对生态学马克思主义哲学的某些内容进行了探讨，但对马克思的生态学思想研究甚少，尤其是未能从哲学形态的变革上进行探索，更没有提出创建中国特色生态马克思主义哲学形态的新命题。因此，无论是国际还是国内对生态马克思主义研究，大都是在生态马克思主义哲学的范围内，即使有些国外学者研究涉及生态学马克思主义经济学问题，例如美国印第安纳州立大学经济学教授保罗·柏克特在他的《马克思与自然》一书中确实论述了生态马克思主义经济学的一些重要理论与实践问题，但其书名仍然是个哲学命题，未能从经济学形态的变革上确立生态马克思主义经济学形态，这不能不说是国内外生态学马克思主义理论研究的一个不足之处。

当我们从马克思学说与马克思主义理论的整体上，重读马克思的经济学生态学与生态经济理论时，就一定会发现，正如笔者在《关于生态马克思主义经济学的提纲》一文中所说的："马克思的生态学思想与生态经济理论是整个马克思学说中最具有现实性和时代感的科学理论，正在充分显示它在现时代的科学价值和强大生命力。"① 从世界经济学说发展史来看，马克思的生态学思想与生态经济理论，本质上是马克思主义生态经济学说，是属于世界生态经济科学的马克思主义生态经济学。然而，从马克思主义学派演变史来说，构建坚持与发展马克思的生态学思想与生态经济理论的当代形态，这就是生态马克思主义理论，它是新的马克思主义经济学形态，本质上是生态马克思主义经济学。它能够发展和拓展马克思经济学和马克思主义经济学的理论内涵，丰富和深化对马克思生态经济学说现代性特别是当代价值的理解。由此可以说，生态马克思主义经济学是回到马克思经济学说语境，构建发展马克思主义生态经济学说的当代形态的最重要体现。这就要求中国马克思主义经济学家把学习、借鉴、吸取国外生态学马克思主义研究的科学成果，同自己独创相结合，创建符合中国国情的生态马克思主义经济学的理论体系。因此，在 21 世纪的新的历史条件下，加强马克思的生态思想与生态经济理论研究，巩固马克思主义在经济学领域的指导地位，在实践中坚持和发展马克思经济学，创建中国特色生态马克思主义经济学，是当代中国马克思主义经济学家的神圣使命，实现这一历史任务，就是笔者撰写出版本书的直接目的。

在此，笔者要强调指出的是，为了建立发展马克思学说的生态马克思主义经济学，确实需要重读马克思，即是客观地解释马克思，回到马克思学说的整体性，这绝对不是不顾时代的转换而简单地固守马克思学说的现成的结论与命题，甚至一些具体话语言说，那样本书实际上就远离马克思

---

① 刘思华：《生态马克思主义经济学论纲》，《海派经济学》2005 年第 11 期。

了，是在"抛弃"马克思学说这一当代最重要的科学理论遗产与人类精神遗产了。我们构建发展马克思学说和他的经济学说的生态马克思主义经济学这个当代理论平台，就是要使马克思学说的科学精神、当代价值与生命力得到充分的展示，真正与中华民族同行，与全人类同行，与实践同步，成为我们的精神世界和价值世界的本质性维度与深层内核，并发扬光大。

二、从马克思学说的整体性解读马克思的生态学与生态经济思想

（一）马克思学说中的生态学思想

马克思的学说中内在地包含有生态学思想，并且这种生态学思想可以从哲学、社会学、经济学甚至生态科学方面来挖掘和研究，这是可以肯定的。然而，在过去以至当今马克思主义研究中有不少学者认为马克思的思想中没有生态学思想，甚至认为马克思的思想与生态学思想是根本对立的。因此，有必要对这些论点作出批驳。在批驳过程中，我们可以从侧面确立起这个信念：马克思学说具有生态学思想。

首先，我们要明确"生态学"的主要含义。19 世纪德国生理学家恩斯特·海克尔（Ernst Hackle）在《有机普通形态学》中，第一次给"生态学"下了科学定义：生态学是研究生物与其环境相互关系的学科。生态学一词随着生态学学科的发展特别是 20 世纪六七十年代生态学学科的成熟及生态问题在 20 世纪中叶以后，在全球范围内的现实中越来越突出和严重，内涵及使用范围也发生了很大变化。20 世纪末期，美国生态学家和马克思主义者理查德·莱维斯（Richard Levins）概括了"生态学"术语的四种主要含义：①意味着自然界：即自然的经济体系，它是人类生存的物质基础和物质因素。②作为科学门类：即研究自然的经济体系的生物学科。③代表一种观念：即根据对自然的经济体系的认识、了解形成的关于人类生存的有效用的观点和看法，并相信它。④是一种运动：即一种试图按生态观

念改造现有社会的政治活动。

当我们说马克思学说中内在包含生态学思想时，我们主要从上述四种含义的前三种含义出发来理解"生态学"；而否认马克思学说中包含有生态学思想的观点，也主要是从这三种含义来理解的，特别是前两种含义。以这样的理解为前提，一些非马克思主义者和反马克思主义者或从哲学、或从经济学、或仅从一般观念来批评马克思思想对人们解决当今生态问题没有补益，甚至一些承认马克思的著作中包含有不少值得注意的关于生态问题的论述的学者和有识之士也是如此认为。美国学者约翰·贝拉米·福斯特（John Bellamy Foster）对这些批评和质疑作了概括，这些批评或质疑主要表现为六个方面：①马克思由于所处时代的限制，不具备分析生态问题的生态科学知识，因而马克思思想中不可能有生态学思想；②马克思有关生态的论述在其著作中不过是枝节，不值得考虑；③马克思的生态思想主要体现在他的早期的有关异化的思想中，后期著作中则谈得很少；④马克思对自然采取的是一种"普罗米修斯式"的态度，强调用技术控制自然；⑤马克思认为资本主义的技术和经济进步已经解决了生态限制的所有问题，未来联合的生产者的社会将存在于物质极大丰富的条件下；⑥马克思是"物种主义者"，将人与动物彻底分离开来，并认为前者优于后者。

福斯特所作的概括是具有代表性的。在这里，我们不妨以辩论的形式，对这六个方面的批评或质疑作出相应的回应，即对批判作出批判。

如果依据海克尔对"生态学"的科学定义，那么我们可以说现代生态学学科思想的萌芽可以追溯到古希腊时期的亚里士多德或他的学生特奥弗雷斯图斯（Theophrastus），他们两人都对动物物种感兴趣，特奥弗雷斯图斯早在公元前4世纪时就描述过动物之间以及动物与环境之间的相互关系。① 因此，可以说生态学学科研究的对象早在古希腊就被人关注到并考察过，当然，那时是不可能创立出如现代生态学那样的系统的理论的。但是，在马克思的著作时代，由于黑格尔的自然哲学、费尔巴哈的人本主义

---

① From Wikipedia, the Free Cncyclopedia, History of Ecology.

和自然主义的唯物主义、达尔文的进化论思想的创立和传播，以及马克思同时代的德国化学家尤·李比希的《化学在农业和生理学上的应用》的出版，这些哲学社会科学和自然科学的思想所代表的水平，无不使得马克思无论是在早期的著作还是在晚期的著作中都关注到人与自然之间的关系，并能把握住现代生态学学科的核心原则（这一点后面将有说明）。因此，是不能以马克思生活在 19 世纪，而现代生态学成熟于 20 世纪就武断地认定马克思不可能有生态学思想。有的学者甚至根据马克思没有明确地使用"生态学"术语而否认马克思生态学思想。其实，马克思是应该知道"生态学"这一术语的。众所周知，恩格斯对海克尔是熟悉的。问题不在于使用何种名称的概念，而在于概念所表达的内容。海克尔的"生态学"术语是受达尔文在《物种起源》中使用的"自然的经济学"或"自然经济"（Economy of Nature）的启发发明的。达尔文的"自然经济"指的是一切的生物界和无生物界中自然发生的，决定每个已知生物种所占有的地区的关系和联系。① 达尔文所用的"自然经济"概念的内容正是马克思和恩格斯使用的"自然历史"概念的内容中的主要组成部分，因此，马克思、恩格斯才说达尔文于 1859 年出版的《物种起源》中的进化论思想为"我们的观点提供了自然科学的基础"。

　　假如马克思知道了"生态学"术语，却使用"自然历史"概念来表达达尔文的"自然经济"概念的内涵，这就说明这种选择是自觉的，而这样选择的原因除了在那个时期，生态学没有发展成一门成熟的学科，因而无法展示"生态学"这个概念的理论力量和魅力外，还有一个原因就是：马克思、恩格斯使用的"自然历史"概念除了具有海克尔的"生态学"含义外，还在培根主义的意义上使用这个概念，用来描述人类同生产的关系。② 马克思、恩格斯既在"生态学"意义上，又在培根主义意义上使用"自然历史"概念，这一点恰恰可以反驳来自第四个方面的批评。

　　第四个方面的批评概括起来就是认为马克思对技术的态度鼓励了至少

① ［英］达尔文著，毕黎译：《达尔文回忆录》，商务印书馆 1998 年版，第 111 页。
② J. B. Foster, *Marx's Ecology, Materialism and Nature*, Monthly Review Press, 2000, p. 196.

是肯定了对自然的剥削。在《共产党宣言》里，马克思指出："资产阶级在它的不到一百年的阶级统治中所创造的生产力，比过去一切世代创造的全部生产力还要多，还要大。自然力的征服，机器的采用，化学在工业和农业中的应用，轮船的行驶，铁路的通行，电报的使用，整个整个大陆的开垦，河川的通航，仿佛用法术从地下呼唤出来的大量人口，——过去哪一个世纪料想到在社会劳动里蕴藏有这样的生产力呢？"①通过这段文字怎样理解马克思对技术和自然的态度呢？有的论者不联系马克思的著作中整个理论的立场、内容和倾向及马克思的知识背景，依据这段话及类似段落和马克思的政治经济学著作中的一些论述，就断定马克思受培根主义的影响，采用"普罗米修斯式"的态度，支持用技术来征服自然。就以对这个段落的理解为例，如果孤立地看这段文字，是可以把它理解为是马克思对资本主义生产力的赞叹的，但是把它放在整个《共产党宣言》的语境中来看，是看不出赞叹的，至多是惊叹。实际上这应该是一种客观的描述，对资本主义社会生产力的客观描述，并且这种描述与资本主义条件下人类社会中绝大多数人的实际的悲惨和丑陋的生存状态形成鲜明的对照，这种对照只能更加激起全人类推翻资本主义社会的热情和决心。同样地，马克思引用了培根的观点，人类要揭示自然界的规律，要控制自然界，但是，如果把培根的这种发明技术、改造自然界的观念放置到马克思的自然历史观念之中，至少是不能武断地认为马克思支持了以技术来征服和剥削自然界的，相反地，我们可以把这理解为马克思希望用技术来协调人和自然的关系以达到人和自然的和谐的目的，因为马克思的"自然历史"中还内在地包含有生态学思想。试想，在同一个概念中怎么可能包含相互排斥或对立的观点呢？事实上，在马克思的整个时期的著作中都贯穿着人和自然相互制约、相互作用，人和自然之间应该并最终能实现相互协调、和谐的论述，如早期思想中的"完成了的自然主义，等于人道主义，而作为完成了的人道主义，等于自然主义"②，以及晚期的政治经济学著作中揭露资本主

---

① 《马克思恩格斯选集》第 1 卷，人民出版社 1995 年版，第 277 页。
② 《马克思恩格斯全集》第 42 卷，人民出版社 1979 年版，第 120 页。

义生产导致了自然异化并期望能够在共产主义消除异化的大量论述。

我们应该把马克思的"普罗米修斯式"态度放置到马克思的整体思想背景中来理解，这种理解方式帮助我们批驳第二、第三两个方面的批评。我们都承认，生态学思想在哲学上最一般地体现为关于人类社会和自然关系及人和自然关系的思想。有的学者正是因为看到马克思在关于人类社会与自然、人与自然的关系的论述在马克思的整个时期的著作中所占比重不大，并且主要集中在早期著作中，就认为马克思的思想中对思考当代的生态问题意义不大，进而否认马克思学说中具有生态学思想。确实，从文字上看，马克思只是主要地在《1844年经济学哲学手稿》及《德意志意识形态》等早期著作中讨论了人与自然的关系，并且有黑格尔和费尔巴哈的明显痕迹，是哲学味道很浓带有思辨性质的思想。在马克思的后期政治经济学著作中则很少直接论述人类社会与自然、人与自然的关系。不过，上述学者作出这样的判断似乎是以如下两点为基础的：第一，某一个思想在一位作者的整个思想体系中是否具有或是否重要，是以对这一思想的论述的多少来衡量的，论述得多，就重要；论述得少，就不重要。第二，马克思早期的思想与晚期的思想是断裂的。早期讨论异化问题时，人与自然关系被纳入了主题；晚期讨论政治经济学问题，讨论资本问题，很少涉及人与自然关系主题，因而看起来是抛弃了早期曾讨论过的人与自然关系主题。

然而，这两个基础分别涉及一种理解方式和一个根本问题：①是否从马克思的思想发展过程及以马克思关注的总问题为背景来理解部分论述或命题；②马克思的早期思想与晚期思想是否一以贯之，或是否体现出一种逻辑的和历史的发展，表现为一种连续性。

马克思在中学毕业时写就的有关青年择业的文章中，就立志为全人类服务。在他的《博士论文》中，尽管他是站在黑格尔唯心主义立场上，但他喊出了"哲学世界化，世界哲学化"。在《1844年经济学哲学手稿》中，他明确提出"共产主义是私有财产即人的自我异化的积极的扬弃，……这种共产主义，……是人和自然界之间、人和人之间的矛盾的真正解决"。① 而在作为他和恩格斯创立的历史唯物主义成熟标志的《德意志意识形态》中，则有"我们仅仅知道一门唯一的科学，即历史科学。历史可以从两个方面来考察，可以把它划分为自然史和人类史。但这两方面是不可分割的，只要有人存在，自然史和人类史就彼此相互制约"。② 众所周知，马克思的政治经济学著作是马克思把历史唯物主义和辩证法运用来研究成熟时期的资本主义社会的成果，并得出科学的结论：资本主义必然灭亡，共产主义必然到来。在这样的一个思想发展过程中，马克思始终关心的总问题是人类的真正的解放，在如何理解"真正的解放"问题上，马克思用了一个边注对它作了一个说明，即"真正的解放"涉及"地质、水文等等条件、人体、需要和劳动"等内容，以之与"哲学的解放"，即"一般人、唯一者、个人"等内容形成对比。我们发现，在马克思开始真正地从理论上思索全人类的解放事业时，从没有离开过对自然的关注与思考，没有离开过对人与自然关系的思考。在《资本论》中，虽然相对来说较少地论述人与自然的关系，极少讨论自然，但别忘了，马克思是如何定义作为《资本论》的理论前提和核心范畴的"一般劳动"概念的："劳动首先是人和自然之间的过程，是人以自身的活动来引起、调整和控制人和自然之间的物质变换的过程。"③ 马克思用物质变换来定义劳动并以此描述人与自然的物质关系。从马克思对"一般劳动"的定义可以得出结论：晚期讨论的主题和思想不是对早期的主题和思想的抛弃，而是如福斯特指出的那样："马克思通过后期的对劳动的剥削和贬值的分析把他早期的劳动异化理论用更具体的术语表达出来一样，他通过他后期的物质变换裂缝概念把他早期的自然异化观念具体化了。"④ 也即马克思后期的思想是早期思想的具体化，这里没有断裂，而是延续；贯穿于马克思一生的总问题也没变。因此，第二、第三两方面的批评是站不住脚的。

---

① 《马克思恩格斯全集》第 42 卷，人民出版社 1979 年版，第 120 页。
② 《马克思恩格斯选集》第 1 卷，人民出版社 1995 年版，第 66 页。
③ 《马克思恩格斯全集》第 23 卷，人民出版社 1972 年版，第 201~202 页。
④ John Bellamy Foster, "Marx's Theory of Metabolic Rift: Classical Foundations for Sociology", *American Journal of Sociology*, 1999, pp. 398~399.

　　第五个方面的批评涉及的是自然的有限性和生态限制问题及未来的共产主义是否需要生态自觉等问题，本质上即是建立在充分发达的资本主义基础上的共产主义是否要合理管理人类社会和自然界间的物质交换过程这样一个问题。有一点，是我们要充分地认识它的理论意义的，即马克思在他的《资本论》中批判了资本主义制度对农业和农民的损害和剥削，并因此注意并强调了农业一般有自身的规律，而这个规律是李比希很好地揭示出来了的，如"归还律"、"最小因子律"等。不仅如此，马克思还结合西方古代历史中的事例来说明遵守农业一般规律的重要性和自觉性，如马克思指出："耕作如果自发地进行，而不是有意识加以控制，……接踵而来的就是土地荒芜，像波斯、美索不达米亚等地以及希腊那样。"① 自然地，在马克思看来，人们在共产主义社会是要有意识加以控制、管理人与自然间的物质交换过程的，并且不能以资本主义那样的有意识的方式加以控制，而是以对农业和生态的科学了解为知识基础，以合适的技术和合理的经济和政治制度为手段，来实现人与自然间的相互协调、相互和谐、共生共荣的目的。由此可见，正确地理解人和自然的关系以及合理地、自觉地管理人和自然间的物质变换过程是共产主义范畴的题中之义。

　　第六个方面的批评也是站不住脚的。马克思是熟悉达尔文进化论思想的，人是由较人低等的动物进化来的，人是自然之子。这一点，甚至马克思在写作他的《博士论文》时就已知道，因为伊壁鸠鲁是以唯物主义立场来解释自然界及其现象的。但马克思自觉地把人与动物区分开，这是有他的理论上的理由的。人是由动物进化而来，人具有生物属性，需要像动物一样摄取食物，也像动物一样具有本能和低级心理活动，但人又是有意识的。正是这种由劳动促其产生并在劳动过程中获得发展的意识才能赋予人以自由，才能使得人能按照人的尺度来从事生产；也才使得资产阶级对无产阶级的剥削成为可能，同样也才能使得推翻资本主义实现共产主义成为可能；才使得环境生态出现问题，也才能使得人类自觉地解决环境生态问

————————

① 《马克思恩格斯全集》第32卷，人民出版社1974年版，第53页。

题成为可能。从这个角度说，人是超越于动物的，也正因为如此，人才成其为人。但这并不就意味着马克思的思想中就一定有虐待动物、不尊重动物生命权利的思想。就算是"物种主义者"，又有什么不好？特别是对一位相信"完成了的人道主义＝自然主义"的彻底唯物主义者来说，当他尊重自己这个物种，尊重自己的物种中的个体生命时，他没有可能不去尊重别的物种，别的物种的个体。

　　跟随批评者的观点所作出的批判，事实上从侧面论证了马克思的思想中是有生态学思想的，也根本谈不上有反对生态学的思想。然而，我们要进一步思考的问题是，为什么有些学者对马克思的思想会有不同程度、不同方面的误解呢？正像前面的批驳中已部分地提出的那样：批评者或者是根据各自的理论目的，对马克思的论述断章取义，故意歪曲马克思的意愿；或者确实希望理解马克思思想的意愿，但是没有把马克思思想中部分观点放置到马克思思想的整体背景和总问题中考察，误解了或忽略了马克思的思想；或者在把握马克思的思想及其发展时，割裂了马克思的思想发展上的联系，看不到马克思思想发展中的连续性，而过分强调马克思思想发展过程中的革命性，从而损失了或轻视了马克思形成于早期的或后期的思想的内在联系和一致性。也就是说，批评者没有从马克思学说的整体性上思考和研究马克思的生态学思想。关于马克思学说的整体性，有的学者把它理解为马克思学说的价值取向和科学取向的统一；有的学者从马克思主义思想发展角度，把它理解为马克思以及马克思主义者在继承和发展前人和全人类的理论成果基础上对人的自由解放与全面发展的一般规律的研究。我们对马克思学说的整体性做这样的理解：马克思、恩格斯的思想由早期到晚期是统一在全人类解放与自然解放的一体性这个总问题下历史的连续的发展的，在研究自然、人、社会时，他们始终坚持运用自然和历史的辩证统一以及历史主义方法，他们的哲学、经济学和科学社会主义的理论构成一个有机的整体。对此，福斯特作了探索，他以马克思学说发展为背景，以探索马克思思想和生态学思想的内在联系为出发点，初步地建构了他的生态学马克思主义：以生态唯物主义为方法和基础的哲学部分，以物质变换裂缝理论为核心和基础的环境社会学和以资本主义与生态是根本对立的这样立场出发，对资本主义所作的批判为前提提出了对共产主义新理解，值得我们借鉴。

在马克思学说是否包含有生态学思想的争论背后实质上还隐含着这样的一个事实：无论是肯定的还是否定的，都认识到在思考当前的生态问题时，都绕不开马克思思想，以致问题竟发展成了这样，要么肯定马克思学说包含有生态学思想，要么否定马克思学说包含有生态学思想，唯独不能置之不理。如果事实真是这样，那么持批评、否定态度的学者，以及尽管是持肯定态度却被批评者牵着走的学者，可能忽略了事实背后的另一个事实，即马克思作为一位现代思想家而不是前现代思想家，他的思想已成为了人类思想遗产中的一部分，这意味着马克思作为肉体的人尽管已经去世，但他的思想、理论、学说却具有现代性并且具有一种开放性，一百五十多年后，他的学说仍向我们敞开，并且仍将敞开下去。因此，我们应该做的是立足于当代的包括生态问题在内的现实问题，以此为背景并作为出发点来重新解读马克思的著作和思想，挖掘和发展由于过去时代的局限而导致的遮蔽起来的马克思著作和思想，甚至可以这样期望，立足于当代，对马克思的著作做一新的整体研究，我们将发现一个全新的马克思。

美国学者加勒特·哈丁（Garrett Hardin）对待历史有这样一种看法："每一代人必须重写历史，重写是依照人类理解的最新进展而进行的。在我们这个时代，不可能有比运用生态学和进化的框架更好的了，这当然比上个世纪做得好，但决定性的话从未出口。"① 英国历史学家阿诺德·汤因比就是一位典范人物。正是从生态和进化的角度，从人类与其生存环境即大地母亲的相互关系出发，汤因比在晚年创作了与他中年时期创作的"最雄心勃勃的历史书《历史研究》"在风格和主题上迥然不同的《人类与大地母亲》，汤因比重构了人类历史。

我们也到了从生态和进化的角度来重新理解和发展马克思学说，重构

① 加勒特·哈丁著，戴星翼等译：《生活在极限之内》，上海译文出版社2001年版，第147~148页。

马克思主义的时候了。西方学者，特别是北美的一些马克思主义研究者从他们各自的立场、知识背景出发，早在 20 世纪六七十年代就尝试开展这项工作，从而在北美形成了一般生态学马克思主义学派，在诸多的生态学马克思主义者中，美国学者福斯特的工作代表最新进展，并且最有意义，同时也是最坚决坚持马克思的政治立场和理论立场的人。下面就以他提供的线索从正面论述马克思的唯物主义的生态哲学与生态经济学之统一的生态经济学说。

（二）马克思的唯物主义的生态哲学与生态经济学之统一

英国哲学家弗朗斯科·培根在《新工具》中说，"若期待用在旧事物上加添和移接一些新事物的做法来在科学中取得什么巨大的进步，这是无聊的空想。我们若是不愿意老兜圈子而仅有极微小可鄙的进步，我们就必须从基础上重新开始"。[①] 在思考和探讨马克思和生态学之间的关系时，我们就应该以重新理解马克思学说的基础和核心开始，而不是从文字上寻章摘句或做外在嫁接工作。尽管有不少生态学马克思主义者尝试着挖掘或修改马克思思想中的某一个概念或一个具体理论，从不同侧面或理论水平上为我们更深入地理解马克思思想中的生态学思想提供了启发和借鉴，如加拿大学者威廉·莱易斯（William Leiss）和本·阿格尔（Ben Agger）、美国学者霍华德·帕森斯（Howard Parsons）、德国学者瑞尼尔·格伦德曼（Reiner Grundmann）、美国学者詹姆斯·奥康纳（James O'Connor）、保罗·柏格特（Paul Burkett）等，他们都不同程度地承认马克思思想中有生态学思想。但是从基础上重新阐释马克思思想发展史，从哲学上更全面地揭示马克思思想中内在地包含着生态学思想的人，在目前当属美国学者福斯特。他认为"马克思的世界观是深刻的，而且的确是内在的生态的（就当今对这一概念使用的所有积极意义上讲的）世界观，这种生态的观点来

---

① ［英］培根著，许保骙译：《新工具》，商务印书馆 1984 年版，第 16 页。

自他的唯物主义"。① "唯物主义" 是马克思思想中的核心范畴，唯物主义思想是马克思学说中的基础思想，福期特从分析和重构马克思的唯物主义思想发展入手，得出结论马克思的唯物主义思想内在的包含有生态学思想，进而福斯特发展出一种生态唯物主义分析方法，以此来分析和揭示当代主要以资本主义社会发展为主导原因造成的环境生态问题。尤其是福斯特研究了生态学学科发展史中的几个关键人物的思想后指出，生态学思想之所以能发展到如今地步，是以彻底的唯物主义立场为前提的。这样，福斯特就得出这样的结论：哲学唯物主义思想的发展内在包含着生态学思想，生态学思想的发展是以彻底的唯物主义作为自己的前提的，唯物主义和生态学是相互包含、互为前提的。而二者有机的、辩证的结合在马克思的唯物主义思想中得到了最好的体现。

　　综合考察马克思的唯物主义思想发展，我们就能得出结论：马克思形成了本体论的和认识论的意义上的系统的生态的唯物主义世界观。这种唯物主义的生态的世界观最好地体现在生物学家、生态学家巴里·康芒纳（Barry Commoner）所概括的四条生态法则：①每一种事物都与别的事物相关；②一切事物都必须要有其去向；③自然界所懂得的是最好的；④没有免费的午餐。② 对应地，福斯特概括了资本主义经济生产的四条反生态法则：①事物之间仅有的永恒关系是金钱关系；②只要不重新进入资本循环，事物去哪里是无关紧要的；③自然调节的市场懂得的是最好的；④自然的施予是财产所有者的免费礼物。③ 这四条法则是人们研究人类社会与自然之间物质关系应该遵循的自然科学的原则和前提。以此为基础我们可以看出：实践唯物主义的主要内容就是结合人类历史，具体地探讨人类社会与自然界之间的联系及其一般规律，从这个目的出发，我们可以借鉴现代发展起来的基因—文化协同进化论的方法和成果，发展出从人类社会立

---

　　① John Bellamy Foster, *Marx's Ecology: Materialism and Nature*, Monthly Review Press, 2000, p. Ⅷ.

　　② ［美］巴里·康莫纳著，侯文蕙译：《封闭的循环》，吉林人民出版社 1997 年版，第 25～32 页。

　　③ J. B. Foster, *The Vulnerable Planet*, Monthly Review Press, 1999, p. 120.

场出发的劳动进化论。一般劳动是人类社会和自然界之间发生物质和能量转换的中介，人类社会与自然的物质和能量的转换是受人类劳动调节的，而劳动范畴既内含有客观的因素，如劳动资料、劳动工具、劳动对象，又内含有主观能动的因素，如劳动目的等。劳动范畴最好地体现了自然的客观规律和人的自由的辩证统一。马克思、恩格斯从不同的角度对劳动作了深刻研究，如马克思从异化思想和政治经济学角度研究了劳动；恩格斯从劳动在人类社会由自然界中产生并发展起来所具有的根本作用角度探讨了劳动。只要我们立足于当代生态角度，重新审视他们的著作，我们就能发现，马克思学说中不仅是内在地包含有生态学思想的，而且是有生态哲学思想的。

马克思唯物主义的生态哲学的开放性，体现在向经济学、社会学、政治学的延伸上。马克思一生中学术研究对象是由法学而哲学而政治经济学的。这样的转变是有其内在的理由的，特别是马克思由哲学研究对象向政治经济学研究对象的重心转移，是由于马克思的实践唯物主义的哲学本质决定的。马克思的唯物主义的生态哲学还是向自然科学特别是生态学、环境学、现代进化论等开放的。马克思的唯物主义需要这些具体科学的成果作为基础和研究对象，并对这些成果作出概括以形成生态哲学意义上的世界观。在此，我们先就马克思唯物主义的生态哲学与生态经济学之统一的重点概念"物质变换"做一个简要说明。

按照马克思的劳动两重性理论，我们从自然内涵和社会内涵两个层次来分析和概括马克思的物质变换概念。马克思的物质变换概念的自然内涵包括两个方面：一是相关自然界自身的物质变换；二是相关自然界与人类社会间的物质的交换。尽管马克思认识到自然界自身的物质变换的客观性，即物理、化学规律控制的无机界和生理规律控制的有机界的物质变换过程具有不以人的意志为转移的客观规律性，人们对这些规律只能研究、遵从并利用；但是马克思的物质变换概念的自然内涵更主要地体现在自然和社会之间的物质交换。因此，福斯特认为，马克思是从定义一般劳动过程入手来揭示物质变换概念的自然内涵的主要方面的，以创造使用价值为目的的人类一般劳动过程是理论上的自然和社会间物质交换中介。自然和人类社会间的物质变换过程一方面由于渗入了劳动的普遍的现实目的，因而，体现了人类自由的特性，另一方面又由于自然界提供了物质基础。①

　　与人类一般劳动过程相对的是历史的发展的具体劳动过程，资本主义的生产是有史以来最复杂的具体劳动过程。它把一切都卷入了生产和再生产过程中，并且把一切都变成商品，包括人自身的生产和自然及其生产。马克思的物质变换概念的社会内涵在资本主义条件下的具体表现就是资本主义条件下不断产生和复制并发展的复杂的、动态的、相互依赖的各种各样的特殊的具体的需要和各种各样的特殊的具体的关系编织成的综合体。现实的人类社会同自然界间的物质变换，就是通过具体的现实的综合体得以实现的。

　　由此，物质变换概念的自然内涵揭示的是以劳动为中介的自然同社会间的物质的交换，物质变换的社会内涵揭示的则是人类社会内部的产品交换、分配、消费。福斯特认为，这样的物质变换概念允许马克思把人与自然关系表达为这样一个过程和关系：既强调人类赖以生存的"自然条件"又强调人类影响这种生存条件的能力，也即既强调自然客观性又强调在自然面前人类的自由。进一步说，即是资本主义条件下物质变换过程的社会方面同它的自然方面相矛盾，前者是后者的异化表达。正是这种异化表达导致了资本主义条件下的自然和社会间物质变换的异化及自然自身的异化。因此，马克思强调，需要解释资本主义状态下由雇佣劳动和资本及其关系规定的人类生存的无机条件和人类自身的积极的生存状态之间的分裂，这种分裂从物质基础上看就是作为自然的一部分的人与自然的异化，也即自然自身的异化以及作为人与自然间物质交换的中介即劳动的异化。所以，对马克思来说，这个概念能从根本上揭露资产阶级社会所有的异化本质特征。正是这个概念允许我们把它与实践或一般劳动联系起来，从生态哲学上又可以把它与具体劳动过程及作为具体劳动过程的基础的社会制

---

　　①　详见郭剑仁的博士论文：《福斯特的生态马克思主义思想研究》第二章第一节。

度联系起来，从生态经济学上来探讨人与自然的关系。正因为这样，福斯特认为人类与自然之间的物质变换关系是贯穿整个马克思学说的根本观点，这是全面理解马克思学说的关键。于是他把物质变换关系作为生态学马克思主义的核心范畴之一。总之，用现在的话来说，物质变换概念实质上是生态经济概念。因此，马克思的物质变换理论，也可以称之为生态经济理论，也正是这个范畴深刻地体现了马克思的生态哲学和生态经济学的统一。

三、马克思经济学的人学与生态学特征

正确认识和充分把握马克思的生态学思想，是创立生态马克思主义经济学的理论前提。生态科学是与时俱进的科学理论。美国学者詹姆斯·奥康纳认为，在当代"生态科学是科学发展的一个顶峰，正像环境史的书写模式是过去的历史书写模式的一个顶峰一样——生态科学是这样的一门科学"，"其他科学当然也应该是辩证的，但与生态科学相比，他们被限定在一个相对较小的范围内，因此，只有生态科学才是真正辩证科学"。[①] 在他看来，发展马克思主义的当代出路是进行"马克思主义理论的生态学改革"。这正是生态马克思主义经济学研究的基本思路。当然更重要的是运用生态思维的有机整体性对马克思学说的整体性作出一种创造性解读，这就是坚持与发展马克思主义。因为，马克思学说本来说是一个严谨的有机整体，正如马克思所说的"不论我们著作有什么缺点，它们都有一个长处，即它们是一个艺术的整体"。[②] 因此，我们对马克思学说的整体研究、整体把握和整体发展，才能真正创立坚持马克思学说的生态马克思主义经济学。坚持马克思学说的有机整体性不仅是我们准确解释马克思的生态思想与生态经济理论的科学方法，更是准确解释马克思的生态学思想与生态

[①] ［美］詹姆斯·奥康纳著，唐正东译：《自然的理由——生态马克思主义研究》，南京大学出版社 2003 年版，第 117 页。

[②] 《资本论》（书信集），人民出版社 1976 年版，第 196 页。

经济理论的结论。按照这个研究思路，着重探讨马克思经济学的人学与生态学特征。

（一）马克思学说是人的解放和自然的解放相统一

马克思学说中社会历史发展的价值目标是人的解放和自然的解放的统一，这是对人类中心主义和自然中心主义的超越。马克思学说始终把实现人与自然的和谐和人与人的和谐作为现实世界面临的两大变革，并规定为未来社会历史发展的两大任务。这是社会主义、共产主义发展的历史任务。马克思指出，共产主义是私有财产即人的自我异化的积极的扬弃，是对"人的本质的真正占有"；是完成了的自然主义，等于人道主义；是完成了的人道主义，等于自然主义。"它是人和自然界之间、人和人之间的矛盾的真正解决，是存在和本质、对象化和自我确证、自由和必然、个体和类之间的斗争的真正解决。它是历史之谜的解答，而且知道自己就是这种解答。"① 在这里，马克思揭示了人的解放和自然的解放的内在的本质的联系，指明了人的解放和自然的解放的统一性，并把两者作为社会历史发展的价值目标，这与马克思、恩格斯的一贯立场是一致的。对此，我们要强调指出的是，马克思所说的人与自然和人与人矛盾的真正解决，并不是说在共产主义社会条件下人与自然和人与人没有矛盾，而是说共产主义正如胡锦涛同志所说的"实现每个自由而全面发展，在人与人之间、人与自然之间都形成和谐的关系"。② 所以，我们完全可以说，社会主义、共产主义社会应当是人与自然之间和人与人之间双重和谐的高度统一的社会。这样一种社会是"人同自然界完成了本质的统一"，"自然界的真正复活"。因此，马克思所说的社会主义、共产主义概括着现实自然界的高度发展，现实人的高度发展，人与自然界的中介的劳动生产实践的高度发展。这就是人的解放和自然的解放的高度统一。由此可以得出这样一个结论：马克思

---

① 《马克思恩格斯全集》第 42 卷，人民出版社 1979 年版，第 120 页。

② 《胡锦涛在省部级主要领导干部提高构建社会主义和谐化能力专题研讨会上的讲话》，《光明日报》2005 年 6 月 27 日。

学说是人的解放和自然的解放相统一的学说。当然，这是从生态马克思主义的新视角来认识和理解马克思的学说的。

近年来，我国学术界在讨论加强马克思主义理论科学的整体研究，如何给马克思主义下定义时，著名学者高放教授认为："把马克思主义定义为人的解放学，我认为完全符合马克思、恩格斯思想的本意。"他还详细地列举了马克思在这个问题上的论述，得出结论说："整个马克思主义的主题和命题就是无产阶级和全人类的解放，简而言之，就是人的解放。"① 笔者认为，按照传统理论观点，把马克思学说看成与他的生态思想是不相干的，"简而言之，就是人的解放"这个命题是无可非议的，是真理。但是，按照马克思是从人对社会的关系和人对自然的关系两个方面来考察人的解放和自由而全面发展问题，很明显，这种看法确实忘却了人不仅生活在社会世界，而且首先生活在自然的世界，即"忘却了自然"，是不全面的。

马克思在《1844 年经济学哲学手稿》中就提出了"解放自然，使整个自然界复活"的光辉思想，并认为只有共产主义社会条件下，人与自然之间的和谐协调关系才有可能真正建立起来，自然的人道主义和人的自然主义才有可能达到完美的结合与统一。我们可以体会到马克思的学说是他的生态学思想和经济学思想的内在统一。这种思想一直贯彻到《政治经济学批判》、《资本论》之中，这些重要著作视自然、人、社会是一个有机统一整体的基础上，提出了"人的发展三阶段"的理论，从而阐明了人的解放、自然的解放与社会的解放的相互关系。在这个问题上，马克思一贯主张，要从解放社会问题入手，解决自然问题，只有改变不合理的社会制度，变革生产关系，才有可能使自然界真正复活，才能最终实现人的解放及自由而全面发展。因此，按照马克思的思想，社会的解放与人的解放是自然的解放的先决条件，而社会的解放与自然的解放则是人的逻辑前提，因为，在马克思看来，人的解放就其一般意义上说，应当包括人从自然界和社会关系中获得自由这两个方面的含义，使得人的解放只有在现实自然

---

① 高放：《加强对马克思主义科学的整体研究》，《马克思主义与现实》2005 年第 3 期。

的、社会的世界中并利用现实的手段，才能实现真正的解放及自由而全面发展。可见，马克思学说对人的关注与对自然的关注是完全统一的，即是说马克思学说是把社会的解放、人的解放与自然的解放有机统一起来的理论体系。正如有的学者所说的，在人类思想史上，马克思是第一个探讨人的解放、社会的解放与自然的解放的三者之间关系的思想大师。今天，我们以与时俱进的态度研究马克思学说，在 21 世纪的生态时代与可持续发展经济时代，我们完全可以这样说，在人与人的发展关系上，无产阶级只有解放全人类，才能最终解放自己；在人与自然的发展关系上，无产阶级只有解放自然才能最终解放自己。"正是在这个意义上说，马克思学说是人类解放和自然解放的学说，这是生态马克思主义经济学的最高价值与最高原则。"①

（二）马克思经济学的人学与生态学之统一

既然马克思学说是人类解放和自然解放的学说，它就必然具有鲜明的人学与生态学特征。而"马克思的经济学说是马克思的理论最深刻、最全面、最详细的证明和运用"。② 这就使得马克思经济学更加具有鲜明的人学与生态学意蕴，正是从这个意义上说，马克思经济学是人学与生态学的内在统一。

1. 马克思经济学的人学特征。

首先，从世界经济学说史来看，经济学是研究人的科学，这不仅是马克思主义经济学的基本观点，也是一些进步的西方经济学家的基本观点。例如，法国经济学家弗雷德里克·巴斯夏就提出："政治经济学的研究对象是人，是从需要及满足需要的手段这个角度来考虑人。"③ 英国经济学家马歇尔也指出："经济学是一门研究财富的学问，同时也是一门研究人的学

---

① 刘思华：《生态马克思主义经济学论纲》，《海派经济学》2005 年第 11 期。

② 《列宁选集》第 2 卷，人民出版社 1960 年版，第 588 页。

③ ［法］巴斯夏著，许明龙译：《和谐经济论》，中国社会科学出版社 1995 年版，第 85 页。

问。"① 其后，法国经济学家佩鲁还认为，科学的经济学应当是把追求人的发展和社会的发展作为价值目标，以此指出一条研究路线。他说："要对世界历史的各种事实和现在的世界状况作出清楚的分析，看来无论如何需要从人的解放指出一条可以接受的一般研究路线，并指出每个人以及整个人类多方面的、全面的发展方向。"② 这些思想资料告诉我们，科学的经济学是为了人的科学，是为了人的生存与发展的经济学，因而人的生存与发展应当是科学的经济学所追求的最高价值目标。

其次，马克思学说在人类思想发展史上，才是真正的、科学的学说，是真正的关于人的科学。马克思把人的概念和实践概念统一起来，认为人的本质是实践，人的本质的对象化就是人的对象化的实践，不仅改变外部自然界，创造了物质财富；而且更重要的是改变着人自身，重塑着人的本质。因此，马克思人学内涵赋予实践的特质，使马克思学说具有人学观和实践观本质统一的特征。马克思指出："全部人的活动迄今都是劳动，也是工业"，"通过工业——尽管以异化的形式——形成的自然界，是真正的、人类学的自然界。""全部历史是为了使'人'成为感性意识的对象和使'人作为人'的需要成为［自然的、感性的］需要而作准备的发展史……自然科学往后将包括关于人的科学，正象关于人的科学包括自然科学一样，这将是一门科学"。③ 从这里，我们可以看到，在马克思视野内，无论是发展着的劳动实践还是理论研究（包括自然科学研究），都是为了人，忘记了人，就是无稽之谈。正是基于这种人学立场，马克思、恩格斯反复强调，社会历史发展的根本标志是把人的解放、人的发展作为终极目的，未来的理想社会——共产主义社会应该是"以每个人的全面而自由的发展为基本原则"，④ 人的解放与自由而全面发展这一共产主义的基本原则，就规定了马克思与马克思主义经济学是为了人的科学，是为了人的解放与自

① ［英］马歇尔著，朱志泰译：《经济学原理》，商务印书馆1981年版，第23页。
② ［法］佩鲁著，张宁等译：《新发展观》，华夏出版社1997年版，第175页。
③ 《马克思恩格斯全集》第42卷，人民出版社1979年版，第127~128页。
④ 《马克思恩格斯全集》第23卷，人民出版社1972年版，第649页。

由而全面发展的经济学。

　　再次，马克思经济学是关于人的科学，是一种新的人学观。近年来学术界发现，随着对《黑格尔法哲学批判》、《1844 年经济学哲学手稿》、《关于费尔巴哈的提纲》、《1857—1858 年经济学手稿》、《资本论》等马克思著作的重新研究，人们发展马克思经济学是研究人的科学，都包含丰富的人学意蕴，具有非常明显的人学特质。这突出表现在马克思经济学研究人是以"现实的人"为出发点和落脚点，把人的解放与自由而全面发展作为他的经济学说的最高的、终极的价值目标。因此，正如万光侠先生所说的：马克思经济学与西方经济学的区别，不在于是不是研究"人"，而在于研究什么样的"人"，怎样去研究"人"。笔者还加一点，研究"人"的目的是什么。马克思在《政治经济学批判》中阐述政治经济学研究对象时明确指出："在社会中进行生产的个人，——因而，这些个人的一定社会性质的生产，当然是出发点。"① "这些个人"不是孤立的单个人，而是现实的人，即"不是处在某种虚幻的离群索居和固定不变状态中的人，而是处在现实的、可以通过经验观察到的、在一定条件下进行的发展过程中的人"。② 这种"现实的人"具有自然的、社会的、历史的人的特质，它凝结着人与自然、人与人、人与社会、现实与历史的最基本、最普通的关系。这一概念的提出，表明了马克思经济学哲学与旧经济学哲学的分野，实现了马克思学说的历史起点和逻辑起点的统一。因此，马克思主张以它作为政治经济学分析的出发点与归宿，对人的经济活动进行分析，既反对对人进行主观假设，又反对把人的范畴永恒化。马克思批判亚当·斯密、李嘉图把那个时代的个人不是看作历史的结果，而是看作历史的起点，并认为合乎自然的个人不是历史中产生而只是由自然造就的观点。同样，马克思也批判费尔巴哈由于把人的范畴永恒化而走向唯心史观的观点。他指出："要从费尔巴哈的抽象人转到现实的、活生生的人，就必须把这些人当作

① 《马克思恩格斯全集》第 46 卷（上），人民出版社 1979 年版，第 18 页。
② 《马克思恩格斯选集》第 1 卷，人民出版社 1995 年版，第 73 页。

在历史中行动的人去考察。"① 马克思批判费尔巴哈把人的范畴永恒化，也就是反对把人的本质看成是永恒不变的，不是随着社会历史发展而改变的，因而马克思也就反对把人看成是天生的、永远自私的经济动物。

2. 马克思经济学是价值取向与科学取向的统一，这是马克思经济学说的基本精神。这种统一性在他的经济学说中充分体现出来了。当马克思把观察视野真正转向现实中的时候，他发现了现实的人的真实处境——异化，人类的本质的异化及人与人的异化；进而发现资本主义不是没有解放生产力，而是没有解放人，这是一方面。另一方面，马克思把观察的视野真正转向现实的自然界即"人类学的自然界"的时候，他发现了现实的自然界的真实处境——异化，自然的异化及人与自然的异化。这就是资本主义的生产力发展并没有能够使人和自然获得实际的解放，反而使人与自然处于深刻的异化状态。因此，马克思对资本主义经济制度的批判，在很大程度上是从人与自然的价值和人与人的价值出发的。在马克思看来，资本主义剥削制度的非正义性、非人道性和反自然性，不仅在于资本主义生产方式的内在矛盾，而且在于资本主义剥削制度对于人的剥削与压迫，对于自然的掠夺与破坏；在于资本主义对人与自然的摧残，对人与自然的价值的否定。这样，马克思的经济学研究揭露了资本主义经济制度背离人类和自然的基本价值的价值取向，由此得出了资本主义必然灭亡，社会主义必然胜利的科学结论。因此，要使人获得解放与自由而全面发展，要使自然获得解放与高度发展，即自然界的真正复活，就必须变革资本主义社会制度，建立新的社会制度——实现社会主义、共产主义。于是，马克思在建立和发展他的政治经济学时，始终是把人的解放与发展、自然的解放与发展作为自己的经济学说所应追求的最高的、终极的价值目的。所以，马克思经济学与以往的一切经济学不同，它公开宣称是无产阶级和最广大劳动人民的经济学。在此，需要指出，马克思没有把这个价值目的当作一个抽象的原则，而是看作社会历史的产物。他站在历史辩证法的立场上，既批

---

① 《马克思恩格斯选集》第 4 卷，人民出版社 1995 年版，第 241 页。

判资本主义剥削制度框架中生产力的发展、物质财富的增长具有否定人和自然的性质,又阐明人和自然的解放离不开生产力的高度发展。自由王国存在于物质生产领域的彼岸,但是它"只有建立在必然王国的基础上,才能繁荣起来"。①

　　然而,现代西方经济学尤其是新自由主义经济学,公然否定资本主义必然灭亡,认为"历史将终结于资本主义",资本主义制度是最完善、最美好的、最有效率的制度,极力鼓吹资本主义私有制永恒论。因此,他们把经济学定义为研究资源有效配置的学说,不仅忘记了人、忘记了社会,而且忘记了自然,把单纯追求物质财富的积累、经济的增长和利润的最大化作为最高价值和目的,使现代经济学发展误入歧途。其实,正如有的学者指出的,"这样的经济学实际上包含了深刻的价值取向,那就是否定资本主义的'恶',同时也否定社会主义的'善',并以所谓'价值中立'掩盖其价值目的"。② 尤其是以其遮蔽西方经济学的资产阶级思想的庸俗性和资本主义私有的辩护性的本质。

　　3. 马克思经济学的人学特征与生态学特征是统一的。上面,我们恢复了马克思经济学双重价值取向的本来面目,即是人的解放与自由而全面发展和自然的解放与高度发展的有机统一。这就使得马克思经济学具有鲜明的人学特征的同时,也具有鲜明的生态学特征,两者是内在的统一。前面,从马克思学说的文本论证了马克思学说内在地包含有生态学思想,并阐明了当年马克思所设想的共产主义社会是人与自然、人与人双重和谐协调发展的生态文明社会。它是人的自然主义和自然的人道主义的统一,是自然界的真正复活,这就自觉地表达了马克思学说和马克思经济学说的生态学特质。在此,再强调几点:

　　第一,马克思在自己思想发展过程中,从来都是把共产主义和人的解放与自由而全面发展紧密联系在一起,与此同时,他还把共产主义和自然的解放与高度发展紧密联系在一起,把共产主义看成是"人与自然完成了

---

① 《马克思恩格斯全集》第25卷,人民出版社1974年版,第927页。
② 胡贤鑫:《论经济评价》,《哲学经济学评论》文集,中国财政经济出版社2002年版。

的本质的统一"，是"自然界的真正复活"，作为共产主义的理想目标加以肯定，并把自然的解放与人的解放同共产主义的理想目标结合起来，作为自己及其学说的理想目标。

第二，马克思关于人的两重性理论，阐明了人和自然的联系和人与社会的联系构成人的现实发展，这种现实发展是通过人在劳动生产过程中同时发展两个方面的关系来实现的。对此，马克思反复强调，人的两重性在人的劳动生产实践活动中同时发生两个关系：一是人及其劳动生产实践活动同自然环境的关系，即人与自然的自然生态关系；二是人及其劳动生产实践活动同社会环境的关系，即人与人的社会经济关系。这两方面的关系没有逻辑先后和时间先后的区分，在劳动生产实践活动过程中不是分离存在的，而是统一的。马克思的经济学正是这种统一性的理论表现。

第三，如前所说，现实的人是马克思经济学研究的出发点，这个出发点凝结着人与自然、人与人、人与社会、现实与历史的最基本、最普遍的关系。这样，马克思经济学是研究人的科学，就必然要研究人与自然、人与人、人与社会之间和谐协调发展关系，揭示出人、社会与自然和谐协调发展的客观规律。我们仅就人与自然和谐协调关系来说，从价值学与人学视角来看，人与自然和谐协调关系的价值目标，在于人的解放、人的发展。而从价值学和生态学的视角来看，人与自然和谐协调关系的价值目标，不仅在于人的解放、人的发展，而且更在于自然的解放、自然的发展。换言之，是人的解放与发展和自然的解放与发展的有机统一。这一终极理想目标，显示出人学与生态学的内在统一，这是马克思经济学的最重要的理论特征。

四、生态马克思主义经济学的基本框架

构建生态马克思主义经济学，反映了我国马克思主义经济学家自觉地开展马克思主义理论研究和工程建设，使马克思的生态学思想与生态经济理论研究的最新成果及时纳入到发展着的马克思主义经济学学科建设之中，丰富、创新和发展马克思的经济学和生态经济学说。

（一）构建生态马克思主义经济学的根本方法与基本原则

构建生态马克思主义经济学的基本原则和根本方法，从指导思想上来说，主要有：一是辩证唯物主义和历史唯物主义的世界观和方法论，说得再具体点，唯物主义历史观和唯物主义自然观相统一的科学世界观，自然辩证法和历史辩证法相统一的科学方法论。二是马克思主义始终不渝地强调和坚持共产主义的最终目的是要解放无产阶级和全人类，从这个意义上说，共产党人可以把自己的理论概括为一句话：消灭私有制，① 实现共产主义。三是马克思经济学的理论体系始终贯彻的最鲜明的政治立场，就是实现无产阶级和最广大人民群众的根本利益。四是马克思主义具有与时俱进的理论品质，是随着实践的发展而发展的。用与时俱进的态度研究马克思、恩格斯的原典，准确解读他们的文本，把马克思主义基本原理同当今世界和当代中国具体实践紧密结合起来，在实践的基础上推进理论创新，开辟马克思主义经济学发展的新境界。五是把马克思主义经济学的阶级性、实践性、科学性这三个根本特征有机统一起来，深入研究马克思主义经济学中国化的创新成果，继续推进马克思主义经济学中国化，创立中国特色生态马克思主义经济学，这是坚持和发展马克思主义经济学的题中应有之意。

在马克思生活的那个时代，因特殊的社会历史与实践的限制，使得马克思不可能就生态问题与生态经济问题进行专门的系统研究。他就没有专门的生态哲学和生态经济学著作。因为，马克思、恩格斯的生态学与生态经济理论，都与他们的经济学哲学与科学社会主义学说熔于一炉。或者说，马克思、恩格斯的生态学思想与生态经济理论，是星散在他们的经济学哲学理论与科学社会主义学说之中，是很有前瞻性的，在很大程度上超越了时代的局限。可是，长期以来，马克思学说中一些基本观点被误解，

---

① 《马克思恩格斯选集》第 1 卷，人民出版社 1995 年版，第 286 页。

他的生态学思想与生态经济理论被忽视、被遗忘，因此，重新解读马克思，把被误解的观点恢复本来面目，使被忽视、被遗忘的理论凸显出来，使其熠熠闪光！这是时代的话题，是当代马克思主义经济学家的历史使命。

那么，如何重新解读马克思经济学说及生态学思想和生态经济理论呢？在国内外种种解读马克思学说的思路和方法中，实际存在有"五种"解读方式：解释、发现、发展、重构、解构马克思等。本书主要采用前三种方法：①解释马克思，这是对马克思的客观性解读，通过马克思、恩格斯原著文章的研究，搞清楚马克思的原典，在马克思学说的整体性上，准确地解读马克思经济学说及生态学思想与生态经济理论。②发现马克思，这是对马克思原典的发现，通过对马克思原著文本的客观性诠释的基础上，发现它的更多的意蕴，尤其发现原典的隐藏的、延伸的生态学与生态经济意蕴。③发展马克思，这是对马克思原典的丰富、创新与发展，通过根据新的社会历史条件和不断发展变化的客观实际，用马克思主义的价值取向与科学取向相统一进行理论创新，这是对马克思经济学说所作的一种创造性解读，即马克思理论的当代解读，它是用与时俱进的态度研究马克思原典的集中表现。这样，我们在马克思生态思想与生态经济理论领域，就能够构建马克思生态经济理论的当代形态，这就是生态马克思主义经济学这一新的马克思主义经济学形态。这是当代马克思主义经济学发展的新境界。

笔者在《生态马克思主义经济学论纲》一文中提出了建构中国特色生态马克思主义经济学几条重要的具体原则，简述如下：

第一，坚持马克思学说的整体性和综合运用马克思主义三个组成部分研究相统一的解读原则。创建生态马克思主义经济学，必须加强马克思学说的整体研究。在这里，所谓整体研究有三层含义：一是我们今天回头来从马克思学说的整体性上解读马克思、恩格斯的光辉思想与伟大理论，就不难发现马克思学说中蕴藏着丰富的生态学与生态经济学观念与理论，为形成生态马克思主义经济学提供了基本理论。二是遵循马克思的科学世界观和方法论，尤其是依据马克思的自然——历史观，把自然、人、社会看作是一个统一的有机整体，使马克思学说中人、社会和自然界之间的发展关系问题成为马克思学说的基础与灵魂。事实上，马克思从创立自己的学说开始就提出三个关键——自然界、人和社会及从它们有机统一中探讨人类社会发展的客观规律。三是从马克思学说的各个组成部分之间的有机联系对马克思生态经济思想进行综合研究，即是对各个组成部分分科研究更高层次地整合马克思生态经济思想的理论基础，从而提供马克思主义哲学、经济学、社会学尤其是马克思生态学的理论基础。

　　第二，必须符合马克思学说的基本内容、基本原则、精神实质和思路方法，尤其是要体现马克思的生态学与经济学之统一的理论，从而寻求中国经济社会和生态自然相互适应与协调发展的理论原则。长期以来，传统经济学，无论是西方经济学还是东方经济学，都是以生态自然与经济社会相脱离为显著特征的，传统马克思主义经济学也未能摆脱这个窠臼。在理论上，它没有把马克思的生态学思想纳入经济学的理论框架，因而在传统马克思主义经济学那里，马克思的经济理论和它的生态学思想是不相干的，他们未能从生态学的意义上揭示自然生态环境对于现代人类文明发展及现代经济社会发展的意义。在实践上，它忽视了资本主义工业文明造成的人与自然的异化及自然异化的现实，尤其是忽视了在社会主义文明发展进程中依然会存在这种现实，无视自然生态环境对包括资本主义和社会主义在内的现代经济社会发展的决定性基础作用，从而使得传统马克思主义经济学失去了解决当今全球生态危机与可持续发展问题的发言权与指导作用。因此，传统马克思主义经济学发展的一个重要方面，就是要重视马克思的生态学思想，在自身理论框架纳入马克思的自然生态环境理论，以适应现代文明发展的客观需要。与此同时，更重要的任务，则是创建生态马克思主义经济学这一新的马克思主义经济学形态。从马克思的生态学和经济学的内在统一上，围绕着人类经济活动与自然生态之间的发展关系这个主题，来揭示现代生态经济系统运动与发展的客观规律。为此，我们要从生态自然和经济社会的层面上复兴马克思生态经济理论，克服传统马克思主义经济理论不能解决或不能完全解决的人类社会经济活动与自然生态环境之间发展关系的缺陷，最终全方位地确立马克思与马克思主义经济学对解决现代人类生存危机和现代社会经济不可持续发展危机问题的发言权和指导地位。这是马克思主义经济学说史上的一次质的飞跃，使马克思经济学研究真正成为当今世界经济学的学术前沿。

第三，必须反映当今时代的主题和建设中国特色社会主义的基本实践的实践原则。马克思指出："一切划时代的体系的真正的内容都是由于产生这些体系的那个时期的需要而形成起来的。所有这些体系都是以本国过去的整个发展为基础的。"① 因此，中国的生态马克思主义经济学研究，是围绕着马克思经济学说的当代价值这一主题而展开，它的理论将会展示马克思是生态经济可持续发展理论早期探索者，是科学发展观与社会主义和谐社会思想先驱的当代风貌。马克思学说是"最完整深刻而无片面性的关于发展的学说"。按照马克思自然—历史观，科学发展观应当是社会经济发展观和自然生态发展观的统一，其核心是以人为本和以生态为本的统一。在马克思的科学社会主义、共产主义学说中，人类千百年来所共同追求的和谐社会理想，只有到社会主义、共产主义才能真正实现，共产主义文明发展是人与自然和人与人之间协调和谐关系的最高境界。物质生产力的高度发展，形成经济和谐；自然界的高度发展，形成生态和谐，这是社会主义、共产主义文明发展的两块基石。我们完全可以说，社会主义和谐社会是对社会主义的生态与生态经济属性和生态经济特征的最充分表达。因此，构建生态马克思主义经济学的实践目标，就是要为中国社会主义文明发展从工业文明向生态文明的创新转型提供全新的思路，从而全面发挥马克思主义经济学对落实科学发展观、建设社会主义和谐社会、推动社会主义文明全面协调可持续发展的指导与促进作用。

第四，两个结合的梳理原则。加强生态马克思主义经济学研究，不仅要加强马克思、恩格斯学说及马克思主义基本原理的研究，而且还要对中

---

① 《马克思恩格斯全集》第 3 卷，人民出版社 1960 年版，第 544 页。

国化马克思主义即马克思主义中国化的三大理论成果，对我们党十六大以来的理论创新成果在这方面新发展进行研究；不仅要对中国化的马克思主义即政界马克思主义生态经济可持续发展思想研究，还要对中国学术界马克思主义生态经济可持续发展理论的丰硕理论创新成果加以研究，从生态马克思主义的新高度进行追根溯源的全面梳理、科学总结，形成中国特色生态马克思主义经济学，这是马克思主义经济学说与时俱进的新发展。

（二）　中国特色生态马克思主义经济学的理论架构

　　首先要认识和确定生态马克思主义经济学的研究对象。马克思经济学的人学特征，就彰显出马克思主义经济学应当是研究人的发展的科学，用今天的话来说，应该是"以人为本"的经济学。我们用"以人为本"的概念确证了人的解放与自由而全面发展的理论客观性和实践合理性，表示对无产阶级和最广大人民群众利益的关注，把它作为研究经济运行与发展的出发点与终极目的。马克思经济学的生态学特征，就彰显出马克思主义经济学应当是研究生态发展的科学，用今天的话来说，应该是"以生态为本"的经济学。我们用"以生态为本"的概念确证了自然的解放与多样性而高度发展的理论合理性与实践合理，表示对自然生态利益的关注，把它作为研究经济运行与发展的基础与终极目的。因此，马克思经济学是人的解放与自由而全面发展和自然的解放与多样性而高度发展有机统一的学说，这正是生态马克思主义经济学的最高价值与最高原则。这种价值与原则为它奠定了最终合法性和科学性的基础。正是从这个意义上说，生态马克思主义经济学是从马克思的人学和生态学之统一上，围绕着人的解放与发展和自然的解放与发展之间相互关系这个中心，研究人的可持续生存与自由而全面发展和与自然的可持续生存与多样性而高度发展之间的矛盾运动过程中发生的生态经济问题和所体现的生态经济关系这个主题，阐明产生它们的生态经济社会原因及其解决问题的理论原则，从而揭示人的解放与发展和自然的解放与发展有机统一运动发展规律，旨在协调人的可持续生存与自由而全面发展的经济活动和自然的可持续生存与多样性而高度发展演化的发展关系，寻求实现经济社会与生态自然双赢发展目标。简言之，我们可以把生态马克思主义经济学定义为，是以马克思的生态学和经济学结合上，着重研究人的解放与自由全面发展和自然的解放与多样性而高度发展之间矛盾运动过程中发生的生态经济问题和所体现的生态经济关系发展规律及其机理的科学。这是新的马克思主义经济学形态，从马克思主义学派的视角来界定，就称之为生态马克思主义经济学。为了与过去纯粹的马克思主义经济学相区别，也可以称之为广义的马克思主义经济学。

从上述原则和要求来说，笔者认为，建构生态马克思主义经济学的理论框架，应当包括六个不同层次的内容：一是有一个基本前提即理论基础，这就是从马克思学说的整体上研究马克思生态经济思想，奠定生态马克思主义经济学深厚的马克思主义哲学、社会学、经济学和生态学基础；二是有一个科学的逻辑起点，即是马克思的二重性学说，它是生态自然因素与经济社会因素的内在统一，成为研究生态马克思主义经济学的逻辑起点；三是有一个鲜明的主线，即马克思的人类同自然界之间物质变换的生态经济关系理论，它是对生态经济本质的深刻揭示，笔者称之为生态经济本质论，这一本质决定了马克思学说的发展观是经济社会发展观和生态自然发展观的有机统一，就成为生态马克思主义经济学的生命线；四是有一个客观的核心理念，马克思的生态环境内因论，这是自然生态环境从经济运行与发展的外生变量转化为内生变量，使 21 世纪经济理论的创新与发展，将会围绕着建构生态环境内生化的可持续经济运行与发展而展开，就必然成生态马克思主义经济学的核心理念；五是有一条根本规律，这就是生态经济协调可持续发展规律，它是生态马克思主义经济学发展观的基本规律，笔者称之为"生态经济双赢定律"；六是一系列崭新的基本理论，这主要有生态经济价值理论、二重性理论、物质变换理论、生态环境内生化理论、全面生产理论、广义生产力理论、物质循环理论、可持续性发展理论、全面发展文明理论等，它们构成了生态马克思主义经济学主体部分的基本理论。

创建生态马克思主义经济学的学术条件已经成熟。早在 20 世纪 80 年

代初期，以杰出的马克思主义经济学家许涤新先生为代表的中国生态经济
学家们，在创建中国生态经济学过程中，就涉及生态马克思主义经济学的
某些内容。作为中国生态经济学奠基人的许涤新在 1983 年纪念马克思逝世
一百周年的时候发表的《马克思与生态经济学》一文中说："马克思在他
的许多著作中，特别是在他的不朽的《资本论》中，曾多次提出生态平衡
和人类与自然之间的物质变换等问题。""马克思的关于劳动过程是人类同
自然之间的物质变换，不言而喻地包含了生态体系的意义，具有人类（结
成社会的人类）与他们所处的环境系统之间的相互关系的意义"。"这些问
题，正是生态经济学所要探讨的重要内容"。这就开启了中国生态马克思
主义经济学研究的先河。

　　在许涤新先生的倡导下，笔者同我国最早从事生态经济学研究的程福
祜等人，对马克思经济学与现代生态学之间的内在联系与关系进行了某些
研究，突出表现在：笔者于 1989 年出版的《理论生态经济学若干问题研
究》（荣获全国高校首届人文社科优秀成果二等奖）和程福祜先生 1993 年
出版的《环境经济学》，对生态马克思主义经济学的一些基本原理和重要
内容进行了研究。因此，我们认真梳理我国学术界以往研究生态经济学、
生态哲学、生态社会学及可持续发展理论中有关生态马克思主义经济学的
成果，从经济学形态的变革上概括其生态马克思主义经济学的基本范畴、
基本理论、基本特征，创立中国特色生态马克思主义经济学，这是当代中
国马克思主义经济学创新与新发展的战略任务，是 21 世纪生态时代呼唤着
马克思主义经济学有更大发展，可持续经济实践呼唤着马克思主义生态经
济理论有更大作为的客观要求。

第一篇

马克思生态经济思想的理论基础

我们从马克思学说的整体研究来论述马克思生态学思想与生态经济理论在马克思学说理论体系中的重要地位之后，还有必要研究它与马克思主义理论体系的各个组成部分之间的交叉与整合的关系，进一步阐明马克思生态经济学说和整个马克思主义经济学说一样，是马克思主义全部理论的科学证明与深刻运用。本篇，我们就对马克思生态经济思想进行哲学、社会学、经济学和生态学综合研究与统合探讨，阐述马克思生态经济学说的理论基础，也就是生态马克思主义的哲学、社会学、经济学和生态学的理论基础。

第一章　马克思生态经济思想的哲学基础

在科学发展史上，马克思第一次对自然环境与人、社会的相互关系进行全面考察和总体思考，把这个深奥的哲学问题放到经济的、社会的、历史的经验事实中去考察，创立了辩证的、实践的、历史的唯物主义人与自然统一学说，从而奠定了马克思生态经济思想的哲学基础。正是这种最广义的马克思主义自然环境理论，使得马克思的自然环境理论及人与自然学说体现着人类经济活动和自然生态环境相互关系的生态经济思想。在此，兹摘其要者研究如下几个重要问题。

一、"自然界的优先地位"的哲学与经济学之统一的科学论断

马克思多次申明自己的唯物主义立场，完全承认和坚持自然界对于人类的优先地位的不可动摇性。他在《1844 年经济学哲学手稿》、《德意志意识形态》等书中，批判黑格尔等人的唯心主义自然观和费尔巴哈等人的机械唯物主义自然观时，明确提出了"外部自然界的优先地位"，[①] 这是马克思主义关于自然界对于人类及人类社会的优先地位的科学论断，是马克思、恩格斯把自然界的客观实在性和存在优先性看作我们认识自然的逻辑前提，是哲学与经济学之统一的生态经济思想。随着现代经济社会与生态自然环境矛盾的日益加剧，自然界对于人类及人类社会的优先地位问题也

---

① 《马克思恩格斯全集》第 3 卷，人民出版社 1960 年版，第 50 页。

就日益明显。长期以来，国内外学者对马克思在这里所说的"外部自然界"的自然概念，大都是作为一般哲学范畴，从最广义的自然概念去理解，即主要是用哲学理论考察它的基本哲学意义。现在，我们遵循马克思主义的历史唯物主义和政治经济学的交叉与整合特征，用哲学理论和经济学理论之统一来挖掘这个光辉思想的生态经济意义是非常必要的。

（一）自然界的客观实在性和存在的先在性

在马克思的自然环境概念中，构成马克思主义自然环境理论的唯物论基础的一个基本含义，就是自然是一切存在物的总和，是物质实在，是客观世界。马克思在《1844年经济学哲学手稿》中，就把自然看成是人的感觉、激情之类的东西的"真正本体论的本质"，认为只有通过"感性地存在"着这种本体论本质的对象事实才能"真正肯定自己"。[①] 在《政治经济学批判》导言中，马克思多次谈到自然是指"一切对象的东西，包括社会在内"，[②] 他还经常在相同的意义上使用自然、物质、"全部实在"等概念。在《神圣家族中》，马克思批判布·鲍威尔的唯心论自我意识哲学时，他把"自然力"与精神相对应，就如存在对于思维、客体对于主体一样。[③] 很明显，这样的自然概念，是与物质、存在、客观世界几乎等价的概念。正因如此，马克思在批判费尔巴哈时就强调自然界存在的先在性。他指出："这种先于人类历史而存在的自然界，不是费尔巴哈在其中生活的那个自然界"。[④] 可见，先于人类及人类社会而存在的外部自然界无疑是物质的、客观实在的。即使是人化的、作为人类实践活动尤其是经济实践活动作用结果的自然界，也是物质的、客观实在的。

这种客观实在性和在本体论意义上的先在性，是强调自然对人及社会的本原性。马克思主义认为，作为社会产物的人，归根到底是自然界长期

---

① 《马克思恩格斯全集》第42卷，人民出版社1979年版，第150页。
② 《马克思恩格斯选集》第2卷，人民出版社1995年版，第29页。
③ 《马克思恩格斯全集》第2卷，人民出版社1957年版，第180页。
④ 《马克思恩格斯全集》第3卷，人民出版社1960年版，第50页。

发展的产物，没有自然界就没有人本身。恩格斯在《反杜林论》中明确指出："人本身是自然界的产物，是在他们的环境中并且和这个环境一起发展起来的"。① 所以，马克思、恩格斯都在本体论意义上看到人类及人类社会都是自然界发展进化的结果，是从自然界中逐渐派生出来的。我们完全可以说，从自然对人类及人类社会的本原性来说，人类和人类社会都是自然界不同形式的表现而已。

自然界在本体论意义上的本原性和优先地位，就从根本上规定了自然界是人类及人类社会存在的根源性基础。按照马克思把自然作为全部存在的总和及最广义的物质世界来理解，自然界当然就是最先的、最基础的存在。因而，就自然与人的关系来看，自然界无疑是人的存在及其一切实践活动的基础与前提。马克思指出，无机的自然界是人赖以生存的基础。从理论领域来说，自然界（包括植物、动物、石头、空气、光等等）是人的科学和艺术的对象，"是人必须事先进行加工以便享用和消化的精神食粮"；从实践领域来说，自然界是"人的生活和人的活动的一部分"，"人的普遍性正表现在把整个自然界——首先作为人的直接的生活资料，其次作为人的生命活动的材料、对象和工具"。② 这样，人的客观的、社会的实践本质决定了在人与自然关系这对范畴中，人是自然的对象物，人的任何性质的实践活动及其活动方式，归根到底是由自然决定的。因此，马克思、恩格斯在他们的哲学与经济学著作中，都从多视角研究了自然环境是人类及人类社会存在与发展的自然生态基础问题。在此，我们强调两点：

1. 自然界是人类生存的基本条件，是人类社会存在的客观基础。马克思在《1844 年经济学哲学手稿》中强调自然的物质实在性和存在的优先性，他明确指出："没有自然界，没有感性的外部世界，工人就什么也不能创造。它是工人用来实现自己劳动，在其中展开劳动活动，由其中生产出和借以生产自己的产品的材料。"这是因为，自然界一方面"在更狭隘的意义上提供生活资料，即提供工人本身的肉体生存所需的资料"；另一方

---

① 《马克思恩格斯全集》第 20 卷，人民出版社 1971 年版，第 38~39 页。
② 《马克思恩格斯全集》第 42 卷，人民出版社 1979 年版，第 95 页。

面，又在更广泛"意义上给劳动提供生活资料，即没有劳动加工的对象，劳动就不能存在"。① 正因如此，马克思、恩格斯在《德意志意识形态》中谈到历史的前提时认为，"任何历史的第一个前提无疑是有生命的个人的存在。因此第一个需要确定的具体事实就是这些个人的肉体组织，以及受肉体组织制约的他们与自然界的关系。"其中既包括了"人们自身的生理特征"，也包括了"各种自然条件——地质条件、地理条件、气候条件以及人们所遇到的其他条件"。他们还强调指出："任何历史记载都应当从这些自然基础以及它们在历史进程中由于人们的活动而发生的变更出发。"② 接着，在批评旧历史观没有把以自然为对象的物质生产实践作为历史的现实基础时，他们进一步指出："过去的一切历史观不是完全忽视了历史的这一现实基础，就是把它仅仅看成与历史过程没有任何联系的附带因素。"③

2. 自然环境在不同社会发展阶段的社会生产和人类生活都具有决定性的基础作用。马克思在《资本论》中分析人类劳动过程时就认为，自然界是人类劳动的现实基础，尤其是在揭示资本主义经济运动时，详细考察了社会生产力的发展变化，把包括自然资源和自然环境在内的自然生态条件视为劳动生产力的决定性基础，在分析了人类劳动的外部自然生态条件时指出："生活资料的自然富源，例如土壤的肥力，鱼产丰富的水等等；劳动资料的自然富源，如奔腾瀑布，可以航行的河流、森林、金属、煤炭等等。在文化初期，第一类自然富源具有决定性的意义；在较高的发展阶段，第二类自然富源具有决定性的意义。"④ 在社会生产力发展的初期，人类生产技术水平低下，劳动资源十分简单，人类主要是依靠自己的劳动从自然界中获取食物、衣着、住宅等生活资料，以实现自己作为生物的新陈代谢过程和其他生命过程，从而维持自己的生存和社会的发展。从这个意义上说，充当生活资料的自然资源在人类社会发展初期的生产力发展中具

① 《马克思恩格斯全集》第 42 卷，人民出版社 1979 年版，第 92 页。
② 《马克思恩格斯全集》第 3 卷，人民出版社 1960 年版，第 23~24 页。
③ 《马克思恩格斯全集》第 3 卷，人民出版社 1960 年版，第 44 页。
④ 《马克思恩格斯全集》第 23 卷，人民出版社 1972 年版，第 560 页。

有决定作用。在人类社会发展的高级阶段，特别是现代生产力的发展，科学技术的巨大进步，劳动资料结构的复杂化，就使得具有生产资料效用的自然资源在现代生产力发展中获得了极其重要的意义，以致具有决定性作用，它能够加速或者延缓社会物质生产和生活的发展，并成为制约现代经济运行和经济发展的基本要素。

（二）人类生存和经济社会发展对自然界本原的依赖性

按照马克思主义的观点，在人和自然的关系中，一方面是自然对于人、对于人类社会而言，自然界对人类及人类社会的存在具有本原的制约性；另一方面是人对于自然，对于感性自然界而言，人类生存和社会存在与发展对自然界存在着本原的依赖性。这是自然界对于人类的优先地位这个问题两种表现形式，构成了马克思主义生态经济思想哲学根基的重要内容。

1. 人本身就是自然界的一部分，是一种自然存在物。马克思、恩格斯科学地论证了人是自然界发展到一定阶段的产物，是与自然环境一起发展起来的，从而确立了人的存在及其实践活动和人类社会的存在及其发展依赖于物质自然界的唯物论基础。马克思指出："所谓人的肉体生活和精神生活同自然界相联系，也就等于说自然界同自身相联系，因为人是自然界的一部分。"[1] 马克思还说："历史本身是自然史的即自然界成为人这一过程的一个现实部分。"[2] 恩格斯同样认为："人来源于动物界这一事实已经决定人永远不能完全摆脱兽性"。[3] 因此，他要我们必须时时记住，我们"决不是像站在自然界以外的人似的，——相反地，我们连同我们的肉、血和头脑都属于自然界和存在于自然界之中的"。[4] 可见，自然的发展创造了人，自然界生养哺育了人类，作为社会产物的人，归根到底是自然界的产

---

① 《马克思恩格斯全集》第 42 卷，人民出版社 1979 年版，第 95 页。
② 《马克思恩格斯全集》第 42 卷，人民出版社 1979 年版，第 128 页。
③ 《马克思恩格斯全集》第 20 卷，人民出版社 1971 年版，第 110 页。
④ 《马克思恩格斯选集》第 4 卷，人民出版社 1995 年版，第 384 页。

物。自然与人的"血缘"关系并没有因为现代人类自身力量的空前强大而断裂，人类的生存与一切实践活动永远离不开自然界的养育，现代社会的发展永远离不开自然界的庇护，因而，自然界永远是人类生存和社会发展的基础与前提。

人离不开自然界，离开了外部自然界，就不会有人的发生，不会有人的存在。这是因为，人不是外在于自然界的异物，而是自然界大家族中的一员，是一种直接的"自然存在物"。因此，马克思、恩格斯都赋予人类生存与发展的生物本性的巨大意义，即是把人的生物本性看作人与自然关系中的一切问题的出发点和基础。马克思极其明确地指出："人直接地是自然存在物"，是"站在牢固平稳的地球上吸入并呼出一切自然力的、现实的、有形体的人"。"人作为自然存在物，而且作为有生命的自然存在物，一方面具有自然力、生命力，是能动的自然存在物；这些力量作为天赋和才能、作为欲望存在于人身上；另一方面，人作为自然的、肉体的、感性的、对象性的存在物……他的欲望的对象是作为不依赖于他的对象而存在于他之外的；但这些对象是他们的需要的对象；是表现和确证他的本质力量不可缺少的、重要的对象。"因此，"一个存在物如果在自身之外没有自己的自然界，就不是自然存在物，就不能参加自然界的生活。一个存在物如果在自身之外没有对象，就不是对象性的存在物"。人是自然存在物，是对象性的存在物，"他需要在他之外的自然界，在他之外的对象"。① 因此，人作为自然存在物，作为生物的、活的有机体存在物，是永远不能摆脱对外部自然界的依赖关系。这是马克思主义的真理。当然，马克思还强调人是属人的自然存在物。人不仅能够"通过劳动而占有自然界"，② 而且能够"通过自己的劳动使自然界受自己支配"。③ 因此，马克思作出结论说："人不仅仅是自然存在物，而且是人的自然存在物，也就是说，是为自

---

① 《马克思恩格斯全集》第 42 卷，人民出版社 1979 年版，第 167~168 页。
② 《马克思恩格斯全集》第 42 卷，人民出版社 1979 年版，第 102 页。
③ 《马克思恩格斯全集》第 42 卷，人民出版社 1979 年版，第 98~99 页。

身而存在着的存在物，因而是类存在物。"①

2. 自然界是人的无机身体和精神的无机界，是人的自身自然与身外自然的统一体。马克思在《1844 年经济学哲学手稿》中阐明自然界与人类的相互关系时，提出了"人靠自然界生活"的科学命题，并把自然界称作为"感性的外部世界"，认为它给人提供了生存的生活资料和进行劳动的生活资料。离开这种"外部世界"、"感性自然界"，人的生存活动便无法进行，人的生命之延续也无法实现。人只有深深地扎根于自然界，才能生存和发展。所以，马克思始终把作为人的"周围的世界"的自然界，当作人的生存或社会存在的外部环境。② 这就是说，马克思把作为人的生存环境的自然看成既是人"赖以生活的无机界"，又是"人的精神的无机界"，是"人的无机的身体"。马克思指出："自然界，就它本身不是人的身体而言，是人的无机的身体。人靠自然界生活。这就是说，自然界是人为了不致死亡而必须与之不断交往的、人的身体。"③

在这里，马克思强调自然界对人的生存的极端重要性与人的生态本原性和生态环链性，用"自然界是人的无机的身体"这一科学命题，阐明人类与自然界之间所存在着需要与被需要的价值关系，把自然界看成与人的自身的身体具有同样意义和价值的东西，把自然界看成与人类有着内在的、本质关系的生态系统。这样，马克思的自然概念，就应当既是指"人的无机的身体"的自然，又是指"人本身的有机体"即人的自身的自然，即自然界是人自身的自然与人身外的自然的统一体。在《资本论》中，马克思考察人类劳动过程时，更明确认为人在"作用于他身外的自然并改变自然时，也就同时改变他自身的自然。他使自身的自然中沉睡着的潜力发挥出来，并且使这种力的活动受他自己控制"。④ 马克思还把自然界解释为"这些自然条件都可以归结为人本身的自然（如人种等等）和人的周围的

---

① 《马克思恩格斯全集》第 42 卷，人民出版社 1979 年版，第 169 页。
② 《马克思恩格斯全集》第 2 卷，人民出版社 1957 年版，第 166 页。
③ 《马克思恩格斯全集》第 42 卷，人民出版社 1979 年版，第 95 页。
④ 《马克思恩格斯全集》第 23 卷，人民出版社 1972 年版，第 202 页。

自然"。①

　　马克思、恩格斯的一些重要著作中，深刻论证了人类的全部血肉之躯及由此产生的一切生存活动，都要依赖于自然，适应于自然，否则人就无法生存，更谈不上发展。马克思指出："人（和动物一样）靠无机界生活，而人比动物越有普遍性，人赖以生活的无机界的范围就越广阔。"② 无论是物质上，还是精神上，人类的生存与发展都要靠无机界生活。"人在肉体上只有靠这些自然产品才能生活，不管这些产品是以食物、燃料、衣着的形式还是以住房等等形式表现出来。"自然界是"人的精神的无机界，是人必须事先进行加工以便享用和消化的精神食粮"。③ 其根源在于人是生物，是活的有机体，是"现实的、有形体的、站在稳固的地球上呼吸着一切自然力的人"。④

　　3. 自然界的优先地位集中表现为自然及其内在规律对人类实践活动的制约性。自然对人的本原性和人对自然的依赖性，既体现为自然界与自然规律对人类一切实践活动尤其是经济活动的限制与约束，又体现为人对自然及其内在规律的服从与遵循，我们称之为"自然的制约性"。马克思、恩格斯分析了自然与人的受动性和能动性的统一。马克思指出："人作为自然的、肉体的、感性的、对象性的存在物，和动植物一样，是受动的、受制约和受限制的存在物"，因此，人作为自然存在物，其一切实践活动尤其经济活动都要受到自然及其内在规律的限制与约束，这是不言而喻的。因此，作为有理性、有目的的人来说，虽然能够通过自己的创造性生产实践改变外部世界，使之满足人的需要，能动地实现自己的目的。但是，这一能动性的发挥和创造性的实现，是要基于人必须承认生存环境及其物质自然界固有规律的先在规定。

　　恩格斯在论述"关于外部世界和人类思维的运动的一般规律"的科学

① 《马克思恩格斯全集》第 23 卷，人民出版社 1972 年版，第 560 页。
② 《马克思恩格斯全集》第 42 卷，人民出版社 1979 年版，第 95 页。
③ 《马克思恩格斯全集》第 42 卷，人民出版社 1979 年版，第 95 页。
④ 《马克思恩格斯全集》第 42 卷，人民出版社 1979 年版，第 167 页。

意义时说过："这两个系列的规律在本质上是同一的，但在表现上是不同的，这是因为人的头脑可以自觉地应用这些规律，而在自然界中的这些规律是不自觉地、以外部必然性的形式、在无穷无尽的表面的偶然性中为自己开辟道路的"。① 这就是说，人类实践活动能动地改变外部世界，创造"人化的自然"，但是自然界及自然物质（包括人化的自然）本身并没有失去其自身所固有的本质规律性，仍然保持着人的意志无法改变的客观规律性，即是"以外部必然性的形式为自己开辟道路"。马克思认为，自然规律是根本不能取消的。在不同的历史条件不能够发生变化的，只是这些规律借以实现的形式。因此，他在《资本论》中反复指出：自然规律总是强制地"为自己开辟道路"。② 列宁在《哲学笔记》中曾经摘引黑格尔的一段颇有深意的话："人因自己的工具而具有支配外部自然界的力量，然而就自己的目的来说，他却是服从于自然界的。"③ 自然界及自然规律的超越是不可能的，现代人类实践活动越来越证明，人类是不可以脱离自然界及自然界的限制与约束而获得不依赖于外部自然界的独立性，这就是说，人类实践活动的目的必须服从于自然界及自然规律。当今全球生态危机日益加剧正恰恰说明这一点。因此，在任何时候、任何情况下，我们都必须坚持自然界对人的社会的优先地位，它客观地规定了人的实践活动。人的生命本质力量的发挥、人的需要的满足、社会经济的发展，首先受制于自然界及生态环境状况可能提供的条件及其容允的程度，即是把人类实践活动限制在生态环境容许的限度内，经济社会发展不能超越生态环境的承载能力，这是具有的一种"自然理性"的秩序，是自然对人所规定的生态法则，是人对自然所遵循的自然规律。

人类对自然界的变革活动，创造性地利用自然为我们服务，最多也只能改变自然规律借以表现的具体条件和形式，而绝对不可能改变自然规律本身。马克思说得好："人并没有创造物质本身。甚至人创造物质的这种或

---

① 《马克思恩格斯全集》第 21 卷，人民出版社 1965 年版，第 337 页。
② 《马克思恩格斯全集》第 23 卷，人民出版社 1972 年版，第 92、534 页。
③ 列宁:《哲学笔记》，中共中央党校出版社 1990 年版，第 210 页。

那种生产能力，也只是在物质本身预先存在的条件下才能进行。"① 即使
"人创造物质的这种或那种生产能力"，也是 "只能像自然本身那样发挥作
用，就是说，只能改变物质形态。不仅如此，他在这种改变形态的劳动中
还要经常依靠自然力的帮助"。② 因此，不论在任何时候、任何情况下，人
类的实践活动（包括生产活动）对自然界的这种依赖性总是存在的，无视
它，本身就是违反自然规律。因此，法兰克福学派代表人物 A. 施密特在
《马克思的自然概念》的著名论文中，非常赞同马克思的自然界对于人类
优先地位的观点，承认物质自然界对于人类意识、意志的独立性，强调人
们应当重视自然物质（包括人化的自然）所固有的客观规律性。他说：
"被马克思视之为物质的自然质料……受到由自然科学在与物质生产的长
期接触中发现的物理和化学规律之制约。人类的目的可以通过自然过程的
变化得以实现，但运用自然不能置自然规律于不顾，因为自然物料有自身
的规律。"③ 所以，施密特在他的博士论文中认为：人类不管其生活的历史
条件如何，都不能超越面前的物质世界，而是要充分利用它来维持自己的
生存与发展。

　　马克思主义历来认为，人不能脱离外部自然界及生态环境而生存的，
但是人绝对不是消极地适应自然，而是能够认识、掌握遵循自然规律，从
而利用、控制、调节、改变外部世界，实现人的生存与发展的目的。恩格
斯指出：我们改变和支配自然界，"就在于我们比其他一切生物强，能够认
识和正确运用自然规律"。"事实上，我们一天天地学会更正确地理解自然
规律，学会认识我们对自然界的习常过程所作的干涉所引起的较近或较远
的后果。"④ 列宁也指出："当我们不知道自然规律的时候，自然规律是我
们的意识之外独立存在着并起着作用，使我们成为 '盲目必然性' 的奴
隶。一经我们认识了这种不依赖于我们的意志和我们的意识而起作用的

① 《马克思恩格斯全集》第 2 卷，人民出版社 1957 年版，第 58 页。
② 《马克思恩格斯全集》第 23 卷，人民出版社 1972 年版，第 56~57 页。
③ 参见 ［德］施密特著，欧力同等译：《马克思的自然概念》，商务印书馆 1988 年版，第 59 页。
④ 《马克思恩格斯选集》第 4 卷，人民出版社 1995 年版，第 383~384 页。

（马克思把这点重述了千百次）规律，我们就成为自然界的主人。"①　人类之所以能够认识、遵循自然规律和改变外部世界，就在于人与其他动物有着本质区别："动物仅仅利用外部自然界，简单地通过自身的存在在自然界中引起变化；而人则通过他所作出的改变来使自然界为自己的目的服务，来支配自然界。这便是人同其他动物的最终的本质的差别，而造成这一差别的又是劳动。"②　这就是说，人改变外部自然界的这种反作用，是通过人的实践活动来实现的。恩格斯在批判自然主义的历史观时指出："它认为只是自然界作用于人，只是自然条件到处在决定人的历史发展，它忘记了人也反作用于自然界，改变自然界，为自己创造新的生存条件。""地球的表面、气候、植物界、动物界以及人类本身都不断地变化，而且这一切都是由于人的活动"。③

（三）自然界对于人类优先地位理论对于现时代的生态经济意义

马克思提出自然界对人类优先地位的光辉思想已有 170 周年，我们研读起来仍然感到非常深刻，十分新鲜。应该说，"外部自然的优先地位"，"先于人的存在的自然界"，始终是马克思学说与他的经济学说的理论前提。可是，长期以来国内学术界虽然有些学者肯定或赞同马克思这个论点，却很少有人专门论及；而经济学界把马克思的自然环境理论仅仅看成是哲学概念，就把这一科学命题遗忘了。在当今世界生态环境危机直至整个大自然危机日益加深的情况下，这一理论具有很强的现实性和时代感，并获得了新的意义，给我们生态经济的启迪与导向必然是多方面的，在此略论几点：

1. 生态环境是人类及人类社会赖以存在的基础，必须把现代社会经济运行与发展建立在生态环境良性循环的稳固基础之上。马克思主义的自然环境理论认为，自然界是人类及人类社会赖以存在的自然基础与物质前

---

①　《列宁全集》第 14 卷，人民出版社 1957 年版，第 194～195 页。

②　《马克思恩格斯选集》第 4 卷，人民出版社 1995 年版，第 383 页。

③　《马克思恩格斯全集》第 20 卷，人民出版社 1971 年版，第 574 页。

提，尤其是作为人及人类社会存在的生态环境的外部自然界，它与人类社会经济相对应，也就必然成为人类生存与社会经济发展的自然基础与物质前提。这是我们承认自然界对人类的优先地位，即是承认自然对人类的本原性与物质根源性得出的必然结论。这里的"自然基础"与"物质前提"，就是生存环境是人类生存与社会经济发展的现实基础的本质内涵，我们称之为"生态基础论"。

近三十年来，笔者在阐述生态经济学和可持续发展经济学的基本原理时，反复强调生态基础论这个马克思主义观点：自然界是人类生存与发展的基础，生态环境是现代经济社会发展的基础，这是人类文明发展的普遍规律。只是工业革命在创建工业文明的过程中极大破坏了它的自然生态基础，违背了这个客观规律，由此受到自然生态规律的无情惩罚，迫使人类进行深刻反省，才认识到自然生态不仅是农业文明和工业文明发展的基础，更是现代新文明发展的基础。因此，生态经济学认为，自然生态系统是社会经济系统的基础，自然生态系统是现代人类实践活动尤其是经济实践活动的基础。

按照生态环境是人类生存与经济社会发展的基础的客观要求，现代人类生存同经济社会发展必须以自然生态为基础；现代人类实践活动尤其是经济实践活动必须以自然生态为基础。这就是说，现代人类一切实践活动都必须以良性循环的自然生态系统与生态资源的持久、稳定的供给能力为基础，才能使现代人类生存和经济社会运行与发展"绝对建立在生态基础上"，[①] 并确保这种基础受到绝对保护，使其能够长期地、稳定地支撑现代人类生存和经济社会可持续发展。正如江泽民同志所指出的：任何地方的经济发展，"都要坚持以生态环境良性循环为基础，这样的发展才是健康的和可持续的"。[②]

2. 自然界对于人类的优先地位理论为人类实践活动的生态优先原则提

---

　　① 世界环境与发展委员会，国家环保局外办译：《我们共同的未来》，世界知识出版社 1989 年版，第 16 页。

　　② 《江泽民在第四次全国环境保护会议上的讲话》，《人民日报》1996 年 6 月 19 日第 1 版。

供了理论依据。承认和坚持自然界对于人类及人类社会的优先地位，在人类一切实践活动中就必须遵守和坚持生态优先原则。按照自然界在人类生存与经济社会发展中地位的优先性，生态应该也必须优先，这是生态在人类实践活动中享有优先权的一种内在的、本质的必然趋势和客观过程。当今人类文明正在进入生态文明时代，自然界对于人类及人类社会的制约性和人类及人类社会对自然界的依存性更加明显和更加突出，因而，我们完全可以说，生态优先规律不仅是（或应该是）世界系统运行的基本规律，而且也是（或应该是）人类处理与自然关系的最高法则。① 因此，在人类社会的经济实践活动中，必须坚持经济实践活动的生态合理性优先于经济合理性和技术合理性，现代人类的经济实践活动的一切经济技术方案的合理性与可行性应该服从于是否符合生态合理性的判断。② 可见，生态优先原则为我们坚持把保持生态环境循环摆在优先发展的战略地位提供了科学依据。

3. 人类正确处理同自然的关系，首先必须尊重自然规律和社会规律。马克思的自然界对于人类的优先地位理论告诉我们，自然界（包括人化的自然）有其不以人的意志为转移的运动规律，人类实践活动必须遵循自然规律，才能能动利用、改变自然来使自然界为自己的目的服务；而人的实践活动的目的每次成功地实现，恰恰正是人的实践活动遵从了自然及其运动规律。

然而，长期以来，现代人类的实践活动不能正确认识和把握自然规律和社会规律的相互关系及两者统一的客观要求；尤其是按照马克思主义的社会革命学说建立了社会主义制度的国家，因为要巩固社会主义制度，所以，在经济建设中往往既不按经济规律办事，又不按自然规律办事，尤其无视物质自然界的固有规律性，突出表现在不遵循生态优先规律。这包括不承认资源环境的有限性及自然生态极限的规律，否认生态环境对人类生存与经济社会发展的基础性决定作用，无视生态环境及自然规律的限制和

---

① 刘长明：《生态是生产力之父——兼论生态优先规律》，《文史哲》2000 年第 3 期。
② 雷毅：《深层生态学思想研究》，清华大学出版社 2001 年版，第 139 页。

约束，将这种"自然的制约性"丢到九霄云外。在我国，长期以来，领导社会主义现代化建设的人们，忽视按自然规律办事，办了不少违背自然规律并受到惩罚的蠢事。这种教训是很深刻的，现在应该是根治这种通病的时候了。

不尊重自然规律，不认识自然规律和经济规律的统一性，其理论根源何在？斯大林在《苏联社会主义经济问题》中阐述了经济规律和自然规律的根本区别，但却忽视了两者之间的内在联系，这就将自然和社会之间本来存在着的许多有机联系人为割断了。由于受斯大林这种观点的影响，在经济学家研究经济理论时，就否认了自然规律和经济规律的统一性，把两者截然分裂开来，甚至对立起来，使不尊重自然规律就成为国内外主流经济学的理论框架内一个特征。直到今天，生态经济规律的客观性仍然在国内外主流经济学的视野之外，现在应该是改变这种状况的时候了。其实，马克思、恩格斯在他们的著作中早已指出自然规律和社会规律的统一性，并常常把两者相提并论。恩格斯在《自然辩证法》中阐明的自然辩证法和马克思在《资本论》中阐明的社会辩证法，都是客观物质世界的辩证法，突出地反映了自然规律和社会规律的统一性。因而，"这两类规律，最多只能在观念中而不能在现实中把它们互相分开"。①

因此，一切经济规律究其物质根源来说，最终归结到自然规律，最主要是生态规律。这是自然规律对经济规律的本原性和经济规律对自然规律的依存性，即两者的统一性。可以说，经济规律是以自然规律为基础与前提的。在社会经济发展过程中，自然规律是强制地为自己开辟道路发挥作用的。例如，马克思谈到分工的发展历史演变时就认为，这是有一种内在的、无声的"自然必然性"在起作用，即调节分工的规律"以自然规律的不可抗拒的权威起作用"。② 它一方面"以人本身的自然差别为基础"，另一方面以"生产的自然因素为基础"。③ 又如，农林牧三业的运动规律，就

① 《马克思恩格斯选集》第 3 卷，人民出版社 1995 年版，第 455 页。
② 《马克思恩格斯全集》第 23 卷，人民出版社 1972 年版，第 396 页。
③ 《马克思恩格斯全集》第 47 卷，人民出版社 1979 年版，第 312 页。

是由自然界的生态平衡规律所决定的。这就表明了生态规律是经济规律充分发挥作用的基础与前提，人们的一切经济活动都应该首先遵循生态规律。从人类经济活动和自然生态的相互关系而言，生态优先规律，实质上就是生态经济优先发展规律，它揭示了现代人类生存与经济社会发展不仅要遵循经济规律，而且首先要遵循自然生态规律。这是我们对生态规律和经济规律有机统一的生态经济规律认识深化的表现。

二、人与自然辩证关系的哲学与
经济学相统一的光辉思想

在科学发展史上，马克思、恩格斯在创立马克思主义学说时，第一次对自然、环境与人、社会的相互关系作了全面考察和总体思考，并总是在人的关系上讨论自然、论证自然观念，因而马克思的自然环境理论，实际上就是人与自然关系理论。这个深奥的哲学根本问题的核心，就是人与自然的统一性问题。在此基础上，马克思、恩格斯提出了"属于人的自然"、"人化的自然界"、"社会的自然"的生态经济思想，这是马克思、恩格斯把自然环境及人与自然关系纳入社会经济之中的哲学与经济学相统一的光辉思想。

（一）唯物性的、辩证性的本体论意义上人与自然之统一

在马克思、恩格斯的哲学经济学著作中，多层次的、全方位地论述了人与自然的辩证关系，创立了马克思人与自然相互关系学说，成为马克思的自然环境理论的生命线。在马克思的早期著作《1844年经济学哲学手稿》中，他一开始就是从自然界与人的关系，即从两者内在联系上说明自然界，并以此为基础，提出了人与自然相统一的光辉思想，使马克思主义的自然理论确认了人与自然界在本质上的同一性的唯物性的本体论的基本含义。

按照马克思的自然环境理论，自然界是作为一切存在的总和，它包括人及社会在内的一切现象，不仅是无机的自然界，而且还包括有机的自然界，尤其是认定人也是自然界的一部分。因此，马克思提出了"自然界是

人的无机身体"，"人是自然界的一部分"的科学命题，这就从自然对人的本原性、物质根源性和人对自然的依赖性之原生的同一性层面上，充分肯定了人与自然的内在统一性，这是人与自然的统一性的唯物论的坚实基础。在当今存在着某些把自然界的优先性和人及社会的派生性颠倒的情况下，就很有必要强调坚持马克思关于唯物性的本体性的人与自然的统一学说。为此，着重谈几点：

1. 马克思在批判唯心主义哲学的基础上，把人与自然的统一性从黑格尔唯心主义自然观的泥潭中拯救出来，建立了唯物主义的本体论的人与自然统一观。众所周知，在德国古典哲学家那里，人与自然的统一学说得到发展，但却是以唯心主义形式发展的。例如黑格尔人与自然被统一于"绝对精神"就是如此。黑格尔的客观唯心主义的哲学体系中，世界的本原不是"物质自然界"即感性的自然界，而是"绝对精神"，物质自然界不过是"绝对精神"的自我运动的产物，是抽象思维逻辑外化的结果。这就是黑格尔辩证法的唯心主义基础。正因如此，使黑格尔从人与自然界的有机统一与相互作用来理解人与自然的关系的辩证法，失去了唯物主义的根基，陷入唯心主义的自然本体论，即黑格尔唯心主义自然观。因此，在黑格尔那里，物质自然界是抽象思维逻辑外化的结果，感性自然界就变成了自我意识的客体即意识，人与自然界的关系也就变成了自然意识和意识之间的关系。正如马克思所说："人和自然界的同一切现实的规定性毫不相干的、因而是非现实的本质，——是外化的因而从自然界和现实的人抽象出来的思维，即抽象思维。"① 自然界成为抽象思维的外在性和自我丧失，是"在感性的、外在的形式下重复逻辑的抽象"，是"观念的异在的形式"。② 马克思把这种自然界称之为"抽象的自然界"，并在批评黑格尔唯心主义自然观时指出："被抽象地孤立地理解的、被固定为与人分离的自然界，对人说来也是无。"③

---

① 《马克思恩格斯全集》第42卷，人民出版社1979年版，第160页。
② 《马克思恩格斯全集》第42卷，人民出版社1979年版，第179~180页。
③ 《马克思恩格斯全集》第42卷，人民出版社1979年版，第178页。

在唯心主义自然观的框架内，绝对精神是本原物，物质自然界是派生物；绝对精神对自然的本原性和自然对绝对精神的依存性，就构成了人与自然界在本质上的同一性。这就是黑格尔的人与自然在"绝对精神"中统一的唯心主义自然观的本质。这也是黑格尔唯心主义的自然本体论与辩证法的矛盾与对立。正是这种矛盾与对立，黑格尔在完全颠倒了自然界与人类精神的关系的基础之上，把自然与人的关系，完全颠倒了。马克思指出："现实的人和现实的自然界不过成为这个隐秘的、非现实的人和这个非现实的自然界的宾词、象征。因此，主词和宾词之间的关系被绝对地相对颠倒了。"① 马克思的任务，必然是进行人与自然关系范式的哲学变革，把黑格尔完全颠倒了的主词与宾词的关系再颠倒过来，得出了唯物主义的本体论的结论："抽象思维本身是无，对观念本身是无，只有自然界才是某物"。② 他还从自然科学的角度，以无可辩驳的事实论证了自然界的物质本原性和人类对自然界的赖依性，从而肯定了就在自然界被人类的认识与实践活动所中介的情况下，"外部自然界的优先地位仍然会保存着"，③ 不会消解自然界在本体论意义的物质本原性与存在的优先性，使人与自然界的物质实在性得到了唯物主义的肯定。"关于某种异己的存在物、关于凌驾于自然界和人之上的存在物" 被消除，"对自然界和人的非实在性的承认"被否定，④ 从而结束了黑格尔唯心主义的自然本体论与辩证法的分离与对立，实现了唯物主义的自然本体论与辩证法之统一，建立起马克思唯物性的本体论的人与自然相统一学说。

2. 马克思一贯强调从人和自然的对象性关系来理解人与自然是同一的、不可分割性。如前所述，马克思从现实的人而不是抽象的人从现实的自然界而不是抽象的自然界出发，比较系统地、全面地揭示了人与自然界之间的辩证关系。它突出地表现为现实的人与现实的自然界之间构成了现

① 《马克思恩格斯全集》第 42 卷，人民出版社 1979 年版，第 176 页。
② 《马克思恩格斯全集》第 42 卷，人民出版社 1979 年版，第 177 页。
③ 《马克思恩格斯全集》第 3 卷，人民出版社 1960 年版，第 50 页。
④ 《马克思恩格斯全集》第 42 卷，人民出版社 1979 年版，第 131 页。

实的对象性关系，确证了人与自然是同一的，不可分割的。这是因为：

马克思关于人的概念首先是肯定了人的自然物质本身，即"人直接地是自然存在物"。作为一种自然存在物的人则是一种对象性的存在物，它在进行自己的对象性的活动，"它本来就是自然界"，① 是自然界的一个组成部分。因此，人作为一种对象性的自然存在物，而且是"具有自然力、生命力，是能动的自然存在物"，② 它是不能离开它的对象自然界而生活的。马克思指出："说一个东西是对象性的、自然的、感性的，这是说，在这个东西之外有对象、自然界、感觉"。③ 正因为人是有自然力的、生命力的、现实的、感性的、对象性的存在物，所以他就必然在自然界中展开自己的物质和精神的生活，与自然界的另一部分即"人的周围的自然"进行交换，这种外部自然界的存在就是人作为自然存在物的发生为前提，没有外部自然界的存在，人也就不能作为对象性的自然存在物。因此，马克思指出："一个存在物如果在自身之外没有自己的自然界，就不是自然存在物，就不能参加自然界生活。一个存在物如果在自身之外没有对象，就不是对象性的存在物。"④ 这就告诉我们一个真理：人作为具有自然力、生命力和能动的自然存在物，是不能离开自然界这一对象而生活的，因为"人的肉体生活和精神生活同自然界相联系，也就等于说自然界同自身相联系"。⑤ 无论何时何地"人首先依赖于自然"，⑥ 都要靠自然界生活，无论人的物质生活，还是人的精神生活，都注定要与自然界紧紧相联系，不可分割。这是一个永恒的客观真理。因此，自然界是"他的需要的对象；是表现和确证他的本质力量所不可缺少的、重要的对象"。⑦

马克思认为，对象性存在物的特点是它在自身之外有对象，它又是其

① 《马克思恩格斯全集》第 42 卷，人民出版社 1979 年版，第 167 页。
② 《马克思恩格斯全集》第 42 卷，人民出版社 1979 年版，第 167 页。
③ 《马克思恩格斯全集》第 42 卷，人民出版社 1979 年版，第 168 页。
④ 《马克思恩格斯全集》第 42 卷，人民出版社 1979 年版，第 168 页。
⑤ 《马克思恩格斯全集》第 42 卷，人民出版社 1979 年版，第 95 页。
⑥ 《马克思恩格斯全集》第 27 卷，人民出版社 1972 年版，第 63 页。
⑦ 《马克思恩格斯全集》第 42 卷，人民出版社 1979 年版，第 167~168 页。

他存在物的对象。因而，人的周围的自然，即人之外的自然界，就是人的对象；而作为人的对象的外部自然界，由于在人形成过程中对它的改变"才表现为他的作品和它的现实"。① 这样，才使自然界不是一个抽象的存在物，不再是孤立地存在着，而是作为人的感性的对象，人与之作用的对象，人活动的产物存在着。正因这样，才使人成为外部自然界的对象，正如马克思所列举的太阳与植物的对象关系那样："太阳是植物的对象，是植物所不可缺少的，确证它的生命的对象，正象植物是太阳的对象，是太阳的唤醒生命的力量的表现，是太阳的对象性的本质力量的表现一样。"② 不仅自然界内部普遍存在着这样对象性关系，而且人与自然界也普遍存在着这种对象性关系。因此，马克思认为，这种现实的人与现实的自然界所构成的现实的对象性关系的确立，自然界的现实性正表现在它是人的对象性上，那种被想象为离开人而独立存在的，非对象性的自然界，"它没有对象性的关系，它的存在就不是对象性的存在"，对人说来就是非现实性的，"非对象性的存在物是非存在物"。"但是非对象性的存在物，是一种非现实的、非感性的、只是思想上的即只是虚构出来的存在物，是抽象的东西。"③ 因此，我们只有从人和自然界的对象性关系方面来理解、把握自然界，把人融合于自然界之中，才能抛弃自然界的抽象性，自然界才是人的现实的自然界。尽管呈现在人面前的这种自然界有其客观根源，但它却是人本身的存在物，实现了人与自然本质之统一，不可分割。

3. 马克思从人与自然互为对象性关系中揭示了人与自然是一个密不可分的统一整体。马克思、恩格斯的自然环境理论正是揭示了人与自然是一个不可分割的统一整体。从唯物性的自然本体论意义上看，人与自然具有一体性或整体性，可以从以下两个方面来看：

首先，从自然界对人来说，自然界是无机的自然界（包括人身外的自然）和有机的自然界（包括人自身的自然）的统一体。因此，物质自然界

---

① 《马克思恩格斯全集》第42卷，人民出版社1979年版，第97页。
② 《马克思恩格斯全集》第42卷，人民出版社1979年版，第168页。
③ 《马克思恩格斯全集》第42卷，人民出版社1979年版，第169页。

包括人在内，人属于自然界，存在于自然之内，是自然之子。在任何时候，人类总是大自然的人类，归根结底是地球生物化学过程和自然生态系统循环的组成部分，是绝对不可能脱离自然生态而独立生存的。所以，人类的一切活动，都是自然界的组成部分。只有自然界的生存健康与稳定安全，才会有人类的生存健康与稳定安全。这种人与自然共生、共存、共荣的一致性，应该说随着当今生态环境问题日益尖锐化越发显现了它的极端重要性及其现实意义。

其次，从人对自然界来说，正如马克思形象地认为那样：人有两个身体，即是有机的身体（血肉之躯）和无机的身体（外部自然界）的统一体。因此，马克思认为：人的肉体生活和精神生活同自然界相联系，也就等于说自然界同自身相联系。所以，我们从本体论意义上很容易理解人与自然是同一的，不可分割的。"这种关系通过感性的形式，作为一种显而易见的事实，表现出人的本质在何种程度上对人来说成了自然界，或者自然界在何种程度上成了人具有的人的本质。"① 这种人与自然相互依存的同一性中，"人只有凭借现实的、感性的对象才能表现自己的生命"。② 马克思在这里所说的对象，是指外部自然界即人的无机的身体，所说的生命理所当然包括人的自然生命即人的有机的身体。因此，马克思强调指出，人在实践上是把整个自然作为自己的生命活动的一部分，作为自己的无机的身体。可见，作为人的无机的身体的自然是人的生命的组成部分，也就是说，空气、阳光、土壤等良好的生态环境，并不仅仅是人类的生存的自然环境，而且是人的生命的组成部分。正如哈贝尔斯在《认识与兴趣》中所说人周围的生态环境是"构成人的世界的基础"。所以，人的无机身体的健康与安全是人类生存之本，是人表现自己的生命之源。人在自然之内，自然也在人之内，它们是一个密不可分的有机整体。人类就应当维护自己的有机身体的健康与安全一样，来维护自己的无机身体的健康与安全。"非典"危机矫正了发展经济根本目的缺陷，内在地要求人类经济活动必须把

---

① 《马克思恩格斯全集》第42卷，人民出版社1979年版，第119页。
② 《马克思恩格斯全集》第42卷，人民出版社1979年版，第168页。

全体人民的身心健康和生命安全放在第一位，实现人的有机身体和无机身体的有机统一，这是现代经济运行与发展的根本目标。

4. 我们必须要强调指出的是，马克思、恩格斯认为，人与自然关系是能动性和受动性的辩证统一，这是人与自然内在统一的一个基本内涵。前面我们按照马克思、恩格斯的原意论述了自然对人的本原性和人对自然的依赖性，即是自然界对人类的制约性；但是，马克思从来就强调人作为自然存在物与其他自然存在物不同，人是人和社会的自然存在物。马克思指出："人不仅仅是自然存在物，而且是人的自然存在物，也就是说，是为自身而存在着的存在物，因而是类存在物。"① 在这里，马克思之所以强调人是"人的自然存在物"、"是类存在物"，是要说明，人不仅与其他自然存在物如动植一样，是属于自然、决定于自然、受自然及自然规律制约的受动的自然存在物。正如马克思指出的："人作为对象性的、感性的存在物，是一个受动的存在物"②。更重要的是，人是有意识有意志的自然存在物，确切地说是社会的存在物，具有改变外部世界能力的能动的自然存在物。人通过自己的能动的创造性生产劳动的实践活动，不断地改变着自然界，给自然界以"属人的本质"，并显示人的本质力量。马克思说："通过实践创造对象世界，即改造无机界，证明了人是有意识的类存在物。"③ 可见，人在改变自然界的实践中，"是人的现实性的实现，是人的能动和人的受动"④ 之统一的实现。

因此，在马克思看来，人作为存在的存在物，是能动性和受动性的统一，人的实践活动正是这种能动性与受动性的统一。人通过能动的创造性实践活动有效地改变外部自然界及生态环境，同时也在改变人的自身自然。自然生态环境的改变和人类实践活动的一致性，扬弃了人类和自然生态环境间的两极对立，达到人类和自然生态环境的辩证统一，也正是在这

① 《马克思恩格斯全集》第42卷，人民出版社1979年版，第169页。
② 《马克思恩格斯全集》第42卷，人民出版社1979年版，第169页。
③ 《马克思恩格斯全集》第42卷，人民出版社1979年版，第96页。
④ 《马克思恩格斯全集》第42卷，人民出版社1979年版，第124页。

种能动性和受动性的统一中实现人与自然在本质上的统一性。所以，马克思、恩格斯关于人与自然的关系是能动性和受动性的思想，也就是人类和自然生态环境的关系是自在的制约性和自为的能动性的思想。无论是直观唯物主义还是客观唯心主义，都不能在现实性上揭示能动性与受动性的统一中实现人与自然统一的深刻基础；只有马克思的实践唯物主义，才科学地揭示了人类存在这一现实基础与最基本的内涵。

5. 马克思的自然环境理论既是唯物的，又是辩证的人与自然之统一学说。众所周知，在唯物性的本体论意义上肯定人与自然的统一，这是一切唯物主义的共同特征，并不是马克思主义唯物主义的本质特征。马克思主义自然环境理论的独到新颖之处，是在于从唯物辩证法的新高度揭示了人与自然辩证发展的本性，从而结束了西方哲学史上唯物主义的自然本体论与辩证法分离与对立的格局。这正是唯物性的本体论意义上人与自然之统一学说的革命变革，是马克思主义自然环境与旧唯物主义自然观的本质区别的重要标志。恩格斯说得好："马克思和我，可以说是把自觉的辩证法从德国唯心主义哲学中拯救出来并用于唯物主义的自然观和历史观的唯一的人。"①

在人与自然关系问题上，费尔巴哈在对黑格尔客观唯心主义和宗教本质的批判基础上，阐明了自己的人本学唯物主义的自然观，使唯物主义重新登上了王座，马克思的自然环境理论无疑继承了这个唯物主义的优秀传统。但是，马克思却完全抛弃了费尔巴哈自然观的根本缺陷，即其直观性与机械性、非实践性与非历史性。这样，就使得马克思和费尔巴哈在对待黑格尔的唯心主义辩证法问题上表现出不同的态度和做法。马克思彻底摆脱了旧唯物主义的抽象自然观的思维窠臼，辩证地解决人与自然关系及其同一性问题。马克思说："请问一下自己，那个无限的过程本身对理性的思维说来是否存在。既然你提出自然界和人的创造问题，那么你也就把人和自然界抽象掉了。你假定它们是不存在的，然而你却希望我向你证明它们

---

① 《马克思恩格斯选集》第 3 卷，人民出版社 1995 年版，第 349 页。

是存在的。那我就对你说：放弃你的抽象，那么你也放弃你的问题，或者，你要坚持自己的抽象，那么你就要贯彻到底，如果你设想人和自然界是不存在的，那么你就要设想你自己也是不存在的，因为你自己也是自然界和人。不要那样想，也不要那样向我提问，因为一旦你那样想，那样提问，你就会把自然界和人的存在抽象掉，这是没有任何意义的。"① 这段话已经表明了马克思自然观与旧唯物主义自然观的区别，批判了费尔巴哈从直观的、非历史的抽象自然观出发界定自然界与人的关系及其同一性问题。因此，马克思不同意费尔巴哈在否定黑格尔唯心主义哲学倾向时，连同他的辩证法也完全抛弃了（恰似为了倒水把婴儿也一同倒掉了）的那种简单的、否定一切的做法。对此，列宁曾引述恩格斯的话说："可以说唯有马克思和我拯救了自觉的辩证法（使其不致与包括黑格尔主义在内的唯心主义同被粉碎），并且把它转为唯物主义的自然观。"② 所以，恩格斯在《自然辩证法》中，深刻论述了既是独立于人而先在的自然界的客观辩证法，又是被人作用改变而形成的人化自然界的客观辩证法，这就是人与自然界统一的唯物辩证法。

（二）生产实践是人与自然统一的现实基础

马克思、恩格斯与其他哲学不同的是他们没有把自己的自然环境理论停留在人与自然界原先的统一性层面上，而是从人类劳动的最基本的生产实践的视角考察人与自然的关系问题，科学地揭示出生产实践是人与自然辩证统一的中介，人与自然是在生产实践基础上形成辩证统一的。正如周义澄教授所指出的那样：马克思"超越前辈哲学家的地方在于，他找到了自然与人之间的本质联系，找到了连接双方的纽带，这就是人类劳动这种基本的物质生产实践活动。在这里，马克思第一次提了把劳动作为人与自然的中介，用以说明人与自然的相互联系和相互作用的思想"。③ 马克思的

---

① 《马克思恩格斯全集》第 42 卷，人民出版社 1979 年版，第 130~131 页。
② 《列宁全集》第 26 卷，人民出版社 1988 年版，第 55~56 页。
③ 周义澄：《自然理论与现时代》，上海人民出版社 1988 年版，第 24 页。

这一卓越思想，把马克思主义自然环境理论提升到实践的、历史的唯物主义的新高度。在此，我们先就马克思主义的辩证唯物主义的实践特征简述几点：

1. 马克思建立自己的辩证的、实践的、历史的唯物主义自然环境理论，不仅对黑格尔客观唯心主义自然观进行了革命改造，而且彻底克服了费尔巴哈唯物主义自然观的严重缺陷。费尔巴哈唯物主义自然观具有直观性、机械性、非历史性和非实践性的缺陷，这些都是一切旧唯物主义所共有的基本特征。费尔巴哈唯物主义自然观是一种抽象自然观，它只是把自然界看成是一种"纯粹自然"的本质存在，作为人的直观和感觉的客体，而不是作为人的活动和实践的客体。这虽然是唯物的，但却是非辩证的。因而费尔巴哈不能说明人类的社会实践活动对自然界形成与发展所产生的巨大作用，没有说明即使是对自然界的感性认识能力也是在人类社会的生产实践中逐步形成的，那种没有经过人类的社会实践活动的自然界是不真实的自然界。正如马克思提出的：费尔巴哈"紧紧地抓住自然界和人；但是，在他那里自然界和人都是空话。无论关于现实的自然界或关于现实的人，他都不能对我们说出任何确定的东西"。① 对此，马克思、恩格斯批判费尔巴哈时还说过："这种先于人类历史而存在的自然界，不是费尔巴哈在其中生活的那个自然界，也不是那个除去在澳洲新出现的一些珊瑚岛以外今天在任何地方都不再存在的、因而对于费尔巴哈说来也是不存在的自然界。"② 费尔巴哈把自然界看成是孤悬于人类社会的实践领域之外的原始的自然存在物，即"纯粹的自然"，完全没有看到人类的实践活动对自然界所实施的能动作用。对于这一点，马克思尖锐地批判旧唯物主义时说过："从前一切唯物主义（包括费尔巴哈的唯物主义）的主要缺点是：对对象、现实、感性，只是从客体的或者直观的形式去理解，而不是把它们当作感性的人的活动，当作实践去理解，不是从主体方面去理解。"③ 这句名言是

---

① 《马克思恩格斯选集》第 4 卷，人民出版社 1995 年版，第 240 页。
② 《马克思恩格斯全集》第 3 卷，人民出版社 1960 年版，第 50 页。
③ 《马克思恩格斯选集》第 1 卷，人民出版社 1995 年版，第 54 页。

马克思主义的实践唯物主义哲学的重要标志。现实的自然界是人类社会的实践活动的生成物，它告诉我们，人类劳动的生产实践即经济实践对自然界的影响是巨大的、深远的。可惜的是费尔巴哈看不到这一点，"他没有看到，他周围的感性世界决不是某种开天辟地以来就已存在的、始终如一的东西，而是工业和社会状况的产物，是历史的产物，是世世代代的结果"。① 马克思、恩格斯还用樱桃树为例来说明自然界生态分析的变化也是几个世纪以来人类实践活动的结果，自然界的"可靠的感性"也是与人类社会的生产实践活动密切相关的。由此，马克思、恩格斯得出结论："这种活动、这种连续不断的感性劳动和创造、这种生产，是整个现存感性世界的非常深刻的基础，只要它哪怕只停顿一年，费尔巴哈就会看到，不仅在自然界将发生巨大的变化，而且整个人类世界以及他（费尔巴哈）的直观能力，甚至他本身的存在也就没有了。"② 所以，"马克思不同于费尔巴哈之处在于，他把人同自然界和其他人的关系理解为以社会实践为中介的东西，而这种实践便成了根本不同费尔巴哈的世界观的新世界观的基础"。③ 对此，我国学者解保军博士在评论时说："马克思的自然观的超越性在于，他批判了旧唯物主义的抽象自然观，主张实践的人化自然观，从人的对象性活动与自然变化的交互作用中去认识人与自然的关系。因此，我们看到，现实的自然观才是马克思新哲学的真正基础，而抽象的自然观是以费尔巴哈为代表的一切旧唯物主义的出发点。"④

2. 在马克思、恩格斯的视野内，人与自然界的真实关系是一种对象性关系，这种对象性关系就实质表明了人与自然是不可分割的有机整体。人是对象，人有对象；自然界是对象，自然界有对象。人之外的自然界就是人的对象；而人也是外部自然界的对象。这种对象性关系是通过人类劳动这种基本的生产实践活动而彼此联结着的，使人与自然成为有机整体。生

---

① 《马克思恩格斯全集》第 3 卷，人民出版社 1960 年版，第 48 页。
② 《马克思恩格斯全集》第 3 卷，人民出版社 1960 年版，第 50 页。
③ ［法］澳古斯特·科尔纽著，刘丕坤等译：《马克思恩格斯传》第 2 卷，三联书店 1980 年版，第 225 页。
④ 解保军：《马克思自然观的生态哲学意蕴》，黑龙江人民出版社 2002 年版，第 73~74 页。

产实践是一种对象性活动，这是生产实践的本质特征。因此，马克思认为，人和自然界的对象性关系本质上是一个实践的问题；或者说人与自然的关系本质上是一种实践关系，人与自然是通过人类实践活动而彼此联结成为有机整体的。生产实践作为人对自然的利用与改造（包括保护与建设）活动，是人对自然界的能动性发挥和作用的实践，它就是人的本质力量的对象化，就是自然界失去了它的异于人的本质，成为了人的感官对象。这样人进行生产劳动的过程，就是使自然界人化的过程。于是，对象化的自然界，既是自然的产物，又是人类实践活动而历史地创造出来的。正如马克思所说："整个所谓世界历史不外是人通过人的劳动而诞生的过程，是自然界对人说来的生成过程，所以，关于他通过自身而诞生、关于他的产生过程，他有直观的、无可辩驳的证明。因为人和自然界的实在性，即人对人说来作为自然界的存在以及自然界对人说来作为人的存在，已经变成实践的、可以通过感觉直观的。"①

外部自然界作为人的感觉的对象、作用的对象，这种成为人的实践活动的产物存在着、打上人类实践印记的自然界，马克思称之为"人化的自然界"，它是"自然界的人化"的结果，是人类的实践活动的过程，是在生产实践中形成与发展起来的。马克思说："人的感觉、感觉的人性，都只是由于它的对象的存在，由于人化的自然界，才产生出来的。五官感觉的形成是以往全部世界历史的产物。"② 恩格斯同样认为："人的思维的最本质和最切近的基础，正是人所引起的自然界的变化，而不单独是自然界本身；人的智力是按照人如何学会改变自然界而发展的。"③ 可见，人的本质力量对象化的过程，不仅是"通过实践创造对象世界，即改造无机界"，④而且是把外部世界及自然规律与自然力量纳入人的自身，变为自身的部分，改变有机界。所以，人类的实践活动过程既是自然界的人化过程又是

① 《马克思恩格斯全集》第42卷，人民出版社1979年版，第131页。
② 《马克思恩格斯全集》第42卷，人民出版社1979年版，第126页。
③ 《马克思恩格斯全集》第20卷，人民出版社1971年版，第573~574页。
④ 《马克思恩格斯全集》第42卷，人民出版社1979年版，第96页。

人的自然化过程。总之，生产实践可以把人的有机的身体和人的无机的身体统一起来，把人自身的自然和人身外的自然统一起来。因而人与自然的统一，可以认为是在人类实践活动基础上自然界的人化和人的自然化的统一。只有在这个双方运动中，人与自然才是本质的同一，才能达到统一。

3. 马克思反复强调，只有在人类长期实践活动中形成的自然界才是现实真正的自然界。他明确指出："在人类历史中即在人类社会的生产过程中形成的自然界是人的现实的自然界。"在马克思所处的时代，工业已成为自然界同人之间的"现实的历史关系"，所以，马克思认为："通过工业——尽管以异化的形式——形成的自然界，是真正的、人类学的自然界。"① 这种自然界作为人类认识和实践活动指向的自然界，是现实的自然界，即是实践的人化的自然界，而不是抽象的自然界。这是因为：

一是在马克思的视野中，现实的自然界，首先是与人处于对象性关系之中的自然界，而不具备这种对象性关系的自然界只能是抽象的自然界。自然界要成为真实的、感性的、客观的存在，就必须通过人类实践活动中介作用，被人类的本质力量中介了的自然界，在人的面前才是真实的。所以，我们从人与自然界对象性关系来理解自然界，呈现在人面前的自然界，"决不是某种开天辟地以来就已存在的、始终如一的东西，而是工业和社会状况的产物，是历史的产物，是世世代代活动的结果"。②

二是现实的、人化的自然界，是离不开人类社会的实践活动过程的。只有与人的实践活动发生互动作用的自然界，才是属人的自然界，才是对人类有直接现实意义的。人的实践活动越深入、越广泛，现实的自然界与人的关联就越密切，两者之间的相互作用、相互影响就越普通、越深化，这还是一个随着实践活动的扩展和深化不断实现、永无止境的过程。马克思、恩格斯指出："这种活动，这种连续不断的感性劳动和创造、这种生产，正是整个现存感性世界的非常深刻的基础"。③ 这种连续不断的实践活

---

① 《马克思恩格斯全集》第42卷，人民出版社1979年版，第128页。
② 《马克思恩格斯全集》第3卷，人民出版社1960年版，第48页。
③ 《马克思恩格斯全集》第3卷，人民出版社1960年版，第50页。

动过程，就是人与自然不断统一的过程，用现在的话来说，就是人与自然可持续发展的过程。这就是当今人类实践活动所追求的现实的真正有意义的自然界。

（三）　人与自然的统一是在历史发展中形成的

马克思不仅把实践概念作为实践唯物主义的基石，而且将实践概念作为历史唯物主义的起点，实现了自然与社会历史的统一，构成了辩证的、实践的、历史的唯物主义人与自然相统一的学说，即是马克思主义社会历史理论与自然环境之统一的学说。因此，从人类社会历史发展的视角来理解和把握自然界及其与人的辩证统一，则是马克思主义自然环境理论的一个基本特征。对此，许多西方马克思主义者也是赞同肯定的。正如施密特所说："马克思的自然观与其他各种自然观的区别，首先在于它的社会历史的特征。"[①]　至此，我们完全可以说，在马克思、恩格斯那里，自然环境理论和社会历史理论是在社会实践的基础上统一起来，因而，马克思人与自然统一学说的社会历史特征与它的实践特征是内在统一的，这在理论上体现了马克思人与自然统一学说的本质特征，在实践上揭示了人与自然统一的现实基础。

1. 马克思在批判黑尔格等人的唯心主义自然观和费尔巴哈等人的机械唯物主义自然观的基础上，用人与自然在社会实践中历史的、辩证统一的唯物主义自然环境理论，克服了人与自然在"绝对精神"中统一的唯心主义自然观，抛弃了人与自然分离与对立的机械的非历史的、抽象的唯物主义自然观，使辩证的、实践的、历史的唯物主义人与自然统一学说登上了王座。大家知道，费尔巴哈在反对黑格尔客观唯心主义的过程中，虽然使唯物论重新登上了王座，但没有克服旧唯物主义满足于抽象的自然与抽象的人的对立，都主张与人分离的自然以及与自然分离的人。因此，费尔巴哈自然观的最根本的缺陷，就是与历史观的分离，这使他的自然界是没有

---

① ［德］施密特著，欧力同等译：《马克思的自然概念》，商务印书馆 1988 年版，第 2 页。

历史的自然界，解释自然时是唯物的，当然是机械性、直观性的，解释历史时是唯心的，正如马克思、恩格斯所批判的那样，他必然"重新陷入唯心主义"。① 因而，费尔巴哈在历史观上必然是唯心主义的。

我们看到，在费尔巴哈的思想框架内，人与自然的关系的唯物主义的机械性、直观性和唯心历史观是一致的。这就使得费尔巴哈自然观必然割裂了自然文化发展与社会历史发展的统一性，认为两者是没有关系的，这实质上是把自然界排斥于人类历史即人类的社会实践过程之外，也就是把历史从自然界中排除出去。这样，费尔巴哈也就不可能看到人类的实践活动，人类历史发展对改变外部自然界的作用与影响以及由此出现的自然界的属人的变化。对此，马克思恩格斯指出："当费尔巴哈是一个唯物主义者的时候，历史在他的视野之外，当他去探讨历史的时候，他决不是一个唯物主义者。在他那里，唯物主义和历史是彼此完全脱离的。"② 在这里，马克思、恩格斯道出了费尔巴哈的自然观和社会历史观的分离与对立；与之相反，马克思、恩格斯的自然环境理论与社会历史理论是在人类的实践活动、人类历史发展中辩证统一的，现实的自然界是被社会历史所中介过的，而不是游离于人类历史即人类社会的生产实践之外的异在。社会历史是人同自然界的完成了的本质的统一，"是自然界的真正复活，是人的实现了的自然主义和自然界的实现了的人道主义"。③

2. 在马克思、恩格斯看来，人类历史发展是自然生态与社会经济的统一。在马克思、恩格斯以前，人们对人类历史发展的解释大都不考虑自然界对人类社会经济生活的制约性，撇开自然生态条件对人类生存和人类历史发展的基础作用，把历史说成是某种处于客观世界之外和超乎世界之上的东西。因此，马克思主义认为，人类历史活动首先面临的是人与自然界的关系，表征这种关系的物质资料生产、劳动这种经济实践，是人类历史活动的最基本的实践活动。而人类历史的物质前程，则包括了"他们与自

---

① 《马克思恩格斯全集》第3卷，人民出版社1960年版，第51页。
② 《马克思恩格斯全集》第3卷，人民出版社1960年版，第51页。
③ 《马克思恩格斯全集》第42卷，人民出版社1979年版，第122页。

然界的关系"，所以，马克思主义的历史观首先追索的是人类历史发展的现实前提，赋予自然界与人之间的辩证的、历史的、现实的关系。在《德意志意识形态》中，马克思、恩格斯深刻地分析了旧历史观不从直接生产的物质资料生产出来，没有把自然界与人的关系，以自然为对象的物资资料生产实践作为历史发展的现实前提与客观基础。他们说："根据这种观点，历史总是遵照在它之外的某种尺度来编写的；现实的生活生产被描述成某种史前的东西，而历史的东西则被说成是某种脱离日常生活的东西，某种处于世界之外和超乎世界之上的东西。这样就把人对自然界的关系从历史中排除出去了，因而造成了自然界和历史之间的对立。"① 因而，马克思、恩格斯在创立实践唯物主义和历史唯物主义时，就把人类历史发展看做是自然生态环境与社会经济的统一，将人对自然界的关系放在人类历史发展的进程之中，指明了人对自然界的能动作用。正是第一位的社会经济实践，揭示了人类历史发展过程是自然界的发展过程和人类及人类社会的发展过程的统一，批判了那种认为自然界和人类历史发展是互不相干的错误观点，指出人对自然的关系与人对社会的关系一样，都是生产力发展的产物，是人类历史发展的产物。马克思、恩格斯指出："历史并不是作为'产生于精神的精神'消融在'自我意识'中，历史的每一阶段都遇到有一定的物质结果、一定数量的生产力总和，人和自然以及人与人之间在历史上形成的关系，都遇到有前一代传给后一代的大量生产力、资金和环境，尽管一方面这些生产力、资金和环境为新的一代所改变，但另一方面，它们也预先规定新的一代的生活条件，使它得到一定的发展和具有特殊的性质。"②

　　在马克思的自然环境理论中，人与自然环境的统一性是一条生命线，马克思、恩格斯有句名言："人创造环境，同样环境也创造人。"③ 这个马克思主义论点，正是对马克思的《关于费尔巴哈的提纲》一文所提出的实

---

① 《马克思恩格斯全集》第3卷，人民出版社1960年版，第44页。
② 《马克思恩格斯全集》第3卷，人民出版社1960年版，第43页。
③ 《马克思恩格斯全集》第3卷，人民出版社1960年版，第43页。

践唯物主义哲学的展开。在那里，他强调了人与自然环境的辩证统一关系，已经提出了环境可以改变人，人也可能改变环境，"环境的改变和人的活动或自我改变的一致，只能被看做是并合理地理解为革命的实践"，①"既然人的性格是由环境造成的，那就必须使环境成为合乎人性的环境"。②在此，我们要指出的是，上述马克思、恩格斯所说的"环境"，按照他们的意愿，应该是既指人与自然的自然关系所形成的自然生态环境，又指人与人的社会关系所形成的社会经济环境。前者制约后者，反过来也是一样，这两种环境是不可分割的，是相互依存、相互制约和相互作用的。对此，笔者在《理论生态经济学若干问题研究》一书中曾做过这样的论述："马克思、恩格斯是把人类社会历史发展的自然环境和社会环境并列的，以此来探讨它们之间相互制约、相互作用中的人类的历史发展。而自然界作为自然环境和自然资源的总和，则是与人类社会相互依赖、相互制约和相互作用、相互促进的。这样，自然界对人类生存和人类社会历史的发展的基础作用，就成为人与自然有机统一的牢固基础，使人类社会历史发展成为自然和社会的统一。"③

3. 马克思认为，在一定意义上说，人类社会发展的历史，就是人类与自然界在社会实践中相互制约、相互作用与相互演变的自然历史过程，因而人与自然的辩证统一关系在不同的人类历史时代有不同的表现形式。在远古时代，人和其他动物一样只能拜倒在自然面前听命于大自然的摆布，成为自然的奴隶，人们用神话的方式来表达对自然的看法，形成人类童年时期的"自然宗教"。马克思、恩格斯指出："自然界起初是作为一种完全异己的、有无限威力的和不可制服的力量与人们对立的，人们同它的关系完全像动物同它的关系一样，人们就像牲畜一样服从它的权力，因而，这是对自然界的一种纯粹动物式的意识（自然宗教）。"④ 这种"自然宗教"

① 《马克思恩格斯选集》第1卷，人民出版社1995年版，第55页。
② 《马克思恩格斯全集》第2卷，人民出版社1957年版，第167页。
③ 刘思华：《理论生态经济学若干问题研究》，广西人民出版社1989年版，第232页。
④ 《马克思恩格斯全集》第3卷，人民出版社1960年版，第35页。

的关系，实际上就是人与自然之间的一种原始的、朴素统一的关系。"这种自然宗教或对自然界的特定关系，是受社会形态制约的，反过来也是一样。这里和任何其他地方一样，自然界和人的同一性也表现在：人们对自然界的狭隘的关系制约着他们之间的狭隘的关系，而他们之间的狭隘的关系又制约着他们对自然界的狭隘的关系。"① 在这里，马克思、恩格斯指明了人对自然界低水平的能动作用与低水平的社会形态形成了一种统一，一种狭隘的同一性，两种狭隘关系相互制约、相互依赖的有机统一。

马克思很重视实现的自然界在近代工业实践中的具体表现问题，认为近代工业表示了自然界被历史的进程所改变的近代水平，体现了人与自然关系的近代水平。我们可以这样说，人对自然界近代水平的能动作用与近代水平的社会形态也形成一种统一性，这就是马克思、恩格斯所说的"在工业中向来就有那个很著名的'人和自然的统一性'，而且这种统一性在每一个时代都随着工业或快或慢的发展而不断改变"。② 当然，马克思、恩格斯从人类社会历史发展的视角确证不同社会历史阶段人与自然的辩证统一的不同表现形式，是要揭露近代工业在资本主义剥削制度下造成的人与自然界的异化关系，向人们指明要从特定的人类社会历史条件出发来认识与把握人与自然的辩证统一关系。

4. 从马克思、恩格斯的一些重要论著中，我们清楚地看到，马克思、恩格斯始终是从人类社会历史发展的视角来理解、把握现实的自然界，他们所认识的自然，同人类社会历史过程是一致的东西。可以说整个人类历史不仅包括人类史，而且是包括自然史在内的统一。因此，人与自然的统一历史过程，就是人类史与自然史的变更统一过程。人类史与自然史是同一的，不可分割的，彼此相互制约的。在《德意志意识形态》中，马克思、恩格斯在手稿中那段强调人类与自然之间历史的内在联系的重要论述，虽然被删去，但却被各国马克思主义研究者广泛地引用，这就是"历史可以从两方面来考察，可以把它划分为自然史和人类史。但这两方面是

① 《马克思恩格斯全集》第3卷，人民出版社1960年版，第35页。
② 《马克思恩格斯全集》第3卷，人民出版社1960年版，第49页。

密切相联的；只要有人存在，自然史和人类史就彼此相互制约"。①

在马克思的视野内，人类社会的历史本身就是一个"自然历史过程"，是自然界的"一个现实部分"。马克思、恩格斯在批判鲍威尔把自然与历史对立起来的错误观点时指出："关于'自然和历史的对立'问题，好像这是两种不相干的'东西'，好像人们面前始终不会有历史的自然和自然的历史"。② 在这里，马克思、恩格斯实际上提出了自然和社会双向中介的思想，不仅自然界注定要被社会所中介，而且社会作为物质自然界的一个现实部分，也注定要被自然界所中介。只有在人类历史中即通过社会实践之中介才能达到人与自然的统一。施密特发挥了马克思、恩格斯的思想，认为既要看到人类社会历史是"自然历史的一个现实部分"，物质自然界的一般特点将"继续存在于人类社会之中"；又要看到"自然的历史过程与社会的历史过程的特殊差异"。因此，他得出结论说："在马克思看来，自然史和人类史则是在差别中构成统一的，他既没有把人类史溶解在纯粹的自然史之中，也没有把自然史溶解在人类史之中。"③

（四）"人化的自然界"是自然生态环境和社会经济相互融合的有机整体

马克思在《1844 年经济学哲学手稿》中首次提出了"人化的自然界"的光辉思想，他说："人的感觉、感觉的人性，都只是由于它的对象的存在，由于人化的自然界，才产生出来的。"④ 与马克思一样，恩格斯在《自然辩证法》中指出人与其他动物的本质区别时也是提出了"人化的自然"的光辉思想。他说，"一切动物的一切有计划的行动，都不能在地球上打下它们的意志的印记。这一点只有人才能做到"，"只有人才办得到给自然界打上自己的印记"。⑤ 马克思、恩格斯都认为，人化的自然界是在人类历史

① 《马克思恩格斯全集》第 3 卷，人民出版社 1960 年版，第 20 页。
② 《马克思恩格斯全集》第 3 卷，人民出版社 1960 年版，第 49 页。
③ 周义澄：《自然理论与现时代》，上海人民出版社 1988 年版，第 278 页。
④ 《马克思恩格斯全集》第 42 卷，人民出版社 1979 年版，第 126 页。
⑤ 《马克思恩格斯选集》第 4 卷，人民出版社 1995 年版，第 383、274 页。

发展即在人类社会实践过程中形成的，它决不是某种开天辟地以来就直接存在的、始终统一的方面，而是工业和社会状况的产物，是历史的产物。因此，这种打上人类社会实践印记的现实的自然界，马克思把它称之为"人化的自然界"。它是通过人类劳动、生产实践这种最基本的人类实践活动，即人的经济实践，改变、占有、作用过的自然界，是纳入人类社会经济实践活动之中的自然界。更确切地说，人化的自然界是作为人类社会的外部条件与内部要素的自然生态环境和社会经济环境相互渗透、相互作用、相互融合形成的生态经济有机整体，这是人化的自然的真实含义与本质特征。对于马克思、恩格斯这一生态经济思想有必要作几点具体论述。

1. 人化的自然是自然的人化的作品与现实。马克思主义的自然环境理论始终强调自然与人之间相互制约、相互作用与相互融合的统一性。对此，马克思首先是从人与自然之间的对象性关系上确认的。在马克思那里，无论从理论方面还是从实践方面来说，人的本质的对象化都是必要的。人对自然界的作用、改变、占有，就是人们本质力量的对象化，是自然界作为人的社会本质的对象化。人是凭借着对自然界进行对象化，才真正认识到自身与自然界的一致性的。呈现在人面前的感性世界，是经由人类的社会劳动、生产实践这种社会经济实践活动，才从物质自然界分化出一个"人化"的人造物的现实自然界，才得以维持人类的生存与发展的。这是自然界之人的本质的对象化。因此，马克思针对近代工业的情况曾指出："工业的历史和工业的已经产生的对象性的存在，是一本打开了的关于人的本质力量的书，是感性地摆在我们面前的人的心理学"。① 人的本质力量，正是在作用、改变、占有自然的工业中显现出来的，对于人来说，自然界确实是"表现和确证他的本质力量所不可缺少的、重要的对象"。② 这是一方面。

另一方面，人类通过生产劳动的社会经济实践活动来作用、改变、占有与自身相对的外部自然界，把自己融于自然界之中，抛弃了自然界的抽

---

① 《马克思恩格斯全集》第 42 卷，人民出版社 1979 年版，第 127 页。
② 《马克思恩格斯全集》第 42 卷，人民出版社 1979 年版，第 167~168 页。

象性和单纯性，在作为对象的自然界中深深打上自己的目的与意志的烙印，从而造成或"再生产"出自然界，这是获得了"人的本质"的自然界。这种人化的自然是在自在（原生状态）自然界的基础上被人类社会经济实践活动作用、改变了的，使原生态的自然获得了属人的或人为的性质，成为属人的自然。人化的自然界的本质就是人对原生状态自然界的作用、改变、占有的物质结果。从外延上看，就是纳入人类社会经济实践活动之中的自然界。它理所当然包括人自身的自然，从而使自然界作为人的对象性存在、属人的存在，即是自然界的人化，成为人的本质的对象化存在形式，或人的存在的对象化形式，自然界的人化就是人的本质量的对象化，这正是通过人类的生产劳动这种社会经济实践之中介达到人与自然之统一。正如马克思所说，"通过这种生产，自然界才表现为他的作品和他的现实。"① 可见，"人化的自然界"正是"自然界的人化"的必然结果；自然界的人化的过程，就是生成人化的自然界的过程。这种过程，从最广意义上说，应该是自然界与人、自然生态环境与社会经济在符合客观规律要求的社会经济实践基础上本质的同一过程。由此，我们可以看到马克思的"自然界的人化"论蕴涵着极其深刻并具有现实性的生态学与生态经济思想。

2. 人与自然、社会经济与自然生态环境的统一，是在人类社会经济实践基础上自然的人化与人的自然化的统一。自然界按照人的目的与意志不同程度地、不同性质地发生了变化，这种变化了的自然界对人来说是人化了的自然；对自然界来说是自然的人化。所谓自然的人化，从本质上说，应该是指在人类社会经济实践中自然因素和自然关系（即生态关系）发生有利于人类生存与发展的变化，这就是说自然界的人化始终是一个人类遵循客观规律有目的、能动的、创造性的生产劳动，来改变外部自然界的物质实践过程。这种过程不仅是人在作用、改变自然，同时也是自然在制约、改变人，这就是人的自然化，二者同形同构，相得

---

① 《马克思恩格斯全集》第 42 卷，人民出版社 1979 年版，第 97 页。

益彰地交织在一起、融合在一起。所谓人的自然化，则是指人在社会实践活动中广泛掌握和同化自然力，将自然规律和自然的力量纳入人自身的自然，变成自身的自然的组成部分，实现人自身的自然和人身外的自然的有机统一。

毋庸置疑，人类社会经济实践不仅是自然界的人化、人的本质力量对象化的过程，而且同时也是人的自然化过程。如果说自然界的人化是使自然纳入人类社会历史，融入人类的文化和文明之中，使自然显现出人的本质力量；那么，人的自然化则是在社会实践活动中用各种各样的自然本质、自然力量丰富和充实人类自身的创造性生命活动，使大自然无限丰富的形式、力量和属性作为人的生命能力，集自然于一身。可见，人使自然及生态环境改变，自然使人及人类社会改变，这就是说，在人类社会实践中，自然的人化和人的自然化双方过程就是利用、改变自然与顺应自然规律的统一，这正是一幅不可分割的相互作用与相互融合图景。它的最基本的领域，就是经济领域，就自然呈现出一幅生态环境与经济社会不可分割的相互作用与相互融合图景。只有在这种同向运动中，人与自然、生态环境与经济社会才能真正统一，若缺少一方或逆向运动，人与自然便出现分裂，生态环境与经济社会便出现对立。这已被 20 世纪尤其下半叶的人类社会历史发生的事实所证明。

3. 自然的人化与自然的反人化是人与自然以异化形式表现的矛盾统一。人化的自然界作为自然界的人化的作品与现实，它是处在人与自然、社会经济与自然生态环境的矛盾统一的关系之中，在这种关系中发展与演化。在任何时候和任何意义上，我们必须承认人对自然的任何利用、改变和"人化"，都应建立在人是自然之子的基础之上，必须要充分看到人化的自然界作为自然存在物要服从自然生态环境发展的客观规律，客观规律以其铁的"意志"制约，规定着人化自然，从而规定了人必须顺应自然。在这方面人化的自然是十分脆弱的。与其这样说，还不如说人类是十分脆弱的。在这方面，不管人类文明如何高度发达，人类依然始终离不开对大自然的依赖，离不开与自然生态环境的相互作用与相互融合；不管人类的社会经济实践，具有多大的能动性，但它受到自然的限制与约束，终究不可能超越自然界的客观基础和客观规律的。因此，马克思、恩格斯以工业形式表现出来的人类生产实践活动，建构了一幅人与自然、社会经济与自然生态既对立又统一的复杂图景。马克思通过对工业文明这种人类社会经济实践形式及其结果的研究，揭示了人类社会经济实践的两重性：它可以成为联结人与自然的桥梁，促进人与自然辩证统一的中介；又可能以异化的形式造成人与自然的对立，成为破坏自然的力量。这样人与自己关系的异化就是不可避免的，这就是人类违背自然规律去征服自然、改造自然、占有自然，起初确实获得一些眼前的利益，但是往后再往后却导致事与愿违的效果，不但把最初的胜利结果完全消除了，而且让人类付出更大惨痛的代价。恩格斯明确地告诫说："我们不要过分陶醉于我们人类对自然界的胜利。对于每一次这样的胜利，自然界都对我们进行报复。每一次胜利，起初确实取得了我们预期的结果，但是往后和再往后却发生完全不同的、出乎预料的影响，常常把最初的结果又消除了。"① 在这里，恩格斯指明了人类陶醉在肆意虐待大自然的胜利中，使自己作为外在于自然界的"尤物"，把大自然看成是与人类无关的异在，像征服者统治异民族走向反面一样，即是自然界也以前所未有的直接的或间接的、近期的或长期的方式否定与制约人，使人类遭到无情的报复与惩罚，这就是自然的反人化。它是指自然界对人类漠视自然规律的实践活动进行的"报复"的现象，这种现象抹去了人在自然界打上的自己目的与意志的印记。20世纪下半叶以来，现代经济社会发展所面临的资源短缺、环境污染、生态破坏所导致的资源、环境、生态危机直至整个大自然的全面危机，正是自然的反人化的最具体的体现。这就是自然界的各种无声的反抗和有形的报复，使征服者反被自然所征服。

　　在人化的自然中发生的自然的反人化，是人与自然否定性对象性关系在人类社会经济实践中的现实表现。人作用、改变、占有自然，实质上将

---

① 《马克思恩格斯选集》第4卷，人民出版社1995年版，第383页。

自己的需要、目的、意志、本质力量通过现实的社会实践活动在符合客观规律要求的基础上灌注到大自然之中，使人的生命及其本质力量转化为对象性的存在，形成符合人类生存与发展的肯定性的对象性关系。如果人类的社会实践活动违背客观规律的要求，盲目地在自然面前抬升自己的生命创意与占有欲，反自然性地（即反生态性）展示自己的主观能动性，大肆虐待、破坏、占有自然，就必然形成不利于人类生存与发展的否定性的对象性关系。这种人与自然之间的否定性对象性关系，责任不在自然界而在人，是人在社会经济实践活动中否定了自然界，使自然界不再作为表现和确证人的本质力量的自然界。这样就产生了人与自然关系的异化问题。正如马克思所说："在通常的、物质的工业中，人的对象化的本质力量以感性的、异己的、有用的对象的形式，以异化的形式呈现在我们面前。"① 因此，人否定与自然界的肯定性关系的同时，自然界也必将以各种方式否定与人的肯定性的对象性关系，形成否定性的对象性关系。这突出表现为自然界对否定自己的人类进行一种"反否定"的报复与惩罚，即自然生态环境的恶化越来越严重地制约着人的现实的能动的社会经济实践活动，以致极大影响人类自身的生存与人类繁衍。可见，自然的反人化，从自然界对人来说，是自然界对否定自己的人类的一种反否定的报复与惩罚；从人对自然界来说，是人类的社会经济实践活动的盲目性与反自然性，最终使人类自己遭到自然界的无情的否定与报应。这就是人与自然、社会经济与自然生态环境以异己形式呈现出的辩证统一关系。现在，我们正确认识和把握人化自然的辩证法，就是要求我们在社会经济实践活动中，遵循客观规律的要求，使自然界由对人的否定性作用转向对人的肯定性作用，使从人与自然的不和谐、社会经济与自然生态环境的不协调重新走向更高水平的和谐统一与协调发展。

---

① 《马克思恩格斯全集》第 42 卷，人民出版社 1979 年版，第 127 页。

第二章　马克思生态经济思想的社会学基础

在马克思自然环境理论中，阐明人与自然的辩证统一关系时，论述较多的自然概念，是把自然作为人及人类社会的外部环境与生态条件，即是人及人类社会存在的自然资源与自然环境的总和。当然，这是从观念而言。而在现实的社会经济生活中，相对应的两个方面，则相互依存、相互制约、相互作用和相互融合成为统一体。这个统一体实质上是生态经济的有机统一。正是在这种一般意义上说，马克思自然环境理论与人与自然统一学说，也就包含着马克思的生态经济理论。美国著名的政治社会学家安赤尼奥勒姆认为，"马克思创立了许多比任何热衷于政治研究的社会学家——活着的和死去的——都富有挑战性和更富有成果的思想"。因此，本章就很有必要对此问题进行哲学—社会学①探讨，从马克思的社会历史理论与自然环境理论的密切联系中，阐述自然生态环境和社会经济的辩证统一关系，从而揭示马克思生态经济思想的社会实践特征和社会历史特征。

一、自然和社会整体性的社会学与经济学之统一

马克思自然环境理论结束了旧唯物主义的自然观割裂自然与人类社会历史之间内在的本质的联系的局面，强调从人类社会历史发展的视角去认识、把握自然界，提出了自然与社会相互制约、相互作用、相互影响的历

---

① 本章所说的"社会学"理论，主要不是指现在人们常说的社会学理论，而是马克思的社会历史理论，特别是马克思的社会实践和社会关系理论，还指马克思主义的科学社会主义理论。

史唯物主义理论。这个理论的本质特征就是它的社会经济内容，其根本点是自然与人类社会是不可分割的，它构成生态环境与人类经济活动的有机统一，把这个理论纳入到马克思主义政治经济学理论体系之中，内在地包含着生态环境与经济相互制约、相互作用、相互影响的生态经济思想。

（一）社会是人和自然的本质的统一

前面引证了马克思确立自己的自然环境理论的唯物论基础的论断："人直接地是自然存在物"，而且是"有生命的自然存在物"。然而，马克思始终强调人不仅是自然存在物，而是社会的存在物，是属于人的自然存在物。人"无论如何也天生是社会动物"。① 这是因为人在自然界面前，不是被动的单个存在物，而是有意志的、有目的，明确自身存在意义和价值的类存在物。正如马克思所说的："人不仅仅是自然存在物，而且是人的自然存在物，也就是说，是为自身而存在着的存在物，因而是类存在物。他必须既在自己的存在中也在自己的知识中确证并表现自身。"② 在这里，马克思强调人是以"类"的方式存在于自然界之中的，不是单一的个人存在物，"个人是社会的存在物"。因此，人作为类的存在物，是个体和总体的统一。马克思明确指出："人是一个特殊的个体，并且正是他的特殊性使他成为一个个体，成为一个现实的、单个的社会存在物，同样地他也是总体、观念的总体、被思考和被感知的社会的主体的自为存在，正如他在现实中既作为社会存在的直观和现实享受而存在，又作为人的生命表现的总体而存在一样。"③ 所以，在马克思的自然环境理论框架中，自然与人的相互关系，也就决不只是自然与单独个人的相互关系，而是自然与社会的相互关系。正因为这样，马克思自然环境理论的本质特征在于：不仅是人与自然是同一的、不可分割，而且社会与自然是统一的、不可分割。

只有在社会关系中才会发生人们对自然界的关系。以物质资料生产实

---

① 《马克思恩格斯全集》第 23 卷，人民出版社 1972 年版，第 363 页。
② 《马克思恩格斯全集》第 42 卷，人民出版社 1979 年版，第 169 页。
③ 《马克思恩格斯全集》第 42 卷，人民出版社 1979 年版，第 123 页。

践为中介的人与自然的统一，是人类存在的现实基础，而这一现实基础就是人们"以一定的方式共同活动和互相交换其活动"，进行物质资料生产活动。"为了进行生产，人们相互之间便发生一定的联系和关系；只有在这些社会联系和社会关系的范围内，才会有他们对自然界的影响，才会有生产。"① 这里所说的"互相交换其活动"，就是通过交往活动形成个体之间的社会联系和社会关系，以及个人和总体之间的社会联系和社会关系。于是，在物质资料生产实践中，人们为生存与发展而结成了人与人的社会关系。正如马克思所说的："人的本质不是单个人所固有的抽象物，在其现实性上，它是一切社会关系的总和。"② 正因如此，马克思在《〈黑格尔法哲学批判〉导言》中指出："人就是人的世界，就是国家，社会。"③ 因此人与自然的关系，就是人的世界与自然的世界的关系。人的生存与发展不仅离不开自然界即自然环境，而且离不开社会即社会环境。人不仅必然要同自然结成自然生态关系，而且必然要同社会结成社会经济关系，两者的统一，就是生态经济关系。

按照马克思的观点，人们的社会关系才使单独个人组成人类社会有机整体，它是人同自然的有机统一。马克思在《1844 年经济学哲学手稿》中强调指出："首先应当避免重新把'社会'当作抽象的东西同个人对立起来。个人是社会存在物。因此，他的生命表现，即使不采取共同的、同其他人一起完成的生命表现这种直接形式，也是社会生活的表现和确证。"④ 后来，马克思在《经济学手稿（1857—1858 年）》中还说："社会不是由个人构成，而是表示这些个人彼此发生的那些联系和关系的总和。"⑤ 因此，在马克思的社会历史理论视野里，社会关系使人成为现实的人，社会关系使人结成社会。因而人是社会关系中的人，社会是人的社会关系中的社会。在这里，一方面是人的全部生存、享受、发展的活动都是社会的，"无

---

① 《马克思恩格斯选集》第 1 卷，人民出版社 1995 年版，第 344 页。
② 《马克思恩格斯选集》第 1 卷，人民出版社 1995 年版，第 60 页。
③ 《马克思恩格斯选集》第 1 卷，人民出版社 1995 年版，第 1 页。
④ 《马克思恩格斯全集》第 42 卷，人民出版社 1979 年版，第 122~123 页。
⑤ 《马克思恩格斯全集》第 46 卷（上），人民出版社 1979 年版，第 220 页。

论就其内容或就其存在方式来说，都是社会的，是社会的活动和社会的享受"；① 而人对自然界的利用是通过作为社会机体的存在来对自然界的改变与占有。另一方面是现实的自然界作为人自身的自然与身外的自然的统一体，是在人类社会经济实践中形成，由此决定了社会存在物的人，只有结成一定的社会关系，才能在能动地改变外部自然的同时，也改变自身的自然，或者说，才能在自身自然的潜能发挥出来中改变自身的自然及社会环境，从而能动地改变身外及自然环境。总之，人本身的存在就是社会经济实践活动，"社会是人同自然界的完成了的本质的统一，是自然界的真正复活"。②

（二）自然与社会的辩证统一

1. 自然与人类社会相互依存、相互作用、相互渗透、相互融合。这种不可分割性，是马克思自然环境理论的一个最本质特征。以费尔巴哈为代表的旧唯物主义自然观对自然的理解，不仅是以人与自然相分裂，而且是以自然与社会相对立为最本质特征的。因此，在费尔巴哈那里，自然与社会历史是分割的、对立的，完全否认、排除了人类社会经济实践活动和社会历史发展对自然界的作用和影响。马克思、恩格斯把人类的社会历史活动与自然的历史紧密结合在一起来考察自然与人类社会历史的关系，从不承认自然与人类社会之间绝对的划分，始终反对那种自然与社会历史之间的分割与对立之说，认为我们面前的自然界是在人类社会历史发展的进程中完成的现实的、人化的自然界。正如马克思所指出的，在人类社会经济实践过程中"形成的自然界是人的现实的自然界"。③ 按照马克思的这个观点，自从人类社会形成以来，现实的、人化的自然界的演变历史就不是孤立的，它的状况就镶嵌在人类社会历史发展之中，与人类社会历史发展是同一的、不可分割的。马克思还着重考察了实现的自然界在"工业"实践

《马克思恩格斯全集》第 42 卷，人民出版社 1979 年版，第 121~122 页。
② 《马克思恩格斯全集》第 42 卷，人民出版社 1979 年版，第 122 页。
③ 《马克思恩格斯全集》第 42 卷，人民出版社 1979 年版，第 128 页。

中的具体构成问题，论证了现实的、人化的自然界是在"工业"实践中形成的自然与人类社会的统一体。正因为如此，马克思、恩格斯在《德意志意识形态》中批判把自然与社会历史对立起来的错误观点时指出："关于'自然和历史的对立'问题，好像这是两种不相干的'东西'，好像人们面前始终不会有历史的自然和自然的历史。"① 在这里，马克思告诉我们，历史的自然和自然的历史是统一、不可分割的，即在人类社会历史发展过程中的统一，既是自然的产物，又是历史地创造出来的，即"整个所谓的世界历史不外是人通过人的劳动而诞生的过程，是自然界对人说来的生成过程"。②

马克思、恩格斯针对旧唯物主义自然观割裂自然与人类社会历史发展的关系，突出强调自然与人类社会之间的辩证统一关系，认为自然是被社会历史所中介过的，这实际上是提出了自然与社会双向中介的思想。根据马克思的这一思想，西方马克思主义者施密特等人进一步阐明了"自然的社会中介和社会的自然中介"的"双向中介理论"。对此，我国学者也指出："如同自然界注定要被社会所中介一样，社会成为整个现实世界的构成要素，也注定要被自然所中介。所以，人们在承认自然是一个社会范畴的同时，也要看到社会也是一个自然范畴。"③ 在此，要进一步指出的是从马克思的社会历史理论和经济理论的内在联系来考察自然与社会双向中介的发展关系，我们既要承认自然生态是一个社会经济的范畴，又要看到社会经济也是一个自然生态范畴，即是哲学、社会学和经济学之统一的生态经济范畴。

2. 马克思、恩格斯的自然与人类社会相统一的思想，在本质上是自然与人类社会实践的统一。马克思、恩格斯始终反对把自然与人类社会经济实践割裂开来，对立起来。强调人类社会实践活动的一个方面是"人们对

① 《马克思恩格斯全集》第3卷，人民出版社1960年版，第49页。
② 《马克思恩格斯全集》第42卷，人民出版社1979年版，第131页。
③ 解保军：《马克思自然观的生态哲学意蕴》，黑龙江人民出版社2002年版，第210页。

自然的作用。另一方面，是人对人的作用"。① 这两个基本方面的事实构成了人类社会历史。正因为自然界与人类社会历史的实践活动紧紧联结在一起，所以恩格斯竭力反对那种把"精神和物质、人类和自然、灵魂和肉体之间的对立的荒谬的、反自然的观点"。② 直到晚年，恩格斯还是不断地要人们注意社会历史与自然环境的相互作用问题，他认为历史是"一切属于社会而不仅仅属于自然界的领域的集合名词"，应当看到"当一种历史因素一旦被其他的、归根到底是经济的原因造成的时候，它也能够对周围环境甚至对产生它的原因发生反作用"。③ 因此，自然作用于人及人类社会，社会历史也反作用了自然界，改变自然界，使人类社会给予自然的人的目的与意志烙印和自然的客观独立性性质构成了一个统一体。所以，我们说，马克思自然环境理论要求我们从人类社会经济实践生成的视角，辩证地认识、把握自然与人类社会的统一性及生态环境与经济的统一性问题。

3. 自然界的社会化和社会的自然化是同一过程的两个方面。这是因为自然界的人化和人的自然化是人类社会实践中人与自然相互作用的同一过程的两个侧面，它们在人类社会实践的统一就是社会历史发展。由于人是社会关系中的人，人与自然的关系就必然是天生的社会化与实践化，因而，自然界的人化在本质上是自然界的社会化。同样，社会是人的社会关系的社会，没有这种社会，就没有真正作为人与自然相互作用的人类，当然也就没有真正作为人与自然相互作用的人化的自然界，因而，人的自然化在本质上是社会的自然化。所以，我们可以看到，自然界的社会化的本质和社会的自然化的本质是同时被理解的，它们是在人类社会历史实践活动中生成的同一过程的两个方面，一个统一过程内部的差别。马克思指出："自然界的人的本质只有对社会的人说来才是存在的；因为只有在社会中，自然界对人说来才是人与人联系的纽带，才是他为别人的存在和别人为他的存在，才是人的现实的生活要素；因为只有在社会中，自然界才是

---

① 《马克思恩格斯全集》第 3 卷，人民出版社 1972 年版，第 41 页。
② 《马克思恩格斯选集》第 4 卷，人民出版社 1995 年版，第 384 页。
③ 《马克思恩格斯全集》第 39 卷，人民出版社 1974 年版，第 96 页。

人自己的人的存在的基础。只有在社会中,人的自然的存在对他说来才是他的人的存在,而自然界对他说来才成为人。"① 在这段精彩论述中,马克思连续说了三次"只有在社会中",表明马克思非常强调自然界的社会化问题,体现马克思的自然环境理论的社会历史特征和社会实践特征的统一。的确,自然界无论是作为人与人联系的纽带,还是作为现实经济社会生活要素和基础,都是在一定的社会历史条件下生成的,离不开人类社会,离不开人类社会经济实践的过程。而人类社会经济实践作为自然界与人辩证统一的中介,也就必然成为自然界与社会辩证统一的中介。这就是社会与自然界的内在关联性,它使没有社会的自然界与没有自然界的社会都是不可想象的。因此,我们完全可以说,自然界的社会化过程同时也是社会的自然化过程,这在概念上的两个过程,在人类社会历史实践活动中不是分离存在的,而是有机统一的,它包含着自然生态的经济化和社会经济的生态化的有机统一的生态经济过程。

4. 马克思的唯物主义社会历史理论和辩证法自然环境的统一特征,还突出表现在马克思、恩格斯的论著中,在多数场合下把自然作为人及社会的外部环境,是人类社会存在的自然条件的总和,与人类社会相对应着,两者相互渗透,相互作用,形成自然和人类社会的辩证统一关系。周义澄教授在《自然理论与现时代》一书中,从马克思自然理论的哲学与经济学之统一的视角,把它概括为马克思自然概念的第二个基本含义。② 根据周的论证,笔者认为,这个基本含义应当有这样几层意思:

第一,马克思在《1844 年经济学哲学手稿》中,把自然界称之为"感性的外部世界",这是人及社会的自然环境,它主要是指地球、地表即现在人们所说的生物圈。它既是人及社会"赖以生活的无机界",又是"精神的无机界",是"人的无机的身体"。离开这种"外部世界"、"感性自然界",人类社会经济实践活动便无法进行,人的生命之延续也无法实现。

---

① 《马克思恩格斯全集》第 42 卷,人民出版社 1979 年版,第 122 页。
② 周义澄:《自然理论与现时代》,上海人民出版社 1988 年版,第 83~84 页。

第二，在马克思的自然环境理论中，它视人和社会作为一个系统，即人类社会系统，它始终把作为人的"周围的世界"的感性自然界，当做人的外部环境和自然条件，① 这种外部自然界系统与人类社会系统是相对应的，两者相互作用，既对立又统一。

第三，马克思通过人类劳动生产实践，揭示了外部自然界和人及人类社会之间内在的本质联系，找到联结双方的纽带的。劳动生产实践使人成为社会关系中的人，使社会成为人的社会关系的社会，使人利用、改变外部自然界的实践活动成为社会经济实践的活动。因此，在马克思的视野里，只有通过人类社会经济实践活动，才能实现人类社会系统与外部自然界系统的相互联系、相互作用的辩证统一，其中包含着生态环境与经济的相互联系、相互作用的生态经济辩证统一。

二、经济社会形态的演进和
人类文明形态的演变之统一

人与自然的辩证统一在不同的社会历史时代有着不同的表现形式。在人与自然或社会与自然发展关系的各种形式的重构和变换的社会历史演进中，不仅体现着人与自然或社会与自然的发展关系形态的演进过程，而且同时标志经济社会形态和人类文明形态的演变过程。这是一个由低级向高级升华的演进过程。

（一）经济社会形态的科学概念与三大经济社会形态理论

社会形态是历史唯物主义用以研究和把握人类社会的基本范畴，也是研究和把握自然与人类社会辩证统一关系的基本理论。近些年来，我国学术界对这个重大理论问题争议与分歧甚多，我们仅就马克思主义生态经济思想有密切关系的问题谈几点。

---

① 《马克思恩格斯全集》第 2 卷，人民出版社 1957 年版，第 166 页。

1. 经济社会形态的科学概念。长期以来，在哲学社会科学教科书中，按照传统理论观点，社会形态定义为"经济基础与上层建筑的统一"。这个普遍概念，是把"社会形态"与"社会经济形态"看成同义语，由此，人们都认为马克思主义的社会形态理论也就是社会经济形态理论，它是马克思提出来的，与资产阶级学者的"一般社会"的概念相对立的。近些年来，在我国学术界对马克思提出的这个历史唯物主义原理的理解提出了新的看法。一些学者不同意原定义中仅提"经济基础与上层建筑的统一"，认为社会形态或社会经济形态应该包括生产力内在，它"是与一定的生产力性质和水平（其中主要是与人的发展）相适应的、并有政治的和思想的社会上层建筑竖其上的社会经济关系、社会经济结构"。[1] 有的学者甚至提出社会经济形态不仅应包括生产力、生产关系（经济基础、上层建筑），而且还应该包括其他一切社会要素，它是由全部社会要素组成的统一完整的社会体系。

在社会形态与社会经济形态这两个概念的讨论中，值得我们重视的是有的学者在对马克思、恩格斯原著考证的基础上，提出了一个新的表达——"经济社会形态"。他们指出，在我国广为流传的所谓"社会经济形态"一词，实际上是对马克思原文的一种不确切的译法。据查，德文原文是"Konomische Gessellschaftsformation"，直译应为"经济社会形态"。他们以当年郭大力、王亚南译的《资本论》为证说，曾经采用过"经济社会形态"或"经济的社会形态"的译法。因此，他们认为，在马克思那里，经济社会形态就是指以经济关系为骨骼的整个社会形态，它同社会形态应该是同义语。[2] 笔者非常赞同把马克思的社会形态译成经济社会形态，这样不仅更加符合马克思、恩格斯著作的原意，而且更能体现马克思主义的哲学与经济学之统一、马克思自然环境理论与唯物主义社会历史理论之统一，为我们理解和把握马克思主义生态经济思想提供了历史唯物主义的理论基础。在此，强调两点：

---

① 许崇正：《伦理经济学再论》，中国财政经济出版社 2001 年版，第 28 页。
② 郝立新：《马克思主义哲学研究述评》，中国人民大学出版社 2002 年版，第 319 页。

　　第一，在经济社会形态的科学概念中，突出"经济"二字，集中反映了一种社会形态的根本特征和规定性，强调了它是人类实践活动的经济的社会形式，是人的经济实践的能力的特征和经济生产技术的特征相结合所划分的经济的社会形态。这就指明了三大经济社会形态所体现的人类及人类社会和自然界的关系演变的内在依据。

　　第二，现实的、人化的自然界，是通过人类社会的经济实践活动所生成的。因此，自然与人类社会的统一，不在别处，就在人类社会，在人类社会的经济实践之中，自然与人类社会的辩证统一必然表现为生态环境与人类经济活动的辩证统一。所以，将社会经济形态译成经济社会形态，这就为理解与把握马克思主义生态经济思想提供了历史唯物主义的理论基础。

　　从学术界的现实来看，把马克思的社会形态概念译成"社会经济形态"已经广泛流传并为大家所接受，是可以把社会形态、社会经济形态、经济社会形态三者当作同义语来使用的。

　　2. 现时代的经济社会实践，要求我们现阶段应当把理论选择的重点从"五形态"理论图式转向"三形态"理论图式。长期以来，我国学术界普遍认为，人类社会历史划分为五种社会形态，即原始社会、奴隶社会、封建社会、资本主义社会和共产主义社会（低级阶段和高级阶段），它们的依次更替是人类社会历史发展的普遍规律。持"五形态"理论图式的学者都认为，第一次完整准确地提出"五形态"的历史发展图式，是马克思在1859年的《〈政治经济学批判〉序言》中，对社会历史发展形态作的如下概括："大体说来，亚细亚的、古代的、封建的和现代资产阶级的生产方式可以看作是经济的社会形态演进的几个时代。资产阶级的生产关系是社会生产过程的最后一个对抗形式……人类社会的史前时期就以这种社会形态而告终。"① 再加上未来共产主义社会形态，这就构成马克思的"五形态"理论图式。很明显，马克思五种社会经济形态理论的客观依据，是以生产

---

　　① 《马克思恩格斯选集》第2卷，人民出版社1995年版，第33页。

资料与劳动者结合的不同形式当特征的，是从社会的生产关系的角度来揭示人类社会形态依次更替的发展规律。因而，人类社会发展的"五形态"理论图式就被我国理论界的哲学、政治经济学、科学社会主义教科书作为马克思主义关于人类社会发展的普遍规律的经典表达。

随着当代人类生存与发展出现的新情况、新问题，引起一些学者辩证地反思"五形态"理论，回到马克思，发掘它的"三大社会形态"的理论遗产，即"三形态"理论图式，使之更好发挥马克思主义社会形态理论对现时代发展的指导作用。于是，20世纪90年代，在我国学术界出现了三种社会形态和五种社会形态的学术争论。① 笔者认为，这场学术争论的现实意义超过理论问题本身，它表明我们不仅要重视"五形态"理论，更要重视"三形态"理论，尤其是为了适应21世纪人类存在和经济社会发展的客观需要，我们更应当把理论选择的重点转向"三形态"理论图式。这是因为，这一理论具有强烈的时代感和现实性，它包含着丰富的理论财富，至今还没有被完全发掘出来，其中，它是唯物主义社会历史理论与自然环境理论之统一还没有被人们所认识和把握，这就是我们所要阐明的基本观点。

3. 马克思"三大经济社会形态"理论的形成与本质内涵。"三形态"理论图式发端于马克思、恩格斯社会历史分期理论形成时期的《德意志意识形态》中，在马克思《1857—1858年经济学手稿》和《政治经济学批判序言》中得到成熟完善。对于人类社会历史分期问题，马克思、恩格斯在《德意志意识形态》中讨论过部落所有制、古代公社所有制与国家所有制、封建的或等级的所有制形式各自的特征，以及它们解体基础上产生的

---

① 这种争论，概括地说，主要有三种观点：一是坚持五种社会形态依次更替是社会历史发展的普遍规律，认为"五形态"理论图式符合马克思的本意，比三种社会形态理论成熟；二是认为五种社会形态理论是斯大林对马克思主义的附加和曲解，三种社会形态理论才是马克思关于社会历史分期理论的最辉煌的成就，主张用"三形态"理论图式取代"五形态"理论图式；三是认为"三形态"和"五形态"理论图式同时发端于马克思社会历史分期理论形成时期和分别在成熟时期得到完整准确的表达，因而，它们都是根据历史唯物主义原理分析社会历史发展得出来的科学结论，二者互相包容、并行不悖。

资本主义所有制，尤其是有一段非常重要而又常常被人所忽视的论述："这里出现了自然产生的生产工具和由文明创造的生产工具之间的差异。耕地（水等等）可以看作是自然产生的生产工具。在前一种情况下，即在自然产生的生产工具的情况下，各个个人受自然界的支配，在后一种情况下，他们则受劳动产品的支配。因此在前一种情况下，财产（地产）也表现为直接的、自然产生的统治，而在后一种情况下，则表现为劳动的统治，特别是积累起来的劳动即资本的统治。前一种情况的前提是，各个个人通过某种联系——家庭的、部落的或者甚至是地区的联系结合在一起；后一种情况的前提是，各个个人互不依赖，联系仅限于交换。在前一种情况下，交换主要是人和自然之间的交换，即以人的劳动换取自然的产品，而在后一种情况下，主要是人与人之间所进行的交换。在前一种情况下，只要具备普通常识就够了，体力劳动和脑力劳动彼此还完全没有分开；而在后一种情况下，脑力劳动和体力劳动之间实际上已经必须实行分工。在前一种情况下，所有者可以依靠个人关系，依靠这种或那种形式的共同体来统治非所有者；在后一种情况下这种统治必须采取物的形式，通过某种第三者，即通过货币。在前一种情况下，存在着一种小工业，但这种工业是受对自然产生的生产工具的使用所支配的，因此这是没有不同个人之间的分工；在后一种情况下，工业以分工为基础，而且只有依靠分工才能存在。"[①] 在这段论述中，我们完全可以看出，马克思、恩格斯关于人类社会历史分期的基本思想：第一，他们从生产工具、财产关系、交往关系、交换关系、剥削形式、分工形式等方面，将人类社会历史划分为两种情况，前一种指的是资本主义以前的情况，后一种指的是资本主义的情况。从中无疑可以看出他们实际上是将人类社会的历史发展划分为两大历史时代，即前资本主义历史时代和资本主义历史时代。第二，在前一种情况下，"各个个人受自然界的支配"，这就是隐约地提出在这种情况下是"人的依赖关系"的第一种社会形态；后一种情况下，"是积累起来的劳动即资本的统

---

① 《马克思恩格斯全集》第 3 卷，人民出版社 1960 年版，第 73~74 页。

治"，这就是隐约地提出在这种情况下是"物的依赖关系"的第二种社会形态。如果加上他们所论证的必将取代资本主义的共产主义社会，这是第三种社会形态，那么，整个人类社会的历史发展就表现为三大经济社会形态依次更替的过程。可见，马克思、恩格斯在《德意志意识形态》中只是隐约地提出了"三大经济社会形态"的光辉思想，当然这一思想还处在萌芽状态，是"三形态"理论图式的雏形。

马克思在《政治经济学批判》中对人与自然或社会与自然的关系的历史发展以及由此产生的社会形态进行过深刻的论述，首次完整地把文明社会的历史发展划分为三大经济社会形态依次更替的过程，是在《1857—1858 年经济学手稿》中。马克思指出："人的依赖关系（起初完全是自然发生的），是最初的社会形态，在这种形态下，人的生产能力只是在狭窄的范围内和孤立的地点上发展着。以物的依赖性为基础的人的独立性，是第二大形态，在这种形态下，才形成普遍的社会物质交换，全面的关系，多方面的需求以及全面的能力的体系。建立在个人全面发展和他们共同的社会生产能力成为他们的社会财富这一基础上的自由个性，是第三个阶段。"① 这是马克思主义三大经济社会形态理论的科学概括。

4. 用历史唯物主义原理与自然环境理论之统一来理解与把握"三大经济社会形态"理论的精神实质。如果说"五形态"理论图式的客观依据，是以生产资料与劳动者结合的不同形式即不同社会关系为主要标志的话，那么"三形态"理论图式的客观依据，则是把自然、人、社会看做是一个有机整体，在人类社会的实践活动过程中尤其物质生产的经济实践活动过程中，所体现的人与其生存环境发展关系的不同形式即不同人与自然或社会与自然关系为区分经济社会形态的主要标志。这里所说的人的生存环境是自然环境和社会环境的统一。从马克思"三形态"理论图式的文字表达来看，是直接以人在其生存环境中的自由程度为区分经济社会演进的主要标志，但从马克思的整个理论思路来看，在理论深层次上，它实质是以人

---

① 《马克思恩格斯全集》第 46 卷（上），人民出版社 1979 年版，第 104 页。

与自然或社会与自然的发展关系来对经济社会形态演变过程的历史分析。
这是因为，经济社会形态的演变是由人类社会实践活动尤其是经济实践活
动能力的发展决定的，它体现人的本质力量的发展不同历史时期。人的经
济实践活动能力的发展，既是经济社会形态发展，进化的动力和决定因
素，又是经济社会形态演进的主要标志。之所以如此，其根源就在于人类
社会经济实践，作为人及社会和自然的纽带，是人具有实践活动能力的基
本标志。如前所说，人类社会经济实践不仅是自然界的人化过程，而且同
时是人的自然化过程，即是两者内在统一过程。它是人的实践活动能力的
发展过程。

　　按照马克思自然环境理论，自然界的人化过程，就是人的本质力量自
然对象化的过程；人的自然化过程，就是马克思所说的人通过"所处的自
然环境的变化，促使他们自己的需要、能力、劳动资料和劳动方式趋于多
样化"，① 使大自然无限丰富的形式力量和属性成为人类自身的实践活动能
力。所以，人在生存环境（自然环境和社会环境）中的自由程度，实质上
是在人的本质力量自然对象化过程中的人的自然化程度的表现而已。正像
马克思所说的："整个所谓世界历史不外是人通过人的劳动而诞生的过程，
是自然界对人说来的生成过程。"②

（二）　经济社会形态和社会文明形态的一致性

　　1. 经济社会形态发展是一个自然历史过程。这是马克思的社会历史理
论的一个重要思想，它表明马克思主义的历史唯物主义社会历史理论同其
他社会历史理论的根本不同之处，就在于它不仅承认本体论意义上的辩证
唯物主义，而且看到社会历史进程的客观性；承认社会历史发展是个自然
历史过程，即经济社会形态发展是个自然历史过程，开拓了唯物性的本体
论自然环境理论的新视野，确保了实践唯物主义和历史唯物主义的一致
性。马克思在《资本论》第 1 卷初版序言中明确宣布："我的观点是：社会

---

① 《马克思恩格斯全集》第 23 卷，人民出版社 1972 年版，第 561 页。
② 《马克思恩格斯全集》第 42 卷，人民出版社 1979 年版，第 131 页。

经济形态的发展是一种自然历史过程。"① 列宁也指出："只有把社会关系归结于生产关系，把生产关系归结于生产力的高度，才能有可靠的根据把社会形态的发展看作自然历史过程。"②

在这里，马克思和列宁所强调的经济社会形态发展的"自然历史过程"，具有两方面的基本含义：③ 首先是指经济社会形态发展的客观规律性，这种客观规律如同自然界的规律一样，是社会运动本身的"自然规律"，"自然的发展阶段"。④ 这就是说，社会运动同自然界一样，也是有规律的发展过程，社会规律也是客观的、必然的、不以人的意志为转移的"自然过程"。⑤ 正因为如此，马克思很赞同地引述了俄国评论家考夫曼对他的著作所采用方法的评价："马克思把社会运动看作受一定规律支配的自然历史过程，这些规律不仅不以人的意志、意识和意图为转移，反而决定人的意志、意识和意图。"⑥ 其次，它是指经济社会发展的"自然规律"具有社会历史特征的规律。因而它虽然不具有自然界的规律的那种自发的、与人的意识、意志无关的、不可控制的性质，但却会带来某些不以人的意志为转移的强制性，如同自然规律一样强制地为自己开辟道路。

马克思认为，社会历史的"自然规律"或社会运动的"自然过程"，当然不仅是指明经济社会发展像自然发展一样，是客观的、有规律性的，更重要的还在于指明经济社会形态发展中始终有其自然基础，自然条件在起作用，有自然因素融入经济社会运动之中，就必定表现出自然规律的作用。因此，任何特定的经济社会形态和现实的生产方式，就是社会历史方面和自然发展方面的相互渗透、相互融合的有机整体。所以，马克思在《资本论》中考察商品形式时，不仅深入地分析了商品的社会历史形式，而且分析了商品的自然形式，认为我们必须看到那种"社会生活的自然形

---

① 《马克思恩格斯全集》第 23 卷，人民出版社 1972 年版，第 12 页。
② 《列宁选集》第 1 卷，人民出版社 1972 年版，第 8 页。
③ 周义澄：《自然理论与现时代》，上海人民出版社 1988 年版，第 50~51 页。
④ 《马克思恩格斯全集》第 23 卷，人民出版社 1972 年版，第 11 页。
⑤ 《马克思恩格斯全集》第 23 卷，人民出版社 1972 年版，第 8 页。
⑥ 《马克思恩格斯全集》第 23 卷，人民出版社 1972 年版，第 20 页。

式"，看到"劳动的自然形式"及其自然形式的历史变化。① 社会经济生活的社会历史形式和自然生态形式相互渗透、相互作用的过程，就是自然历史过程。

这种自然历史过程正是社会文明形态的发展进程。从农业文明发展到工业文明，就是这样一个过程，"在土地所有制处于支配地位的一切社会形式中，自然联系还占优势。在资本处于支配地位的社会形式中，社会、历史所创造的因素占优势"，② 但不论在哪个阶段，总是存在着自然联系、自然生态因素和社会历史因素，它们相互渗透与融合在一起发挥作用，形成自然历史过程的客观基础。正是在这种自然历史过程中，纳入社会经济运动中的自然因素都获得社会的历史关系性质；同时，社会关系又物化或表现为"一种金属，一种矿石，一种处在个人之外的、本身可以在自然界中找到的纯物体"。③ 在这种物体上，它的社会规定和自然存在再也区分不开了，或者说，自然生态因素获得了社会经济的属性，社会历史因素获得了自然生态的属性，成为生态经济统一体。

2. 经济社会形态的发展过程同时也是社会文明形态的更替过程。马克思的经济社会形态理论是把自人类文明以来的社会历史发展划分为三大形态，给我们指出了人类社会历史时代更替的内在依据。在马克思关于三大经济社会形态的理论框架里，是把整个人类生存与发展的历史划分为三个历史时代，与此相适应是人类文明依次更替为三大文明时代。因此，人对自然经历了和将经历着三个历史时代，形成三大社会文明形态。

首先，与第一种经济社会形态相适应的就是古代人与自然的朴素的统一时代。人类社会发展的第一种形态的时间跨度囊括了近代商品经济形成之前的整个历史时代，其时间跨度特别大，大致可以把它划分为前期和后期两个阶段。在早前阶段，人类基本上生活在没有多大改变的自然生态系统之中，人和动物一样融合于大自然之中，是同质的和谐，处于一种极低

---

① 《马克思恩格斯全集》第 23 卷，人民出版社 1972 年版，第 92~94 页。
② 《马克思恩格斯全集》第 46 卷（上），人民出版社 1979 年版，第 45 页。
③ 《马克思恩格斯全集》第 46 卷（上），人民出版社 1979 年版，第 190 页。

水平的原始有机统一体中。正是从这个意义上说，人与自然的关系，基本上是属于生态系统内部的关系，在很大程度上表现为一种生态发展的过程。因而，生态与经济也就处于一种极低水平的协调状态。

随着原始生产力的发展，一万年前的农业革命使人类结束了以采集和渔猎为生的野蛮时代，在农业产业形成的同时，人类也从事手工业、建筑业和艺术等其他多种多样的手工生产劳动活动，使人类历史发展进入了农业文明时代。正如马克思指出的：以手推磨为基础产生的是农业社会。这就标志着第一种经济社会形态发展到它的后期阶段。在第一种经济社会形态发展的进程中，虽然经历过人与自然之间的从无知走向对立，改变了人类对自然完全依赖状态，开始了初步征服大自然的古代文明时期；但是，从总体上看，在第一种经济社会形态发展的时代，人类和自然界呈现着一种自然一体性，是以自然为主导的原始统一；人类社会经济形式是以农业为主导的自然经济，因而人类社会文明形态是农业文明形态。①

其次，与第二种经济社会形态相适应的是人类探索自然、破坏生态而导致生态危机的征服时代。这个时代是从古代文明时期的人与自然的某些对立走向全面掠夺，进入全面征服大自然的近代文明开始到现代文明时期。18 世纪的工业革命，使人类获得了机器生产力，开创了人类历史发展的新纪元，人类文明由农业文明时代进入工业文明时代。这就是马克思所说的以蒸汽机为基础产业的是资本主义社会。所以，第二种经济社会形态首先表现为资本主义社会，这个社会无论是工场手工业阶段还是大工业阶段，都是工业社会时期。这是人与自然对立基础上的人与人对立的工业社会，它的经济形态是商品经济与市场经济。人类社会历史发展深受双重对立发展机制的驱使，以大规模地毁坏人类生存的生态环境来换取商品经济和市场经济的高度发展。尤其是 20 世纪中叶以来现代生产力和现代市场经济迅速发展，人类征服自然能力空前提高，现代人类对大自然野蛮地开发

---

①　在第一种经济社会形态发展进程中，农业社会产生之前，人类靠采集和渔猎为生，这种采集和渔猎从产业角度来看，也是属于农业范围的劳动活动，只不过是一种原始农业，它是农业文明形态的历史前提与必要准备。

和肆意的掠夺，已达到登峰造极的地步，导致人与自然的矛盾与对立到了空前尖锐的程度，使人与自然的统一体完全瓦解了，使生态与经济的极不协调成为当代经济社会发展的重大矛盾问题，直接使人类生存和经济社会发展的生态危机日益加深。因此，人类需要进行一场彻底的生态（环境）革命，来拯救人类和地球，这是人类社会历史发展的必然趋势。

再次，与第三种经济社会形态相适应的是人类重建人与自然统一体达到新的更高水平的生态时代。按照马克思、恩格斯的科学社会主义理论，第三种经济社会形态是第二种经济社会形态的必然产物，这种历史时代的人类社会，就是他们所讲的必将取代资本主义社会的共产主义社会，并把社会主义作为共产主义的初级阶段，是以产品经济与时间经济为经济基础的"自由人联合体"的最初形态。这就是说，社会主义社会是马克思、恩格斯所说的第三种经济社会形态的最初形态。但是，实现的社会主义并不是像马克思、恩格斯当年指出三大经济社会形态理论时那样，这就要求马克思主义者应当沿着马克思、恩格斯的思路，运用他们的逻辑和历史观相统一的方法，根据现实社会历史的发展和实际社会经济生活的经验，把他们的三大经济社会形态的理论加以补充和发展，提出未来社会发展演进的具体图式。因此，从人、社会与自然的发展关系来说，当今人类必须从与大自然的尖锐对立走向和谐统一，使经济社会与自然生态的相互分离走向有机结合与协调发展，重建一个遵循人与自然共同生息、生态与经济共同繁荣的现代经济社会。从20世纪90年代以来，全人类正在为实现这个大转变而采取全球范围的生态革命，推动人与自然尖锐对立的征服时代向人与自然和谐统一的生态时代的大转变。笔者曾经根据第一种经济社会形态向第二种经济社会形态转变的一般规律和20世纪80年代以来的实际经济社会生活的经验进行理论推断，作出这样的论述："生态时代是社会主义最终胜利、共产主义必然来到的时代。农业革命创造农业文明，到被比它高级的工业文明所代替，经历了一万年之久。工业革命创造工业文明，至今已有近三百年的发展历史。我们可以预言，生态革命创造的比工业文明更高级的生态文明，以及生态文明从低级阶段向高级阶段发展，也必将会经历一个相当长的历史时期。这个历史时期，正是社会主义不断前进，社会主义制度不断发展，日益完善，直到最终胜利，向共产主义过渡的历史时期。到那时，人类社会才最终建立起人与人之间的和人与自然之间极明白而合理的关系。"①

（三）　三大经济社会形态主要特征的生态经济意义

三大经济社会形态的主要特征，不仅是指人及社会发展的特征，而且是指包括自然生态发展在内的历史时代演进的特征。它是每种形态下的社会经济与自然生态的有机整体发展的特征，包含着生态经济发展的特征。现将主要方面简述如下：

1. 三大经济社会形态下的三种基本经济形式。第一种经济社会形态是与手工业生产力时代相适应的，这个历史时代生产力处于极低水平，即人对自然界的作用处于极低水平，人与自然以及人与人之间的关系都是狭隘的，因而人对自然的依赖关系，就必然使自然经济成为人类社会的基本经济形式。第二种经济社会形态是与大机器生产力时代相适应的，这个历史时代生产力发展水平迅速提高，即人对自然界的作用空前增强，人与自然以及人与人的关系已普遍商品化，以商品经济为基础的物的依赖关系，已成为社会经济的主要形态，这就是市场经济发展，已成为社会经济的基本经济形态。第三种经济社会形态是与高度发达的生产力时代相适应，这个历史时代生产力发展水平处于高级阶段，即人对自然界的作用处于高级阶段，人与自然以及人与人之间极明白而合理关系，使时间经济成为社会经济的主要形式，这就是说自主经济是社会经济的基本经济形式。因此，第一种经济社会形态包括从人类社会形成到封建社会结束的这一漫长历史时期，它是以自然经济形式为经济基础的。第二种经济社会形态，马克思的本意是对应于资本主义社会，因而市场经济形式与资本主义时代相对应，但是现实的社会主义作为共产主义的初级阶段，都超越马克思当年所预测

---

① 刘思华：《当代中国的绿色道路》，湖北人民出版社 1994 年版，第 22 页。

的共产主义的初级阶段，因而第二种经济形态实际上指的是整个商品经济时代，它是以市场经济形式为经济基础的。第三种经济社会形态是对应于未来共产主义社会，确切地说，它是指商品经济时代结束以后的人类社会历史时代，是以时间经济或自主经济形式为经济基础的。因此，马克思把经济社会发展的自然历史过程划分为自然经济、市场经济和自主经济形态这样三大经济社会形式的历史发展图式，是符合人类社会历史发展的总趋势的。这无论在理论上还是在方法论上都是科学的、无懈可击的。

2. 三大经济社会形态的三种所有制形式。马克思、恩格斯在《德意志意识形态》中，论述了部落所有制、古代公社所有制和封建所有制这三种具体所有制形式，并强调它们是与资本主义所有制相对立的前资本主义的、以共同体为基础的所有制。因此，我们可以推导出，"它们只有作为一个与资本主义阶段相对立的整体，才能构成世界历史即人类历史发展的一个阶段——前资本主义阶段"。① 而现存的资本主义私有制则是以共同体为基础的所有制解体的产物，它是资本主义阶段。如果加上必将取代资本主义私有制的共产主义公有制，那么整个人类社会的发展就表现为所有制关系上三形态依次更替的过程。因此，马克思在晚年，他根据新的史料研究成果，在《给维·伊·查苏利奇的复信》中就指出："农业公社既然是原生的社会形态的最后阶段，所以它同时也是向次生的形态过渡的阶段，即以公有制为基础的社会向以私有制为基础的社会的过渡。不言而喻，次生的形态包括建立在奴隶制上和农奴制上的一系列社会。"② 很明显，马克思在这里所说的就是基于生产关系中最主要的成分，即所有制关系上的三种形态就可以简要地表述为"公有→私有→公有"这样一个所有制形式的辩证否定演进序列。

3. 三大经济社会形态下人的发展及人的本质的表现。在第一种经济社会形态下人的实践活动自始至终表现为一种浑然的综合性，人与对象条件呈现着一种自然一体性，因而人的发展呈现着一种"圆满境界"，当然它

---

① 段忠桥：《历史发展"五形态论"质疑》，《中国人民大学学报》1997 年第 4 期。
② 《马克思恩格斯全集》第 19 卷，人民出版社 1963 年版，第 450 页。

是一种有限的（局限中的）圆满。因此，马克思把在自然经济形态下人的发展状况称为"原始的丰富"。① 在第二种经济社会形态下的资本主义社会生产力的巨大发展是以劳动者片面畸形发展为代价的。马克思曾经尖锐地指出：在资本主义社会里，"工人的产品越完美，工人自己越畸形；工人创造的对象越文明，工人自己越野蛮；劳动越有力量，工人越无力；劳动越机巧，工人越愚钝，越成为自然界的奴隶"。因此，工人在自己的劳动中"不是自由地发挥自己的体力和智力，而是使自己的肉体受折磨、精神遭摧残"。② 可见，在商品更换关系形态的资本主义社会里，人的发展是由"圆满的丰富"倒退到了人的片面的、畸形的发展。在第三种经济社会形态下人的发展是全面发展。在马克思的科学社会主义学说的理论视野里，未来的自主经济时代人的发展是要克服资本主义商品交换关系形态下的人的片面畸形发展的。他指出："正是以建立在交换价值基础上的生产为前提的，这种生产才在产生个人同自己和同别人的普遍异化的同时，也产生出个人关系和个人能力的普遍性和全面性。"③ 因此，根据马克思、恩格斯对未来经济社会形态的预测，认为在共产主义社会（初级阶段和高级阶段）里，人的劳动是"真正自由的劳动"，因而在共产主义社会里，是"以每个人的全面而自由的发展为基本原则的社会形式"，④ 是"在真正的共同体的条件下，各个人在自己的联合中并通过这种联合获得自己的自由"。⑤ 可见，只有在自主经济形态条件下的共产主义社会里，才有可能真正冲破人的发展的社会狭隘性，真正实现马克思所说的"人以一种全面的方式，也就是说，作为一个完整的人，占有自己的全面的本质"。⑥ 人的全面发展是第三种经济社会形态下的包括社会主义在内的共产主义社会的主要特征。

　　在不同经济社会发展时代，人的进化与发展的程度不同，因而人的本

---

① 许崇正：《伦理经济学再论》，中国财政经济出版社 2001 年版，第 35~39 页。
② 《马克思恩格斯全集》第 42 卷，人民出版社 1979 年版，第 92~93 页。
③ 《马克思恩格斯全集》第 46 卷（上），人民出版社 1979 年版，第 108~109 页。
④ 《马克思恩格斯全集》第 23 卷，人民出版社 1972 年版，第 649 页。
⑤ 《马克思恩格斯选集》第 1 卷，人民出版社 1995 年版，第 119 页。
⑥ 《马克思恩格斯全集》第 42 卷，人民出版社 1979 年版，第 123 页。

质的表现的形态也就不同。马克思把整个人类生存活动的历史发展划分三种社会形式，即三大阶段，与此相适应的人的发展及其本质从基本方面来说也就表现为这三大阶段依次进化的过程。与第一个阶段自然经济形态相适应的人是"自然人"，因而这个历史时代的人类对于自然是一种服从关系。与第二个阶段市场经济形态相适应的人，是以物的依赖性为基础的人的独立性的"经济人"，因而这个历史时代的人类对自然是一种征服与掠夺关系。与第三个阶段自主经济形态相适的人是真正全面发展的、自由个性的"自由人"，因而这个历史时代的人类对自然是一种和谐协调关系。

三、科学共产主义学说中的生态经济意蕴

在马克思、恩格斯的理论视野内，唯物主义社会历史理论与自然环境理论是内在统一理论，它与科学共产主义学说即科学社会主义理论是不可分离的，在它们的统一中包含着丰富的生态经济意蕴。在此，仅就主要之点分述如下。

（一）资本主义制度下"日益腐败的自然界"的社会根源

1. 自然生态环境问题实质上是社会问题。马克思、恩格斯认为，生态环境问题绝不是孤立、单纯的自然问题，它涉及人类社会的政治、经济、文化、教育、军事、意识及其文明程度各个方面，因而，生态环境问题在本质上是社会的产物，是历史的结果。他们还强调生态环境问题是一个特殊的社会问题，人们不能脱离特定的社会关系尤其是社会的经济关系和社会的经济制度抽象地看待自然界，看待人与自然的发展关系，从而深刻地揭示了资本主义生产方式是自然生态环境恶化的现实的、真正原因。所以，马克思在《资本论》中把人与自然异化的深刻根源归于资本主义的生产方式与经济制度。对此，笔者要着重指出几点：

第一，资本主义生产方式，一方面，"它所创造的生产力"，可以说"比过去一切世代创造的全部生产力还要多，还要大"，比如"自然力的征

服，机器的采用，化学在工农业中的应用，轮船的行驶，铁路的通行，电报的使用，整个整个大陆的开垦，河川的通航，仿佛用法术从地底下呼唤出来的大量人口"，① 使人类社会经济面貌发生了根本变化。另一方面，这种以资本为基础的生产，正如马克思明确指出的："创造出一个普通利用自然属性和人的属性的体系，创造出一个普通有用性的体系，甚至科学也同人的一切物质的和精神的属性一样，表现为这个普遍有用体系的体现者，而且再也没有什么东西在这个社会生产和交换的范围之外表现为自在的更高的东西，表现为自为的合理的东西。因此，只有资本才创造出资产阶级社会，并创造出社会成员对自然界和社会联系本身的普遍占有。由此产生了资本的伟大的文明作用；它创造了这样一个社会阶段，与这个社会阶段相比，以前的一切社会阶段都只表现为人类的地方性发展和对自然的崇拜。只有在资本主义制度下自然界才不过是人的对象，不过是有用物；它不再被认为是自为的力量；而对自然界的独立规律的理论认识本身不过表现为狡猾，其目的是使自然界（不管是作为消费品，还是作为生产资料）服从于人的需要。"② 因此，在资本主义社会的历史时期，自然界是服从于资本主义生产方式追求利润的最大化，服从于资本增殖的内在驱动机制的运行，为资本家榨取剩余价值服务。这样，资本主义生产方式就完全割裂了以社会实践为基础的对象化与非对象化、自然的人化与人的自然化的统一过程，仅仅强调人对自然的对象化利用及人对自然的生成，无休止地滥用、掠夺、盘剥自然；而忽视了自然对人的非对象化生成及自然对人的生成。

第二，资本主义生产方式使自然界成为生产剩余价值的手段或工具。自然界作为人自身的自然和人身外的自然的统一体，这主要体现在外部自然界和人自身的自然的两个方面。就前一方面而言，在资本主义生产方式下，人类破除了对自然界狭隘的崇拜，运用"现代自然科学和现代工业一

---

① 《马克思恩格斯选集》第 1 卷，人民出版社 1995 年版，第 277 页。
② 《马克思恩格斯全集》第 46 卷（上），人民出版社 1979 年版，第 392~393 页。

起变革了整个自然界，结束了人们对于自然界的幼稚态度和其他的幼稚行为"，① 使人类广泛而深入地利用自然，在资本增殖的内在机制驱动下，把自然界仅仅成为生产剩余价值的工具，造成了资本主义对自然最普遍的占有和掠夺，而服务于资本增殖的科学技术也成为征服和掠夺自然的工具，导致资本主义发展时期日益严重的环境污染和生态破坏。就后一方面而言，马克思曾一针见血地指出："资本主义生产方式按照它的矛盾的、对立的性质，还把浪费工人的生命和健康，压低工人的生存条件本身，看作不变资本使用上的节约，从而看作提高利润率的手段。"② 在这里，我们十分清楚地看出，资本主义生产方式是把浪费人的生命和健康作为生产剩余价值的手段和工具，这实质上是把人自身的自然作为占有和掠夺的对象，成为生产剩余价值的手段和工具，这就是 "对工人在劳动时的生活条件系统的掠夺，也就是对空间、空气、阳光以及对保护工人在生产过程中人身安全和健康的设备系统的掠夺，至于工人的福利设施就根本谈不上了"。③ 因此，对于资本主义制度下的劳动者来说，"光、空气等等，甚至动物的最简单的爱清洁习性，都不再成为人的需要了。肮脏，人的这种腐化堕落，文明的阴沟（就这个词的本意而言），成了工人的生活要素。完全违反自然的荒芜，日益腐败的自然界，成了他的生活要素"。④

第三，上述两点就是资本主义生产方式在人与自然的发展关系上表现出来的盲目性和反自然。对此，马克思在《资本论》中就揭露了资本主义生产方式经营工业和农业过程中的盲目性和反自然的本质，给人与自然都带来了严重的灾难。他指出："资本主义生产使它汇集在各大中心的城市人口越来越占优势，这样一来，它一方面聚集着社会的历史动力，另一方面又破坏着人和土地之间的物质变换，也就是使人以衣食形式消费掉的土地的组成部分不能回到土地，从而破坏土地持久肥力的永恒的自然条件。这

---

① 《马克思恩格斯全集》第 7 卷，人民出版社 1959 年版，第 241 页。
② 《马克思恩格斯全集》第 25 卷，人民出版社 1974 年版，第 102 页。
③ 《马克思恩格斯全集》第 23 卷，人民出版社 1972 年版，第 467 页。
④ 《马克思恩格斯全集》第 42 卷，人民出版社 1979 年版，第 133～134 页。

样，它同时就破坏城市工人的身体健康和农村工人的精神生活。"因此，"资本主义生产发展了社会生产过程的技术和结合，只是由于它同时破坏了一切财富的源泉——土地和工人"。① 可见，在资本主义条件下生态环境问题，不仅是一种自然现实，而且是一种社会现实，是资本主义生产方式及社会经济制度在自然界的贻害和写照。正因如此，马克思、恩格斯才深刻地揭示了资本主义的社会经济制度是造成自然生态环境恶化，即"日益腐败的自然界"的现实的真正原因。一些西方马克思主义者也赞同马克思、恩格斯的观点，把生态环境问题看成是个社会问题，把生态环境危机看成社会危机在自然界中的反映，是资本主义的社会经济制度的表现形式，从一个新的视角对资本主义生产方式及社会经济制度进行尖锐批判。这是符合马克思主义本意的。当今发达的资本主义国家在经济全球化过程中加速了对自然界的榨取与掠夺，把自己的努力范围扩展到整个自然界，以至于它无论在内在自然还是在外在自然都达到了极限，导致全球生态环境危机日益加剧。因此，我们完全可以说，当今生态环境问题已经成为现代资本主义发展各种矛盾的集中表现，这是无法回避的客观现实。

2. 资本主义制度下人与自然的关系是一种异化的关系。马克思、恩格斯认为，在资本主义的历史时代，人类通过劳动活动，通过大工业而形成的现实的、人化的自然界，是以一种异化的形式出现的。这是因为，在资本主义制度下作为人与自然界的中介的社会劳动，是一种异化了的劳动。因此，资本主义的异化劳动，必然产生自然的异化。这是由于"异化劳动从人那里夺去了他的生产的对象，也就从人那里夺去了他的类生活，即他的现实的、类的对象性，把人对动物所具有的优点变成缺点，因为从人那里夺走了他的无机的身体即自然界"。② 所以，在社会实践和现实世界中，通过异化劳动，形成的人与自然的关系，就表现为人的自身自然和外部自然两个方面的异化：一是劳动者同他的自身自然相异化，马克思指出："劳动创造了美，但是使工人变成畸形"，"劳动生产了智慧，但是给工人生产

---

① 《马克思恩格斯全集》第23卷，人民出版社1972年版，第552~553页。
② 《马克思恩格斯全集》第42卷，人民出版社1979年版，第97页。

了愚钝和痴呆"，使工人的"肉体受折磨、精神遭摧残"。二是劳动者同外部自然相异化，马克思认为，异化劳动不仅使"人自己的身体"，而且使"他之外的自然界""同人相异化"，"完全违反自然的荒芜，日益腐败的自然界"。可见，在资本主义制度下，人与自然界的关系，是一种异化的关系。异化劳动，从自然界获得的东西越多，劳动者所得就越少，"越成为自然界的奴隶"。① 所以，"人同自身和自然界的任何自我异化，都表现在他使自身和自然界跟另一个与他不同的人发生的关系上"。② 这样人与自然关系的异化，就成了人与人关系的异化。这就是马克思所说的"人同人相异化"，"人同他的类本质相异化这一命题，说的是一个人同他人相异化，以及他们中的每个人都同人的本质相异化"。③ 所以，人与自然的异化只不过是一种外在的表现，它的本质则是人与人的异化、人与社会的异化。

在马克思、恩格斯的论著中不仅科学地阐明了资本主义制度下的人与自然的异化关系，而且深刻地揭露了资本主义制度下人与自然异化的深层次的社会根源和阶级根源。在资本主义的历史时代，是异化劳动和私有制并存而相互作用。马克思指出："私有财产是外化劳动即工人同自然界和自身的外在关系的产物、结果和必然后果。"④ 他还强调指出："与其说私有制财产表现为外化劳动的根据和原因，还不如说它是外化劳动的结果，正象神原先不是人类理性迷误的原因，而是人类理性迷误的结果一样。后来，这种关系就变成相互作用的关系。"马克思的这个思想又表现在几个具体方面：

首先，人与自然关系的任何异化，实质上是人与人关系的某种异化，是反映了某种异化了的人与人的社会经济关系；而人与人关系的异化又是以人对自然的掠夺榨取、占有为中介而实现的。所以，人与自然关系异化的创造者是人或者人类社会。正如马克思曾明确地断言："不是神也不是自

---

① 《马克思恩格斯全集》第 42 卷，人民出版社 1979 年版，第 93、97 页。
② 《马克思恩格斯全集》第 42 卷，人民出版社 1979 年版，第 99 页。
③ 《马克思恩格斯全集》第 42 卷，人民出版社 1979 年版，第 98 页。
④ 《马克思恩格斯全集》第 42 卷，人民出版社 1979 年版，第 100 页。

然界，只有人本身才能成为统治人的异己力量。"① 众所周知，社会分工是社会生产力发展的必然产物，当社会分工同私有制紧密结合在一起的时候，就必然导致了人与人、人与社会不同集团利益的分裂与对立。这一方面使得社会成为一种抽象的异化力量，另一方面使个人会成为一种盲目的破坏力量。这种力量的对立与冲突必然导致社会无序竞争状态日益加剧。正因资本主义社会无序竞争的无政府状态必然导致人在自然面前榨取、占有的无政府状态，使人与自然关系的重重危机日益加深。因此，马克思在《资本论》中进一步发展了他早期的异化劳动思想，指出在资本主义社会中出现的自然界的各种异化现象，实际上都是资本主义社会异化的必然产物。

其次，资本主义制度管理社会和自然是以榨取剩余价值为社会目标的。正如列宁尖锐地指出那样："为了掠夺而管理"，或者说是"借着管理而掠夺"，它既对人身外的自然掠夺，又是对人自身的自然掠夺。恩格斯在《英国工人阶级状况》中做过这样的描述："如果社会把成百的无产者置于这样一种境地，即注定他们不可避免地遭到过早的非自然的死亡……如果社会剥夺了成千人的必要的社会条件，把他们置于不能生存的境地，如果社会利用法律的铁腕强制他们处于这种条件下，直到不可避免的结局——死亡来临为止，如果社会知道，而且知道得很清楚，这成千的人一定会成为这些条件的牺牲品，而它仍然不消除这些条件，那么，这也是一种谋杀……只不过是一种隐蔽的阴险的谋杀，没有人能够防御它……社会把工人置于这样一种境地，他们既不能保持健康，也不能活得长久；它就这样不停地一点一点地毁坏着工人的身体，过早地把他们送进坟墓。"因而，恩格斯还强调指出："社会知道这种状况对工人的健康和生命是怎样有害，可是一点也不设法来改善。社会知道它所建立的制度会引起怎样的后果，因而它的行为不单纯是杀人，而且是谋杀"。②

---

① 《马克思恩格斯全集》第 42 卷，人民出版社 1979 年版，第 99 页。
② 《马克思恩格斯全集》第 2 卷，人民出版社 1957 年版，第 380 页。

　　第三，马克思、恩格斯在分析资本主义制度下人与自然关系异化的社会根源时，还敏锐地看到了服务于资本的科学技术成为资本征服、掠夺与占有自然的手段与工具。马克思指出："只有资本主义生产方式才第一次使自然科学为直接的生产过程服务，同时，生产的发展反过来又为理论上征服自然提供了手段。科学获得的使命是：成为生产财富的手段，成为致富的手段。"① 马克思在这里所说的"致富的手段"，在资本主义制度下当然是指资产阶级的致富的手段。对此，恩格斯在《反杜林论》中认为：一是科学技术的"资本主义的应用"，② 这就是被人类视为工具的理性的科学技术成为对自然普通的占有和掠夺，服务于资本追求剩余价值的工具，导致科学技术运用的盲目性、反自然性和极端的功利性，也就成为"资本主义的应用"的突出表现。二是"现代工业的资本主义性质"，③ 资本主义工业化是通过大量消耗自然资源和自然环境，以牺牲生态环境及自然界的日益衰败为代价来创建资本主义工业文明。

　　第四，马克思、恩格斯在他们的论著中，从资本主义社会的现实出发，分析了资本主义制度下人与自然异化的阶级性质，揭露了生态环境危机的阶级根源。恩格斯一针见血地指出："资本家所能关心的，只是他们的行为的最直接的效益……销售时可获得的利润成了唯一的动力。"④ "我从来没有看到一个阶级像英国资产阶级那样堕落，那样自私自利到不可救药的地步……在资产阶级看来，世界上没有一样东西不是为了金钱而存在的，连他们本身也不例外，因为他们活着就是为了赚钱，除了快快发财，他们不知道还有别的幸福，除了金钱的损失，也不知道还有别的痛苦。"⑤

　　资产阶级的贪婪和唯利是图的阶级本性，决定了他们像"狼一般地""无限度地盲目追逐剩余劳动"，⑥ 对于工业生产带来的环境污染和工人的

① 马克思：《机器·自然力和科学的应用》，人民出版社1978年版，第206页。
② 《马克思恩格斯选集》第3卷，人民出版社1995年版，第646页。
③ 《马克思恩格斯选集》第3卷，人民出版社1995年版，第646页。
④ 《马克思恩格斯选集》第4卷，人民出版社1995年版，第385页。
⑤ 《马克思恩格斯全集》第2卷，人民出版社1957年版，第564页。
⑥ 《马克思恩格斯全集》第23卷，人民出版社1972年版，第294~295页。

生存的环境恶化不屑于拿出钱来治理，更谈不上建设和改善劳动人民生存的生态环境。近几十年来，世界一些发达资本主义国家为了适应现代化生产的客观要求，尤其是缓和资产阶级和无产阶级的尖锐矛盾，治理本国的生态环境，推行生态殖民主义政策，掠夺不发达国家的生态环境。这正像恩格斯在《英国工人阶级状况》1892年德文第二版序言中所指出的那样，"它们只能把工人的穷困状况包藏起来，而不能把这个状况消除"，只不过是"资产阶级掩饰工人阶级灾难的手法又进一步"罢了，其目的则是为了继续向外部自然界和人的自身的自然攫取更多的实际利益。因此，在资本主义私有制下，资本家不仅掠夺人自身的自然，剥削雇佣劳动者；而且掠夺人身外的自然，盘剥自然界，从而破坏了人与自然的和谐发展和经济社会与生态环境的生态经济关系的协调发展。正因为如此，西方"生态学马克思主义"者运用马克思的异化劳动思想和人与自然辩证统一理论，从人与自然、社会与自然相结合的角度具体分析了资本主义制度下人与自然关系异化的社会原因，认为生态环境危机的实质是资本主义的社会经济制度的危机。这是很深刻的，确实抓住了问题的要害。

综上所述，资本主义制度不仅使人与人关系异化，导致人与人的社会关系畸形发展；而且使自然对人异化，导致人与自己的生态关系畸形发展。人与自然的异化关系，用今天的生态哲学语言来说，就是人与自然不和谐、不协调；用今天的生态经济学语言来说，就是生态（环境）与经济不适应、不协调，即生态经济不良循环甚至恶性循环。它集中表现为现代人类文明发展的生态环境危机直至整个大自然危机日益加剧。这是资本主义工业化的实现留给当代人类及社会的最坏的历史遗产。因此，拯救人类，拯救自然，就必须变革资本主义制度，这是马克思主义的科学结论。

（二）社会主义社会为自然界真正复活提供了社会保证

理论和实践都充分表明，生态环境问题绝不是一个单纯的自然问题，而是一个极其深刻的、全面的社会发展问题。因此，马克思、恩格斯总是强调要消除人与自然的异化，就必须消除资本主义的社会与人的异化，即是必须扬弃资本主义私有制，这就是建立共产主义制度。而作为共产主义发展的初级阶段的社会主义社会，则为自然界的真正复活，实现经济社会与自然生态环境的协调发展，提供了社会条件和光明前景。马克思、恩格斯这一科学社会主义思想具有重大的现实理论意义，其中包含着重要的生态经济协调发展意义。

1. 消除人与自然的异化，首先必须消除人与社会的异化。马克思、恩格斯的科学社会主义学说与自然环境理论明确告诉我们，人与自然异化的现实的、真正原因是社会与人的异化，只有从解决社会与人的异化问题着手，才有可能真正消除人与自然的异化。所以，虽然马克思、恩格斯对于人与自然的辩证统一关系，有时是作为人类生存与发展的永恒条件来探讨的；但是，在多数的场合，则是把它作为揭露资本主义制度的内在矛盾来研究的，是对资本主义反自然、反人性的社会本质的无情揭露与批判，从而论证要消除人与自然的异化，首先必须变革资本主义制度。正如恩格斯所指出的：“要消灭这种新的恶性循环，要消除这个不断重新产生的现代工业的矛盾，又只有消灭现代工业的资本主义性质才有可能。”① 为此，马克思、恩格斯提出了生态环境问题的社会化的解决思路，为人与自然、社会经济与自然生态的协调发展提供社会条件。恩格斯指出：建立合理的人与自然的发展关系，“仅仅有认识还是不够的。为此需要对我们的直到目前为止的生产方式，以及同这种生产方式一起对我们的现今的整个社会制度实行完全的变革”。② 这里所说的“直到目前为止的生产方式”和“现今的整个社会制度”，当然是指资本主义生产方式和社会制度。在恩格斯的理论视野内，要从根本上解决生态环境问题，只能是用社会主义生产方式和社会制度取而代之。正如恩格斯的《英国工人阶级状况》1892 年德文第 2 版序言中所指出的，真正的解决办法就是消灭资本主义生产方式。作为“一定的历史形式”的资本主义方式在达到一定的成熟阶段以后终于会被抛弃的，“让位给较高级的形式”。这个较高级的形式就是共产主义（包括

① 《马克思恩格斯选集》第 3 卷，人民出版社 1995 年版，第 646 页。
② 《马克思恩格斯选集》第 4 卷，人民出版社 1995 年版，第 385 页。

它的初级阶段）。

2. 马克思、恩格斯一贯主张要消除人与自然的异化，必须从改造社会入手，与社会革命运动相结合，才能从根源上铲除自然界异化的社会因素和人为因素。因而，社会的解放和人的解放就成为自然解放的必要前提。于是他们提出的解决人与自然异化的社会化思路，向我们指明了社会革命和生态革命紧密结合的必由之路，描绘了一幅未来社会发展中社会解放、人的解放和自然解放有机统一与同步运动的蓝图。国内外学者都对马克思、恩格斯这个光辉思想做过阐述，在此做几点评论：

第一，马克思在《1844 年经济学哲学手稿》中就提出了"解放自然"，"使整个自然界复活"的生态社会学思想。对此，法兰克福学派的理论家马尔库塞认为，把自然界当作解放的领域，是马克思《1844 年经济学哲学手稿》的中心论题，这是符合马克思的原意的。在马克思的理论视野中，社会解放与自然解放是人的解放的逻辑前提：人的解放、自然解放又是社会解放的重要内容，而自然解放则为人的解放、社会解放的物质基础。因此，在未来的社会主义—共产主义社会发展中，要把社会解放、人的解放与自然解放统一起来。所以，我们完全可以说，在人类思想史上，马克思是第一个探讨人的解放、社会解放和自然解放三者关系的经济学哲学家，是社会革命与生态革命有机结合的可持续发展思想先驱，[①] 使科学社会主义学说中具有自然生态环境与社会经济有机统一与协调发展的理论内涵与价值取向。

第二，马克思的"三大经济社会形态"理论的一个核心理念，就是"人的发展三阶段"理论，它阐明了人的发展、社会形态的更替和自然的演化的关系，这就把人的解放与发展和社会解放与发展、自然解放与发展紧密联系起来，把社会解放与发展、自然解放与发展作为人的解放与发展的重要前提；而人的解放与发展只有在现实的客观世界（包括人的世界和自然的世界）中采取变革社会和变革自然的手段才能实现真的解放与发

---

① 解保军：《马克思自然观的生态哲学意蕴》，黑龙江人民出版社 2002 年版，第 210 页。

展，从而推进三大经济社会形态依次更替，并由低级向高级升华与演进。

第三，对于马克思关于自然解放的内容，马尔库塞作了正确的解释，他认为"自然的解放"理念包括两个方面内容：一是解放属人的自然，二是解放外部的自然界。这就是马克思所说的人自身的自然和人身外的自然，即整个自然界。马尔库塞还对解放自然的目标和任务提出了看法。他说，"自然的解放就是要恢复自然中活生生的向上的力量，恢复与生活相异的、消耗在无休止的竞争中的美的特性"，[1] "使自然界本身的悦人的力量和特性得以恢复和解放"。[2] 笔者很赞同马尔库塞对于马克思自然解放理论的深化，应该说，解放自然的直接目的，就是消除自然对人的异化，使日益衰败的自然界恢复其活生生的向上的生机和力量，重新建立起自然界中的生物与环境、人与环境之间的相互适应与相互协调的良性循环关系，这实质上是重建人与自然的和谐统一并达到新的更高水平的生态革命。因此，21 世纪解放自然的实质，就是重建人与自然和谐统一的生态革命。这场革命的重要目标与任务，是遏制现代经济社会发展对人类赖以生存的生态基础的根本性破坏，医治当今生态环境恶化，把人类从生态环境恶化的深渊之中拯救出来；有效防止现代社会生产和生活污染损害全球生态系统，保持生物圈的完整性和多样性，创建生态健全的适宜于现代人类生存与发展的生态环境，这就是笔者的更高水平的生态文明，是生态重建与社会重建的有机统一。

3. 社会主义制度为人及社会与自然界和谐统一开辟了广阔的道路。在马克思、恩格斯看来，只要消灭不合理的资本主义制度、建立社会主义制度，人与自然的和谐统一就有可能实现。他们认为，其根本原因就在于社会主义公有制取代了资本主义私有制，使社会主义社会消除资本主义社会的劳动与所有制的分离、劳动者与劳动资料的分离、人与自然的分离，从而能够克服人与人的异化和人与自然的异化。因此，恩格斯认为，在社会主义制度下"不再有任何阶级差别，不再有任何对个人生活资料的忧虑，

---

① 《西方学者论——〈1844 年经济学哲学手稿〉》，复旦大学出版社 1983 年版，第 146 页。
② 《西方学者论——〈1844 年经济学哲学手稿〉》，复旦大学出版社 1983 年版，第 152 页。

并且第一次能够谈到真正的人的自由，谈到那种同已被认识的自然规律和谐一致的生活"。① "人们自己的社会行动的规律，这些一直作为异己的、支配着人们的自然规律而同人们相对立的规律，那时就将被人们熟练地运用，因而将听从人们的支配。人们自身的社会结合一直是作为自然界和历史强加于他们的东西而同他们相对立的，现在则变成他们自己的自由行动了。至今一直统治着历史的客观的异己的力量，现在处于人们自己的控制之下了。只是从这时起，人们才完全自觉地自己创造自己的历史；只是从这时起，由人们使之起作用的社会原因才大部分并且越来越多地达到他们所预期的结果。"② 在这里，恩格斯指出了社会主义制度铲除了人与自然、社会与自然界对抗的社会根源，阐明了社会主义社会人与自然和谐统一的社会机制，为我们自觉地协调人与自然协调发展指明了正确方向。马克思说：只有在未来的共产主义（包括它的初级阶段）"社会化的人，联合起来的生产者，将合理地调节他们和自然之间的物质变换，把它置于他们共同控制之下，而不让它作为盲目的力量来统治自己；靠消耗最小的力量，在最无愧于和最适合于他们的人类本性的条件下来进行这种物质变换。但是不管怎样，这个领域始终是一个必然王国。在这个必然王国的彼岸，作为目的本身的人类能力的发展，真正的自由王国，就开始了"。③ 这就是说，在社会主义制度下，联合劳动者成为社会的真正的主人，他们能够熟练地运用自然规律和社会规律，能够自觉地合理地协调人与自然之间的发展关系，促进社会经济和自然生态之间相互适应与协调发展，并创造一个最无愧于和最适合于人类本性的生态环境，实现人及社会与自然的和谐统一。这是社会主义社会从与自然尖锐对立、生态与经济互损互伤的征服时代走向人与自然共同生息、生态与经济共同繁荣的生态时代的必由之路。

　　在这里，我们要强调指出的是，马克思、恩格斯的科学社会主义学说和自然环境理论中，所主张的社会主义制能够实现人与自然的和谐统一，

---

　　① 《马克思恩格斯选集》第 3 卷，人民出版社 1995 年版，第 456 页。
　　② 《马克思恩格斯选集》第 3 卷，人民出版社 1995 年版，第 758 页。
　　③ 《马克思恩格斯全集》第 25 卷，人民出版社 1974 年版，第 926~927 页。

经济社会与生态环境的协调发展，是他们揭示的未来共产主义和它的初级阶段社会主义在克服资本时代的人与自然对立与分离之后又一次达到更高水平的内在统一的必然趋势，主要是指明社会主义制度只是为我们重新创建人与自然和谐统一关系提供了社会条件，为我们实现社会经济与自然生态协调发展提供了客观可能性，不能理解为这些可以自发实现，更不能理解为社会主义社会根本不会发生人与自然的异化。这是因为：一是产生人与自然的异化的原因是多方面的，在资本主义制度下不合理社会经济制度是根本原因之外，还有超越社会经济制度的原因；二是人与自然的发展关系具有超越某种具体社会制度的特点。因为像"野蛮人为了满足自己的需要，为了维持和再生产自己的生命，必然与自然进行斗争一样，文明人也必须这样做；而且在一切社会形态中，在一切可能的生产方式中，他都必须这样做"。① 社会主义时代的人们也不例外。他们必须协调自身与自然界的对立统一关系，作为共产主义初级阶段的社会主义社会，所能消除的只是资本主义私有制造成的人与自然的对立与分离，而不是所有的对立与分离，甚至连与资本主义私有制相关的人与自然的对立与分离，也依然部分地存在着，只能逐步地被消除；何况，社会主义制度没有给人们违反自然规律和社会规律的权力，这需要在社会主义经济活动实践中逐步解决人与自然发展关系上某些盲目性和反自然性。

马克思、恩格斯创立科学共产主义学说时，对未来的共产主义社会的设想，是根据第二种经济社会形态的资本主义，向第三种经济社会形态的社会主义更替的一般规律进行理论推断而引出的科学预见，虽然具有最抽象和最一般的特点，却是揭示了社会主义—共产主义社会的本质特征。他们认为，只有共产主义才能使"自然界真正复活"。在共产主义条件下，科学认识水平极大增强，社会生产力发展程度极大提高，都将使人类在没有社会经济制度障碍的情况下有能力达到对自然界及生态环境的最科学、最合理、最有效的利用与改变，实现一种能将自然主义和人道主义的高度

_____

① 《马克思恩格斯全集》第25卷，人民出版社1974年版，第926页。

统一的社会生产和社会生活，使人类社会最终建立起"人与人之间和人与自然之间极明白而合理的关系"。① 这种人与人之间的合理的社会（经济）关系和人与自然之间的合理的生态关系的建立，使社会经济发展和自然生态发展达到高度统一，才使人同自然界完成了的本质的统一，才能使自然界真正复活。正如马克思所说的，共产主义社会"是人同自然界的完成了的本质的统一，是自然界的真正复活，是人的实现了的自然主义和自然界的实现了的人道主义"。②

---

① 《马克思恩格斯全集》第23卷，人民出版社1972年版，第96页。
② 《马克思恩格斯全集》第42卷，人民出版社1979年版，第122页。

第三章　马克思生态经济思想的经济学基础

在马克思、恩格斯的著作中，与马克思主义的政治经济学理论和历史唯物主义原理的许多阐述相影随的，是马克思的自然生态环境理论①，是马克思关于人、社会与自然、生产劳动、经济与自然环境关系的不间断的丰富的论述，其实质就是经济社会与生态环境之间相互关系的不间断的丰富的生态经济论述。这是因为，马克思的辩证、实践、历史的唯物主义自然环境理论的独到之处，就在于它在人、社会与自然的辩证统一关系中，作为人及人类社会存在的外部环境与生态条件的自然，首先主要表现为人类物质生产实践活动的自然资源与自然环境，是人类物质生产活动的内部要素的自然，它内在于社会、人与自然结成的经济社会有机体之中，构成经济发展的内在要素，使生态自然与经济社会成为有机整体，这就是生态经济有机整体。正是从这种意义上说，马克思自然生态环境理论，实质上就是马克思生态经济理论。而自然生态环境内在要素论是马克思生态经济和可持续性发展思想的主线。也正是从这个意义上说，马克思开创了自然生态环境内因论理论的先河。因此，马克思的自然生态环境内因论，就必然成为生态马克思主义经济学的核心理念。

一、资本主义剥削制度下生态经济关系的根本对立

在人类思想发展史上，马克思劳动异化思想和人与自然辩证关系理

---

① 本书所说的马克思的自然生态环境理论是马克思、恩格斯的自然环境理论和星散在他们的著述中的生态学思想的简称。

论，不仅具体地考察了资本主义社会经济制度所造成的生态环境污染与破坏的状况及其对人的畸形发展和社会的片面发展的危害，而且详细地分析了导致生态环境问题的认识、阶级、社会和经济根源，从而深刻地揭示了资本主义生产方式的生态经济关系的对抗性矛盾，论证了资本主义是一种不惜以人和自然（即生态环境）的牺牲为代价来实现利润最大化的经济制度。这是资本主义条件下生态环境问题的经济根源。

（一）资本主义剥削制度下生态环境问题的经济根源

1. 资本主义生产方式单纯追求最大化的经济利益，以最大限度地榨取剩余价值为终极目标，就不仅要掠夺与剥削劳动者，而且掠夺与盘剥自然。这是对劳动者和自然两种掠夺和破坏的并行不悖的资本主义经济发展过程。当年，马克思描述了资本主义社会异化条件下造成自然界日益腐败的经济社会根源，正是以单纯追求利润的最大化、最大限度地榨取剩余价值为终极目标的异化生产。马克思在《资本论》中强调指出，"资本主义生产——实质就是剩余价值的生产，就是剩余劳动的吸取"，"资本由于无限度地盲目追逐剩余劳动，象狼一般地贪求剩余劳动，不仅突破了工作日的道德极限，而且突破了工作日的纯粹身体的极限"。"正像贪得无厌的农场主靠掠夺土地肥力来提高收获量一样"。① 因此，马克思得出结论说："劳动本身，不仅在目前的条件下，而且一般只要它的目的仅仅在于增加财富，它就是有害的、造孽的。"②

在资本主义条件下，资本的魔力，造就了人与人之间、人与自然的异化关系，它们都被对金钱无止境追求的竞争和对自然贪婪占有的欲望所编织的面纱所笼罩。这样，与资本主义阶段相比，"以前的一切社会阶段都只表现为人类的地方性发展和对自然的崇拜。只有在资本主义制度下自然界才不过是人的对象，不过是有用物"。③ 这个社会阶段的自然界，才真正成

---

① 《马克思恩格斯全集》第 23 卷，人民出版社 1972 年版，第 294～295 页。
② 《马克思恩格斯全集》第 42 卷，人民出版社 1979 年版，第 55 页。
③ 《马克思恩格斯全集》第 46 卷（上），人民出版社 1979 年版，第 393 页。

为人类的掠夺与盘剥的对象，资本家追求利润最大化，把自然资源与自然环境当成实现自己价值的物质前提和手段，他们利用一切手段征服、占有与盘剥自然。只要能实现利润最大化，发财致富，哪怕洪水滔天，寸草不生，也在所不惜。这是资本主义盲目逐利的真实写照。这除了私人资本造成的经济短见外，更在于资本增殖的内在驱动机制所致。马克思指出："生产上利用的自然物质，如土地、海洋、矿山、森林等等，不是资本的价值要素。只要提高原有劳动力的紧张程度，不增加预付货币资本，就可以从外延方面或内含方面，加强对这种自然物质的利用。"①

2. 资本主义生产方式只是拼命地追逐眼前的自身的经济利益，导致人与自然价值的背离，使自然界日益腐败。在马克思、恩格斯看来，在资本主义剥削制度下，资本家的贪婪和唯利是图的本性，决定了在资本主义经济运行的过程中，他们的眼睛只是盯着经济活动所产生的眼前经济利益与高额利润，这是驱使资本主义生产经营的唯一动力，至于社会利益和生态利益就不在资本家视野之内了，甚至把任何改善工人生产与生活的自然环境及其保护生态环境的行为，都视为是"败家子行为"，是一种浪费。正如恩格斯所指出的："支配着生产和交换的一个个的资本家所能关心的，只是他们的行为的最直接的效益。""西班牙的种植场主曾在古巴焚烧山坡上的森林，以为木灰作为肥料足够最盈利的咖啡树施用一个世代之久，至于后来热带的倾盆大雨竟冲毁毫无掩护的沃土而只留下赤裸裸的岩石，这同他们又有什么相干呢"?②

只顾眼前经济利益而不顾长远经济利益，必然会使人类生存的生态环境恶化。马克思在 1868 年致恩格斯的信中说过："耕作的最初影响是有益的，但是，由于砍伐树木等等，最后会使土地荒芜。"③ 恩格斯在《自然辩证法》中谴责资本主义生产方式破坏森林，制造"无林化"，导致生态环境恶化的严重后果时，提出一个马克思主义观念："在今天的生产方式中，

① 《马克思恩格斯全集》第 24 卷，人民出版社 1972 年版，第 394 页。
② 《马克思恩格斯选集》第 4 卷，人民出版社 1995 年版，第 385~386 页。
③ 《马克思恩格斯全集》第 32 卷，人民出版社 1974 年版，第 53 页。

面对自然界以及社会，人们注意的主要只是最初的最明显的成果，可是后来人们又感到惊讶的是：人们为取得上述成果而作出的行为所产生的较远的影响，竟完全是另一回事，在大多数情况下甚至是完全相反的。"①　在这里，恩格斯通过滥伐乱砍森林的生态问题，阐明了人类经济活动的眼前利益与长远利益的辩证关系：人类的经济活动只讲眼前利益而不顾长远利益，从个人的眼前利益来说，是有利的；但是，这种利益，只能是以牺牲全局的长远利益为代价。在资本主义农业经营过程表现得尤为突出。在马克思的许多著作中，以资本主义农业生产为例来阐明资本主义生产的发展，既是对劳动者的榨取，又是对自然的掠夺过程。马克思明确指出："一个国家，例如北美合众国，越是以大工业作为自己发展的起点，这个破坏过程就越迅速。因此，资本主义生产发展了社会生产过程的技术和结合，只是由于它同时破坏了一切财富的源泉——土地和工人。"②　对此，马克思在分析资本主义生产方式下的小土地所有制和大土地所有制的区别时还强调指出："前者更多地滥用和破坏劳动力，即人类的自然力；而后者更直接地滥用和破坏土地的自然力，那末，在以后的发展过程中，二者会携手并进，因为农村的产业制度也使劳动者精力衰竭，而工业和商业则为农业提供各种手段，使土地日益贫瘠。"③　历史和现实都在证明：资本主义农业的发展，不仅以牺牲雇佣劳动者为代价，而且以土地肥力的枯竭和农业生态环境的恶化作为代价。这是在资本主义生产方式下人与自然、生态与经济的价值背离的突出表现。

3. 资本主义经济制度破坏了人与自然之间的物质变换，造成自然界的日益腐败。马克思在考察资本主义生产过程时，就提出了人类的劳动过程是人和自然之间的物质变换的生态经济思想。马克思不仅多次阐明资本主义农业对土地能力的掠夺和农村生态环境的破坏，而且反复论述资本主义工业对城市生态环境的污染和破坏。所以，资本主义生产方式无论在农村

---

① 《马克思恩格斯选集》第4卷，人民出版社1995年版，第386页。
② 《马克思恩格斯全集》第23卷，人民出版社1972年版，第553页。
③ 《马克思恩格斯全集》第25卷，人民出版社1974年版，第917页。

还是在城市，都在破坏人与自然之间的物质变换的生态关系，给人与自然都带来了严重的生态灾难。马克思指出："资本主义生产使它汇集在各大中心的城市人口越来越占优势，这样一来，它一方面聚集着社会的历史动力，另一方面又破坏着人和土地之间的物质变换，也就是使人以衣食形式消费掉的土地的组成部分不能回到土地，从而破坏土地持久肥力的永恒的自然条件。"① 在这里，马克思明确告诉我们，资本主义的农业经营，只顾从土地掠夺肥力，实现农业经营的高额利润，而不让土地恢复其肥力。在这种情况下，就必然破坏了农业生态系统的物质循环和能量转化，就破坏了农业的生命系统同它的环境系统所构成的生态系统及其运行。马克思在揭露资本破坏人与自然之间的物质变换之后进一步指出："这样，它同时破坏城市工人的身体健康和农村工人的精神生活。但是资本主义生产在破坏这种物质变换的纯粹自发形成的状况的同时，又强制地把这种物质变换作为调节社会生产的规律，并在一种同人的充分发展相适合的形式上系统地建立起来。"② 因此，从生态经济的角度来看，资本主义生产方式在破坏了生态环境的同时，继续在人与自然的物质变换的过程中，一方面继续榨取雇佣劳动者，另一方面又继续其对于自然的掠夺。资本主义生产及其生态经济，就是在这种情况下，就是在这种矛盾中，继续其运行的。

4. 资本主义生产方式下的"生产异化"和"消费异化"，使资本主义的生态经济基本矛盾日益尖锐化。马克思、恩格斯在他们的一些重要著作中，对近代西方几个主要资本主义国家发生的滥采自然资源和污染生态环境问题进行了全面的、系统的分析与研究，从而无情地揭露了资本主义工业化从农村和城市两个方面破坏人与自然之间的物质变换，造成生态环境与经济的矛盾日渐加剧与尖锐。

一方面是资本增殖的内在驱动，使资本主义生产无限扩大而大量生产，导致大量开发，滥采滥用自然资源，不断地从自然界索取大量的资源与能源同自然生态系统供给有限的矛盾日渐加剧与尖锐。马克思曾明确指

---

① 《马克思恩格斯全集》第 23 卷，人民出版社 1972 年版，第 552 页。
② 《马克思恩格斯全集》第 23 卷，人民出版社 1972 年版，第 552 页。

出，资本主义制度同造林之间，存在着尖锐的矛盾，"漫长的生产时间（只包括比较短的劳动时间），从而漫长的资本周转，使造林不适合私人经营，因而也不适合资本主义经营"。"文明和产业的整个发展，对森林的破坏从来就起很大的作用，对比之下，对森林的护养和生产，简直不起作用"。①恩格斯在《自然辩证法》中，以滥伐森林的实例，论述了资本主义生产方式对自然资源的破坏，他说："为了得到耕地，毁灭了森林，但是他们做梦也想不到，这些地方今天竟因此而成为不毛之地。……没有预料到，这样一来，他们就把本地区的高山畜牧业的根基毁掉了；他们更没有预料到，他们这样做，竟使山泉在一年中的大部分时间内枯竭了，同时在雨季又使更加凶猛的洪水倾泻到平原上。"② 恩格斯还谴责资本主义制度破坏森林，制造"无林化"，他在致丹·弗·丹尼尔逊的信中说："至于说到无林化，那末，它和农民的破产一样，是资产阶级社会存在的重要条件之一。欧洲没有一个'文明'国家没有出现过无林化。美国（在美国，我四年前亲自看到过这种情况。在那里，人们拼命在减弱它的影响，纠正已犯的错误），无疑俄国也一样，目前正在发生无林化。因此，我看无林化实质是社会因素，也是社会后果。"③

　　另一方面是在资本主义生产中资本家为了降低生产成本，节约开支，向自然界排放各种排泄物，对生态环境尤其是城市生产和生活环境的严重污染。恩格斯在《反杜林论》中指出：技术的"资本主义应用"，使"工厂城市把一切水都变成臭气冲天的污水"。④ 恩格斯在《英国工人阶级状况》一书详细地描述了资本主义生产和生活中产生的煤烟、垃圾和河水污染所造成的城市空气污染的状况。他指出，在曼彻斯特周围的城市，如波尔顿"一条黑水流过这个城市"，"把本来就很不清洁的空气弄得更加污浊不堪"；斯泰里希雷芝全城的房屋都"被煤烟熏得黑黑的……给

---

①　《马克思恩格斯全集》第 24 卷，人民出版社 1972 年版，第 272 页。
②　《马克思恩格斯选集》第 4 卷，人民出版社 1995 年版，第 383 页。
③　《马克思恩格斯全集》第 38 卷，人民出版社 1972 年版，第 307 页。
④　《马克思恩格斯全集》第 20 卷，人民出版社 1971 年版，第 320 页。

人一种可憎的印象"。① 在曼彻斯特的贫民窟"难以想象的肮脏恶臭的环境中，在这种似乎是被故意毒化了的空气中，在这种条件下生活的人们，的确不能不下降到人类的最低阶段"。② 与此同时，在曼彻斯特周围的工业城市和工人生活区内，"高高地堆积在这些死水洼之间的一堆堆的垃圾、废弃物和令人作呕的脏东西不断地散发出臭味来污染四周的空气"。③ 这种生产和生活环境对广大工人来说是一种"最残酷的苦刑"，"最能使工人身体衰弱，精神萎靡不振"④，使工人的"健康受到致命的摧残"。⑤ 可见，马克思、恩格斯不仅看到城市环境质量下降，而且把城乡生态环境破坏的后果最终造成城乡居民的身心健康及人身生态的恶化，当做资本积累的一种必然趋势。

总之，在资本主义社会经济制度下，资本主义生产的唯一目的，就是榨取更多的剩余价值，这种追求利润最大化的资本主义生产，必然是不断地扩大生产，而大量生产要求大量开采与大量消耗与大量消费，从而带来大量废弃。在这种生产模式和消费模式的诱导下，"生产异化"和"消费异化"，使人与自然的异化到无以复加的地步，成为资本主义生态经济基本矛盾运动的必然趋势。

（二）生态经济的几点理论启示

从马克思、恩格斯关于资本主义制度下生态环境问题的经济根源的论述，给我们一些启示：

1. 马克思、恩格斯揭示资本主义制度下生态环境问题的经济根源，实质上是对资本主义生态环境问题进行经济学分析，是对资本主义发展的生态环境与经济的相互关系的探讨；换言之，是对资本主义发展过程中的人与自然的生态关系和人与人的经济关系的矛盾运动来探讨，不言而喻地包

---

① 《马克思恩格斯全集》第 2 卷，人民出版社 1957 年版，第 323~325 页。
② 《马克思恩格斯全集》第 2 卷，人民出版社 1957 年版，第 342 页。
③ 《马克思恩格斯全集》第 2 卷，人民出版社 1957 年版，第 342 页。
④ 《马克思恩格斯全集》第 2 卷，人民出版社 1957 年版，第 463 页。
⑤ 《马克思恩格斯全集》第 2 卷，人民出版社 1957 年版，第 497 页。

含了生态经济的意义。当然，这也是作为揭露资本主义生产方式的内在矛盾来探讨的。按照生态经济学观点，生态经济基本矛盾并非始于资本主义经济社会形态，从某种意义上说，自从有了人类经济活动，这个矛盾就已存在并发生作用。只是在过去漫长的第一种经济社会形态发展过程中，就人类社会的总体而言，生态经济的基本矛盾并不突出。自资本主义工业革命以来，人类经济活动不断扩大，对自然资源的需求迅速增加，使人类经济活动的无限扩大与自然生态系统供给有限的矛盾加剧与尖锐。与此同时，社会生产和社会生活排放废弃物的迅速增长与自然生态系统净化能力有限的矛盾加剧与尖锐，从而破坏了人及社会与自然的生态经济关系的正常发展，使生态经济基本矛盾在资本主义阶段日渐加剧与尖锐，这是资本主义经济制度盘剥劳动者和自然界的必然结果，是生产社会性同资本主义私有制之间矛盾的表现，具有对抗性。虽然为了适应现代生产力的发展，发达资本主义国家不仅在一定程度上调整人与人的社会经济关系，而且在一定范围内调整人与自然的生态关系，取得了一定成效，使一些发达资本主义国家国内的生态环境状况有所好转，也确实缓解了国内的生态经济基本矛盾的尖锐化程度；但这不可能从根本上消除资本主义生态经济关系的对抗性矛盾，也不可能从全局上达到人与自然的和谐统一，也无法解决全球范围内的生态经济协调发展。正如加拿大著名学者本·阿格尔所指出的，当代垄断资本主义已导致过度生产和过度消费，这延续了经济危机，造成了生态危机。可以说，现代资本主义对生态环境所造成的破坏已超过了以往任何历史时期。在目前资本主义基本制度和运行机制下，西方发达资本主义国家不可能实现人与自然、经济与生态环境的协调发展，不可能实现人类社会真正意义上的可持续发展。①

2. 资本主义市场经济条件下生态经济关系的基本特点。资本主义发展已经历了几百年的历史。从资本主义工业化的实现，到现代化的发展，市场经济已由传统市场经济发育到发达或现代市场经济。历史事实表明，在

---

① 姜建成、朱炳元：《论社会主义与全球可持续发展》，《社会主义研究》2003 年第 6 期。

资本主义工业化进程中的传统市场经济，确实是盲目自发的无政府状态的经济，经济运行只靠市场这只"看不见的手"自发地调节，来实现资源的合理配置，推动资本主义经济迅速发展。但是，它通过完全的自由竞争的市场机制的作用来实现，则是以资源的巨大耗费为代价的，是以牺牲生态环境为代价来谋求资本可持续增长，而自然生态却不是可持续发展的。换言之，资本主义传统市场经济使市场经济的基本属性获得了充分表现，使它与环境保护和生态建设完全对立起来。因而，传统市场经济与生态经济显然的不相容，就转为市场经济与生态经济的不相容。

资本主义传统市场经济是市场经济一般和资本主义特殊的统一。资本主义工业化、现代化是沿着"先污染后治理"的发展道路走过来的，除了当时的历史条件外，根据马克思、恩格斯揭示的资本主义条件生态环境问题的社会经济根源，笔者认为，资本主义工业化进程中造成的严重生态环境问题的直接原因，是由资本主义传统市场经济的特性所引起的，其根本原因则在于传统市场经济的资本主义性质。资本主义市场经济，是资本主义经济关系通过市场运行和实现的一种经济体制。市场经济的资本主义性质，即资本主义所有制及其按资分配决定了市场经济运行的目的，是实现资本家及其集团的私利。资本主义市场经济主体的资本家所关心的只是垫支资本与利润的比率，为此，不仅靠无情剥削雇佣劳动者致富，而且靠大量掠夺自然财富而发财。保持全社会的生态利益，投入大量费用保护环境，改善生态，这同资本家生产经营活动的根本目的是不相容的。因此，从本质上来说，资本主义剥削制度决定了资本主义发展市场经济必然要通过牺牲广大人民的生态利益来换取少数资本家的经济利益，使资本主义社会经济、政治和文化机制具有反生态化、反人性化的性质。所以，资本主义传统市场经济运行过程中，不仅资本家与雇佣劳动者之间经济关系尖锐对立，而且人与自然之间的生态关系也尖锐对立。这种双重对立的发展机制，造成了资本主义市场经济中外部不经济性或外部的反经济行为不可避免地出现了。"私人富裕，公共污染"，"私人发财，子孙遭殃"是资本主义生态经济关系的基本特点。生态经济利益的根本冲突，则是资本主义生产方式的基本矛盾尖锐化的表现形式。① 可见，传统市场经济的资本主义性质，强化了市场机制功能的缺陷，并使它的消极作用充分表现出来了，成为资本主义工业化造成自然资源衰竭与短缺、生态环境污染与破坏的直接原因。很明显，首先是资本主义剥削制度与生态经济本质不相容，这是根源；其次才是传统市场经济与生态经济不相容，这是表现。在资本主义传统市场经济转变成现代市场经济过程中，资本主义社会经济矛盾空前激化，还突出表现在生态经济关系的矛盾日益尖锐化，这就使得资本主义的现代市场经济不可能从根本上消除资本主义生态经济关系的对抗性矛盾，也就不可能在全局上解决它与生态经济协调发展问题，也无法实现全球范围内人与自然的和谐协调。直至今日，西方发达资本主义国家在推进经济全球化过程中进行环境污染国际转移，使有害有毒废弃物向发展中国家扩散，使局部环境问题全球化。与此同时，借经济全球化和世界产业革命之机，对发展中国家和全球共同的环境资源进行掠夺性开发和不合理利用，不仅加剧了发展中国家的生态危机，而且给全球生态环境带来了难以恢复的整体性破坏，危害着全人类生存发展的生态基础。

3. 全面把握马克思、恩格斯关于生态环境问题根源的论述，就可以看到，资本主义生产方式下生态环境问题的产生，是社会经济制度、生产力水平和人们认识能力等多种因素综合作用的结果。按照马克思主义观点，资本主义条件下生态环境问题的产生首先应归咎于资本主义剥削制度，这是特殊原因。而人们的认识能力，不能正确处理各种利益关系以及生产力水平，则是产生生态环境问题的一般原因。作为一般性的根源具有超越某种具体经济社会制度的特点。因此，在资本主义灭亡后即在社会主义社会里，虽然资本主义特殊性消失了，但一般性依然会存在，还成为社会主义各种生态环境问题的基本原因。

在此，笔者要强调指出的是，马克思、恩格斯反复分析了工业革命以后生态环境问题的认识根源，认为人类为了自身生存与发展在同自然界进

---

① 刘思华：《当代中国的绿色道路》，湖北人民出版社1994年版，第77~78页。

行物质变换时，必须合理地调节自己与自然界的物质交换关系，自觉地对自然界进行合理利用和保护；而在调节人与自然的物质变换过程中缺乏自觉性，正是导致生态环境问题的认识根源。马克思指出："耕作如果自发地进行，而不是有意识地加以控制（他作为资产者当然想不到这一点），接踵而来的就是土地荒芜，象波斯、美索不达米亚等地以及希腊那样。"① 马克思还明确地告诫说："不以伟大的自然规律为依据的人类计划，只会带来灾难"。② 对此，恩格斯也多次告诫说："我们不要过分陶醉于我们人类对自然界的胜利。对于每一次这样的胜利，自然界都对我们进行报复。每一次胜利，起初确实取得了我们预期的结果，但是往后和再往后却发生完全不同的、出乎预料的影响，常常把最初结果又消除了。"他还作出结论说："到目前为止的一切生产方式，都仅仅以取得劳动的最近的、最直接的效益为目的。那些只是在晚些时候才显现出来的、通过逐渐的重复和积累才产生效应的较远的结果，则是完全被忽视了。"③ 由于资本主义的特殊原因使这种情况在资本主义社会中表现得最为充分、最为普通，而这种情况在社会主义社会中也会发生，因为人们的经济活动如果只是追求眼前的、局部的、最直接的效益，都忽视长远的、全局的、综合的效益，就会过分陶醉于眼前利益，贪婪地掠夺自然，破坏生态环境。20 世纪国内外社会主义曲折发展的事实证明：不能正确认识与有效处理社会主义经济利益关系，是社会主义生产方式下生态环境问题的经济根源。

二、马克思生态经济思想的若干重要经济理论基础

在马克思主义经济学丰富的理论宝库中，一些重要经济理论本身就构成马克思生态经济理论的基本内容。对此，我们将在第二篇中进行研究。然而，马克思的许多经济学思想都包含了生态经济的意义，成为马克思生

---

① 《马克思恩格斯全集》第 32 卷，人民出版社 1974 年版，第 53 页。
② 《马克思恩格斯全集》第 31 卷，人民出版社 1972 年版，第 251 页。
③ 《马克思恩格斯选集》第 4 卷，人民出版社 1972 年版，第 383、385 页。

态经济理论的经济学基础。现在看来，应该说是很明白的事情，只不过是过去人们从纯经济学的意义上认识和理解马克思、恩格斯这方面的经济思想而已，因此，笔者在这里作些初步尝试，略述几个问题。

（一）人与自然的关系和人与人的关系有机统一的生态经济思想

1. 人与自然的关系和人与人的关系，构成人类社会历史发展的基本内容。马克思主义认为，人们为了创造历史，就必须能够生活，为了生活，首先需要吃穿住以及其他一些东西。因此，第一个历史活动就是生产满足这些需要的资料；这又同时生产着人们的物质生活本身。马克思、恩格斯指出："任何人类历史的第一个前提无疑是有生命的个人的存在。"① 第一个历史就是发生在人与自然之间的物质资料生产实践活动，"当人们自己开始生产他们所必需的生活资料的时候（这一步是由他们的肉体组织所决定的），他们就开始把自己和动物区别开来"。② 这样，马克思、恩格斯就找到了人与自然之间的本质联系，找到了联结它们的纽带，这就是人类劳动这种最基本的物质资料生产实践活动。物质资料生产劳动是人的第一个历史活动，于是，围绕着第一个历史活动，形成了人类历史活动的四个基本事实即人类社会发展的四个基本因素。

第一个基本事实是物质资料生产实践活动。这是人们为了生活，用生产来满足衣食住以及其他方面的需要，这就是"生产物质生活本身"，"同时这也是人们仅仅为了能够生活就必须每日每时都要进行的（现在也和几千年前一样）一种历史活动，即一切历史的一种基本条件"。这是"第一个历史活动"。③

第二个基本事实是需要随生产而产生的新的需要。这是在已经满足的

---

① 《马克思恩格斯全集》第3卷，人民出版社1960年版，第23页。
② 《马克思恩格斯全集》第3卷，人民出版社1960年版，第24页。
③ 《马克思恩格斯全集》第3卷，人民出版社1960年版，第31~32页。

需要基础上产生新的需要，"这种新的需要的产生是第一个历史活动"，①它是物质生产资料的再生产。

第三个基本事实是生命的生产，"每日都在重新生产自己生活的人们开始生产另外一些人，即增殖"。② 这是人自身的生产。在这里，马克思、恩格斯还指出：以上是社会活动的三个方面或三个因素，从历史的最初时期起就同时存在，而且就是现在还在发生作用。这样，"生活的生产——无论是自己生活的生产（通过劳动）或他人生活的生产（通过生育）——立即表现为双重关系：一方面是自然关系，另一方面是社会关系"。③ 这种社会关系就是历史关系的四个因素。

第四个基本事实是社会交往关系。这是人们的社会关系，是人与人之间的"物质联系"，"这种联系是由需要和生产方式决定的，它的历史和人的历史一样长久；这种联系不断采取新的形式，因而就呈现出'历史'"。④

从马克思、恩格斯考察的历史关系的四个基本事实中不难看到：

第一，马克思、恩格斯是把人与自然的关系摆在历史活动的一切问题的首位，这是研究历史关系或社会关系所有问题的出发点和基础。这是因为，"第一个需要确定的具体事实就是这些个人的肉体组织，以及受肉体组织制约的他们与自然界的关系"。⑤ 因此，人类历史活动首先面临的是人与自然界的关系，即是人与自然之间的物质资料生产实践活动，这就是通过人类劳动利用自然和改变自然，向自然界获取人类赖以生存的物质资料。因此，表征人与自然的关系的物质资料生活、劳动，就是最基本的人类实践活动。只有在人类实践活动中，自然界才是人自己的存在的基础；人的自然的存在对他说来才是他的人的存在，这是人和自然本体论存在方式。

第二，在物质资料生产实践活动中，人们为生存而形成人与人之间的社会关系，这是因为，人不仅与自然发生关系，是自然存在物；人还要与

① 《马克思恩格斯全集》第3卷，人民出版社1960年版，第32页。
② 《马克思恩格斯全集》第3卷，人民出版社1960年版，第32页。
③ 《马克思恩格斯全集》第3卷，人民出版社1960年版，第33页。
④ 《马克思恩格斯全集》第3卷，人民出版社1960年版，第34页。
⑤ 《马克思恩格斯全集》第3卷，人民出版社1960年版，第23页。

人发生关系，是社会存在物。所以，马克思把经济学分析的人概括为"社会关系的总和"，即确立了"人的本质不是单个人所固有的抽象物，在其现实性上，它是一切社会关系的总和"。① 后来，马克思在《1857—1858经济学手稿》中还强调说："社会不是由个人构成，而是表示这些个人彼此发生的那些联系和关系的总和。"② 人与人的社会关系，表征着人的社会存在和社会的人的存在，是人和社会的本体论存在方式。

第三，人类实践活动的一个方面是人们"对自然的作用"，另一个方面是"人对人的作用"，这两个基本方面的一系列事实构成了历史关系即社会发展的历史。这就是说，社会历史发展是人与自然之间的关系和人与人之间的关系的有机统一。因此，马克思在《资本论》中揭示两者内在统一的根本原因，就在于人与自然之间的物质变换是人类生活的永恒的自然条件。他说："它不以人类生活的任何形式为转移，倒不如说，它是人类生活的一切社会形式所共有的。因此，我们不必来叙述一个劳动者与其他劳动者的关系。一边是人及其劳动，另一边是自然及其物质，这就够了。"③

2. 人与自然的物质变换关系在本质上是生态关系。人类生产、劳动实践是人与自然之间的物质变换，是人类与自然界的最基本关系，这种关系在本质上是一种生态关系。它是人类（结成社会的人类）与他们所处的环境系统之间的相互关系。当年，马克思、恩格斯虽然没有使用现在生态经济学的术语来论证人类社会经济系统与外部自然界系统之间进行物质与能量的交换这个生态本质特征，但是，在他们的自然环境理论中确实早已含有自然生态系统和社会经济系统之间物质变换的生态关系，即人与自然之间物质交换的生态关系。这种人与自然之间物质变换的生态关系，就构成生态系统和经济系统有机统一的生态基础，是人类及人类社会发展的自然基础。

人类生产、劳动实践活动，就是社会生产、交换、分配、消费的经济

---

① 《马克思恩格斯选集》第1卷，人民出版社1995年版，第60页。
② 《马克思恩格斯全集》第46卷（上），人民出版社1979年版，第220页。
③ 《马克思恩格斯全集》第23卷，人民出版社1972年版，第208~209页。

实践活动，因而人与自然之间的物质变换是通过人类经济活动来完成的。这样，人与自然之间的物质变换的生态关系就与人类经济活动交织在一起：一方面是人与自然之间物质变换的生态关系，另一方面则是人与人之间必然要发生的关系，这就是经济关系。因此，在现实性上，人类生产、劳动实践活动中不仅要实现人与自然之间的物质变换，同时也要实现人与人之间相互交换其劳动，即实现个别劳动之间的社会物质交换，两者内在统一则表征着生态关系与经济关系的有机统一。早在20世纪80年代，笔者在马克思主义自然环境理论的启发下，就提出了生态关系和经济关系"互相中介理论"：人类生产、劳动实践活动"不仅是人与自然之间发生生态关系的中介，而且是人与人之间发生经济关系的中介。这两种关系互为中介：人与人的经济关系以人与自然的生态关系为中介；人与自然的生态关系又以人与人的经济关系为中介。这就是说，人与自然之间的物质变换，只有通过人与人的经济关系才能实现；而人与人的经济关系，也只有通过人与自然的相互作用才能实现"。①

3. 对马克思主义唯物史观和政治经济学的一个重要理论的生态经济学阐释。众所周知，马克思在《雇佣劳动与资本》中提出了一个马克思主义的著名原理："人们在生产中不仅仅影响自然界，而且也互相影响。他们只有以一定方式的共同活动和互相交换其活动，才能进行生产。为了进行生产，人们相互之间便发生一定的联系和关系；只有在这些社会联系和社会关系的范围内，才会有他们对自然界的影响，才会有生产。"② 长期以来，经济学哲学家们都是用马克思这个经典论述来论证人们之间的社会联系与社会关系即生产关系范畴的内涵，把握人与人的社会关系的本质，进而阐述社会整体范畴的性质及生产方式是生产力和生产关系的有机统一，却没有挖掘这个经典论述的生态经济的意义。

其实，马克思的这段论述，不仅揭示了人与人之间的社会联系和社会

---

① 详见刘思华：《理论生态经济学若干问题研究》第二章第一节，广西人民出版社1989年版。

② 《马克思恩格斯选集》第1卷，人民出版社1995年版，第344页。

关系以及个人与社会之间的互相关系，而且还指明了人们在生产、劳动实践活动中同时发生两个方面的联系和关系，是同一主体的同一行为表现两重结构：一是人及其经济活动对自然环境的联系和关系，这就是人与自然之间自然物质变换的生态关系；二是人及其经济活动对社会环境的联系和关系，这就是人与人之间社会物质交换的经济关系。这两方面的联系和关系没有逻辑先后和时间先后的区分，在人类生产劳动实践活动中不是分离存在的，而是有机统一的，两者构成一个总体的两个侧面，一个统一体内部的差别。在这里，马克思就引入了人类社会系统和自然生产系统相互联系与相互作用的关系，即是人与自然、人与社会是一种内在的互相规定互相包含关系而成为一个统一体。在这个自然—人—社会构成的有机统一体中，生态关系和经济关系是内在统一的，构成生态经济关系。①

苏联学者 T. 维耳斯凯尔认为，在社会发展的现阶段，客观上形成生态经济关系，即关于社会环境研究标准方面的生产关系。这种关系具有政治经济学所不能不考虑的某种特殊性。② 在笔者看来，马克思主义理论体系中的生态经济关系是一种广义的经济关系论，为解决这种特殊性问题提供了理论基础。它把人与自然之间的物质交换的生态关系作为人类生活的一切社会形式所共有的 "永恒自然条件"，即是自然基础，由此决定了生态经济关系是超越于特定社会形式普遍性的经济范畴。正是在这个意义上，笔者曾对生态经济关系做过这样的论述："生态关系是它的物质内容，经济关系则是它的经济内容和社会形式。所以我们说，生态经济关系是以生态关系为基础、与经济关系相互渗透、相互明确的关系，而体现着两者在生态经济系统中的有机统一，是一个普遍的经济范畴。它既存在于资本主义生产方式下，也存在于社会主义生产方式下，所不同的只是它的社会性质有根本区别。"③ 为了同纯经济学概念与范畴相区别，我们可以把生态经济关系称之为广义的经济关系，它是一个普遍的广义的经济范畴。

① 刘思华：《理论生态经济学若干问题研究》，湖北人民出版社 1984 年版，第 49 页。
② ［苏］包洛夫斯基赫：《经济学中的生态问题》，转引自《生态经济》1986 年第 3 期。
③ 刘思华：《理论生态经济学若干问题研究》，湖北人民出版社 1984 年版，第 49 页。

依据人类生产、劳动实践活动的自然生态关系和社会经济关系相统一的观点，马克思在《资本论》中把商品分析作为逻辑起点来揭示资本主义社会的一切矛盾，都在破坏人与自然之间的物质变换关系，使资本主义生产经济关系在对抗性矛盾之中发展着。而资本主义的商品关系，不仅是资本主义经济关系的最一般的范畴，是资本关系发展、演变的现实起点，而且它反映人与自然物质变换关系，是资本主义生产方式下人与自然的生态关系发展、演变的现实起点。因此，马克思从分析商品的二重性和决定商品二重性的劳动二重性开始，就使资本主义生态经济关系显示出来了。作为人与自然物质变换结果的商品体，是使用价值和价值的统一体。在任何商品体中自然因素体现在作为商品"物的有用性"，"构成财富的物质内容"的商品的使用价值上，是价值、交换价值的"物质承担者"。[1] 它反映了人与自然之间物质变换的生态关系，这是一种自然关系。这是商品体的一方面；它的另一方面，在任何商品体中劳动因素体现在作为商品的经济性，构成财富的经济内容的商品的值上，是使用价值、交换价值的"价值承担者"，[2] 它反映了人与人之间社会物质交换的经济关系，这是一种社会关系。前者是商品体的自然属性，后者则是它的社会属性，两者构成商品统一体。因此，马克思指出："价值的第一个形式是使用价值，是反映个人对自然的关系的日用品；价值的第二个形式是与使用价值并存的交换价值，是个人支配他人的使用价值的权力，是个人的社会关系。"[3] 所以，商品的价值关系，是"纯经济存在"（社会存在）和"自然存在"的有机统一，是人及社会和自然的有机统一。[4] 无疑，商品体蕴涵着生态关系和经济关系的有机统一。这就表明商品作为资本主义商品社会的最简单、最普通、最基本的、最常见的经济关系，实质就是一种生态经济关系，它成为整个资本主义生态经济关系的现实基础。正是从这个意义上说，生态经济

---

① 《马克思恩格斯全集》第 23 卷，人民出版社 1972 年版，第 48 页。
② 《马克思恩格斯全集》第 23 卷，人民出版社 1972 年版，第 61 页。
③ 《马克思恩格斯全集》第 46 卷（上），人民出版社 1979 年版，第 124~125 页。
④ 《马克思恩格斯全集》第 46 卷（上），人民出版社 1979 年版，第 85 页。

关系显示出马克思主义生态经济理论中自然—人—社会的统一的历史唯物主义和政治经济学的基础。

（二）劳动与劳动过程理论是马克思生态经济学说的理论基石

马克思主义生态经济关系的思想，是建立在马克思关于劳动与劳动过程理论的基础之上的。劳动是马克思唯物史论和政治经济学理论的基点，就必然成为马克思主义生态经济理论的基石。

1. 在人类思想史上，马克思首次揭示了劳动的本质，科学界定了劳动的内涵，使劳动成为"马克思主义世界观的基石，是唯物史观和马克思主义经济理论的中心点"。[①] 正因如此，劳动也就成为马克思生态经济学说的基石与中心点。

什么是劳动？黑格尔从人与外部世界的关系来研究劳动，认为劳动就是人的本质，人只有通过劳动，才能证明人的现实存在，才能确证人的现实存在。马克思肯定了黑格尔提出的劳动概念对认识劳动本质的积极意义及其理论贡献，他明确指出：黑格尔"抓住了劳动的本质，把对象性的人、现实的因而是真正的人理解为他自己的劳动的结果"。[②] 但是，马克思又认为黑格尔对劳动及其劳动结果的理解是片面的，他说，黑格尔"把劳动看作人的本质，看作人的自我确证的本质；他只看到劳动的积极的方面，而没有看到它的消极的方面。劳动是人在外化范围内或者作为外化的人的自为的生成。黑格尔唯一知道并承认的劳动是抽象的精神的劳动。因此，黑格尔把一般说来构成哲学的本质的那个东西，即知道自身的人的外化或者思考自身的、外化的科学看成劳动的本质"。[③] 这就是说，劳动本来是人改变外部世界的一种物质生产实践活动，但是，黑格尔却没有认识到这一点，在他看来，人的本质是和自我意识等同的，把劳动仅仅当成是抽

---

① ［苏］列·阿·列昂节夫著，张仲朴等译：《恩格斯和马克思主义经济学》，贵州人民出版社 1984 年版，第 120 页。

② 《马克思恩格斯全集》第 42 卷，人民出版社 1979 年版，第 163 页。

③ 《马克思恩格斯全集》第 42 卷，人民出版社 1979 年版，第 163~164 页。

象的精神活动，这是一方面；另一方面，黑格尔只看到了劳动体现人的本质这一积极的方面，没有看到劳动也可能异化劳动者这一消极的方面。在理论上克服黑格尔的这种片面性正是马克思。在《1844 年经济学哲学手稿》中，马克思首先确立了劳动是人的本质的思想，从而对劳动的本质作了科学的规定性。他指出：劳动是"生命活动"，"一个种的全部特性，种的类特性就在于生命活动的性质，而人的类特性恰恰就是自由的自觉的活动"。"有意识的生命活动把人同动物的生命活动直接区别开来。正是由于这一点，人才是类存在物"。[①] 接着，马克思在《关于费尔巴哈的提纲》中，批判了费尔巴哈的人的本质的规定性，认为人通过自己的劳动实践活动，来改变外部世界，结成人与人之间的社会关系，提出了人的本质是"一切社会关系的总和"的著名论断。因此，在马克思的视野内，人天生是社会的动物，创造性劳动是人的本质所在；劳动总是在一定社会关系下进行的；只有社会劳动才能决定人的本质属性，离开了社会劳动，是不能使自己的类本质力量充分发挥出来的，是无法证明人的现实存在，无法确证人的现实存在的。所以，在改变外部世界的劳动中，在物质生产实践活动中，正像马克思所说的，"人才真正地证明自己是类存在物。这种生产是人的能动的类生活。通过这种生产，自然界才表现为他的作品和他的现实"。[②]

2. 马克思不仅科学地揭示了劳动的本质，而且准确地界定了劳动的内涵。马克思从一般和特殊两种意义上分析了劳动的内涵，从一般意义看，"劳动首先是人和自然之间的过程，是人以自身的活动来引起、调整和控制人和自然之间的物质变换的过程"。[③] 他还指出：劳动是制造使用价值的有目的的劳动，"是为了人类的需求而占有自然物"。[④] 从特殊意义上看，马克思的重要著作中反复强调：在资本主义生产方式下，劳动是"一种雇

---

① 《马克思恩格斯全集》第 42 卷，人民出版社 1979 年版，第 96 页。
② 《马克思恩格斯全集》第 42 卷，人民出版社 1979 年版，第 97 页。
③ 《马克思恩格斯全集》第 23 卷，人民出版社 1972 年版，第 201~202 页。
④ 《马克思恩格斯全集》第 47 卷，人民出版社 1979 年版，第 65 页。

佣劳动"，是"为资本家生产剩余价值"，"只有生产资本的雇佣劳动才是
生产劳动"。① 因此，它是一种异化了的劳动。马克思从两个方面考察了劳
动的异化行为："第一，工人同劳动产品这个异己的、统治着他的对象的关
系。这种关系同时也是工人同感性的外部世界、同自然对象这个异己的与
他敌对的世界的关系。第二，在劳动过程中劳动同生产行为的关系。这种
关系是工人同他自己的活动，——一种异己的、不属于他的活动——的关
系。"② 在这里，马克思指明了前一种关系是人与自然的自然异化的关系，
后一种关系是人与人的社会异化的关系。这是资本主义历史条件下生态经
济关系具有对抗性矛盾的深刻根源。

　　但是，在马克思看来，要深刻认识劳动的本质内涵，首先必须抽去劳
动的各种具体历史形式，在最一般的、抽象意义上，找出超时代的、合乎
任何一种社会形态即"人类生活的一切社会形式所具有的普遍特征"，因
而马克思首先是从劳动纯粹作为人类有目的活动而与自然界之间的物质变
换的过程来考察劳动的本质内涵的。这样，马克思认为，劳动是人类特有
的财富，劳动作为人与自然之间的过程，本质上是一种人和自然之间的物
质变换关系，是人类生活的一切社会形式所具有的普遍关系。这是人类存
在的永恒的自然基础。在笔者看来，这种普遍关系与自然基础，实质上是
人与自然之间的生态关系，是任何一种社会形态下经济关系与生态经济关
系的自然基础与生态本质。正是从这个意义上看，对马克思主义关于劳动
的本质内涵的论述中所蕴涵的生态经济思想，笔者要强调以下几点：

　　首先，劳动作为人与自然之间的物质变换，就是"人通过自己的活动
按照对自己有用的方式来改变自然物质的形态"，③ 把那种"天然存在的物
质财富要素"、"特殊的自然物质"加工铸造以改变形态使之适合于人类需
要的有用物质，即商品的使用价值。因此，劳动"不仅使自然物发生形式

　　① 《马克思恩格斯全集》第 26 卷 I，人民出版社 1972 年版，第 142 页。
　　② 《马克思恩格斯全集》第 42 卷，人民出版社 1979 年版，第 94~95 页。
　　③ 《马克思恩格斯全集》第 23 卷，人民出版社 1972 年版，第 87 页。

变化"，同时人"还在自然物中实现自己的目的"。① 正是从这个意义上看，马克思指出，"劳动作为使用价值的创造者，作为有用劳动，是不以一切社会形式为转移的人类生存条件"。② 他也把这种自然物质变换的生态关系称为"人类生活得以实现的永恒的自然必然性"。③

其次，马克思主义认为，人与自然界的联系和关系，首先是在人类物质生产、劳动实践活动中发生的，表征这种联系和关系是作为人与自然之间物质变换的劳动，它是人类（结成社会的人类）与他们所处的环境系统之间的生态关系。这种生态关系，从人对自然界来说，是人类通过劳动实现人对自然界的作用、改变、占有，正如马克思所说，人"是通过自己的劳动占有外部世界、感性自然界"，④ "使自然界受自己支配"。⑤ 从自然界对人来说，自然界是人通过劳动来创造、占有、再生产的自然界，是人的对象的自然界，是纳入了人类社会经济活动中的自然界，是人化的自然界。因此，劳动的本质，就是"自然界的人的本质，或者人的自然的本质"。⑥

劳动是社会的人的劳动，总是在一定的社会形成中进行并借助一定的社会形式进行，因而在人类物质生产、劳动实践活动中，人不仅对自然发生关系，而且人与人也相互发生关系。所以，完全可以说，人与自然之间的自然生态关系和人与人之间的社会经济关系，是共同包括在人类物质生产、劳动实践活动之中，构成人类生活的一切社会形式所具有的生态经济关系。

再次，在马克思看来，所谓人与自然之间的物质变换，就是人的"自身的自然"作用于他的"身外的自然"，即是人对自然界的作用。当人用自己的劳动作用于"身外的自然"并改变外部世界时，"也就同时改变他

① 《马克思恩格斯全集》第23卷，人民出版社1972年版，第202页。
② 《马克思恩格斯全集》第23卷，人民出版社1972年版，第56页。
③ 《马克思恩格斯全集》第23卷，人民出版社1972年版，第56页。
④ 《马克思恩格斯全集》第42卷，人民出版社1979年版，第92页。
⑤ 《马克思恩格斯全集》第42卷，人民出版社1979年版，第98~99页。
⑥ 《马克思恩格斯全集》第42卷，人民出版社1979年版，第128页。

自身的自然","他使自身的自然中沉睡着的潜力发挥出来"。① 因此,劳动
是人的本质力量的充分发挥,是人的本质力量的对象化,从而使自然界人
化,成为人的本质的对象化存在形式,或人的存在的对象化形式。劳动还
远不止于此,劳动使人成为社会的人,使改变自然界(包括人的自身自然
和身外的自然)的实践活动成为社会的活动,这就必然使人与自然的物质
变换的生态关系成为社会的经济关系,即是生态经济关系。这是人与自然
界的生态关系和动物与自然界的生态关系的一个本质区别。

　　总之,归根结底,人类的劳动可以从两个方面来看:一方面,劳动是
人与自然之间的物质交换活动,它改变物质的自然形态,使之适合于人们
的需要,从而提供了人类生活的永恒的自然基础。它体现着人与自然之间
的自然关系,或者说人与环境之间的生态关系。另一方面,劳动是人与人
之间劳动交换活动,是社会内部的个体与群体之间和个体与个体之间的相
互交换其活动,这种人与人之间社会物质交换活动,体现着人与人之间的
社会关系,或者说是人与人之间的经济关系。劳动中两种物质交换关系,
是同劳动的两个方面,在生产劳动过程中是有机统一的。正是从这个意义
上说,劳动是一种最广泛意义上的经济活动,在本质上是生态经济活动,
人们在劳动过程中发生的关系就是生态经济关系。它就是存在于古往今来
的一切劳动活动之中,是一切社会形态下人类劳动所共有的。

　　3. 劳动过程的实质,是人与自然之间的物质变换过程。马克思在《资
本论》中为了论证资本主义生产过程中劳动过程和价值增殖过程的统一,②
就从人类各个历史时期的经济实践中抽出具有普遍意义的劳动过程。马克
思明确指出:"劳动过程首先要撇开各种特定的社会形式来加以考察。"③
因此,马克思认为,劳动过程的实质,是人与自然之间的物质变换过程,
是人们为了在对自身生活有用的形式上占有自然物质的有目的有意志的活
动过程。这是撇开劳动的各种特定的社会形式,纯粹作为"人和自然之间

　　① 《马克思恩格斯全集》第23卷,人民出版社1972年版,第202页。
　　② 《马克思恩格斯全集》第23卷,人民出版社1972年版,第223页。
　　③ 《马克思恩格斯全集》第23卷,人民出版社1972年版,第201页。

的过程来考察"的一种科学抽象，说明了劳动过程是超越于某个特定生产过程的普遍性，是"人类生活的自然条件"，"不依赖于人类生活的所有的一定的社会形式，它是所有社会形式所共有的"。① 这样，这种所共有的东西，就是人类生存的人与自然之间的生态关系及以它为基础的生态经济关系。这是一切社会形式下人类经济实践活动和自然生态环境之间的本质联系和关系。

正因为这样，在马克思的视野内，劳动过程最初出现的只有两个因素——人和自然、劳动和劳动的自然物质因素。正如马克思所说："在劳动过程中，人的活动借助劳动资料使劳动对象发生预定的变化。过程消失在产品中。它的产品是使用价值，是经过形式变化而适合人的需要的自然物质。劳动与劳动对象结合在一起。劳动物化了，而对象被加工了。"② 这样，马克思就把劳动过程的因素表达成为三个基本因素：劳动材料、劳动资料以及活劳动能力本身。③ 或者说"劳动过程的简单要素是：有目的的活动或劳动本身，劳动对象和劳动资料"。④ 劳动对象最初是自然物，经过加工成为劳动资料是人工的自然物，有个自然物作基础。而劳动能力即人的活的劳动的消耗是一种特殊的自然力、自然因素的耗费。因此，劳动过程中所有因素都包含自然物在内。所以，马克思对劳动过程的分析实质上是对劳动过程的自然条件与自然基础的分析，或者说是对劳动过程的生态条件与生态基础的研究，这就构成了马克思经济学哲学研究的一个重要内容，也是构成马克思生态经济理论研究的一个基本问题。

（三）生产过程理论和社会生产理论中的生态经济原理

1. 生产过程理论中蕴涵的生态经济两重性原理。马克思在对人类劳动过程的科学抽象的基础上，研究作为劳动过程的一般生产过程，并对人类

---

① 《马克思恩格斯全集》第47卷，人民出版社1979年版，第65页。
② 《马克思恩格斯全集》第23卷，人民出版社1972年版，第205页。
③ 《马克思恩格斯全集》第47卷，人民出版社1979年版，第100页。
④ 《马克思恩格斯全集》第23卷，人民出版社1972年版，第202页。

社会生产过程作了劳动过程和价值形成过程的科学抽象。于是，他认为人类社会生产过程首先是一个人与自然之间的物质变换过程，就是我们所说的自然生态过程。与此同时，这种自然生态过程是通过一定的生产关系来实现的人与人的社会物质交换的过程，就是我们所说的社会经济过程。马克思多次强调人类历史发展过程是一个"自然历史过程"。[①] 作为自然历史过程的人类社会生产过程，既是人类生活的"物质生存条件"的生产过程，又是特定的"生产关系"或"社会经济形式"的生产过程，这就是人类社会生产过程的两重性。不管社会经济形态如何，人类社会生产过程既是物质改变的自然生态过程，又是价值形成的社会经济过程，而且是两者的有机统一。笔者曾经把它概括为生态经济两重形态理论的重要内容，现在看来，马克思的生产过程理论作为劳动过程理论和价值形成过程理论的辩证统一，应该说不言而喻地蕴涵了生态经济两重性原理。对此，将在第二篇中具体论述。

在此，笔者要强调指出的是，马克思研究人类社会生产过程，主要并不是作为劳动过程与价值形成过程相统一的一般商品生产过程，而是作为劳动过程与价值增殖过程相统一的资本主义生产过程。因此，马克思在《资本论》第五章中，在考察了劳动过程之后，就研究了资本主义生产过程的价值增殖过程。他作出结论说，"作为劳动过程和价值形成过程的统一，生产过程是商品生产过程；作为劳动过程和价值增殖过程的统一，生产过程是资本主义生产过程，是商品生产的资本主义形式"。[②] 作为商品生产的资本主义形式的资本主义生产过程，马克思明确指出，它是"一般社会生产过程的一个历史规定的形式"，[③] 这种历史形式"达到一定的成熟阶段就会被抛弃，并让位给较高级的形式"。[④] 当然，作为自然历史过程中一个阶段的资本主义生产过程，也是自然生态过程和社会经济过程的有机统

[①]　《马克思恩格斯全集》第23卷，人民出版社1972年版，第12页。
[②]　《马克思恩格斯全集》第23卷，人民出版社1972年版，第223页。
[③]　《马克思恩格斯全集》第25卷，人民出版社1974年版，第924~925页。
[④]　《马克思恩格斯全集》第25卷，人民出版社1974年版，第999页。

一，这是生态经济过程。在马克思的视野内，商品生产的资本主义形式，造就了资本主义制度下的生态经济体系。马克思指出，"以资本为基本的生产，一方面创造出一个普通的劳动体系——即剩余劳动，创造价值——那么，另一方面也创造出一个普通利用自然属性和人的属性的体系，创造出一个普遍有用性的体系"，"并创造出社会成员对自然界和社会联系本身的普遍占有"。① 因此，按照马克思的这个思想，笔者认为，完全可以说资本主义生产创造出与自然属性体系和社会属性体系相统一的生态经济体系。资本主义生产正是在生态经济矛盾中运动与发展的。在社会经济与自然生态的关系上，资本不可遏止地追求利用、占有自然的普遍性，摧毁一切阻碍"利用和交换自然力量和精神力量的限制"，但这些限制"在资本发展到一定阶段时，会使人们认识到资本本身就是这种趋势的最大限制，因而驱使人们利用资本本身来消灭资本"。②

2. 任何现实的社会生产、生产方式总是表现为自然生态因素和社会经济因素的有机结合、互相渗透与互相作用的生态经济过程。马克思指出，"不论生产的社会形态如何，劳动者与生产资料始终是生产的因素。但是，二者在彼此分离的情况下只在可能性上是生产因素。凡要进行生产，就必须使它们结合起来。"③ 如果我们不仅仅用纯经济学的观点，而是用生态经济学的观点来理解马克思这段关于社会生产的重要论述的话，那么它在当代的重要意义至少有以下几点：

首先，马克思在这里所说的生产资料包括劳动资料（手段）和劳动对象。因此，任何现实的社会生产、生产方式总表现为劳动者、劳动资料和劳动对象是生产要素的一个统一体，它们不是彼此分离的，而是互相结合、互相渗透、互相融合着起作用，缺少统一中的任何一个要素，就没有现实社会生产、生产过程，也就无所谓现实的生产力。因此，从马克思的论述中可以看出，社会生产、生产方式包含有生产力即人与自然的生态关

---

① 《马克思恩格斯全集》第46卷（上），人民出版社1979年版，第392~393页。
② 《马克思恩格斯全集》第46卷（上），人民出版社1979年版，第393~394页。
③ 《马克思恩格斯全集》第24卷，人民出版社1972年版，第44页。

系和生产关系即人与人的经济关系，二者是不可分离的同一生产过程，即是劳动过程与价值形成过程相统一的生产过程，它实质上是自然生态过程和社会经济过程相统一的生态经济过程。

其次，任何现实的社会生产，都是人们按照一定的生产关系联结起来，通过人类劳动来运用劳动资源，来改变自然物形态使之适合人类需要的过程。因此，社会生产、生产过程始终有个自然基础或生态基础，并使自然生态因素融入其中。这样，自然界不仅是劳动过程得以进行的自然前提，而且又是劳动过程的自然因素。劳动对象和劳动资料都是自然物或人工的自然物；而劳动者的人，也是以其自身的自然介入劳动过程，成为其中的一个自然因素，它们在生产过程中共同发挥作用。正是在这个意义上看，离开了自然生态因素，就没有现实的社会生产，就无所谓现实的生产过程，这是一方面。另一方面，现实的社会生产、生产过程总是它的自然生态方面和社会经济方面的统一，是生态自然因素和经济社会因素的有机结合才能真正形成。这是因为，任何现实的社会生产、生产过程，实质上是作为劳动过程的经济活动过程，这是一个社会历史发展的过程，纳入劳动过程的经济过程中的各个要素，即劳动对象、劳动资料、劳动者及劳动本身，都是历史发展着的。①　于是，现实的社会生产、生产过程的社会经济因素，可使纳入经济过程的自然生态因素获得经济社会性质；与此同时，经济社会因素可表现为生态自然因素存在形式，二者互相交织、互相融合、互相作用，形成生态经济生产与再生产运动。这就是社会生产、生产过程的自然形式与社会形式的统一，是自然历史过程的现实基础。

再次，社会生产有机体系，在本质上是它的自然属性和社会属性的有机统一体。社会生产的自然形式和社会形式，在现实性表现为双重关系，这就是马克思、恩格斯所说的"一方面是自然关系，另一方面是社会关系"，②二者在社会生产、生产过程中是同时发生的。前者是社会生产的自然生态特征，是反映生产过程的自然属性；后者是社会生产的社会经济特

① 周义澄：《自然理论与现时代》，上海人民出版社1988年版，第63页。
② 《马克思恩格斯全集》第3卷，人民出版社1960年版，第33页。

征，是反映生产过程的社会属性。任何现实的社会生产和生产过程都是自然生态特征和社会经济特征的有机统一体。正是自然属性和社会属性的统一，才构成了社会生产的本质，形成社会生产生态经济本质。因此，这两种属性是社会生产、生产过程统一体的两个侧面，缺乏哪种属性，就没有现实的社会生产、生产过程。因此，只强调它的一种属性，而忽视另一种属性，都不符合社会生产的本质。长期以来，我们没有正确理解马克思主义的社会生产与生产过程理论，只是片面强调社会生产的社会经济特征和社会属性，忽视社会生产的自然生态特征和自然属性，不能正确认识社会生产的生态经济本质，这是导致现代社会生产、生产过程中资源危机、环境危机，直至整个大自然危机的经济学根源。

3. 社会生产与再生产是经济再生产和自然再生产相互交织的生态经济原理。马克思所处的时代，是人类社会生产处于传统的机器大生产阶段的生产发展时期过程，马克思运用唯物辩证法分析社会生产与再生产，提出了"经济的再生产过程，不管它的特殊的社会性质如何，在这个部门（农业）内，总是同一个自然的再生产过程交织在一起"①的科学论断，在科学史上第一次揭示了农业生产的本质是生态经济生产与再生产，即是农业生产的生态经济本质。这个论断提出了社会生产与再生产是经济再生产相互交织与有机统一的生态经济原理。

第一，马克思的这个论断，确实是针对农业作出的理论概括，对农业生产的本质的界定给出了科学定义，包含有农业生态经济系统的光辉思想。这个含义中的经济再生产的基本功能单位就是一定的农业经济系统；自然再生产的基本功能单位就是一定的农业生态系统，这两种再生产过程的交织在一起，就是农业生态经济系统。农业生产、生产过程，是农业经济系统和生态系统之间的物质、能量、信息交换过程，它的本质就是生态经济过程。因此，农业再生产是经济再生产和自然再生产的内在统一，这是农业生态经济再生产的本质内涵。

① 《马克思恩格斯全集》第24卷，人民出版社1972年版，第398~399页。

第二，马克思这个科学论断还指明了，不仅是农业生产，就是整个社会生产，也是经济系统再生产和自然生态系统再生产相互交织而成的生态经济再生产。人类社会再生产要以自然界作基础，自然再生产是经济再生产的物质前提，是社会再生产得以持续扩大的物质保障，因而经济再生产是在自然再生产的基础上形成和发展的。应该说，社会生产、生产过程是人和自然之间的物质、能量、信息交换关系是同一的双向关系，而形成社会的经济再生产过程，同时就是自然的生态再生产过程，它们是生态经济再生产的两个侧面，二者构成辩证统一。这是经济再生产和自然再生产的相互交织、有机结合和相互作用的生态经济再生产。

第三，马克思的社会生产理论不仅提出了农业生产以至整个社会生产与再生产是经济再生产过程和自然再生产过程的统一，而且规定了人类的社会生产理应包括再生产自然界的自然再生产过程。马克思指出，"动物的生产是片面的，而人的生产是全面的"，"动物只生产自身，而人再生产整个自然界"。① 在这里，马克思告诉我们：人类的社会生产，不仅要按照人的需要和目的进行；而且要按照自然界的其他自然存在物的需要来进行，做到社会生产的全面化；人类的社会生产不仅要从事改变自然物形态的经济再生产，而且要保护和促进自然再生产，尽可能把可能再生的资源再生出来，建设整个自然界。"按照美的规律来建造" 自然，② 美化自然，这是马克思给人类的社会生产规定的一个更高的生态经济原则。

（四）劳动的社会生产力和劳动的自然生产力相统一的生态经济原理

马克思在把社会生产与再生产划分为经济再生产和自然再生产的同时，还把劳动生产力划分为劳动的社会生产力和劳动的自然生产力，并认为二者内在统一，就是劳动生产力。它 "始终是有用的具体的劳动的生产

---

① 《马克思恩格斯全集》第 42 卷，人民出版社 1979 年版，第 96~97 页。
② 《马克思恩格斯全集》第 42 卷，人民出版社 1979 年版，第 97 页。

力"。① 按照马克思社会生产、生产过程的理论，这种作为劳动的社会生产力和劳动的自然生产力统一的劳动生产力，在本质上是生态经济生产力。为了同纯经济学的生产力概念相区别，笔者把这种生态经济生产力称为广义的生产力。

1. 劳动生产力是劳动的社会生产力和劳动的自然生产力的统一。对此，马克思在著作中反复指出："劳动生产力是由多种情况决定的，其中包括：工人的平均熟练程度，科学的发展水平和它在工艺上应用的程度，生产过程的社会结合，生产资料的规模和效能，以及自然条件。"② 在这里，前四项涉及的以自然为基础的劳动的社会生产力，而自然条件无疑是属于"自然生产力"的。"撇开社会生产的不同发展程度不说，劳动生产率（按原文应译作'劳动生产力'——引用者）是同自然条件相联系的。"③ 在社会生产过程中劳动力同这种自然力相结合，就形成劳动的自然生产力。尤其是在同自然条件有较紧密联系的生产部门中，如农业和采矿业中，劳动的自然条件对劳动生产力影响、制约作用更为显著。马克思把这种劳动生产力叫做劳动的自然生产力。因此，"在农业中（采矿业中也一样），问题不只是劳动的社会生产率（按原文应将'率'译成为'力'——引用者），而且还有由劳动的自然条件决定的劳动的自然生产率（按原文应将'率'译成'力'——引用者）"。④ 这些论述表明，在马克思看来，劳动生产力由劳动的社会生产力和劳动的自然生产力两个方面构成。在资本主义条件下，两者的统一性都表现为资本的生产力。马克思说过："同历史地发展起来的社会劳动生产力（按原文应译成劳动的社会生产力——引用者）一样，受自然制约的劳动生产力（按原文应译成劳动的自然生产力——引用者）也表现为合并劳动的资本的生产力。"⑤ 他还指出："劳动的自然生产力，即劳动在无机界发现的生产力，和劳动的社会生产力一

① 《马克思恩格斯全集》第23卷，人民出版社1972年版，第59页。
② 《马克思恩格斯全集》第23卷，人民出版社1972年版，第53页。
③ 《马克思恩格斯全集》第23卷，人民出版社1972年版，第560页。
④ 《马克思恩格斯全集》第25卷，人民出版社1975年版，第864页。
⑤ 《马克思恩格斯全集》第23卷，人民出版社1972年版，第563页。

样，表现为资本的生产力。"① 这是劳动的社会生产力和劳动的自然生产力的统一性在资本主义条件特殊表现而已。

2. 马克思一贯认为，劳动的自然生产力是劳动生产力的必不可少的重要组成部分，应该说这个重要思想是马克思主义生态经济学说的一个重要内容。在此，我们必须明确马克思所论的劳动的社会生产力就是社会生产力，就是"劳动自己的社会生产力"，② 就是"劳动的各种社会生产力"。③ 而社会生产力要以自然生产力为基础和前提，或者说自然生产力制约、决定着社会生产力。马克思曾经明确指出：劳动的自然生产力，"是特别高的劳动生产力的自然基础"。④ 在资本主义生产方式下，这种自然力是"作为劳动的无偿的自然生产力加入生产的"，⑤ "因而，表现为属于资本而同劳动对立的力量"。⑥ 所以，"资本主义方式以人对自然的支配为前提"，"社会地控制自然力以便经济地加以利用，用人力兴建大规模的工程以便占有或驯服自然力，——这种必要性在产业史上起着最有决定性的作用"。⑦

3. 社会生产力和自然生产力是相互依存、相互制约和相互作用的。马克思分析劳动过程的自然基础与自然条件把它们"归结为人本身的自然（如人种等等）和人的周围的自然"，⑧ 它们在生产过程中共同作用而形成劳动生产力。这就是说，人自身的自然力和外部自然界的自然力在生产过程中相互作用，作为整个劳动的自然生产力，在此基础上，才有劳动的社会生产力的形成与发展。而随着劳动的社会生产力的不断发展，才会使巨大的自然力纳入现实社会生产、生产过程，解放出愈来愈大的自然生产力，从而大大提高整个劳动生产力。这就是劳动生产力即生产力发展的辩

① 《马克思恩格斯全集》第 26 卷 Ⅲ，人民出版社 1974 年版，第 122 页。
② 《马克思恩格斯全集》第 26 卷 Ⅰ，人民出版社 1972 年版，第 424 页。
③ 《马克思恩格斯全集》第 25 卷，人民出版社 1974 年版，第 103 页。
④ 《马克思恩格斯全集》第 25 卷，人民出版社 1974 年版，第 728 页。
⑤ 《马克思恩格斯全集》第 25 卷，人民出版社 1974 年版，第 840 页。
⑥ 《马克思恩格斯全集》第 48 卷，人民出版社 1985 年版，第 38 页。
⑦ 《马克思恩格斯全集》第 23 卷，人民出版社 1972 年版，第 561 页。
⑧ 《马克思恩格斯全集》第 23 卷，人民出版社 1972 年版，第 560 页。

证法。因此，马克思认为，在社会生产发展中，"人和自然，是同时起作用的"。① 马克思还很赞成威廉·配第 "劳动是财富之父，土地是财富之母" 这句生态经济名言，在这里，土地就是指自然界。这告诉我们，人类劳动和自然共同创造劳动生产力，因而在整个生产力体系中，人类劳动的社会生产力和自然界的自然生产力是同时起作用和相互作用的。

4. 马克思在《资本论》中分析社会生产力和自然生产力及自然条件的发展关系时，提出了社会生产力的发展和自然生产力下降的逆向运动的生态经济预见。马克思指出："劳动生产率（按原文应译为劳动生产力——引用者）也是和自然条件联系在一起的，这些自然条件所能提供的东西往往随着社会条件决定的生产率（按原文应译成生产力——引用者）的提高而相应减少。因此，在这些不同的部门中就发生了相反的运动，有的进步了，有的倒退了。"他还举例说明 "我们只要想一想决定大部分原料数量的季节的影响，森林、煤矿、铁矿的枯竭等等，就明白了"。② 因此，尤其是 "在农业中，社会生产力的增长仅仅补偿或甚至还补偿不了自然力减少——这种补偿总是只能起暂时的作用"。③ 在这里，马克思明白无疑地告诉我们，由社会条件决定的社会生产力的发展，确实会破坏由自然条件决定的自然生产力，使自然资源枯竭，生态环境恶化，导致人与自然、经济与生态之间的生态经济矛盾尖锐化。这时虽会显现社会生产力的提高，但补偿不了自然生产力的下降，其结果是总体生产力即劳动生产力并不随着社会生产力的发展而提高，反而由于这种发展补偿不了自然生产力的下降而下降。这种 "二律背反" 的情况，在 20 世纪下半叶以来的现代生产力发展过程中充分表现出来了，这就证明了马克思关于社会生产力的提高和自然生产力的下降的逆向运动的生态经济思想是超越于时代的，不仅有深刻的生态经济理论意义，而且有重大的生态经济实践意义。

---

① 《马克思恩格斯全集》第 23 卷，人民出版社 1972 年版，第 662 页。
② 《马克思恩格斯全集》第 25 卷，人民出版社 1974 年版，第 289 页。
③ 《马克思恩格斯全集》第 25 卷，人民出版社 1974 年版，第 864 页。

三、马克思是自然生态环境内因论的思想先驱

在马克思的著作中，自然即自然生态环境概念，不仅是马克思主义唯物史观的一个重要的基础性概念，而且是马克思主义政治经济学的一个重要的基础性概念，尤其是马克思在创立劳动价值学说和剩余价值学说的过程中，致力于对资产阶级政治经济学批判和资本论研究时，不仅把自然生态环境作为人类社会经济实践活动的外部环境即外部因素，而且更主要的是作为人类物质生产实践活动的内在要素来对待。于是，作为一切生态关系总和的自然界就在人类社会的生产过程中形成"人的现实的自然界"，"是真正的、人类学的自然界"，① 是真正的人与人之间经济联系与关系的纽带，使人与自然的生态关系成为生态经济关系。因此，只有确立了自然生态环境是人类物质生产实践活动的内在要素的观念（笔者把它称之为生态环境内因论），才能使作为哲学范畴的自然生态环境概念和马克思经济学范畴熔于一炉，成为马克思经济学最基础概念；或者说，只有确立自然生态环境是社会生产力存在与发展的内在要素的理论，才能使作为哲学范畴的自然生态环境概念成为马克思主义生态经济理论的经济学基础。正是从这个意义上看，马克思开创了自然生态环境是社会经济发展的内在要素研究的先河，是自然生态环境内因论的思想先驱。

（一）自然生态环境是社会经济发展的自然形式与自然基础

马克思在《资本论》第 1 卷初版序言中强调"社会经济形态的发展是自然历史过程"，其含义是多方面的。其中最主要的一点，就是强调社会经济发展是自然生态因素作用的自然生态过程和社会历史因素作用的社会历史过程相统一的自然历史过程，从而指明了社会经济形态发展中始终存在着自然基础，生态环境因素始终在起作用。因此，马克思在《资本论》

---

① 《马克思恩格斯全集》第 42 卷，人民出版社 1979 年版，第 128 页。

第一章《商品》中就提出了人类生活形式问题。在他看来，经济学研究不仅要看到人类生活的社会形式，而且必须看到"社会生活的自然形式"、"劳动的自然形式"。① 这就是说，不管经济社会形态如何，它的发展总表现为自然生态形式和社会历史形式相互融合和相互作用的社会经济运动过程，这是一种自然历史过程。作为社会经济运动中的自然联系的生态环境因素必然会主要表现为人类物质生产实践活动的基础、前提、条件，构成社会经济发展的内在要素。

本书的第一章和第二章分别把自然生态环境作为一个哲学概念和社会学概念论述了马克思关于自然生态环境是人类及人类社会存在和发展的自然基础，应该说，其中蕴涵着自然生态环境是人类物质生产实践活动及社会生产力存在和发展的自然基础。然而，在《资本论》等著作中，马克思更多的是把自然生态环境作为经济学范畴来论述它是人类物质生产实践活动与经济发展的自然基础。

1. 自然界是人类劳动的自然基础与先决条件。如前所述，在马克思主义整个理论体系中，劳动范畴和自然范畴占据最基础性的地位；而马克思超越他人之处，就在于科学地揭示了二者的本质联系。马克思认为，自然不仅是指人的身外自然，而是包括人的自身的自然，而劳动正是人的自身的自然作用于"身外的自然"，"按照对自己有用的方式来改变自然物质的形态"。因此，无论从人的自身的自然，还是人的身外的自然来说，没有自然界，劳动就不能存在，甚至连劳动发生的基础都消失了，也就谈不上劳动了。马克思指出："自然界一方面在这样的意义上给劳动提供生活资料，即没有劳动加工的对象，劳动就不能存在，另一方面，自然界也在更狭隘的意义上提供生活资料，即提供工人本身的肉体生存所需的资料。"这是因为自然界"是工人用来实现自己的劳动、在其中展开劳动活动、由其中生产出和借以生产出自己的产品的材料"。② 恩格斯也指出："自然界

---

① 《马克思恩格斯全集》第23卷，人民出版社1972年版，第92~94页。
② 《马克思恩格斯全集》第42卷，人民出版社1979年版，第92页。

为劳动提供材料，劳动把材料转变为财富。"① 可见，马克思、恩格斯都是首先肯定了自然界是人类生存和人类物质生产实践活动的基本前提与先决条件。马克思在《1857—1858 年经济学手稿》中说得十分明白："劳动的主要客观条件""是自然"，它包括"土地这种最初的劳动工具、实验场和原料贮藏所"。② 这些"劳动的自然客观条件"，"正象劳动的主体是自然的个人，是自然存在一样，他的劳动的第一个客观条件表现为自然，土地，表现为他的无机体；他本身不但是有机体，而且还是这种作为主体的无机自然。""作为在他之外的自然存在，是他的前提"。③

2. 在社会生产和经济发展中的社会分工与协作都存在着自然基础。不同的自然基础形成不同生态经济结构。马克思在《资本论》中论述私人劳动与社会总劳动的关系时指出，私人劳动成为社会总劳动的一部分，是"自然形成的社会分工体系的一部分"，是"作为自然形成的社会分工部分"。④ 它一方面是"以人本身的自然差别为基础"，另一方面是以"生产的自然因素为基础"。⑤ 有分工就必然有协作，它也是一种更充分地利用空间和时间的"社会劳动的自然力"。由于自然界的各种自然物质不同，即自然（生态）产品的多样性使人类劳动的劳动资料和劳动方式也不同，从而形成不同的生产力结构的特点。马克思明确指出："资本的祖国不是草木繁茂的热带，而是温带。不是土壤的绝对肥力，而是它的差异性和它的自然产品的多样性，形成社会分工的自然基础，并且通过人所处的自然环境的变化，促使他们自己的需要、能力、劳动资料和劳动方式趋于多样化。"⑥ 这是所说的土壤的"差别性"，就是指自然生态环境的差别性，这样差别性就形成为人的需要、能力、生产和劳动方式的多样化，从而形成不同生产力结构的特点，最终形成不同的生态经济结构。

---

① 《马克思恩格斯选集》第 4 卷，人民出版社 1995 年版，第 373 页。
② 《马克思恩格斯全集》第 46 卷（上），人民出版社 1979 年版，第 483 页。
③ 《马克思恩格斯全集》第 46 卷（上），人民出版社 1979 年版，第 487 页。
④ 《马克思恩格斯全集》第 23 卷，人民出版社 1972 年版，第 90~92 页。
⑤ 《马克思恩格斯全集》第 47 卷，人民出版社 1979 年版，第 312 页。
⑥ 《马克思恩格斯全集》第 23 卷，人民出版社 1972 年版，第 561 页。

3. 人类生存和发展的生活方式也存在着一个自然基础。人类生存与发展的自然需要，是推动社会经济发展的强大动力。而人类生存与发展的自然需要是受自然生态环境的直接影响的。正如马克思所说："由于一个国家的气候和其他自然特点不同，食物、衣服、取暖、居住等等自然需要也就不同。"① 因此，马克思认为，人的劳动、生产"取决于自然需要的量"，从而取决于"对劳动的自然推动"。例如生活在温带草原地区的牧民是以动物性食物为主，生活在热带丛林地区农民是以植物性食物为主，两者在食物构成上的差别，从而显示出自然生态环境左右人类需要的巨大"权威"，正因如此，不同的自然生态环境条件直接影响着人们的生活方式和经济生活，甚至精神面貌以及社会状况。

4. 马克思在分析资本主义生产过程和价值形成过程的统一时，着重分析了价值形成与增殖的自然基础。在价值形成与增殖的过程中，作为劳动过程的几个要素的劳动对象，劳动资料、劳动力和劳动本身都有一个自然基础，虽然在表面上似乎看不到自然物质的作用，但实际上都存在着自然生态环境条件与界限的制约。马克思强调指出，良好的自然生态环境条件始终"提供剩余劳动的可能性"，从而"提供剩余价值或剩余产品的可能性"，它一旦同劳动相结合，就成为现实，影响剩余劳动和剩余价值量，因此，自然生态环境条件只是"作为自然界限对剩余劳动发生影响"。② 这种影响主要表现为剩余劳动的发生与发展、剩余价值及其增殖总是离不开相应的自然基础。"很明显，如果一个国家从自然界中占有肥沃的土地、丰富的鱼类资源、富饶的煤矿（一切燃料）、金属矿山等等，那么这个国家同劳动生产率的这些自然条件较少的另一些国家相比，只要用较少的时间来生产必要的生活资料，因而，从一开始就能除了为自己的劳动外提供更多的为别人的剩余劳动，因此，绝对剩余劳动时间，也就是绝对剩余价值，在这里一开始就比较大，资本（或借以榨取剩余劳动的任何一种生产

---

① 《马克思恩格斯全集》第 23 卷，人民出版社 1972 年版，第 194 页。
② 《马克思恩格斯全集》第 23 卷，人民出版社 1972 年版，第 562 页。

关系）的生产效率比处于较为不利的自然条件下更高。"① 对此，马克思还具体分析了几个产业部门的生产劳动情况，例如在农业生产劳动中，马克思说过："自然就以土地的植物性产品或动物性产品的形式或以渔业等产品的形式，提供出必要的生活资料。农业劳动（这里包括单纯采集、狩猎、捕鱼、畜牧等劳动）的这种自然生产率，是一切剩余劳动的基础。"② 马克思还强调指出："劳动的生产率也是和自然条件联系在一起的。"③ 因此，马克思得出了一个合乎逻辑的结论，在资本主义生产方式下，"自然力不是超额利润的源泉，而只是超额利润的一种自然基础，因为它是特别高的劳动生产力的自然基础"。④

5. 马克思在《资本论》中还分析指出，劳动力的生产和使用的自然条件与界限，都有一个自然基础。马克思指出："人本身单纯作为劳动力的存在来看，也是自然对象，是物，不过是活的有意识的物，而劳动本身则是这种力的物质表现。"⑤ 劳动力这个物，这种特殊商品的作用价值就在于它能够创造价值和剩余价值。因此，马克思着重分析了劳动力使用的自然基础。劳动力的使用就是劳动，劳动使人的自身的自然的潜力发挥出来，"而劳动力的发挥即劳动，耗费人的一定量的肌肉、神经、脑等等"，⑥ 这是"一般人类劳动的耗费"，⑦ 亦即人的自身的自然的耗费，是人身上的自然力的耗费，这是一种特殊的自然力、自然生态因素的耗费。所以，劳动力的使用必然要受到自然生态条件的制约，也就同时是价值形成与增殖所受到自然生态条件的制约。

（二）人类社会物质生产劳动活动的内在要素

如前所说，在马克思的理论框架中，自然生态环境不仅对人、社会具

---

① 《马克思恩格斯全集》第47卷，人民出版社1979年版，第287~288页。
② 《马克思恩格斯全集》第25卷，人民出版社1974年版，第712~713页。
③ 《马克思恩格斯全集》第25卷，人民出版社1974年版，第922页。
④ 《马克思恩格斯全集》第25卷，人民出版社1974年版，第728页。
⑤ 《马克思恩格斯全集》第23卷，人民出版社1972年版，第228~229页。
⑥ 《马克思恩格斯全集》第23卷，人民出版社1972年版，第194页。
⑦ 《马克思恩格斯全集》第23卷，人民出版社1972年版，第57页。

有优先地位，而且是作为一种内在要素存在于人类社会经济之中。这是因为作为劳动过程的生产过程永远是人与自然之间的物质变换过程，这就是说，一切经济过程，首先是人与自然之间的物质变换过程。在这里，就已经把自然生态环境作为人类物质生产、劳动过程的一个构成要素。这里的自然生态环境，不仅是人类社会存在和经济发展的自然基础，而且首先地主要地表现为已经进入人类物质生产实践的自然形式、自然要素，是社会经济运行与发展的内在要素的自然生态环境。它是马克思自然环境理论中自然范畴的第三层含义，是马克思经济学含义，这是马克思生态经济理论的一块基石。

1. 自然生态环境是劳动本身的要素，是物质财富的源泉。马克思主义认为，任何经济社会形态的存在与发展，都要以自然界作为它的自然基础，因而，在任何现实的生产方式下，人总是把自然界纳入社会生产的劳动过程之中，成为人类劳动活动的构成要素。因此，马克思在《1844 年经济学哲学手稿》中，首先肯定了自然界一种"普通的自然要素"，是"劳动本身的要素"。① 在《1857—1858 年经济学手稿》中，马克思对劳动过程抽象地考察认为，人类劳动过程最初出现的只有两个因素——人和自然，劳动和劳动的自然物质因素。恩格斯在《政治经济学批判大纲》中也认为，作为劳动过程的生产过程只"两个生产要素——自然和人"。正是在这个意义上说，马克思把自然和劳动看作是"生产的原始因素"。② 这个生态经济思想，马克思在《资本论》中作了进一步论述，他把土地（即是自然界代称）看作形成财富的原始要素之一，明确指出："正象生产的第一天一样，形成产品的原始要素，从而也就是形成资本物质成分的要素，即人和自然，是同时起作用的。"③ 接着，马克思作出结论说，"形成财富的两个原始要素"是"劳动力和土地"。④ 马克思还明确指出，自然界是人类

---

① 《马克思恩格斯全集》第 42 卷，人民出版社 1979 年版，第 114 页。
② 《马克思恩格斯全集》第 47 卷，人民出版社 1979 年版，第 105 页。
③ 《马克思恩格斯全集》第 23 卷，人民出版社 1972 年版，第 662 页。
④ 《马克思恩格斯全集》第 23 卷，人民出版社 1972 年版，第 663 页。

劳动的"原始食物仓"、"原始的劳动资料库"。① 因此，进入劳动过程的天然自然物或人工自然物，就是劳动本身的要素。

后来，马克思在《哥达纲领批判》中，针对拉萨尔的《哥达纲领》中"劳动是一切财富的源泉"的观点时指出："劳动不是一切财富的源泉。自然界和劳动一样也是使用价值（而物质财富就是由使用价值构成的!）的源泉，劳动本身不过是一种自然力，即人的劳动力的表现。"自然界是"一切劳动资料和劳动对象的第一源泉"，把自然界纳入劳动过程，"劳动才成为使用价值的源泉，因而也成为财富的源泉"。② 这就告诉我们，只有自然界纳入劳动过程，在生产过程中使劳动和自然界一切共同发挥作用，劳动才成为财富的源泉。因此，马克思强调指出，应当看到劳动所受的"自然制约性"，不能把劳动看成是"一种超自然的创造力"。③ 恩格斯在《自然辩证法》中也指出："政治经济学家说：劳动是一切财富的源泉。其实，劳动和自然界一起它才是一切财富的源泉，自然界为劳动提供材料，劳动把材料转变为财富。"④ 无论科学技术怎么进步和现代生产力如何发达；劳动所需要的材料，不管经过多少次加工，制造它们的原始材料还是取之于自然界，因此，马克思、恩格斯当年所揭示的劳动和自然界是物质财富的两个源泉的光辉思想，在现时代仍然具有很强的现实性和时代感。这是因为，从理论与实践上看，长期以来，不仅是一些领导社会主义经济建设的人们，甚至是一些经济学家，都把马克思强调的"劳动所受的自然制约性"丢到了九霄云外，不认识或不承认经济运行与发展所受的自然制约，导致自然界对我们的无情惩罚。这个问题，直到今天在我国工业化、现代化建设的实践中还没有真正完全解决。

2. 自然生态环境是人类物质生产实践活动的内在要素。马克思从经济学意义上使用自然环境概念时，首先是把它作为人类社会的经济实践活动

---

① 《马克思恩格斯全集》第23卷，人民出版社1972年版，第203页。
② 《马克思恩格斯选集》第3卷，人民出版社1995年版，第298页。
③ 《马克思恩格斯选集》第3卷，人民出版社1995年版，第298页。
④ 《马克思恩格斯选集》第4卷，人民出版社1995年版，第373页。

的构成要素，即是使自然生态环境具有人类社会物质生产实践活动内部要素的意义。这给我们的理论启迪是多方面的。

首先，马克思把人类的劳动过程的一切因素归纳为三个基本要素，他在《1857—1858年经济学手稿》中把劳动过程的三要素概括为"劳动材料、劳动资料以及活劳动能力本身"。① 后来在《资本论》更明确地表述为"有目的的活动或劳动本身，劳动对象和劳动资料"，它们是"劳动过程的简单要素"。② 在这些简单要素中，我们首先看到的是自然生态环境要素。这是因为，无论是劳动对象，还是劳动资料，无不包含有自然因素，它们都是天然自然物或人工自然物，而劳动能力本身也是以人的自身的自然进入劳动过程，是人的活的劳动和消耗，亦人的自身的自然的耗费，它是以生产劳动活动中的一种自然因素的消耗，构成为劳动过程的一个要素。因此，进入作为劳动过程的生产过程的自然环境与生态基础构成的物质生产的自然生态要素，不仅是指人的身外的自然，还包括人的自身的自然，二者都是人类生产劳动活动的内在要素。

其次，马克思在《资本论》中具体分析了资本主义大工业时代，包括风力、水力、蒸汽、电力等在内的各种自然力作为劳动的要素，是属于资本而被无偿地利用于生产过程，会使劳动具有更高的生产能力，从而带来超额利润。这是因为，自然力是能够"作为要素加入生产但不需要代价的自然要素"，"也就是，作为劳动的无偿的自然生产力加入生产的"。③ 而"大工业把巨大的自然力和自然科学并入生产过程，必然大大提高劳动生产率，这一点是一目了然的"。④ 这样，就可以经常把所生产的产品"卖得比它的［个别］平均价格贵，并得到超额利润"。⑤ 马克思的这个生态经济思想，至少有两点值得我们重视：一是资本主义生产为了追求更多的剩余价值，通过无偿利用自然力，既掠夺自然，又掠夺劳动者，这反映了资本

① 《马克思恩格斯全集》第47卷，人民出版社1979年版，第100页。
② 《马克思恩格斯全集》第23卷，人民出版社1972年版，第202页。
③ 《马克思恩格斯全集》第25卷，人民出版社1974年版，第840页。
④ 《马克思恩格斯全集》第23卷，人民出版社1972年版，第424页。
⑤ 《马克思恩格斯全集》第26卷Ⅱ，人民出版社1973年版，第134页。

主义生态经济关系的根本特点。二是自然力作为一种自然的生产要素，总是要"以或大或小的效能并入生产过程"，① 这又具有超越具体社会经济制度的特点，不管社会经济制度如何，自然力作为生产要素进入生产过程，总是成为社会生产发展的构成要素，这是所有社会生产方式所共有的。

3. 科学的进步及其在社会生产中的应用，使各种自然资源与自然环境会以更大的规模和更高的效能进入生产过程，成为劳动的社会生产力运行与发展的重要因素。众所周知，马克思著作中对资本主义生产中的机器、科学、大工业和自然的发展关系作了广泛而深刻的论述，马克思认为，到了资本主义大工业时代，才"把科学作为一种独立的生产能力"，② 并非常明确地指出："只有资本主义生产才第一次把物质生产过程变成科学在生产中的应用"，③ 大工业生产"第一次使自然力，即风、水、蒸汽、电大规模地从属于直接的生产过程，使自然力变成社会劳动的因素"，④ "变成社会劳动的力量"⑤ 必然会大大提高劳动的社会生产力。在这里，马克思揭示了随着科学的进步及其在社会生产中的大规模应用，使它同自然生态环境的联系和关系更加密切。所以，马克思说："自然因素的应用——在一定程度上自然因素被列入资本的组成部分——是同科学作为生产过程的独立因素的发展相一致的。生产过程成了科学的应用，而科学反过来成了生产过程的因素。"⑥

4. 自然生态环境作为人类社会物质生产活动的内在要素，主要表现在它决定着社会经济运行与发展的结果实现上。对此，我们可以把马克思的论述归纳为这样三个方面：

首先，马克思在《政治经济学批判》和《资本论》中反复论证了自然条件的贫瘠还是富饶对劳动生产力的决定作用，他谈到采掘工业情况时指

---

① 《马克思恩格斯全集》第24卷，人民出版社1972年版，第394页。
② 《马克思恩格斯全集》第23卷，人民出版社1972年版，第400页。
③ 《马克思恩格斯全集》第47卷，人民出版社1979年版，第576页。
④ 《马克思恩格斯全集》第47卷，人民出版社1979年版，第569页。
⑤ 《马克思恩格斯全集》第47卷，人民出版社1979年版，第363页。
⑥ 《马克思恩格斯全集》第47卷，人民出版社1979年版，第570页。

出："同一劳动在开采不同金属时提供的采掘量有大有小，这要看这些金属在地壳中蕴藏多少而定。同一劳动在丰收年可以物化为两蒲式耳小麦，在歉收年或许只物化为一蒲式耳小麦。在这里，因为自然条件的贫瘠还是富饶决定着受自然条件限制的特殊实在劳动的生产力，于是似乎是自然条件决定着商品的交换价值。"① 这是因为，人类劳动所处的自然生态条件的优劣，就意味着劳动资料和劳动对象的优劣；假定其他条件相同，同优等的劳动资料和劳动对象相结合的劳动力，比同劣等的劳动资料和劳动对象相结合的劳动力来说，生产力各要素综合作用产出使用价值的合力就大，劳动生产力水平就高。在这种情况下，劳动生产力就由诸种自然条件所决定。

　　其次，马克思反复强调良好的自然生态环境只是提供了剩余价值或剩余产品的可能性，只有它进入资本主义生产过程中同劳动相结合，才会大大提高资本的生产力。他在《资本论》中肯定了剩余劳动是"随着劳动的自然条件"而变化的，"劳动的不同的自然条件使同一劳动量在不同的国家可以满足不同的需要量"。② 因此，劳动的自然生态环境越优越，"尤其是土地最肥沃的地方，资本的生产力最大，也就是说，剩余劳动时间最多，因而剩余价值最多"。③ 因此，劳动所处的自然生态环境的差别，极大影响直至决定着劳动生产力实现结果的差别，这就成为社会生产增长快慢的重要因素。这里表现出的劳动生产力的差别，实际上是生产力的自然要素的差别。这在农业生产中表现得尤其突出。因此，马克思特别用农业生产来说明这种差别性。他说："农业劳动的生产率是和自然条件联系在一起的，并且由于自然条件的生产率不同，同量劳动会体现为较多或较少的产品或使用价值。"④

　　再次，就人类物质生产活动而言，在资本主义的劳动过程和价值形成

---

① 《马克思恩格斯全集》第 13 卷，人民出版社 1962 年版，第 26 页。
② 《马克思恩格斯全集》第 23 卷，人民出版社 1972 年版，第 562 页。
③ 《马克思恩格斯全集》第 47 卷，人民出版社 1979 年版，第 288 页。
④ 《马克思恩格斯全集》第 25 卷，人民出版社 1974 年版，第 922 页。

过程中的结果实现，最终表现为商品，它的本质是用于交换的劳动产品，是使用价值与价值的统一体，正像马克思所说的："种种商品体，是自然物质和劳动这两种要素的结合"① 是自然因素和社会因素相互融合的统一体。

（三）"内在要素" 论是马克思生态经济思想的主线

在马克思的经济学理论框架中，自然生态环境不仅仅是人类物质生产实践活动的外部条件即外部环境，最主要的、最根本的是人类物质生产实践活动的内在要素，并是两者相互交织在一起，统一于人类社会的经济发展过程之中，形成人与自然的生态关系和人与人的经济关系的统一。没有这种统一性，就没有现实的生产方式，也就谈不上社会经济运行与发展。正是从这个意义上看，笔者认为，马克思关于自然生态环境是人类物质生产实践活动的内在要素的思想，是马克思生态经济理论的主线。

马克思正是通过把自然界纳入人类社会的劳动过程，使自然界既成为劳动对象和劳动资料的自然界，即作为人类物质生产劳动活动的基本要素，又成为人的存在，即作为人类存在的组成部分，或者说是人存在与发展的基本要素。这样，马克思就找到自然与人、自然与社会、生态与经济、环境与发展的内在联系，从而使马克思的经济学说完全克服了旧唯物主义和斯密以后的资产阶级经济学人与自然、社会经济与自然生态相分离的内在理论缺陷。而自然生态环境内在要素说，则是这种内在联系的理论表现，以此作为理论支撑点，所形成的马克思生态经济学说的基本观点，主要有：人类劳动活动与社会生产过程的两重性理论，人类经济活动与生态环境相互适应的理论，人类劳动的社会生产力与自然生产力相互作用的理论，人的生产、物质生产、精神生产与环境生产内在统一的四种生产理论。社会再生产是经济再生产和自然再生产相互交织的原理、人与自然的物质变换与和谐发展的原理、资源环境利用不可持续性与"善待自然"的可持续发展的思想，社会主义制度能够合理调节人与自然的物质变换和共

---

① 《马克思恩格斯全集》第 23 卷，人民出版社 1972 年版，第 56 页。

产主义是人与自然、人与人双重和谐协调思想，人的解放与自由而全面发展和自然的解放与高度发展相统一的思想等。这些生态经济思想与理论，都在马克思学说的经济理论框架内，并贯穿着自然生态环境是人类物质生产劳动活动的内在要素的基本概念。

从世界经济学说史来看，只有在马克思的许多著作中，是把自然生态环境作为人类经济实践活动的内在要素来对待。对此，中外一些哲学家都有过阐述与发挥。例如，西方马克思主义者，尤其是法兰克福学派的理论家 A. 施密特在《马克思的自然概念》的著作中，十分赞同和肯定马克思的"内在要素"论，并进行有力的论证。施密特很注重从马克思的社会历史理论与经济理论的结合来研究马克思的自然理论，尤其是他把注意力主要放在马克思的一系列经济学著作上，主要是在人类社会的经济实践活动的范围内考察马克思学说中的自然概念。他明确指出："马克思首先感兴趣的把自然作为人类实践的一个因素。"他很强调作为人类经济实践活动构成要素的自然环境概念，可以这样说，施密特在自己的论证过程中"主要是在马克思自然概念的第三个基本含义上使用自然概念的"，① 即是自然生态环境是人类经济实践活动的内在要素。

在我国哲学界，坚持和发展马克思的"内在要素"论，周义澄教授具有代表性。他在《自然理论与现时代——对马克思哲学的一个新思考》一书中，全面阐述了马克思的自然理论，突出地阐发了马克思自然概念的第三层基本含义，对马克思关于作为人类经济实践活动构成要素的自然理论，提出了一些新的看法。有几点值得重视：一是现实的、人化的自然界，是人的实践活动，首先是人类物质生产实践活动的自然要素，它存在于人类经济生活、实践之中，这是所有社会形式所共有的。因此，周义澄得出结论说："无论在何种生产方式中，人们都把自然纳入自身的物质生产过程，使之成为人类社会实践活动的一个要素。"② 二是周教授认为，马克思的理论建树主要集中在社会历史方面，即是对剩余价值学说乃至唯物史

①　周义澄：《自然理论与现时代》，上海人民出版社 1988 年版，第 282~283 页。
②　周义澄：《自然理论与现时代》，上海人民出版社 1988 年版，第 286 页。

观的创造，这就"决定了马克思在其论著之中主要地、大量地在他的自然概念的第二、第三个基本含义上使用自然概念"。① 他还强调指出：人类物质生产活动是马克思唯物史观和政治经济学研究的基点，"因此，作为人类社会外部环境、外部条件的自然，首先地主要地表现为人类物资生产活动的自然条件、自然环境"。② 这就是说，在人类物质生产活动中的自然生态环境，首先主要地表现为人类经济活动的内在要素，并与作为外部条件的自然环境交织在一起。三是正因为自然生态环境具有人类物质生产活动内在要素的经济学意义，在马克思理论创造的后期集中于政治经济学的研究，就把自然概念作为人类物质生产实践活动的内在要素来理解，"在他的论著中大量地、集中地出现，从而构成了他的自然概念的主干"。③ 所以，在笔者来看，自然生态环境具有人类物质生产活动内在要素的经济学意义，实质上就是具有生态经济学意义，它就必然构成为马克思生态经济理论的主线，显示出马克思主义生态经济理论中自然生态与社会经济的统一的经济学哲学基础。

与此相反，自亚当·斯密经济学以后至 20 世纪 90 年代初期，所有东西方传统经济学一般都是将自然生态环境置于市场经济体系和经济学理论框架之外，只是当做人类物质生产实践活动的外部条件即外部环境，是社会经济运行与发展的外在要素。马克思的"内在要素"论一直被我国以及苏联经济学界忽视了、遗忘了。一般都把马克思所论述的自然生态环境和人类物质生产劳动的"外部条件"与"内在要素"这两个概念绝对对立起来，把自然生态环境排斥在劳动生产力构成要素之外，只是社会经济发展的外在因素。因此，有的学者作出结论说："自然环境只能理解为生产力的外部存在，而不能直接算作生产力的内在要素（着重号引者加）。"④ 这种"只能"是不符合马克思在其许多重要论著中主要地在第二层和第三层基

---

① 周义澄：《自然理论与现时代》，上海人民出版社 1988 年版，第 302 页。
② 周义澄：《自然理论与现时代》，上海人民出版社 1988 年版，第 85 页。
③ 周义澄：《自然理论与现时代》，上海人民出版社 1988 年版，第 87 页。
④ 高光等：《自然的人化与人的自然化》，中共中央党校出版社 1989 年版，第 138 页。

本含义上使用自然环境概念的原意。

　　中外传统经济学理论不承认自然生态环境是人类物质生产劳动的内在要素，其根本原因是在于传统经济学理论是以生态与经济相分离为特征的，其理论范式是建立在纯经济学范畴基础上的，这种人与自然、社会经济与生态环境相分离的内在理论缺陷，不仅把自然界视为一个不变因素，而且把经济看成是一个不依赖外部环境的孤立系统，即"只把经济看成是交换价值的一个孤立循环流程"，"经济运行没有与环境进行交换"，"经济是一个自我支撑的封闭系统"。[①] 这就完全否定了自然生态系统和社会经济系统之间的物质能量以及信息的交换这个劳动过程的本质特征，无法使得自然生态环境成为作为劳动过程的生产过程的构成要素，同时也否定了在劳动过程中"外部自然条件"随时随地转化为"内在自然要素"。如果传统经济学承认马克思的"内在要素"论，把自然生态环境置于市场经济体系和经济学理论框架之内，使它成为经济运行与发展的内在变量，那么传统经济学理论体系就会崩溃；如果当今主流经济学这样做，"他们在市场经济中高高在上的'神父'地位就会不复存在"。[②]

　　从上可知，马克思的"内在要素"论，既是一个哲学的范畴，又是一个历史唯物主义的范畴，更是一个经济学的范畴，在马克思的经济理论创造中占据重要地位，它构成马克思生态经济学说的经济学基础，在现时代仍然闪烁着马克思主义真理的光辉。人类社会经济发展进入20世纪尤其是20世纪80年代以来，世界范围内的环境危机与生态危机并存交织直到整个大自然危机日益加剧的形势下，自然生态环境优劣已经成为决定现代经济增长与发展的快慢和当代社会经济可持续发展的关键所在，这是一个无法回避的客观现实。因而自然生态环境作为制约现代经济增长与发展的基本要素引起全世界各国的高度关注。当代经济运行与发展的实践已经充分

---

　　① ［美］E. 戴利著，诸大建等译：《超越增长——可持续发展的经济学》，上海译文出版社2001年版，第47页。
　　② ［美］E. 戴利著，诸大建等译：《超越增长——可持续发展的经济学》，上海译文出版社2001年版，第49页。

证明，良好的生态环境确实是当今人类生存和现代社会经济发展高度短缺的生活要素和生产要素，它越来越由"外部自然条件"转化成为"内部自然要素"，出现现代经济运行与发展的内在因素和外在因素的有机结合与高度融合的新趋势，显示出马克思的生态环境内因论的科学性和生命力。它为生态马克思主义经济学提供了坚实的经济学理论基础。

第四章　马克思生态经济思想的生态学基础

　　本章要研究的是在马克思生活的时代，生态环境问题从没有像今天这样成为关系全人类的前途和命运的重大问题，加之马克思主义产生与形成的特殊的历史原因，使马克思、恩格斯没有专门研究生态环境理论著作，这是事实。然而，在 19 世纪中叶，生态学刚刚崭露头角之时，即使是自然科学界，也未给其以足够重视的情况下，马克思、恩格斯就以自己的远见卓识和极大热情，认真考察了许多历史上的自然现象和社会现象，直观地描述了当时人们的经济社会活动所造成的森林、土地资源破坏、水土流失、土地沙漠化等生态退化图案，精辟地提出了关于生态学的真知灼见，星散在他们的论著之中，并与他们的理论尤其是哲学和经济学的理论有机结合在一起，形成马克思主义的生态哲学理论和生态经济思想的精华，这已经超越了时代的局限。现在，人类正在进入保护、建设自然、以重建人与自然和谐统一的生态文明时代，我们理所当然要从生态学角度对马克思的经济学说进行研究，这正体现了时代对马克思主义经济学新的理论召唤，是构成生态马克思主义经济学的基本问题。

一、从生态向度揭露资本主义生产方式的对抗性矛盾

　　马克思的学说是研究资本主义发展规律的，资本主义发展的历史趋势是"剥夺者就要被剥夺"，资本主义必然灭亡，社会主义必然胜利，这是马克思主义的科学结论。为此，在人类思想史上，马克思、恩格斯还首次从生态角度揭露资本主义方式的对抗性矛盾，这实质上是揭露资本主义生

态经济关系的对抗性矛盾，从而揭示了资本主义生产方式不可持续性的生态根源，对资本主义制度必然灭亡的历史命运提供了生态经济论证。对此，着重谈四个问题。

（一）　自然资源的破坏与枯竭

1. 森林、矿产等自然资源的破坏与枯竭，是资本主义生产经营追逐剩余价值的必然进程。森林是一种可以更新的自然资源。森林生态系统是地球生物圈的"肺脏"，是"绿色水库"，是地球生态系统的关键环节，其状况直接影响着自然生态系统和人类生态系统的良性循环。因此，马克思、恩格斯非常重视森林的作用，极为关心森林的存在。在他们的论著中有着多次强调森林具有特殊重要地位和作用的生态与生态经济思想。马克思在1868年致恩格斯的信中就指出："耕作的最初影响是有益的，但是，由于砍伐树木等等，最后会使土地荒芜。"[①] 马克思、恩格斯不止一次地谴责资本主义生产过程中对森林的掠夺和破坏。恩格斯在他著名的《自然辩证法》中论述了美索不达米亚、希腊、小亚细亚、意大利、西班牙等地破坏森林的过程及其造成的水源枯竭、土地破坏、山洪泛滥等严重的生态灾难，他重点列举了三个方面：

一是"美索不达米亚、希腊、小亚细亚以及其他各地的居民，为了得到耕地，毁灭了森林，但是他们做梦也想不到，这些地方今天竟因此而成为不毛之地，因为他们使这些地方失去了森林，也就失去了水分的积聚中心和贮藏库"。[②]

二是"阿尔卑斯山的意大利人，当他们在山南坡把在山北坡得到精心保护的那同一种枞树林砍光用尽时，没有预料到，这样一来，他们就把本地区的高山畜牧业的根基毁掉了；他们更没有预料到，他们这样做，竟使山泉在一年中的大部分时间内枯竭了，同时在雨季又使更加凶猛的洪水倾

---

① 《马克思恩格斯全集》第32卷，人民出版社1974年版，第53页。
② 《马克思恩格斯选集》第4卷，人民出版社1995年版，第383页。

泻到平原上"。①

三是"西班牙的种植场主曾在古巴焚烧山坡上的森林，以为木灰作为肥料足够最能盈利的咖啡树施用一个世代之久，至于后来热带的倾盆大雨竟冲毁毫无掩护的沃土而只留下赤裸裸的岩石"。②

恩格斯列举了这些生态恶果后，就告诫人们说："在今天的生产方式中，面对自然界以及社会，人们注意的主要只是最初的最明显的成果，可是后来人们又感到惊讶的是：人们为取得上述成果而作出的行为所产生的较远的影响，竟完全是另外一回事，在大多数情况下甚至是完全相反的。"③ 这就告诉我们在对待森林问题上不能只顾眼前利益，而必须考虑所产生的比较长远的影响。在这里恩格斯虽然没有直接概括为破坏森林就是破坏生态良性循环，但指出这本身就是生态灾难，实际上已充分体现了生态学思想。

马克思、恩格斯还认为，资本主义生产方式是不可避免地要破坏森林，制造"无林化"的。恩格斯在 1892 年 3 月致尼·弗·丹尼尔逊的信中说："至于说到无林化，那末，它和农民的破产一样，是资产阶级社会存在的重要条件之一。欧洲没有一个'文明'国家没有出现过无林化。美国，无疑俄国也一样，目前正在发生无林化。因此，我看无林化实质上既是社会因素，也是社会后果。"④ 可见，在欧洲所有的"文明"国家中曾经出现的"无林化"，与农民的破产一样，是资本主义生产方式存在重要条件，是资本家追逐利润的必然进程。

马克思在《资本论》中还指出，随着资本主义社会生产力的发展，"自然条件所能提供的东西往往随着由社会条件决定的生产率的提高而相应地减少"，由此，就出现"森林、煤矿、铁矿的枯竭等等"现象。⑤ 恩格斯也指出：在资本主义条件下，"惊人的经济变化必然带来的一些现象"，

---

① 《马克思恩格斯选集》第 4 卷，人民出版社 1995 年版，第 383 页。
② 《马克思恩格斯选集》第 4 卷，人民出版社 1995 年版，第 386 页。
③ 《马克思恩格斯选集》第 4 卷，人民出版社 1995 年版，第 386 页。
④ 《马克思恩格斯全集》第 38 卷，人民出版社 1972 年版，第 307 页。
⑤ 《马克思恩格斯全集》第 25 卷，人民出版社 1974 年版，第 289 页。

"地力耗损——如在美国；森林消失——如在英国和法国，目前在德国和美国也是如此；气候改变、江河淤浅在俄国大概比其他任何地方都厉害"。① 这些都表明，马克思、恩格斯不仅把资源环境破坏作为资本主义经济发展进程中的重要现象进行分析，而且指明了资本主义制度下生态环境问题，是资本主义生产无限扩张的必然产物。马克思明确指出：资本主义同造林之间存在着尖锐矛盾，"使造林不适合私人经营，因而也不适合资本主义经营"。"文明和产业的整个发展，对森林的破坏从来就起很大的作用，对比之下，对森林的护养和生产，简直不起作用"。② 这就告诉我们，在资本主义制度下生态环境恶化会表现为一种长期趋势。此后的 100 多年来资本主义发展的历史，证明了马克思、恩格斯的科学预见性。

2. 土地的滥用与破坏，是资本主义生产尤其是资本主义农业发展的必要条件，土地是人类的衣食之源，是养育人类的母亲，是农业生产发展的基础。因此，马克思、恩格斯非常重视土地的利用，极为关心耕地的存在。在他们的论著中，有着强调土地尤其是耕地具有特殊重要地位和作用的生态学经济思想。马克思在《资本论》中特别强调资本主义生产发展对土地的滥用与掠夺，从而破坏了土壤生态系统，使土壤肥力枯竭。对此，马克思在谈到资本主义"大工业与农业"时，着重指出了两点：

第一，资本主义大工业的兴起必然伴随着对自然力的掠夺与破坏，在农业领域内，突出表现为农业资本家对土地肥力的掠夺，使土地肥力下降。马克思写道："资本主义生产使它汇集在各大中心的城市人口越来越占优势，这样一来，它一方面聚集着社会的历史动力，另一方面又破坏着人和土地之间的物质变换，也就是使人以衣食形式消费掉的土地的组成部分不能回到土地，从而破坏土地持久肥力的永恒的自然条件。"③ 虽然在人类社会各种生产方式下，滥用和掠夺土地自然力都有可能发生，但不同土地所有制条件下产生的后果是不同的。马克思在分析小土地所有制和大土地

① 《马克思恩格斯全集》第 38 卷，人民出版社 1972 年版，第 365 页。
② 《马克思恩格斯全集》第 24 卷，人民出版社 1972 年版，第 272 页。
③ 《马克思恩格斯全集》第 23 卷，人民出版社 1972 年版，第 552 页。

所有制的区别时指出："前者更多地滥用和破坏劳动力，即人类的自然力，而后者更直接地滥用和破坏土地的自然力，那末，在以后的发展进程中，二者会携手并进，因为农村的产业制度也使劳动者精力衰竭，而工业和商业则为农业提供各种手段，使土地日益贫瘠。"① 恩格斯在《反杜林论》中也指出：在北美洲 "南部的大地主用他们的奴隶和掠夺性的耕作制度耗尽了地力"。② 这就是说，资本主义农业经营，掠夺土地肥力，是资本主义农业制度所决定的。

第二，资本主义农业的发展，既加强对劳动者的榨取，使人与人的经济关系处于对抗性矛盾之中，又加强对土地自然力的掠夺，使人与自然的生态关系处于对抗性矛盾之中。因此，马克思指出："资本主义农业的任何进步，都不仅是掠夺劳动者的技巧的进步，而且是掠夺土地的技巧的进步，在一定时期内提高土地肥力的任何进步，同时也是破坏土地肥力持久源泉的进步。"③ 历史和现实都表明：资本主义农业的发展，不仅要以雇佣劳动者自身的自然力的破坏与牺牲为代价，而且要以土地能力与土壤生态系统的破坏与牺牲为代价，这是资本主义农业生产经营的必要条件。

（二）城市生态环境的污染与恶化

城市环境污染大气和水环境恶化，是资本主义工业发展的必然产物。在人类历史上，工业革命首先在英国发生，到了 19 世纪 20 年代末，以煤炭为主要能源、以蒸汽机为主要动力的近代大机器工业生产体系得以确立，出现了近代城市工业化的趋势。在英国产业革命的推动下，美国于1790 年，法国于 1795 年，德国于 1830 年相继发生了类似英国的产业革命，使西方发达国家资本主义工业化沿着 "先污染，后治理" 的方向发展。当时的英国是工业革命和城市工业化发展的典型国家，同时也是 "工业黑化" 现象的典型国家，即是环境污染出现最早的国家，是各种 "大

---

① 《马克思恩格斯全集》第 25 卷，人民出版社 1974 年版，第 917 页。
② 《马克思恩格斯全集》第 20 卷，人民出版社 1971 年版，第 192~193 页。
③ 《马克思恩格斯全集》第 23 卷，人民出版社 1972 年版，第 552~553 页。

害”的始作俑者和最早的受害者。1852 年，在英国曼彻斯特第一次发现酸雨，于是 1872 年出版的《大气和雨——化学气象学的开端》一书中，首次使用了"酸雨"这个术语。其后，英国伦敦 1873 年、1880 年和 1891 年多次发生世人震惊的煤烟污染事件，使伦敦有"雾都"之"雅称"；并且发生了泰晤士河水体污染的"公害"事件。马克思、恩格斯亲眼目睹了资本主义工业革命给自然生态环境造成的重大影响，具体考察和分析了资本主义工业化对近代生态环境污染的发生过程、类型、状况及其造成的危害等一系列问题。马克思在《资本论》中具体分析了煤矿、纺织、建筑、印刷、制衣等行业的空气污染和工人遭受职业病、噪声污染的情况；恩格斯在《英国工人阶级状况》一书中，秉承了马克思的思想，比较全面地考察和分析了资本主义工业化对近代环境污染的类型、状况和危害,[①] 在此列举两点：

1. 据有关资料记载，19 世纪中期，英国伦敦、曼彻斯特周围的城市的煤烟污染是世界上最严重的城市。恩格斯在《英国工人阶级状况》一书中，用很大篇幅、详细地、具体地描述了城市空气污染的状况与危害。恩格斯认为："曼彻斯特是现代工业城市的典型"，它周围的城市"是一些纯粹的工业城市"，"像波尔顿、普累斯顿、威根、柏立、罗契得尔、密得尔顿、海华德、奥尔丹、埃士顿、斯泰里布雷芝、斯托克波尔特等城市"，"到处都弥漫着煤烟，由于它们的建筑物是用鲜红的、但时间一久就会变黑的……给人这样一种特别阴暗的印象"。其中，"斯托克波尔特在全区是以最阴暗和被煤烟熏得最厉害的地方之一出名的，事实上也的确给人一种特别阴沉的印象"。而斯泰里布雷芝全城的房屋都"被煤烟熏得黑黑的"，"给人一种可憎的印象"。[②] 他还指出：在曼彻斯特周围的工业城市和工人贫民窟中，"到处都是死水洼，高高地堆积在这些死水洼之间的一堆堆的垃圾、废弃物和令人作呕的脏东西不断地发散出臭味来染污四周的空气，而

---

①　详见解保军:《马克思自然观的生态哲学意蕴》一书第四章第三节所作的研究。
②　《马克思恩格斯全集》第 2 卷，人民出版社 1957 年版，第 324~325 页。

这里的空气由于成打的工厂烟囱冒着黑烟，本来就够污浊沉闷的了"。① 而在曼彻斯特"总是把一切工厂的煤烟都吹到这方面来（而这种煤烟确实是不少的！）。光让工人去吸这些煤烟"。②

2. 发达国家的资本主义工业化造成的"工业黑化"，城市环境污染，不仅突出表现在城市空气严重污染，空气质量恶化；而且突出表现在城市河流水质污染，水环境恶化。这是因为，当时英国工业城市基本上没有污染处理厂，工厂排放废弃物和生活垃圾直接排放到河流之中，造成河流的水体污染，水质与水环境严重恶化。恩格斯曾经在《反杜林论》中写道：蒸汽力的"资本主义的应用才使它主要地集中于城市，并把工厂乡村转变为工厂城市。但是，这样一来它就同时破坏了它自己运行的条件。蒸汽机的第一需要和大工业中差不多一切生产部门的主要需要，都是比较纯洁的水。但是工厂城市把一切水都变成臭气冲天的污水"。③ 这是恩格斯在英国实地考察所作出的结论。他多次到波尔顿去看到这个城市是曼彻斯特周围的城市中"最坏的"，"一条黑水流过这个城市"，"把本来就很不清洁的空气弄得更加污浊不堪"。④ 他还详细地描述了艾尔克河受污染的情况：这条河的上游建有"制革厂，再上去是染坊、骨粉厂和瓦斯厂，这些工厂的脏水和废弃物统统汇集在艾尔克河里，在此，这条小河还要接纳附近污水沟和厕所里的东西"。因此，艾尔克河就成为"一条狭窄的、黝黑的、发臭的小河，里面充满了污泥和废弃物，河水把这些东西冲积在右边的较平坦的河岸上。天气干燥的时候……臭气泡经常不断地从坑底冒上来，散布着臭气，甚至在高出水面四五十英尺的桥上也使人感到受不了"。⑤ 所以，"这条河像一切流经工业城市的河流一样，流入城市的时候是清澈见底的，而在城市另一端流出的时候却又黑又臭，被各色各样的脏东西弄得污浊不

---

① 《马克思恩格斯全集》第 2 卷，人民出版社 1957 年版，第 342 页。
② 《马克思恩格斯全集》第 2 卷，人民出版社 1957 年版，第 341 页。
③ 《马克思恩格斯选集》第 3 卷，人民出版社 1995 年版，第 646 页。
④ 《马克思恩格斯全集》第 2 卷，人民出版社 1957 年版，第 323~324 页。
⑤ 《马克思恩格斯全集》第 2 卷，人民出版社 1957 年版，第 331 页。

堪了"。①

（三）对劳动者的身心健康和生命安全的破坏与摧残

对劳动者的身心健康和生命安全的破坏与摧残，是资本主义生产方式存在的基本保障。马克思在《1844年经济学哲学手稿》中明确指出，人作为一种生命物种，它的自然生命是完全受制于自然界，并认为自然界的各种生态因子不仅仅是维持人身健康和生命安全的自然环境，而且是人的生命的一部分，即是构成为人的生活和人的活动的一部分，是人的全面发展的必要条件。而马克思、恩格斯的理论还告诉我们；资本主义生产发展，不仅仅要以掠夺、牺牲人的身外的自然为必要条件，而且要以掠夺、榨取劳动者，即以牺牲人的自身的自然为基本保障。正如马克思在《资本论》中所说的："在现代农业中，也和在城市工业中一样，劳动生产力的提高和劳动量的增大是以劳动力本身的破坏和衰退为代价的。"② 因此，马克思、恩格斯在一些著作中从人类生态角度详细地揭露了资本主义生产方式对人的生命安全和身心健康的破坏与摧残，即是对人类生产力的破坏与摧残，从而抨击了资本主义社会制度对劳动者的反人性的黑暗统治。下面，我们仅从工人的居住环境和食品安全两个方面作简略陈述。

1. 马克思、恩格斯在研究资本主义生产时，总是十分注重工人的生产劳动的工作条件，愤怒地揭露了资本主义生产恶劣的工作环境对人的身心健康和生命安全造成的危害与摧残，使工人维持生产劳动的正常的生态需要得不到满足。马克思在《资本论》中写道："人为的高温，充满原料碎屑的空气，震耳欲聋的喧嚣等等，都同样地损害人的一切感官，更不用说在密集的机器中间所冒的生命危险了。这些机器象四季更迭那样规则地发布自己的工业伤亡公报。"他还强调指出：生产资料的节约"在资本手中却同时变成了对工人在劳动时的生活条件系统的掠夺，也就是对空间、空

---

① 《马克思恩格斯全集》第2卷，人民出版社1957年版，第320页。
② 《马克思恩格斯全集》第23卷，人民出版社1972年版，第552页。

气、阳光以及对保护工人在生产过程中人身安全和健康的设备系统的掠
夺，至于工人的福利设施就根本谈不上了。傅立叶称工厂为'温和的监
狱'难道不对吗"？① 恩格斯在《英国工人阶级状况》一种详细地描述了
英国工人的十分恶劣的工作环境及其对人身的健康和生命安全的严重的危
害，并具体地列举了一些工作环境污染程度严重的行业和工种。例如，恩
格斯分析了纺织和服装加工业的环境污染及其危害，他指出，"在纺纱工厂
和纺麻工厂里，屋子里都飞舞着浓密的纤维屑，这使得工人，特别是梳棉
间和刮麻间的工人容易得肺部疾病"，"把这种纤维屑吸到肺里去，最普通
的后果就是吐血、呼吸困难而且发出哨音、胸部作痛、咳嗽、失眠，一句
话，就是哮喘病的各种症候，情形最严重的最后就成为肺结核"。② 尤其是
女时装工和女缝工"受着贪得无厌的资产阶级的极端残酷的剥削"，使
"工房和卧室里的空气郁闷，经常保持弯腰曲背的姿势，吃恶劣的难消化
的食物"，"劳动时间太长和缺乏新鲜空气，结果女孩子们的健康受到致命
的摧残。她们很快就感到疲倦、困顿、衰弱、食欲不振、肩痛、背痛、腰
酸，特别是头痛……以及各种妇科病"。因此，"童工调查委员会询问过的
所有医生都一致断定，很难想象还有什么生活方式能像女时装工的生活那
样损害健康，那样使人早死"。③ 又如，恩格斯分析了当时的主要的煤矿
业、铁矿业和铅矿业等采矿业的环境污染尤其是矿井下的空气污染及其对
人身生态的危害。他指出，"矿井深处的空气含氧很少，并且混杂着尘土和
炸药爆炸时的烟，这种空气对肺部很有害，妨碍心脏的活动，削弱消化器
官的机能"，"矿井坑道内氧气不足，空气中充满尘土、炸药烟、碳酸气和
含硫的瓦斯。因此，这里的矿工和康瓦尔的矿工一样，也是身材矮小，从
三十岁起就几乎都患肺部疾病，……最后就转成真正的肺结核，大大缩短
这些人的平均寿命"。④ 再如，工厂设备陈旧，噪音污染严重，"蒸汽机整

① 《马克思恩格斯全集》第23卷，人民出版社1972年版，第466~468页。
② 《马克思恩格斯全集》第2卷，人民出版社1957年版，第449页。
③ 《马克思恩格斯全集》第2卷，人民出版社1957年版，第496~497页。
④ 《马克思恩格斯全集》第2卷，人民出版社1957年版，第531页。

天地转动着，轮子、传动皮带和锭子整天在他耳边轰隆轰隆、轧拉轧拉地响着"，"对工人说来是一种最残酷的苦刑"，"最能使工人身体衰弱，精神萎靡不振"。①

2. 马克思、恩格斯在分析工人的生活时，总是十分注意工人的生活条件，愤怒地揭露了资本主义制度下工人生存的生活环境极其恶劣，使工人维持最低生活的必要的生态需要难以满足。马克思、恩格斯在他们著作中都揭露了资本主义制度下劳动者的恶劣的生活环境对人的身心健康和生命安全，即人身生态的破坏与衰退。首先，在居住环境方面，马克思在《资本论》中把不适合人身心健康的居住环境称之为"可诅咒的恶劣的居住环境"，把伦敦、太恩河畔新堡等城市看成"住宅地狱"，并引用医生恩布尔丁的话说，"毫无疑问，伤寒病持续和蔓延的原因，是人们住得过于拥挤和住房肮脏不堪。工人常住的房子都在偏街陋巷和大院里。从光线、空气、空间、清洁各方面来说，简直是不完善和不卫生的真正典型，是任何一个文明国家的耻辱。男人、妇女、儿童夜晚混睡在一起。男人们上日班和上夜班的你来我往，川流不息，以致床铺难得有变冷的时候。这些住房供水不良，厕所更坏，肮脏，不通风，成了传染病的发源地"。② 因此，马克思认为应该改变这种"不是为工人健康着想，而是为便利生产着想的环境"。③ 恩格斯考察英国工人的居住环境后写道："城市人口本来就够稠密的了，而穷人还被迫更其拥挤地住在一起。他们除了不得不呼吸街上的坏空气，还成打地被塞在一间屋子里，在夜间呼吸那种简直闷死人的空气。给他们住的是潮湿的房屋，不是下面冒水的地下室，就是上面漏雨的阁楼。"恩格斯亲身观察到曼彻斯特工人住宅的肮脏和拥挤的情况，他说："曼彻斯特及其郊区的 35 万工人几乎全都是住在恶劣、潮湿而肮脏的小宅子里，而这些小宅子所在的街道又多半是极其糟糕极不清洁的，建造时一

---

① 《马克思恩格斯全集》第 2 卷，人民出版社 1957 年版，第 463 页。
② 《马克思恩格斯全集》第 23 卷，人民出版社 1972 年版，第 723～726 页。
③ 《马克思恩格斯全集》第 25 卷，人民出版社 1974 年版，第 108 页。

点也没有考虑到空气是否流通，所考虑的只是业主的巨额利润。"① 因此，恩格斯认为在这种难以想象的肮脏恶臭的居住环境中，"在这种似乎是被故意毒化了的空气中，在这种条件下生活的人们，的确不能不下降到人类的最低阶段"。②

其次，饮食方面，食品质量低劣而不安全。马克思在《1844 年经济学哲学手稿》中曾经说过："爱尔兰人只知道一种需要，就是吃的需要，而且只知道吃马铃薯，而且只是破烂马铃薯，最坏的马铃薯。"③ 恩格斯也指出："工人买的土豆多半都是质量很差的，蔬菜也不新鲜，干酪是质量很坏的陈货，猪板油是发臭的，肉又瘦，又陈，又硬，都是老畜的肉，甚至常常是病畜或死畜的肉，往往已经半腐烂了。"④ 因此，"给他们吃的食物是坏的、掺假的和难消化的"。⑤ 这是因为，"商人和厂主昧着良心在所有的食品里面掺假，丝毫不顾及消费者的健康"。⑥ 这些假冒食品给工人的身体健康带来了直接危害。对此，恩格斯明确指出，"引起其他许多疾病的直接原因，与其说是在于工人的居住条件，不如说是在于饮食方面。工人吃的食物一般都很不容易消化，对小孩子是完全不合适的"，使"孩子们就患上了贻害终身的各种消化器官病。几乎所有的工人都或多或少地患消化不良症，可是他们以后还是不得不吃那种使他们消化不良的食物"。⑦

（四）工人生存的生态环境恶化与人的自然生命日益衰亡的关联性

资本主义工业化改变了生态环境，创造了工业文明，但自然界却变得"吝啬"起来，对资产阶级的贪婪报以无情的"惩罚"，其恶果都落在人的

---

① 《马克思恩格斯全集》第 2 卷，人民出版社 1957 年版，第 345 页。
② 《马克思恩格斯全集》第 2 卷，人民出版社 1957 年版，第 342 页。
③ 《马克思恩格斯全集》第 42 卷，人民出版社 1979 年版，第 134 页。
④ 《马克思恩格斯全集》第 2 卷，人民出版社 1957 年版，第 351 页。
⑤ 《马克思恩格斯全集》第 2 卷，人民出版社 1957 年版，第 382 页。
⑥ 《马克思恩格斯全集》第 2 卷，人民出版社 1957 年版，第 352 页。
⑦ 《马克思恩格斯全集》第 2 卷，人民出版社 1957 年版，第 385~386 页。

自身上，不仅使人的自身自然日益衰败，而且使人身生态遭到毁灭即过早死亡。对此，我们从马克思、恩格斯论述中强调几点：

1. 工人的生存的生态环境恶化，导致百病丛生，使人的自身的自然日益衰退。恩格斯在《英国工人阶级状况》一书中用大量事实反复论述。

首先，他认为，当前有英国的一些大工业城市的工人住区的肮脏环境，使猩红热、肺结核、伤寒和其他疾病的到处蔓延与肆虐，"是直接由于工人的住宅很坏、通风不良、潮湿和肮脏而引起的"。① 因此，"最糟的区域里的工人住宅"，"就成为百病丛生的根源"，② 成为"传染病的大本营"③，是"罪恶、肮脏和传染病的巢穴"。④

其次，恩格斯还运用艾利生博士提供的材料和看法。"认为穷人的贫困和悲惨的处境是生病的原因"，"正是匮乏和生活需要的不能满足，使身体容易感染疾病，并使流行病变得特别危险，使它迅速蔓延"，"几乎是专在工人阶级中间肆虐的"。例如，"在里美黎克患热病的达全体居民的 1/4，而在瓦特福德的贫民窟里竟占 19/20"。⑤

再次，恩格斯特别描述了女时装工和女缝工，深受着"贪得无厌的资产阶级的极端残酷的剥削"，使人身生态遭到严重破坏。他说：这些柔弱的女孩子，"感到疲倦、困顿、衰弱"，"在许多情况下，眼睛受到严重的损害，以致完全失明，视力完全被破坏，而如果目力还保持得不错，可以继续工作下去，那末肺结核便会结束这些女时装工的短促而悲惨的一生"。⑥

2. 人身生态的损害与衰退，必然使人的自然生命过早死亡。恩格斯列举了工人阶级卫生状况的报告中资料证明工人平均寿命短的事实。就以1840 年为例，"利物浦上等阶级（贵族、自由职业者等等）的平均寿命是

---

① 《马克思恩格斯全集》第 2 卷，人民出版社 1957 年版，第 383 页。
② 《马克思恩格斯全集》第 2 卷，人民出版社 1957 年版，第 382 页。
③ 《马克思恩格斯全集》第 2 卷，人民出版社 1957 年版，第 346 页。
④ 《马克思恩格斯全集》第 2 卷，人民出版社 1957 年版，第 319 页。
⑤ 《马克思恩格斯全集》第 2 卷，人民出版社 1957 年版，第 385 页。
⑥ 《马克思恩格斯全集》第 2 卷，人民出版社 1957 年版，第 496~497 页。

三十五岁，商人和光景较好的手工业者是二十二岁，工人、短工和一般雇佣劳动者只有十五岁"。① 在议会报告书里还可以找到许多类似的事实证明"工人的死亡率极高"。② 他强调指出：工人们"几乎全都身体衰弱，骨瘦如柴，面色苍白"，"他们的衰弱的身体无力抵抗疾病，因而随时会病倒。因此，他们老得快，死得早。死亡统计表就无可反驳地证明了这一点"。③

3. 工人的生产和生活的生态环境恶化即工人的存在的生态环境恶化，导致疾病的传染不仅危害着工人阶级的身心健康和生命安全，而且危害资产阶级的身心健康和生命安全。恩格斯指出："当这种流行病到来的时候，城市中的资产阶级全都惊慌起来。他们忽然想起了穷人的那些不卫生的住宅，而且一想到每一个贫民窟都会成为传染病的大本营，瘟疫会从那里向四面八方传播，会侵入有产阶级的住宅，就吓得发起抖来。"④ 这个论述告诉我们，生态环境问题，疾病灾害问题，不仅威胁穷人的生存，而且威胁富人的存在；保护生态环境，消灭自然灾害，是各个阶级各个民族、各个利益集团的共同利益与共同任务。当然，在资本主义制度下，这方面应由资产阶级承担主要责任。还如恩格斯所说的"总之，一切不幸事件的罪过归根到底总是在厂主身上"。⑤

4. 生态条件恶化，环境质量下降，使人自身的生态需要得不到正常的满足，不仅危害当代人的身心健康和生命安全，而且危害后代人的身心健康和生命安全。恩格斯指出："她们老是生病，特别是在婚后；她们生的孩子也是衰弱的。"⑥ 工人的死亡率高，"主要是由于工人阶级的幼儿的死亡率很高。小孩子的娇嫩的身体最不能抵抗恶劣的生活条件的不利的影响"。⑦ 因此，工人的孩子们的悲惨生活与遭遇，就"使整个工人阶级都衰

---

① 《马克思恩格斯全集》第 2 卷，人民出版社 1957 年版，第 392 页。
② 《马克思恩格斯全集》第 2 卷，人民出版社 1957 年版，第 382 页。
③ 《马克思恩格斯全集》第 2 卷，人民出版社 1957 年版，第 390 页。
④ 《马克思恩格斯全集》第 2 卷，人民出版社 1957 年版，第 346 页。
⑤ 《马克思恩格斯全集》第 2 卷，人民出版社 1957 年版，第 452 页。
⑥ 《马克思恩格斯全集》第 2 卷，人民出版社 1957 年版，第 497 页。
⑦ 《马克思恩格斯全集》第 2 卷，人民出版社 1957 年版，第 392 页。

弱了"。①

5. 结论：在资本主义生产方式下，资本家为了最大限度地榨取工人的剩余价值，既要最大限度地盘剥人的身外的自然，又要最大限度地掠夺盘剥人的自身的自然，形成日益腐败的整个自然界。马克思、恩格斯特别强调了两点：

一是在资本主义制度下劳动者的体力和智力受到摧残，使人片面畸形的发展。这是因为，在资本主义生产方式下，资本家的一切激情和一切活动都湮没在发财欲之中，"把工人只当作劳动的动物，当作仅仅有最必要的肉体需要的牲畜"。② 他们甚至要工人们 "把对新鲜空气或身体运动的需要都节省下来"。③ 因此，工人们 "在自己的劳动中不是肯定自己，而是否定自己，不是感到幸福，而是感到不幸，不是自由地发挥自己的体力和智力，而是使自己的肉体受折磨、精神遭摧残"。④ 恩格斯也指出：工人们 "从小就被剥夺了在新鲜空气里活动的机会"，"工厂工人对一切疾病的抵抗力都特别弱，生活力普遍减低，整个智力和体力都不断在衰退，我们就一点也不会感到奇怪了"。⑤

二是工人生存的恶劣的社会和自然环境，使他们陷入穷困的命运，使他们片面畸形的发展，以致人的自然生命加速毁灭，这是资本主义生产方式生存的客观现实。因而，恩格斯在《英国工人阶级状况》一书中对资本主义社会进行了血的控诉。他说：我们要证明的 "英国社会每日每时都在犯这种英国工人报刊有充分理由称之为社会谋杀的罪行；英国社会把工人置于这样一种境地：他们既不能保持健康，也不能活得长久；它就这样不停地一点一点地毁坏着工人的身体，过早地把他们送进坟墓"。⑥ 这种 "社会谋杀" 即毁坏人的自身的自然，过早毁灭的人身生态，其根源何在呢？

---

① 《马克思恩格斯全集》第2卷，人民出版社1957年版，第386页。
② 《马克思恩格斯全集》第42卷，人民出版社1979年版，第57页。
③ 《马克思恩格斯全集》第42卷，人民出版社1979年版，第135页。
④ 《马克思恩格斯全集》第42卷，人民出版社1979年版，第93页。
⑤ 《马克思恩格斯全集》第2卷，人民出版社1957年版，第442页。
⑥ 《马克思恩格斯全集》第2卷，人民出版社1957年版，第380页。

在马克思、恩格斯看来，就在资本主义剥削，就在于资产阶级的贪婪本质。因此，恩格斯指出："仅仅为了一个阶级的利益，竟有这么多的人成为畸形者和残废者，竟有这么多的勤劳的工人在替资产阶级服务的时候因资产阶级的过失而遭遇不幸，从而陷入穷困和饥饿的厄运。"① 所以，恩格斯作出结论说："资产阶级的这种令人厌恶的贪婪造成了这样一大串疾病！妇女不能生育，孩子畸形发育，男人虚弱无力，四肢残缺不全，整代整代的人都毁灭了，他们疲惫而且衰弱，——而所有这些都不过是为了要填满资产阶级的钱袋！"② 这两段精辟论述抓住了问题的要害，正是资产阶级为了他们的利益，最大限度地获取利润，填满资产阶级的钱袋，不仅要牺牲自然生态，而且要牺牲人体生态，使物质生产力发展即社会物质财富增长同人类生产力即人类天生财富毁灭处于尖锐矛盾与对立之处，必然导致资本主义经济同整个自然界处于对立与对抗之中，这是资本主义生产方式内在矛盾的必然表现，是资本主义条件下生态经济关系对抗性矛盾的现实形式。当今，生态环境问题已成为现代资本主义各种矛盾的一个集中体现，这与100多年前的矛盾虽然具体历史形式发生了很大变化，但现代资本主义经济制度同整个自然界处于对立与对抗之中，这个基本状况仍然没有变，因此，对现代资本主义进行生态批判，是对马克思、恩格斯的资本主义生态批判理论的继承与发展，无疑成为构建发展马克思学说的生态马克思主义经济学的重要领域。

二、马克思人与自然和谐统一理论的生态文明意蕴

　　马克思人与自然相互关系学说的精华是人与自然和谐统一理论。它包括两层含义：一是人与自然的统一性，这就是人与自然的内在统一；二是人与自然的和谐性，用现在的术语来说，这就是人与自然的和谐发展。前者，在第一章从本体论的视角作了研究，从而论证了人与自然在

① 《马克思恩格斯全集》第2卷，人民出版社1957年版，第452页。
② 《马克思恩格斯全集》第2卷，人民出版社1957年版，第453页。

本质上的统一性，为生态与经济的有机统一提供了哲学基础。这是从一般哲学意义上认识马克思的生态经济思想。由于人与自然的统一性是马克思人与自然相互关系学说的一条生命线，于是，人与自然的和谐统一，就成为生态哲学的基本问题。正是从这个意义看，人与自然的和谐统一首先是个生态学问题，是以人为主体的生态系统的现代生态学研究的核心问题。因此，本章进一步从人与自然和谐统一的生态向度，或者说，从人与自然和谐统一的生态文明视角，来探讨马克思生态经济思想的生态学基础。

（一）马克思人与自然和谐统一学说

我们探讨这个问题，首先要改变我们的思维方式，不仅要用经济学哲学理论和方法，而且要用生态学世界观和方法来研究人与自然辩证关系的基本问题。所谓生态世界观和方法，主要是指出人们用人与自然相互依存和相互作用的统一整体的观点，认识世界和解释世界的理论视野和思维方法，它是社会经济的自然观和自然生态的历史观的统一，或者说，是社会经济的生态观和自然生态的社会观的统一。

马克思、恩格斯的人与自然和谐统一学说是与他们的生态思想形影相随的。在此，很有必要简略介绍一下马克思、恩格斯从事理论活动时期的生态理论与实践的基本情况。从理论上看，19 世纪初中期是生态学产生和形成的时期。19 世纪初叶，法国生物学家马克率先提出了"周围环境"的概念。19 世纪中叶，英国哲学家斯宾塞在《生物学基础》一书中，把生命定义为有机体与外部环境的经常的相互作用。1859 年达尔文发表《物种起源》的伟大著作，论证了物种进化与环境的关系，确立了进化论。1866 年德国生物学家海克尔首创"生态学"的新理论，并给予其科学定义。他认为："我们可以把生态学理解为关于有机体与周围外部世界的关系的一般科学。外部世界是广义的生存条件。"① 后人又将生态学界定为"研究生物与

---

① 雷毅:《生态伦理学》，陕西人民教育出版社 2000 年版，第 258 页。

其生存环境之间相互关系的科学"，它一直沿用至今。因此，笔者认为，完全可以这样说，所谓生态思想与理论，就是生命有机体与外部环境相互依存与相互作用的统一整体思想与理论。①

从实践上看，人与自然的矛盾并非始于20世纪，从某种意义上说，自从有了人类经济活动，这个矛盾就已存在并发生作用。只是在过去漫长的经济社会发展过程中，就人类社会总体而言，人与自然处于和谐共生，两者的矛盾并不突出。自工业革命在几个主要的西方资本主义国家相继发生与发展，资本主义大工业体系成为工业文明时代的主要标志，才使人与自然、生态与经济的矛盾开始尖锐，成为资本主义生产方式的内在矛盾的一个突出表现，这种内在矛盾决定了资本家为了无限地剥夺自然，就需要无限剥夺人；只有无限地剥夺人，才能实现无限地剥夺自然。因而资本主义生产的滥用资源、污染环境直至生态破坏，就构成了当时资本主义社会生态环境状况的真实现实。因而，在19世纪下半叶，就人类社会总体而言，生态环境问题已经显露出来。生活在这个时期的马克思、恩格斯亲自感受到了资本主义工业文明发展过程中人类存在的生态环境日益恶化的现象，并给人们尤其劳动者带来的生态灾害，尤其是工业革命的诞生地英国的煤烟造成的城市大气污染和泰晤士河的水质污染状况给他们以深深的刺痛。在这种情况下，马克思、恩格斯深入考察和认真研究了当时发生的自然现象和社会现象，尖锐地谴责了严重损害人身外的自然和自身的自然的资本主义工业文明发展道路，使马克思、恩格斯资本主义社会经济批判理论蕴涵丰富的生态学批判理论，因而他们的经济学哲学思想同生态学思想融合在一起，用现在的术语来说，形成了许多精辟的生态哲学和生态经济学思想。下面仅就其生态思想作几点探讨。

首先，总的来看，从马克思的《1844年经济学哲学手稿》到《资本

_____

① 到了20世纪前期，生态学不仅研究自然生态系统，而且研究人工生态系统，形成了以人为主体的生态学，这就是人类生态学。它是研究人类群体与其外部环境相互依存与相互作用的和谐、协调关系。这时，生态思想与理论，就是以人为主体的生命有机体与外部环境相互依存与相互作用的统一整体思想与理论。马克思、恩格斯关于人与自然辩证关系学说在本质上体现了这种生态思想与理论。

论》等著作，恩格斯的《英国工人阶级状况》到《自然辩证法》等著作中，他们都深刻地阐述了人与自然的辩证关系，告诫人们要正确认识人在自然界中的地位与作用，指明人类的生产实践活动一定要考虑自然生态环境的承受能力，警示人们必须充分估计人类生产劳动活动可能导致的长期、更长期的自然生态后果，要求人们要正确处理生产劳动活动的"社会结果与自然结果"、"近期结果与长远结果"的关系。正如恩格斯所说："本世纪自然科学大踏步前进以来，我们越来越有可能学会认识并因而控制那些至少是由我们的最常见的生产行为所引起的较远的自然后果。"① 这些生态思想都成为他们的人与自然和谐统一学说的科学依据。

其次，马克思对伊壁鸠鲁哲学的研究与批评中，首次提出了人同自然环境相互依存与相互作用的辩证法，这正是"马克思关于人同周围环境的相互作用观念的第一步，这个观念引导他走向辩证唯物主义和历史唯物主义"。② 而在《1844年经济学哲学手稿》这部他的生态学思想诞生地的重要著作中，马克思对唯心主义哲学和资产阶级政治经济学进行彻底批判的同时，就是以人与自然的辩证关系为重要的理论线索来展开对社会历史和经济学的研究与阐明。因此，马克思在《手稿》中首先就提出了"人是自然界的一部分"，"自然界是人的无机的身体"的科学论断。"人是自然界的一部分"就其生态意义而言，就意味着人是自然界中的一种生命物种，与自然界的其他生命物种是同一巨大的存在之链上的环节。所以，人作为具有自然生命力的自然物，他需要在他之外的自然环境，不参加自然界的生活他就不能存在。而马克思确立了"自然界是人的无机身体"的新概念，就在于阐明人与自然的生态关系，把自然界看作与人类有关内在联系的生态系统。这就是说，自然界包括其各种生态因子即植物、动物、空气、阳光等不仅是维持生命物种的环境，而且就是人的生命的一部分。因此，自然是人生命的组成部分。它与"人是自然界的一部分"的内在统一，就是

---

① 《马克思恩格斯选集》第4卷，人民出版社1995年版，第384页。

② ［法］奥古斯特·科尔纽著，刘丕坤等译：《马克思恩格斯传》第1卷，三联书店1963年版，第211页。

人与自然的和谐统一。

再次，在马克思、恩格斯的著作中，还经常涉及并提到生物与其周围环境的关系及其相互作用，这就在实质上表达了他们的生态学思想。恩格斯指出："生命是蛋白质的存在方式，这个存在方式的基本因素在于和它周围的外部自然界的不断的新陈代谢，而且这种新陈代谢一停止，生命就随之停止，结果便是蛋白体的分解。"[1] 1868 年 3 月 25 日，马克思给恩格斯的一封信中，请恩格斯注意 1847 年出版的弗腊斯写的《各个时代的气候和植物界，二者的历史》一书，这本书证明了地球的气候和动植物分布与数量情况是在人类实践活动的干预下发生变化的，马克思赞同书中的观点并认为这本书"是十分有趣的"；他还欣赏作者"既是化学家、农学家等等，又是知识渊博的语言学家"；认为从作者关于"耕作如果自发地进行"，"接踵而来的就是土地荒芜"的观点中，"可见，他也具有不自觉的社会主义倾向"！[2] 恩格斯读了弗腊斯的著作，不仅在自己的文章中引用过书中的材料，而且写出了至今仍为我们经常引用的至理名言："我们不要过分陶醉于我们人类对自然界的胜利。对于每一次这样的胜利，自然界都对我们进行报复。每一次胜利，起初确实取得了我们预期的结果，但是往后和再往后却发生完全不同的、出乎预料的影响，常常把最初的结果又消除了。"[3] 可见，人类的实践活动的"反自然化"，就必然会被自然的"反人化"把一个结果抹消掉，这就是人与自然的一种不和谐、不协调的异化关系。以上，我们可以看到，马克思、恩格斯对人与自然辩证关系的理论阐述是和生态学思想融合在一起的，我们完全可以从这个理论框架中探寻到生态经济思想。

总之，马克思、恩格斯在创立和发展马克思主义经济学说的过程中，开创了研究人类经济活动和自然生态环境辩证关系理论的先河，使人与自然和谐统一学说中蕴藏着环境文明或生态文明的思想先声。继《1844 年经

---

① 《马克思恩格斯全集》第 20 卷，人民出版社 1971 年版，第 646 页。
② 《马克思恩格斯全集》第 32 卷，人民出版社 1974 年版，第 53 页。
③ 《马克思恩格斯选集》第 4 卷，人民出版社 1995 年版，第 383 页。

济学哲学手稿》之后，紧接着马克思、恩格斯合著《神圣家族》一书，进一步论述人与自然辩证关系理论，明确了"周围的世界"的"感性自然界"是人存在的外部环境，从而阐明了外部环境对于人的作用与影响以及人对外部环境的作用与影响。马克思、恩格斯指出："关于外部环境对人的影响"，这就是说"既然人是从感性世界和感性世界中的经验中汲取自己的一切知识、感觉等等，那就必须这样安排周围的世界，使人在其中能认识和领会真正合乎人性的东西，使他能认识到自己是人。"① 这种"真正合乎人性"的"周围的世界"是需要人去创造的。因此，马克思、恩格斯在《德意志意识形态》中就提出了一个科学论断："人创造环境，同样环境也创造人。"② "既然人的性格是由环境造成的，那么就必须使环境成为合乎人性的环境。"③ 于是，马克思在《关于费尔巴哈的提纲》一文中再次强调人与环境的辩证关系，认为环境可以改变人，人也可以改变环境。按照马克思的观点，人的实践活动，首先是人对自然界的实践活动，因而环境的创造与改变是不仅是社会环境，而且应当首先是人的外部自然环境的创造与改变。这是因为，只有当自然界以合乎人的本性的方式跟人发生关系时，人们才能在实践上以合乎人的本性的态度善待自然，只有这样，人们才能从中体悟到自己与自然是和谐相处，共生共荣，协调发展。所以，人的实践活动首先要遵循自然生态规律，必须是法之于自然，尊重自然、保护自然，这样才是合乎人的本性的实践活动。这种由人的实践活动所创造的真正合乎人的本性的自然环境，就是我们现在所说的生态文明。生态文明是以人与自然和谐统一为基础的人类文明，这种文明形式强调人与自然环境的相互依存、相互促进、共处共进，其核心是人与自然和谐相处与协调发展。

（二）马克思人与自然和谐统一的生态文明理论取向

在现代意义上的生态学诞生之前，在人类思想史上，只有马克思、恩

---

① 《马克思恩格斯全集》第 2 卷，人民出版社 1957 年版，第 166~167 页。
② 《马克思恩格斯全集》第 3 卷，人民出版社 1960 年版，第 43 页。
③ 《马克思恩格斯全集》第 2 卷，人民出版社 1957 年版，第 167 页。

格斯比较系统地论述了人、社会和自然之间相互依赖、相互制约、相互作用的辩证关系，其中闪现着人与自然和谐统一的生态智慧，有着明显的生态文明理论取向。

1. 在马克思的理论体系中，自然、人、社会是一个统一的有机整体。在现代生态学诞生之前，只有马克思、恩格斯比较系统地论述了自然和人、社会之间相互依赖、相互制约、相互作用的辩证关系。如前所说，马克思比前辈哲学家高明之处，就在于他找到人类劳动这种基本的物质生产实践活动是连接人与自然之间的本质联系与有机统一的纽带。不仅如此，在马克思看来，现实的自然界和现实的人都具有社会历史性，于是，他就找到了人类劳动是连接自然、人、社会之间内在联系与有机统一的纽带。正是人类劳动、物质生产才使人与自然不可分离，成为有机统一体。而作为人与自然统一性的生产劳动则是社会的生产劳动，社会是人同自然界的统一。因此，马克思的理论体系中，自然、人、社会就构成有机整体。正如周义澄教授所说的："马克思的自然概念必定是自然—人—社会对立统一的历史唯物主义的自然概念，是把自然纳入社会经济之中的经济学——哲学范畴。"①

马克思、恩格斯的理论创造中一个显著的特点，就是把人与人的社会关系的历史和人与自然的生态关系的历史一起来探讨，他们在《德意志意识形态》中认为自然、人、社会的统一是在历史中形成和发展的，是"人和自然以及人与人之间在历史上形成的关系"②，并提出了自然史和人类史相统一的思想。他们指出："历史可以从两方面来考察，可以把它划分为自然史和人类史。但这两个方面是不可分割的；只要有人存在，自然史和人类史就彼此相互制约。"③ 其后，恩格斯在《自然辩证法》中进一步阐明了人的"自身和自然界的一体性"④ 的唯物史观和自然观。因此，在马克思、

---

① 周义澄：《自然理论与现时代》，上海人民出版社1988年版，第91页。
② 《马克思恩格斯全集》第3卷，人民出版社1960年版，第43页。
③ 《马克思恩格斯选集》第1卷，人民出版社1995年版，第66页。
④ 《马克思恩格斯选集》第4卷，人民出版社1995年版，第384页。

恩格斯的理论框架中，自然观和历史观是不可分割的，而前者是后者的基石。这种唯物史观的自然观又是辩证的，这样，马克思、恩格斯就"把自觉的辩证法从德国唯心主义哲学中拯救出来并用于唯物主义的自然观和历史观"。① 正是在马克思、恩格斯的唯物主义历史观和自然观相统一的意义上，苏联学者凯德洛夫认为，恩格斯的《自然辩证法》和马克思的《资本论》是姊妹篇，《自然辩证法》可以称为前《资本论》。② 正是在马克思、恩格斯的唯物主义历史观和自然观相统一的意义上，自然、人、社会辩证统一关系问题是马克思主义理论体系中的一个根本问题，苏联学者克尔日扎诺夫斯基在论述这个问题时指出："马克思从一开始自己的基本研究（指《资本论》——原编者注）就提出了三个关键：自然界、人和社会。探讨这些因素在它们运动和相互作用中的辩证关系。"③ 这就是说，只有马克思才结束了自然与人、社会、历史相对立的局面，向人们提供了自然、人、社会相互依存、相互作用和辩证统一理论。人类历史发展到今天，自然界的发展和人类社会经济的发展，它们已经成为相互制约、相互作用、相互融合的统一整体，充分显示了马克思、恩格斯的自然、人、社会相统一的思想理论超越了时代的局限。

2. 马克思关于唯物主义历史观和自然观的统一理论，已成为后来一些学科发展、认识世界和解释世界的理论渊源。就生态哲学即生态学世界观来说，马克思、恩格斯对自然、人、社会之间辩证关系的理论阐述，构成了他们的生态哲学思想的基本内容。而现代生态学在研究人与自然的辩证关系时，虽然常常把现实世界分为"人的世界"和"自然的世界"，但是，它却认为不能把人和自然分割开来，在现实世界中，脱离开自然的社会同脱离开社会的自然一样，都是不可能存在的，这就是说没有分割开的、纯粹的自然观和纯粹的历史观，而只能是自然观和历史观的统一。因此，生态学世界观就把自然、人、社会看成是不可分割的有机统一整体，即世界

---

① 《马克思恩格斯选集》第 3 卷，人民出版社 1995 年版，第 349 页。
② 黄顺基、周济：《自然辩证法发展史》，中国人民大学出版社 1988 年版，第 367~368 页。
③ ［苏］《克尔日扎诺夫斯基选集》，莫斯科出版社 1957 年版，第 434 页。

存在是"人—社会—自然"复合生态系统。这是生态哲学的世界本原，是现代生态学的基本观点。① 当我们把现实世界系统看成是"人—社会—自然"复合生态系统，从生态系统整体性的观点看待现代经济社会的发展，就应当是自然生态的发展和社会经济的发展的相互依存、相互作用的辩证发展过程。事实上，当今维系人类生命和非人类生命形式的这个濒临失衡的地球上，客观存在的确实是自然生态和社会经济相互依存、相互制约、相互作用、相互融合的生态经济社会有机整体。这就是显示了马克思、恩格斯的自然、人、社会之间辩证关系理论的强大生命力。

在马克思的视野里，强调人与自然和社会与自然的内在统一，就在于这种统一的基础是自然界。这是马克思人与自然相互关系学说的基石，我们在前面做过详细论述。在这里，从人与社会存在和发展的自然生态因素，再次引证马克思的观点。马克思在《1844年经济学哲学手稿》中写道："人只有凭借现实的、感性的对象才能表现自己的生命"。"一个存在物如果在自身之外没有自己的自然界，就不是自然存在物，就不能参加自然界的生活"。② 因此，在马克思的自然、人、社会之间的辩证关系理论中，首先是承认自然界对人及人类社会的优先地位。正如苏联学者凯德洛夫所说："可以强调社会因素而不站在马克思主义的立场上，相反地，强调自然因素就必然要站在马克思主义立场上。"③ 因为马克思、恩格斯的理论已经告诉我们，人本身是自然界长期发展的产物，连同我们的肉、血和头脑都是属于自然界，存在于自然界，没有自然界就没有人本身，这就是说，自然界是人存在和发展的前提条件。人不仅是自然的存在，而且是社会的存在，自然界必然是整个社会存在的基础和社会文明得以发展的前提条件。整个社会存在和文明发展的必要前提，还在于人对自然界的实践活动，而这种实践活动的基本内容，就是"环境的改变和人的活动的一致"④，环境

---

① 余谋昌：《生态哲学》，陕西人民教育出版社2000年版，第33～46页。
② 《马克思恩格斯全集》第42卷，人民出版社1979年版，第168页。
③ 苏联《哲学问题》1972年第9期。
④ 《马克思恩格斯选集》第1卷，人民出版社1995年版，第59页。

的改变首先是人的外部自然环境的改变，在此基础上的人类文明一切过程和产物，都是人类通过自己的劳动与自然之间进行物质变换的相互作用的结果，即是人的物质生产实践活动改变自然界的结果。因此，离开了人的实践活动，离开了自然界这个生态基础人类文明就不可能存在，就根本谈不上社会经济的发展。笔者曾把马克思、恩格斯的上述思想，概括为生态基础论。自 20 世纪 80 年代后期以来，笔者在一些论著中反复指出："世界系统存在和发展的基础和前提是自然界"，"自然生态系统是社会经济系统的基础，在自然生态系统和现代人类实践活动中，自然生态系统是现代人类实践活动的基础。因此，现代人类存在与经济社会发展必须以自然生态为基础"。[①] 这是对马克思的唯物主义的历史观和自然观统一理论的科学运用，是马克思的自然、人、社会的统一整体理论的发展。

3. 马克思、恩格斯在阐明自然、人、社会之间辩证关系时，提出了"人与自然和谐统一"的光辉思想。在马克思、恩格斯以前，人们对人类社会历史的解释大都不考虑自然生态环境对人类存在和人类社会历史发展的基础作用，把历史说成是某种处于客观物质世界之外和超乎世界之上的东西，"历史的发源地不在尘世的粗糙的物质生产中，而是在天上的云雾中"[②]。这种历史观是一种从社会历史运动中排除人对自然界的理论关系和实践关系的唯心史观。因此，马克思、恩格斯在《德意志意识形态》中认为，以往的历史观是"把人对自然界的关系从历史中排除出去了，因而造成了自然界和历史之间的对立"。[③] 因而，他们把社会历史发展看成是自然与社会的统一运动，把人对自然界的关系放在社会历史发展的进程之中，考察了自然界的发展过程和人类及人类社会的发展过程是统一的自然历史过程，所以，在马克思、恩格斯的理论框架中，唯物主义历史观和辩证自然观是统一的。而以费尔巴哈为代表的旧唯物主义和自然观的最根本缺陷，是它与历史观相分离，使费尔巴哈的历史观陷入了唯心主义的泥潭。

---

① 《刘思华文集》，湖北人民出版社 2003 年版，第 492 页。
② 《马克思恩格斯全集》第 2 卷，人民出版社 1957 年版，第 191 页。
③ 《马克思恩格斯全集》第 3 卷，人民出版社 1960 年版，第 44 页。

在《德意志意识形态》中，马克思、恩格斯批判了费尔巴哈旧唯物主义把历史与自然割裂开来的错误观点。其后，恩格斯在《费尔巴哈和德国古典哲学的终结》中，进一步批判费尔巴哈的抽象自然观和唯心史观时指出："在他那里，自然界和人都只是空话。无论关于现实的自然界或关于现实的人，他都不能对我们说出任何确定的东西。但是，要从费尔巴哈的抽象的人转到现实的、活生生的人，就必须把这些人作为在历史中行动的人去考察。而费尔巴哈反对这样做。"① 因此，马克思、恩格斯是从现实的人和现实的自然界相互依存、相互作用的历史进程出发，在人类社会历史发展史上，明确地提出了"感性世界一切部分的和谐，特别是人与自然界的和谐"② 的光辉思想，并强调通过人类物质生产实践的方式达到人类社会和自然界的和谐统一。在这里，我们可以触摸到马克思、恩格斯人与自然和谐统一的思想理论有这样几个重要观点：一是所说的感性世界是指包括感性自然界在内的整个现存感性世界，他们是把感性世界内部的各个部分的和谐看作为人与自然和谐统一的基础，或者说很明显它包含着自然和谐即生态和谐是人、社会、自然和谐统一的生态基础。二是马克思、恩格斯特别强调人与自然的和谐统一，就在于这种和谐是人、社会、自然有机统一的核心问题。因此，人与自然和谐统一理论是马克思主义人、社会、自然辩证关系理论的精华。三是按照马克思的唯物主义历史观和自然观的统一理论，人类物质生产实践活动应当追求的一个基本目标与目的归宿，就是人与自然和谐统一的生态文明。

从马克思、恩格斯对人、社会、自然相互关系的论述中，我们可以看出，人与自然和谐的本质内涵，应当是人与自然矛盾同一性的一种表现形式，是人与自然之间相互依存、相互适应、相互转化的关系，体现着人及社会的发展和自然的发展的协调性和一致性，这就是人与自然的辩证和谐关系。在马克思的自然、人、社会辩证关系理论中，人与自然生态环境和谐统一的发展关系，是"人—社会—自然"复合生态系统有机整体发展的

---

① 《马克思恩格斯选集》第 4 卷，人民出版社 1995 年版，第 240~241 页。
② 《马克思恩格斯全集》第 3 卷，人民出版社 1960 年版，第 48 页。

一条主线。这是因为，马克思的唯物主义历史观与自然观的统一，使马克思必然把人与自然关系的演变摆在历史发展一切问题的首位，不仅决定了马克思始终把人与自然和谐统一的发展关系置于整个生态系统演变中来考察，而且决定了他始终把人与自然和谐统一关系的演变作为整个生态系统演变的一条主线。马克思、恩格斯明确指出，"人和自然的统一性"，"这种统一性在每一个时代都随着工业（指生产力——引者注）或快或慢的发展而不断改变"①。为此，我们遵循马克思的生态学思路认识和处理人、社会、自然的发展关系，克服目前人与自然的一切不和谐因素，实现人与自然和谐统一和生态与经济协调发展。

三、马克思自然环境经济学哲学中的
自然产品与自然价值

长期以来，国内外经济学家研究马克思经济学说，都把注意力放在马克思的劳动产品（即商品）和劳动价值理论上，而这种研究又忽略了劳动产品的自然因素和劳动价值的自然条件与生态基础，对于星散在马克思著述中的自然产品的理论观点和自然价值的思想萌芽视而不见，使内存于马克思经济学哲学中的生态产品与生态价值湮没于经济产品和商品价值之中。现在我们坚持和发展马克思生态经济理论的一个重大问题，就是要注重把马克思经济学哲学中一些被忽视甚至被遗忘的自然产品与自然价值的观点凸显出来，使它闪耀着星光灿烂的生态经济思想的光辉。

（一）自然产品的多样性直接影响社会经济生活的多样化

马克思所说的自然产品是指由自然生态系统直接提供给满足人类生存和社会经济存在需要的产品，它在本质上是属于生态产品。前面我们已经详细论述了自然界是人类物质生产得以进行的自然提前和生态基础，这是

---

① 《马克思恩格斯全集》第3卷，人民出版社1960年版，第49页。

马克思从《1844 年经济学哲学手稿》到《资本论》所阐明的一个基本观点。之所以如此，就在于自然界是以自然生态系统直接向人类提供生态产品的形式才作为人类物质生产活动的对象纳入人类经济实践的范畴，成为人类存在即人们的社会经济生活过程的组成部分。正是因为自然界能够直接提供给人类生存和社会经济运行所需要的生态产品，自然才能在人类实践活动中从人及社会的"外部条件"即"外在因素"转化为物质生产活动的内部要素。在此，着重从两个方面来论述马克思这个重要的生态经济思想。

1. 自然产品与自然物质、自然力。马克思、恩格斯的论著中，对人类物质生产过程中各种自然力的利用和实现生产经营的利润最大化的关系作了深刻分析，认为生产过程中的各种自然力的来源，归纳起来，无非是两个方面，一方面是来自自然界的，这类自然力属于自然物质；另一方面是来自社会的，这类自然力包括技术方法、科学进步、劳动协作以及工人劳动经验的积累等。因此，在马克思的自然理论中的自然力概念与自然物质概念，在大多数情况下两者是同一个范畴。马克思在《资本论》中明确指出："生产上利用的自然物质，如土地、海洋、矿山、森林等等，不是资本的价值要素。只要提高原有劳动力的紧张程度，不增加预付货币资本，就可以从外延方面或内含方面，加强对这种自然物质的利用。"① 马克思在这里所说的自然物质，就是自然力，它直接来源于自然界。而直接来源于自然界的自然力是相当广泛的，除上述以外，可以进入人类物质生产过程的还有风、阳光、瀑布、潮汐、空气、微生物等等。无论是土地、森林等，还是风、瀑布等，都是自然力，正如马克思所说的，"瀑布和土地一样，和一切自然力一样"，② 都属于自然产品。这种自然产品在马克思的视野内，是在自然生产与再生产过程中没有人类劳动参入、单纯的自然因素作用锻造的自然物质。

在马克思的著述中反复指出，自然力是一种不费分文利用于生产过程

---

① 《马克思恩格斯全集》第 24 卷，人民出版社 1972 年版，第 394 页。
② 《马克思恩格斯全集》第 25 卷，人民出版社 1974 年版，第 729 页。

并带来超额利润的生产要素。这就是说自然产品是一种不费分文利用于生产过程并带来超额利润的生产要素。马克思说过，自然物质即自然产品："作为要素加入生产但不需要代价的自然要素"，它"作为资本的无偿的自然力""加入生产"，① 可以形成超额利润。"例如，瀑布可以为工厂主代替蒸汽机，并使工厂主能够节省煤炭。工厂主拥有这个瀑布，比方说，就可以经常把纱卖得比它的［个别］平均价格贵，并得到超额利润。"② 因此，与其说"自然力不是超额利润的源泉，而只是超额利润的一种自然基础，因为它是特别高的劳动生产力的自然基础"。③

在马克思所处的资本主义大工业时代，工厂主之所以能够不费分文地利用自然力，是因为自然力本身不是人类劳动的产物，它不是劳动产品，是自然生产的产物，是自然产品。因此，马克思就认为，自然力即自然产品是没有价值的。马克思以瀑布这种自然力为例说明："瀑布却是一种自然的生产要素，它的产生不需要任何劳动。"④

因而它同土地一样是"没有价值"的，⑤ 就"不进入价值形成过程"。⑥ 这里的"价值"是指劳动价值，因为在马克思看来，在他那个时代自然力本身是没有凝结人类劳动的，因而自然产品本身是没有价值的，它只是商品价值形成的自然基础。可见，自然界就是通过自然产品作为生产要素进入人类劳动过程，成为人类物质生产过程的自然要素，构成了商品价值的物质承担者的商品使用价值的物质内容，使商品实现了使用价值和价值的统一。是资本主义生产中的剩余价值得以产生的自然前提和生态基础。这样，自然生态就作为人类物质生产过程的内部要素的面貌出现了。在这里，自然物质、自然力与自然产品在马克思的理论体系中就迸发出了生态经济的思想火花。

---

① 《马克思恩格斯全集》第 25 卷，人民出版社 1974 年版，第 840 页。
② 《马克思恩格斯全集》第 26 卷 II，人民出版社 1973 年版，第 134 页。
③ 《马克思恩格斯全集》第 25 卷，人民出版社 1974 年版，第 728 页。
④ 《马克思恩格斯全集》第 25 卷，人民出版社 1974 年版，第 724 页。
⑤ 《马克思恩格斯全集》第 25 卷，人民出版社 1974 年版，第 729 页。
⑥ 《马克思恩格斯全集》第 47 卷，人民出版社 1979 年版，第 513 页。

2. 自然生态环境和它的自然产品的多样性直接影响着人类经济活动与社会经济生活的多样化。首先，人类生存与发展无论是物质的还是精神的都要依赖自然界，靠自然界生活，这是马克思人与自然相互关系的基本观点。这个观点实质是讲人类是靠自然界提供的自然产品生活的。马克思在《1844 年经济学哲学手稿》中明确指出："人（和动物一样）靠无机界生活，而人比动物越有普遍性，人赖以生活的无机界的范围就越广阔。""人在肉体上只有靠这些自然产品才能生活，不管这些产品是以食物、燃料、衣着的形式还是以住房等等的形式表现出来。"① 马克思在《资本论》第 1 卷中把人周围的自然的自然产品在经济上划分为两类："生活资料的自然富源，例如土壤的肥力、鱼产丰富的水等等；劳动资料的自然富源，如奔腾的瀑布、可以航行的河流、森林、金属、煤炭等等。在文化初期，第一类自然富源具有决定性的意义；在较高的发展阶段，第二类自然富源具有决定性的意义。"② 马克思在这里所说的自然富源是自然产品的同义语，则是无疑的。他还在《资本论》第 3 卷中进一步指出："自然就以土地的植物性产品或动物性产品的形式或以渔业等产品的形式，提供出必要的生活资料。"③ 这些论述揭示了自然产品在不同社会历史发展阶段的人类生活和社会生产中，具有决定性的基础作用。因此，马克思反复强调人及其社会物质生产离不开自然界，实质上就是离不开自然界给人及社会物质生产提供的各种自然产品。如果人不从自然界获取各种自然产品，人类就难以生存，社会物质生产就无法进行，社会生产力也就无从谈起。

其次，自然产品作为生产要素进入社会物质生产过程，是社会生产与再生产得以持续与扩大的物质保障。马克思认为，"人要在生产上消费自然力"，④ 自然产品就"以或大或小的效能并入生产过程"，⑤ 就"必然

---

① 《马克思恩格斯全集》第 42 卷，人民出版社 1979 年版，第 95 页。
② 《马克思恩格斯全集》第 23 卷，人民出版社 1972 年版，第 560 页。
③ 《马克思恩格斯全集》第 25 卷，人民出版社 1974 年版，第 712~713 页。
④ 《马克思恩格斯全集》第 23 卷，人民出版社 1972 年版，第 424 页。
⑤ 《马克思恩格斯全集》第 24 卷，人民出版社 1972 年版，第 394 页。

大大提高劳动生产率，这一点是一目了然的"。① 原因就在于前面引证马克思所说的自然产品"是特别高的劳动生产力的自然基础"。其深刻的意义还在于，在任何经济社会形态的发展中，自然要素（它的表现形态就是自然产品）始终发挥着基质作用，使任何经济社会形态的劳动活动，都是人的"自身的自然"作用于"身外的自然"，使自然产品改变成适合人需要的产品的使用价值。因此没有作为自然要素的自然产品进入社会物质生产过程，任何经济活动都是子虚乌有，任何劳动生产率的提高也是无从谈起。

再次，人类生存与发展的社会需要也是受自然生态环境和它的生态产品的直接影响的。马克思曾经说过："由于一个国家的气候和其他自然特点不同，食物、衣服、取暖、居住等等自然需要也就不同。"② 例如生活在草原地区的牧民是以动物性食物为主，生活在丛林地区的农民是以植物性食物为主；前者从自然界获取动物性产品而后者是获取植物性产品，从而显示出自然生态环境左右人类需要的巨大"权威"。不仅如此，它还影响人们的生活方式、精神面貌甚至社会状况。因此，马克思明确指出："资本的祖国不是草木繁茂的热带，而是温带。不是土壤的绝对肥力，而是它的差异性和它的自然产品的多样性，形成社会分工的自然基础，并且通过人所处的自然环境的变化，促使他们自己的需要、能力、劳动资料和劳动方式趋于多样化。"③ 这里所说的土壤的"差别性"可以从广义上理解为自然生态环境的差别性，这种差别性最终形成人们的需要、能力、生产和生活方式等经济活动和经济生活的多样化；而有多样化特点的自然生态环境和它的生态产品，又是最适合人类生存和社会经济发展的。

（二）　马克思经济学哲学中自然价值萌芽思想

长期以来，传统经济学哲学在强调人类世界和自然世界的本质区别和

---

① 《马克思恩格斯全集》第23卷，人民出版社1972年版，第424页。
② 《马克思恩格斯全集》第23卷，人民出版社1972年版，第194页。
③ 《马克思恩格斯全集》第23卷，人民出版社1972年版，第561页。

生态环境和经济社会的对立分离时，发展了一种自然界没有价值的经济学和哲学。在这种理论框架下认识和解释马克思的价值理论，尤其是从马克思那里找到理论依据。这样无论是西方社会还是东方社会的经济活动，都以自然资源与自然环境这样天然存在的自然产品是没有价值的。这种自然没有价值的观念，就成为 20 世纪占统治地位的价值观。

不可否认，在马克思的论著中确实有自然力即自然（生态）产品没有价值的论述，这正是一些人对马克思价值理论指责最多之处。马克思在《资本论》第 1 卷中认为："一个物可以是使用价值而不是价值。在这个物并不是由于劳动而对人有用的情况下就是这样。例如，空气、处女地、天然草地、野生林等等。"① 他在《资本论》第 3 卷中还提出，一切自然力都是没有价值的，"因为它本身中没有任何物化劳动，因而也没有价格，价格通常不外是用货币来表现的价值"。② 现在，我们如何理解马克思的这些具体论点呢？其实，这个问题并不难说清楚。大家知道，马克思创立劳动价值学说的时代，是处于资本主义工业社会发展的前期，生态环境问题虽然已经产生，但整个地球生态系统仍大体上处于基本良性循环状态，因而人与自然，生态与经济的矛盾还没有成为一个严重的深刻的社会问题降临到人类面前。那时候，天然存在的自然资源和自然环境多数是没有经过人的劳动过滤的，或没有经过人的劳动仔细挑选即未经人类劳动作用的而处于潜在使用价值的自然产品。在这种情况下，无论进入社会物质生产过程的自然资源，还是进入社会物质生产过程的自然环境的阳光、空气等生态因子，都不是人类劳动产品，人们对这些自然（物态）产品的利用是大自然的恩赐，是作为自然界对人类的"赠品"，可以"不费分文"地使用。于是，自然（生态）产品一般来说是只有使用价值而没有价值，也不会有价格。因此，马克思在当时的历史条件下作出了自然资源和自然环境的生态因子这种自然（生态）产品只有使用价值而没有价值的具体结论，应该说是符合当时的实际情况的。然而，我们要强调的是马克思在这里所说的

① 《马克思恩格斯全集》第 23 卷，人民出版社 1972 年版，第 54 页。
② 《马克思恩格斯全集》第 25 卷，人民出版社 1974 年版，第 729 页。

"价值"，无疑是指当时天然存在的自然（生态）产品中没有凝结人类一般劳动的劳动价值。这对于马克思所处的那个时代来说也是正确的。是否由此就可以作出马克思的理论体系中不承认自然价值的结论呢？不能，绝对不能。

1. 我们还是从马克思创立劳动价值论的历史使命说起。众所周知，资产阶级古典经济学家们的最大历史功绩是，他们奠定了劳动价值论的基础。但是，"他们不能依据价值是由社会必要劳动所决定这一点，来合理地解释资本主义生产方式的各种现象。无论是斯密或者李嘉图都不能揭示资本主义生产方式作为一个特殊的生产方式的特征，不能揭示其运动和发展的规律"。① 因而以往的政治经济学在这个问题面前是束手无策，"只是写一些或说一些毫无意义的词句"。② 因此，马克思创立劳动价值论的直接目的，就是揭示资本主义经济运动与发展的规律，揭露资本主义剥削的奥秘，展现剩余价值的真正源泉。确切地说，它的"一个目的是要证明活劳动怎么是利润的唯一源泉"。③ 于是马克思在科学批判资产阶级古典经济学的价值理论基础上，他"第一个彻底研究了劳动所具有的创造价值的特性"，④ "第一次确定了什么样的劳动形成价值，为什么形成价值以及怎样形成价值"。⑤ 这样马克思就阐明了价值一般说来不外就是这种劳动的凝结。正如马克思所说的，价值是人类抽象劳动创造的，"只是无差别的人类劳动的单纯凝结，即不管以哪种形式进行的人类劳动力耗费的单纯凝结"。⑥ 因此，价值的实体是人类抽象劳动的凝结，即是这些抽象劳动"作为它们共有的这个社会实体的结晶，就是价值——商品价值"。⑦ 因

---

① ［苏］列·阿·列昂节夫著，张仲朴等译：《恩格斯和马克思主义经济学说》，贵州人民出版社1954年版，第148页。

② 《马克思恩格斯全集》第16卷，人民出版社1964年版，第264页。

③ 森岛通夫：《马克思的经济学》（英文本），转引自《现代国外经济学论文选第6辑》，第86页。

④ 《马克思恩格斯全集》第22卷，人民出版社1965年版，第236页。

⑤ 《马克思恩格斯全集》第24卷，人民出版社1972年版，第22页。

⑥ 《马克思恩格斯全集》第23卷，人民出版社1972年版，第51页。

⑦ 《马克思恩格斯全集》第23卷，人民出版社1972年版，第51页。

此，价值本身是物化在某个物品中的、社会必要的人的劳动的表现，正如恩格斯指正的，价值只是劳动的另一种表现，即在资本主义社会中用以表示包含在商品中的社会必要劳动量的一种表现。所以价值的本质则是在物的外壳掩盖下的人与人的社会经济关系，体现着人与人之间的经济利益关系。

由上可知，马克思的劳动价值论，在本质上是商品经济的商品价值论，主要是对社会经济系统而言的，不涉及自然生态系统及其他与社会的经济系统的相互关系。因此，马克思主要是从产生剩余价值的社会物质生产实践活动的人类劳动作为起点，来阐明劳动价值论，而对社会生产过程中必不可少的自然要素本身的价值问题没有必要也不可能过多涉及，这对实现马克思创立劳动价值论的理论目的是非常必要的。这就是有利于劳动价值论揭示资本主义生产方式下资本和剥削雇佣工人所创造剩余价值的关系；揭示资本的生产过程就是对劳动者劳动成果的掠夺的过程，指明资本主义积累的历史趋势。但是，我们不能因此就得出这样的结论：马克思的劳动价值论是否认自然资源与自然环境和它的自然产品的价值，即自然界的价值。正如有的学者指出的那样，在理论的研究中，为了真正阐述一个问题而肯定某种观点，绝不意味着就是否认了另一种观点的价值。事实上，马克思在创立劳动价值论的过程中，始终没有忘记资本主义生产的商品体中的自然因素，他认为这种商品体同任何商品体一样是"自然物质和劳动这两种要素的结合"，它除了劳动因素外，"总还剩有一种不借人力而天然存在的物质基质"。[①] 正是这种"天然存在的物质基质"，使自然产品具有对人类的有用性，从而构成为商品价值的自然因素，即自然前提与生态基础。因而在这里，已经蕴藏着自然价值的胚胎形态甚至可以说是自然价值的萌芽思想，替后人研究自然价值提供了理论前提和思想材料。

2. 在马克思的自然理论框架中包含具有自然价值意义的思想火花是多

---

① 《马克思恩格斯全集》第 23 卷，人民出版社 1972 年版，第 56 页。

方向的，现依笔者的认识，着重谈几点。

第一，在马克思的著述中，多次阐明了社会分工与协作，社会物质生产过程、剩余价值的产生即价值形成与增殖，都有一个自然基础。因而，他还特别指出，自然力即自然产品"是超额利润的一种自然基础"。① 对此如何理解呢？笔者认为，在马克思那里，是把创造商品价值与超额利润的自然基础和现实源泉看成两个概念。正如马克思自己所说的"这就象使用价值总是交换价值的承担者，但不是它的原因一样"。② 很明显，马克思是把自然产品看成只是商品价值的物质承担者，正是在这个意义上说，它只是商品价值与超额利润的自然基础。而商品价值与超额利润产生的原因，则是人类劳动的创造，而不是自然力或自然产品的创造。所以，人类一般劳动才是创造商品价值与超额利润的唯一源泉。其实，这只是对社会经济系统而言的。现在，我们从劳动的角度看待自然界，对自然生态系统而言，自然产品之所以成为剩余价值和超额利润产生的自然基础，就在于它是"一种不借人力而天然存在的物质基质"，是人类劳动创造商品价值不可缺少的自然要素，是人"用来实现自己的劳动、在其中展开劳动活动、由其中生产出和借以生产出自己的产品的材料"。③ 这就体现了自然生态环境和它的自然产品对人的有用性，即自然界作为人生存与发展的资料，能够满足人存在与发展的需要，这本身就是自然价值。没有它人类劳动什么也不能创造。对此，马克思早在《1844 年经济学哲学手稿》中就明确指出："没有自然界，没有感性的外部世界，工人就什么也不能创造。"④

第二，在马克思的自然理论框架中，从总体上看，马克思不仅不否认自然价值，而且相反，他充分肯定自然价值。马克思认为，自然界中的阳光、空气、水、湖泊、海洋、土壤、岩石、高山、各种动植物等都是具有

---

① 《马克思恩格斯全集》第 25 卷，人民出版社 1974 年版，第 728 页。
② 《马克思恩格斯全集》第 25 卷，人民出版社 1974 年版，第 728 页。
③ 《马克思恩格斯全集》第 42 卷，人民出版社 1979 年版，第 92 页。
④ 《马克思恩格斯全集》第 42 卷，人民出版社 1979 年版，第 92 页。

某种使用价值的，"如果一个使用价值不用劳动也能创造出来，它就不会有交换价值，虽然作为使用价值，它仍然具有它的自然的效用"。① 解保军在《马克思自然观的生态哲学意蕴》一书中认为马克思这里讲的"自然的效用"就是指自然界的价值。笔者完全赞同这个解释并进一步指出，这里讲的"自然的效用"，就是指由自然资源与自然环境的使用价值与稀缺性所带来的生态价值。马克思还指出自然产品作为要素，"以或大或小的效能并入生产过程"。② 这里所说的自然产品的效能，也是一种"自然的效用"，是自然价值的一种现实表现。按照生态哲学的观点，自然界中的任何事物都有其自身存在的价值和权利，各种不同的生物和自然产品，如动物、植物、微生物、土壤、岩石、海洋、河流、高山、空气、阳光、大气圈等，都是自然界的有机组成部分，它们都能满足人和一切非人类生命生存和发展的需要，实现人和一切其他生物的价值和权利。因此，自然界中的各种生物和自然产品的外在价值与内在价值等是客观存在着。从本体论意义上说，自然界是自然价值的载体。自然价值就是地球生态系统中的价值，又称为生态价值。③

第三，按照马克思始终把人与自然关系的发展置于整个自然界中来考察的生态学思路，就应当把从劳动的角度看待社会经济和看待自然界统一起来，才能坚持事实与价值的统一，从而肯定自然的自身价值。从劳动的角度看社会经济，马克思认为，自然产物没有任何物化劳动，它们虽然进入劳动过程，但并不进入价值形成过程。因而，在商品价值中包括那些或多或少利用自然产品而制造的商品的价值中，也没有包含自然产品的价值，商品价值全部是人类一般劳动的凝结。这是因为，自然产品加入劳动过程，可以使商品使用价值量增加，但商品的价值总量不可能增加，每个商品的价值还会减少，按社会价值决定价格出卖商品时，使商品个别价值

---

① 《马克思恩格斯全集》第25卷，人民出版社1974年版，第728页。
② 《马克思恩格斯全集》第24卷，人民出版社1972年版，第394页。
③ 刘思华：《理论生态经济学若干问题研究》，广西人民出版社1989年版，第319~322页；余谋昌：《生态哲学》，陕西人民教育出版社2000年版，第203页。

低于社会价值，就产生一部分超额利润。所以商品价值与超额利润不是自然产品的创造。然而，正因为自然产品进入生产劳动过程，能够增加商品的使用价值量，所以，马克思又明确指出"劳动并不是它所生产的使用价值即物质财富的唯一源泉"。① "自然界同劳动一样也是使用价值（而物质财富就是由使用价值构成的！）的源泉，劳动本身不过是一种自然力即人的劳动力的表现。"② 以上表明，在马克思的劳动价值论的框架中，商品的使用价值是由自然界和人类劳动共同创造的，它有两个源泉；而商品的价值只是人类一般劳动创造的，它只有一个源泉。这从劳动的角度看待社会经济来说，也就是劳动价值论对社会经济系统而言，无疑是正确的。但是，对自然生态系统而言，就会使客观事实与价值不一致，从而使马克思的自然理论产生逻辑矛盾。因此，我们必须既按照马克思的唯物主义历史观和辩证法自然观的统一理论，还要从劳动的角度看待自然界。人类一般劳动创造的商品价值，实质就是经济价值，人类劳动创造经济价值是靠自然财富又叫生态财富（而自然财富本来就是由自然产品构成的）支撑着的。人类劳动如果不利用和改变这种自然财富就没有任何价值的产生。正像马克思所说，"人通过自己的活动按照对自己有用的方式来改变自然物质的形态"，③ "不仅如此，他在这种改变形态的劳动中还要经常依靠自然力的帮助"。④ 这就是说，人类的经济价值是需要通过人的劳动才能把自然物质改变成为对人有用的形式，但这种改变形态的劳动必须靠自然物质的帮助，其实质就是要以自然物质本身具有经济价值的属性为前提，这样一种属性就是自然价值。按照生态哲学的观点："没有自然价值载体，劳动是不可能变换出价值来的，因此，自然界也能创造价值。自然界的价值是原初性的，劳动产生的价值即劳动价值则是在这种原初价值上的再创造。"⑤ 笔者认为，这个见解是深刻的，它可以使马克思的自然理论中创造价值的源

---

① 《马克思恩格斯全集》第23卷，人民出版社1972年版，第57页。
② 《马克思恩格斯选集》第3卷，人民出版社1995年版，第298页。
③ 《马克思恩格斯全集》第23卷，人民出版社1972年版，第87页。
④ 《马克思恩格斯全集》第23卷，人民出版社1972年版，第56~57页。
⑤ 雷毅：《生态伦理学》，陕西人民教育出版社2000年版，第225页。

泉的逻辑矛盾消除了。自然价值即生态价值是原初性的价值，劳动价值则是在生态价值的基础上的再创造。自然界是生态价值的源泉，人类一般劳动是经济价值的源泉。我们还可以深究，从根本上说，自然界不仅是物质财富的原初创造者或第一源泉；而且是价值的原初创造者或最终源泉。而同样道理，人类劳动不仅是自然财富的再造者或现实源泉，而且是自然价值的再创造者或现实源泉。对这个重大理论问题的诠释，充分体现本书中生态马克思主义经济学的理论特征。

第四，马克思关于人类劳动"只能改变物质形态"确实包含着价值形态转化的意义，具有自然界的价值转化为人及社会的价值的意义。在任何历史条件下自然界都具有自身的生态价值，只不过这种自然价值对人及社会需要来说，是一种潜在的价值存在，要使它成为满足人及社会需要的现实的价值存在，就必须通过人类生产劳动实践，有目的的再创造出来，成为人及社会的价值。这个过程则是人类生产劳动按照自己有用的方式改变自然物质形态的过程。然而正如马克思指出："人在生产中只能象自然本身那样发挥作用，就是说，只能改变物质的形态。"他还引用彼得罗·维里的话进一步表达这个思想："宇宙的一切现象，不论是由人手创造的，还是由物理学的一般规律引起的，都不是真正的新创造，而只是物质的形态变化。结合和分离是人的智慧在分析再生产的观念时一再发现的唯一要素；价值〈指使用价值，尽管维里在这里同重农学派论战时自己也不清楚说的是哪一种价值〉和财富的再生产，如土地、空气和水在田地上变成谷物，或者昆虫的分泌物经过人的手变成丝绸，或者一些金属片被装配成钟表，也是这样。"① 在这里，无论是土地、空气和水等具有自然价值的自然产品转化成为具有经济价值的谷物；还是具有自然价值的昆虫的分泌物转化成为具有经济价值的丝绸，都是人类生产劳动过程中同时发生的两个方面转化，即是同一事物的同一行为表现为两重结构：一是自然物质形态的改变即转化；二是价值形态的改变即转化，这两方面的转化没有逻

---

① 《马克思恩格斯全集》第 23 卷，人民出版社 1972 年版，第 56 页。

辑先后和时间先后的区分。在人类生产劳动过程中不是分离存在的，而是有机统一的。两者构成统一过程的两个侧面，一个统一过程内的差别。而在这个过程中只是价值形态之间的转化，即由生态价值转化成为经济价值，它并不能使价值本身增加或减少。因此，人类生产劳动不仅只是对自然物质形态进行锻造与重组，而且也只是对自然价值进行锻造与重组，从而导致物质形态和价值形态的变化。人类劳动，只有人类劳动，才能改变物质形态和价值形态。正是在这个意义上说，人类劳动不仅是物质形态的唯一转化者，而且是价值形态的唯一转化者。由此看来，当年马克思创立劳动价值论时，只是没有区分价值创造者和价值转化者，尤其没有看到人类一般劳动不仅是商品价值的创造者而且是价值形态的转化者。在这里，马克思并没有否认自然价值，而是把自然价值作为劳动价值的自然基础，通过人类劳动对它进行锻造与重组，不仅创造了经济价值即劳动价值，而且形成为生态经济价值。在弄清楚这个问题之后，自然价值在马克思那儿就向人们露出了笑脸，并闪耀出星光灿烂的生态经济价值思想的光辉。

3. 自然的外在价值和内在价值相统一的自然价值观，以胚胎形式内存于马克思经济学哲学理论之中。马克思指出："'价值'这个普遍概念是从人们对待满足他们需要的外界物的关系中产生的，因而，这也是'价值'的种概念，而价值的其他一切形态……只不过是这个概念的属概念。"[①] 从普遍"价值"的种概念出发，作为属价值概念之一的自然价值就产生于人类与自然界的关系中。这种关系就是自然价值的存在形式。可见，马克思的这段论述向我们指明了人与自然之间存在着价值关系，肯定了自然界的价值是自然对人的需要满足，这是自然界对人具有的工具价值即自然的外在价值。的确，人类与自然界之间存在着需要与被需要、满足与被满足的价值关系，它表现为人与自然之间的价值关系。这是不言而喻的。而自然的外在价值是人的创造性的确证与象征，我们却不能由此就认为，马克思

———————

① 《马克思恩格斯全集》第19卷，人民出版社1963年版，第406页。

忽视了价值存在的本体论意义，即自然具有不依赖于人的价值而存在的内在价值。

其实，马克思一贯认为，人类生存与发展无论在物质上还是在精神上都依赖自然界生活，还特别强调这种人对自然的依赖性是来源于自然对人的本原性、先在性、客观性和制约性。[①] 早在《1844 年经济学哲学手稿》一书中，马克思指出："人（和动物一样）靠无机界生活，而人比动物越有普遍性，人赖以生活的无机界的范围就越广阔。从理论领域说来，植物、动物、石头、空气、光等等，一方面作为自然科学的对象，一方面作为艺术的对象，都是人的意识的一部分，是人的精神的无机界，是人必须事先进行加工以便享用和消化的精神食粮；同样，从实践领域说来，这些东西也是人的生活和人的活动的一部分。""在实践上，人的普遍性正表现在把整个自然界——首先作为人的直接的生活资料，其次作为人的生命活动的材料、对象和工具——变成人的无机的身体。自然界，就它本身不是人的身体而言，是人的无机的身体。人靠自然界生活。这就是说，自然界是人为了不致死亡而必须与之不断交往的、人的身体。"[②] 马克思的这些精辟论述实质上是肯定了自然界具有不依赖于人的价值而存在的内在价值，尤其他提出的"自然界是人的无机的身体"的科学论断，就意味着他把自然界看成是与人的身体具有同样意义和价值的事物，肯定了自然界作为"人类家园"的生态价值，这就体现了马克思对自然的内在价值的承认与尊重，丝毫没有忽视、漠视自然的内在价值的意思。笔者之所以使用"实质上"和"意味着"这种表达，就是要表明马克思的自然价值观是自然的外在价值与内在价值的统一观，只不过它是以胚胎形式内存于马克思经济学哲学理论之中，现在，使它凸显出来，并以当代实践和科学为基础对它予以论证和发展，使其同马克思经济学哲学中的成熟现实融合一体，成为马克思生态经济理论的基石。

在结束本章的论述时，笔者要特别强调指出的是，前三章我们从哲

---

① 参见本书第一章。
② 《马克思恩格斯全集》第 42 卷，人民出版社 1979 年版，第 95 页。

学、社会学和经济学的角度引证马克思自然理论的一些重要论点，清楚地
看出马克思对人的理解以及对人与自然关系的理解都具有很强的生理学、
生物学色彩，正是从这个意义上说，马克思的人与自然相互关系学说具有
生态学含义，应该说它是符合马克思人与自然相互关系学说的本意，从而
替他的生态经济思想奠定了生态学基础。

第二篇

马克思生态经济学说的总体构架

　　自从马克思主义经济学说诞生以来，国内外经济学家基本上没有从生态学的角度对马克思、恩格斯的经济思想进行系统研究；当然也没有从经济学的角度研究他们的生态学思想及其与经济学的关系。事实表明，从世界经济学说史来看，亚当·斯密以后的经济学，一般是用纯经济学的观点来研究马克思的经济学说，这就必然使马克思经济理论体系中内蕴着的生态经济思想的精华被湮没、被遗忘了。不仅如此，国内外经济学家以至所有的马克思主义理论研究者，大都没有把马克思的理论体系作为一个严密的理论整体来研究马克思的生态经济理论，对马克思的理论体系的这种解读，也会割裂马克思的理论体系和生态经济理论的内在联系，尤其是马克思经济学说和生态经济学说的共生共存的关联性和内在的、有机的统一性。本书的绪论和第一篇已经从认识论和方法论上克服了这些问题，我们完全能够从马克思学说的理论体系中挖掘出蕴藏着的生态经济思想的精粹，使它闪耀着马克思生态经济学说的思想光辉。鉴于马克思的生态经济理论与他的自然理论是不可分离的统一体，因此，应该说，马克思的生态经济学说在马克思学说的整个理论体系中处于基础性的地位。本书第一篇是对马克思生态经济思想的理论基础探讨，目的就是要使马克思的经济学、哲学、社会学和生态学思想一体化，从而把他的生态经济学说的基础理论凸显出来，构成生态马克思主义经济学总体框架的最基本的理论基础；本篇则是在此理论前提下，进一步对马克思生态经济学说的主要内容进行研究，深入探索中国现代化建设的一系列重大理论问题和现实问题，给予马克思主义的回答，形成生态马克思主义经济学的总体构架的基本观点与理论原则。这除了第一篇论述的生态环境内因理论、生态经济价值理论和第三篇论述的可持续发展理论、全面文明理论外，本篇论述了二重性理论、物质变换理论、全面生产理论、广义生产力理论、物质循环理论等。

第五章　二重性理论
——生态自然因素与经济社会因素的统一

在马克思学说的理论体系中蕴藏着丰富的二重性学说的理论财富，尤其是关于人的二重性、劳动的二重性、生产过程的二重性、商品的二重性、社会经济运动与发展的二重性等，在马克思看来，它们都是自然因素（即自然形式）和社会历史因素（即社会历史形式）的统一，它们的自然存在和社会存在是不可分地融合在一起的。因此，笔者认为，马克思的二重性理论构成了整个马克思学说的基础。长期以来，国内外学者只是从传统哲学和经济学的角度解读马克思的二重性学说，将其看成纯粹的哲学和经济学理论，这就不能全面地反映这一学说的理论本质。现在，我们从广义的哲学和经济学，即马克思主义生态哲学和生态经济学的视角来解读马克思的二重性学说，就不难发现这一学说在本质上是生态自然因素与经济社会因素内在统一的生态经济二重形态理论。这是对马克思的二重性学说的新解读，更能显示出这一学说在当代的理论价值和现实意义。

一、人的二重性理论

（一）人既是自然生态人又是社会经济人

马克思在《1844 年经济学哲学手稿》一文中，提出了人的二重性学说，揭示了人是自然属性和社会属性的内在统一，是生态自然因素与经济社会因素的有机统一体，其后，马克思、恩格斯在《资本论》、《自然辩证法》等重要著作中进一步发展了人的二重性理论。对此，我们应当着重把握以下几点：

1. 马克思、恩格斯一贯认为，人是自然与社会的两种环境的产物。人是自然界长期发展的产物。人类出现之前，自然界早已独立存在，并按照自身所固有的规律，不断地运动、变化、向前发展，到了地球产生的大约 15 亿年以后，地球上的物质，在漫长的发展过程中，从无机物到有机物，从简单有机物到复杂有机物，逐渐产生了生命。这是自然界物质发展的一个巨大飞跃。其后又经过亿万年的漫长发展过程，生命是以最简单的、无氧呼吸的原始生物发展到有氧呼吸的生物，从低等植物动物进化到高等动植物。生物在地球上的大气圈、水圈和岩石圈中发展，产生了生物圈，并逐渐形成了适合人类生存的生态系统，于是，人类就从神经系统获得最充分发展的高级脊椎动物的猿类中分离出来。恩格斯在《自然辩证法》中论述了从原始星云到人类社会的历史发展过程，他指出："从最初的动物中，主要由于进一步的分化而发展出了动物的无数的纲、目、科、属、种，最后发展出神经系统获得最充分发展的那种形态，即脊椎动物的形态，而在这些脊椎动物中，最后又发展出这样一种脊椎动物，在它身上自然界获得了自我意识，这就是人。"① 因此，"人本身是自然界的产物，是在自己所处的环境中并且和这个环境一起发展起来的"。② 人之所以是自然界的产物，就在于人原来就是直接从猿类演化而来的，而猿类又是漫长的物质元素的化学进化和生物进化以至动物进化的产物。所以人是自然界所产生的最复杂最高级的有机体。它同任何别的生物或动物一样，是蛋白质、糖类、脂类、核酸、水和无机盐等物质构成的有机体，同样要经过新陈代谢、生长发育、繁殖后代、遗传变异等生物过程和生化过程，来维持自己个体和种群的存在和发展。这样，人就需要和自然环境的无生命物质以及自然界的其他生物进行物质能量交换，获取营养和能量，保持自己同自然环境的生态循环，因而和自然环境具有生态关系，并直接构成为生态系统

---

① 《马克思恩格斯选集》第 4 卷，人民出版社 1995 年版，第 273 页。
② 《马克思恩格斯选集》第 3 卷，人民出版社 1995 年版，第 374～375 页。

的组成部分，而且是特殊的组成部分。所以，马克思作出结论说："人是自然界的一部分。"① 这就告诉我们，从时间上说，人类是自然界发展的一个阶段，从空间上说，人类是自然界的一个组成部分。

人是社会环境的产物。人是在自然界发展的一定阶段上形成的，但不能把人看成纯粹自然的结果。人是生活在两种世界的高级动物，即生活在自然的世界和社会的世界。所谓人是生态系统的特殊部分，就在于人是高于一切动物的动物。正如 19 世纪英国生物学家赫胥黎所说："只有人具有能创造可理解的和合理的语言的天才，就凭这种语言，在他生存的时期逐步积累经验和组织经验，而这些经验在其他动物中当个体生命结束时就完全丧失了。因此，人类现在好像是站在大山顶上一样，远远高出于他的卑贱伙伴的水平，从他的粗野本性中改变过来，从真正的无限源泉里处处放射出光芒。"② 因此，人这种动物不是单纯的生物，已经超出了纯生物的范围，而是从事劳动活动、物质生产的人，是一种能动改变客观世界的物质力量。有了人，就有了人类社会。人类社会是由许许多多个人组成的群体的社会，社会的主体是由有生命的个人组成的群体，所以人是社会的动物。马克思说得好："人即使不象亚里士多德所说的那样，天生是政治动物，无论如何也天生是社会动物。"③ 这就是说，人是社会的人，它区别于自然界中其他动物的根本之点，就是人有意识思维，能劳动制造工具，从事生产。人类的这个特点，是自然界中任何别的动物绝对而且永远也不具备的。人不仅能改变和发展社会，而且能改变和发展自然界，从事"万物"都不能从事的社会活动。所以，人的存在与发展还是社会环境的产物。

2. 人是自然存在物与社会存在物的统一。马克思关于人的概念首先是肯定"人直接地是自然存在物"，而且是"有生命的自然存在物"，并强调

① 《马克思恩格斯全集》第 42 卷，人民出版社 1979 年版，第 95 页。
② ［英］赫胥黎著，《人类在自然界的位置》翻译组：《人在自然界中的位置》，科学出版社 1971 年版，第 102~103 页。
③ 《马克思恩格斯全集》第 23 卷，人民出版社 1972 年版，第 363 页。

是"现实的、有形体的、站在稳固的地球上呼吸着一切自然力的人"，"具有自然力、生命力，是能动的自然存在物"。① 这种观点，在恩格斯的著述中可以找到各种各样的论证与发挥。他指出："人来源于动物界这一事实已经决定人永远不能完全摆脱兽性。"② 可见，马克思、恩格斯赋予人类存在的生态自然因素，赋予人的生态自然本性以巨大的意义。这就是说，人是自然存在物就必然在自然界中展开自己的肉体生活和精神生活，与自然界的另一部分即外部自然界进行物质变换，"一个存在物如果在自身之外没有自己的自然界，就不是自然存在物，就不能参加自然界的生活。一个存在物如果在自身之外没有对象，就不是对象性的存在物"。③ 因此，人作为自然存在物，是对象性的存在物，就"需要在他之外的自然界，在他之外的对象"。④ 马克思还指出："人作为自然的、肉体的、感性的、对象性的存在物，和动植物一样，是受动的、受制约的和受限制的存在物。"⑤ 恩格斯说得好："我们连同我们的肉、血和头脑都是属于自然界和存在于自然之中的。"⑥

当然，人作为"有生命的自然存在物"，"它本来就是自然界"，⑦ 并不是像动物那样只有受动的、受制约的一面，而是具有主动性、能动性、创造性的自然存在物，因为人同时是社会存在物。马克思说过："人不仅仅是自然存在物，而且是人的自然存在物，也就是说，是为自身而存在着的存在物，因而是类存在物。"⑧ 这里的用语虽然还不够十分确切地表示人是社会存在物，但却表明了马克思在首先肯定人是自然存在物的同时，肯定了人是社会的存在物。因此，马克思就认为："正象社会本身生产作为人的人一样，人也生产社会。活动和享受，无论就其内容或就其存在方式来说，

---

① 《马克思恩格斯全集》第42卷，人民出版社1979年版，第167页。
② 《马克思恩格斯全集》第20卷，人民出版社1971年版，第110页。
③ 《马克思恩格斯全集》第42卷，人民出版社1979年版，第168页。
④ 《马克思恩格斯全集》第42卷，人民出版社1979年版，第168页。
⑤ 《马克思恩格斯全集》第42卷，人民出版社1979年版，第167页。
⑥ 《马克思恩格斯选集》第4卷，人民出版社1995年版，第384页。
⑦ 《马克思恩格斯全集》第42卷，人民出版社1979年版，第167页。
⑧ 《马克思恩格斯全集》第42卷，人民出版社1979年版，第169页。

都是社会的，是社会的活动和社会的享受。"① 其后，在《经济学手稿》中就提出："人是最名副其实的政治动物，不仅是一种合群的动物，而且是只有在社会中才能独立的动物。"② 这样马克思在写作《资本论》时就明确指出：人"无论如何也是天生的社会动物"。人本身的存在就是社会的活动，因而，人是社会存在物，"人的本质并不是单个人所固有的抽象物，在其现实性上，它是一切社会关系的总和"。③ 这是马克思关于人的社会本质的基本观点，也是马克思人的学说的基本论点。恩格斯在概括达尔文和摩尔根著作中的人类起源研究成果时，在批判费尔巴哈对人的理解的局限性时，同马克思人的社会本质的论断完全一致，他非常关注人的社会历史特征与社会经济特征，认为这是构成马克思主义对人的本质理解的基本部分。

人是自然存在物与社会存在物的统一，是生态自然因素与经济社会因素的统一体，前者构成人的自然生态特征，反映人的自然属性；后者构成人的社会经济特征，反映人的社会属性。"自然关系和自然属性的存在，表明人的本原上与动物有某种相同之处，使人成为自然生态因素，是自然的人；社会关系和社会属性的存在，表明人从根本上区别于其他动物，使人成为社会经济因素，是社会的人。人就是自然生态因素和社会经济因素的有机统一体。"④

3. 人的本质是生态自然本质与经济社会本质的统一。马克思指出："全部社会生活在本质上是实践的。凡是把理论引向神秘主义的神秘东西，都能在人的实践中以及对这个实践的理解中得到合理的解决。"⑤ 在这里，马克思确立了人是实践的存在物这个关于人的本质的科学命题，又提供了把握人的本质表现的实践方法。现实的人作为自然存在物，首先就表现为生态自然中的生物人即生态人，具有生态自然属性，即是具有生态自然本质的人；现实的人作为社会存在物，理所当然表现为经济社会生活实践中

① 《马克思恩格斯全集》第42卷，人民出版社1979年版，第121~122页。
② 《马克思恩格斯全集》第46卷（上），人民出版社1989年版，第21页。
③ 《马克思恩格斯选集》第1卷，人民出版社1995年版，第56页。
④ 刘思华：《理论生态经济学若干问题研究》，广西人民出版社1989年版，第207页。
⑤ 《马克思恩格斯选集》第1卷，人民出版社1995年版，第56页。

的社会人（包括政治人、文化人等）和经济人，具有经济社会属性，即是具有经济社会本质的人。正是生态自然属性和经济社会属性的统一，才构成了人的完整的本质。这两方面属性相互依存，相互制约，在人的实践活动中同时发挥作用。这两种本质属性是人这个统一体的两个侧面，没有生态自然本质，或者没有经济社会本质，都使人不成其为人。因此，只强调人的一种本质属性，而忽视另一种本质属性，都不可能真正认识人的本质。正如苏联学者图加林诺夫所说的那样："与其他整个属于自然界的动物不同，人生活在两个世界中：自然的世界与社会的世界。"因此，人的本性也是双重的统一；人是社会—生物的存在物。"生物的和社会的因素有机地融合在人身上的"，人按其本性来说是一个"微宇宙"（"小世界"），是全部自然（包括社会）的综合。①

（二）马克思的人的二重性学说在当代的理论价值和现实意义

1. 从理论价值来说，着重谈几点：

第一，遵循马克思的人的二重性学说，确立社会生态经济人的新观念，推动 21 世纪经济学的基本范畴从经济人向社会生态经济人的转变。②西方政治经济学的奠基人亚当·斯密把经济人假设系统自觉地运用于经济研究，经济人假设则是古典经济学的基本理论假设，就成为整个西方经济学理论体系的逻辑起点和基本范畴。随着西方经济学的演变与发展，新古典经济学对经济人理论的完善与发展作出了重大贡献，使它成为新古典经济学的统治思想，即是效用最大化和利润最大化构成新古典经济学一切理论分析及其结论的基本前提和论证基础。直至今日，经济人假设仍然是西方主流经济学的最基础性的理论假设或理论基石。然而，在中国，经济人假设在政治经济学理论体系中是没有位置的，没有成为整个中国经济学的逻辑起点，尤其不是传统社会主义经济学的基础范畴。这是好事，可是我

---

① B. H. 图加林诺夫：《自然、文明、人》，国立日丹诺夫大学出版社 1978 年版，第 89 页。

② 《刘思华文集》，湖北人民出版社 2003 年版，第 584～587 页；刘思华：《企业经济可持续发展论》，中国环境科学出版社 2002 年版，第 21～22 页。

国一些学者却将此说成是我国社会主义经济学的重大缺陷。有的青年学者还说：社会主义经济理论之所以迄今还不能成为严谨系统的分析科学，在许多方面，不能得出令人信服的结论，重要的原因之一，就是未能实证性地为各经济行为主体建立起"经济人"最大行为的目标函数。[①] 因此，他们呼吁"如果我们把'经济人'假设正式引入社会主义经济学，经济学的面貌就会为之一新"。对这种呼吁，在此，我们认为对西方经济学这种超社会制度、超历史的经济人假设，是把人的自私看成人生来具有的、完全的、永恒的本性，作为分析一切经济问题的前提暂不予置评，仅就它不符合可持续发展理论与实践要求来说，用西方经济学的基本理论假设来改造中国主流经济学，完善中国新兴经济学理论，既不适应21世纪可持续发展新时代的客观需要，又不符合新经济时代的新经济学发展的历史趋势。

所谓经济人，或理性经济人，作为经济行为主体，在工业革命以来的几百年间不断地变换自身存在的形态，但在经济社会活动中追求自身利益的最大化这个本质是不变的。因此，按照理性经济人行为假设，在经济社会活动中，所有行为主体的唯一目标，就是最大限度地追求利润，获取自身经济利益的最大化。为了实现当代人自身的经济利益，就可以不惜牺牲自然的利益，牺牲他人或他民族的利益，尤其是涉及代际资源配置问题时，这一假设就只会起负作用，只能牺牲后代的利益，从而产生对自然、对他人或他民族、对后代的不公平。正是在这个意义上看，当今不可持续发展危机是理性经济人造成的。换言之，建立在理性经济人行为假设基础上的经济增长或经济发展，正是当今世界范围内经济不可持续发展危机的经济根源。这种经济根源反映了当今全球的市场经济体制及市场竞争机制在生态上的巨大缺陷。在西方经济学演变和发展过程中，西方经济学家不断地对理性经济人进行尖锐地批判，对它作了一些补充和修正。虽然如此，但因西方经济学是以生态与经济相脱离为基本特征的，就天然的存在着一个致命弱点，即不认识人的自然本质是生态人，忽视了人的生物性和

---

① 董建新：《人的经济哲学研究》，广东人民出版社2001年版，第239~240页。

环境性，由此就错误地把生态环境作为经济增长或经济发展的一个外生变量，当作人的征服、掠夺和占有的对象，经济行为主体为了实现自身经济利益的最大化，既可以无节制地消耗地球资源环境，又可以不计算生态成本和环境代价，也就必然形成"公有地悲剧"。这就充分表明理性经济人作为西方主流经济学基本范畴的非持续性，是与可持续发展与可持续经济发展相背离的行为规范。

在西方主流经济学发展过程中，有人试图用社会人与经济人的有机统一，来代替古典和新古典经济学的单纯的经济人假设。对此，笔者又将新经济人称之为社会经济人，并用它代替经济人。尽管这种社会经济人假定不同于古典和新古典经济学的单纯的经济人假设，在强调经济人当事人自身利益的同时，试图兼顾个人与社会、微观与宏观的利益，但是，这只是限于当代人，并未考虑后代人的利益；也只是限于物质利益和某些属于精神方面的社会利益，并未考虑生态利益，其本质是没有反映人是生态人，忽视了生态人行为规范。这就使得新经济人假设不能全面地反映现代人类文明发展的实际状况和现代经济社会运行与发展的真实全貌，很不适应现代经济社会与生态环境可持续发展的客观要求。因此，我们必须按照马克思的人的二重性学说，把人是自然生态人与社会经济人的统一体理论引入现代经济发展理论，拓展和修正经济人假设与新经济人假设，确定社会生态经济人的新观念，将现代经济行为主体视为社会生态经济人，使其行为规范建立在社会生态经济人理论假设基础之上，推动经济学的基本范畴从经济人向社会生态经济人的转变。

所谓社会生态经济人，是指现代经济行为主体追求的经济利益的偏好，仍然是现代经济生活的一个基本事实，但它必须在维护人的利益的同时也同等地维护自然的利益，在协调发展过程中，必须促进个人与社会、微观与宏观的经济利益、社会利益和生态利益相统一与最优化，在代内公平中，切实保证当代人的福利增加并不使后代人福利减少。

在 21 世纪的生态文明时代，社会主义的本质及其发展趋势，同生态时代的本质及其发展趋势，是完全一致的。因此，在社会主义制度下，经济人、社会人和生态人在现实经济生活中是统一的。每个人在现实世界"生态—经济—社会"复合系统中是集多种生态、经济、社会关系于一身的，既是个体人同时又是多种生态、经济、社会关系的主体，即人在经济系统中是经济关系主体，在社会系统中是社会关系主体，在生态系统中是生态关系主体，因而，在现实世界"生态—经济—社会"复合系统中，现代经济行为主体就是生态人、经济人和社会人的有机统一整体。只有这种有机体健康运行与可持续发展，才能实现"生态—经济—社会"复合系统健康运行与可持续发展，从而保证满足人的全面需求与全面发展。因此，社会生态经济人假设是经济人、社会人与生态人假设的有机统一论，它必然成为 21 世纪生态文明时代新兴经济学的基本理论假设。

第二，遵循马克思的人的二重性学说，确立现代经济社会是个生态经济社会有机整体的新观念，重建人、社会和自然相互交织与相互融合的有机统一体。在现代生产力高度发达的情况下，人的二重性的相互依存、相互制约、相互作用、相互转化的关系越来越密切，就使得现代经济社会成为生态经济社会有机整体。这是因为，人是实践的存在物，总是以社会群体在与自然界发生关系，它作为在一定社会关系中的社会经济系统组成部分的社会经济人，但同时也是在一定生态关系中的自然生态系统组成部分的自然生态人，与社会发生关系，就不能不涉及自然生态因素，使社会与自然生态因素发生联系，使之彼此融合在一起；人作为自然生态人，但同时也是社会经济人，与自然界发生关系，就不能不涉及社会经济因素，使自然界与社会经济因素发生联系，使之彼此融合在一起。这两方面的关系与联系没有逻辑先后和时间先后之分，在人的实践活动过程中不是分离存在的，而是有机统一的。这就是人、社会和自然的有机统一体。

在此，我们需要进一步指出的是，人类文明发展进入生态文明时代，人、社会和自然必须也应当成为新的更高水平的和谐统一体。因此，人的经济社会因素与生态自然因素相互依存、相互制约关系越来越密切，不仅是人的经济社会属性的发展，要越来越受自然界即生态自然因素的制约；而且人的生态自然属性的发展，也受到自然生态系统的障碍和威胁。这实质上就是人的本质力量的充分发挥，越来越受到人的生态自然属性发展的制约。因此，正是人的生态自然本质与经济社会本质的统一，在人类生存活动与发展行为的实践活动中表现为生态自然因素与经济社会因素的相互依存、相互制约、相互转化，才使人、社会与自然相互融合成为生态经济社会有机整体。因此，在当今现实世界系统中，把它区分为自然界和社会只有相对意义，而人、社会和自然之间的相互交织与相互融合比它们之间的相互区别更为重要。我们完全可以说："当今维系人类生命和非人自然生命形式的这个濒临失衡的球体上，客观存在的只是自然生态和社会经济互相依存、互相制约、互相作用、互相转化的生态经济社会有机整体。"①

第三，遵循马克思的人的二重性学说，建立起以人的二重性为核心的生态经济二重形态理论，形成了中国生态经济学的理论体系。马克思从提出人的二重性学说到确立人的自由全面发展理论，使马克思关于人的存在、人的解放、人的发展的理论，构成了整个马克思学说最深奥的核心。其中，包括人的二重性学说是马克思生态经济理论的核心。这为中国生态经济学的整个生态经济理论奠定了理论基础。笔者曾经明确指出："人的二重属性的理论和以此为基础建立起来的生态经济二重形态理论，是生态经济协调发展理论的基石。"② 因此，坚持和发展马克思关于以人的二重性为核心的生态经济二重性理论，就是要把生态经济协调可持续理论建立在这个基础之上，并作为贯穿整个生态经济理论和可持续发展经济理论的领域，成为研究生态马克思主义经济学的逻辑起点，构建其理论体系。这是马克思主义经济学家的历史使命。

2. 从实践上来说，对当今中国社会主义现代化建设的指导意义是多方面的，其中有几点值得我们高度重视：

第一，正确认识和处理人是消费者和生产者的辩证关系。在现实经济社会生活中，人的两重性总是要通过人是消费者和生产者的辩证统一表现出来的。在这里，无论是消费者，还是生产者都具有生态自然因素和经济

① 《刘思华文集》，湖北人民出版社 2003 年版，第 479 页。
② 刘思华：《理论生态经济学若干问题研究》，广西人民出版社 1989 年版，第 214 页。

社会因素的二重形态。因此，我们正确认识和处理二者的发展关系要以马克思的人的二重性学说为科学依据。一是人是生态意义上的消费者和社会意义上的消费者的统一。从人的生态自然属性来看，人生活在地球上首先是一个消费者，这是无条件的，然后才在一定条件下是生产者。正是从由人的生物特征所决定的生活消费这个意义上看，人作为消费者有两层含义：一是生态意义上的消费者，即直接从生态系统摄取必要的物质能量，包括空气、阳光、水以及利用绿色的植物等维持生命的自然生态消费；社会意义上的消费者，即通过经济系统，向自然界间接地索取物质能量，包括食物、衣着、住房、各种日用品以及文化教育等物质和精神消费。人就是这两种消费的统一体。人只有通过这两种消费才能再生产自己的身体和劳动力，使生命得以存在和延续，也使包括自然生态再生产在内的整个社会再生产运动得以连续不断地进行下去，可见，人的两重属性，首先就表现为人既是生态意义上的消费者，又是社会意义上的消费者。因而，人的全部消费活动内在地包含自然生态的消费和社会经济的消费，两种消费的统一，在于二者互为中介：社会经济的消费以自然生态的消费为中介，自然生态的消费又以社会经济的消费为中介。传统经济学只讲人是社会意义上的消费者，而忽视人是生态意义上的消费者，这种不完全的狭义的消费观，极大地妨碍着我们正确认识现代人的消费需求及其消费活动的规模性。人是社会的生产者和自然的建设者（也可以叫生产者）的统一。从人的社会本质来看，人不仅是社会意义上的消费者，而且最重要的是生产者。尽管人作为生产者是有条件的，但是，人的群体总是不断地进行社会生产。社会生产包括经济生产和自然生产两个方面。所以，人作为生产者同人作为消费者一样，也有两层含义：一是社会的生产者，这是指人们进行物质资料生产和精神生产，通过这两种生产调节经济系统的发展，协调社会内部人与社会相互发展的关系，旨在建设社会，创造社会财富，实现改变和发展社会的目的。二是自然的生产者，这是指人们促进良性自然生产和健全生态条件生产，通过这种生产调节生态系统的发展，协调自然界内部和人与自然相互发展的关系，旨在建设自然，创造自然财富，实现改变和发展自然的目的。人类自身生产，也是作为生产者的重要内容。从人的自然属性看，它具有自然生产功能；从人的社会属性看，它具有社会生产功能。所以，人类自身生产既属于自然生产又属于社会生产，充分体现了人是社会生产者和自然生产者的统一。对此，我们还有必要进一步说明人是自然的生产者。这里所说的自然的生产者，不是说人像生态系统中的绿色植物那样的生产者，而是初级生产者。因而，人作为自然的人，在生态系统中只能是消费者。所以，人不是生态学意义上的生产者。然而，在生态经济学领域里，人是自然的人和社会的人的统一，这样，人不仅是自然的消费者，也是自然的生产者。否则，人对自然只能是消费者，而不是生产者，那人类永远是偎依在大自然这个母亲怀抱中的婴儿，又怎能成为全面建设自然界的生产者呢？马克思曾经明确地向我们提出人类要按照美的规律去美化自然界，去"再生产整个自然界"。① 而某些生态学家所说的人仅仅是生态系统的消费者，不承认同时它是自然界的建设者和生产者。按照马克思的人的二重性学说，人必须是自然的消费者和生产者的统一。

　　第二，正确认识和处理人是自然的调控者和共同进化者的辩证关系。人是实践的存在物，是作为有意识、有意志的自然存在物，通过自己的实践活动，不断改变着自然界。正如马克思所说："通过实践创造对象世界，即改造无机界，证明了人是有意识的类存在物。"② 因此，马克思认为，人在改变自然的实践活动，不仅"是一个受动的存在物"，③ 而且是一个能动的存在物，表现出"人的能动和人的受动"④ 的统一。这就是说，人在改变自然界的实践活动中，无论是作为自然存在物还是作为社会存在物，都不是单纯的、被动的消费者，而是一个能动的建设者，这突出表现为一个能动的调控者。人对自然的调控在不同的经济社会形态下具有不同的调节方式和社会性质，在社会主义制度下，正如本书第六章所说的，社会主义

---

① 《马克思恩格斯全集》第 42 卷，人民出版社 1979 年版，第 97 页。
② 《马克思恩格斯全集》第 42 卷，人民出版社 1979 年版，第 96 页。
③ 《马克思恩格斯全集》第 42 卷，人民出版社 1979 年版，第 169 页。
④ 《马克思恩格斯全集》第 42 卷，人民出版社 1979 年版，第 124 页。

制度能够合理地调节人与自然之间的物质变换关系，社会主义劳动者通过"合理调节"与"共同控制"人与自然之间的发展关系，来表现和确证人的本质力量。在这个问题上，总结过去的历史经验教训，人作为自然的调控者特别要注意这样一些问题：人不能以调控者自居，把调控者与被调控者的关系变成支配者与被支配者的关系，索取者与被索取者的关系，而是公平的互奉关系；人不能为调控而调控甚至借调控而掠夺，把调控者与被调控者的关系，变成掠夺与被掠夺的关系、统治与被统治的关系，而是平等的伙伴关系。人对自然的"合理调节"与"共同控制"的根本之点，就是克服与防止人与自然的异化关系，克服与防止自然的异化，达到有效保护、全面建设自然，使其与自然界保持和谐统一，实现共同生息与共同进化。因此，人不仅是自然的调控者，而且是自然的共同进化者。

在马克思看来，人在改变自然的实践活动中，人的身外的自然和人的自身的自然是相互作用的，这就是人与自然的相互作用，正是这种相互作用，无论是身外的自然还是自身的自然都会发生变化，它应当是自然的人化与人的自然化同形同构、相得益彰地交织在一起。它深刻地改变与发展着人及社会和改变与发展着自然界。因此，人作为"人、社会和自然"复合生态系统的组织者和受托管理人，与自然界是共存共荣的伙伴，通过自觉地有效地调控，建立起人与自然共存共荣、和谐发展的新型协调关系，实现人与自然的共同进化与全面发展。

第三，马克思的人的二重性学说，为我们树立和坚持科学发展观提供了科学依据。人是自然存在与社会存在相互依存、相互制约的统一体，但人首先是一个生命体，自然存在是第一位的。震惊世界的"非典"危机，这场全球性的社会生态灾难，就是人本身的存在危机，标志着人的自然存在已上升到人的存在的首要地位。人首先作为一种生命物种"属于自然界，存在于自然界"，就内在要求不仅要以人为本，而且要求以生态为本，即是首先要珍惜、爱护、保护人的生命，维护人的安全，保障人的健康，这就内在要求一切经济社会活动必须把全体人民的身心健康和生命安全放在第一位，我国经济社会运行与发展的根本目标，就是要达到这个根本目的。因此，经济社会发展要以人为本不仅不否定以生态为本，而恰恰是内在要求一切经济社会活动要以生态为本，坚持以人为本与以生态为本的统一，① 这正是现时代人的二重性发展的客观要求。

马克思的人的二重性学说向我们指明了，坚持从自然生态和社会经济这个统一客观世界运动中考察人的双重属性，就是强调人的发展、社会的发展与自然的发展的一致性。因此，按照马克思的人的二重性学说，把人放在经济社会发展的本位，是科学发展观的题中应有之义，这也内在要求把生态放在经济社会发展的本位，也是科学发展观的题中应有之义，并把以人为本和以生态为本的统一作为本质与核心贯穿于科学发展观的始终，这就为我们树立和落实科学发展观提供了重要的逻辑依据。

二、劳动的二重性理论

马克思创立《资本论》的理论体系的逻辑辩证方法，是以商品范畴作为逻辑起点的，这是与资本主义经济关系的历史演变顺序一致的。现在，我们研究人类经济活动与自然生态之间的本质关系及其运动、发展的客观规律性，则是把商品体作为直接的生产过程的结果。于是，我们选择了从分析人的二重性入手，全面研究人通过劳动生产实践活动所发生的生态自然因素与经济社会因素相互渗透与相互作用的运动、变化的规律及其生态经济实质，这就是说，以人的二重性这个范畴作为研究马克思生态经济理论的逻辑起点。因此，我们在前面论证人的二重性学说是马克思的生态经济二重形态理论的核心时，就已经肯定了劳动不仅是生态自然范畴，而且是经济社会范畴。劳动的这种二重性是由体现在劳动中的人的二重性决定的。下面，我们在第三章从劳动是人与自然之间的物质变换的角度论证了劳动二重性的生态经济本质的基础上，进一步挖掘马克思的劳动二重性理论中内蕴的生态经济二重形态的深刻内涵，从而揭示马克思经济学说的生

---

① 刘思华：《关于科学发展观的几个问题》，《内蒙古财经学院学报》2004 年第 3 期。

态经济实质。

（一）劳动二重性学说的生态经济二重性意蕴

1. 马克思的劳动二重性是生产商品劳动的二重性。马克思在《资本论》中分析资本主义经济运动时，首先研究了商品的二重性，紧接着就研究了生产商品的劳动的二重性，在人类思想发展史上，首次指出了劳动二重性学说。在这里，马克思是密切联系着商品这个资本主义社会财富的"元素形式"即资本主义的"经济细胞"来分析劳动二重性的，因而这种劳动二重性是包含在商品中的，没有离开商品孤立地研究劳动二重性，这正是马克思和古典学派经济学家不同的地方。可见，马克思创立劳动二重性学说，是与他创立商品二重性理论密不可分的。这样，马克思首先没有研究人类劳动一般，而是研究人类劳动特殊是生产商品的劳动。马克思把生产商品的劳动划分为具体劳动和抽象劳动，深入研究了商品二因素与劳动二重性的关系，得出了具体劳动创造商品的使用价值，抽象劳动形成商品的价值。商品是私人劳动的产物，同时劳动也带有社会劳动的性质。因此，生产商品的劳动，是具体劳动和抽象劳动的对立统一，是私人劳动与社会劳动的对立统一。劳动二重性的发现，马克思才能创立科学的劳动价值论和剩余价值论，真正揭示资本主义经济运动规律，阐明资本主义经济关系中的一系列问题，建立起马克思的经济学说，正如马克思所说："商品中包含的劳动的这种二重性，是首先由我批判地证明了的，这一点是理解政治经济学的枢纽。"[①] 在《资本论》中，马克思一贯地用这种观点来观察分析资本主义商品经济的运动、发展过程。这就告诉我们，没有马克思的劳动二重性理论，也就没有马克思的经济学说，其中包含着没有马克思的生态经济思想。

马克思在译阿·瓦格纳的《政治经济学》教科书时指出："在分析商品的时候，我并不限于考察商品所表现的二重形式，而是立即进一步论证

---

① 《马克思恩格斯全集》第 23 卷，人民出版社 1972 年版，第 55 页。

了商品的这种二重存在体现着生产商品的劳动的二重性：有用劳动，即创造使用价值的劳动的具体形式，和抽象劳动，作为劳动力消耗的劳动。"①关于这个问题，只要我们认真研究《资本论》就十分清楚了。马克思在《资本论》第一卷第一篇第一章商品中论述劳动二重性的标题就是"体现在商品中的劳动的二重性"②（着重号引者加）。可见，马克思所说的劳动二重性，并不是指人类一切劳动的二重性，而是指生产商品劳动的二重性，或者说，马克思所论证的劳动二重性的劳动，并不是指人类的一切劳动，而是指生产商品的劳动。生产商品的劳动具有二重性：具体劳动创造商品的使用价值；不同的具体劳动创造出不同商品的使用价值，是不同质的；抽象劳动创造商品的价值，抽象劳动是形成商品价值的唯一源泉，是同质异量。因此，在商品生产的经济条件下，"一切劳动，从一方面看，是人类劳动力在生理学意义上的耗费；作为相同的或抽象的人类劳动，它形成商品价值。一切劳动，从另一方面看，是人类劳动力在特殊的有一定目的形式上的耗费；作为具体的有用劳动，它生产使用价值"。③对于商品的使用价值，马克思十分明确地指出："在我们所要考察的社会形式中，使用价值同时又是交换价值的物质承担者。"④

　　马克思的这些论述告诉我们，具体劳动和抽象劳动并不是两个不同的劳动过程，而是生产商品的同一劳动过程的两个方面，即同一劳动的对立统一的两个方面。这种生产商品的劳动是人类的特殊劳动，是个历史范畴。作为生产商品的劳动的两个方面，无论是创造商品价值的抽象劳动，还是创造商品使用价值的具体劳动，都是历史的范畴。因为，只有在商品经济中，抽象劳动才是商品价值的创造者，它体现着商品生产者之间的经济社会关系，是生产商品的劳动的社会经济属性。同样，只有在商品经济中，具体劳动才是价值物质承担者对使用价值的创造；具体劳动同时还是

①《马克思恩格斯全集》第19卷，人民出版社1963年版，第414页。
②《马克思恩格斯全集》第23卷，人民出版社1972年版，第54页。
③《马克思恩格斯全集》第23卷，人民出版社1972年版，第60页。
④《马克思恩格斯全集》第23卷，人民出版社1972年版，第48页。

创造商品价值的抽象劳动的自然基础。它反映着人与自然之间的自然生态关系，是生产商品的劳动的生态自然属性。然而，这种生态自然属性却具有特殊的历史性质，它是在商品经济条件下的劳动的生态自然属性，与生产商品的劳动二重性中的抽象劳动是共生的、相伴的。当生产商品的劳动消失，生产商品的抽象劳动就消失，而具体劳动作为使用价值的创造者身份也随之消失。因此，从逻辑上说，我们不能把它们割裂开来，认为统一在生产商品的劳动的两重性中的抽象劳动是历史的范畴，具体劳动却是永恒的范畴。而是应该说，生产商品的劳动，无论是具体劳动还是抽象劳动，都是历史范畴。

2. 生产商品的劳动是生态自然因素与经济社会因素的有机统一。马克思在写给恩格斯的信中说："我的书最好的地方是：（1）在第一章就着重指出了按不同情况表现为使用价值或交换价值的劳动二重性（这是对事实的全部理解的基础）。"① 正是由于马克思发现了创造商品的劳动具有二重性，才使人们看到了在劳动中人与自然的关系和人与人的关系是同一劳动过程的两个方面。前者表现为劳动的生态自然因素，是反映人的劳动的自然生态属性；后者表现为劳动的经济社会因素，是反映人的劳动的经济社会属性。更确切地说，马克思的劳动二重性学说，不仅肯定了生产商品的劳动的生态自然属性，而且强调了这种劳动的经济社会属性，这是因为马克思劳动二重性理论揭示了抽象劳动创造的商品价值的本质，是反映商品生产社会所特有的生产关系，是在物的外壳掩盖下的人与人之间的经济社会关系。因此，抽象劳动是人类劳动力在生理学意义上的耗费所采取的一种特殊社会形式，体现了商品生产者之间的经济社会关系，它与具体劳动体现着人与自然之间的生态自然关系的有机统一，就构成了生产商品的劳动二重性的生态经济实质。所以，我们完全可以说，在商品经济条件下的生产商品的劳动二重性，具有生态自然属性和经济社会属性的二重属性。它们之间的对立统一，正是体现了生态经济的二重形态。

---

① 《马克思恩格斯〈资本论〉书信集》，人民出版社1976年版，第225页。

（二）劳动二重性是由体现在劳动中人的二重性决定的

人只有在劳动中，它自身的自然属性和社会属性的统一，才能得到真正实现。体现在劳动中的人的两重性又决定了人的劳动具有两重性。要明白这一点，我们就要重申劳动的含义和实质。马克思在《资本论》中作过一段极其著名的论述："劳动首先是人和自然之间的过程，是人以自身的活动来引起、调整和控制人和自然之间的物质变换的过程。人自身作为一种自然力与其他自然物质相对立。为了在对自身生活有用的形式上占有自然物质，人就使自身的自然力——臂和腿、头和手运动起来，当他通过这种运动作用于他身外的自然并改变自然时，也就同时改变他自身的自然。"这段论述为我们理解马克思劳动二重性的生态经济二重性意蕴提供了理论依据。

第一，从劳动的主体来看，人本身是自然界的产物，也是自然界的一种自然力。因而人与自然的关系，是自然界内部的关系，即自然存在物与自然存在物的关系。但是，人的劳动作用于自然并改变自然时发生人与自然的关系，人自身作为一种自然物则是与其他自然物相对立的，这时人与自然的关系是社会与自然的关系，即社会存在物与自然存在物的关系。

第二，从劳动的活动来看，劳动是人使自身的自然力进行的一种运动，这种运动在现实的实践活动中表现为劳动活动的社会经济因素，即人对自然在社会意义上的关系。这使劳动成为区别于动物与外界自然直接作用的人类活动方式，因而，劳动在人作用于自然并改变自然的实践活动中表现了它的经济社会性质。

第三，从劳动中发生的关系来看，劳动是人与自然之间的物质变换，是人通过劳动实现的自然生态系统的自然物质变换的生态关系，与此同时实现的社会经济系统的社会物质变换的经济关系即是自然生态系统与社会经济系统之间的自然物质和经济物质之间的物质变换关系。因此，劳动作为人与自然之间的物质变换关系，同时就是人改变自然界的人与人之间相互交换劳动活动的关系。这两种关系在劳动中是相互依存、相互制约，同时发生与同时发挥作用的，表现和确证着劳动的二重性。

第四，从劳动的目的来看，人通过劳动是为了解决人对自然界以及社会内部个体对群体的依赖关系，是为了满足人的生存和发展的需要，而在自身有用的形式上占有自然物质的有目的的活动。与此同时，人通过劳动应当是为了协助解决人对自然界以及自然界内部非人类生物之间的依赖关系，是为了满足非人类生物生存和发展的需要，而保护、建设自然界、实现自然界的真正复活的有目的的活动。

第五，从劳动的结果来看，人的劳动作用于自然界，为自身创造新的生存和发展的条件，与此同时不仅改变了人身外的自然，而且改变了人自身的自然，即也就改变着人自身，使人得到不断发展。其结果必然是改变和发展了自然界，改变和发展了社会。

总之，归根结底，人的劳动可以从两个方面来看，一方面，劳动是人与自然之间的物质变换活动，它改变物质的自然形态，使之适合于人们的需要，从而提供了人类生活的永恒的自然条件。它体现人和自然之间的生态自然关系。不管社会形态如何，没有人类劳动社会就不能存在，也就不会有人类生活。因此，劳动作为人与自然之间的物质变换关系，是劳动的生态自然属性，是永恒的范畴。它渗透于古往今来的一切劳动活动之中，是一切社会形态下人们劳动所共有的。

另一方面，劳动是人与人之间的劳动交换活动，这是社会内部的个体与群体之间和个体与个体之间的劳动交换活动。这种人与人之间相互交换的劳动，都是人类劳动力在生理学意义上的耗费或支出。它是马克思所说的："如果把生产活动的特定性质撇开，从而把劳动的有用性质撇开，生产活动就只剩下一点：它是人类劳动力的耗费。"[①] 人类劳动力的耗费体现着人与人之间的社会关系。不管社会形态如何，没有它，社会内部的个体与群体之间和个体之间的劳动交换活动就无法实现，这样个体就不能摆脱动物状态，成为社会动物同自然界发生关系，社会同样不能生存，也同样没

———————

① 《马克思恩格斯全集》第 23 卷，人民出版社 1972 年版，第 57 页。

有人类生活。因此，劳动作为人与人之间的劳动交换活动，是劳动的社会关系。这种社会属性，也是永恒的范畴。它存在于古往今来的一切劳动活动之中，是一切社会形态下人们劳动所共有的。只是不同历史时期和不同的社会制度下，这种社会关系的具体形式与性质不同罢了。

三、生产过程的二重性理论

我们考察了生产商品的劳动的二重性之后，就进入生产商品的生产过程，这就是研究马克思的生产过程的二重性理论。这个理论告诉我们，在商品经济条件下，社会物质生产过程是自然生态过程与社会经济过程的内在统一。这种统一性，体现了社会物质生产过程的生态经济二重形态。

人类劳动过程具有超越特定历史时期生产过程的普遍性。马克思在《资本论》等重要著作中，对社会物质生产过程作了两个方面的科学抽象，即抽象为劳动过程和价值形成增殖过程。他从人类各个时期的物质生产过程、人类的经济过程中抽出具有普遍意义的劳动过程，从人与自然的物质变换说明其超越于某个特定生产过程之上的普遍性。正如马克思所指出的："劳动过程首先要撇开各种特定的社会形式来加以考察。"[①] 在人类历史上，一切劳动都涉及人类与自然之间的物质变换的过程，这个过程从来都不是纯粹的自然过程，而是一个社会过程。因此，人类劳动过程的二重性就表现为：人与自然之间的物质变换的自然过程和人与人之间的劳动交换的社会过程。

被马克思抽象地考察的劳动过程中，最初出现的只有两个因素：人与自然、劳动与劳动的自然物质因素。即使撇开生产使用价值的具体有用劳动，剩下的也是"一般人类劳动的耗费"，亦即人自身自然的耗费，这是一种特殊的自然力，自然物质因素的耗费，显示了劳动过程的自然生态因

[①] 《马克思恩格斯全集》第23卷，人民出版社1972年版，第201页。

素的强大作用，反映了劳动过程首先是一个自然过程。与此同时，人类劳
动过程总是在一定人与人结成的社会关系下从事与自然的物质变换的过
程，这是一个社会历史的过程。"因为劳动过程中的各个要素，即劳动对
象，劳动资料、劳动者及劳动本身，都是历史发展着的。现实的绝大部分
劳动对象、劳动资料，都已经不是天然的自然物质，而是为人所加工过
的、过滤过的，是作为前一段劳动过程的结果。"① 就通常被看作为"自然
的产物"的动物和植物的现在形式而言，已经是"经过许多世代，在人的
控制下、借助人的劳动不断发生变化的产物"。② 至于劳动过程的劳动资
料，"就是最肤浅的眼光也会发现，它们的绝大多数都有过去劳动的痕
迹"。③ 因此，劳动过程中无论是人与自然的关系还是人与人的关系，都是
生产力发展的产物，是社会历史发展的产物。所以，人类劳动过程既是自
然过程又是社会历史过程。

　　劳动过程理论和价值形成过程理论是统一的。马克思把社会历史发展
过程与自然历史发展过程结合在一起考察，使他的人类物质生产过程理论
是劳动过程理论和价值形成过程理论的辩证统一，是对适用于任何生产方
式的一般生产过程理论的抽象和对具体的历史的生产方式（如资本主义商
品生产方式）分析的辩证统一。生产商品的生产过程既是具体劳动创造使
用价值改变自然物质的劳动过程，又是抽象劳动创造价值的价值形成、增
殖过程。因此马克思认为：生产商品的生产过程就是"劳动过程和价值形
成过程的统一"或"劳动过程和价值增殖过程的统一"。④ 在劳动过程中生
产使用价值，在价值形成过程中生产价值。生产商品的生产过程，是使用
价值和价值的生产过程。而价值增殖过程，是剩余价值的生产过程。生产
使用价值的过程体现了人类物质生产过程的自然生态属性，价值形成增殖
的过程体现了人类物质生产过程的社会经济属性。因此，在商品经济条件

---

① 周义澄:《自然理论与现时代》，上海人民出版社 1988 年版，第 63 页。
② 《马克思恩格斯全集》第 23 卷，人民出版社 1972 年版，第 206 页。
③ 《马克思恩格斯全集》第 23 卷，人民出版社 1972 年版，第 206 页。
④ 《马克思恩格斯全集》第 23 卷，人民出版社 1972 年版，第 223 页。

下，作为劳动过程的生产过程，不仅是自然物质与自然物质之间的物质变换过程，而且是自然物质和经济物质之间的物质变换过程。这既是物质改变的自然生态过程又是价值形成、增殖的社会经济过程。

从社会生产的自然生态过程来看，作为劳动过程的生产过程，都是人们通过自己有目的活动，去改变自然物质，使它采取能够满足人们需要的新形态的过程。这是具体劳动创造具有特定使用价值的生产过程，它通过对自然物质进行加工、以改变其物理的、化学的、生物的、几何的特征以及时间、空间存在的形态。所以，它只能是人与自然间的物质变换关系的自然过程。从社会生产的社会经济过程来看，人类劳动在商品生产的经济条件下，就成为生产商品的生产过程。任何商品生产过程，不仅要生产使用价值，而且要生产价值；不仅要补偿价值，而且要增殖价值。这种价值形成与增殖的社会过程，是任何社会的商品生产的特殊性的表现。商品生产的社会过程，是实现人们对自身生活有用的形式上占有自然物质所采取的社会经济形式；是人通过自己有目的的劳动把自然物质变换成经济物质，价值就沿着生产链不断形成、增殖和转移，并通过交换链实现其价值。这种商品生产的价值形成、增殖、转移和实现的过程，就是生态经济系统的价值运动过程。因此，商品生产过程并不是单纯创造商品使用价值的自然过程，同时也是价值形成与增殖的社会过程，是改变自然物质的劳动过程和价值形成和增殖过程的统一。所以，在商品经济条件下，不管社会经济形态如何，社会生产和再生产，既是经济物质不断形成和增加的自然过程，又是价值不断形成和增殖的社会过程。

社会生产过程是自然生态过程与社会经济过程的统一。马克思曾经明确地把社会生产过程看成既是自然生态过程，又是社会经济过程。他说："社会生产过程既是人类生活的物质生存条件的生产过程，又是一个在历史上经济上独特的生产关系中进行的过程，是生产和再生产着这些生产关系本身，因而生产和再生产着这个过程的承担者、他们的物质生存条件和他们的相互关系即他们的一定的社会经济形式的过程。因为，这种生产的承担者对自然的关系以及他们互相之间的关系，他们借以进行生产的各种关系的总和，就是从社会经济结构方面来看的社会。"① 很清楚，社会生产作为改变自然物质的过程，是人类生活的物质生存条件的生产过程；社会生产作为价值形成与增殖的过程，是人类生活的一定社会经济形式的生产过程。这种生产过程应该是自然生态过程和社会经济过程交织在一起的生态经济过程。社会生产过程的这种生态经济两重性，是任何社会的商品生产过程都不会改变的，改变的只是在不同的社会经济形态中社会经济过程的不同表现形式和社会性质罢了。

因此，在当代，无论是资本主义生产过程，还是社会主义生产过程，都是一般社会生产过程的一个历史规定的形式。它们既是"就劳动过程只是人和自然之间的单纯过程来说，劳动过程的简单要素对于这个过程的一切社会发展形式来说都是共同的"② 自然生态过程；又是它们各自在历史上经济上独特的生产关系中进行的社会经济过程。在自然的世界和社会的世界这个统一客观世界发展中，"社会生产的自然发展过程和经济发展过程是相互联系、相互制约、相互作用、浑然一体，形成社会经济运动的全过程"。③

四、商品的二重性理论

我们考察分析了生产过程的二重性理论之后，就可以考察分析直接的"生产过程的结果和创造物"的二重性问题，这就是马克思的商品二重性理论。在人类思想发展史上，马克思首次提出并深刻论证了商品的二重性理论，这是因为，他发现了商品的二重性是由体现在商品中的劳动二重性所决定的。前面已经研究了马克思劳动二重性学说的生态经济二重形态意蕴，这就使我们必然会看到他的商品的二因素理论中蕴涵着生态经济二重形态的理论先声。因此，我们对马克思商品二重性理论进行生态经济学解读，马克思商品二重性理论至少蕴涵着三个基本生态经济论点。

---

① 《马克思恩格斯全集》第 25 卷，人民出版社 1974 年版，第 925 页。
② 《马克思恩格斯全集》第 25 卷，人民出版社 1974 年版，第 999 页。
③ 刘思华：《理论生态经济学若干问题研究》，广西人民出版社 1989 年版，第 226 页。

（一）商品是使用价值和价值的统一体

马克思运用他发现的劳动二重性学说，纠正了古典政治经济学家在价值和使用价值上的混乱状态，确定了商品二因素理论，这就是商品是使用价值和价值的统一体。马克思认为，商品的二重性是由体现在商品中的劳动二重性即具体劳动和抽象劳动分别创造的。某种具体形式的劳动，能够生产出某种特定的物品即产品，"满足人们的某种需要"。劳动产品的这种有用性，亦即它能满足人们某种需要的这种属性，就是物品的使用价值。马克思指出："物的有用性使物成为使用价值。"① 一个物品要成为商品必须有用，即具有使用价值，还必须是对他人及社会的使用价值，并通过买卖形式的交换而进入消费领域。因此，马克思说："使用价值只是在使用或消费中得到实现。不论财富的社会形式如何，使用价值是构成财富的物质内容。在我们所要考察的社会形式中，使用价值同时又是交换价值的物质承担者。"②

由于马克思区别了创造商品的劳动具有具体劳动和抽象劳动是同一劳动过程的两个不同方面，只有抽象劳动才形成价值，因此揭示了商品的使用价值和价值的辩证关系，科学地阐明了商品的价值实体及其本质。马克思指出："如果把生产活动的特定性质撇开，从而把劳动的有用性质撇开，生产活动就只剩下一点：它是人类劳动力的耗费。"③ 这就是各种商品都是人类劳动力（包括脑力和体力）在生产过程中的一种消费，这就撇开了具体形式的一般的人类劳动，它是凝结在商品中的无差别的人类劳动，也就是商品的价值。因而，商品的价值是由这种抽象劳动所形成的。

从上我们可以得出这样的结论：商品有二重性，使用价值和价值，二者不可分割地构成商品。古典经济学家孤立地看待二者，正如亚当·斯密所认为的，没有使用价值的东西也可能有价值。而马克思揭示了商品的使

---

① 《马克思恩格斯全集》第 23 卷，人民出版社 1972 年版，第 48 页。
② 《马克思恩格斯全集》第 23 卷，人民出版社 1972 年版，第 48 页。
③ 《马克思恩格斯全集》第 23 卷，人民出版社 1972 年版，第 57 页。

用价值和价值的辩证统一关系。它告诉我们，商品的使用价值和价值是相互依赖、互为条件、彼此有着不可分割的内在联系，使用价值是价值的物质承担者，没有使用价值的物品，便是无用之物，它就不可能有价值，不能成为商品。反过来，一种物品虽然具有有用性，但倘若没有价值，这种没有价值而有使用价值的物品同样不能成为商品。一种物品要成为商品，它必须既是使用价值同时又是价值，二者缺一不可。因此，商品是使用价值和价值的统一体。正是这种统一体，才使商品不言而喻地包含了生态经济二重性的意义。

商品是"一个靠自己的属性来满足人的某种需要的物"，① 因而它的使用价值随着商品流通进入消费领域，使潜在的使用价值变成现实的和起作用的使用价值，通过人的再次转化，其中就会有自然物质向自然界回归，这时，商品的自然规定性的利用就完全抹杀了商品的社会规定性，商品统一体瓦解了，也就不能成为商品。但商品中的自然物质仍然保持着自己的独立性，具有人类无法消解的顽固性，处在自然生态循环过程之中，正像马克思说过的："个体化的东西（系指人所占有的自然物质——引者注）不断分解为元素的东西是自然过程的要素，正如元素的东西不断个体化也是自然过程的要素一样。"②

（二）商品是生态自然因素和经济社会因素的统一体

商品的二重性在本质上是它的生态自然因素和经济社会因素。因为商品的本质是用于交换的劳动产品，它作为使用价值和价值的统一体，就是它的自然生态因素和社会经济因素的统一体。马克思在《资本论》中明确指出：商品"是二重物"，具有二重的形式，"即自然形式和价值形式"。③这就是我们所说的商品具有生态自然和经济社会的二重性。

在马克思的《资本论》中，作为劳动过程的直接的生产过程的结果与

---

① 《马克思恩格斯全集》第23卷，人民出版社1972年版，第47页。
② 《马克思恩格斯全集》第46卷（上），人民出版社1979年版，第150~151页。
③ 《马克思恩格斯全集》第23卷，人民出版社1972年版，第61页。

创造物，商品是由人类劳动改变了自然物质形态的劳动产品，这种物品的有用性即使用价值则是来源于它具有一定的物理和化学属性，包括质量、体积等。因此，马克思认为，它"作为产品，生产过程的结果是使用价值"。① 劳动产品转化为商品后，它就具有自然属性。马克思明确指出："商品的物体属性只是就它们使商品有用，从而使商品成为使用价值来说，才加以考虑。"②

一般来说，具体劳动能够生产商品的使用价值。但从严格的意义上说，应该是使用价值是劳动和自然物质相结合的产物。凭借劳动作为为我之物占有的自然物质才是使用价值，它是"自然物质和人类劳动的结合"。③ 这样，在使用价值中，商品是以"日常的自然形式"④ 的面貌展现在我们面前的。使用价值是以有目的特殊的劳动活动为中介的特殊的自然物质，为满足某种特殊的人的需要服务的。对此，马克思对它作了很明确的规定："上衣、麻布等等使用价值，简言之，种种商品体，是自然物质和劳动这两种要素的结合。如果把上衣、麻布等等包含的各种不同的有用劳动的总和除外，总还剩有一种不借人力而天然存在的物质基质。"⑤ 这种天然存在的物质基质，就构成了商品的自然生态因素，也就是使用价值成为商品的自然生态属性。

马克思的巨大理论贡献，不在于肯定和阐明了商品的生态自然属性，而在于创立了科学的正确的劳动价值学说，揭示和阐明了商品的经济社会因素，提出了商品具有经济社会属性的理论。马克思在《资本论》中肯定了的存在首先必须有一个自然基础，这就是商品的生态自然因素。阐明它的生态自然形式之后，紧接着考察了商品的价值形式的演变过程，详细分析了商品的经济社会因素，揭示了它的经济社会形式。本书的任务，仅从马克思分析商品拜物教产生的原因和实质来说明他是如何确立商品的经济

---

① 《马克思恩格斯全集》第 46 卷（上），人民出版社 1979 年版，第 259 页。
② 《马克思恩格斯全集》第 23 卷，人民出版社 1972 年版，第 50 页。
③ 《马克思恩格斯全集》第 23 卷，人民出版社 1972 年版，第 208 页。
④ 《马克思恩格斯全集》第 23 卷，人民出版社 1972 年版，第 61 页。
⑤ 《马克思恩格斯全集》第 23 卷，人民出版社 1972 年版，第 56 页。

社会属性的理论。马克思认为，在生产资料私有制基础上的商品生产条件下，在人的头脑里，商品成为一种充满神秘性的东西，这种商品的神秘性，就是马克思所说的商品拜物教。马克思在人类思想发展史上首次真正揭示了商品拜物教的来源和实质。他认为：商品拜物教"不是来源于商品的使用价值"，也不是来源于价值规定的内容，而"是来源于生产商品的劳动所特有的社会性质"。① 这是因为："人类劳动的等同性，取得了劳动产品的等同的价值对象性这种物的形式；用劳动的特殊时间来计量的人类劳动力的耗费，取得了劳动产品的价值量的形式；最后，劳动的那些社会规定借以现实的生产者的关系，取得了劳动产品的社会关系的形式。"可见，商品形式的奥秘就在于："商品形式在人们面前把人们本身劳动的社会性质反映成劳动产品本身的物的性质，反映成这些物的天然的社会属性，从而把生产者同总劳动的社会关系反映成存在于生产者之外的物与物之间的社会关系。由于这种转换，劳动产品成了商品，成了可感觉而又超越感觉的物或社会的物。"②

　　马克思还强调指出："使用物品当作价值，正象语言一样，是人们的社会产物。后来科学发现，劳动产品作为价值，只是生产它们时所耗费的人类劳动的物的表现，这一发现在人类发展史上划了一个时代，但它决没有消除劳动的社会性质的物的外观。"③ 因此，在资本主义商品经济制度下，商品拜物教获得充分发展，不仅有商品拜物教，而且还有货币，资本等拜物教盛行，使人们的一切经济社会活动的社会经济性质都被物的假象蒙蔽起来了，并"采取了一种具有奇特的社会属性的自然物的形式"。④ 这种"物的外观"使一些古典经济学家受到迷惑，有人就认为，"价值（交换价值）是物的属性，财富（使用价值）是人的属性"。⑤ 可见，古典经济学家只看到商品的自然属性，看不到它的社会经济属性，把价值看作是物品

---

　　① 《马克思恩格斯全集》第23卷，人民出版社1972年版，第89页。
　　② 《马克思恩格斯全集》第23卷，人民出版社1972年版，第88~89页。
　　③ 《马克思恩格斯全集》第23卷，人民出版社1972年版，第91页。
　　④ 《马克思恩格斯全集》第23卷，人民出版社1972年版，第100页。
　　⑤ 《马克思恩格斯全集》第23卷，人民出版社1972年版，第100页。

天然具有的属性，而没有看到价值反映的是一种人与人之间的社会经济关系，反映人的劳动属性；把创造价值的劳动看作是劳动的自然属性，看不到它只是一定历史阶段的社会产物；特别是他们只看到商品交换的物的属性，看不到商品交换的社会性质。马克思通过商品拜物教的分析，深刻地揭示了这些概念的社会经济性质，特别是商品交换背后所掩盖的人与人之间的社会经济关系。这样，马克思就确定了商品范畴是资本主义经济关系的最一般的范畴，在资本主义经济发展过程中，商品总表现为自然生态因素与社会经济因素融合着发生作用，它构成了资本关系发展、演变的现实起点。现在，我们完全可以说，马克思的商品理论与其他各种商品理论的不同之处，就在于商品的社会经济属性与它的自然生态属性交织在一起，构成了商品的生态经济二重形态。

（三）　商品关系是自然生态关系和社会经济关系的统一

前面我们通过对商品是使用价值和价值的统一体、商品是自然生态因素和社会经济因素的统一体的分析，就可以看出，商品的使用价值及生态自然属性反映商品的自然生态关系；商品的使用及经济社会属性反映商品的社会经济关系，二者是有机统一的。在这里，关键问题是马克思科学地揭示了商品价值的实质不是物所固有的生态自然属性，而是人和人之间的社会经济关系，即商品生产者所特有的社会经济关系。只不过这种关系，在私有制为基础的商品经济条件下，不能直接表现出来，而是通过商品交换，即物和物的关系而表现出来，所以这种关系是在物的外壳掩盖下的人与人之间的社会经济关系。马克思指出："由于生产者只有通过交换他们的劳动产品才能发生社会接触，因此，他们的私人劳动的特殊的社会性质也只有在这种交换中才表现出来。换句话说，私人劳动在事实上证实为社会总劳动的一部分，只是由于交换使劳动产品之间、从而使生产者之间发生了关系。因此，在生产者面前，他们的私人劳动的社会关系就表现为现在这个样子，就是说，不是表现为人们在自己劳动中的直接的社会关系，而是表现为人们之间的物的关系和物之间的社会关系。"① 因此，施密特就把这种"物的外观"的迷惑称之为："商品的自然规定性表现为社会的规定性；商品的社会规定性表现为其内含的自然规定性。"② 而一些经济学家之所以困惑难解，是因为"他们刚想拙劣地断定是物的东西，突然表现为社会关系，他们刚刚确定为社会关系的东西，却又表现为物来嘲弄他们"。③ 马克思超越于其他经济学家的地方就在于，从人们的经济活动领域内的物和物的关系背后揭示出人和人之间的社会经济关系。正如列宁所说的那样："凡是资产阶级经济学家看到物与物之间的关系的地方（商品交换商品），马克思都揭示了人与人之间的关系。"④

综上所述，商品的本质是用于交换的劳动产品，商品交换是按照价值来进行，可以不考虑使用价值，或者说只需要考虑其社会规定性方面而不考虑其自然规定性。然而，没有这种自然生态关系，就没有使用价值；那么价值的物质基础就没有，商品也就不成其为商品。如此相反，只强调商品的自然生态关系，而看不到它的社会经济关系，就不能真正认识商品关系的本质。因此，商品的存在，商品关系的发生，应该是自然生态关系和社会经济关系的统一，是自然规定性和社会规定性的统一。这种统一体的理论形式，就是商品的生态经济二重性理论。这是我们对马克思的商品理论进行生态马克思主义经济学解读得出来的必然结论。

五、经济运动的二重性理论

我们已经研究了生产商品的劳动、生产过程和生产结果的商品的二重性，这就必然会带来和引起社会经济过程和自然生态过程两个方面的变化，导致和形成社会经济的变化发展和自然生态的演变进化两个方面的运

① 《马克思恩格斯全集》第23卷，人民出版社1972年版，第89~90页。
② ［德］施密特著，欧力同等译：《马克思的自然概念》，商务印书馆1988年版，第65页。
③ 《马克思恩格斯全集》第13卷，人民出版社1962年版，第23页。
④ 《列宁选集》第2卷，人民出版社1960年版，第444页。

动发展。我们称之为社会经济运动发展的二重性。这正是造成马克思所说的"自然历史过程"的客观基础。

社会的经济运动是自然生态的演替进化和社会经济的变化发展的统一。这种统一性根植于作为劳动过程的生产过程的二重性：作为劳动过程的生产过程是人与自然之间的物质变换过程，它不仅是自然物质与自然物质之间的变换过程，引起自然生态的演替进化；而且是自然物质和经济物质之间的社会经济运动的物质变换过程，在这里，还包含着劳动中的人与人之间相互交换活动的变化发展过程。因此，社会生产还会引起比较远的自然影响，当人和自然通过劳动进行物质变换时，既要从自然界取走物质和能量，又要以不同形式将物质和能量返还自然界。在这种"取"与"还"的过程中，人类的经济行为和技术行为必定会对生态系统的生命系统和环境系统的诸因素产生某种影响，从而引起生态系统的功能和结构发生变化。恩格斯曾经告诫人类的经济行为违反自然规律要受到自然的报复时说过："每一次胜利，起初确实取得了我们预期的结果，但是往后和再往后却发生完全不同的、出乎预料的影响，常常把最初的结果又消除了。"[①]在这里，恩格斯实际上指出了人们不合理的经济行为所造成的社会经济与自然生态两个方面都不利于人类的变化，即生态的不良循环和经济的不良循环，导致社会经济运动的不良循环，甚至恶性循环。同样的道理，我们完全可以肯定，人们合理的符合生态经济规律的经济活动，一定会带来社会经济和自然生态两个方面都发生有利于人类的变化，即生态的良性循环和经济的良性循环，使社会经济运动沿着良性循环的轨道不断发展。所以我们完全可以说，那种完全与自然生态过程无关的、纯而又纯的社会经济运动过程是根本不存在的。"传统经济学过分强调经济运动和生态运动是两个不同层次的物质运动，把两者的差异性绝对化，就必然将社会经济运动纯化，从而把它看成与自然生态运动完全无关甚至绝对对立的运动，是纯而又纯的社会经济运动，这是不符合客观实际的。"[②]

① 《马克思恩格斯选集》第4卷，人民出版社1995年版，第383页。
② 刘思华：《理论生态经济学若干问题研究》，广西人民出版社1989年版，第228页。

　　自然历史过程是自然生态的演替进化和社会经济的变化发展的统一。马克思在《资本论》第 1 卷初版序中明确宣布："我的观点是：社会经济形态（社会经济形态应译为经济社会形态——引者注）的发展是一种自然历史过程。"① 对于马克思提出的"经济社会形态"这个重要范畴，本书的第一篇中已经作了阐述，在这里，是要证明它的二重性是社会经济运动的二重性的表现。周义澄教授认为，马克思强调经济社会形态的发展是自然历史过程，具有两个方面的基本含义：一方面是表明了经济社会发展的客观规律性，这种客观规律就像自然界的规律一样，可以称之为社会经济运动本身的"自然规律"，"自然的发展阶段"；② 另一方面是所谓经济运动的"自然规律"，并不是与一般自然规律等同的，而是具有社会历史特征的规律。这就是说，马克思关于"自然历史过程"的重要思想具有两个方面含义：一是经济社会形态发展的自然规定性；二是自然生态发展的社会规定性。这就表明马克思提出的经济社会形态发展理论中，蕴涵着自然历史过程既是自然生态演替进化又是经济社会的变化发展的社会经济运动二重性的思想。这个光辉思想本质上是生态经济二重形态理论。至此，我们完全可以说，自然历史过程，同时也是社会经济的运动发展过程，实质上是自然生态发展过程和社会经济发展过程的统一运动过程。这种统一运动和相互作用的变化过程，就是生态经济运动发展的过程。20 世纪的百年间，人类社会经济运动发展过程的二重性充分展示在人们的面前，这使我们深感马克思上述思想至今仍闪烁着真理的光辉。

---

① 《马克思恩格斯全集》第 23 卷，人民出版社 1972 年版，第 12 页。
② 《马克思恩格斯全集》第 23 卷，人民出版社 1972 年版，第 11 页。

第六章　物质变换理论

——自然生态关系与社会经济关系的统一

如前所说，马克思的自然理论的核心问题，就是人与自然相互关系学说。人与自然之间的关系，首先是在人类社会的物质生产实践活动中发生的，而人类劳动则是人类社会的最基本的物质生产实践活动，即人类社会的经济活动。一部人类社会的物质生产发展史，归根结底是人与自然之间物质变换关系发展的历史。因此，马克思的人与自然相互关系学说最突出的理论贡献，就是科学地论证了人与自然之间的发展关系，它在本质上是物质变换关系。马克思指出："劳动首先是人和自然之间的过程，是人以自身的活动来引起、调整和控制人和自然之间的物质变换（德文本为'代谢'）的过程。"① 马克思这个科学论断的深刻性，就在于它把人及社会经济活动与外部自然界之间的关系，作为人类社会经济系统与自然生态环境系统之间的关系来看待，而且表明了它们之间进行物质变换，即物质代谢（应该说包括物质、能量及信息的变换和价值转换）这个人类社会物质生产的本质特征。因此，马克思的物质变换理论，从纯经济学的角度来说，是对人类社会物质生产本质的科学概括；从生态学的角度来看，这个理论是对生态经济本质的深刻揭示，故我们把马克思的这个科学理论称之为生态经济本质论。这是因为劳动过程首先表现为人与自然的关系，但本质上反映了人与人的关系，受占支配地位的生产关系制约，是在一定的生产方式下人与自然的物质变换关系。它是自然生态关系与社会经济关系的统

① 《马克思恩格斯全集》第 23 卷，人民出版社 1972 年版，第 201~202 页。

一，即生态经济关系。笔者这样认识和把握它，并不是想在马克思的物质变换理论上加上一道生态经济学的光环，而是在当今生态环境意识日益复苏与强化的生态时代，重温马克思的经济学说，使我们深深地感到马克思的物质变换理论，确实有着生态经济的理论取向，甚至可以说，物质变换理论也称为生态经济理论。我们这样认识和探索马克思生态经济理论，体现了21世纪可持续经济发展时代对马克思经济学新的理论召唤。

一、马克思的物质变换概念的科学含义与本质特征

马克思和恩格斯在《资本论》、《剩余价值理论》、《经济学批判大纲》（1857—1858年经济学手稿）、《反杜林论》、《自然辩证法》等著作中，曾经超越自然科学的范围，多次使用"人与自然之间的物质变换"、"人与土地之间的物质变换"的概念，以此来说明人类劳动和商品交换等社会经济问题，并把它作为揭露资本主义生产方式的内在矛盾[①]来探讨。但是，他本人都没有对这一概念做过严格的规定。推测这一概念的由来及含义就成了后人研究这一概念的首要课题。[②] 笔者赞同韩立新先生这个说法，故笔者研究这个"首要课题"时，就根据韩先生提供的史料谈起。

（一）马克思的物质变换思想的理论渊源的两种不同说法

1. 马克思的物质变换概念主要来自于自然科学唯物主义者雅柯夫·摩莱肖特等人的自然哲学。韩立新先生认为，根据他接触到的文献来看，施密特可能是最早研究马克思物质代谢概念的人。在施密特看来，马克思的物质变换（他称为"新陈代谢"）的思想主要来自于当时荷兰生理学家、哲学家摩莱肖特和毕希纳以及谢林的自然哲学。摩莱肖特是一名庸俗唯物主义者，他曾"以人的生理学为模型把自然描绘成一个巨大的转换和物质

---

① 这种内在矛盾应当包括人与自然、生态与经济之间的对抗性矛盾。
② 韩立新:《马克思的物质代谢概念与环境保护思想》,《哲学研究》2002年第2期。

代谢过程"，并把质料和力的变换看成世界的普遍规律。① 施密特还认为，尽管马克思、恩格斯严厉地批评了摩莱肖特，但是他们对这种机械唯物主义使用过的"新陈代谢"这个术语都没有批判，还是采用了摩莱肖特的概念。施密特明确指出："他（指马克思——引者注）熟悉地使用了唯物主义运动的代表人摩莱肖特的'物质变换'的概念。"② 他还强调指出："马克思在物质变换概念这一点上追随摩莱肖特，总是把它作为永恒的自然必然性来谈，在某种程度上把它提高到本体论的地位。"③

韩立新先生在《马克思的物质代谢概念与环境保护思想》一文中，认为施密特是强调了谢林哲学对马克思的影响，对摩莱肖特仅仅是以其著作《生命的循环》中找了两三个有关物质代谢的论述就匆匆了事。但是，这种摩来肖特影响却意外地受到了重视，许多马克思主义者都不加怀疑地把它视为经典，其中日本的渡边雅男就扩大了摩莱肖特的庸俗唯物主义的一面，抛开了生理学和生命循环的内容，把物质代谢单纯解释成"质料和力"的一般变换。④ 中国学者欧阳志远的《生态化》一书中受到施密特的影响，认为物质变换的思想，最早见于自然科学唯物主义者摩莱肖特的《生命的循环》一书。他还特别引证了施密特在《马克思的自然概念》一书中引用摩莱肖特的《生命的循环》中一段话，"人的排泄物培育植物，植物使空气变成坚实的构成要素并养育动物。肉食动物靠草食动物生活，自己成为肥料又使植物界新的生命的胚芽得到发展。这个物质交换名之为物质变换。这个抒发尊敬之感的词是正确的，因为，正如商业是交通的灵魂、物质的永恒的循环是世界的灵魂"；"基本物质的运动、结合和分离、吸收和排泄，这是地球上所有活动的精髓"；"奇迹在贯串形式变化的物质永恒里，在从一个形式到另一个形式的物质的转换里，在作为地上的生命根源的物质变换里"；"我毫不隐讳地明确地说：物质变换的理论是使今日

① 韩立新：《马克思的物质代谢概念与环境保护思想》，《哲学研究》2002年第2期。
② ［德］施密特著，欧力同等译：《马克思的自然概念》，商务印书馆1988年版，第88页。
③ ［德］施密特著，欧力同等译：《马克思的自然概念》，商务印书馆1988年版，第89页。
④ 韩立新：《马克思的物质代谢概念与环境保护思想》，《哲学研究》2002年第2期。

之哲学绕着它转运的轴心"。① 但是，欧阳志远认为，马克思吸收了摩莱肖特物质变换思想的基本内核，扬弃了它的粗糙的、机械的形态，对它进行了革命的变革。这主要表现在马克思"肯定了机械唯物主义从人的效用性观点去考察自然的基本观点，然而他并没有停留在这个水平上。他通过对劳动作为占有自然过程的分析，指出人和自然的关系与人和人的关系相互制约"。②

2. 马克思的物质变换概念来自于化学家、农学家李比希的思想。对此，韩立新先生在《马克思的物质代谢概念与环境保护思想》一文中作了详细的考证，笔者把他的论证归纳成三点：

首先，日本农学家椎名重明提出马克思的物质代谢概念来自李比希，日本经济学家吉田文和继承他的研究成果，论证了马克思的物质代谢概念"是建立在李比希农业化学基础上的"。椎名重明在他的《农学的思想——马克思和李比希》一书中称施密特的解释是"胡说八道"，认为马克思、恩格斯在其著作中不仅多次批评和嘲笑摩莱肖特，而且从未在肯定的意义上提及他的物质代谢概念，因此，马克思的物质代谢概念不可能来自摩莱肖特。吉田文和从马克思、恩格斯的著作与书信中曾三十多次提及李比希等事实出发，断定李比希是"物质代谢概念体系的创造人"，以此证明马克思的物质变换理论，是建立在李比希的物质代谢概念体系基础之上的。而韩立新通过对马克思物质代谢概念来源的两种不同见解的比较研究，作出结论说："从现已提出的论据来看，李比希影响说更为可靠。而所谓的摩莱肖特影响说因证据不足，还没有超出推测的领域。"③

其次，椎名重明是通过引用马克思本人的论述和马克思对李比希的态度来证明马克思对李比希的继承关系的。例如，马克思在《资本论》中赞扬"李比希的不朽功绩之一，是从自然科学观点出发阐明了现代农业的消极方面"，并指出："大土地所有制创造了各种条件，这些条件给由社会的

---

① ［德］施密特著，欧力同等译：《马克思的自然概念》，商务印书馆 1988 年版，第 89 页。
② 欧阳志远：《生态化》，中国人民大学出版社 1994 年版，第 7 页。
③ 韩立新：《马克思的物质代谢概念与环境保护思想》，《哲学研究》2002 年第 2 期。

以及生命的自然规律所决定的物质代谢过程带来了无法弥补的裂缝。因此也就造成了地力的浪费，并且这种浪费通过商业而远及国外（李比希）。"对此，椎名重明认为，"马克思的表明也与李比希的思想完全一致"。吉田文和不仅对李比希的《农业自然法则概念》与马克思的《资本论》进行比较，还从马克思分别在 1851 年 8~11 月和 1865 年 12 月研究李比希以及在《资本论》第 1 卷脱稿后先后 5 次研究农艺化学与生理学等事实，来证明马克思对李比希的继承关系。

再次，李比希的物质代谢概念具有科学性，这是马克思继承李比希思想的根本原因。韩立新先生在文中论述了这个关键问题。他写道：椎名重明在其著作中指出了李比希认为整个自然界是一个有机体，在自然界中植物从土壤和大气中吸收的营养素由动物所摄取，然后经过动植物的腐烂分解最后回归土壤大气，所有物质都参与这样一个巨大的循环。在这循环中，人、动物、植物等生命体都遵循着通过外部自然条件的恢复和联系来维持自己生命活动这一"补充规律"（椎名重明），如果这种循环与补充遭到破坏，生态系统将在整体上失去平衡。李比希依据这一自然认识，强调了农业上恢复地力的重要性，并以伦敦为例从科学上证明了大城市的下水管道，造成人类粪便等肥料流失的状况与土地肥力下降的关系，指出了城市和农村的分离会带来人与土地之间物质代谢的中断。这些思想同摩莱肖特的理论相比，李比希的物质代谢概念显然具有生理学、农学的内容，并且有社会批判意义。吉田文和通过考察了李比希的物质代谢概念的形成史认为，李比希是在当时能量守恒和转化定律的影响下，在研究生物界和无机界之间"完整关系"及"自然循环"的过程中，逐渐提出物质代谢理论的。李比希的物质代谢概念除了具有椎名重明所强调的生命循环和补充规律的含义外，还指生命体内无机物质的结合与分离，以及生命体与外部自然所进行的物质的交换。[①]

　　3. 对马克思的物质变换概念来源的两种不同见解的两点简短评述。

---

① 韩立新：《马克思的物质代谢概念与环境保护思想》，《哲学研究》2002 年第 2 期。

第一，当今人类历史发展正在进入生态时代，人与自然之间的物质变换关系的协调发展与良性循环已经成为21世纪人类安身立命的重大命题，在这种历史条件下，重新探讨马克思的物质变换理论，尤其是从生态学角度对马克思这一思想进行研究，弄清马克思物质变换理论的来源是必要的。但这并不重要，重要的不在于它来自摩莱肖特还是来自李比希，而在于无论是后者还是前者的思想是否符合人类和自然界相交换的客观规律，具体说他们的物质代谢概念首先是否具有生态学意蕴，即是否不同程度地反映了自然生态规律。摩莱肖特、李比希都是与马克思同时代的人，在他们所处的19世纪中期，达尔文于1859年发表了《物种起源》这部伟大著作，论证了物种进化与环境的相互关系，确立了进化论的新学说。他在书中用猫、田鼠、野蜂、三叶草和牛的相互关系，表达了生态食物链概念的生态学理论。在同时期，英国哲学家斯宾塞在《生物学基础》一书中，把生命定义为有机体与外部自然环境的相互作用。而摩莱肖特于1857年发表的《生命的循环》一书中，从前面的引文就可以看出，他实际上是用生态食物链的生态学思想论证生物之间的相互联系、相互依存的生命循环，这体现了他的物质变换思想包含了生态系统的营养物质小循环即生物小循环的生态学意义。当然，李比希的物质变换概念所具有的生命循环和补充规律的含义，在本质上是生态学规律，它还包含生命体内无机物质的结合与分离，以及生命体与外部自然环境所进行的物质交换的含义，这表明李比希不仅从生态系统的营养物质循环，而且从整个生态系统中生物地球化学循环即生态物化大循环，来论证他的物质变换理论，这同现代生态学的思想是不谋而合的，它比摩莱肖特的物质变换思想更加蕴涵着生态学观念。因此，马克思的物质变换概念无论是来源于何人，它都包含了人与生物、生物与生物之间相互联系相互依存这一生命循环的物质变换规律的基本含义。它首先体现了现代生态学规律，即人与自然之间的物质变换关系首先是人与自然物质变换的生态关系，这是人与自然一切关系的基础，也是现代生态学意义上的广义的物质变换。我们对这种生态关系进行经济学分析，并阐明它同人类经济活动的关系及其经济实质，就必然显示出人与自然之间物质变换的生态经济本质。

第二，施密特在《马克思的自然概念》的名著中，为了否定恩格斯的自然辩证法思想，就错误地宣称"马克思唯物主义的非本体论特征"，并且批评马克思学说的"本体论残余"。他把马克思关于人与自然之间的物质变换理论作为"本体论残余"的主要内容看待。当然，施密特评论马克思的物质变换思想的本来意图，是想说明马克思自然理论的本体论含义，故物质变换概念被他视为"在马克思那里存在着一般本体论的东西"。① 可见，作为哲学家的施密特是从哲学的角度来研究马克思的物质变换理论，尽管他是最早认为马克思直接在生理学意义上理解物质代谢概念，但也只是把注意力集中在这一理论的哲学意义上；而遗忘了在劳动中实现人与自然之间物质变换和人类经济活动的关系，没能从生态与经济相统一的思路上说明马克思的物质变换理论。因而，未能实现将这一理论融合在生态学、哲学和经济学统一的基本理论中，不能全面地体现这一理论的真实全貌。而作为农学家的椎名重明是从农业的角度对马克思和李比希的物质变换理论进行比较研究的，他论证了李比希的物质变换概念具有生理学、农学的意义，这样，正如吉田文和所说的，马克思的物质变换概念"是建立在李比希农业化学基础上的"，这就使马克思的物质变换概念具有很强的农学的含义，更确切地说，他们给马克思的物质变换理论赋予了农业生态的内容。因此，作为农业劳动过程的农业生产过程，是人类通过劳动利用生物群体将太阳能转化为化学能，从而将无机物转化为有机物的生命活动过程，这种依靠生物群体来转化生态环境条件的有生命物质的生产过程，就是农业生态系统的生态循环过程。无论是农学家的椎名重明还是经济学家的吉田文和基本上都到此为止，没有深究劳动中实现人与自然之间的物质变换中的生态循环和经济循环的辩证关系。因而，他们同施密特一样，未能从生态与经济相统一的思路，来认识探求马克思的物质变换理论所具有的生态经济意蕴。

---

① ［德］施密特著，欧力同等译：《马克思的自然概念》，商务印书馆1988年版，第87页。

（二）物质变换理论的基本内涵

1. 物质变换概念的一般含义。不论是从摩莱肖特到李比希，还是从施密特到椎名重明等东西方学者，他们有一个共同点，这就是都在生理学意义上理解物质代谢概念。并且首先肯定它本身是一个生理学概念。因而这一概念首先具有生态学含义，这是这一概念的一般含义。在马克思所处的时代，物质代谢概念已经广泛流行于生理学、化学、农学等自然科学领域，人们对这个概念的基本含义的认识也是如此，即是指动植物为维持生命所进行的物质代谢和生命循环；就是在现代，这一概念也主要是指生命体内物质的分解与合成等化学变化，以及生物维持生命活动的代谢行为。因此，韩立新先生根据国际上对马克思物质变换理论来源问题的争论，就对马克思所处时代物质代谢概念的一般含义提出了两点看法："（1）生命体为维持其生命活动必须在体内或体外进行物质的代谢、交换、分离活动；（2）在自然与生态系中，包含人类在内的所有动植物、微生物都处于相互联系相互依存的关系中，共同构成了一个由自然要素组成的生命循环。"① 这个生理学、生态学的物质变换的基本含义，不仅指生命体内部物质发生变化、分解或结合，还包括生命体通过同化和异化与外在自然环境进行物质代谢的内容。这是完全符合恩格斯的自然辩证法理论的。恩格斯在概括当时的生理学、化学、生物学等自然科学成果时，就在有机体的同化与异化这个意义上论述过物质代谢（他称之为新陈代谢——引者注）问题。他指出：近三十年来，生理化学家和化学生理学家已经无数次地说过，有机体的新陈代谢是生命的最一般和最显著的现象。一切生物所共有的生命现象"首先是在于蛋白体从自己周围摄取其他的适当的物质，把它们同化，而体内其他比较老的部分则分解并被排泄掉"。"生命，即通过摄食和排泄来实现的新陈代谢，是一种自我完成的过程。"②

无疑，马克思的物质变换理论，是吸收了当时自然科学研究成果在这

---

① 韩立新：《马克思的物质代谢概念与环境保护思想》，《哲学研究》2002 年第 2 期。
② 《马克思恩格斯选集》第 3 卷，人民出版社 1995 年版，第 423 页。

个问题上的基本内核，使之具有生理学、生态学的科学含义。最早认识到这一点的是施密特。他明确指出："在马克思的著作中，生命过程的概念自《德意志意识形态》以来，一直被提到。而这个概念出现在《巴黎手稿》中，就像在谢林、黑格尔那里一样，它仅涉及有机的自然。作为人的无机的身体的外界自然这概念，或者受《资本论》的预备性研究及其完成所驱使，而把劳动过程称为人与自然的物质变换这种表述，都属于生理的领域，而不属于社会的领域。""马克思使用物质变换概念不单纯是为了比喻，他还直接从生理学上去理解这个概念"。[1] 可见，马克思的物质变换概念正像施密特所说的，它首先是一个生理学、生态学概念，这是马克思的物质变换概念的一般含义。

2. 马克思的物质变换理论的基本内涵。马克思物质变换理论超越他人之处在于，它在人类思想发展史上，第一次把劳动作为人与自然的中介，使劳动过程同人与外部自然之间的物质循环的过程实现了本质的统一，马克思把它称之为人与自然之间的物质变换。这就将劳动过程置于物质变换理论的基础之上，从而确立了从劳动、生产过程的自然（生态）过程（联系）和社会（经济）过程（联系）的有机结合上，认识人与自然物质变换的新思维，这是马克思对他那个时代所广泛流行的物质代谢概念的创新与发展。下面我们作几点具体说明：

第一，劳动是人与人类社会的起点，只有以人的劳动、人的物质生产为中介，才能实现人与自然之间的物质变换。离开了人的劳动生产活动，在人与自然之间就没有任何物质变换过程。对此，马克思说得非常明白："自然界没有制造出任何机器，没有制造出机车、铁路、电极、走锭精纺机等等。它们是人类劳动的产物，是变成了人类意志驾驭自然的器官或人类在自然界活动的器官的自然物质。"[2] 因此，人类劳动是一切社会经济活动的基础。作为制造物质资料的劳动生产活动是人类最基本的社会活动，它以劳动为基础，所以，人类劳动是一种经济活动即人类的经济行为。马

---

① ［德］施密特著，欧力同等译：《马克思的自然概念》，商务印书馆 1988 年版，第 91 页。

② 《马克思恩格斯全集》第 46 卷（下），人民出版社 1980 年版，第 219 页。

克思所说的"劳动过程是人与自然之间的物质变换的过程"的劳动，不仅是人类学哲学意义上的劳动，最主要是经济学意义的劳动，并基于这两种意义的统一中来说明人与自然之间的物质变换的过程。因此，这里的劳动主要是指人的经济活动或经济行为；劳动过程不仅是自然过程，还是人的经济活动过程。马克思认为，人与自然之间的物质变换的过程之所以有"比喻"的意义，就是因为他把"劳动过程嵌入伟大的自然联系之中"。① 正是在这个意义上，笔者很赞同施密特所说的"马克思用物质变换的概念把社会劳动过程描述为自然过程的状态"。② 这就是说，在人类劳动中实现的人与自然之间的物质变换，确实是人通过劳动把社会经济过程纳入自然生态过程之中，因而，从理论上来说，人类社会的劳动过程应该是自然生态过程和社会经济过程交织在一起的生态经济过程。这是劳动过程作为人与自然之间的物质变换过程的真谛。

第二，在马克思的著述中，对劳动过程中的人与自然之间的物质变换的理解大致分为三个方面：一是如上所述的生理学、生物学意义的物质变换，这是自然领域内的物质代谢，也就是现代人们所说的自然生态系统中的物质代谢。二是以人的经济行为作为中心的经济学意义的物质变换，这是社会的物质变换，也就是现在人们所说的社会经济系统中的物质变换。施密特认为："他（指马克思——引者注）的经济学分析有特殊的着眼点，即注意资产阶级生产关系下的劳动产品之商品形式。"③ 的确，马克思在描述资本主义生产关系下的商品交换时说过："商品交换是这样一个过程，在这个过程中，社会的物质变换即私人特殊产品的交换，同时也就是个人在这个物质变换中所发生的一定社会生产关系的产生。"④ 三是马克思谈到人的劳动活动，人类物质生产时，总是要把外部自然界考虑进去，自然界、外部感性世界是劳动者"用来实现自己的劳动、在其中展开劳动活动、由

① ［德］施密特著，欧力同等译：《马克思的自然概念》，商务印书馆1988年版，第91页。
② ［德］施密特著，欧力同等译：《马克思的自然概念》，商务印书馆1988年版，第94页。
③ ［德］施密特著，欧力同等译：《马克思的自然概念》，商务印书馆1988年版，第83页。
④ 《马克思恩格斯全集》第13卷，人民出版社1962年版，第41页。

其中生产出和借以生产出自己的产品的材料"。① 因此，在人类社会的劳动
生产过程中，自然生态系统中的物质变换和社会经济系统中的物质变换，
总是相互依赖与相互制约的，显示出人与自然之间的相互联系与相互作用
的图景。马克思的这种自然思辨的观点，贯穿他的全部著作，即他总是试
图使用新的多少值得注意的生物学比喻，以便给自然整体内部的自然与社
会的相互渗透以确切的概念。"马克思最后似乎把《资本论》中一直使用
的'物质变换'看成是对这一事态的最好的表达方式"，② 这也正是马克思
所说的"人和自然之间的物质变换"、"人和土地之间的物质变换"。

　　总之，上述三个方面在现实的人的劳动活动、物质生产过程中是有机
统一的。人与自然之间的物质始终是以生态系统的自然物质变换为基础，
通过经济系统的社会物质变换来实现。因此，人与自然之间物质变换的实
现过程，始终是人与自然的自然生态关系及人与人的社会经济关系，两者
相互交织与相互融合在一起的，形成两者的统一体，这就是生态经济
关系。

　　第三，马克思关于劳动过程是人与自然之间的物质变换的根本内容，
是自然界人化和人的自然化。马克思认为，"劳动力首先是已转化为人的机
体的自然物质"，对外界的自然物质发生作用，"这就是用自然来变换自
然"。③ 也就是人的自身的自然作用于他身外的自然，使那种"天然存在的
物质财富要素"，"特殊的自然物质"，变成适合人的需要的各种各样的商
品的使用价值。因此，自然被人化就突出表现为人与自然之间的物质变换
过程，这首先是一个生产商品使用价值的过程。在此生产过程中，人的劳
动和自然物质相交换、相结合，使人的劳动活动"在自然物中实现自己的
目的"。④ 在这里，劳动是作为商品的使用价值的创造者出现的，所以，马
克思就作出结论说，劳动就是"不以一切社会形式为转移的人类生存条

---

　　① 《马克思恩格斯全集》第 42 卷，人民出版社 1979 年版，第 92 页。
　　② ［德］施密特著，欧力同等译：《马克思的自然概念》，商务印书馆 1988 年版，第 79 页。
　　③ ［德］施密特著，欧力同等译：《马克思的自然概念》，商务印书馆 1988 年版，第 77 页。
　　④ 《马克思恩格斯全集》第 23 卷，人民出版社 1972 年版，第 202 页。

件，是人和自然之间的物质变换即人类生活得以实现的永恒的自然必然性"。① 这是因为它"作为生命的表现和证实，是还没有社会化的人和已经有某种社会规定的人所共有的"。

此外，劳动过程是人与自然之间的物质变换的过程，即自然被人化的过程，同时又是人的自然化的过程。这就是人在改变身外的自然的同时，也会改变人自身的自然。因为人在劳动活动中掌握和同化自然物质，将大自然无比丰富的属性纳入人的自身，变成人自身的部分，使人本身得以丰富与发展。正如马克思所说的，进行劳动活动的人，"作为一种自然力与自然物质相对立。为了在对自身生活有用的形式上占有自然物质，人就使他身上的自然力——臂和腿、头和手运动起来。当他通过这种运动作用于他身外的自然并改变自然时，也就同时改变他自身的自然"。②

第四，马克思虽然强调了人和自然之间的物质变换的社会规定性，但更注意它与此无关的基质方面。马克思把劳动过程比喻成物质代谢，这样，劳动过程就像生命那样，不仅包括把外部东西同化的一面，还包括把获得的东西再排到外部的异化的一面。自然物质在生产过程中被人类劳动所中介，它所具有的仅仅是潜在使用价值变成现实的起作用的使用价值，它与自然物质原来固有的形态相反，被人赋予属人的外在形式，但它并没有被人类社会所消解。这种被打上人的烙印的自然物质通过人再次转化，返回外部自然界。这种自然循环在人类社会的生产与再生产中，规定着整个历史进程中的铁一般的强制的刻板地存在着的东西。这就是自然物质对形式的漠不相关性。对于作为劳动过程所显示的生产过程的人与自然之间的物质变换的这一基本特征，马克思曾经明确指出："从单纯物化劳动时间，发展起来了物质对于形式的漠不相关性；因为在物化劳动时间的物的存在中，劳动已只是消失了的东西，只是这种物化劳动时间的自然实体的外在形式，劳动已只是存在于物质的东西的外在形式中的东西。"③ 因此，

①　《马克思恩格斯全集》第 23 卷，人民出版社 1972 年版，第 56 页。

②　《马克思恩格斯全集》第 23 卷，人民出版社 1972 年版，第 202 页。

③　《马克思恩格斯全集》第 46 卷（上），人民出版社 1979 年版，第 330 页。

不论人类劳动如何进行中介，正如马克思讲到维科时所说的，"自然史不是我们自己创造的"。①

第五，作为劳动过程的生产过程，既是人的物质资料的生产过程，又是人的物质资料的消费过程，二者都是物质变换的过程。二者不同之处在于："后者把产品当作活的个人的生活资料来消费，而前者把产品当作劳动即活的个人发挥作用的劳动力的生活资料来消费。"② 这就是说前者是生产消费过程，后者是生活消费过程，二者都存在着把被打上人的烙印的自然物质再排到外部自然界，还会对自然物质产生这样那样的影响，这种影响对自然界对人最终是有益还是有害，这是人以劳动生产活动，调整与控制他与自然之间物质变换关系的一个根本问题。

3. 劳动过程是人与自然之间物质变换的生态经济本质。

首先，我们要充分认识人与自然之间物质变换的自然生态本质。在马克思的著述中，自《德意志意识形态》以来，就一直提到生命过程的概念，并认为人的自然过程在本质上是物质的、能量的交换。那么，劳动过程究竟在多大程度上和人的自然过程相关呢？他在《资本论》中对这个问题作了相当详细的论述。马克思指出："不管有用劳动或生产活动怎样不同，它们都是人体的机能，而每一种这样的机能不管内容和形式如何，实质上都是人的脑、神经、肌肉、感官等等的耗费。这是一个生理学上的真理。"③ "单个人如果不在自己的头脑的支配下使自己的肌肉活动起来，就不能对自然发生作用。正如在自然机体中头和手组成一体一样，劳动过程把脑力劳动和体力劳动结合在一起了。"④ 因此，劳动过程首先反映了生理学、生态学的真理。按照现代生态学的理论，所谓生态，我们应该理解为是人及其他生物有机体同周围环境的相互关系，这种关系从广义上说包括人及其他生物的一切生存条件。这就是生命系统和环境（包括自然和社

---

① 《马克思恩格斯全集》第 23 卷，人民出版社 1972 年版，第 410 页。
② 《马克思恩格斯全集》第 23 卷，人民出版社 1972 年版，第 208 页。
③ 《马克思恩格斯全集》第 23 卷，人民出版社 1972 年版，第 88 页。
④ 《马克思恩格斯全集》第 23 卷，人民出版社 1972 年版，第 555 页。

会）系统之间的相互关系。正是在这个意义上理解劳动过程是人与自然之间的物质变换的生态实质，杰出的马克思主义经济学家、中国生态经济学奠基人许涤新先生才认为："马克思的关于劳动过程是人类同自然之间的物质变换，不言而喻地包含了生态体系的意义，具有人类（结成社会的人类）与他们所处的环境系统之间的相互关系的意义。这是很明白的事情。"①

其次，在马克思的视野内，在人类社会的物质资料生产与再生产过程中的人与自然之间的物质变换表现为三个方面：自然的物质代谢、社会的物质交换及这二者之间的物质变换。因此，人类社会的物质资料生产与再生产的运动过程，是人类和自然之间进行物质变换的运动过程。这是人类不断改变自然物质的形态，同时又不断将废弃物和排泄物返回自然界的过程。人类就是这样不断往复循环地同自然界进行物质变换。这是人类和自然界之间的最基本的关系，也是社会经济系统和自然生态系统之间的最基本的联系。这种关系和联系通过物质变换、能量转移、信息传递、价值转换把人类社会和自然界、自然生态与社会经济联结在一起，耦合成生态经济有机整体。因此，人类社会的物质资料生产与再生产过程，是物质变换的生态过程和经济过程（即劳动过程与价值形成过程的统一）相互交织与相互融合的生态经济有机整体的运动与发展过程。正是在这个意义上，在人类劳动中实现人与自然之间的物质变换过程，在本质上是自然生态系统和社会经济系统之间的物质交换、能量转移、信息传递、价值转移的生态经济运动过程。这是生态经济有机整体运动与发展的客观规律，也是人与自然之间的物质变换的客观规律。

第三，在马克思的著述中，阐明人通过劳动实现人与自然之间的物质变换的目的时，曾在《1844年经济学哲学手稿》中指出：人是"通过自己的劳动使自然界受自己支配"②的，是"通过劳动而占有自然界"③的；

---

① 许涤新:《马克思与生态经济学》,《社会科学战线》1983年第3期。
② 《马克思恩格斯全集》第42卷,人民出版社1979年版,第98~99页。
③ 《马克思恩格斯全集》第42卷,人民出版社1979年版,第102页。

在《经济学手稿》中提出："一切生产都是个人在一定社会形式中并借这种社会形式而进行的对自然的占有。"① 其后，在《资本论》中又说，人的劳动是"通过自己的活动按照对自己有用的方式来改变自然物质的形态"② 等。因此，长期以来国内外学者谈到人通过劳动实现人与自然之间的物质变换就强调，这一过程是人对自然界的改造、支配、占有的过程。施密特在《马克思的自然概念》一书中引用了马克思在《经济学手稿》一书中所说的"其目的是使自然界服从于人的需要"的话后，就作出结论说："黑格尔和马克思把有目的的劳动过程描绘成人欺瞒和哄骗自然，以为人用。"他认为："一般说来，所谓只要人类的历史存在，必然王国就存在，这的确意味着人对自然主要是采用占有、干涉、斗争的态度。"③ 我国学者欧阳志远教授在《生态化》一书中也是强调马克思是"通过对劳动作为占有自然过程的分析"，指出人与自然的关系和人与人的关系的相互制约的。周义澄教授在《自然理论与现时代》一书中多处谈到人与自然的关系，都将这种关系看成是人对自然的改造、占有、作用。他说，"人的本质力量自然对象化的过程"，"就是对自然界的占有"。④ 总之，长期以来，国内外学者对劳动过程的人与自然之间物质变换关系的传统解释，基本上是一种人对自然利用、占有与索取的单向线性思维。这种思维定势把人看成只是自然的索取者，自然对人只是奉献者，即是仅仅重视人与自然之间的物质变换过程中人对自然的要求的一面；而忽视甚至漠视自然对人的要求的一面。这从表面上看，似乎是符合马克思的思想，其实，这种单向的线性论是对马克思人与自然相互关系学说的一种片面性的理解，甚至在某种程度上是对马克思自然理论的一种误解。

在马克思的自然理论及整个理论体系中，他不仅全面地揭示了人与自然之间的相互依存与相互作用的辩证关系，而且科学地阐明了人与自然之

---

① 《马克思恩格斯全集》第46卷（上），人民出版社1979年版，第24页。
② 《马克思恩格斯全集》第23卷，人民出版社1972年版，第87页。
③ ［德］施密特著，欧力同等译：《马克思的自然概念》，商务印书馆1988年版，第170页。
④ 周义澄：《自然理论与现时代》，上海人民出版社1988年版，第100页。

间的物质变换的双向变换的辩证关系。马克思在《1844 年经济学哲学手稿》中就提出了"日益腐败的自然界"的"复活"问题,在谈到动物的生产和人的生产的区别时,就明确指出:"人再生产整个自然界",人是"按照美的规律来建造"的。① 在《德意志意识形态》中提出了"人创造环境,同时环境也创造人"的著名断论;在马克思的生产与再生产理论中,不仅对社会经济再生产的实现条件作了深刻分析,而且明确提出了自然生态再生产过程中自然物质减少的补偿问题。他以农业生产的自然力减少的补偿问题来说明。他说:"可能有这种情况:在农业中,社会生产力的增长仅仅补偿或甚至还补偿不了自然力的减少。"② 这样,就会"破坏着人和土地之间的物质变换,也就是使人以衣食形式消费掉的土地的组成部分不能回到土地,从而破坏土地持久肥力的永恒的自然条件"。③ 可见,在人与自然之间物质变换过程中,自然物质因消耗而减少,得不到补偿,入不敷出使自然生态产品短缺,首先就会破坏自然生态系统中的物质代谢,从而阻碍人与自然之间物质变换,使社会经济系统中的物质变换受阻,甚至出现了生态经济恶性循环。因此,社会生产力的增长能否补偿自然力的减少的问题,就是自然生态再生产实现的条件问题。而社会产品在物质上、价值上补偿自然生态再生产过程中自然产品的减少,这是人与自然之间物质变换得以顺利实现对人类劳动生产的基本要求。

上述马克思的两个方面思想告诉我们,正确处理与协调人与自然之间的物质变换关系,要求人类的劳动生产必须做到:一是人对自然的利用、占有、索取和补偿、爱护、恢复良性循环必须有机结合起来;二是把改变自然、全面建设自然和创新自然、美化自然有机结合起来,使"自然界的真正复活",④ 达到人与自然的和谐统一、生态与经济协调发展的完美的理想境界。因此,笔者可以肯定地说,马克思关于劳动过程是人与自然之间

① 《马克思恩格斯全集》第 42 卷,人民出版社 1979 年版,第 97 页。
② 《马克思恩格斯全集》第 25 卷,人民出版社 1974 年版,第 864 页。
③ 《马克思恩格斯全集》第 23 卷,人民出版社 1972 年版,第 552 页。
④ 《马克思恩格斯全集》第 42 卷,人民出版社 1979 年版,第 122 页。

的物质变换过程理论，确实是双向变换的辩证思维。对此，韩立新先生作了这样的论述："劳动过程不仅包括人改造自然这一'由自然到人的过程'，而且还包括自然穿过人又重归自己的'由人到自然的过程'，是一个人与自然双向交流过程。"他还特别指出，这表明马克思并没有把劳动归结为人单方向地支配、占有自然的过程，[①] 而是人与自然相互依赖、双向供奉的共同进化关系。这种双向进化的辩证思维，准确地反映了人类社会与自然界相互交换的客观规律，这在本质上是劳动过程的人与自然之间物质变换的生态经济规律。这是我们应当永远遵循的生态经济规律。

二、人与自然物质变换的基本形式
及不同社会形态下的表现

（一）人类社会生产与再生产过程中人与自然之间物质变换的基本形式

马克思主义一贯认为，作为劳动过程的生产过程中，人与自然关系同人与人的关系是相互联系和彼此相互制约的。因此，在马克思的著述中，不仅注重人与自然之间物质变换的自然生态规定性，而且强调它的社会历史规定性，揭示了人与自然的关系中渗透着社会历史因素，在社会生产与再生产过程中，人的本质力量是在一定的社会经济形式中并借这种形式与自然物质同化的。这样，人与自然之间进行的物质变换的关系，首先是一种生态过程及关系，这是人类与自然界的最基本关系，与此同时它必须产生人与人之间相互交换劳动，实现个别劳动之间的社会的物质交换，结成人与人之间的生产关系即是一种经济过程及关系。这两个方面的物质变换过程的统一，在本质上则是自然生态系统和社会经济系统之间的物质交换、能量转移、信息传递、价值转换过程，并形成生态关系与经济关系的统一即生态经济关系。这既是人类经济活动的综合表现，又是人与自然之

---

① 韩立新：《马克思的物质代谢概念与环境保护思想》，《哲学研究》2002 年第 2 期。

间物质变换关系的生态经济本质的生动体现。

上述人与自然之间的物质变换的生态经济形态，是通过多种具体形式来实现的，最基本的形式有三种：一是人的物质资料的生产（包括流通）过程，这是人与自然之间进行物质变换的一种最基本的、最普遍的形式。这种基本形式是把产品当作劳动即活的个人发挥作用的劳动力的生活资料来消费。二是人的物质资料的消费过程，这也是人和自然之间进行物质变换的一种基本形式，它是把产品当作活的个人的生活资料来消费。这两种基本形式是在社会生产与再生产过程中进行的，它们本身就构成社会生产总过程的一个环节，这两种形式的生态过程及关系是与经济过程及关系同时发生的，这种经济作用过程大量地消耗着自然产品，是社会生产与再生产的自然物质的消费过程。三是人的自然物质的消费过程，同样是人与自然之间物质变换的一种最基本形式。因为人自身生产与再生产是社会生产与再生产的一个组成部分。它是直接把自然生态产品当作活的个人的生活资料来消费。这种物质变换的生态关系，主要是自然生态系统直接供给人作为生物的新陈代谢的生命过程所需要的空气、阳光、水等自然生态产品。长期以来，这些自然物质是大自然无偿地直接供奉给人类生存的自然生态条件，是免费使用的自然生态产品，不与任何经济过程相联系。在马克思生活的时代确实如此。然而，现代生态经济系统的基本矛盾发展到今天，在当今社会经济条件下，原来那些取之不尽、用之不竭的能够满足现代人的生态需要的自然生态产品，诸如新鲜空气、充足阳光、清洁淡水等，在广大的地区已经日渐枯竭，完全免费使用这些自然物质的时代已告结束。① 当今，虽然对于社会成员的个人来说，使用这些自然生态产品在某种情况下仍然还是基本上免费，但就整个社会来说却要花极大代价再生产出这些自然生态产品，才能使每个人获得符合维持生命循环所要求的自然物质。可见，人与自然之间的这种形式的生态关系，就同样是与整个社会生产与再生产的经济过程密切相连的。在 21 世纪的生态时代，人与自然

---

① 刘思华：《理论生态经济学若干问题研究》，广西人民出版社 1989 年版，第 47 页。

之间的物质变换的任何形式，都是通过生产、交换、分配、消费的经济活动来实现，因而，人与自然之间物质变换的生态关系，是与人类经济活动交织在一起的，它不仅仅是一种自然的物质变换的生态关系，而且是一种社会的物质变换的经济关系，即是两者内在统一的生态经济关系，可以称之为广义的经济关系。这就是笔者领悟的马克思物质变换理论的本质内涵与当代意义。

（二）　三大社会形态理论下人与自然物质变换的主要特征

人类社会历史发展归根到底是人与自然之间的物质变换的历史发展。在本书第一篇中，我们从生态经济的视角，发掘了马克思的"三大社会形态"（生产方式）的理论遗产。本章按照这个思路，进一步研究在三大形态下人与自然之间物质变换的主要特征，在人类史和自然史相统一的理论框架中，理解马克思的物质变换理论的生态经济的本质特征。我们首先必须了解马克思、恩格斯关于三大形态的论述。马克思、恩格斯在《德意志意识形态》中，就包含着将人类社会历史发展到资本主义时期划分为两大阶段的思想。他们说："这里出现了自然生产的生产工具和由文明创造的生产工具之间的差异。耕地（水等等）可以看作是自然产生的生产工具。在前一种情况下，即在自然产生的生产工具的情况下，各个个人受自然界的支配，在后一种情况下，他们则受劳动产品的支配。因此在前一种情况下，财产（地产）也表现为直接的、自然产生的统治，而在后一种情况下，则表现为劳动的统治，特别是积累起来的劳动即资本的统治。前一种情况的前提是，各个个人通过某种联系——家庭的、部落的或者甚至是地区的联系而结合在一起；后一种情况的前提是，各个个人互不依赖，联系仅限于交换。在前一种情况下，交换主要是人和自然之间的交换，即以人的劳动换取自然的产品，而在后一种情况下，主要是人与人之间所进行的交换。在前一种情况下，只要具备普通常识就够了，体力活动和脑力活动彼此还完全没有分开；而在后一种情况下，脑力劳动和体力劳动之间实际上已经必须实行分工。在前一种情况下，所有者可以依靠个人关系，依靠这种或那种形式的共同体来统治非所有者；在后一种情况下这种统治必须采取物的形式，通过某种第三者，即通过货币。在前一种情况下，存在着一种小工业，但这种工业是受对自然产业的生产工具的使用所支配的，因此这里没有不同个人之间的分工；在后一种情况下，工业以分工为基础，而且只有依靠分工才能存在。"① 在这一段论述中，马克思、恩格斯按照人与自然的关系和人与人的关系相统一的思路，从生产工具、财产关系、交往关系、交换关系、社会关系、分工形式等方面出发，将人类社会历史区分为两种情况：前一种情况是指资本主义以前的情况，后一种情况是指资本主义的情况，这实际上是把人类社会历史发展划分为两大时期，即前资本主义时期和资本主义时期。

马克思在《政治经济学批判》序言中，又将迄今以来的人类社会历史发展的两个阶段的基本思想具体划分为三个阶段，并作了大阶段的二分法处理。他说："大体说来，亚细亚的、古代的、封建的和现代资产阶级的生产方式可以看作是经济的社会形态演进的几个时代。资产阶级的生产关系是社会生产过程的最后一个对抗形式，这里所说的对抗，不是指个人的对抗，而是指从个人的社会生活条件中生长出来的对抗；但是，在资产阶级社会的胎胞里发展的生产力，同时又创造着解决这种对抗的物质条件。因此，人类社会的史前时期就以这种社会形态而告终。"② 在这里，马克思把亚细亚生产方式和西欧古代的、封建的生产方式并列进行处理，将它们归于同一社会历史时期，即划分为前资本主义时期的第二阶段；在这个阶段之前的原始社会作为前资本主义时期的第一阶段；而第三阶段就是资本主义生产方式，即资本主义时期。从马克思的这段论述无疑可以看出，他实际上是把自人类社会起始到资本主义完结作为史前史，而将未来社会的共产主义社会形态列入人类社会发展的正史。③ 这样，马克思就把自人类社

---

① 《马克思恩格斯全集》第3卷，人民出版社1960年版，第73~74页。

② 《马克思恩格斯选集》第2卷，人民出版社1995年版，第33页。

③ 参见段忠桥：《历史发展"五形态论"质疑——重读〈德意志意识形态〉》，《中国人民大学学报》1993年第4期；吕薇洲：《不同的视角，相同的基点——也论三种社会形态和五种社会形态的关系》，《郑州大学学报（哲社版）》1998年第1期。

会以来的生产方式划分为三大历史时期。与这三大社会历史发展时期的生产方式相对应的是，人类社会形态表现为：Ⅰ. 人的依赖关系；Ⅱ. 物的依赖关系；Ⅲ. 自由个性。马克思在《政治经济学批判》（1857—1858 年草稿）中明确指出："每个个人以物的形式占有社会权力。如果你从物那里夺去这种社会权力，那你就必须赋予人以支配人的这种权力。人的依赖关系（起初完全是自然发生的），是最初的社会形态，在这种形态下，人的生产能力只是在狭窄的范围内和孤立的地点上发展着。以物的依赖性为基础的人的独立性，是第二大形态，在这种形态下，才形成普遍的社会物质变换，全面的关系，多方面的需求以及全面的能力的体系。建立在个人全面发展和他们共同的社会生产能力成为他们的社会财富这一基础上的自由个性，是第三个阶段。第二个阶段为第三个阶段创造条件。"[①] 这就是说，马克思在"三大形态"图式中，把人类社会历史发展的史前史，划分为第一大形态和第二大形态这样"两大形态"，而正史是第三大形态；前者又划分具体的三个阶段。恩格斯是完全赞同马克思的社会形态理论的。

　　恩格斯在《家庭、私有制和国家的起源》一书中采用摩尔根的历史分期法表明了自己对社会历史分期的看法。他说："现在我们可以把摩尔根的分期概括如下：蒙昧时代是以获取现成的天然产物为主的时期；人工产品主要是用作获取天然产物的辅助工具。野蛮时代是学会畜牧和农耕的时期，是学会靠人的活动来增加天然产物生产的方法的时期。文明时代是学会对天然产物进一步加工的时期，是真正的工业和艺术的时期。"[②] 在这里，恩格斯把马克思所说的人类社会历史发展的史前史划分为三个阶段，第一、第二个阶段的蒙昧、野蛮时代属于第一大形态；第三个阶段的文明时代属于第二大形态。人类社会历史发展的第一种形态的时间跨度大，它指人类社会开始至资本主义工业革命之前的整个历史时代，这样，恩格斯将这一历史时代细分为蒙昧和野蛮两个历史时代，笔者把它概括为第一大形态的前期即蒙昧时代，第一大形态的后期即野蛮时代；第二大形态就是

---

① 《马克思恩格斯全集》第 46 卷（上），人民出版社 1979 年版，第 104 页。
② 《马克思恩格斯选集》第 4 卷，人民出版社 1995 年版，第 24 页。

资本主义工业文明时代。恩格斯在《家庭、私有制和国家的起源》一书中，深刻地分析了这三个历史时代中人与自然之间物质变换的具体过程与主要特征。正如恩格斯所指出的："人类经过蒙昧时代和野蛮时代达到文明时代的开端的发展图景，已经包含足够多的新特征了，而尤其重要的是，这些特征都是不可争辩的，因为它们是直接从生产中得来的。"① 下面，我们根据马克思、恩格斯的社会形态理论，对三大形态下人与自然之间物质变换的主要特征作简要概述。

（三）第一大形态下人与自然之间的物质变换

第一大形态前期人与自然之间的物质变换的特征。在人类初期的蒙昧时代，人类和非人类生物一样融合在大自然之中，人类的谋生方式是以采集现成的天然产物为主。因而人与自然之间的物质变换关系，基本上是属于自然生态系统内部的物质变换关系，在很大程度上表现为一种自然生态发展的过程。这时，人与自然之间物质变换过程的能力处于一种极其微弱的状态。因而，人与自然之间的物质变换关系，是处于原始的极其低下水平的良性循环与协调发展。任这个历史时代的人类利用自然的力量极其微弱，不了解自然，不认识自然规律，把自然视为神，崇拜自然，畏惧自然，受未知的自然界的力量所统治，在威严的自然面前只能俯首帖耳，唯命是从，处处顺从自然界变化的"惯常行程"，是自然的奴仆。正如马克思所说的那样，自然界起初是作为一种完全异己的、有无限威力的和不可制服的力量与人们对立的，人们同它的关系完全像动物同它的关系一样，人们就像牲畜一样服从它的权力。

第一大形态后期人与自然之间的物质变换的特征。这个时期人类已经进入野蛮时代，人类作用于自然的基本方式及人与自然之间物质变换的主要形式，是动物的驯化、养殖和农作物栽种，人类社会生产是畜牧业、农业生产和手工业生产。恩格斯将这一历史时代细分为三个阶段。其中，在

① 《马克思恩格斯选集》第4卷，人民出版社1995年版，第23~24页。

低级阶段，是从学会制陶术开始。恩格斯认为："野蛮时代的特有的标志，是动物的驯养、繁殖和植物的种植。"① 这就使人类结束了游牧生活，定居式的农耕生产与生活开始了。因此，野蛮时代，实质上就是农业文明时代。到了中级阶段，农业生产开始开垦森林和草原，使之成为耕地并进行大规模的种植，使用农业灌溉技术栽培植物等，还有牲畜的驯养和繁殖以及较大规模的畜群的形成。到了高级阶段，铁器的冶炼技术得到发展和金属工具开始广泛使用，这时农业生产有了铁铧及用家畜拉的耕犁大规模耕种土地；用铁斧和铁锹大规模开垦森林使之变为耕地和牧场，因此，恩格斯指出："野蛮时代高级阶段的全盛时期"，是"发达的铁制工具、风箱、手磨、陶工的辘轳、榨油和酿酒、成为手工艺的发达的金属加工、货车和战车、用方木和木板造船、作为艺术的建筑术的萌芽、由设塔楼和雉堞的城墙围绕起来的城市"，这是"由野蛮时代带入文明时代的主要遗产"。②

　　野蛮时代与蒙昧时代相比，人与自然之间的物质变换关系发生了很大变化，这主要表现在：第一，人类劳动的生产工具有了根本性改进，农业和畜牧业是人类劳动生产活动的基本形式，即人与自然之间的物质变换的基本方式，人类开始能够利用自然生态条件，并按照人们经济活动的需要去进行有目的改变自然生态条件的活动，这使人类由攫取性经济向生产性经济转变，这是人类社会生产发展的一次巨大的变革。它造就了光辉灿烂的古代文明，例如两河流域的巴比伦文明、印度河流域的哈巴拉文明、中美洲的玛雅文明以及我国的两河流域文明，这些都是农业文明的伟大产物。第二，在农业文明时代，从总体上说，人类对待自然如同敬畏、顺从神一样，人在自然界面前俯首帖耳；但是，在这一时期人类大规模砍伐森林、开凿运河、修建灌溉工程等，创造农业文明的巨大工程使人类劳动、物质生产对周围的自然、外部自然界的影响大大加强了，显示出人类社会生产过程中的活劳动已成为生产中的主要因素，体现了人类反作用的威力。第三，在野蛮时代建立毁林耕作制度的过程中破坏了森林、草原生态

---

① 《马克思恩格斯选集》第4卷，人民出版社1995年版，第20页。
② 《马克思恩格斯选集》第4卷，人民出版社1995年版，第23页。

系统，加上一些国家在政治经济发展中因居住、生产和军事的需要，砍伐森林和不合理的农耕方式，造成气候失调、水土流失、土地沙漠化、盐渍化、沼泽化以及水旱灾害加剧等，这些生态恶果意味着古代农业文明时期开始了初步征服大自然，使人与自然之间的物质变换关系出现了征服与被征服关系的萌芽，人类开始掠夺自然界，自然界开始对人类进行无情报复。这突出表现为巴比伦、哈巴拉、玛雅这世界三大文明最终毁灭于生态灾难之中，这是何等惨痛的历史教训！第四，人类在创造农业文明的过程中，在一定程度上和一定范围内破坏了生态环境，并给人类社会经济发展造成了某些影响，发生了局部的人与自然之间物质变换关系的不协调。但那时经济社会发展对自然生态系统的需求相对狭小，加上古代农牧业生产是有机农业，在生产过程中很少有废弃物返还自然界，人类生活废弃物返还自然界，也是在自然生态系统的自净能力限度之内，并且还有利于自然循环。因此，这时人类对自然生态系统的破坏，大多尚未超过其自然的再生能力和自然修复能力所规定的界限，人与自然之间物质变换关系在总体上是相互协调的，生态与经济也是相互适应的。只不过，这种协调适应状态都是以人类在自然界面前的总体"软弱"，特别是以他与自然之间物质变换过程的能力总体低下为前提的。因此，马克思把第一大形态下的发展状况，称之为"原始的丰富"；"在发展的早期阶段，单个人显得比较全面，那正是因为他还没有造成自己丰富的关系，并且还没有使这种关系作为独立于他自身之外的社会权力和社会关系同他自己相对立"。① "在这里，无论个人还是社会，都不能想象会有自由而充分的发展，因为这样的发展是同［个人和社会之间的］原始关系相矛盾的。"② 这样，在第一大形态下，仍然是人对自然界的适应、依赖、受制约的关系处于主导，人与自然之间物质变换的过程是一种原始的、自发的双向互补过程。

---

① 《马克思恩格斯全集》第 46 卷（上），人民出版社 1979 年版，第 109 页。
② 《马克思恩格斯全集》第 46 卷（上），人民出版社 1979 年版，第 485 页。

（四）　第二大形态下人与自然之间的物质变换

1. 资本主义生产方式下人与自然之间物质变换的基本特征。

马克思所说的第二大形态是指资本主义的社会形态。恩格斯在《家庭、私有制和国家的起源》一书中称之为"文明时代"，就是指资本主义工业时期。其时间跨度在马克思、恩格斯的著作中，是指从资本主义工业革命开始到他们所生活的整个历史时代，即恩格斯所说的"真正意义上工业和艺术生产的时期"；本书延至资本主义工业化的完成时期。在这一历史时期，人与自然之间物质变换的基本特征，是以商品交换关系为基础的物的依赖关系，人的独立性很有限，是"以物的依赖"为前提，人与自然之间物质变换关系成为人与自然全面异化的关系，并"采取了物与物的关系的虚幻形式"。①

第二大形态是随着大工业机器体系的出现和分工、协作的迅速发展，以及生产日益社会化和社会经济系统中，社会物质变换的日益普通化而实现的。恩格斯认为，野蛮时代特别是发展到它的高级阶段，就走到文明时代的门槛了。他说："在野蛮时代中级阶段"，"我们也看到了游牧民族和没有畜群的落后部落之间的分工，从而看到了两个并存的不同的生产阶段，也就是看到了进行经常交换的条件"；"在野蛮时代高级阶段，进一步又发生了农业和手工业之间的分工，于是劳动产品中日益增加的一部分是直接为了交换而生产的，这就把单个生产者之间的交换提升为社会的生活必需"。② 随着商品交换市场的扩大，生产社会化的程度日益提高，商品生产者能够独立自由地与市场发生关系并且能够到处自由流动，在他们之间存在着全面的依赖关系，形成资本主义社会中普遍的社会物质变换关系和全面的社会经济关系，从而显示出人的能动性的"普通的物质变换"的实践和"多方面需要"的关系，于是社会生产的实现就从极狭小的范围内扩展到极其广大的范围内，它就可能越出生产者的支配范围，产生鬼怪的、对

---

① 《马克思恩格斯全集》第 23 卷，人民出版社 1972 年版，第 89 页。
② 《马克思恩格斯选集》第 4 卷，人民出版社 1995 年版，第 165 页。

他们来说是异己的力量，在工业文明时代就会经常地和不可避免地发生，使人与自然之间的物质变换关系，成为一种人与自然全面异化的关系，即劳动异化、自然异化、生产异化、消费异化和人的异化等非人性、非人道的、片面的、畸形的、紊乱的和非持续性的发展，这就成为资本主义社会形态下"常见的正常的现象"了。这种现象突出表现在人类对自然的认识、实践活动及其后果上。

在工业文明时代的资本主义生产过程中，人把自己与自然之间的物质变换关系，视为主仆之间的征服与被征服、统治与被统治的关系。人与自然之间的物质变换过程，是人类为了满足自身的需要、实现自己的利益的经济活动，始终是有意识的、是按照人类对自然的认识进行的。在资本主义生产方式下，人类初步认识自然，但不是真正了解和把握自然规律，以自然界的主人自居，视自己为凌驾于大自然之上的无所不能的主宰者，向大自然宣战，征服、改造、支配、占有自然，实现其统治自然界以便为人类服务。这是因为，资本主义工业革命以来，科学技术应用于生产过程，大机器工业形成与发展，这些被看成是人类战胜自然界的凯歌，似乎大工业的威力使自然界成了人类盘剥和掠夺的对象，是任人摆布的奴仆，是人类的"战俘"。对此，英国科学史家李约瑟说，西方人接受了希伯来人的传统，对自然界实行"封建或帝制的统治"。① 因此，在第二大形态下人类的征服、统治自然的思维定势，不仅完全忽视了人与自然的同一性和自然界的优先地位，而且根本漠视了人与自然之间物质变换的双向依赖的生态经济规律。

资本主义工业文明时代，是人类通过人与自然之间物质变换来掠夺自然、破坏生态导致生态环境危机的全面征服自然的时代。自从人类社会从自然界中产生后，有了人类经济活动，这个矛盾就已存在并发生作用。只是在过去漫长的社会形态发展过程中，就人类社会总体而言，生态经济的基本矛盾并不突出，甚至被掩盖了。这种状况一直延至资本主义社会建立

---

① 潘吉星主编：《李约瑟文集》，辽宁科学技术出版社 1986 年版，第 339 页。

的初期。随着社会生产力的迅速发展，这种状况很快就改变了。这是因为，在这一历史时期，人类经济活动在当时新兴资产阶级那里，是在无度地追求物质利益的驱动下，在一味追求利润最大化的诱导下，资本主义生产无限扩大，人们对物质财富无限追求，使人类的一切活动与行为，几乎都是围绕着一个共同的甚至可以说是唯一的目标进行，这就是追求物质财富的无限增长。正如恩格斯所说的：工业文明时代"激起人们的最卑劣的冲动和情欲，并且以损害人们的其他一切秉赋为代价而使之变本加厉的办法来完成这些事情的。鄙俗的贪欲是文明时代从它存在的第一日起直至今日的起推动作用的灵魂；财富，财富，第三还是财富，——不是社会的财富，而是这个微不足道的单个的个人的财富，这就是文明时代唯一的、具有决定意义的目的"。① 由此决定了人们经济活动的全部价值，着眼于人对自然财富的最大限度地索取与掠夺，以及对社会财富的最大限度地占有与享受；如此也就决定了在资本主义社会的生产与再生产过程中，人与自然之间的物质变换，始终是以大量索取、大量消耗自然资源和经济资源，达到尽可能多的自然物质转化为社会财富的目标，获得利润最大化的目的。于是，人与自然之间的物质变换过程，变成人对自然单向索取过程。俄国科学家米丘林有句名言概括这种只是"自然到人"的单向过程："我们不能等待自然的恩赐，我们的任务是向自然界索取。"所以在资本主义条件下，人与自然变换过程的能力在总体上得到很大提高，人类劳动对自然的利用、改变、占有的能力日益增强，从而使自然界成为真正意义上的人类活动的"对象"的同时，也使人与自然之间物质变换关系，出现了不合理性和不协调的严重状态。当然，这首先在于人类是以自然的统治者对待自然，像征服者征服异民族一样，站在自然界之外，即站在自然界的对立面来作用于自然生态环境，任意奴役自然，使人与自然之间的物质变换关系，建立在征服与被征服的基础上，把人类经济活动和生态环境之间的矛盾推向尖锐对立的地步。而人类正如恩格斯所说的"过分陶醉于我们对自

---

① 《马克思恩格斯选集》第4卷，人民出版社1995年版，第177页。

然界的胜利"，把自然界变成了任人摆布的消极客体，并凭借人类创造的技术圈、智慧圈同生物圈对垒，为所欲为地干预和破坏自然生态系统。这不仅把自然界当作取之不尽的无偿恩赐的"供奉者"，进行无情地掠夺性地开发和任意挥霍自然资源；而且把自然界当作装不满的、无偿使用的"垃圾桶"，生产与生活的废弃物毫无顾忌地倾泻于大自然之中。这种不正确、不合理的劳动活动即技术行为、经济行为，使人与自然之间物质变换关系处于尖锐矛盾状态之中，生态与经济处于严重不协调之中，因而人对自然界的征服式的索取的恶果日益显著，自然界对人类的报复与日俱增。这表明人类受到人与自然之间物质变换的客观规律的严重惩罚。因而，资本主义工业文明进程中发生的生态环境危机，正是人与自然之间物质变换关系的不合理性和不协调性的集中表现，使工业文明时代的生态经济的基本矛盾日益加深与尖锐，使生态经济问题最终成为全球化的极其尖锐的重大问题，极大危及着全人类共同的生存与发展。

在资本主义私有制存在的时代，作为人与自然的中介的劳动是一种异化了的劳动，因此，人与自然之间的物质变换关系，就成为一种全面异化的关系。马克思认为，在资本主义私有制条件下，资本与雇佣劳动之间的关系，是以劳动的异化为表现形式的，因而人类通过劳动实现人与自然之间的物质变换，也是以一种异化的形式出现的。它的外在表现是物的关系即"物的异化"，内在实质是人的关系即人的异化。马克思正是通过"物的异化"的外表形式去探寻"人的异化"的本质。请看马克思的论述：

在资本主义私有制下，人与自然之间的物质变换过程中，"劳动所生产的对象，即劳动的产品，作为一种异己的存在物，作为不依赖于生产者的力量，同劳动相对立"。① 这样，"劳动为富人生产了奇迹般的东西，但是为工人生产了赤贫。劳动创造了宫殿，但是给工人创造了贫民窟。劳动创造了美，但是使工人变成畸形。劳动用机器代替了手工劳动，但是使一部

---

① 《马克思恩格斯全集》第42卷，人民出版社1979年版，第91页。

分工人回到野蛮的劳动，并使另一部分工人变成机器。劳动生产了智慧，但是给工人生产了愚钝和痴呆"。① 于是，"工人生产得越多，他能够消费的越少；他创造价值越多，他自己越没有价值、越低贱；工人的产品越完美，工人自己越畸形；工人创造的对象越文明，工人自己越野蛮；劳动越有力量，工人越无力；劳动越机巧，工人越愚钝，越成为自然界的奴隶"。② 因此，工人"在自己的劳动中不是肯定自己，而是否定自己，不是感到幸福，而是感到不幸，不是自由地发挥自己的体力和智力，而是使自己的肉体受折磨、精神遭摧残"。③ 这种劳动者同自己劳动活动相异化，就是人的"自我异化"。人的异化，使人的劳动不再成为体现人的类本质的活动，从而使劳动者同人的类本质、类生活相异化。所以，马克思指出："异化劳动使人自己的身体，以及在他之外的自然界，他的精神本质，他的人的本质同人相异化。"④ 这些造成的直接后果必然是"人同人相异化"。⑤ 马克思的这些精辟论述明白无误地告诉我们，在资本主义生产方式下，人与自然之间物质变换的能力极大提高，造就了巨大的社会生产力，形成普遍的自然和社会的物质变换关系和全面的社会经济关系，但它将全社会的劳动者变成了大机器的附庸，将资本家变成了金钱的奴隶。无论是剥削者还是被剥削者都异化为片面的、畸形的人。因此，我们完全可以说，资本主义工业文明的巨大发展和社会财富的极大增长，确实是以人的片面的、畸形的发展为代价的。这是人的发展的一种倒退，是资本主义生产方式的最根本的自我否定因素，一个人的全面发展的新时代的到来就成为历史的必然。

　　在资本主义生产方式下，人与自然之间的物质变换过程，既是自然的人化过程又是自然的异化过程。在资本主义工业化历史时期，资本主义生产是建立在对自然资源与自然环境的自由免费获取、利用基础上的，这使

---

① 《马克思恩格斯全集》第 42 卷，人民出版社 1979 年版，第 93 页。
② 《马克思恩格斯全集》第 42 卷，人民出版社 1979 年版，第 92～93 页。
③ 《马克思恩格斯全集》第 42 卷，人民出版社 1979 年版，第 93 页。
④ 《马克思恩格斯全集》第 42 卷，人民出版社 1979 年版，第 97 页。
⑤ 《马克思恩格斯全集》第 42 卷，人民出版社 1979 年版，第 98 页。

人与自然之间物质变换的过程完全成为人类征服、掠夺自然的过程。在马克思、恩格斯的论述中注意到了这种现象，他们都看到了人对自然的每一步征服都伴随着自然对人类的报复与背离，影响着人类的身心健康。马克思指出："在通常的物质的工业中，人的对象化的本质力量以感性的、异己的、有用的对象的形式，以异化的形式呈现在我们面前。"① 这就告诉我们，在资本主义工业化进程中产生的工业的异化，包含着自然的异化的形式。这是因为，在人类劳动与物质生产的经济实践中，不仅忽视了人与自然之间的物质变换关系，而且还有可能存在着否定性的、异化的对象性关系，只是着眼于在征服、支配、占有自然中充分显示出人的本质力量，就会使人与自然之间的物质变换关系成为一种人与自己的异化关系，自然的异化是不可避免的事情。

人在劳动活动与物质生产过程中，把自然界视为没有再生能力的死体，变成人的统治与奴役的对象，这样就否定了自然界，那么，自然界对人类否定自己的不屑行为决不会"坐以待毙"的，必然会以各种方式来否定人。于是，自然界就成为异化的力量同劳动者、同人的类本质相对立，这就自然的异化。自然的异化表现在多方化，最突出形式就是否定人类生存的自然生态条件。这就使人类生存与发展的生态环境日益恶化。马克思、恩格斯在他们的著作中多次描绘了他们所处的那个时代人与自然之间物质变换导致的一些自然资源枯竭、森林衰减、水土流失、土地沙漠化、工业城市环境恶化的生态衰败图景。人类生存与发展的生态环境日益恶化，就是本书第一篇中所说的自然的反人化，它把自然的异化推进到一个新的时期：各种环境公害频繁发生并蔓延，"环境危机此起彼伏，生态危机频繁加深；环境危机和生态危机并存交织、直至整个大自然危机，已经成为笼罩着当代世界的魔影，并阻碍着现代经济社会的发展，威胁着人类和人类社会的存在。"②

马克思还认为，自然异化是人类经济活动否定自然的必然结果，其实

---

① 《马克思恩格斯全集》第 42 卷，人民出版社 1979 年版，第 127 页。
② 刘思华：《理论生态经济学若干问题研究》，广西人民出版社 1989 年版，第 29 页。

质是人的本质力量的异化，是劳动异化和人类经济实践活动的方式不当引起的。这样，资本主义生产力的巨大发展和物质财富的极大增长，是以牺牲生态环境，是以自然的日益腐败为沉重代价的。西方发达国家所创造的工业文明，预先享用了地球的资源环境，这也就最先造成了生态环境破坏与危机，并且这种破坏与危机经过 20 世纪下半叶到今天依然延续着、发展着。因此，西方发达国家理应对自然异化、全球生态赤字负更大的责任。这是历史的结论。

2. 马克思对资本主义制度破坏人与自然之间物质变换的生态学批判。马克思在《资本论》中把劳动看作是人与自然之间物质变换的过程，是把它作为"人类生活得以实现的永恒的自然必然性"来探讨的。但是，在更多的场合下，他是把它作为揭露资本主义生产方式的内在矛盾来探讨的，即是对资本主义生产方式下，人与自然之间物质变换关系的不合理性与不协调性进行生态学批判；就是在分析人类生活的永恒条件的时候，也是为了作为揭露资本主义生产方式的内在矛盾的条件而提出的，[①] 是为了论证资本主义制度破坏人与自然之间的物质变换关系，是资本主义生产方式的对抗性矛盾运动的必然表现。因此，马克思在《资本论》中，在分析人类的劳动过程、商品价值、农业与土地肥力、森林与生态环境、大工业与环境污染等问题的时候，就研究了资本主义生产方式如何破坏人与自然之间的物质变换及其生态恶果。

现在，我们仅以马克思分析农业与土地自然力来说明。马克思在对资本主义生产方式的生态学批判中，吸取了索比希的物质代谢思想，他特别强调了资本主义生产对土地自然力的滥用与破坏，马克思把这种对自然环境的破坏，看作是对维持生命所必需的人与自然之间的物质变换的破坏，他看到了城市和农村的明显分离以及分离带来的人与自然之间的物质变换的中断。他说："资本主义生产在使它汇集在各大中心的城市人口越来越占优势，这样一来，它一方面聚集着社会的历史动力，另一方面又破坏着人

和土地之间的物质变换，也就是使人以衣食形式消费掉的土地的组成部分不能回到土地，从而破坏土地持久肥力的永恒的自然条件。"① "在这两个形式上（小土地和大土地所有制——引者注），对地力的剥削和滥用代替了对土地这个人类世世代代共同的永久的财产，即他们不能出让的生存条件和再生产条件所进行的自觉的合理的经营"。② 从这些论述可以清楚看出，资本主义生产直接地、一味地追求眼前的经济利益，必然是剥夺和滥用土地自然力，这种掠夺性利用土地自然力的行为，就会破坏人和土地的物质变换，使其出现"无法弥补的裂缝"。"于是就造成了地力的浪费，并且这种浪费通过商业而远及国外"。③

在资本主义工业化进程中，资本主义农业发展也纳入资本主义工业化的轨道，这实质上是农业工业化。因而，农业土地肥力下降与地力衰退造成的农业生态经济问题，在很大程度上是由资本主义大工业的发展引起的。由于资本主义生产的全部精神和根本动力是榨取剩余价值，实现利润最大化，以此来塑造的人与人的经济关系，也就建构着人与自然的生态关系，这在人与自然之间的物质变换的过程中就充分体现出来了。由此，马克思"天才地洞察"到了资本主义生产方式破坏人与自然之间物质变换及破坏自然的本质。所以，马克思在指出资本主义生产方式在农村掠夺了土地肥力，破坏了人与自然之间的物质变换之后，认为在城市也是如此。他写道："这样，它同时就破坏城市工人的身体健康和农村工人的精神生活。但是资本主义生产在破坏这种物质变换的纯粹自发形成的状况的同时，又强制地把这种物质变换作为调节社会生产的规律，并在一种同人的充分发展相适合的形式上系统地建立起来。"④ 这就是说，资本主义生产方式在破坏城乡人与自然之间的物质变换过程中，"一方面继续榨取出卖劳动力的雇佣劳动者；另一方面，又继续其对于自然资源的掠夺。资本主义生产，就

---

① 《马克思恩格斯全集》第23卷，人民出版社1972年版，第552页。
② 《马克思恩格斯全集》第25卷，人民出版社1974年版，第916页。
③ 《马克思恩格斯全集》第25卷，人民出版社1974年版，第916页。
④ 《马克思恩格斯全集》第23卷，人民出版社1972年版，第552页。

是在这种情况下，就是在这些矛盾中，继续其运转的"。①

在本书第一篇中详细论述了马克思、恩格斯从经济学和生态学角度对资本主义制度的批判，批判了资本主义对自然界的盘剥，这实际是对资本主义在人与自然之间的物质变换关系上的不合理性与不协调性的批判，以及对资本主义制度破坏人与自然之间的物质变换关系的认识根源、阶级根源和社会根源的揭露。

（五）第三大形态下人与自然之间的物质变换

如果说，人类社会发展史实质上是人与自然之间的物质变换关系发展史，那么可以说，人与自然之间的物质变换发展史，也就是人与自然之间物质变换能力的发展史，即人以自身的活动引起、调整和控制人和自然之间的物质变换过程的能力的发展史。因此，人类社会及其形态的演变发展，就首先植根于人类处理他们与自然界之间物质变换关系的能力及其演变发展之中。经济社会形态的发展，是自然生态发展同社会经济发展与人的发展综合互动的自然历史过程。正是在这个意义上说，马克思的三大形态理论，实质上是以经济社会形态，即生产方式的客观演化的自然历史过程来探讨人的发展过程。他以经济社会发展的不同形态为坐标，将人的发展进程划分为三个阶段，也就是把人以自身的活动来引起、调整和控制人和自然之间的物质变换的过程的能力发展划分为三个阶段。马克思把第一大形势下人的发展称之为"原始的丰富"，即原始的全面发展。他说："在发展的早期阶段，单个人显得比较全面，那正是因为他还没有造成自己丰富的关系"，"留恋那种原始的丰富，是可笑的，相信必须停留在那种完全空虚之中，也是可笑的。"② 这就告诉我们，在这种社会形态中人的发展，是处于极端贫困的状态下的全面的、丰富的原始发展，虽然呈现出一种"圆满的境界"，但那是很有限的圆满，单个人仍然是"狭隘人群的附属

---

① 许涤新：《马克思与生态经济学》，《社会科学战线》1983 年第 3 期。
② 《马克思恩格斯全集》第 46 卷（上），人民出版社 1979 年版，第 109 页。

物"，无个性可言，无论个人还是社会，都不能想象会有自由而充分的发展。马克思把第二大形态下人的发展称之为"片面的畸形的发展"。由于这种社会形态的社会历史形式是资本主义社会，它的发展虽然在客观上要求全面地发展社会生产力，但是，他又把人这个生产力的主体推向片面的发展。正如马克思所说的："资本在具有无限度地提高生产力趋势的同时，又在怎样程度上使主要生产力，即人本身片面化，受到限制等等。"① 因此，在资本主义社会形态下人的本质力量得到很大发挥，尤其是大大地提高了人类劳动对自然界的占有和利用的能力，但是，由于狭隘的资本主义生产关系，却使劳动者丧失了全面发展个性与自由的必备条件，不能使单个人成为真正有独立性和个性的人，这是一方面。另一方面，由于资本主义生产方式，是以资本家无限追求剩余价值为轴心的经济运行，作为自己的面貌改造着人与人的经济社会关系，也改造着人与自然的物质变换的生态关系，这就必然使人以自身的活动来引起、调整和控制他与自然之间的物质变换过程的能力发展得极不平衡，从总体上无法合理调节人与自然之间的物质变换关系，因此，它产生一种不合理与不协调的关系就不可避免了。

马克思把第三大形态下的发展称之为"人的自由的全面的发展"。马克思认为，在第三大形态里，"由社会全体成员组成的共同联合体来共同地和有计划地利用生产力；把生产发展到能够满足所有人的需要的规模；结束牺牲一些人的利益来满足另一些人的需要的状况；彻底消灭阶级和阶级对立；通过消除旧的分工，进行产业教育、变换工种、所有人共同享受大家创造出来的福利，通过城乡的融合，使社会全体成员的才能得到全面发展"②。其后，他进一步指出："全面发展的人——也就是用能够适应极其不同的劳动需求并且在交替变换的职能中能使自己先天和后天的各种能力得到自由发展的个人来代替局部生产职能的痛苦的承担者。"③ 恩格斯也指出："代替那存在着阶级和阶级对立的资产阶级旧社会的，将是这样一个联

---

① 《马克思恩格斯全集》第46卷（上），人民出版社1979年版，第410页。
② 《马克思恩格斯选集》第1卷，人民出版社1995年版，第243页。
③ 《资本论》第1卷（法文版），第500页，《山东社会科学》2003年第4期。

合体，在那里，每个人的自由发展是一切人的自由发展的条件。"① "当一切专门发展一旦停止，个人对普遍性的要求以及全面发展的趋势就开始显露出来"。② 马克思、恩格斯的这些论述说明了人的自由的、全面的发展是一个历史过程和历史产物，是人的发展的最高目标，是人类追求的最高理想，更是马克思主义追求的崇高理想，这就是共产主义的崇高理想。

马克思提出的第三大形态，就是指共产主义社会形态。马克思、恩格斯的著述中所说的共产主义包括它的低级阶段的社会主义社会。他们关于共产主义社会将是人的自由的、全面的发展的科学论断，一开始就是针对第二大形态的资本主义社会下人的片面的、畸形的发展的现实状况提出的，并把它规定为共产主义社会的一个重要特征和主要内容。这就从本质上揭示了自由的、全面的发展的人，能够合理地调节他和自然之间的物质变换关系，这是共产主义社会逻辑发展的必然趋势。马克思、恩格斯认为，在第三大形态的共产主义社会，将会消除资本主义生产方式下的劳动与所有制的尖锐对立和巨大分离，劳动者与劳动资料、人与自然的尖锐对立和巨大分离，达到更高级的新的统一。因此，在真正实现它们协调统一的第三大形态里，"任何人的职责、使命、任务就是全面地发展自己的一切能力，其中也包括思维的能力"。③ "根据共产主义原则组织起来的社会，将使自己的成员能够全面发挥他们的得到全面发展的才能"。④ 因此，马克思还强调指出，这种社会形态既是"以每个人的全面而自由的发展为基本原则的社会形式"，⑤ 又是一个"以各个人自由发展为一切人自由发展的条件的联合体"，⑥ 马克思称之为"自由人联合体"。⑦ 根据马克思、恩格斯的这些论述，我们可以看出第三大形态下人与自然之间的物质变换的主要

① 《马克思恩格斯全集》第 39 卷，人民出版社 1974 年版，第 189 页。
② 《马克思恩格斯全集》第 4 卷，人民出版社 1958 年版，第 172 页。
③ 《马克思恩格斯全集》第 3 卷，人民出版社 1960 年版，第 330 页。
④ 《马克思恩格斯选集》第 1 卷，人民出版社 1995 年版，第 243 页。
⑤ 《马克思恩格斯全集》第 23 卷，人民出版社 1972 年版，第 649 页。
⑥ 《马克思恩格斯全集》第 4 卷，人民出版社 1958 年版，第 491 页。
⑦ 《马克思恩格斯全集》第 23 卷，人民出版社 1972 年版，第 95 页。

特点应该是：

第一，在马克思设想的"自由人的联合体"那里，人的自由的全面的发展的根本标志是，人的能力的发展成为发展的目标与目的，人的各个方面素质和才能的合理性与协调性获得充分发展，人自觉自愿地积极主动地发展着自己的才能，并极大提高自己的各个方面的能力，这就使人以自身的活动引起、调整、控制自然之间的物质变换过程的能力及其合理性与协调性获得充分的发展，并表现得极其明白和展示得非常充分。正像马克思所说的，在共产主义社会里"人们面前表现为人与人之间和人与自然之间极明白而合理的关系"，"作为自由结合的人的产物，处于人的有意识有计划的控制之下"。① 这就告诉我们，只有在共产主义生产方式下，才有可能使人对自然进行真正合理地控制和全面地调整，实现人与自然之间的物质变换的合理的协调关系。因此，在马克思的视野内，合理调节人与自然之间的物质变换是共产主义的重要标志。所以，在共产主义社会形态里，人与自然之间合理的协调的物质变换关系，既是人与自然的生态关系高度发展的表现，又是人与人的社会关系高度发展的表现。

第二，众所周知，马克思怀着对共产主义崇高理想的深沉思想和全力追求，把消除异化劳动，消除人与自然关系的全面异化，消除自然的异化，都寄希望于共产主义社会。他认为，到了共产主义社会就扬弃了私有财产和异化劳动，实现人的自由的全面的发展，这一切都是废除私有制的主要结果。因此，在马克思的第三大形态的设想中，确实是把共产主义看成是现实自然界的高度发展，现实人的高度发展，人与自然的中介劳动的高度发展，人与自然之间的物质变换关系的高度发展。这样，共产主义就被马克思称之为"是人和自然界之间、人和人之间的矛盾的真正解决，是存在和本质、对象化和自我确证、自由和必然、个体和类之间的斗争的真正解决"②。马克思这个著名论断，与其说有理想化的色彩，还不如说是他把人的自由的全面的发展和与自然的和谐统一，及其物质变换的真正合理

① 《马克思恩格斯全集》第 23 卷，人民出版社 1972 年版，第 96~97 页。
② 《马克思恩格斯全集》第 42 卷，人民出版社 1979 年版，第 120 页。

关系与全面协调关系，看成是需要一个漫长的历史过程才能获得实现的。因此，个人、社会的全面发展的远景，自然全面发展的远景，人与自然之间物质变换关系和谐的协调发展的远景，当然是在全世界实现了共产主义制度后才能达到。这是马克思、恩格斯所揭示的人类社会发展的客观规律。

　　第三，在马克思的视野里，扬弃了人与自然的全面异化的共产主义社会条件下，人的自由全面发展才由理想变为共产主义运动的现实，与此同时，人类才能获得对整个自然界和人类在自然界的位置的正确认识，人类才能以人道主义的伙伴或共生共建的和谐态度，对待自然并实施对自然的合理调节，去努力追求人与自然之间物质变换的和谐协调关系，使之成为人道主义的重要内容，人道主义与自然主义才能真正统一起来达到完美的结合。马克思的"这种共产主义，作为完成了的自然主义，等于人道主义，而作为完成了的人道主义，等于自然主义，它是人和自然界之间、人和人之间的矛盾的真正解决"。① 这种共产主义是人与自然之间的物质变换和谐关系的真正确立，才能使整个"自然界的真正复活，是人的实现了的自然主义和自然界的实现了的人道主义"。② 这就是共产主义社会形态下，人与自然之间的物质变换的双向依赖、双向供奉和双向建构的客观规律。

　　第四，根据马克思对第三大形态下的经济社会发展的预测，无论是共产主义的初级阶段的社会主义，还是共产主义高级阶段，都应该使各种关系（包括自然关系和社会关系）适应于人的自由全面发展这个规律的正常实现；当然也应当适应于人与自然之间物质变换的和谐协调这个规律的正常实现。这是因为，人类劳动是人的类特征的首要表现，人的自由全面发展，首先应当是人的类特征的自由全面发展，即人的劳动活动的自由全面发展，这就是马克思所说的通过劳动活动，使社会的每一个成员能够充分利用自然生态财富和社会经济财富，实现人与自然之间的物质变换过程的能力及协调性，获得充分的全面发展，展现出人的全面素质和全部才能，这时才能使人类真正步入"自由王国"的天地。

---

① 《马克思恩格斯全集》第 42 卷，人民出版社 1979 年版，第 120 页。
② 《马克思恩格斯全集》第 42 卷，人民出版社 1979 年版，第 122 页。

三、社会主义生产方式能够合理调节人与自然的物质变换关系

马克思主义认为，资本主义生产方式下人与自然的尖锐对立与严重分离，集中体现于所有制和劳动的尖锐对立与严重分离。共产主义消除资本主义所有制和劳动的尖锐对立与严重分离，就使资本主义生产方式下，人与自然的尖锐对立与严重分离走向新的更高级的和谐统一。社会主义则是走向这个新的更高级和谐统一的过渡阶段。因此，社会主义生产方式，不仅存在着合理地有序地调节人类与自然界之间的物质变换关系的客观要求和必然趋势，而且存在着自觉地实现这种客观要求和必然趋势的优越条件。所以，从社会主义制度的本质上看，社会主义劳动者的经济社会活动，是能够主动地调节他们与自然之间的物质变换关系，避免在经济发展过程中资源枯竭、环境恶化、生态失调，维持物质变换的合理与协调关系。应该说，这是社会主义制度在生态经济问题上优越于资本主义制度的重要体现。

（一）对马克思的一段精辟论述的再认识

马克思的科学社会主义、共产主义学说，高度重视先进的社会制度所具有的合理地调节人与自然之间的物质变换的积极作用，他在论述资本主义将被共产主义所取代的历史趋势时，就认为在社会主义公有制条件下人类必须也应当能够合理地调节自己与自然界之间的物质变换关系。马克思指出："自然必然性的王国会随着人的发展而扩大，因为需要会扩大；但是，满足这种需要的生产力同时也会扩大。这个领域内的自由只能是：社会化的人，联合起来的生产者，将合理地调节他们和自然之间的物质变换，把它置于他们的共同控制之下，而不让它作为盲目的力量来统治自己；靠消耗最小的力量，在最无愧于和最适合于他们的人类本性的条件下来进行这种物质变换。但是不管怎样，这个领域始终是一个必然王国。在

这个必然王国的彼岸，作为目的本身的人类能力的发展，真正的自由王国，就开始了。但是，这个自由王国只有建立在必然王国的基础上，才能繁荣起来。"① 在这里，马克思提出了社会主义制度必须也应当能够合理地调节人与自然之间的物质变换的光辉思想，对当代社会主义发展不仅具有深远的理论意义，而且具有重大的现实意义。马克思的这段精辟论述，周义澄教授从哲学的视角作了这样的理解："我们应当在宽广的思维视野内理解马克思论述的丰富内涵。首先是对社会的调节，社会化的联合的生产制度是一个前提；第二，是调节人与自然的关系，控制二者之间的物质变换；第三，最小消耗'合乎本性'是进行合理调节或控制的原则。这样的结果将使生态系统成为类似于人体的一种稳态结构，它具有良好的反馈控制机制。"② 笔者在此基础上，从生态与经济相统一的观点作进一步探讨：

1. 对马克思这段精辟论述的几个关键词的内涵的理解。

首先，马克思所说的"社会化的人"、"联合起来的生产者"，显然不是指在资本主义生产关系束缚下的劳动者，即所谓自由工人，更不是指小生产时代的农民；而是指社会主义生产关系下的劳动者，是作为社会主义公有制的成员出现的，以联合起来的劳动者同生产资料相结合，成为生产资料的主人，即社会的真正主人。这就是马克思设想的"自由人的联合体"的劳动者同生产资料结合的自由全面发展的人，这是实现人与自然之间物质变换的合理与协调关系的基本条件。在马克思看来，只有消灭了异化劳动和私有制的社会主义、共产主义条件下，"社会化的人"才能够自觉地认识和运用社会规律和自然规律，因为这种社会制度"不再有任何阶级差别，不再有任何对个人生活资料的忧虑，并且第一次能够谈到真正的人的自由，谈到那种同已被认识的自然规律和谐一致的生活"。③ 正因如此，社会主义劳动者的经济社会活动，才能够主动地合理地调节他们与自然之间的物质变换关系，实现自然生态和社会经济之间的和谐发展。

① 《马克思恩格斯全集》第25卷，人民出版社1974年版，第926~927页。
② 周义澄：《自然理论与现时代》，上海人民出版社1988年版，第221页。
③ 《马克思恩格斯选集》第3卷，人民出版社1995年版，第456页。

　　其次，马克思所说的"最无愧于"和"最适合于""人类本性"，是马克思给我们规定了人与自然之间的物质变换的两条基本原则。人与自然之间的物质变换要在最无愧于人类本性的原则下进行。我们在前面论述了马克思、恩格斯率先对资本主义制度反自然、反人类的社会本质的批判，揭露了资本主义生产方式下人与自然之间的物质变换的过程中，造成的人与自然的异化、自然的异化，这就使这种物质变换具有反自然性。反自然性就是反人性，因为它造成的不仅是对人的无机的身体的破坏，而且摧残了人的有机的身体，即对人的自然属性的破坏。在马克思的著述中，多次谈到人既是自然存在物，又是社会存在物，因此，人的本性是自然属性和社会属性的统一。长期以来，离开人的自然属性谈人的本质、本性，这是一种片面性，是对马克思关于人的学说的误解。作为自由全面发展的人，是集自然属性与社会属性于一体的人，不仅具有极大的社会经济需求，而且首先具有强烈的自然生态需求，这是人首先作为生命有机体存在的客观需要，也就是说生态经济的全面需求是人的自由全面发展的必备需求，是人的本性的现实表现。这就决定了在社会主义制度下，劳动者通过劳动实现人与自然之间的物质变换，"发展社会主义生产，不仅要生产出日益丰富的物质产品和精神产品，保证满足人民物质文化的需要，使人民物质文化生活水平不断提高；而且还要创造良好的生态环境，保证满足人民的生态需要，不仅要使人民生活质量不断改善，而且要造福于子孙后代"。① 二是人与自然之间的物质变换要在最适合于人类本性的原则下进行。如果说前一条原则是讲人与自然之间的物质变换，应当合乎人类本性的客观要求及其符合什么要求的话；那么这一条原则就是讲如何进行物质变换，才能使它合乎人类本性。这就是说在社会生产与再生产过程中，实现人与自然之间的物质变换既要以人为本，以促进人的全面发展为目标，防止出现人的片面的、畸形的发展；又要以生态为本，维持自然生态的良性循环，防止出现自然的异化现象。因此，进行人与自然之间的物质变换，首先不能采取

---

　　① 《刘思华文集》，湖北人民出版社 2003 年版，第 292 页。

掠夺、盘剥自然的生产方式，不能对自然界进行过度的开发利用即掠夺性开发，防止和避免生产异化。因为生产异化也是人性的贪婪与扭曲及人没有全面发展的表现。与此同时，也不能采取高消费、高浪费的生活方式，即对自然和社会财富的过度消费即挥霍性消费。防止和避免消费异化。因为消费异化同样是人性的贪婪与扭曲及人没有全面发展的表现。只有这样，社会主义制度下人与自然之间的物质变换的过程，才不会出现资本主义制度下那种人、社会和自然界的种种病态与畸形发展。

再次，马克思所说的"合理调节"和"共同控制"，是马克思给我们规定了怎么进行人与自然之间的物质变换，才能使这种物质变换关系具有合理性与协调性。在马克思看来，用社会主义制度取代资本主义制度之后，就必须注重社会的自我调整，这不仅能够合理地调节人与人的社会经济关系，而且能够合理地调节人与自然的自然生态关系，使社会经济发展和自然生态发展能够协调进行。而人的全面发展及自由的、自觉的劳动活动，为社会合理地调节与有效控制人的经济活动与发展行为提供了前提，社会可以把它自身的发展尤其是经济增长与发展，控制在自然生态环境容许的限度之内。因此，为了能以最无愧于与最适合于人类本性的原则下进行人与自然之间的物质变换，就一定要把这种过程置于"合理调节"和"共同控制"的基础上，使这种物质变换具有合理性和协调性，只有这样，才能实现人与自然之间和谐与协调。在"合理调节"和"共同控制"中的科学管理还要做到以"消耗最少"的自然资源和劳动（即人力资源），达到社会经济和自然生态的协调发展。

总之，在社会主义制度下人与自然之间物质变换的合理调节，只能依靠具有自觉性、自动性、创造性的劳动者来进行，因而，马克思物质变换关系理论的一个基本立足点，就是强调社会化的人及社会在自己的发展中，不断提高朝着有利于人、社会和自然协调发展方向运行的能力，从而找到和实践人对自然界的合理与协调的作用关系，并在对自然界的合理利用、有序保护和科学管理中，实现社会经济发展和自然生态发展的高度统一与协调。这是马克思关于社会主义制度能够合理地调节人与自然之间物质变换的光辉思想的实质所在。

2. 马克思关于社会主义制度能够合理调节人与自然之间物质变换的光辉思想的现实理论价值。这一思想在批判资本主义制度下，人与自然之间物质变换的反自然与反人性的社会本质的基础上，揭示了社会主义制度，不仅存着人与自然之间物质变换的合理与协调关系的客观要求和必然趋势，而且存在着自觉实现这种物质变换的客观可能性和主观条件，并提出了建立这种物质变换关系的基本原则和实现途径，从而预见了社会主义制度下，人与自然之间物质变换过程中实现人与自然的和谐统一，生态与经济的协调发展。这些理论绝不是像有的学者所说的是马克思的乌托邦意识，而是科学的洞察力和预见性。它对于处在21世纪生态时代的社会主义制度来说，尤其是当今中国在党的科学发展观指导下，人与自然之间的物质变换，是以追求人与自然的和谐统一，促进经济社会和人的全面发展，这种实践更加凸显了马克思这一光辉思想，具有极高的理论价值和巨大的现实意义。

马克思这一光辉思想还向我们指明了，社会主义劳动在摆脱了异化状态之后，将成为人的自由的、自觉的活动，但是作为人与自然之间的物质变换的劳动过程，社会主义生产方式同其他生产方式一样，在劳动过程中，一方面要从自然界取走自然物质，将其加工变成使用价值，为人的生存与发展服务；另一方面更以不同形式，将改变了形态的自然物质即废弃物返还给自然界。这种"从自然到人"的"一取一还"的变换过程，是同时产生，同时存在的。由于先进社会制度和合理的生产关系的作用，这种过程被置于"合理调节"和"共同控制"之下，有可能不至于使自然力"作为盲目的力量来统治自己"，这就要求社会主义劳动者自觉地认识和运用人与自然之间物质变换的双方依赖、双方供奉、双方建构的生态经济规律，在合理地调整、控制人与自然之间物质变换过程中，实行"从人到自然"的"一取一还"的变换过程。只有这样，才能实现社会主义经济社会不断发展和生态环境不断改善的同步运动，达到人与自然和谐统一、生态经济协调发展的理想境，"社会化的人"，"联合起来的劳动者"才能真正实现"从必然王国向自由王国的飞跃"，社会主义社会"才能繁荣起来"。

（二）社会主义开辟了人与自然之间物质变换关系发展的新时代

按照马克思主义的观点，人类社会的生产方式不同，对人与自然之间的物质变换的影响和作用也就不同。劳动作为人与自然之间的物质变换，是在一定的社会形式下的一种具有社会经济运动的物质变换。因此，人们在劳动中结成的人与人之间的社会经济关系，在不同社会制度下就有不同的表现形式。这就是说，在不同社会制度即生产方式下劳动的具体社会形式是不同的。在奴隶社会制度即生产方式下，劳动属于奴隶劳动；在封建社会制度即生产方式下；劳动属于封建劳动；在资本主义制度即生产方式下，劳动采取雇佣劳动的社会形式，使劳动属于资本。这些劳动的具体社会形式影响和制约着人与自然之间的物质变换关系。尤其是在资本主义时代，资本是人格化的资本，资本的唯一生命冲动，就是榨取尽可能多的剩余价值。因而，资本家不仅残酷地掠夺雇佣劳动者，而且肆意地掠夺自然界，从而破坏了人与自然之间的物质变换关系的正常发展，使这种物质变换的生态经济关系处于尖锐矛盾与严重对立之中，这是生产社会性同资本主义私有制之间矛盾的表现，具有对抗性质。虽然，在一定条件下，在一定范围内，资本主义可以调整、控制人与自然之间的物质变换的发展关系，使它们的尖锐矛盾得到一定程度的缓和甚至重新建立起某种合理的协调关系，但这却是在盲目地、自发地追求资本家即少数人私利的条件下实现的，是通过人的片面的、畸形的发展，即牺牲人的发展和自然反人化的生态危机即牺牲生态环境来强制实现的，具有被迫的、被动的性质。无论是工业化时期的传统资本主义，还是所谓后工业社会的现代资本主义，都是如此。所以，马克思认为，只有在社会主义、共产主义制度下，即社会主义、共产主义生产方式下人与自然之间的物质变换，才能使自然主义和人道主义真正统一起来，建立起人与自然之间物质变换的合理的、协调的关系，实现人的全面发展和整个自然界的真正复活。马克思的社会主义制度下，人与自然之间的物质变换关系的正常发展的设想，从理论上说，是有科学依据的。

1. 社会主义是人类实现人与自然之间物质变换关系正常发展的希望所在。这是因为：

第一，在社会主义公有制条件下，生产资料不再以资本家的私有资本的社会形式，而是以"社会生产基金"的形式参加社会再生产过程，劳动的雇佣形式已经消失，劳动获得了为自己和为社会的形式，劳动属于自主劳动。这就铲除了割裂人与自然、社会与自然和谐统一的社会根源，为社会自觉地合理地调节人与自然之间物质变换的正常发展关系开辟了广阔道路。它突出表现在：在社会主义公有制的基础上，联合劳动者不仅成为社会的自觉的真正主人，而且成为自然界自觉的真正调节者，他们能够自觉地创造人与自然的发展历史，即不仅创造着人类社会发展的崭新历史，而且创造着自然界发展的崭新历史。因而，社会主义联合劳动者，能够主动地合理地调节他们与自然界之间物质变换的正常发展关系，做到经常地自觉地保持社会经济和自然生态和谐统一与协调发展。这是 21 世纪人类发展的希望所在，也是马克思关于社会化的人在最无愧和最适合于人类本性的方式下进行物质变换的科学论断，它向我们指明了社会主义条件下，人与自然之间的物质变换发展关系及其必然趋势。我们是马克思主义者，既然坚信社会主义制度取代资本主义制度是历史发展的必然规律，坚信马克思这个科学预言终将会在全世界实现，也就一定坚信社会主义不仅有必要，而且有可能使人与自然之间的物质变换维持合理的、协调的正常发展关系，进入一个新时代。

第二，在社会主义公有制条件下，社会生产和社会经济发展，首先是追求全体劳动者的共同利益与社会的整体利益，以实现社会经济与人的全面发展和自然界的全面复活为价值目标。这就从根本上摆脱了资本主义私有制条件下，以少数人的私利为价值目标的束缚，有可能维持人与自然之间物质变换的合理的协调的正常发展关系，并在维护全体劳动者共同利益与社会整体利益的条件下自觉地、健康地发展。可见，社会主义制度的本质和全体劳动者的根本利益，同人与自然之间物质变换的生态经济关系的本质是一致的，这是社会主义制度能够最无愧于和最适合于人类本性，进行人与自然之间物质变换的深刻根源和动力源泉。

第三，社会主义生产目的，不再是为了保证满足少数人的私欲和贪婪，而是以保证满足全体人民的物质、精神、生态的全面需要为目的。社会主义经济发展不再是以追求利润最大化为唯一动力，而是以实现全社会和全体人民以及全人类的生存与发展为根本动力，这就有可能在人与自然之间的物质变换过程中避免以牺牲社会和人的全面发展、牺牲生态环境为代价来换取经济发展。这才符合社会主义的本质要求。因为社会主义是对资本主义反自然、反人性的否定，在人与自然之间的物质变换过程中那种掠夺、滥用、浪费自然资源，破坏生态环境的做法是同社会主义的本质不相容的。马克思曾经指出了这样的前景："从一个较高级的社会经济形态的角度来看，个别人对土地的私有权，和一个人对另一个人的私有权一样，是十分荒谬的。甚至整个社会，一个民族，以至一切同时存在的社会加在一起，都不是土地的所有者。他们只是土地的占有者，土地的利用者，并且他们必须象好家长那样，把土地改良后传给后代。"① 恩格斯还指出：生产资料的社会占有不仅会消除障碍，而且还会 "消除资本主义生产方式所造成的障碍和破坏、产品和生产资料的浪费"，把它减少到非常小的程度。②

2. 社会主义能够实现合理地调节人与自然之间的物质变换关系。在此主要讲三点：①社会主义制度的存在和发展，是实现合理地有效地调节人与自然之间物质变换的制度前提和制度保障。社会主义作为人类发展的一种新型的，先进的社会制度，它的存在与发展就是要逐步消除一切剥削制度所造成的社会经济和自然生态发展不公正、不公平、不合理的现象，建立起他们之间公正、公平、合理的关系。因此，社会主义比起资本主义来说，更有条件并更要积极探索和创造人与自然发展的新模式、新机制，做到在人与自然和谐统一的生态文明框架下对生产方式、生活方式和经济形

---

① 《马克思恩格斯全集》第25卷，人民出版社1974年版，第875页。
② 《马克思恩格斯选集》第3卷，人民出版社1995年版，第644页。

式的体制创新，保障人与自然之间物质变换的合理性和协调性。②社会主义经济是有计划发展的经济，社会总资源的配置，克服了资本主义条件完全依赖盲目地、自发地的市场力量，而是依靠人的自觉地、科学地计划指导下的"共同控制"，这样，在人与自然之间的物质变换过程中，才有可能不仅是在微观经济活动中实现这种合理调节而且有可能在全社会范围内实现这种合理调节，使社会经济和自然生态的发展关系，在为全体人民共同利益和社会整体利益服务下自觉地、有计划地协调发展。③马克思关于"社会化的人""将合理地调节他们和自然之间的物质变换"的科学论断，精辟地指出了社会主义条件下的人作为自然的调控者的伟大作用。社会主义发展过程中，人的片面的畸形的发展将会丧失其存在的社会制度前提与制度基础，人的自由的全面发展将逐步实现，这样，社会主义联合劳动者，就能够通过实践正确认识和自觉运用人与自然之间物质变换的客观规律，或者说，他们能够遵循生态经济规律维持物质变换的合理的协调的关系。

3. 在 20 世纪社会主义制度建立以后，马克思所设想的社会主义社会，将展现的人与自然之间物质变换的那幅美好情景没有出现，却重蹈了西方资本主义工业化走过的"先污染、后治理"的覆辙，自然的异化现象仍然很严重。这并不能削弱或否定马克思关于社会主义能够合理调节人与自然之间物质变换的光辉思想的科学性，恰恰相反，从全世界的共产主义运动、社会主义实践来看，"在人与自然关系的合理调节方面，社会主义较之资本主义的优越性尚未充分地显示出来。因此，强调马克思的上述思想更为必要"。①

我们总结过去社会主义实践发展的历史经验与深刻教训，集中到一点，就是社会主义制度没有给社会主义劳动者违反人与自然之间物质交换的生态经济规律的权力。这需要在社会主义生产劳动的经济活动实践中去逐步解决，以建立起人与自然之间合理的、协调发展的关系。因为，社会

---

① 周义澄：《自然理论与现时代》，上海人民出版社 1988 年版，第 222 页。

主义制度在人与自然之间物质变换关系的合理调节方面具有的优越性，只是为我们合理调节这种物质变换关系提供了社会条件，即提供了建立物质交换的合理的协调发展关系的客观可能性。我们不能认为这是可以自发实现的，更不能认为社会主义条件下，人与自然之间物质变换过程可以天然地消除人与自然的异化关系，即天然地避免生态危机和环境恶化；也不能认为社会主义制度下不会存在人与自然的矛盾甚至对立、生态与经济的不协调。这是因为，人类与自然界之间的物质变换的发展关系问题，是个生产方式问题，但它毕竟首先是一个自然过程，因而包含着一些超越具体社会制度的普通性问题。如果对它没有深刻认识，就会具有某种盲目性和反自然性，这在资本主义灭亡后的社会主义里还会依然存在。人类对自己与自然界的发展关系没有深刻认识，使劳动活动不符合或违背了生态经济规律的客观要求就会导致自然异化。对此，马克思非常重视，他曾以农耕为例说明这个问题："耕作如果自发地进行，而不是有意识地加以控制……接踵而来的就是土地荒芜，像波斯、美索不达米亚等地以及希腊那样。"[①] 因此，人类文明包括社会主义文明"如果是自发地发展，而不是自觉地发展，则留给自己的是荒漠"，这是马克思主义的真理，这是一方面。另一方面，社会主义制度不是在社会生产力很发达的基础上发展起来的，而是在社会生产力比较落后的基础上，在剥削制度中产生出来的，"因此它在各方面，在经济、道德和精神方面都还带着它脱胎出来的那个旧社会的痕迹"[②]。社会主义制度还存在许多不完善的地方，它与自然生态发展还不完全适应，实现合理地有序地调节人与自然之间的物质变换，就需要不断完善社会主义生产关系；社会主义劳动者对社会主义条件下人与自然之间物质变换的生态经济规律的认识还需要有一个过程。这就需要通过社会主义劳动者的主观努力，在劳动生产的经济实践活动中，正确认识和把握客观规律的要求，只有这样，才能在人与自然之间物质交换关系的合理调节方面，充分发挥社会主义制度的优越性。

① 《马克思恩格斯全集》第32卷，人民出版社1974年版，第53页。
② 《马克思恩格斯选集》第3卷，人民出版社1995年版，第304页。

第七章　全面生产理论

——经济社会生产和生态环境生产的统一

在马克思主义经济学哲学理论框架里，马克思、恩格斯提出了全面生产理论。它是五种生产与再生产的统一：一是物质生产资料的生产与再生产，简称物质生产；二是精神生产与再生产，简称精神生产；三是人类自身生产与再生产，简称人口生产或人的生产；四是生态环境生产与再生产，简称自然生产或生态生产；五是社会关系生产与再生产。这五种类型的生产与再生产相互联系、相互渗透，构成马克思全面生产理论的基本内容。现代经济社会发展实践表明，在当代，世界系统中人与自然、经济社会与生态自然之间的相互依存关系越来越复杂，相互作用关系也越来越深化，从而使五种生产与再生产之间的相互适应关系越来越密切，相互协调关系也越来越强化。因此，五种生产与再生产已经成为生态经济社会生产的有机整体。在这整个社会有机的、综合生产体系中，核心问题是物质、精神、生态和人的生产与再生产的相互适应与协调发展。这是生态经济再生产的根本问题，也正是马克思全面生产理论的生态经济意蕴。因此，本章的任务就是论述这五种生产与再生产之间相互适应与协调发展的客观规律及其在现时代的意义。

一、马克思全面生产的内涵与构成

在马克思、恩格斯的经济学哲学理论框架中，他们多视角研究了社会生产，认为与资本主义生产和生产力发展根本不同的是：社会生产和生产力的全面发展，是社会主义、共产主义和这个社会再生产的前提和基础。从而提出了社会主义、共产主义社会的全面发展理论，它集中表现为他们的全面生产理论和全面发展生产力的理论。这是包括马克思生态经济思想在内的整个马克思学说的两个基本理论。它在当代不仅是生态经济学和可持续发展经济学的基本原理，而且为我们党的科学发展观奠定了坚实的理论基础；这就理所当然地成为可持续发展经济运行和建设社会主义和谐社会的根本法则。

（一）马克思、恩格斯关于全面生产的本质内涵及生态意义

早在《1844 年经济学哲学手稿》中马克思就提出了"全面生产"的光辉思想。他说："诚然，动物也生产。它也为自己营造巢穴或住所，如蜜蜂、海狸、蚂蚁等。但是动物只生产它自己或它的幼仔所直接需要的东西；动物的生产是片面的，而人的生产是全面的；动物只是在直接的肉体需要的支配下生产，而人甚至不受肉体需要的支配也进行生产，并且只有不受这种需要的支配时才进行真正的生产；动物只生产自身，而人再生产整个自然界；动物的产品直接同它的肉体相联系，而人则自由地对待自己的产品。动物只是按照它所属的那个种的尺度和需要来建造，而人却懂得按照任何一个种的尺度来进行生产，并且懂得怎样处处都把内在的尺度运用到对象上去；因此，人也按照美的规律来建造。"① 在这里，我们首先看到，在马克思的视野内，人的生产不仅体现在他自身的生产过程中，而且体现在他所改变的对象世界的生产过程中。这样，人作为有意识的类的存在物，表现出对对象世界的改变，并从中显示出自己的能动的现实表现，这就是人的生产的全面。因此，马克思、恩格斯认为，全面的生产是人的生产和动物的生产的本质区别。正如马克思所说："通过实践创造对象世界，即改造无机界，证明了人是有意识的类存在物，也就是这样一种存在物，它把类看作自己的本质，或者说把自身看作类存在物。""因此，正是

---

① 《马克思恩格斯全集》第 42 卷，人民出版社 1979 年版，第 96～97 页。

在改造对象世界中，人才真正地证明自己是类存在物。这种生产是人的能动的类生活。通过这种生产，自然界才表现为他的作品和他的现实。"① 对全面生产是人的生产和动物的生产的本质区别问题，恩格斯也明确指出："一句话，动物仅仅利用外部自然界，简单地通过自身的存在在自然界中引起变化；而人则通过他所作出的改变来使自然界为自己的目的服务"。②

马克思、恩格斯在《德意志意识形态》中谈到整个世界的生产活动时，明确提出"全面生产"的论断，他们指出："仅仅因为这个缘故，各个单独的个人才能摆脱各种不同的民族局限和地域局限，而同整个世界的生产（也包括精神的生产）发生实际联系，并且可能有力量来利用全球的这种全面生产（人们所创造的一切）。各个个人的全面的依存关系、他们的这种自发形成的世界历史性的共同活动的形式，由于共产主义革命而转化为对那些异己力量的控制和自觉的驾驭"。③ 其后，恩格斯在《自然辩证法》中进一步对动物和人的生产不同进行比较时说："动物不断地影响它周围的环境"，"这是无意地发生"；而人是"带有经过思考的、有计划的、向着一定的和事先知道的目标前进的特征"。因此，人的生产"把有用的植物和家畜从一个地区移到另一个地区，这样把各大洲的动植物区系都改变了。不仅如此，植物和动物经过人工培养以后，在人的手下变得再也认不出它们本来的样子"。④ 马克思、恩格斯的这两段论述告诉我们，全面生产还包括个体超越自身民族的、地域的局限性，而同全球相联系的生产，它内在包含了全球性的物质生产、精神生产、自然生产等多种生产的统一。

上述马克思、恩格斯关于全面生产内涵的论述，深刻地揭示了人的生产应该遵循的基本生态原则，主要有以下几点：

第一，动物的生产是属于自然生态系统的生产与再生产，在本质上是自然生态生产。它有两层含义：一是自然界的自然存在物无意识的、自发

① 《马克思恩格斯全集》第42卷，人民出版社1979年版，第96~97页。
② 《马克思恩格斯选集》第4卷，人民出版社1995年版，第383页。
③ 《马克思恩格斯全集》第3卷，人民出版社1960年版，第42页。
④ 《马克思恩格斯选集》第4卷，人民出版社1995年版，第382页。

的生产，这就是马克思所说的自然界内部的物质变换；二是在人的影响下改变了自然存在物并影响它的周围环境的自然生态生产，这两者在"人化的自然界"中是统一的，是"自然界的人化"的过程。这是人类的生产活动过程。这时候的自然生态生产已经进入人类生产活动过程，是人类物质生产活动之中的自然生态生产，它成为了人的生产的重要组成部分，在客观上要求人类生产活动保障它的顺利进行，做到对自然生态生产的利用和呵护的统一。

第二，人的生产是全面的，这种全面性，就在于人的生产不能和动物那样，只是按照自身肉体的需要来进行生产，即"只是生产它自己或它的幼仔所直接需要的东西"，而是要按照社会和人的全面发展的需要进行生产，摆脱那种只是为了肉体的物质需要而进行的生产，这才是真正意义上的生产。这就决定了人的生产不仅要关注自身的生存与发展的需要，而且要关注其他自然生存物生存与发展的需要，即是保证人类以外的"自然生命体正常运动的需要"，使自然生态生产正常进行与发展。

第三，人的生产的全面性的根本标志，就是人再生产整个自然界。整个自然界是由无数相互联系、运动发展的生命网络系统构成的自然生态系统，是一个人与各种各样的非人类生命物种相互依存、相互作用的有机整体。在这个有机整体中，只有人类生命物种是有意识的、理性的动物，能够遵循自然的、社会的客观规律，按照科学的行为从事生产。人类生命物种不仅能够自觉爱惜和保护自身，而且能够自觉爱惜和保护其他非人类生命物种，再生产与建设整个自然界。这样，人类生产活动过程，理应包括再生产自然界的过程，实现经济社会生产与自然生态生产的统一。因此，人的生产必须全面建设自然界，恢复自然界的良性循环，① 使社会主义经济社会发展建立在生态环境良性循环的基础之上。

第四，人的生产实践活动应当是人的尺度和自然界的尺度的统一。马克思向我们非常明确地指出了，动物的生产只是按照自身所属的那个物种

---

① 解保军：《马克思自然观的生态哲学意蕴》，黑龙江人民出版社 2002 年版，第 52~53 页。

的需要的一个尺度来进行生产，而人则可以按照任何物种的尺度来进行生产，因而，在人的生产实践中，应当总是两种尺度在起作用，即人的尺度和自然界的尺度的统一。所谓人的尺度，主要是指把人自身生存与发展的需要和利益，作为人的生产实践的终极目的和价值尺度，决定人的生产要按此进行，生产是以人为本的。所谓自然界的尺度，主要是指也要把非人类生命物种生存发展的需要和利益，作为人的生产实践活动的终极目的和价值尺度，要求人类的生产实践活动，也要按照这个目的和尺度来进行，生产是以生态为本的。既然在人类生产实践活动中人与自然的价值关系，是人的尺度和自然界的尺度在起作用，两种尺度是辩证统一的；那么，判断人类生产实践活动的合理性，不仅仅以人的尺度为依据，还必须以自然界的尺度为依据加以权衡，把两种尺度有机统一起来，不能偏废，以确保经济社会生产和自然生态生产协调发展。

第五，人类要按照美的规律来进行生产和塑造自然。这是马克思提出的人的生产要遵循的一个重要的生态经济原则，也是人类善待自然的一个重要的生态伦理原则。大自然具有审美价值。大自然不仅为人而美，也为自己而美。众多的生命与其生存环境所表现出来的相互协同关系与和谐进化形式，这本身就是自然的生态美，并创造着美。这已成为国内外学者的共识。① 而人的生产实践活动创造的"人化自然"的美，也是一种生态美。在这个领域里，人类完全能够在遵循自然生态规律和按照美的规律的创造法则的前提下，开发、加工和塑造自然，创建人与自然和睦相处的生态域，使原生自然的生态美更加完善、更加完美。因此，按照美的规律开发自然、塑造自然、美化自然，这是马克思为人类生产实践活动规定的一个更高的目标与要求。"按照这个原则，人类的生产必须把改造自然、建设自然和美化自然有机地结合起来，从而创造出美的产品、美的环境和美的人，使人与自然的和谐统一达到完美的境界。"②

---

① 佘正荣：《生态智慧》，中国社会科学出版社1996年版，第256~270页。
② 解保军：《马克思自然观的生态哲学意蕴》，黑龙江人民出版社2002年版，第52页。

（二）马克思、恩格斯全面生产理论的基本内容

对于马克思、恩格斯的生产理论，可以理解为狭义的生产理论和广义的生产理论。前者是指物质生活资料生产与再生产的理论，这就是人们常说的物质生产资料的生产理论，即物质生产理论。后者是指把人、社会、自然作为一个有机整体的全部生产和再生产的理论，它包括自然生产在内的人类社会的全部生产与再生产的理论，即全面生产理论。早在 20 世纪 80 年代中期，笔者以马克思、恩格斯全面生产理论为指导，提出生态经济再生产理论时，主要是论述物质、精神、人口和生态再生产相互适应与协调发展；而舍弃掉了社会关系的生产与再生产；现在，本节所研究的问题是马克思、恩格斯全面生产理论的基本内容，就必然涉及社会关系的生产与再生产问题。正是在这个意义上，笔者赞同方世南先生的看法："马克思认为，全面的生产是构成社会各个要素的系统整体的生产。主要包括物质生活资料的生产和再生产、精神生产和再生产、社会关系的生产和再生产以及人口自身的生产和再生产以及生态环境的生产和再生产等紧密联系着的十分丰富多彩的内容。"[①]

1. 物质生产与再生产，是指人类生活必需的物质生活资料，即物质产品的生产，这是人们创造物质财富的生产活动与过程。物质生产是人类最基本的实践活动，是人类的经济社会活动的基本内容，是整个社会生产与再生产得以进行的首要条件和基本前提。马克思、恩格斯认为，它是人类生存活动的第一个历史前提。他们说："我们首先应当确定一切人类生存的第一个前提也就是一切历史的第一个前提，这个前提就是：人们为了能够'创造历史'，必须能够生活。但是为了生活，首先就需要衣、食、住以及其他东西。因此第一个历史活动就是生产满足这些需要的资料，即生产物质生活本身。"[②] 其后，恩格斯在阐明马克思对人类作出的伟大贡献时又

---

① 方世南：《马克思社会发展理论的深刻意蕴与当代价值》，《马克思主义研究》2004 年第 3 期。

② 《马克思恩格斯全集》第 3 卷，人民出版社 1960 年版，第 31 页。

说："正像达尔文发现有机界的发展规律一样，马克思发现了人类历史的发展规律，即历来为繁芜丛杂的意识形态所掩盖着的一个简单事实：人们首先必须吃、喝、住、穿，然后才能从事政治、科学、艺术、宗教等等。"① 人类需要世代生存下去，就必须反复地不断进行生产与再生产，不只是维持原有的生产规模，还需要扩大已有的生产规模，以满足人们物质生活需要的生活资料以及为此所必需的生产资料。马克思、恩格斯称这种生活资料的生产与再生产是"物质生活本身"的生产，并把它划分为第一部类生产资料生产与再生产和第二部类消费资料生产与再生产。

2. 精神生产与再生产，是指人类生存与发展必需的精神资料，即精神产品的生产，这是人们创造精神财富的活动和过程。马克思、恩格斯在《德意志意识形态》中明确地提出了"精神的生产"的概念，并深刻地阐明了物质生产和精神生产的相互关系。他们说："思想、观念、意识的生产最初是直接与人们的物质活动，与人们的物质交往，与现实生活的语言交织在一起的。观念、思维、人们的精神交往在这里还是人们物质关系的直接产物。表现在某一民族的政治、法律、道德、宗教、形而上学等的语言中的精神生产也是这样。"② 在"关于意识的生产"的一节中，他们认为精神生产是社会有机体"全面生产"的一个重要组成部分，并在强调物质生产决定精神生产时说："支配着物质生产资料的阶级，同时也支配着精神生产的资料，因此，那些没有精神生产资料的人的思想，一般地是受统治阶级支配的。占统治地位的思想不过是占统治地位的物质关系在观念上的表现，不过是表明为思想的占统治地位的物质关系"。③ 其后，马克思在其他重要著作中，论述了物质生产和精神生产的相互作用关系，强调了精神生产对物质的巨大的能动的反作用。他指出："如果物质生产本身不从它的特殊的历史的形式来看，那就不可能理解与它相适应的精神生产的特征以及

①　《马克思恩格斯选集》第3卷，人民出版社1995年版，第776页。
②　《马克思恩格斯全集》第3卷，人民出版社1960年版，第29页。
③　《马克思恩格斯全集》第3卷，人民出版社1960年版，第52页。

这两种生产的相互作用。"① 因此，"……所有人的关系和职能，不管它们以什么形式和在什么地方表现出来，都会影响物质生产，并对物质生产发生或多或少是决定的作用。"② 从马克思、恩格斯的这些论述中我们可以看出，精神生产与再生产，主要是指人们通过大脑的创造性思维，进行思想、观念和意识的生产以及"科学和艺术的生产"。它是为了满足物化在物质生产技术和人的大脑中所需要的"知识形态"产品，即精神生产的生产。同物质生产一样，它划分为第一部类物化在物质生产技术中科技知识生产与再生产；第二部类物化在劳动者身上科学文化技术教育生产与再生产，这就是智力生产与再生产。

3. 人自身生产与再生产，是指为了维持和延续人类自身而进行的生产，即人的增殖或"种的繁衍"。马克思、恩格斯在《德意志意识形态》中阐明人类历史的第一个活动时就认为，除了包含劳动、需要两个因素外，还应包括人类自身的生产与再生产。他们指出："一开始就纳入历史发展过程的第三种关系就是：每日都在重新生产自己生活的人们开始生产另外一些人，即增殖。这就是夫妻之间的关系，父母和子女之间的关系，也就是家庭。这个家庭起初是唯一的社会关系。"③ 其后，马克思在写作《资本论》过程中，把人自身生产放在生产与消费之间的相互关系中进行研究，认为在资本主义时期，人自身生产与再生产是通过消费实现的，这是指"吃喝这一种消费形式中，人生产自己的身体，这是明显的事"。④ 因此，这种"消费是为了再生产现有工人的肌肉、神经、骨骼、脑髓和生出新的工人"；这种消费"不仅在客体方面，而且在主体方面，都是生产所生产的。所以，生产创造消费者"。⑤ 在《资本论》草稿中，马克思在谈到人自身生产与再生产同社会关系与存在的关系时还指出："这些产品的消费再生产出一定存在方式的个人自身，再生产出不仅具有直接生命力的个

① 《马克思恩格斯全集》第 26 卷 I，人民出版社 1972 年版，第 296 页。
② 《马克思恩格斯全集》第 26 卷 I，人民出版社 1972 年版，第 300 页。
③ 《马克思恩格斯全集》第 3 卷，人民出版社 1960 年版，第 32 页。
④ 《马克思恩格斯选集》第 2 卷，人民出版社 1995 年版，第 8 页。
⑤ 《马克思恩格斯选集》第 2 卷，人民出版社 1995 年版，第 10 页。

人，而且是处于一定的社会关系的个人。可见，在消费过程中发生的个人的最终占有，再生产出处于原有关系的个人，即处在对于生产过程的原有关系和他们彼此之间的原有关系中的个人；再生产出处在他们的社会存在中的个人，因而再生产出他们的社会存在。"① 根据马克思、恩格斯的上述论述，人自身生产有两层含义：一是自己生产的生产，这是通过消费使人的体力和智力得以恢复，维持人的生命存在；二是他人生命的生产，使人类世代得以延续下去。因此，对人自身与再生产我们可以把它划分为：第一部类原有人口的生命生产与再生产，即现有劳动力生产与再生产；第二部类新增人口的生命生产与再生产，即后备劳动力生产与再生产。

4. 生态生产与再生产，是指人类和非人类物种生活必需的生态资料的生产，这是人类和自然界创造生态财富的活动和过程。它主要是自然（人工）生态系统的物质能量生产与再生产。前面我们已经论述了马克思、恩格斯关于自然界内部的物质变换的思想，它实质上就是讲的自然生态系统的生态生产。这就是马克思在《〈政治经济学批判〉导言》中所说的"自然界中元素和化学物质的消费是植物的生产"，② 也是恩格斯在《反杜林论》中所说的"生命，即通过摄食和排泄来实现的新陈代谢，是一种自我完成的过程"，"没有这种过程，蛋白质就不能存在"。③ 对这种生命的生产即生态的生产，自然界内部的物质变换是维持和延续生命体存活的必要条件。因此，马克思把这种生态生产的生理学规律引申到"人化的自然界"中来，考察人工生态系统的生产与再生产。他在揭示农业生态经济系统的生产本质特征时明确地提出了"自然的再生产"的概括，因此，在人工生态系统中的生态生产，实质上是人工生态生产，这也是生态产品的生产，在本质上是生态环境本身的生产与再生产。它也可以划分为：第一部类自然资源生产与再生产；第二部类自然环境生产与再生产。

5. 社会关系生产与再生产，这是伴随着其他生产和再生产而进行的社

---

① 《马克思恩格斯全集》第46卷（下），人民出版社1980年版，第230页。
② 《马克思恩格斯选集》第2卷，人民出版社1995年版，第8页。
③ 《马克思恩格斯选集》第3卷，人民出版社1995年版，第423页。

会联系和社会关系的生产，是为了实现其他生产和再生产得以进行，以至保障和维持所必需发生的一定的社会的联系和关系的生产。马克思、恩格斯在《德意志意识形态》中指出："以一定的方式进行生产活动的一定的个人，发生一定的社会关系和政治关系。"① "为了进行生产，人们相互之间便发生不以一定的联系和关系；只有在这些社会联系和社会关系的范围内，才会有他们对自然的关系，才会进行生产。"② 马克思在论证资本主义生产过程和价值增殖过程的结果时指出："首先是资本和劳动的关系本身的，资本家和工人的关系本身的再生产和新生产。这种社会关系，生产关系，实际上是这个过程的比其物质结果更为重要的结果……每一方都由于再生产对方，再生产自己的否定而再生产自己本身。"③ 因此，马克思在分析资本主义再生产时就指出："把资本主义生产过程联系起来考察，或作为再生产过程来考察，它不仅生产商品，不仅生产剩余价值，而且还生产和再生产资本关系本身：一方面是资本家，另一方面是雇佣工人。"④ 抽掉其社会性质，在社会主义生产与再生产中，同样存在着人们的社会联系和社会关系的生产与再生产，这成为社会主义全面生产的重要组成部分。

马克思、恩格斯还阐明了社会关系的生产和其他生产的相互关系，例如，当他们谈到人自身生产和社会关系生产的关系时就指出，家庭起初是唯一的社会关系，而后来 "当需要的增长产生了新的社会关系，而人口的增多又产生了新的需要的时候，家庭便成为（德国除外）从属的关系了"。⑤ 这就是说人自身生产使人再生产出来，并再生产出人的全面的社会关系，使人自身生产与再生产又从属于物质生活的生产和再生产。又如，马克思谈到社会关系和物质生产与精神生产的关系时指出："蒲鲁东先生不了解，人们还按照自己的生产力而生产出他们在其中生产呢子和

① 《马克思恩格斯全集》第 3 卷，人民出版社 1960 年版，第 28~29 页。
② 《马克思恩格斯选集》第 1 卷，人民出版社 1995 年版，第 344 页。
③ 《马克思恩格斯全集》第 46 卷（上），人民出版社 1979 年版，第 455~456 页。
④ 《马克思恩格斯全集》第 23 卷，人民出版社 1972 年版，第 634 页。
⑤ 《马克思恩格斯全集》第 3 卷，人民出版社 1960 年版，第 32~33 页。

麻布的社会关系。蒲鲁东先生更不了解，适应自己的物质生产水平而生产出社会关系的人，也生产出各种观念、范畴，即恰恰是这些社会关系的抽象的、观念的表现。"① 总之，不管社会形态如何，社会联系和社会关系是一切生产的基本前提，没有它就没有任何生产，也就没有整个社会生活的生产和再生产，当然，也就没有现实的自然界的、人工的生态生产与再生产。

从马克思、恩格斯的理论体系来看，他们的人类社会有机整体的全面生产理论，应该是人、社会和自然有机整体的全面生产理论。这是经济社会生产与再生产和自然生态生产与再生产相统一的理论。因为，在生态经济学与可持续发展经济学看来，世界系统本来就是人与其他生命形式组成的有机统一整体，人类并不是分离或高于其他非人自然存在的特殊存在。尤其是世界文明发展到今天，随着工业文明高度发展，人类实践活动的广化与深化，人类社会生产与生活过程和自然界的生态过程、已经完全相互交织与相互融合而混为一体。因此，"当今维系人类生命和非人自然生命形式的这个濒临失衡的球体上，客观存在的只是自然生态和社会经济互相依存、互相制约、互相作用、互相转化的生态经济社会有机整体"。② 所以，在当代，马克思、恩格斯所说的人类社会有机整体全面生产，实质上就是现代生态经济社会有机整体全面生产。具体来说，物质、精神、社会关系生产与再生产，是属于经济社会系统中的生产与再生产；生态生产与再生产，是属于自然生态系统中的生产与再生产，而人的生产与再生产具有双重的性质，"表现为双重关系：一方面是自然关系，另一方面是社会关系"。③ 它一方面是自然生态系统中的生产与再生产，表现为生态关系；另一方面是经济社会系统的生产与再生产，表现为社会关系。所以，人自身生产与再生产本身，可以体现经济社会生产与再生产和自然生态生产与再生产的统一。可见，五种生产与再生产的有机统一，就构成了现代生态经

① 《马克思恩格斯选集》第4卷，人民出版社1995年版，第538~539页。
② 《刘思华文集》，湖北人民出版社2003年版，第479页。
③ 《马克思恩格斯全集》第3卷，人民出版社1960年版，第33页。

济社会有机整体全面生产的基本内容，这正是马克思、恩格斯人类社会有机整体全面生产理论的基本内容的现代阐释。

从上可知，马克思、恩格斯的全面生产理论，应当说是结束了自然的生产与人的生产、自然再生产与社会再生产、生态环境再生产与经济社会再生产相对立的局面，为我们提供了一幅经济社会生产与再生产和生态环境生产与再生产相互依存、相互作用和辩证统一的图景，它集中表现为人、社会和自然有机整体的生态经济生产与再生产，这是马克思、恩格斯全面生产理论的生态经济意义。

二、马克思全面生产理论构建与演变的简略考察

现在，我们重读马克思、恩格斯的著作，就不难发现他们的理论体系中，蕴藏着丰富的五种生产与再生产及其统一的思想。他们曾经在广义和狭义上都论述过生产与再生产理论，只是多年来，传统的马克思主义经济学哲学教科书，主要是讲狭义生产理论，尤其是有些人把马克思的物质资料再生产图式，概括为马克思的全部再生产理论，这就设置了一个理论误区，使人们没有理解马克思、恩格斯的全面生产理论，甚至忽视了、遗忘了马克思关于经济再生产和自然再生产相互交织的生态经济再生产原理。因此，在当今世界范围内，在生态经济问题日益突出的情况下，我们认真重新解读马克思、恩格斯的全面生产理论，不仅要破除对它的教条式的理解，而且要澄清附加在它名下的误解，更要结合新的实际，丰富和发展这个马克思经济学哲学的基本理论。

（一）马克思提出的两种生产理论由恩格斯最终完成

马克思首先提出两种生产理论，这主要表现在：

第一，马克思、恩格斯在创立和发展马克思主义的过程中，两种生产理论像一根红线，贯穿在马克思主义的历史唯物主义和政治经济学体系之中。马克思在其早期著作如《1844年经济学哲学手稿》一书中就已经有了

两种生产的思想，它成为马克思、恩格斯合著《德意志意识形态》一书的理论准备。他们在该书中明确提出两种生产的概念：这样，生命的生产——无论是自己生命的生产（通过劳动）或他人生命的生产（通过生育）和由此形成的人与人的社会关系，这三个方面并不是人类历史活动中的三个不同的阶段，而是同一历史活动中的"三个因素"。在这里，他们不仅阐明物质生产、人自身生产和社会关系生产之间的内在联系，而且明白无误地告诉我们，"自己生命的生产"（即物质的生产）和"他人生命的生产"（即人类自身的生产）当成"生命的生产"的相辅相成的同一人类历史活动的两个不可分割的两个方面，同时存在，是相互制约的关系。

第二，在创立马克思主义政治经济学体系的过程中，马克思又把两种生产理论纳入他的经济学体系之中。不仅在《〈政治经济学〉导言》这篇重要著作中，特别是在《资本论》巨著中，论述了两种生产之间的关系，并把资本主义生产中人的生产，首先是劳动力的再生产，放在资本主义再生产过程之中进行考察，阐明了资本主义生产方式与劳动者再生产的内在联系，揭示了资本主义生产方式与劳动者再生产的内在联系，揭示了资本主义相对人口过剩规律的本质。马克思的晚年著作中，如马克思的《哥达纲领批判》这篇现代社会主义著作中，在谈到生产条件的分配时，仍然把生产条件区分为"物质的生产条件"和"人身的生产条件"。

第三，虽然说两种生产理论是由马克思首先提出来的，但这个理论的最终完成都是由恩格斯在他的晚年著作《家庭、私有制和国家的起源》中所阐释的。这部科学社会主义的主要著作，论述一切问题的贯穿始终的基本论点，就是两种生产理论。他说："根据唯物主义观点，历史中的决定性因素，归根结蒂是直接生活的生产和再生产。但是，生产本身又有两种。一方面是生活资料即食物、衣服、住房以及为此所必需的工具的生产；另一方面是人类自身的生产，即种的蕃衍。一定历史时代和一定地区内的人们生活于其下的社会制度，受着两种生产的制约：一方面受劳动的发展阶段的制约，另一方面受家庭的发展阶段的制约。劳动越不发展，劳动产品的数量、从而社会的财富越受限制，社会制度就越在较大程度上受血族关系的支配。"①

第四，在物质生产唯一性的思想影响下，人类自身生产与再生产在传统的马克思主义经济学哲学教科书中消失了，尤其是自从恩格斯在《起源》中丰富和发展了他和马克思合著的《德意志意识形态》中提出的两种生产理论发表后，就受到许多人的责难甚至诽谤。这种非难首先来自第二国际理论家亨利希·库诺夫，他在《马克思的历史、社会和国家学说》第二卷中，攻击恩格斯晚年"背叛"了马克思，用两种生产理论来修正马克思关于物质生产一元论的观点，是"人为地嫁接到马克思社会学说上的非马克思主义理论"，"导致了唯物主义历史学说内部结构的破坏"，是恩格斯世界观破产的标志，从而开启了造制马克思同恩格斯内部思想分歧的先河。② 其后，俄国的资产阶级社会学家及政治家米海洛夫斯基和资产阶级历史学家卡列也夫等人，还有苏联一些著名哲学家和经济学家罗森塔尔、尤金等人，认为两种生产理论是"不确切的"，甚至说恩格斯"犯了一个错误"。其实，20 世纪尤其下半个世纪现实生活实践的发展，充分证明，犯了错误的不是恩格斯，而是罗森塔尔、尤金等人。这是历史的结论。

（二）马克思、恩格斯的三种生产理论是马克思经济学说的重要组成部分

1. 马克思、恩格斯在创立马克思主义经济学说体系的过程中，不仅把两种生产理论，而且把三种生产理论引入政治经济学体系之中。马克思和恩格斯的早期著作《关于费尔巴哈的提纲》、《德意志意识形态》，就明确指出，"环境是由人来改变的"，③ 环境是"历史的每一阶段都遇到有一定的物质结果"，"前一代传给后一代的大量生产力、资金和环境"。其后马

---

① 《马克思恩格斯选集》第 4 卷，人民出版社 1995 年版，第 2 页。
② 孙承叔：《是一种生产，还是四种生产》，《东南学术》2003 年第 5 期。
③ 《马克思恩格斯选集》第 1 卷，人民出版社 1995 年版，第 55 页。

克思在《〈政治经济学批判〉导言》里对环境的生产和再生产作了论述：物质资料的"生产实际上有它的条件和前提，这些条件和前提构成生产的要素。这些要素最初可能表现为自然发生的东西。通过生产过程本身，它们就从自然发生的东西变成历史的东西，并且对于一个时期表现为生产的自然前提，对于前一个时期就是生产的历史结果"。① 这些论述表明，环境是人类世世代代通过劳动创造出来的，是人类生产的历史结果。因而，马克思和恩格斯把环境生产纳入了生产的范畴，这是马克思生态环境生产的基本观点。

2. 马克思全面生产理论，不仅阐明了物质生产和人的生产的相互关系；而且阐述了物质生产和环境生产的相互关系。马克思认为，要使物质资料生产不断进行，首先必须具备物质资料再生产的条件，即首先必须有环境的再生产，不断地生产新的生态环境。这样，才使环境的生产为物质的生产提供前提；而物质的生产则为环境的生产提供条件，两者相互依存、相互作用。马克思在《资本论》中正是通过对人与自然之间的物质变换关系的考察，来研究资本主义劳动过程和生产过程，不仅仅是把生态环境作为人类生活的永恒条件来探讨的，更重要的是揭露资本主义生产如何破坏了人与自然之间的物质交换关系，从而导致资本主义生产与再生产发生危机。在此，笔者曾强调指出的是，在马克思的视野内，人生命的生产和非人生命的生产都是通过消费实现的。人自身再生产同"自然界中的元素和化学物质的消费是植物的生产一样"，动物的生产也是一样。一个是人类生态的生产与再生产，一个是非人类生产（即自然生态）的生产与再生产，它们都是物质资料生产的前提和基础。无论是人类生态生产还是自然生态生产，都要消耗资源环境，并且影响着生态环境及其生产。正如恩格斯所说的："动物通过它们的活动同样也改变外部自然界，虽然在程度上不如人的作为。我们也看到：由动物改变了的环境，又反过来作用于原先改变环境的动物，使它们起变化。"② 正是这种生态生产与再生产，使自然

① 《马克思恩格斯选集》第2卷，人民出版社1995年版，第15页。
② 《马克思恩格斯选集》第4卷，人民出版社1995年版，第381页。

界内部各种生物与环境、人与环境之间，形成某种协调关系。这就是自然界内部的物质变换关系，是人与自然之间物质变换的客观基础和永恒条件。

3. 马克思的全面生产理论不仅揭示了物质生产与生态生产的内在联系，而且揭示了生态生产和人的生产的内在联系。恩格斯在《自然辩证法》中说过："随着对自然规律知识的迅速增加，人对自然界起反作用的手段也增加了。"① 他甚至说："动物仅仅利用外部自然界，简单地通过自身的存在在自然界中引起变化；而人则通过他所作出的改变来使自然界为自己的目的服务，来支配自然界。"② 这就是说，物质生产为环境生产提供手段，并能不断再生产出符合人类需要的环境。因此，人类进行环境生产，是要从人的自身需要出发的，即是为了维持和再生产自己的生命。于是人与环境、人的生产和环境生产是相互依存、休戚与共的关系，人类为了维护和再生产自己的生命，必须"调节他们和自然之间的物质变换"，并"通过运用和开发自动发生作用的自然力来提高人的劳动力"，还要使自然界最适于人类本性、最适于"人类能力的发展"。③ 不仅如此，而且"人的智力是按照人如何学会改变自然界而发展的"。④ 这些都是马克思、恩格斯关于环境生产对人类自身和物质生产重大作用的基本观点。

最后，笔者认为，是程福祐先生主编的《环境经济学》一书，首次把马克思、恩格斯的"三种生产理论"界定为马克思主义经济学说的重要组成部分。他指出："只要我们进行认真的研究，就会发现，马克思、恩格斯从他们的早期著作到晚期著作，有大量论述涉及自然再生产或环境再生产的问题，这些论述又都直接和物质资料再生产，人类生命的再生产有机相联，形成'三种生产'的思想，构成马克思主义经济学说的重要组成部分。可是，马克思主义'三种生产理论'一直没有被我国以及苏联等许多

---

① 《马克思恩格斯选集》第4卷，人民出版社1995年版，第274页。
② 《马克思恩格斯选集》第4卷，人民出版社1995年版，第383页。
③ 《马克思恩格斯全集》第25卷，人民出版社1974年版，第926~927页。
④ 《马克思恩格斯全集》第20卷，人民出版社1971年版，第574页。

国家的经济学界发掘并加以应用。"于是，他呼吁："今天，世界人口和环境的严峻现实表明，必须对三种生产理论进行宣传，并作进一步研究使之在实践中得以运用。"①

（三）　马克思再生产图式与马克思再生产理论的差异

马克思的社会再生产图式是物质资料再生产理论模式，是马克思的全部再生产理论的最重要的组成部分，或者说，它是构成马克思、恩格斯全面生产理论的最重要的内容。

1. 马克思的社会再生产图式是物质资料再生产理论模式。从经济学说思想史来看，魁奈的《经济表》是对资本主义生产与流通问题的第一个系统的分析，但因它只是局限于物质生产领域，与其说它为分析社会资本的生产开辟了道路，不如说是为分析物质资本的再生产开辟了道路。所以，我们可以断言，魁奈的《经济表》只是初步地创造性地设计了物质资料再生理论模式，而没有真正完成这一历史任务。古典经济学的杰出代表亚当·斯密在社会资本再生产理论的许多方面，不仅没有比他的前辈有所前进，反而有重大的退步。这突出表现在他认为商品价值仅由可变资本（v）和剩余价值（m）构成，而排除了不变资本的价值（c）。这个错误观点被马克思讥讽为"斯密教条"。与此有直接关系的是，斯密对商品实物形态的分析又混同了个人消费和生产消费，错误地把生产消费当作个人消费。斯密之后的资产阶级古典经济学家都被"斯密教条"所禁锢，使"斯密教条"成了政治经济学的正统信条。马克思彻底破除了这种"正统信条"，科学地批判了古典经济学再生产理论的错误，"纠正了斯密的上述两点错误（从产品价值中抛掉不变资本，把个人消费和生产消费混同起来），才使马克思有可能建立起他的关于资本主义社会中社会产品实现的卓越理论"。②

马克思的这个卓越理论包含着两条基本原理，正如列宁明确指出的："马克思的理论所依据的基本前提是下面两个原理。第一个原理，资本主

---

① 程福祐：《环境经济学》，高等教育出版社 1993 年版，第 75 页。
② 《列宁全集》第 3 卷，人民出版社 1984 年版，第 32 页。

义国家的总产品和个别产品一样，都由下面三个部分组成的：（1）不变资本，（2）可变资本，（3）额外价值（即剩余价值——引者注）。……第二个原理，必须区分资本主义生产的两大部类：第Ⅰ部类是生产资料的生产，即用于生产消费、用于投入生产的物品的生产，不是由人消费而是由资本消费的物品的生产；第Ⅱ部类是消费品的生产，即用于个人消费的物品的生产。"① 这样，马克思在经济思想史上，首次科学地阐明了资本主义的社会总资本再生产过程和产品的实现条件，揭示了物质资料再生产的最一般的规律性，从而确立了著名的马克思社会再生产图式，这就是人们常说的创立了科学的社会再生产理论模式。

列宁在反对俄粹派和"合法马克思主义者"的斗争中，捍卫和发展了马克思的社会再生产理论模式。他在《再论实现论问题》中强调指出："请读者注意：马克思把社会总产品按产品的实物形式分为两大部分：（Ⅰ）生产资料；（Ⅱ）消费品。然后又把这两个部类的产品各按价值要素分为三部分：（1）不变资本；（2）可变资本；（3）额外价值。"② 这是关于社会总产品构成原理的第一次明确的概括，是对马克思的社会再生产理论模式的一个贡献。列宁还把资本有机构成提高的因素纳入马克思的再生产公式，创造性地设计了一套新的扩大再生产公式，发展了马克思的扩大再生产公式。无论是马克思的扩大再生产图式，还是列宁的扩大再生产图式，在一定意义上来说，就是经济增长的理论图式，即物质资料再生产理论模式。对此，斯大林在批判雅罗申柯所说的"马克思的再生产公式不符合社会主义社会的经济规律"的错误观点时明确指出：马克思的再生产公式决不只限于反资本主义生产的特点，它同时还含有对于一切社会形态——特别是对于社会主义形态——发生效力的许多关于再生产的基本原理。"马克思的再生产理论的这些基本原理，比如关于社会生产分为生产资料的生产与消费资料的生产原理；关于在扩大再生产下生产资料生产的增长占优先地位的原理；关于第一部类和第二部类之间的比例关系的原理；

---

① 《列宁全集》第3卷，人民出版社1984年版，第33页。
② 《列宁全集》第4卷，人民出版社1984年版，第68页。

关于剩余产品是积累的唯一源泉的原理。关于社会基金的形成和用途的原理；关于积累是扩大再生产唯一源泉的原理。"① 这些原理都同经济增长有密切的关系。它们实质上是物质资料再生产理论模式下的原理。从斯大林的这段概括可以清楚看出，他把马克思的再生产图式的一些原理，看成是马克思的全部再生产理论。即用对马克思的再生产公式的研究，来概括马克思的全部再生产理论。这是对马克思主义经济学说的误解。

这个误解混同了物质资料生产过程和社会全面的生产过程，错误地把物质再生产当作整个社会再生产。这就给我们研究马克思主义再生产理论设置了一个严重的误区：把马克思的再生产图式当作马克思的全部再生产理论。长期以来，苏联和我国对社会主义社会再生产理论的研究，主要是集中在经济增长理论及其有关问题，以物质产品的再生产为主要研究对象和研究内容，把生产关系的再生产放在一个次要的和服从的地位，很少或基本不涉及劳动力再生产，它完全排除精神再生产和生态环境再生产。这就使社会再生产理论的研究，不能全面地反映国民经济运行和现代经济社会再生产运动的真实全貌，难以适应现代经济社会发展的客观需要。

2. 马克思、恩格斯揭示了五种再生产运动是一切社会形态的共同规律。马克思、恩格斯在创立和发展马克思主义学说时，就研究了人类经济社会活动与自然生态环境之间的相互关系及其发展趋势，他们不仅论述了三种生产和再生产运动是一切社会形态的普遍规律；而且揭示了五种生产和再生产运动是一切社会形态的共同规律。马克思的《1844 年经济学哲学手稿》、《1857—1858 年经济学手稿》、《1861—1863 年经济学手稿》、《资本论》等重要著作，恩格斯的《自然辩证法》、《反杜林论》等，以及马克思、恩格斯合著的《德意志意识形态》等，这些不朽的伟大科学著作中，的确蕴涵着丰富的五种生产与再生产的理论。尤其是在《德意志意识形态》中，马克思、恩格斯创立全面生产理论时，就提出和阐明了五种生产及其内在统一。我们把前面的论述归纳如下：①物质资料生产与再生产和

① 斯大林：《苏联社会主义经济问题》，人民出版社 1952 年版，第 64 页。

人自身生产与再生产的相互关系。②物质资料生产与再生产和精神生产与
再生产的相互关系。③物质生产、人自身生产和社会关系是同一历史活动
中的"三个因素"，它们"从历史的最初时期起，从第一批人出现时，三
者就同时存在着，而且就是现在也还在历史上起作用"。① ④生产物质生活
本身、物质生产资料的生产、人自身的生产、社会关系的生产这是历史关
系的四个方面，它们与精神生产的相互关系。马克思、恩格斯指出：当我
们考察了历史关系的四个因素之后，"我们才发现：人也具有'意识'"。
"意识一开始就是社会的产物，而且只要人们还存在着，它就仍然是这种
产物"。② 可见，精神生产应当是同一历史活动中的第五个因素，这五个方
面共同在人类历史的发展进程中发挥着作用。⑤人类生态生产和非人类生
态生产以及与物质资料生产的相互关系。当我们考察了历史关系的五个因
素之后，我们就会发现人类社会历史活动中存在着的第六个因素，即第六
个方面，这就是生态环境生产与再生产。尤其是在现代生态经济社会有机
整体的生产与再生产中，生态环境的生产与再生产，已经成为整个社会生
产与再生产最重要的组成部分。然而，马克思学说中蕴藏着的五种生产与
再生产的理论财富，至今还没有完全发掘出来。因此，当代马克思主义经
济学哲学家要在生活实践中努力探索现代生态经济社会生产与再生产的新
情况、新问题，使马克思、恩格斯全面生产理论随着实践的发展而不断深
化与发展。这是我们的历史责任。

3. 五种再生产的有机统一突出表现在经济再生产和自然再生产的相互
交织和内在统一。因此，马克思在揭示农业生产的本质特征时明确指出：
"经济的再生产过程，不管它的特殊的社会性质如何，在这个部门（农业）
内，总是同一个自然的再生产过程交织在一起。"③ 这就确定无疑地说明
了，农业再生产是农业经济系统再生产和自然生态系统再生产相互交织与
相互作用的生态经济再生产。尽管当时马克思是针对农业再生产系统作出

---

① 《马克思恩格斯全集》第 3 卷，人民出版社 1960 年版，第 33 页。
② 《马克思恩格斯全集》第 3 卷，人民出版社 1960 年版，第 34 页。
③ 《马克思恩格斯全集》第 24 卷，人民出版社 1972 年版，第 398~399 页。

的科学论断，但却反映了马克思的确是把自然再生产纳入了生产的范畴，因而，马克思主义的再生产理论包含着生态再生产理论。这是毫无疑义的。当年马克思针对农业而言的经济再生产和自然再生产相互交织的农业生态经济再生产，经过了一百多年的生产力高度发展。在当今经济社会条件下，这种自然再生产和经济再生产相互交织而融合在一起的状况，已经存在于整个社会生产与再生产过程之中。这样，我们应当沿着马克思指出的脉络，从现代经济社会是生态经济社会有机体出发，把现代经济社会再生产看成是社会的经济再生产过程，同时也就是自然的生态再生产过程的统一，是这两种再生产的相互交织和有机结合，即生态经济再生产过程。这不仅符合现代经济社会发展的实际情况，而且在理论上也是成立的。

第一，现代经济社会再生产，不仅自然界是社会生产物质要素的最终源泉，要以一定的生态系统作为社会生产的生态环境，而且要以良好的生态条件作为人们的劳动条件，还要以一定的生态系统直接作为生产过程的组成部分。应当说，社会生产与生产过程是人和自然之间的物质、能量、信息交换关系，是同一的双向关系，而形成社会的经济再生产过程，同时就是自然的生态再生产过程，这是生态经济再生产的两个侧面，二者辩证统一，这是经济再生产和自然再生产的相互交织、有机结合与相互作用的生态经济再生产。尤其是人自身的再生产，在生产现代化程度越是提高，科学技术越是向前发展，设备越是日益先进的条件下，劳动者智力劳动必然迅速增加，这样，现代生产过程中的物的因素和人的因素，尤其是人本身的生态学特性对自然环境清洁度的要求就越高，人们必须在生产过程中创造健全的生态条件和良好的环境质量。这已成为现代化大生产发展的客观要求。

第二，经济再生产过程不是在一个自我封闭的系统中运行的，而是与自然再生产有着不可分割的内在联系，它主要有两个方面的内容：一是人们通过发展农业、采掘工业和部分化学工业，向自然环境直接索取社会生产所需要的全部物质要素，加工成满足人们生产和生活需要的物质产品。

现代生产力发展水平越高，规模越大，就意味着人们利用和改变自然的能力越强，也意味着人类对大自然的索取越来越多。因此，经济再生产必须建立在生态系统的自然再生产良性循环的基础上，它所需要的一切物质要素，就能不断地从生态系统中取得从而保证经济再生产的不断扩大和发展。二是在经济再生产过程中，社会生产的各种生产排泄物和人们的各种生活排泄物，最终也都要回到自然界，进入生物圈循环，利用生态系统的净化机能参与自然再生产过程。这两个方面的关系是有机联系的。随着社会生产力的发展，人们生活的现代化，社会再生产的扩大，它们之间的各种物质变换和能量转化就会不断加深，并越来越复杂化，经济再生产和自然再生产相互作用的生态经济再生产也就越来越深化和扩大。

第三，随着现代科技的进步，社会再生产过程越来越通过技术交换过程，把自然交换过程和经济交换过程联系起来，求得生态和经济、自然与社会的紧密结合，这是社会生产力发展的一个重要特点。人们运用先进的科学技术手段，按照生物圈是废物还原、废物利用的过程来建立生态型经济综合生产体系，发展无害生产工艺和综合利用技术，组织生态化的社会生产过程，变现代化社会生产过程为自然过程或纳入自然过程，实现现代社会生产与生产过程的全面生态化，从而建立社会和自然、经济和生态协调发展的物质技术基础，这是现代经济生态化发展的必然趋势。它就为实现经济再生产和自然再生产的持续、稳定的协调发展开辟了广阔的前景。

长期以来，在我国和苏联政治经济学的教学和科研中，忽视甚至遗忘了马克思、恩格斯的全面生产理论，只是按照马克思的再生产公式，即马克思的社会再生产模式，基本上只研究物质资料生产与再生产，甚至把物质资料生产理论说成是整个社会再生产理论。到 20 世纪 80 年代前期，我国生态经济学的一些学者才开始对马克思、恩格斯的全面生产理论进行梳理，把社会关系生产与再生产作为既定前提，初步建构起四种再生产有机统一的生态经济理论模式，并用以解释当今世界的现代生态经济社会有机整体的生产与再生产的新情况、新问题，继承、重构和发展了马克思、恩格斯的全面生产理论。对此，笔者在 1999 年发表的《马克思再生产理论与可持续经济发展》一文中指出："现在我们继续高举马克思主义再生产的理论旗帜，深化生态经济再生产理论研究，创立以生态经济再生产理论为中心内容的可持续发展经济再生产理论，是历史的必然。它既符合 21 世纪现代人类生存与发展的客观需要，又是知识经济条件下把马克思主义再生产理论推向前进的需要。"① 从 20 世纪 80 年代前期到 90 年代末期，包括程福祜和笔者在内的一些生态经济学者，提出和阐述"三种生产理论是环境的再生产、物质资料的再生产和人类自身的再生产相互适应理论"和"四种生产理论是人口、物质、精神和生态再生产相互适应与协调发展的理论"，就其理论渊源的角度来说，就是源于马克思、恩格斯全面生产理论。

　　现在人们常说，21 世纪的社会经济发展进入了一个新的时代，的确如此。在笔者看来，从现代文明形态来说，这个新时代，可以称之为生态文明时代；从现代经济形态来说，这个新时代，可以称之为知识经济时代；从经济发展模式来说，这个新时代，则是可持续经济发展时代。它们是同一总体即同一历史时代的三个基本特征。这三方面在 21 世纪现代经济发展过程中，尤其是在社会生产总的运动过程中不是分离存在的，而是有机统一的。因此，四种再生产相互适应与协调发展，不仅是生态经济运行与发展的客观规律，而且是知识经济运行与发展的客观规律，更是可持续发展经济运行的客观规律。它是指导 21 世纪人类社会生产总运动的一项根本法则。在此，我们要强调指出的是，马克思主义再生产理论具有与时俱进的理论品质，因此必须全面认识知识经济与四种再生产模式的关系，深入探讨四种再生产相互依存与相互作用的新特点，在实践中不断丰富和发展马克思的全面生产理论。这是因为，在知识经济时代里，知识（智力）被凸显到非常突出的地位，使知识（智力）生产、分配、交换和利用，成为现代经济社会生产与再生产的最核心问题。于是，四种生产相互依存与相互作用的方式发生了重大变化，四种再生产相互适应与协调发展出现新的特

---

① 《刘思华选集》，广西人民出版社 2000 年版，第 620 页。

点。可以预言，知识经济的发展，就为四种再生产相互适应与协调发展规律充分发挥作用开辟了广阔场所，这是知识经济时代发展的必然进程，必将为马克思主义再生产的新发展提供坚实的实践基础，这是毫无疑义的，它必将会把马克思主义再生产理论发展进入一个新的阶段。因此，1999 年笔者在《马克思主义研究》杂志上发文指出："我们完全可以肯定地说，理论和实践已经证明，并将继续证明，马克思主义再生产理论是当代人和子孙后代生存与发展的理论基础，它永远指引着全人类走可持续经济发展道路的正确方向。这是马克思主义再生产理论的科学地位与历史趋势。"①

---

① 《刘思华选集》，广西人民出版社 2000 年版，第 632 页。

第八章　广义生产力理论

——经济社会生产力和生态自然生产力的统一

马克思的全面生产理论是同他的全面生产力理论紧密联系在一起的，二者是个有机整体，构成马克思的整个学说的主干。作为全面生产的生产力，理所当然应当包括人自身生产力、物质生产力、精神生产力和自然生产或生态生产力。笔者把这四种生产力的有机统一称之为广义的生产力。这四种生产力按其属性，可以区分为自然生态系统生产力和社会经济系统生产力两大基本类型。自然生态生产力是属于自然生态系统的生产力；在马克思、恩格斯论述中所说的包括物质生产力和精神生产力在内的"一切社会生产力"，"各种社会生产力"，都属于社会经济系统的生产力。人自身生产力则可以从自然和社会两个角度，分属于自然生态系统和社会经济系统的生产力。马克思的广义生产力，是自然生态系统生产力和社会经济系统生产力的综合表现，是自然生产力和社会生产力的有机统一体。正是在这个意义上说，马克思的广义生产力论，不言而喻地包含了生态经济生产力的意义。本书就是要深入挖掘马克思的广义生产力理论中内蕴着的生态经济生产力思想的精华，使马克思的生态经济理论真正成为指导21世纪我国全面发展现代生产力的科学依据。

一、广义生产力理论的基本内容

（一）马克思的生产力论实际上是广义的生产力论

西方经济学派的经济学家都很重视生产力问题，提出了生产力概念。

在马克思之前，法国重农学派的土地生产力论，英国古典学派的劳动生产力论，他们都认为，生产力是创造物质财富的一种能力。马克思基本上沿用了前人的概念，并进行创新与发展，形成了自己的科学的生产力理论。虽然说，马克思没有给生产力规定严格意义的内涵与外延，但是，马克思的论著中对生产力的基本内容与本质内涵有大量的丰富的论述，归纳起来，大致可以区分为广义的生产力论和狭义的生产力论。然而，从马克思的论著来看，应该说，其主要方面，马克思的生产力论实际上是广义的生产力论。这与西方经济学派的生产力理论是不同的。① 我国有的学者把马克思的生产力概念归纳为广义的生产力概念和狭义的生产力概念两种生产力的定义，这与笔者所说的广义与狭义的生产力论是不同的。笔者把从纯经济学的角度看生产力，称之为狭义生产力论，从生态经济学与可持续发展经济学看生产力，称之为广义的生产力论。这是把劳动生产力从社会经济系统的生产力延伸与扩展到自然生产系统中去，将社会经济系统和自然生态系统作为一个有机整体的基础上研究现代生产力运行与发展的客观规律，使以胚胎形成内存于马克思学说中的生态经济生产力理论凸显出来，并以当代实践和科学为基础加以论证，与马克思生产力理论中的成熟论点融为一体，构成马克思的广义生产力理论，从而体现生态时代对马克思生产力理论新的理论召唤。

马克思、恩格斯的生产力理论是广义的生产力理论。早在1845年马克思、恩格斯合著的《德意志意识形态》一书中，谈到未来社会的劳动转化为自主活动就是对生产力总和的占有时指出："随着联合起来的个人对全部生产力总和的占有，私有制也就终结了。"② 在这里，他们提出了全部生产力的概念。其后，在《资本论》的"草稿"即《经济学手稿（1857—

---

① 笔者赞同洪远朋教授的看法，除李斯特主张广义的生产力之外，"西方经济学所说的生产力基本上是狭义的生产力，无论法国重农学派的土地生产力论，英国古典学派的劳动生产力论，萨伊和庞巴维克的资本生产力论，还是熊彼特的创新生产力论，贝尔等人的知识生产力论，往往是把生产力的一个要素或几个要素作为生产力，是狭义或比较狭义的生产力论。"引自洪远朋主编：《经济理论比较研究》，复旦大学出版社2002年版，第65页。

② 《马克思恩格斯选集》第1卷，人民出版社1995年版，第130页。

1858 年)》中，提出"发展一切生产力"① 和"全面地地发展生产力"的
光辉思想。"全面地发展生产力"即"发展一切生产力"，是马克思针对资
本主义生产方式本性虽然要求发展一切生产力，但却不能实现全面发展生
产力；只有到了社会主义、共产主义社会，才能实现这个社会再生产的前
提和基础。他说："尽管按照资本的本性来说，它是狭隘的，但它力求全面
地发展生产力，这样就成为新的生产方式的前提，这种生产方式的基础，
不是为了再生产一定的状态或者最多是扩大这种状态而发展生产力，相
反，在这里生产力的自由、毫无阻碍的、不断进步的和全面的发展本身就
是社会的前提，因而是社会再生产的前提"。② 马克思在《资本论》中还阐
明了全面发展生产力是指各种生产力的全面发展。这是指"劳动的各种社
会生产力"③，"劳动的一切社会生产力"④ 和"劳动的自然生产力"⑤。这
些表明，马克思提出的"全部生产力"、一切生产力"，实质上就是广义
的生产力，它包括各种生产力。

　　在马克思的著述中提到的各种生产力主要有这样一些概念：物质生产
力和精神生产力，这是马克思广义生产力理论中的两个重要概念。马克思
认为，劳动客观条件与劳动本身的分离"只有在物质的（因而还有精神
的）生产力发展到一定水平时才有可能"。⑥ 社会生产力，这是马克思理论
体系的一个重要概念，是同社会生产关系相对应的概念。他说：我们判断
一个变革时代必须从物质生活的矛盾中，"从社会生产力和生产关系之间的
现存冲突中去解释"。⑦ 因此，"以往的一切社会形态都随着财富的发展，
或者同样可以说，随着社会生产力的发展而没落了"。⑧ 劳动生产力，这是
马克思的著述中经常使用的范畴。他明确指出："生产力当然始终是有用的

---

① 《马克思恩格斯全集》第 46 卷（上），人民出版社 1979 年版，第 173 页。
② 《马克思恩格斯全集》第 46 卷（下），人民出版社 1980 年版，第 34 页。
③ 《马克思恩格斯全集》第 25 卷，人民出版社 1974 年版，第 103 页。
④ 《马克思恩格斯全集》第 25 卷，人民出版社 1974 年版，第 935 页。
⑤ 《马克思恩格斯全集》第 25 卷，人民出版社 1974 年版，第 729 页。
⑥ 《马克思恩格斯全集》第 46 卷（上），人民出版社 1979 年版，第 505 页。
⑦ 《马克思恩格斯选集》第 2 卷，人民出版社 1995 年版，第 33 页。
⑧ 《马克思恩格斯全集》第 46 卷（下），人民出版社 1980 年版，第 34 页。

具体的劳动的生产力"。① "劳动生产力的提高"是劳动过程中的"一种变化"。② 科学技术生产力，这是马克思生产力理论中的一个极其重要的论断。马克思认为："大工业则把科学作为一种独立的生产能力"，③ "生产力中也包括科学"。④ 自然生产力，这是和社会生产力相对应的概念，是马克思自然理论和生产力理论中一个基础性的概念。马克思指出：在资本主义生产方式下，"作为资本的无偿的自然力，也就是，作为劳动的无偿的自然生产力加入生产的"。⑤ "大工业把巨大的自然力和自然科学并入生产过程，必然大大提高劳动生产率，这一点是一目了然的"。⑥ 个人生产力，又叫人自身的生产力，它是构成劳动生产力的主要内容。马克思指出："通过协作提高了个人生产力，而且是创造了一种生产力，这种生产力本身必然是集体力。"⑦ 马克思还提出了"发展人类的生产力"⑧ 的思想。在马克思的著述中还讲到土地生产力、资本生产力、一般生产力、直接生产力等概念。

（二）　社会经济系统中的各种生产力

社会经济系统中的生产力，就是马克思所说的"劳动的一切社会生产力"，马克思从哲学的高度把社会生产力划分为物质生产力和精神生产力。所以，马克思谈到货币问题时曾认为："社会形式发展的条件和发展一切生产力即物质生产力和精神生产力。"⑨

1. 物质生产力。按照马克思的观点，所谓物质生产力是指人们利用、调整、控制、改变自然的能力，它必然是创造一定的使用价值即物质财富。所以，我们又可以说，物质生产力是人们利用自然、改变自然、创造

---

① 《马克思恩格斯全集》第 23 卷，人民出版社 1972 年版，第 59 页。
② 《马克思恩格斯全集》第 23 卷，人民出版社 1972 年版，第 350 页。
③ 《马克思恩格斯全集》第 23 卷，人民出版社 1972 年版，第 400 页。
④ 《马克思恩格斯全集》第 46 卷（下），人民出版社 1980 年版，第 211 页。
⑤ 《马克思恩格斯全集》第 25 卷，人民出版社 1974 年版，第 840 页。
⑥ 《马克思恩格斯全集》第 23 卷，人民出版社 1972 年版，第 424 页。
⑦ 《马克思恩格斯全集》第 23 卷，人民出版社 1972 年版，第 362 页。
⑧ 《马克思恩格斯全集》第 26 卷 II，人民出版社 1973 年版，第 124 页。
⑨ 《马克思恩格斯全集》第 46 卷（上），人民出版社 1979 年版，第 173 页。

物质财富的能力。这个概念是马克思的历史唯物主义和经济学说的一个基本范畴。马克思在《政治经济学批判》、《资本论》等重要著作中提出和论述了物质生产力这个概念。他在《资本论》草稿中写道："在现实中，意识的这个限制是同物质生产力的一定发展程度，因而是同财富的一定发展程度相适应的。"① 于是，他在《〈政治经济学批判〉序言》中对唯物主义历史观作了一段经典性表述："我们得到的、并且一经得到就用于指导我们研究工作的总的结果，可以简要地表述如下：人们在自己生活的社会生产中发生一定的、必然的、不以他们的意志为转移的关系，即同他们的物质生产力的一定发展阶段相适合的生产关系。这些生产关系的总和构成社会的经济结构，即有法律的和政治的上层建筑竖立其上并有一定的社会意识形式与之相适应的现实基础。物质生活的方式制约着整个社会生活、政治生活和精神生活的过程。不是人们的意识决定人们的存在，相反，是人们的社会存在决定人们的意识。社会的物质生产力发展到一定阶段，便同它们一直在其中活动的现存生产关系或财产关系（这只是生产关系的法律用语）发生矛盾。于是这些关系便由生产力的发展形式变成生产力的桎梏。那时社会革命时代就到来了。随着经济基础的变更，全部庞大的上层建筑也或慢或快地发生变革。"② 在这里，马克思非常明确告诉我们，物质生产力决定着一切社会关系、社会现象和社会历史的变迁。因为社会的全部上层建筑和意识形态竖立在作为生产关系总和的经济基础之上，生产关系又与物质生产力的一定发展阶段相适应，社会各个领域的状况最终都必须与物质生产力的状况相适应。"在这样的物质生活的生产方式之中，社会的物质生产力又总是这座大厦最底层的主要基石。"③

在我国学术界，一些学者常常把物质生产力和社会生产力当作同义的范畴来使用。虽然，二者在本质内涵上是一致的，但在外延与内容都不完全相同。因为作为社会经济系统的生产力的社会生产力还包括精神生产力

① 《马克思恩格斯全集》第46卷（下），人民出版社1980年版，第35页。
② 《马克思恩格斯选集》第2卷，人民出版社1995年版，第32~33页。
③ 周义澄：《自然理论与现代》，上海人民出版社1988年版，第110页。

等其他生产力形式。因此，笔者认为，物质生产力还可以把它称之为"经济生产力"。对此，略述几点：首先，马克思、恩格斯在《德意志意识形态》中就提出人类生存的第一个前提就是人类生活必须进行物质资料的生产活动，"为了生活，首先就需要吃喝住穿以及其他东西。因此，第一个历史活动就是生产满足这些需要的资料，即生产物质生活本身"。① 这种生产物质资料的能力，它表现为人类利用自然、改变自然的物质力量即物质生产力，在本质上是一种经济力量即经济生产力。第二，马克思多次指出：任何生产力都是"一种既得的力量，是以往的活动的产物"，是"人们的应用能力的结果"。② 而人类社会最基本的实践活动就是生产物质生活资料的实践活动，而人类物质生产实践活动就是人类社会的经济实践活动。这是马克思唯物史观和政治经济学研究的基点。因此，作为利用、调整和改变自然，并从自然界中获取物质生活资料的能力的物质生产力，它实质上是一种经济生产力。第三，物质生产力是物质资料生产和再生产过程中人与自然之间的物质变换关系，表现为人类利用、控制、改变自然的物质力量，这是一种经济活动的经济能力，即是经济生产力。第四，经济生产力作为经济学的一个基本范畴，它是对物质生产实践活动中诸要素（包括生态环境已成为经济发展的内在因素）这种客观存在的科学抽象，它是这种经济现象在理论上的表现。

2. 精神生产力。这是社会经济系统中生产力的一种基本生产力，即是社会生产力的重要表现形式。在马克思的生产力理论中他多次明确使用了精神生产力这个概念。马克思、恩格斯把体现于生产过程中的智慧、知识、科学、思维等称之为"精神生产力"、"智慧生产力"。因此，所谓精神生产力就是马克思所说的"知识形态上"的社会生产力，③ 是"社会智慧的一般生产力"，④ 是生产力的精神因素。马克思认为，社会生产力是诸

① 《马克思恩格斯选集》第 1 卷，人民出版社 1995 年版，第 79 页。
② 《马克思恩格斯选集》第 4 卷，人民出版社 1995 年版，第 532 页。
③ 马克思：《政治经济学批判大纲》（第 3 分册），人民出版社 1963 年版，第 358 页。
④ 《马克思恩格斯全集》第 46 卷（下），人民出版社 1980 年版，第 210 页。

种物质现象（或物质力量）与精神现象（或精神力量）的统一，为了反映社会经济系统中丰富的物质内容（或物质因素）和精神内容（或精神因素），就从人类社会整体的范围考察生产力，揭示了社会生产力有两种基本形式（或形态）：一种是"知识形态上"的社会生产力，即"一般生产力"，它是一种潜在的生产力，亦即"非直接的生产力"；再一种是"直接的生产力"，即现实的生产力。马克思称前者为精神生产力，后者为物质生产力，使用了这样两个相对应的科学概念。精神生产力一旦并入生产过程，与物质生产力中各种要素相结合，就立即转化成直接的、现实的、物质形态的生产力。

3. 科学生产力是精神生产力。它不仅是社会生产力的一种特殊形式而且是社会生产力的发达形式。马克思认为科学是"知识形态上"的社会生产力，是精神生产领域内的进步，[①] 是"社会发展的一般精神成果"。[②] 恩格斯也是把科学称之为社会生产过程中的"简单劳动这一肉体要素以外的发明和思想这一精神要素"。[③] 马克思不仅明确提出科学是生产力的观点，而且对科学这种特殊形式的社会生产力的产生与发展进行了深刻的分析：首先是肯定了科学成为生产力的发达形式是近代资本主义大工业的产物。资本主义大机器工业的发展，使社会生产力的发展主要依靠科学及其在生产上的应用。马克思指出："随着大工业的发展，现实财富的创造较少地取决于劳动时间和已耗费的劳动量，较多地取决于在劳动时间内所运用的动因的力量，而这种动因本身——它们的巨大效率——又和生产它们所花费的直接劳动时间不成比例，相反地却取决于一般的科学水平和技术进步，或者说取决于科学生产上的运用。"[④] 马克思还详细论述了"随着资本主义生产的扩展，科学因素第一次被有意识地和广泛地加以发展，运用并体现在生活中，其规模是以往时代根本想象不到的"，使"物质生产过程变成

---

① 《马克思恩格斯全集》第 25 卷，人民出版社 1974 年版，第 97 页。
② 马克思：《直接生产过程的结果》，人民出版社 1964 年版，第 122 页。
③ 《马克思恩格斯全集》第 1 卷，人民出版社 1956 年版，第 607 页。
④ 《马克思恩格斯全集》第 46 卷（下），人民出版社 1980 年版，第 217 页。

科学在生产中的应用，——变成运用于实践的科学"。① 因此，马克思的结论是"大工业则把科学作为一种独立的生产能力"。② 科学作为一种强大的知识形态上的社会生产力，是社会生产力的一种特殊形式，它"既是观念的财富同时又是实际的财富"，③ 前者表明科学是一般社会生产力、非直接生产力或潜在生产力；后者表明科学已转化为直接生产力、现实生产力，是"在机器上实现了的科学"。

在这里，我们特别要强调的是，在马克思的论述中，还重点阐明了科学生产力和物质生产力的发展关系，揭示了科学生产力和物质生产力的统一性，这就是马克思关于科学技术是生产力的思想。我们作为精神生产力转化为物质生产力，主要是通过构成生产力的要素及影响生产力的其他因素的"物化"来实现的。马克思对这种转化多次做过精辟的论证。马克思明确指出：机车、铁路、电板、走锭精纺机等等，都"是人类劳动的产物，是变成了人类意志驾驭自然的器官或人类在自然界活动的器官的自然物质。它们是人类的手创造出来的人类头脑的器官；是物化的知识力量。固定资本的发展表明，一般社会知识，已经在多么大的程度上变成了直接的生产力，从而社会生活过程的条件本身在多么大的程度上受到一般智力的控制并按照这种智力得到改造。它表明，社会生产力已经在多么大的程度上，不仅以知识的形式，而且作为社会实践的直接器官，作为实际生活过程的直接器官被生产出来"。④ 这就告诉我们：科学不仅是知识形态上的社会生产力即一般生产力，而且是直接的现实的生产力，还指由潜在生产力向现实生产力转化的实践过程，即智力、知识力量正在并入生产过程，渗入直接物质生产力的各种要素之中的实践过程。因此，马克思、恩格斯不仅提出科学是知识形态上的社会生产力，而且揭示了人类科学技术活动的全过程，即精神生产力向物质生产力的转化过程，使科学技术包含在社

---

① 《马克思恩格斯全集》第47卷，人民出版社1979年版，第576页。
② 《马克思恩格斯全集》第23卷，人民出版社1972年版，第400页。
③ 《马克思恩格斯全集》第46卷（下），人民出版社1980年版，第34页。
④ 《马克思恩格斯全集》第46卷（下），人民出版社1980年版，第219~220页。

会生产与再生产过程之中，成为直接物质生产的有机组成部分，并成为社会生产力发展的首要的力量。正如马克思指出的"社会的劳动生产力，首先是科学的力量"；[①]"劳动生产力是随着科学和技术的不断进步而不断发展的"。[②] 总之，有的学者说得好，马克思关于科学技术是生产力的思想，是贯穿在他的整个学说之中，是可以与剩余价值和唯物史观相提并论的又一重大发现。现代社会生产力，使科学已渗透到社会生产的各个方面、生产力的各个要素之中，科学技术已成为现代社会生产和生活得以进行的基本条件，是现代生产力发展的最强大的推动力量；科技生产力在广义生产力中居于主导地位。正因如此，邓小平同志才作出了"科学技术是第一生产力"的科学论断，把马克思主义的广义生产力理论发展到一个新阶段。

（三）自然生态系统中的生产力

这主要是指自然生产力。在马克思的自然理论与生态经济理论中，具有丰富的自然生产力思想，它是马克思的广义生产力理论的基础性概念。不了解和不懂得马克思的自然生产力概念，就不可能真正懂得马克思的唯物史观和自然观的统一理论，也就不可能真正懂得马克思的广义生产力理论和生态经济理论。然而，长期以来，我国经济学界尤其生产力经济学界许多学者忽视了、遗忘了马克思的自然生产力思想，直到今天，自然生产力问题仍然在我国主流经济学家的视野之外。现在应该是改变这种状况的时候了。从实践上看，当今全球生态危机，其中一个重要原因，就是人们对大自然野蛮开发、恶意地掠夺与一味地索取，以消灭自然生产力来换取社会生产力的高度发展；与此同时又无节制地向自然界排放废弃物；极大增加了自然界的熵值，破坏了自然生产力的发展。因此，马克思的自然生产力思想现在应该受到我们高度重视的时候了。

从马克思、恩格斯的论述来看，他们不仅没有给社会生产力规定严格意义的内涵和外延，而且更没有给自然生产力规定严格意义的内涵和外

---

① 马克思：《政治经济学批判大纲》（第3分册），人民出版社1963年版，第369页。
② 《马克思恩格斯全集》第23卷，人民出版社1972年版，第664页。

延。但在马克思的论著中，却明确使用了自然生产力这个概念。马克思指出："如果劳动的自然生产力很高，也就是说，如果土地，水等等的自然生产力只需使用不多的劳动就能获得生存所必需的生活资料……这种劳动的自然生产力，或者也可以说，这种自然产生的劳动生产率所起的作用显然和劳动的社会生产力的发展完全一样。"他还说："绝对剩余价值的单纯存在，无非以那样一种自然的生产力为前提，以那样一种自然产生的劳动生产率为前提。"① 因此，马克思把提高劳动生产力的作用十分明显的劳动的自然条件就称之为劳动的自然生产力。他写道："在农业中（采矿业中一样），问题不只是劳动的社会生产率（应译作社会生产力——引用者），而且还有由劳动的自然条件决定的劳动的自然生产率（应译作自然生产力——引用者）。"② 这些论述告诉我们：①劳动生产力中包括自然力和自然环境条件，这就是说，自然是生产力，即称之为自然生产力，用今天的话来说，就是生态环境是生产力。②自然生产力包括两层含义：一是自然界的自然力（如地力、水力、风力、太阳能等），这是自然界本身存在的一种自然力量；二是自然资源、自然（生态环境）条件，如土地、江河、瀑布、气候、矿藏、森林、鱼类等，这些就是自然界所给予的生产力，把它们纳入生产过程就会大大提高社会生产力的发展。③在马克思的著述中自然生产力与劳动的自然生产力这两个概念之间没有严格的界限，并常常当作同义语来使用。因此，整个自然界的自然资源和条件，都是自然生产力的内容。正如马克思所指出的，"未开发的自然资源和自然力"都是"无偿的生产力"。③ 所以，我们可以把自然生产力从狭义和广义两个方面作出界定：对于狭义的自然生产力笔者在撰写许涤新主编的《生态经济学》第五章时写道："所谓自然生产力，是指自然生态系统具有物质循环和能量转换的能力。"④ 现在，笔者只加"信息传递"四个字，表达为：是指

---

① 《马克思恩格斯全集》第48卷，人民出版社1985年版，第4页。
② 《马克思恩格斯全集》第25卷，人民出版社1974年版，第864页。
③ 《马克思恩格斯全集》第47卷，人民出版社1979年版，第553页。
④ 许涤新主编：《生态经济学》，浙江人民出版社1987年版，第116页。

自然生态系统所具有的物质循环、能量转换和信息传递的能力。这种能力在本质上是自然力量或生态力量。广义的自然生产力即劳动的自然生产力，是指自然界给人类提供的纳入生产过程和未纳入生产过程，能够创造自然生态财富和社会经济财富的能力。这种能力在本质上是自然力量或生态力量。这是自然界的生态循环所产生的一种力量。

按照马克思的自然生产力理论，我们研究自然生产力问题，阐明马克思的广义生产力论，必须进一步研究三个重要问题：一是自然生产力的来源即自然生产力的类型；二是自然生产力和社会生产力及其他生产力的相互关系；三是如何保护和发展自然生产力。这些问题将在下面的有关部分进行论述。

（四）个人生产力是人的社会生产力和人的自然生产力的统一

马克思在《资本论》草稿和《资本论》中明确提出了"个人生产力"的概念。他谈到资本主义制度人的发展是片面的、畸形的，是以压抑、摧残个人生产力的办法来换取社会生产力的发展时指出："总体工人从而资本在社会生产力上的富有，是以工人在个人生产力上的贫乏为条件的。"[①] 只有消灭资本主义制度，建立社会主义制度，进入共产主义，人才能获得自由全面的发展，个人生产力才能充分发展。因此，马克思提出了个人生产力充分发展对整个社会的生产力的重大意义，他说："社会生产力的发展将如此迅速，以致尽管生产将以所有的人富裕为目的，所有的人的可以自由支配的时间还是会增加。因为真正的财富就是所有个人的发达生产力。"他还强调指出："在这个转变中，表现为生产和财富的宏大基石的，既不是人本身完成的直接劳动，也不是人从事劳动的时间，而是对人本身的一般生产力的占有。"[②] 在这里，马克思阐明了个人生产力是一般生产力，个人发达的生产力是社会财富的真正基石，对社会的生产力的发展具有决定性意义。在社会主义制度的个人生产力与社会生产力的统一，个人一般生产

① 《马克思恩格斯全集》第 23 卷，人民出版社 1972 年版，第 362、400 页。
② 《马克思恩格斯全集》第 46 卷（下），人民出版社 1980 年版，第 218、222 页。

力的充分发展正是发展社会主义生产力的最强大的推动力。因此，发展社会主义生产力的根本途径是实现"个人生产力的全面的、普遍的发展"。①从这些论述，我们可以看出，所谓个人的一般生产力就是指人具有的一般劳动能力。它包括体力、智力及精神力。马克思在给劳动力所下的科学定义，实质上是个人生产力所下的科学定义："我们把劳动力或劳动能力，理解为人的身体即活的人体中存在的、每当人生产某种使用价值时就运用的体力和智力的总和。"②

马克思的人的二重性学说告诉我们，人是自然存在物和社会存在物的有机整体，因而，个人生产力是人的自然生产力和人的社会生产力内在统一的现实表现在马克思看来，"全部人类历史的第一个前提无疑是有生命的个人的存在"，③人作为生命体存在是"具有自然力、生命力，是能动的自然存在物"，"它本来就是自然界"。④因此，马克思关于个人生产力的概念中首先是肯定"人自身作为一种自然力"，也是一种自然生产力。由此，马克思提出了"人自身生产力"的概念，它是指人类自身种族延续与发展而与自己的外部自然进行物质变换的能力，是人自身生产与再生产过程中的人生产"自己生命"的生产和"他人生命"生产的能力。这种人的自然生产力是自然生态系统的生产力的一部分。我们把个人生产力首先看成是自然界的一种生产力，并不是对人的生产力的贬低，而是肯定了人的生产力的自然物质属性。因为，任何轻视人及其人的生产力的自然物质本性的观点，从来只能导致历史唯心论。

马克思在肯定人的自然物质属性的基础上，着重阐明了人是社会存在物，揭示了人及个人生产力的社会属性。马克思指出：人"不仅是一种合群的动物，而且是只有在社会中才能独立的动物"，⑤"无论如何也天生是

① 《马克思恩格斯全集》第46卷（上），人民出版社1979年版，第520页。
② 《马克思恩格斯全集》第23卷，人民出版社1972年版，第190页。
③ 《马克思恩格斯选集》第1卷，人民出版社1995年版，第67页。
④ 《马克思恩格斯全集》第42卷，人民出版社1979年版，第167页。
⑤ 《马克思恩格斯全集》第46卷（上），人民出版社1979年版，第21页。

社会动物"。① 因此，个人的生产力是社会生产力，它本来就是社会经济系统的生产力的表现形式，构成社会生产力的主要内容。

马克思认为，在社会生产力中，人及个人生产力是"主要生产力"②并认为个人发达的产力是最大生产力。从政治经济学来看，人是生产关系的主体；从生产力经济学来看，人是生产力的主体，根据马克思关于人是"主要生产力"的论断，从生态经济学与可持续发展经济学来看，在广义生产力的诸因素中，人是主导性、能动性的因素，我们把马克思所说的"人的生产力"称之为主导生产力，它"表现为生产的财富的宏大基石的"是"社会个人的发展"。③ 如此相对应，我们把自然的生产力称之为基础生产力。人的生产力之所以成为"主要生产力"即主导生产力，那是因为人是生产和再生产的主体，是引起、调整和控制人和自然之间物质变换的主体，是生产力运动的主导力量。马克思指出："财产最初无非意味着这样一种关系：人把他的生产的自然条件看作是属于他的、看作是自己的、看作是与他自身的存在一起产生的前提；把它们看作是他本身的自然前提，这种前提可以说仅仅是他自身的延伸。其实，人不是同自己的生产条件发生关系，而是人双重地存在着：主观上作为他自身而存在着，客观上又存在于自己生存的这些自然无机条件之中。"④ 很清楚，人是生产工具的创造、操作和维护者，是劳动对象的发现、开发和利用者，是科学技术的发明、传播和运用者，是生产与再生产者及管理的设计、执行和调控者。因此，人是广义生产力诸要素的能动因素，是劳动生产力的最活跃的特性。马克思还把人本身生产力称之为"智慧的自然力"，即智慧的生产力，它作为生产力，又是最强大的、最有前途的。因此，在人类社会发展的任何阶段，人及其劳动力始终是最基本的、最强大的生产力。

---

① 《马克思恩格斯全集》第 23 卷，人民出版社 1972 年版，第 363 页。
② 《马克思恩格斯全集》第 46 卷（上），人民出版社 1979 年版，第 410 页。
③ 《马克思恩格斯全集》第 46 卷（下），人民出版社 1980 年版，第 218 页。
④ 《马克思恩格斯全集》第 46 卷（上），人民出版社 1979 年版，第 491 页。

二、广义生产力的本质内涵与基本特征

上面，我们论述了马克思广义生产力论的基本内容，那么，又如何理解它的本质内涵与基本特征呢？这是国内外学术界长期争论不休的问题。可以说是众说纷纭，相去甚远。实践是检验真理的唯一标准。这就为我们重新认识、把握马克思广义生产力论的本质内涵及基本特征，发展先进生产力，构建现代生产力范畴提供了科学依据。

（一）广义生产力的本质内涵

1. 经济学哲学的传统理论中生产力的本质内涵，是把生产力界定为人类征服和改造自然的能力（或力量），这是 20 世纪 80 年代以前我国学术界的共识。人们把这种生产力论称之为"征服论"。我国在 20 世纪 70 年代以前，艾思奇主编的《辩证唯物主义与历史唯物主义》，于光远、苏星主编的《政治经济学》上册，是那时我国学术界有较大影响的两本教科书，他们主张"两要素"论，就必然将社会生产力归结为是"人们改造自然和征服自然的能力"。① 1979 年于光远先生在一文谈什么是生产力还说："生产力作为人们驾驭自然、征服自然、改造自然的能力，都是有两个要素。"② 直到 1985 年，他在中国生产力经济学研究第三届年会上的讲话中仍坚持说："社会生产力这个概念就是人类社会生产中征服自然、改造自然的能力。"③ 这种生产力定义被一些生产力经济学者所接受。例如有的学者认为："什么是生产力，总的来说，就是某一社会人们控制和征服自然的能力。人们对自然的控制和征服，一般表现为物质生产的生产。"④ "简单一

① 于光远、苏星主编：《政治经济学》（上册），人民出版社 1977 年版，第 1 页。
② 于光远：《关于建立和发展马克思主义"生产力经济学"的建议（草稿）》，《生产力经济学文集》，第 17 页。
③ 晓亮、陈胜昌：《生产力经济学》，贵州人民出版社 1986 年版，第 4 页。
④ 王瑞厚：《论发展社会生产力》，《生产力经济学文集》，贵州人民出版社 1981 年版，第 333 页。

点说，社会生产力是人们征服自然的物质力量"，① 因此，"生产力，是人类征服自然、改造自然力量的见证"。② 有的学者明确指出，"什么是生产力这一概念的实质？简言之，就是'人对自然的关系'"，"是人们征服、利用、改造自然的能力"。③ 可见，在 20 世纪 80 年代后期以前，我国学术界尤其是生产力经济学界关于社会生产力的定义问题，在表达上虽然有所不同，但基本意思有两点是一致的：一是生产力所表明的是"人类征服自然、改造自然的能力"；二是生产力所反映的"是人们对自然的关系"。所以，传统生产力范畴的实质，就是人们对自然的关系，即是人们对自然界的征服而索取物质资料的能力（或力量）。我们把它称之为"征服论"。

在 20 世纪 80 年代，是我国生产力经济学创建与发展的时期，也是我国经济学哲学界对经济学哲学的传统生产力理论进行反思的时期。因而，学术界对生产力概念的探讨确实出现了百家争鸣的局面。其中，这个时期影响较大的是许涤新主编的《政治经济学辞典》认为，"生产力即'社会生产力'。也称'物质生产力'。指人们同他们所利用来生产物质资料的那些自然对象与自然力的关系，即生产过程中人与自然的关系。它表明某一社会的人们控制与征服自然的能力"。"生产力由生产过程中所使用的生产资料（劳动资料与劳动对象）和具有一定生产经验和劳动技能并使用生产资料实现着物质资料生产者构成，是在劳动过程中结合在一起和共同起作用的生产物质因素与人的因素的总体的能力"。这个生产力定义未能摆脱传统生产力理论即"征服论"的窠臼，这突出表现在这个定义仍然保留了"人们控制与征服自然的能力"这一"征服论"的核心内容，但是它突破了生产力二要素论，指明了生产力是"实现着物质资料生产"，"在劳动过程中结合在一起和共同起作用的物质因素与人的因素的总体的能力"，比一般讲生产力是"人们征服自然、改造自然的能力"要好些；这个定义克服了传统生产力论的实质是"人对自然的定向关系"的片面性，指明了生

---

①　蔡铃：《生产力经济学简明教程》，上海人民出版社 1985 年版，第 1 页。
②　蔡建华主编：《生产力经济学教程》，吉林人民出版社 1985 年版，第 1、7 页。
③　刘贵访：《论社会生产力》，人民出版社 1955 年版，第 5、13 页。

产力是人与自然的相互关系。

强调征服自然的生产力观，不仅在理论上是对马克思主义生产力理论的误解，是极不科学；而且在实践上有很大危害，是经不起现代生产力发展实践检验的生产力理论，因而促使人们进行认真的反思。于是"征服论"的生产力观，就必然受到人们的批判。① 从总的精神来说，无论是过去还是现在，笔者赞同这种批评。需要进一步指出的是，按照马克思主义观点，任何经济范畴都是观念的东西，但不是不依靠现实关系而由某个思想家头脑自生的思想；而是客观世界的矛盾运动与发展到一定阶段的反映。"征服论"的生产力范畴的产生及其对实践的影响也是这样。它是机器生产力向现代生产力转变时期的人与自然之间矛盾发展的产物。当今全球生态危机已是人类对抗和掠夺自然的征服时代的必然产物，这促使人类重新考虑自己在自然界中的地位。因而现代人必须用一种科学理论来反思自己与自然的发展关系。对此，笔者在多年前就指出："如果我们继续用'征服论'的生产力理论指导现代化建设的实践，就会陷入一种生态危机日益加剧的困境之中，走入生态环境恶化的深渊。因此，现在是彻底冲破'征服论'的生产力观念的束缚，建立现代的、完整的生产力理论的时候了。"②

2. 对传统生产力定义的修改和广义生产力概念的初探。我国学术界在对"征服论"的生产力反思过程中，根据当代生产力发展的实践和马克思的生产力学说的基本原理，对传统的生产力定义进行修改和广义生产力定义的探索，取得了可喜的进展。不过，时至今日，人们对生产力范畴的界说和内涵的看法，仍然是存在分歧，未能得出大多数人满意的结论。从20世纪70年代末期到至今，主要有以下几种见解：

一是强调社会生产力不仅是人们征服和改造自然的能力，而且是人们协调和保护自然的能力。持有这种观点的同志认为，传统的生产力定义只强调人们征服和改造自然的能力，而忽视了人们协调和保护自然的能力，

① 详见熊映梧、周义澄、柯宗瑞、刘思华等人有关论著中对"征服论"的批评。
② 《刘思华选集》，广西人民出版社2000年版，第92页。

这是片面的。所以他们主张生产力的定义应该补充协调和保护自然的能力。这样，生产力就是"人类征服自然、改造自然、协调（或调整）自然，获得物质资料和人类良好生活环境的能力"。[①] 或者是"人们征服、改造、控制自然、创造物质财富的现实的物质力量"。[②] 有的同志还把保护和协调统一起来指出："生产力是人类征服、改造、利用保护和协调自然，创造使用价值（包括劳务或服务）的物质力量或能力。"[③]

　　二是强调生产力是生产力总体的综合物质力量。这种观点认为，广义的生产力概念，全称是社会物质劳动生产力。"这种生产力又可以分为劳动的社会生产力和劳动的自然生产力以及知识形态的生产力（亦称一般生产力）。社会物质劳动生产力是一个规模庞大、结构复杂的社会物质劳动综合体（或称特殊的社会物质劳动系统，简称生产力综合体或生产力系统），它是由生产劳动者和加入生产劳动过程中一切物质要素有机结合起来的，作用于自然、创造出使用价值的物质力量所组成的总体，这种总体的综合物质力量表明人类认识、利用、改造、控制、征服自然的能力同各种自然力之间的关系。"[④]

　　三是强调生产力是人们创造使用价值的能力总和，反映人与自然的关系。持有这种观点的同志认为，所谓社会生产力就是"指劳动者运用劳动资料（主要是生产工具）作用于劳动对象使之成为新使用价值的能力"，[⑤] 有的同志进一步指出，这是"现实的社会生产中实际发生作用、能够生产出使用价值的力量的总和"。他们并强调这种能力不是其他能力，而"是人们生产使用价值的能力"，所反映的不是其他关系，而"是人们同自然界的关系"，否则就没有抓住生产力的本质属性。[⑥]

---

　　① 《河南财经学报》1985 年第 4 期。

　　② 董建中、王宜民：《对"生产力是人们征服和改造自然的能力"的几点思考》，《宁夏党校学刊》1987 年第 4 期。

　　③ 戴园晨等：《中国经济新论》，中国社会科学出版社 1990 年版，第 40 页。

　　④ 叶连友：《对生产力概念的初步探讨》，《论生产力经济学》，吉林人民出版社 1983 年版，第 137 页。

　　⑤ 吕芸鲁：《劳动对象是生产力的要素》，《经济研究》1979 年第 2 期。

　　⑥ 晓亮、陈胜昌：《生产力经济学》，四川人民出版社 1986 年版，第 23 页。

　　四是强调社会生产力是人们协调、控制人与自然之间的物质变换的能力。持有这种观点的同志认为，根据当代生产力飞跃发展的实践和马克思对生产力的内容所做出的本质规定，生产力"应当是人们协调、控制人与自然之间物质变换过程的能力"。① 或者说，它是"人类通过劳动引起、调整和控制人和自然之间的物质变换的能力，它是一种物质力量"。②

　　五是强调生产力是人与自然之间物质变换的能力的综合表现。社会生产力和自然生产力的总和。持有这种观点的同志认为，生产力范畴，应该有新的定义，界定它的本质内涵与基本特征。他们指出："所谓生产力，是人类与自然的物质变换过程中自然再生产与经济再生产相互作用的产物，是自然再生产能力和经济再生产能力的综合体现，是社会生产力（人类改造自然，协调人与自然关系的能力）与自然生产力的总和，是人类利用协调自然，从而使人类获得持续发展的能力。"③ 其后，有的学者赞同这个观点并归纳为："生产力是人类与自然的物质变换过程中自然再生产与经济再生产相互作用的结果，是社会生产力与自然生产力的总和。"还把社会生产力看成是人的劳动能力（脑力、体力、科学技术等）及其社会组合而成；自然生产力有狭义的自然生产力即指纯粹的自然力，而广义的自然生产力则不仅包括自然力，还包括自然资源、生产所必备的自然条件等。④

　　自20世纪80年代以来，学术界对马克思的生产力理论的研究和现代生产力范畴的探讨，提出了许多有益的见解，上面谈到了五种观点（笔者的观点未列举），其中，有的是对传统生产力定义的修改与补充，例如第一、二种见解，把人们协调与保护自然的能力，也作为生产力本质属性的组成部分，甚至将自然生产力充实在现代生产力范畴之中，这在理论上也是个进步。但是遗憾的是，这种见解仍然保留了"人们征服和改造自然"这个"征服论"生产力观的根本内容，因而未能彻底冲破"征服论"生产

---

① 宁怀芳：《对生产力范畴的几个理论问题的探索》，《郑州大学学报》1983年第2期。
② 李绪蔼：《关于生产力的几个问题》，《厦门大学学报》（社科版）1991年第4期。
③ 林娅：《环境哲学概论》，中国政法大学出版社2000年版，第234页。
④ 解保军：《马克思"自然生产力"思想探析》，《马克思主义研究》2002年第5期。

力观的窠臼。第三、四种见解将"人们征服和改造自然"这个传统生产力理论的本质属性，从生产力定义中排除出去了，并指出了是人们协调人与自然的发展关系，这在还生产力以本来面目和创新生产力概念迈进了科学的一步，但是，这种定义却忽视了自然生产力在现代生产力中的重要地位，还没有完全克服传统生产力理论的局限性。第五种见解基本上是克服了传统生产力理论只是从社会经济系统内部的物质资料生产和再生产的经济现象和经济过程来研究生产力运动的规律性的缺陷，较好地反映了全面生产理论和广义（即全面）生产力理论的本质内涵，是对传统生产力理论的创新。当然，这种见解对广义生产力的基本特征还不够明确，其定义的表达还有待进一步概括。

3. 科学地概括反映时代精神的生产力范畴，是马克思生产力学说与时俱进的本质要求。我们根据马克思的劳动是人与自然之间物质变换原理、全面生产理论和"一切生产力"的思想，对广义生产力的内涵与外延可以界定为：是指在生产过程中人与自然之间物质变换的现实能力，是自然生态再生产能力和社会经济再生产能力的综合表现，它表明某一社会或国家的人们认识、利用自然的现实能力和人们保护、协调自然的现实能力的有机统一，从而能够生产使用价值、创造国民财富的现实力量的总和；这种总体的综合力量实质上是自然生态系统的生产力和社会经济系统的生产力之间相互依存、相互适应、相互作用与协调发展的总体能力。正是从这个意义上说，广义生产力观是经济社会生产力论和生态自然生产力论的有机统一观。这是马克思广义生产力理论随着实践的发展而不断丰富和发展的重要表现。

我们这样来认识马克思的广义生产理论和定义广义生产力，强调了以下几点：

首先，这个定义完全克服了传统生产力范畴的根本缺陷。"征服论"的生产力论在现代生产力发展的实践中陷入困境，使人们从自然界的无情惩罚中醒悟过来，逐渐认识到，把生产力所反映的人与自然之间物质变换关系，是一种同舟共济与共同生息的协调发展关系，当作征服与被征服、统治与被统治的对立消长关系，完全割裂了人与自然有机统一关系，根本否定了两者的同一性。因而，传统生产力范畴无法概括现代生产力发展就是人与自然之间相互依存、相互适应、相互作用的和谐相处与协调发展这个总趋势。这是传统生产力范畴的根本缺陷。我们"人们征服和改造自然"这个传统生产力理论的根本内容，即把人们引入生态危机险境的错误观念，从现代生产力概念中消除出去，就还现代生产力以本来面目，使人们按照现代生产力发展的全貌，去增强他们同自然之间的物质变换过程的总体能力。

其次，这个定义不仅强调了广义生产力的社会经济因素，而且强调了广义生产力的自然生态因素，并把整个自然生态环境纳入生产力的范畴①，完全符合马克思关于"再生产整个自然界"的光辉思想，充分体现了广义生产力的生态经济本质是自然界的自然生态生产力和人的社会经济生产力的有机统一。

再次，这个定义是对马克思关于社会生产是经济再生产过程和自然再生产过程相互交织的原理的最充分表达，它既把人类的社会生产纳入整个自然再生产的过程，又不把自然再生产看成纯粹的自然过程，而是自然再生产和经济再生产视为同一个过程，即是生态经济过程，把自然生产力与社会生产力融为一体，开发与保护自然、利用与协调自然统一起来，使人类获得可持续发展的能力。

总之，这个定义完全按照马克思的生产力学说，生产力始终是有用的具体的劳动生产力，而劳动首先是人以自身活动来引起、调整和控制人和自然之间的物质变换的过程的原理，揭示了广义生产力的本质属性，是人与自然之间的物质变换关系，确实是表示人与自然之间的相互关系即相互依存、相互适应、相互作用、相互协调的发展关系。因此在人以自身的活动引起他和自然之间的物质变换过程的总体能力，应当包括人对自然界的

---

① 解保军在《马克思"自然生产力"思想探析》一文中认为，整个自然生态环境都是生产力，只不过有的自然物是实现的、直接的生产力，有些是潜在的、间接的生产力。这个观点是正确的，笔者赞同。

认识与利用、保护与建设的能力、自然对人和社会的承载与承受的能力、人自觉地把握他与自然界相互适应与相互作用的范围和程度的能力、人与自然物质变换关系朝着有利于人、社会和整个自然生态系统协调发展方向运行的能力。①

（二）广义生产力的基本特征

广义生产力的本质属性，决定了它具整体性、综合性、有机性、融合性、有序性、继承性等重要特征。在这里着重谈前三个基本特征。

1. 广义生产力的整体性，是指广义生产力，是社会经济系统的生产力和自然生态系统生产力的有机的统一整体，或者说，它是人（社会）的社会生产力和自然界的自然生产力的有机统一整体。在这个统一体中各种生产力（即狭义生产力）之间，每种生产力内部各个部分之间，都具有内在的、本质的联系，这种联系使广义生产力系统构成一个有机联合的统一整体。就拿自然力来说，自然界中的各种自然力不是孤立存在的，当人们把某种自然力纳入到社会生产过程中时，该种自然力必然会对其他自然力产生直接或间接的影响，反过来那种暂时未纳入社会生产过程的自然力，也会影响这种已纳入社会生产过程中去的自然力运行与变化，从而影响社会生产力的运行状况。广义生产力的整体性特征包括三层含义：一是把人、社会与自然作为一个统一整体来研究；二是把广义生产力系统的各个组成部分作为一个统一整体来研究；三是把各种狭义生产力也作为一个统一整体来研究。

长期以来，传统生产力理论，只是看到了人（社会）与自然界的区分，强调"社会的世界"和"自然的世界"的根本区别，只讲生产力是一种社会的物质力量、割裂了生产力的整体性。正如有的学者指出的："长期流行的对生产力进行了错误解释的理论，实际上是对马克思的生产力学说的歪曲、篡改。它把自然力量这部分生产力删除了，剩下的只是半边生产

---

① 叶险明：《马克思的工业文明理论及其现代意义（上）》，《马克思主义研究》2004年第2期。

力，它指导实践活动时，造成了自然力的巨大破坏，说它是一种致残生产力论毫不过分。""因此，我们必须还给生产力以本来面目，把社会力量和自然力量有机协调地结合为完整的生产力。"① 在当代，现实世界系统中，把它区分为自然界和人类社会只有相对意义，而社会和自然之间的相互交织和相互融合比它们之间的相互区别更为重要。因为，当今人类社会生产和生活过程和自然界的生态过程，可以说已经完全相互交织与相互融合而浑为一体，把人、社会和自然看作一个不可分割的有机的统一整体，强调人与自然相互依存与相互作用的整体性，这是符合客观世界实际的，已成为人们的共识。因此，广义生产力是人（社会）的社会经济生产力和自然界的自然生态生产力的有机结合的统一整体，这才是完整的生产力，是马克思的生产力学说的应有之义。

2. 广义生产力的综合性，是指广义生产力的各种生产力相互渗透和相互融合而形成一个整体的生产力体系。这本身就是综合性的，即是生产力综合体，我们称之为综合生产力。正如有的学者指出的："一个民族、一个国家的繁荣富强依靠的不是单一生产力，而是由许多力量形成的综合力量。我们把它称为综合生产力。也就是马克思所说的发展一切生产力。"② 对于广义生产力的综合性特征，我们应当把握以下几点：

第一，广义生产力的内在源泉是由多种力量形成的综合力量。其中主要包括劳动力即人力、物力（利用客观物体的机械的、物理的、化学的和生物的性能而产生的综合物质力量）、科学技术力、社会力（生产劳动过程中的分工和协作的力量）、自然力（无机自然力、有机自然力和社会自然力），这些客观存在的物质力量综合形成的合力，就是总体的生产力。

第二，广义生产力运行与发展是由它的多种要素与各种生产力共同作用而形成的生产力综合体的运动与发展。马克思曾经预见到，生产力的迅速发展，"归根到底总是来源于发挥着作用的劳动的社会性质，来源于社会

① 柯宗瑞：《生态生产力论》，《学术季刊》1991 年第 1 期。
② 洪远朋主编：《经济理论比较研究》，复旦大学出版社 2002 年版，第 74 页。

内部的分工，来源于智力劳动特别是自然科学的发展"。① 他还说，"从这些社会劳动形式发展起来的劳动生产力，从而还有科学和自然力，也表现为资本的生产力"，是"以社会劳动为基础的所有这些对科学、自然力和大量劳动产品的应用本身"。② 现代生产力的各个要素与各种生产力的综合发展事实证明了马克思这个预见是科学的。现代生产力综合体，是由这样几种最基本的综合力量构成的：社会生产力和自然生产力的有机统一的力量；人的因素和物的因素的有机统一的力量；物质的生产力和精神生产力的有机统一的力量；个人生产力和集体生产力的有机统一的力量；微观生产力和宏观生产力的有机统一的力量；等等。这些现实力量在人们的实践活动中是同时发挥作用的，从而构成综合生产力。

第三，广义生产力是生产使用价值、创造国民财富的现实力量的总和，这里的国民财富应该由生态财富，它包括生态系统的自然资源、环境质量及整体生态系统的使用价值之和，物质财富包括经济系统的全部生产资料和消费资料，即一个社会或国家或地区一定时期内生产的符合人们生活和社会生产需要的经济产品的总和；精神财富，它包括所有的哲学社会科学、自然科学、文艺作品、文化遗产等，即一个社会或国家或地区一定时期内生产符合人们精神文化需要的精神产品的总和；人力财富，它包括现有劳动力和后备劳动力。可见，广义生产力观同广义财富观即生态经济财富观是一致的。

3. 广义生产力的有机性，是指广义生产力体系是由自然生态系统生产力和社会经济系统生产力相互耦合而成的有机统一整体。这种耦合而不是简单的混合、堆砌，也不是机械的、板块式的结合，而是有机的结合构成一个矛盾的统一体。所谓有机结合，是说广义生产力系统的各个要素、各种生产力之间存在着有机的联系。这种有机联系在广义生产力运行中就是自然生态系统的生产力和社会经济系统的生产力之间的相互依存、相互适

① 《马克思恩格斯全集》第 25 卷，人民出版社 1974 年版，第 97 页。
② 《马克思恩格斯全集》第 26 卷 I，人民出版社 1972 年版，第 420~421 页。

应、相互作用，从而使两个系统的生产力成为有机整体。因此，广义生产力的有机性的基本特征也有三个方面的含义：一是自然生态系统的生产力与社会经济系统的生产力，相互依存表现在它的相互依赖、互为存在和发展的条件；二是它们相互适应表现为它们之间存在着动态相关关系，社会生产力的提高必须与自然生产力的增长相适应、相协调；三是它们相互作用表现为它们之间互促互提双方互动关系。在此，仅就第三层含义做些说明。马克思的人与自然相互关系学说，从来是讲生产力作为人与自然之间的关系，是同一的双方互动关系，不是什么人类对自然界的单向关系，只强调生产力是什么"人们对自然的关系"，而不讲甚至否定自然对人的关系，这是对马克思理论片面解读。现代生产力不仅是人类开发、利用、索取自然，从而保证满足人类生存发展需要的实践能力，即"人们对自然的关系"；而且是自然要求人类保护、建设、补偿它，从而保证满足生态自然演化发展需要的实际能力，这种对自然反哺的现实力量，是帮助自然生态生产与再生产恢复和保持以至扩大。这是自然生态规律对人类实践活动的客观要求。正是在这个意义上说，我们把这种客观要求看成是自然对人的关系。广义生产力的本质特征是表明人与自然之间的物质变换关系，它不仅包括人对自然利用、索取这一"由自然到人的这一过程"，而且包括自然对人即引起人反哺补偿自然的"由人到自然的过程"，这是人与自然的双向互动与协调发展的生态经济统一运动过程。

4. 现代生产力巨大发展的实践表明，现代生产力所表示的人与自然之间的物质变换关系，是两者之间相互存在，相互适应和相互作用的双向供奉与双向建构的协调关系。这是完全符合马克思主义哲学的基本原理的。在马克思的论述中，全面地揭示了人与自然之间的真实关系是一种对象性关系，既存在着双方肯定性的对象性关系，又存在着否定性的对象性关系。前者是人的实践活动遵循自然生态规律，合理利用和有效保护自然，对自然的索取不超越自然生态系统的供给能力和承载能力；那么，自然就通过自身运行的客观规律给人类的"奖赏"，持续向人类供奉，使人和自然保持和谐共生，这种人对自然的作用和自然对人的作用的相互协调关系，就是人与自然之间存在着肯定性对象关系的表现与确证。后者是人的实践活动违背自然生态规律，人对自然只是掠夺、索取，不保护、不补偿自然，对自然的索取超越自然生态系统的供给能力和承载能力；那么自然就通过自身运行的客观规律给人类以"惩罚"，对否定自己的人类进行反否定的"报复"。这就是一百多年前恩格斯所说的：人类过分陶醉于自己对自然的胜利，遭到了自然界对人类所进行的报复，使人与自然互伤互损，这种人对自然的作用和自然对人的作用的相互异化关系，即人反自然化和自然"反人化"的双向否定关系。它集中体现在目前人类面临的生态环境危机日益加深，这就是人与自然之间存在着否定性对象关系的表现与确证。正如有的学者指出的："正是这种双向否定关系的存在，就构成了人类征服自然、控制自然，而自然又会向人类'开战'，会引发'剥夺剥夺者'的斗争这样的双重危机。"① 这就是现代生产力发展的双重危机。它使人们逐渐认识到，现代生产力范畴应当反映人与自然之间相互依存、相互适应、相互作用的和谐共生与协调发展，这是现代生产力发展的总趋势。这就是现代生产力发展的人与自然之间物质变换关系的客观规律。

三、马克思广义生产力论在当代中国的新发展

马克思生产力学说具有与时俱进的理论品质。中国是在生产力发展水平很低的条件下建立起社会主义制度的。因此，马克思生产力理论在我国具有极大现实意义和指导作用，并在中国生产力迅速发展过程中得到不断丰富和发展。这主要表现在两个方面：一是我们党的几代中央领导集体对马克思生产力理论的创造性发展；二是我国学术界对马克思生产力理论在中国的发展作出了重要贡献。这些本书不可能全面地、系统地论述，只是就前者几个主要方面尤其是同本书有直接关系的问题作些简略探讨。

中国共产党的历史，是不断探索解放、发展和保护生产力的奋斗史。

---

① 解保军：《马克思自然观的生态哲学意蕴》，黑龙江人民出版社 2002 年版，第 96 页。

党的几代中央领导集体把马克思的生产力原理运用于中国革命与建设的实践中，尤其是改革开放以来党的第二代中央领导集体开创了马克思主义生产力学说与中国实际相结合的新局面，把马克思广义生产力理论发展推向一个新阶段。他们的生产力理论虽然各有特色，但从总体上看，构成了中国共产党人的解放、发展和保护生产力有机统一的现代生产力理论体系，这是马克思主义生产力学说中国化的最新成果。

（一）社会主义的根本任务是发展生产力

中国社会主义建设必须要以经济建设为中心，大力发展生产力，这是毛泽东根据马克思主义基本原理和中国具体实践相结合首先提出来的。新中国成立后，我们党领导全国人民把工作重心转移到恢复经济和发展生产力的轨道上来，并提出了发展生产力和改变生产关系同时并举的社会主义过渡时期的长期路线，使我国成功地对农业、手工业和资本主义工商业进行社会主义改造，初步建立了以公有制为基础的社会主义生产关系，促进了生产力迅速发展，并为我们开展大规模的社会主义建设奠定了一定的物质基础。在这种情况下，毛泽东在《关于正确处理人民内部矛盾的问题》中明确指出：革命时期的大规模的疾风暴雨式的群众阶级斗争已经基本结束，"我们的根本任务已经由解放生产力变为在新的生产关系下面保护和发展生产力"。[①] 邓小平在总结了我国社会主义建设的经验教训的基础上，坚持毛泽东的正确思想，第一个明确提出社会主义的根本任务就是发展生产力，还特别强调要始终扭住这个根本环节不放松，并重新把党和国家的工作重心转移到经济建设的轨道上来，开创了我国发展生产力的局面。这是邓小平对马克思和毛泽东的生产力理论的新贡献。江泽民坚持和发展了邓小平这个光辉思想，他们深刻地论述了社会主义的根本任务就是发展生产力，主要有以下几方面：

第一，这个科学论断揭示了大力发展生产力同解决我国社会主要矛盾

---

① 《毛泽东著作选读》（下册），人民出版社 1986 年版，第 771~772 页。

的内在联系。邓小平说："我们的生产力发展水平很低，远远不能满足人民和国家的需要，这就是我们目前时期的主要矛盾，解决这个主要矛盾就是我们的中心任务。"① 江泽民进一步指出："社会主义的根本任务是发展社会生产力。在社会主义初级阶段，尤其是把集中力量发展社会生产力摆在首要地位。"② 他还说："坚持以经济建设为中心，解放和发展生产力，是解决我国现阶段社会的主要矛盾，巩固和发展社会主义制度的基本途径。"③

第二，这个科学论断揭示大力发展生产力同发挥社会主义制度优越性的内在联系。邓小平多次指出："国家这么大，这么穷，不努力发展生产，日子怎么过？我们人民的生活如此困难，怎么体现出社会主义的优越性？""社会主义是共产主义的第一阶段。落后国家建设社会主义，在开始的一段很长时间内生产力水平不如发达的资本主义国家，不可能完全消灭贫穷。所以，社会主义必须大力发展生产力，逐步消灭贫穷，不断提高人民的生活水平。否则，社会主义怎么能战胜资本主义"？④ 他还强调指出："社会主义优越性最终要体现在生产力能够更好地发展上。"⑤ 江泽民也指出："社会主义的根本任务是发展生产力，增强社会主义国家的综合国力，使人民的生活日益改善，不断体现社会主义优于资本主义的特点。"⑥

第三，这个科学论断揭示了大力发展生产力同实现共同富裕和共产主义远大目标的内在联系。社会主义的目的是实现共同富裕，而这就必须以生产力发展为前提。邓小平指出："社会主义必须大力发展生产力，逐步消灭贫穷，不断提高人民的生活水平。"⑦ 他认为"社会主义与资本主义不同的特点就是共同富裕，不搞两极分化"。⑧ "在改革中，我们始终坚持两条

---

① 《邓小平文选》第二卷，人民出版社 1994 年版，第 182 页。
② 《江泽民论有中国特色社会主义（专题摘编）》，中央文献出版社 2002 年版，第 32 页。
③ 《江泽民论有中国特色社会主义（专题摘编）》，中央文献出版社 2002 年版，第 33 页。
④ 《邓小平文选》第三卷，人民出版社 1993 年版，第 10 页。
⑤ 《邓小平文选》第三卷，人民出版社 1993 年版，第 149 页。
⑥ 江泽民：《论"三个代表"》，中央文献出版社 2001 年版，第 155 页。
⑦ 《邓小平文选》第三卷，人民出版社 1993 年版，第 10 页。
⑧ 《邓小平文选》第三卷，人民出版社 1993 年版，第 123 页。

根本原则，一是以社会主义公有制为主体，一是共同富裕。"① 共产党人的奋斗目标是要在共同富裕的基础，实现共产主义，这是我们的最高目标。

（二）革命或改革是解放生产力

革命是解放生产力，这是从马克思到毛泽东所阐明的马克思主义的基本观点。1956 年，毛泽东《在最高国务会议讨论全国农业发展纲要草案时的讲话》中，就明确地提出了"社会主义革命的目的是为了解放生产力"的科学论断。毛泽东所说的革命有两层含义：一是指推翻帝国主义、封建主义和官僚资本主义的统治的新民主主义革命，二是指消灭旧的生产关系、旧的经济制度和剥削阶级，这两个方面的革命都使中国的生产力获得解放，并同时促进了生产力的大发展。

在我国改革开放的历史新时期，邓小平沿着毛泽东的思路继续寻求中国解放和发展生产力的正确道路与基本途径。他全面继承了毛泽东关于社会主义社会基本矛盾学说的理论观点，在对我国社会主义社会的基本矛盾进行深入具体研究的基础上，紧紧抓住我国社会主义初级阶段基本矛盾的具体表现形式是发展生产力同僵化的各种具体体制之间的矛盾这一关键问题，明确提出了改革是一场深刻革命，"是中国的第二次革命"② 的理论，改革是解放和发展生产力的必由之路的理论。所以，邓小平改革理论的着眼点和根本目的，就是为了进一步解放和发展生产力。他鲜明地提出了"革命是解放生产力，改革也是解放生产力"的科学论断。他深刻地指出："推翻帝国主义、封建主义、官僚资本主义的反动统治，使中国人民的生产力获得解放，这是革命，所以革命是解放生产力。社会主义基本制度确立以后，还要从根本上改变束缚生产力发展的经济体制，建立起充满生机和活力的社会主义经济体制，促进生产力的发展，这是改革，所以改革也是解放生产力。过去，只讲在社会主义条件下发展生产力，没有讲还要通

---

① 《邓小平文选》第三卷，人民出版社 1993 年版，第 142 页。
② 《邓小平文选》第三卷，人民出版社 1993 年版，第 113 页。

过改革解放生产力，不完全。应该把解放生产力和发展生产力两个讲全了。"① 他还强调"改革是中国发展生产力的必由之路"，② 并同时强调改革的目的是为了发展生产力。我们的改革要达到的"总的目的是要有利于巩固社会主义制度，有利于巩固党的领导，有利于在党领导下和社会主义制度下发展生产力"。③ 可见，邓小平把革命和改革贯通起来，把解放生产力和发展生产力贯通起来，赋予社会主义生产力理论的一个崭新的内容，这就是必须通过改革来解放和发展生产力。这是他对马克思的生产力学说和马克思主义理论体系的一个新贡献。

（三）社会主义本质的一个基本属性是解放和发展生产力

邓小平提出社会主义的根本任务是发展生产力，"社会主义的第一任务是要发展社会生产力"。④ 这就必然要涉及对社会主义本质的正确认识和科学理解。马克思、恩格斯在创立共产主义学说时对共产主义本质有过阐述，他们把共产主义的内在规定性看作是"保证社会劳动力极高度发展"的同时又能够实现人的全面发展的社会形态。马克思、恩格斯虽然没有明确论述过社会主义本质问题，但按照马克思的共产主义学说，社会主义社会是共产主义社会的初级阶段的理论，我们可以把他们对共产主义本质的认识，看成是对社会主义本质的认识。毛泽东也没有在更深的层次上揭示社会主义本质问题。所以，多年来，在我国对社会主义本质问题还是没有真正搞清楚。邓小平坚持马克思主义的基本原理同中国的具体实践相结合，在科学总结我国社会主义经验教训的基础上，把他多年对社会主义本质的思考汇总起来，提高到规律的高度，在 1992 年初视察南方的重要讲话中，对社会主义的本质属性或本质特征，作了全面的总结性的理论概括。他深刻地指出："社会主义的本质，是解放生产力，发展生产力，消灭剥

① 《邓小平文选》第三卷，人民出版社 1993 年版，第 370 页。
② 《邓小平文选》第三卷，人民出版社 1993 年版，第 136 页。
③ 《邓小平文选》第三卷，人民出版社 1993 年版，第 241 页。
④ 《邓小平文选》第三卷，人民出版社 1993 年版，第 227 页。

削，消除两极分化，最终达到共同富裕。"① 这个科学论断，在马克思主义发展史上，第一次明确地把解放和发展生产力提到社会主义本质的高度来理解和认识，是对马克思主义毛泽东思想的重大发展。

（四）科学技术是第一生产力

科学技术是生产力，这是马克思对科学技术在社会经济发展中地位与作用的一个重大命题。毛泽东继承了马克思这个基本观点，他在总结中国近代历史发展经验教训时，特别强调在社会主义建设时期要搞好科学技术。他指出：要革技术落后的命，革没有文化愚昧无知的命。并强调"搞生产关系的目的就是解放生产力。现在生产关系是改变了，就要提高生产力。不搞科学技术，生产力无法提高"。② 因此，他要求"我们必须打破常规，尽量采用先进技术，在一个不太长的历史时期内，把我国建设成为一个社会主义的现代化的强国"。③ 他还向全党全国人民发出了"向科学进军"、迅速发展我国生产力的伟大号召。

邓小平继承发展马克思和毛泽东关于科学技术与生产力理论，把它作为自己理论的奠基石，并围绕发展生产力这个中心来构建中国特色的社会主义理论的基本框架和实践的基本思路。首先，邓小平从 20 世纪下半叶以来现代科学技术的飞跃进步和现代科学技术革命的新特点，展开了他对"科技是生产力"的论述。1978 年他在全国科学大会上重申了马克思的"科学技术是生产力"的基本原理。他还深刻地指出："科学技术正在成为越来越重要的生产力。"④

邓小平把握时代的脉搏，进一步体察现代科学技术对现代生产力和现代发展的变革作用越来越重要乃至出现了首要的、决定性的发展趋势，使他感到"科学技术是生产力"这样的概括还不够，于是他以战略家的睿智

---

① 《邓小平文选》第三卷，人民出版社 1993 年版，第 373 页。
② 《毛泽东文集》第八卷，中央文献出版社 1999 年版，第 351 页。
③ 《毛泽东著作选读》（下册），人民出版社 1986 年版，第 849 页。
④ 《邓小平文选》第二卷，人民出版社 1994 年版，第 88 页。

向世界宣称，即 1988 年 9 月 5 日，他在会见捷克斯洛伐克总统的谈话中首次提出了"科学技术是第一生产力"的科学论断。他说："马克思说过，科学技术是生产力，事实证明这话说得很对。依我看，科学技术是第一生产力。"① 同年 9 月 12 日，他在听取工资改革的汇报谈话中再次阐述这个观点时说："从长远看，要注意教育和科学技术。否则，我们已经耽误了二十年，影响了发展，还要再耽误二十年，后果不堪设想。最近，我见胡萨克时谈到，马克思讲过科学技术是生产力，这是非常正确的，现在看来这样说可能不够，恐怕是第一生产力。"② 1992 年初，邓小平在南方谈话中又重申这个马克思主义的新观点，是对现代生产力发展规律作出的新论断，是邓小平生产力理论的精华，具有重大的理论和实践意义。

以江泽民为核心的第三代中央领导集体实施科教兴国和可持续发展的伟大战略，全面落实邓小平的"科学技术是第一生产力"的光辉思想，使我国生产力获得进一步解放和发展。江泽民指出："科教兴国，包括全面落实科学技术是第一生产力的思想，坚持教育为本，把科技和教育摆在经济社会发展的重要位置，增强国家的科技实力及向现实生产力转化的能力，提高全民族的科技文化素质，把经济建设转移到依靠科学进步和提高劳动者素质的轨道上来，加速实现国家的繁荣强盛。这是顺利实现三步走战略目标的正确抉择。实施科教兴国战略，必将大大提高我国经济发展的质量和水平，使生产力有一个新的解放和更大发展。"③ 这样，江泽民就对邓小平的"科学技术是第一生产力"理论发展作了新贡献。主要有这样几点：一是江泽民提出了坚持科学技术是第一生产力是一场广泛而深刻的社会经济变革。他说："坚持科学技术是第一生产力，把经济建设真正转移到依靠科技进步和提高劳动者素质的轨道上来，是一场广泛而深刻的变革。这不仅可以极大地提高生产力，而且必将引发生产关系和上层建筑的深刻变

---

① 《邓小平文选》第三卷，人民出版社 1993 年版，第 274 页。
② 《邓小平文选》第三卷，人民出版社 1993 年版，第 274~275 页。
③ 《江泽民论有中国特色社会主义（专题摘编）》，中央文献出版社 2002 年版，第 232 页。

化。"① 二是江泽民全面地阐明了落实"科学技术是第一生产力"同经济建
设真正依靠科技进步和提高劳动者素质的轨道上来的内在联系及其规律
性。他说："科学技术是第一生产力，科技进步是经济发展的决定性因素。
要充分估量未来科学技术特别是高技术发展对综合国力、社会经济结构和
人民生活的巨大影响，把加速科技进步放在经济社会发展的关键地位，使
经济建设真正转到依靠科技进步和提高劳动者素质的轨道上来。"② 三是江
泽民提出了依靠科技进步和创新，实现我国科学技术和生产力的生产跨越
式发展。他反复指出："我们必须抓住新科技革命的机遇，大力推进我国的
科技进步和创新"，"在技术发展跨越的基础上实现我国社会生产力发展的
跨越，不断提高我国的综合国力和国际竞争能力。"③

（五）保护环境就是保护生产力，改善环境就是发展生产力

改革开放以来，我们党的第二代中央领导集体制定和贯彻生态环境的
基本国策，制定和实施可持续发展战略，开辟了马克思主义生态经济学说
与生产力学说同中国生态经济实际相结合的新局面，提出了保护和改善生
态环境就是保护和发展生产力的光辉思想。早在 1989 年 5 月的第三次全国
环境保护会议上，当时的国务院总理李鹏的讲话中就明确指出："保护环境
能促进国民经济持续、稳定地发展，保护环境就是保护生产力。良好的生
态环境，是经济发展的基础条件。"④ 7 年后，江泽民《在第四次全国环境
保护会议上的讲话》中从现代文明发展的高度阐明实施可持续发展战略同
保护生态环境的关系时指出："保护环境的实质是保护生产力，这方面的工
作要继续加强，环境意识和环境质量如何，是衡量一个国家民族的文明程

---

① 《江泽民论有中国特色社会主义（专题摘编）》，中央文献出版社 2002 年版，第 230 页。
② 《江泽民论有中国特色社会主义（专题摘编）》，中央文献出版社 2002 年版，第 232 页。
③ 《江泽民论有中国特色社会主义（专题摘编）》，中央文献出版社 2002 年版，第 246～
251 页。
④ 国家环境保护总局、中共中央文献研究室：《新时期环境保护重要文献选编》，中央文献
出版社、中国环境科学出版社 2001 年版，第 133 页。

度的一个重要标志。"① 他《在海南考察工作的讲话》中进一步指出："要使广大干部群从在思想上真正明确，破坏资源环境就是破坏生产力，保护资源环境就是保护生产力，改善资源环境就是发展生产力。"②

江泽民关于"保护和改善资源环境就是保护和发展生产力"的马克思主义论点，是着眼于现代人类正在进入生态时代，自然生态环境在世界系统运行与发展，尤其是在现代经济社会系统运行与发展中的基础性决定作用越来越大的情况下面作出的新的论断。它明白无误地告诉我们两个基本观点：一是生产力里面包括自然资源和自然环境在内，生态环境属于生产力的内在因素，可以说，自然生态环境是生产力，它既是生产力要素，又是生产力发展的基础条件，还是文明程度的一个重要标志和最终目的。二是保护和改善资源环境，既是保护和发展社会生产力又是保护和发展自然生产力或生态生产力。因此，我们正确理解和全面把握"保护和改善资源环境就是保护和发展生产力"的论断的科学含义，具有重要的理论和实践意义。

第一，这个论断完全克服了传统生产力观仅仅把自然生态环境看成生产力发展的外部条件，只是把纳入生产过程的劳动对象看成生产力的要素，而没有把整个自然生态环境纳入生产力范畴的缺陷。其实，随着现代生产力高度发展，人类社会生产与生活过程和自然界的生态过程已经完全相互交织与相互融合为有机整体，出现了现代生产力运行与发展的"外部因素内部化"的格局，即形成了现代生产力运行与发展的外在因素和内在因素的有机结合与高度融合的新趋势。这突出表现在自然生态环境在现代生产力运行与发展由外部条件随时随地转变为内在要素，使整个自然生态环境都是生产力。当然，只是有的自然生产力是现实的、直接的社会生产力，自然还是潜在的、间接的社会生产力罢了。所以，这个科学论断是对生态环境内生化为生产力独立的内在要素，整个自然生态环境是生产力的

① 国家环境保护总局、中共中央文献研究室：《新时期环境保护重要文献选编》，中央文献出版社、中国环境科学出版社 2001 年版，第 385~386 页。

② 《江泽民论有中国特色社会主义（专题摘编）》，中央文献出版社 2002 年版，第 282 页。

客观反映，是对马克思自然生产力思想的创新与重大发展。

第二，在马克思主义生产力学说发展史上，无论是马克思，还是列宁和毛泽东，都是把劳动者看成最强大的、首要的生产力。这是人类生产力发展的能动因素这个意义而言的。因而，在他们看来，劳动者的生产力，实质是一种元生产力①。邓小平揭示了现代科学技术的发展在当代生产力和当代经济社会发展中处于第一位的开辟道路的变革作用，因而科学技术从"生产力"上升到"第一生产力"。江泽民进一步认为科学技术作为第一生产力，则是先进生产力的集中体现。所以在他们看来，科学技术是第一生产力，实质是一种元生产力，在马克思主义的历史上，江泽民第一次把保护和改善资源环境同保护和发展生产力直接联系起来，把保护和发展自然生产力提高到现代文明发展的高度，这就把自然生态环境是"社会经济发展的基础，自然生产力是社会生产力发展的基础上升到是生产力，自然生态环境是生产力，实质上是一种元生产力，这是对马克思的广义生产力的继承与创新"。

第三，这个科学论断完全纠正了传统生产力观只是强调人类社会和自然界的区分，没有把人、社会和自然看作一个不可分割的有机整体的思维取向，揭示了来源于人与自然生态环境的生产力是自然生产力和社会生产力的有机统一。这同毛泽东提出的保护生产力是指社会生产力，邓小平提出的发展生产力是指社会生产力更加完善，即是把保护和发展生产力延伸和扩充到自然生态系统中，要求我们全面保护和发展生产力，既要保护和发展社会生产力，又要重视保护和发展自然生产力，从而形成我们党解放、发展、保护社会生产力和自然生产力有机统一的先进生产力学说，是马克思主义生产力理论中国化的最新成果，是对马克思主义生产力理论体系的丰富和发展。

---

① 元生产力是指生产力发展的源泉与根基。

第九章　物质循环理论
——社会经济循环和自然生态循环的统一

　　长期以来，马克思的物质循环利用思想是被忽视的甚至是被遗忘的生态经济原则。笔者曾在 1991 年由科学出版社出版的《企业生态环境优化技巧》一书中以"马克思物质循环利用原理的科学性"为题，论述了这个原则是马克思经济学说对治理环境污染和保护生态环境途径探索的最直接的贡献，是马克思主义生产理论的有机组成部分。[①] 现在看来，远远不仅如此。随着我国社会主义现代化建设的发展，树立和落实科学发展观，统筹人和自然和谐发展，大力发展循环经济，构建可持续发展经济的最佳模式，这一原理的深刻意蕴和当代价值越来越重要。如果说，马克思的物质变换理论揭示了作为劳动过程的生产过程中人与自然之间物质变换的生态与生态经济关系，那么可以说，马克思的物质循环理论则是揭示了作为劳动过程的再生产过程中人与自然之间物质变换的生态与生态经济关系，两者具有内在的关联性，是一个统一整体。它们统一于马克思生产与再生产理论的生态与生态经济内涵与底蕴。这就是说，这种统一性突出体现在物质变换和物质循环的内在统一，即是自然生态系统的生态循环和社会经济系统的经济循环的统一。因为人类劳动中实现的人与自然之间的物质变换，是社会经济系统的经济物质循环和自然生态系统的自然物质循环的有机统一的表现。因此，物质循环应该是人类社会的经济物质循环和自然界的自然物质循环的有机统一。正是从这个意义上说，马克思物质循环理论

---

　　① 刘思华:《企业生态环境优化技巧》,《管理思维经营技巧大全》第六卷第六篇, 科学出版社 1991 年版, 第 516 页。

实质上是生态经济循环理论。这是对马克思物质循环利用原理的生态与生态经济诠释，也是马克思物质循环利用原理随着实践的发展而不断丰富和发展的重要表现。

一、物质循环理论与物质变换理论的统一性

（一）循环运动是自然和社会有机整体运动的基本形式

马克思、恩格斯认为，整个自然界是一个有机联系的整体，自然界万物遵循着永恒循环和无限发展的规律，从而揭示了作为整体的自然和社会这个统一客观世界系统运动的基本形式，就是物质循环运动。在这里所说的物质循环是广义的，它包括能量流动等循环运动的具体形式在内（下同）。现在，我们首先看看恩格斯是怎样论述这个问题的。

1. 整个生态系统（生物圈）是处在永恒的流动和循环的运动之中，这是包括人、社会在内的整个自然界运动的普遍现象。恩格斯按照辩证唯物主义的基本原理和大量的科学事实，详细研究了物质形态的进化过程，指出运动是物质存在的形式，是物质的固有属性，提出了物质运动永远循环的理论。他说，"整个自然界，从最小的东西到最大的东西，从沙粒到太阳，从原生生物到人，都处于永恒的产生和消失中，处于不断的流动中，处于不息的运动和变化中"。因此，"整个自然界被证明是在永恒的流动和循环中运动着"。① 这就告诉我们，整个生态系统（生物圈）是在永恒流动和循环运动中发展，它是一个由低级向高级的不断上升发展过程，是一个周而复始的不断循环的过程。

在整个自然界中，生态系统的物质循环分为生态系统的营养物质循环（简称生物小循环）和生物圈中的生物地球化学循环（简称地质大循环），前者是在后者的基础上进行的，后者是包括前者在内的生物循环、液态循环、气态循环、沉积循环，即自然界四大循环的辩证统一过程。这一过程

---

① 《马克思恩格斯选集》第4卷，人民出版社1995年版，第270~271页。

与生态系统中的能量转化是同时进行，互为条件的。能量在不断地流动与转化和物质在不断地循环与转换的统一运动，形成了无限循环的生态系统的总循环。我们可以把它称之为自然生态系统的生态循环，简称生态循环。这是自然生态系统永续不断的循环运动的自然历史过程。

2. 循环运动是人类社会经济发展的普遍现象。

人类社会经济发展，同样存在着循环运动这种普遍现象。从微观的家庭经济到宏观的国民经济，以至对外贸易、世界市场等国际经济，都是如此循环的运动过程。这就是马克思所揭示的无限循环的经济系统的循环。我们可以把它称之为社会经济系统的经济循环，简称经济循环。这是社会经济系统永续不断的循环运动的自然历史过程。现在，我们来看看马克思是怎么论述这个问题的。

马克思在《资本论》中考察资本主义社会经济运动时，把资本的生产过程和流通过程当作一个统一的运动过程来揭示资本运动的规律性，详尽地分析了产业资本运动要不断地经过三个阶段，并相继地采取三种不同的职能形态，这样循环往复地运动，才能实现价值的增殖，即剩余价值只有在资本循环过程中才能实现。具体来说，资本循环的第一阶段是由货币资本转化为生产资本，资本循环的第二阶段是由生产资本转化为商品资本，资本循环的第三阶段是由商品资本转化为货币资本。这样，产业资本顺序地由一种形态转化为另一种形态，经过三个阶段又回到原来的出发点，这个全部运动过程就是产业资本的循环。它是资本运动的三个阶段的统一，即两个流通过程和一个生产过程的统一。

产业资本循环过程中采取了三种循环形态：货币资本的循环，生产资本的循环，商品资本的循环。马克思在《资本论》第 2 卷的第一章分析了货币资本的循环；第二章分析了生产资本的循环；第三章分析了商品资本的循环；第四章则是综合起来，分析资本循环过程的三个公式，论证了产业资本的循环是这三个循环的统一。这就告诉我们，产业资本的循环运动，是由三个资本部分的循环形成的，在其循环过程中，又再生产三个资本部分；它们彼此之间是互为条件，互相制约，互相依赖，互相连续进行的。产业资本的三种职能形态及其循环的三种形态在时间上是继起的，而在空间上则是并存的。马克思指出："任何一个单个产业资本都是同时处在所有这三个循环中。这三种循环，三个资本形态的这些再生产形式，是连续地并列进行的。"① 因此，产业资本三种职能形态的并存性和继起性，决定了产业资本的三种循环形态的同时并存，同时形成三种循环形态。所以，马克思说："产业资本的连续进行的现实循环，不仅是流通过程和生产过程的统一，而且是它的所有三个循环的统一。"② 马克思研究个体资本循环运动之后，就研究全部社会资本的循环运动。个体资本的循环运动是如此，社会总资本的再生产与流通的循环运动，也是如此。因此，在马克思看来，资本的活力就在于循环运动。资本主义经济活动就是遵循着资本循环运动的轨迹而变化着、发展着。将资本循环的特殊的资本主义生产关系的含义抽象掉，在任何生产方式下的资本运动过程，都是一个资本循环运动过程，这应当是超越了某个特定资本运动过程之上的普遍规律。正因如此，我们完全可以说，社会主义产业资本运动，同样要经过三个阶段，采取三种形态。每种资本形态都有自己的循环过程，而三种循环形态并不是孤立的，而是一个相互联系的同时并存的连续不断的运动过程。社会主义产业资本的循环，是社会主义资本运动的形式，换句话说，是社会主义经济运动的形式。社会主义经济运动，在客观上是遵循着资本循环的轨道而变化、发展的。

按照马克思的观点：任何社会的经济运动过程，都不是一次运动过程，而是不断重复、不断更新的运动过程。这是因为，任何社会的生产过程，都不是一次的生产过程，而是不断重复、不断更新的过程。马克思说："不管生产过程的社会形式怎样，它必须是连续不断的，或者说，必须周而复始地经过同样一些阶段。一个社会不能停止消费，同样，它也不能停止生产。因此，每一个社会生产过程，从经常的联系和它不断更新来

① 《马克思恩格斯全集》第 24 卷，人民出版社 1972 年版，第 117 页。
② 《马克思恩格斯全集》第 24 卷，人民出版社 1972 年版，第 119 页。

看，同时也就是再生产过程。"① 社会生产的不断重复、不断更新过程就是社会再生产的过程。而社会再生产又总是表现为一种连续不断和周而复始的循环过程。在这个循环运动中，生产是过程的起点，决定交换、分配、消费；消费是过程的终点，交换和分配是生产和消费的中介，而交换、分配、消费对生产起巨大反作用。这样，在经济系统中，生产、交换、分配、消费四个互相联系的环节就存在着物质（包括能量、信息和价值）的往复循环关系，而社会经济运动，就是通过再生产过程的四个环节的相互作用，使物质（包括能量、信息和价值）在系统内循环不已，每一循环都将比前一循环前进一步、提高一步，一步比一步更推动着社会再生产的发展。这就是社会的经济系统中的经济循环运动。

3. 物质循环的含义。这里所指物质循环的含义是从一般意义上来理解的，因而它就包括了能量流动在内。因为，客观世界的物质，都是处在一种周而复始的循环运动之中。循环是指物质可以被多次重复利用，在一个系统中以某种具体形态散失，又在另一个系统中以某种具体形态出现，在不同系统之间反复利用。

物质的这种反复利用的循环运动状态，我们称之为物质循环。作为整体的自然和社会这个统一客观世界所有的物质循环可以分为两大类：一类是自然界的物质循环。这是自然本身的作用形成的自然物质循环运动，这叫做生态循环。这种循环在一个具体生态系统中是通过生产者、消费者、分解者、环境——生产者、消费者、分解者、环境的序列过程进行的，总是如此循环，周而复始、永续不断地推动着生态系统运行和发展。一类是社会经济的物质循环，是由人类的经济活动的干预、利用自然物质而引起的物质循环。这是经济系统的经济物质循环，我们称之为经济循环。这一循环在一个具体经济系统中的经济物质是通过社会生产过程，它包括生产、交换、分配、消费过程在社会各经济部门之间循环运动着，周而复始、永续不断地推动着经济系统运行和发展。

---

① 《马克思恩格斯全集》第23卷，人民出版社1972年版，第621页。

（二）物质循环与物质变换的内在统一

无论是生态系统还是经济系统，都是处于永恒的流动和循环中，循环运动不仅是生态系统运动发展的形式，而且是经济系统运动发展的形式，那么，现在的结论必然是：生态经济系统作为生态系统和经济系统的复合系统，也是在永恒的流动和循环中运动着，循环运动是生态经济系统达到动态平衡的运动形式。可能有人会问，自然的生态系统的生态循环运动和社会经济系统的经济循环运动是性质不同的两种循环运动，它们怎么能够互为一体形成生态经济循环运动呢？自然生态系统和社会经济系统各自的循环运动，之所以能融合成统一整体的生态经济循环运动，就在于它们存在着融为一体的客观基础，这就是我们在前面论述人、社会与自然融为有机整体的客观基础，对此，就不必重述了。在这里，需要进一步说明的是，自然生态系统的生态循环和社会经济系统的经济循环之间的内在的、必然的联系，必须要从社会生产和再生产运动中的人与自然之间物质变换过程来考察。

1. 社会生产与再生产运动的物质循环，是生态系统的生态循环和经济系统的经济循环互相转换的不断循环运动过程。在马克思的视野内，社会生产与再生产的运动过程是人类和自然之间进行物质变换的过程，而物质变换不仅意味着改变自然物质的形态，重要的是，以改变了形态的物质同自然进行交换。也就是说，人类经济活动首先要向自然界索取物质，经过人类的劳动，改变物质的形态，使其具有符合人类需要的使用价值。所以，为满足人类的需要，人类只是在"有用的形式上占有自然物质"，而所余下的对人类社会生产和社会生活来说，则是无用形式的自然物质，它并不是自然原有的，是人类生产过程和消费过程中，或生产过程和消费过程后产生的。这就是"生产排泄物"和"消费排泄物"，它们从社会再生产过程中排出，返回了自然界。而对自然生态系统来说，在那里是无所谓"废物"之类的无用的物质，它渗入生态循环，最后都会聚集在自然生态系统的有机体之中，再为经济系统的经济循环提供自然物质。因此，社会再生产运动不断进行，人类不断占有自然物质的有用形态，不断将排泄物返回自然。人类就这样不断往复循环地和自然界进行物质变换，如此循环以至无穷，便形成了生态经济系统由低级向高级的发展，这是人和自然的最基本的生态经济关系，也是经济和生态的最主要的往复物质循环关系。这种物质循环关系体现了社会生产和再生产过程中现实物质循环，不仅要经过自然过程与社会过程这样两个过程和相互地采取生态循环与经济循环这样两种形态；而且要同时出现在两个过程和并存两种形态上。这就是说，经济循环和生态循环是物质循环体系中的两个循环阶段。因而它在连续上，不只是自然过程和社会过程的统一，而且是生态循环与经济循环的统一，两者既是并存的，又是继起的，形成生态经济系统的物质运动。① 因此，在社会生产与再生产运动过程中，经济社会再生产和自然生态再生产就同时表现为一种循环运动，这就是生态经济系统中的生态经济循环运动。

2. 马克思的物质循环利用原理，使我们完全看到了自然生态系统的生态循环和社会经济系统的经济循环之间的相互转化的循环联系，是生态经济循环的最基本的内容。生态循环和经济循环的相互转化，是生态经济系统物质循环运动的重要表现。它在本质上反映了生态经济系统这个有机整体内的生态系统和经济系统之间的一种内在的循环联系和循环关系。在社会生产和再生产运动过程中，实质上是人类劳动中实现人与自然之间的物质变换过程，这是经济系统不断地向生态系统输入经济物质和经济能量，与生态系统的自然物质和自然能量相互交换，维持生态系统的能量流动和物质循环正常运转；生态系统物质能量的转化功能越强，自然循环和经济循环的转化效率就越高，转化的量就越多，生态系统的产出就越多。这些物质和能量在经济系统内部通过包括生产、交换、分配和消费在内的总生产过程的各个环节后，交换为经济能量和经济资料，再输入生态系统，来补偿其一部分输出的能量和物质，从而维持其能量流动和物质循环，为社

---

① 刘思华：《理论生态经济学若干问题研究》，湖北人民出版社 1989 年版，第 353 页。

会生产和再生产不断进行提供物质基础。可见，社会生产和再生产是在经济系统将经济物质和经济能量与生态系统的自然物质和自然能量相互转化的运动过程中实现的。这种自然循环和经济循环之间的相互转换，是生态经济系统物质循环运动的基础，对此，我们还要强调指出的是，生态经济系统中自然循环和经济循环之间的内在联系和发展关系的根本之点，是自然生态系统的生态循环，它是社会经济系统的经济循环的物质基础和基本前提。

马克思的自然生态环境理论告诉我们，自然生态系统是社会经济系统乃至整个生态经济系统的基础，因而社会生产与再生产都必须以生态系统为基础。这就决定了生态系统的自然循环是经济系统的经济循环产生的基础。经济的物质基础，是在生态系统的物质循环过程中由物质建成、物质贮存和矿化过程积累的物质和能量，以及地球化学循环形成的各种矿物。经济循环的运行过程，只不过是用人工合成、分解、冶炼等科学技术手段改变自然物的化学、物理或几何学特性等形态，然后又通过运输等进入交换过程实现其价值流，最后进入消费物流过程。因此，没有生态系统的自然循环，就不可能有经济系统的经济循环。很明显，离开自然循环来谈经济循环的产生与运转及经济发展、社会进步、创造人类文明，就犹如无本之木，无源之水。所以说，生态系统的自然循环是"源"，经济系统的经济循环是"流"。① 正因如此，自然界内部的物质变换是"源"，而人类社会内部的物质变换则是"汇"。因此，任何社会生产与再生产的顺利进行与不断扩大，首先要通过人类劳动实现人与自然物质变换的良性生态循环，从而促进良性的生态循环与经济循环的有机统一，维持生态经济的良性循环。

3. 社会生产与再生产过程中的物质变换和物质循环，都是作为整体的自然生态和社会经济这个统一客观世界体系运行与发展的基本形式。

首先，我们在第六章中已经论述过了马克思的物质变换理论，是从自

---

① 刘思华：《理论生态经济学若干问题研究》，湖北人民出版社 1989 年版，第 352 页。

然界、人与自然关系和人类社会三个层次揭示了物质变换关系及其自然生态系统的物质变换和社会经济系统的物质变换之间物质变换的客观规律。马克思超越其他经济学哲学家的地方在于，他把对人类劳动、作为劳动过程的生产过程的理解建立在物质变换概念基础之上，[①] 找到了人与自然之间的本质关系即物质关系，从而找到了人类劳动这种最基本的经济活动实践是联结人、社会与自然之间物质关系的纽带。这实质上就是找到了自然生态系统的生态循环和社会经济系统的经济循环之间相互转化、相互作用的纽带。这是因为，马克思把人类劳动活动中人自身的自然与外部自然之间的物质循环称之为人与自然之间的物质变换，并将劳动过程比喻成像生命体的新陈代谢那样，既把外部东西同化，又把获得的东西再排到外部的异化；这样，从自然物质来看，它虽然进入社会生产过程，但并不会因此被消解，即它本身仍然会存在，而且会向原初自然回归、参入自然生态系统的生态循环运动。因此，作为整体的自然生态和社会经济这个统一客观世界体系中，自然界内部的物质变换，在本质上是自然生态系统中的自然物质循环运动；人类社会内部的物质变换，在本质上是社会经济系统中的经济物质循环运动；而人类劳动中实现的人与自然之间的物质变换，在本质上是自然生态系统的生态循环和社会经济系统的经济循环之间相互转换的物质循环运动过程。因此，在人类劳动中实现的人与自然之间物质变换过程，同作为整体的自然生态和社会经济这个统一客观世界体系的物质循环运动一样，不仅是自然生态系统运动发展的基本形式，而且是社会经济系统运动发展的基本形式。甚至可以说，是同一客观事物从两个方面来看，从物质循环的观点看到的物质变换过程，即物质循环运动的过程；从物质变换的观点看到的物质循环运动，即物质变换的过程，从而呈现出两者的内在联系与区别。

其次，生态循环和经济循环实际上是生态经济系统物质循环体系中的两个循环阶段，这个物质循环体系是由物质变换过程中体现的双方循环过

---

① J. B. Foster, *Marxs Ecology*, Monthly Review Press, 2000, p. 157.

程，即在生态循环向社会经济系统变换成经济物质循环的时候，就同时有经济物质循环向自然生态系统转换为自然物质循环。这种双方转换的物质循环的运行机制是什么呢？这就是马克思给我们提供的人类劳动这种最基本的经济实践活动是联结人、社会与自然的物质关系的纽带，它就是生态循环和经济循环相互转换的纽带。这种相互转换的纽带，从自然生态系统来看，就是人与自然物质变换形成相互作用的生态机制；从社会经济系统来看，就是人与自然物质变换形成相互作用的经济机制，两者的统一就是人类劳动中实现的人与自然物质变换的生态经济机制，这就是推动生态循环和经济循环相互转换及其统一的不断循环运动的生态经济机制。

再次，虽然说在人类劳动中实现的人与自然物质变换，成为现实的生态循环和经济循环相互转换的有效机制，然而，马克思又告诉我们，劳动本身也是一种自然力的表现，它最终也被归结为自然所拥有。对此，马克思在《资本论》的一个脚注中明确指出："卢克莱修说，'无中不能生有'，这是不言而喻的。'价值创造'是劳动力转化为劳动。而劳动力首先又是已转化为人的机体的自然物质。"[1] 这就表明在马克思看来，人类劳动作为最基本的经济实践活动，实现包括生产、交换、分配、消费过程的经济循环运动，应当看作是自然界整个物质循环的一个部分。从世界经济学说史来看，真正把人类社会生产与再生产过程中人与自然物质变换的经济循环当作自然界整个物质循环的一部分的观点是肯定的。正如日本经济学家玉野井芳郎所说，"能把生产和消费的关系置于人与自然之间物质代谢基础之上的，在斯密以后的全部经济学史中，只有马克思一个"。[2] 总之，我们从马克思的唯物史观和自然观的统一理论中清楚看出，马克思的物质变换理论同物质循环理论是完全一致的，这种统一性成为他的生态经济思想的重要内容。

---

[1]　《马克思恩格斯全集》第 23 卷，人民出版社 1972 年版，第 242 页。
[2]　韩立新：《马克思的物质代谢概念与环境保护思想》，《哲学研究》2002 年第 2 期。

二、马克思对于物质循环与生态利用的开创性探索

马克思、恩格斯在揭示资本主义经济运动规律的时候，就从理论上论述了资本主义生产与再生产过程中物质变换与物质循环的相互转化关系，并开创性探索了保护生态环境、减少环境污染和物质循环的生态利用的基本途径等问题，使我们完全能够从马克思的物质变换尤其是物质变换裂缝理论与物质循环利用原理中，找到一些生态经济循环的基本思想。

（一）物质变换裂缝对物质循环与转换过程的破坏

1. 人、社会与自然之间的物质变换过程中出现裂缝是违背了物质循环与转化规律。马克思在《资本论》中指出："大土地所有制使农业人口减少到不断下降的最低限度，而在他们的对面，则造成不断增长的拥挤在大城市中的工业人口。由此产生了各种条件，这些条件在社会的以及由生活的自然规律决定的物质变换的过程中造成了一个无法弥补的裂缝，于是就造成了地力的浪费，并且这种浪费通过商业而远及国外（李比希）。"[1] 他还在《资本论》第 1 卷就提出："资本主义生产使它汇集在各大中心的城市人口越来越占优势，这样一来，它一方面聚集着社会的历史动力，另一方面又破坏着人和土地之间的物质变换，也就是使人以衣食形式消费掉的土地的组成部分不能回到土地，从而破坏土地持久肥力的永恒的自然条件。这样，它同时就破坏城市工人的身体健康和农村工人的精神生活。但是资本主义生产在破坏这种物质变换的纯粹自发形成的状况的同时，又强制地把这种物质变换作为调节社会生产的规律，并在一种同人的充分发展相适合的形式上系统地建立起来。"[2]

恩格斯同马克思一样，也是十分关注资本主义生产方式下人、社会与自然之间的物质变换过程中出现的裂缝问题。在他看来，这种裂缝既

---

[1] 《马克思恩格斯全集》第 25 卷，人民出版社 1974 年版，第 916 页。

[2] 《马克思恩格斯全集》第 23 卷，人民出版社 1972 年版，第 552 页。

是资本主义社会的社会物质变换违背了自然规律（即物质循环与转化规律），又是自然规律对人及社会的惩罚，是一种生态经济恶性循环。恩格斯在《自然辩证法》中描绘了人类劳动活动对自然界的破坏突出表现为破坏了人、社会与自然之间正常的物质变换过程，极大阻碍了经济循环和生态循环之间正常运转与转化，从而导致的森林破坏、水源枯竭、水土流失、土地沙漠化、洪水灾害的生态经济恶性循环图景。恩格斯说："美索不达米亚、希腊、小亚细亚以及其他各地的居民，为了得到耕地，毁灭了森林……这些地方今天竟因此成为不毛之地"，"使这些地方失去了森林，也失去了水分的积聚中心和贮藏库。阿尔卑斯山的意大利人，当他们在山南坡把在山北坡得到精心保护的那同一种枞林砍光用尽时，没有预料到，这样一来，他们就把本地区的高山牧畜业的根基毁掉。……使山泉在一年中的大部分时间内枯竭了，同时在雨季又使更加凶猛的洪水泻到平原上。"① 恩格斯还认为，人类经济活动片面地追求最高利润，就会破坏人与自然界的物质变换关系，进而成为破坏经济循环和生态循环正常运转与转化的重要因素。他指出："西班牙的种植场主曾在古巴焚烧山坡上的森林，以为木灰作为肥料足够最能盈利的咖啡树施用一个世代之久，至于后来热带的倾盆大雨竟冲毁毫无掩护的沃土而只留下赤裸裸的岩石。"② 这些，在恩格斯看来，都不过是人类"过分陶醉于我们人类对自然界的胜利。对于每一次这样的胜利，自然界都对我们进行报复"。③ 他还告诫说"人靠科学和创造性天才征服了自然力，那么自然力也对人进行报复"。④ 因此，恩格斯要求我们在与自然界进行物质变换的时候，每走一步都要记住：要"学会更加正确地理解自然规律"；要"学会认识我们对自然界的习常过程所作的干预所引起的较近或较远的后果"；要学会支配至少是我们最普遍的"生产行为所引起的较远的自然影响"；要学会预见和

---

① 《马克思恩格斯选集》第4卷，人民出版社1995年版，第383页。
② 《马克思恩格斯选集》第4卷，人民出版社1995年版，第386页。
③ 《马克思恩格斯选集》第4卷，人民出版社1995年版，第383页。
④ 《马克思恩格斯选集》第3卷，人民出版社1995年版，第225页。

调节我们经济活动的"较远的社会影响"。① 在这里，恩格斯所说的"自然
影响"确实是包含了自然界内部的物质变换及生态循环意义；"社会影响"
确实是包含了人类社会的内部的物质变换及经济循环意义。因此，恩格斯
上述教导不言而喻地具有社会生产与再生产过程中人与自然之间物质变换
与物质循环的生态经济意义。因此，在任何生产方式下，人类经济活动与
自然界进行物质变换，都应当严格的、永远的遵循物质循环与转化的生态
经济规律，才能真正避免人、社会与自然之间物质变换过程中出现裂缝现
象，实现生态经济的良性循环。

2. 物质变换裂缝对物质循环运动的严重威胁着人、社会与自然的可持
续发展。在马克思的论述中，用物质变换裂缝思想揭露了资本主义生产方
式下人与自然物质变换的严重不可持续性，表现为给人类发展带来了严重
的生态环境问题即自然、人、社会的异化。福斯特研究了马克思的物质变
换裂缝理论后说："以物质交换的普遍性（指自然界中的物质等量交换）
为基础，资本主义经济条件下的经济形式交换等量只是一个异化的表达方
式。"这句话揭示了资本主义的物质变换的社会形式不适合于人与自然间
的物质变换，即资本主义物质变换的社会内涵同它的自然内涵相矛盾，前
者是后者的异化表达。而正是这种异化表达了导致资本主义条件下的自然
和社会物质变换间的异化及自然的异化。正是这种自然自身的异化及其人
与自然之间物质变换的劳动异化，对作为整体的自然和社会这个统一的生
态经济社会有机体系的可持续发展构成严重威胁。马克思在揭露资本主义
经济条件下物质变换过程中对土地、森林、矿产等自然资源的滥用和破坏
时，阐明了这种裂缝既造成人自身自然的异化，又造成人身外自然的异
化。马克思在比较小、大两种土地所有制同滥用和破坏土地自然力的关系
时说："前者（指小土地所有制——引者注）更多地滥用和破坏劳动力，
即人类的自然力，而后者（指大土地所有制——引者注）更直接地滥用和
破坏土地的自然力，那末，在以后的发展进程中，二者会携手并进，因为

---

① 《马克思恩格斯选集》第 4 卷，人民出版社 1995 年版，第 384 页。

农村的产业制度也使劳动者精力衰竭，而工业和商业则为农业提供各种手段，使土地日益贫瘠。"① 马克思这个论述明白无误告诉我们，资本主义生产经营割裂了人、社会与自然之间的正常物质变换过程，不论表现在对土地自然力的滥用和破坏，使自然（土地）生态系统恶性循环，而且表现在对人类的自然力的滥用和破坏，使人身生态系统恶性循环，是关系到人自身的心身健康和生命安全的重大问题。因此，资本主义生产方式下物质变换裂缝，最终导致的人与自然的异化及自然的异化，应当包括人自身自然的异化和人身外自然即外部自然的异化，都是对自然和人、社会可持续发展的严重威胁。下面，我们进一步探讨一下马克思、恩格斯这两个方面的思想。

首先，社会生产和社会生活的排泄物是人与自然之间物质变换的产物，也是经济循环和生态循环出现裂缝的产物。社会生产和再生产过程中，一方面是不断从生态系统的自然生产"取出"自然物质，"投入"经济再生产过程中加工成满足人们需要的物质产品；另一方面还不断地把它"产出"的各种生产和生活排泄物"投入"自然环境之中，利用生态系统的净化机能参与自然再生产。这件被赋予了属人的自然物质形式，对于社会经济系统的经济循环来说，则是一种"无用形式"的自然物质，是社会生产过程和社会消费过程后产生的。马克思在《资本论》第3卷中专门写了"生产排泄物的利用"来阐述他的物质循环利用思想。他说："我们所说的生产排泄物，是指工业和农业的废料；消费排泄物则部分地指人的自然的新陈代谢所产生的排泄物，部分地指消费品消费以后残留下来的东西。因此，化学工业在小规模生产时损失掉的副产品，制造机器时废弃的但又作为原料进入铁的生产的铁屑等等，是生产排泄物。人的自然排泄物和破衣碎布等等，是消费排泄物。"② 在马克思看来，随着资本主义生产与再生产规模不断扩大，人口的快速增长和过分集中，生产和生活的排泄物也不断增加，由于资本主义生产经营使社会生产与再生产的人与自然物质

---

① 《马克思恩格斯全集》第 25 卷，人民出版社 1974 年版，第 917 页。
② 《马克思恩格斯全集》第 25 卷，人民出版社 1974 年版，第 116 页。

变换过程中出现裂缝，排泄物不断返回自然界，积累于自然生态环境系统之中，破坏了系统正常的生态循环，正如恩格斯所指出的那样，排泄物积累超过了自然生态系统的自净能力，就造成"空气、水和土地的污染"，"工厂城市把一切水都变成臭气冲天的污水"，破坏了经济循环和生态循环正常运转与转化，尤其是破坏了正常的生态结构，形成"新的恶性循环"。① 用今天的话来说，社会生产和生活的废弃物排放量超过自然生态系统的自净能力，生态循环受阻，导致环境污染、生态失调的生态经济恶性循环。因此，要使生态循环和经济循环在生态经济系统中进行良性循环，就必须消除物质循环中的污染物，化废弃物为原料、变害为利。但是资本主义的物质变换的社会形式不适合于人与自然之间的物质变换，不可能按照物质循环与转化规律办事，正如马克思指出："在利用这种排泄物方面，资本主义经济浪费很大；例如，在伦敦，450 万人的粪便，就没有什么好的处理方法，只好花很多钱来污染泰晤士河。"②

其次，在资本主义生产方式下，人与自然之间物质变换过程中出现的裂缝所导致的人和自然的异化，首要的是表现为破坏了人身生态的正常循环，使人自身的自然异化。在此，仅从《资本论》中，马克思对资本主义制度的无情揭露略述三点：一是马克思揭露资本主义剥夺劳动者的必要的生产与工作条件，使工人处于不利于身心健康和生命安全的生产环境。马克思认为，资本家为了追求最大利润，极力在不变资本使用上节约，这种生产条件的节约的范围很广，它包括"使工人挤在一个狭窄的有害健康的场所，用资本家的话来说，这叫作节约建筑物；把危险的机器塞进同一些场所而不安装安全设备；对于那些按其性质来说有害健康的生产过程，或对于像采矿业中那样有危险的生产过程，不采取任何预防措施，等等。更不用说缺乏一切对工人来说能使生产过程合乎人性、舒适或至少可以忍受的设备了"。③ 马克思在《资本论》第 1 卷中大量地揭露了资本主义工厂中

---

① 《马克思恩格斯选集》第 3 卷，人民出版社 1995 年版，第 646~647 页。
② 《马克思恩格斯全集》第 25 卷，人民出版社 1974 年版，第 116~117 页。
③ 《马克思恩格斯全集》第 25 卷，人民出版社 1974 年版，第 102 页。

十分恶劣的生产环境，并指出这种生产环境直接危害着工人的自身健康和生命安全。他说："在这里我们只提一下进行工厂劳动的物质条件。人为的高温，充满原料碎屑的空气，震耳欲聋的喧嚣等等，都同样地损害人的一切感官，更不用说在密集的机器中间所冒的生命危险了。这些机器像四季更迭那样规则地发布自己的工业伤亡公报。"① 在《资本论》第 3 卷中，马克思还指出："即使是真正的工厂也缺乏保障工人安全、舒适和健康的一切措施。"② 二是马克思揭露了资本主义剥夺了劳动者维持生命体必要的生活条件，使工人处于不利于人身健康和生命安全的生活环境。马克思认为，资本主义生产对生产条件的节约同时就是掠夺工人的生存条件和生活条件，这是因为生产条件的节约 "在资本手中却同时变成了对工人在劳动时的生活条件系统的掠夺，也就是对空间、空气、阳光以及对保护工人在生产过程中人身安全和健康的设备系统的掠夺，至于工人的福利设施就根本谈不上了"。③ 他还引用一位医生的话写道："毫无疑问，伤寒病持续和蔓延的原因，是人们住得过于拥挤和住房肮脏不堪。工人常住的房子都在偏街陋巷和大院里。从光线、空气、空间、清洁各方面来说，简直是不完善和不卫生的真正典型，是任何一个文明国家的耻辱。男人、妇女、儿童夜晚混睡在一起。男人们上白班和上夜班的你来我往，川流不息，以致床铺难得有变冷的时候。这些住房供水不良，厕所更坏，肮脏，不通风，成了传染病的发源地。"④ 三是马克思揭露了资本主义经济条件下人与自然之间物质变换裂缝，极大地损害工人的生命和健康，严重破坏了人生命体的正常生态循环。他说，资本主义生产靠牺牲工人而实现的劳动条件的节约，"结果是生命、肢体和健康遭到损害，关于这方面的统计展示出一幅令人不寒而栗的景象"。资本主义剥削的 "这种草菅人命的情况，绝大部分是由于煤矿主的无耻贪婪造成的"。⑤ 资本主义生产 "对人、对活劳动的浪

---

① 《马克思恩格斯全集》第 23 卷，人民出版社 1972 年版，第 466~467 页。
② 《马克思恩格斯全集》第 25 卷，人民出版社 1974 年版，第 105 页。
③ 《马克思恩格斯全集》第 23 卷，人民出版社 1972 年版，第 467 页。
④ 《马克思恩格斯全集》第 23 卷，人民出版社 1972 年版，第 726 页。
⑤ 《马克思恩格斯全集》第 25 卷，人民出版社 1974 年版，第 104 页。

费，却大大超过任何别的生产方式，它不仅浪费血和肉，而且也浪费神经和大脑"，这"实际上也正是由劳动的这种直接社会性质造成的"。① 当然，从人生命体的新陈代谢来说，人自身的自然的正常生态循环，正像马克思所说的"如果没有劳动时间的缩短和特别的预防措施作为补偿，也是造成生命和健康浪费的原因"。②

最后，笔者要强调指出的是，上述三个方面在恩格斯的《自然辩证法》、《论住宅问题》、《英国工人阶级状况》等著作中都有许多精辟论述，尤其《英国工人阶级状况》一书是一部用泪和血控诉了资本主义制度下劳动者生命和健康的牺牲，而形成的人自身自然的异化及人、社会与自然之间物质变换关系的异化，是对资本主义本质的深刻批判。对此，本书在第四章已经进行了梳理，在此不必赘述了。如果撇开资本主义人与自然之间物质变换的社会形式，按照物质循环与转化规律的要求，任何社会生产与再生产过程中出现物质变换裂缝，废弃物通过食物链进行富集，当它进入动物和人体后，对生命体的危害性极大。因此，要使生态循环和经济循环在生态经济系统实现有机统一与良性循环，就必须有效消除物质循环过程中的污染物质，化废弃物为原料。马克思的物质循环思想的根本之点，就是强调需要对废弃物进行"分解"和"再利用"，这就是马克思的物质循环的生态利用原则。

（二）物质循环的生态利用原则

马克思在《资本论》中专门用了一节来讨论"生产排泄物的利用"问题，这就提出了物质循环的生态利用原则，不言而喻地包含了生态经济循环的意义。按照物质循环与转化规律的要求，消除物质循环与转化过程中的污染物质，化废弃物为原料，实现废物资源化，这是消除物质变换裂缝，减少环境污染和生态破坏，促进生态经济良性循环的根本途径。这是马克思、恩格斯物质循环的生态原则的基本思想。正是在这个意义上说，

---

① 《马克思恩格斯全集》第25卷，人民出版社1974年版，第105页。
② 《马克思恩格斯全集》第25卷，人民出版社1974年版，第108页。

马克思开创了物质资源的综合利用与循环经济研究的先河。

1. 工农业生产的生态化。这是马克思、恩格斯的物质循环的生态利用原则的内蕴之意，是经济生态化的思想先声。马克思认为消费排泄物来源于两个方面：一是"人的自然的新陈代谢所产生的排泄物"；二是"消费品消费以后残留下来的东西"，这两种消费排泄物如不加以处理，就是成为破坏经济循环和生态循环正常运转与转化的重要因素。如果人们进行废物利用，那么，"消费排泄物对农业来说最为重要"。[①] 在这里，马克思所说的"最为重要"是指消费排泄物的利用，为农业生产提供更多的有机肥，可以保持与改良土壤，提高其地力，并保护生态环境。因此，它确实包含了马克思生态农业的思想萌芽。工业生产的排泄物的生态利用，最根本的是发展生态工业，实现工业生产的生态化，这是消灭生态经济恶性循环的基本途径。对此，马克思、恩格斯也是提出了初步设想。马克思、恩格斯认为，由于资本主义大机器工业主要集中于城市，造成城市工业污染，破坏了生态经济的良性循环，"要消灭这种新的恶性循环，要消灭这个不断重新产生的现代工业的矛盾，又只有消灭现代工业的资本主义性质才有可能。只有按照一个统一的大的计划协调地配置自己的生产力的社会，才能使工业在全国分布得最适合于它自身的发展和其他生产要素的保持或发展"。[②] 恩格斯的这段论述，规定了发展工业应当遵循人与自然的物质变换和物质循环与转化的客观规律，按照最适合于其他生产要素的保持或发展的原则，特别是最适合于作为生产要素的劳动资料中的物质资料和物质条件的保持或发展的原则。这实际上就包含了当今发展生态工业及循环经济的根本观点与基本构想。[③]

2. 依靠科技进步，通过新的生产过程可以转化为新的生产要素。马克思根据物质循环和物质转化的规律，论证了物质循环转化利用的发展过程：即在物质资料再生产过程中，排泄物的废料，人类又通过新的生产过

---

① 《马克思恩格斯全集》第 25 卷，人民出版社 1974 年版，第 116 页。
② 《马克思恩格斯选集》第 3 卷，人民出版社 1995 年版，第 646 页。
③ 解保军：《马克思自然观的生态哲学意蕴》，黑龙江人民出版社 2002 年版，第 18 页。

程，改变它的形态，从而在有用的形式上再占有它。因此，依据马克思、恩格斯的物质循环与转化思想，真正的废物是不存在的，只是社会生产过程中才会产生所谓无用的、有害的而在自然生态系统中本来没有的物质形式。所以，马克思称生产和生活的排泄物只是"所谓的废料"，并指出："所谓的废料，几乎在每一种产业中都起着重要的作用。"[①] 这就十分明白地告诉我们，排泄物是一个可变的物质，通过人们的再利用，投入新的生产过程，可以"转化为同一个产业部门或另一个产业部门的新的生产要素"，"再回到生产从而消费（生产消费或个人消费）的循环中"，[②] 原来的排泄物也就不成其为废料了，而成为既有使用价值又有价值的物质资源了。废物转化为新的生产要素，不仅利用该行业的废物，而且可以利用其他行业的废物。正如马克思所指出的："化学工业提供了废物利用的最显著的例子。它不仅发现新的方法来利用本工业的废料，而且还利用其他工业的各种各样的废料，例如，把以前几乎毫无用处的煤焦油，变为苯胺染料，茜红染料（茜素），近来甚至把它变成药品。"[③]

马克思强调指出，这种物质生产过程中物质循环的生态利用，不仅对农业是最为重要的，他甚至还说，"几乎所有消费品本身都可以作为消费的废料重新加入生产过程"。作为消费的废料重新加入生产过程，则它又构成新的生产运动的要素，即转化为具有价值的物质产品。的确如此。例如，应用科学技术改良机器和工艺，对废毛和破烂毛织物进行再加工，"已成为英国约克郡毛纺织工业的一个重要部门的再生呢绒业"，又如，"人们使用经过改良的机器，能够把这种本来几乎毫无价值的材料，制成有多种用途的丝织品"。[④] 所以马克思认为，在"产品本身已经加入消费之后，……只有作为这个消费的废料，作为消费过程的残余和产品，才能作为生产资料重新加入其他生产领域"。[⑤] 这就是马克思阐明的物质循环利用

---

① 《马克思恩格斯全集》第 25 卷，人民出版社 1974 年版，第 117 页。
② 《马克思恩格斯全集》第 25 卷，人民出版社 1974 年版，第 95 页。
③ 《马克思恩格斯全集》第 25 卷，人民出版社 1974 年版，第 118 页。
④ 《马克思恩格斯全集》第 25 卷，人民出版社 1974 年版，第 118 页。
⑤ 《马克思恩格斯全集》第 26 卷 I，人民出版社 1974 年版，第 239 页。

的生态经济原则，即"把一切进入生产中去的原料和辅助材料的直接利用提到最高限度"，[①] 用今天的话说，这就是最大限度地提高能源资源利用率；"把生产排泄物减少到最低限度"，[②] 用今天的话说，就是最大限度地减少废弃物排放量。只有这样，才能从根本上防止生态环境问题的产生。在这里，我们清楚地看到，马克思所说的"两个限度"同我们现在所说的以物质资源利用最大化和废弃物最小化为主线的循环经济是不谋而合的。

3. 科学技术进步，为生产和生活的排泄物的循环利用提供了新的形式和新的方法，开辟了新的途径。马克思指出："机器的改良，使那些在原有形式上本来不能利用的物质，获得一种在新的生产中可以利用的形式；科学的进步，特别是化学的进步，发现了那些废物的有用性质。"[③] 可见，马克思在创立马克思主义经济学说时就明确指出了科学技术进步为积极重新利用生产和生活的排泄物开辟了广阔的途径。科学技术对于这种再生产的循环利用过程的发展起着决定作用，不单是能够有效地解决生态环境问题，也是给合理利用资源，发展经济带来了新的前景。马克思还认为，废物的减少，主要"取决于所使用的机器和工具的质量"，"还要取决于原料本身的质量。而原料的质量又部分地取决于生产原料的采掘工业和农业的发展（即本来意义上的文明进步），部分地取决于原料在进入制造厂以前所经历的过程的发达程度"。[④] 从这里我们可以看出马克思物质循环的生态利用思想在很大程度上已经超越了时代的局限，不管社会形态如何，社会生产要有效地减少总废物的产生，并能够保护生态环境，必须依靠科学技术进步，尤其是依靠人类文明进步，提高工业和农业生产的生态化的发达程度。

4. 综合利用生产和生活的排泄物，实现废物资源化，可以变废为宝，节约资本，创造新的物质产品。马克思在《资本论》第 1 卷中分析资本的

① 《马克思恩格斯全集》第 25 卷，人民出版社 1974 年版，第 118 页。
② 《马克思恩格斯全集》第 25 卷，人民出版社 1974 年版，第 118 页。
③ 《马克思恩格斯全集》第 25 卷，人民出版社 1974 年版，第 117 页。
④ 《马克思恩格斯全集》第 25 卷，人民出版社 1974 年版，第 119 页。

积累过程时指出："化学的每一个进步不仅增加有用物质的数量和已知物质的用途，从而随着资本的增长扩大投资领域。同时，它还教人们把生产过程和消费过程中的废料投回到再生产过程的循环中去，从而无需预先支出资本，就能创造新的资本材料。"① 其后，他在《资本论》第 3 卷中具体举出化学如何发现废物利用的例子。这就告诉我们，成为生态环境恶化的主要物质因素的排泄物，即使在资本主义制度下，依靠科学技术对这些所谓无用的物质进行物质循环的生态综合利用，也可以转化为有用的物质，就从一般的排泄物变成新产品或副产品了。马克思的这些真知灼见，实际上已经触摸到对物质资源进行深度与广度开发和综合利用与循环再利用，并建立物质循环体系和废物资源化体系，及其所形成的各个企业的生产要素合理配置和综合发展问题。用当今的话说，就是涉及建设生态工业园区，发展循环经济问题。

三、马克思、恩格斯物质循环理论的当代意义

马克思、恩格斯关于物质循环及废物循环利用的原理，是马克思主义再生产理论的有机组成部分。今天与一百多年前的情况相比，发生了很大的变化，尤其是生产和生活排泄物本身（包括数量、构成、种类等），处理排泄物的方法与途径以及处理中发生的问题，都比马克思所处时代要复杂得多，排泄物生态学问题也要严重很多。但是，在当代经济社会条件下对物质资源进行深度与广度开发，实现废物资源综合利用，是现代生产发展和科学进步的必然趋势，是节约与合理利用物质资源的客观要求，这是毫无疑义的。

马克思、恩格斯的物质循环及废物循环的生态利用原理的最大的现实的实践意义，就在于它跟当今人类社会生产与再生产紧密相连。这个原理的现代含义集中到一点，就是发展循环经济及废物循环再利用（又叫生态

---

① 《马克思恩格斯全集》第 23 卷，人民出版社 1972 年版，第 664 页。

利用），促进现代生态经济系统的良性循环，实现"生态—经济—社会"有机整体的可持续发展。正如胡锦涛同志所说的："积极发展循环经济，实现自然生态系统和社会经济系统的良性循环，为子孙后代留下充足的发展条件和发展空间。"[①]

（一）综合利用与废物循环再利用

上面我们根据马克思、恩格斯物质循环的生态利用原则，已经论述废物循环不仅是指社会生产中的废弃物的再利用，实现废物资源化；而且还指社会生活中的废弃物的再利用，实现废物资源化，这两种废物的生态利用，就是综合利用，对物质资源进行深度与广度开发。因此，发展循环经济和开展综合利用，都是我国21世纪实现经济发展与生态环境改善达到社会主义生态经济良性循环的必由之路。

1. 综合利用与废物循环再利用是现代生产发展和科技进步的必然趋势。什么是综合利用？早在12世纪我国南宋哲学家朱熹就提出了"天无弃物"的论断。按照马克思的观点，从自然界的物质循环与转化规律意义上看，在一定条件下，废与不废是可以互相转化的，它弃之为害，用之为宝。因此，依笔者之见，综合利用应有广义和狭义之分。广义的综合利用，是指对社会生产过程中的劳动对象的使用价值和社会生活过程中的消费资料的使用价值，从多方面充分与有效利用，其生态经济实质是合理利用各种物质资源，最大限度地提高利用率，实现经济系统与生态系统之间的物质转换和能量流动的良性循环。狭义的综合利用，是指对本企业、本部门或其他企业、其他部门生产过程中的所谓"废料"，进行循环再利用，尽可能实现"废物"资源化，使整个社会物质生产中的废弃物减少到最低限度，从而促进经济系统与生态系统之间的物质转换和能量流动的生态经济关系不断发展，良性循环。本章所讲的综合利用，既是广义的综合利用，又是狭义的综合利用。但主要还是论述狭义的综合利用，即企业废物

---

① 《胡锦涛2004年在中央人口资源环境工作座谈会上的讲话》，《光明日报》2004年4月5日。

资源综合利用。它应当包括综合开发（开采）、综合回收、综合加工、综合经营、综合管理等。所以，综合利用是我国人民"人尽其才、地尽其利、物尽其用"这一传统美德在现代经济社会中的生动体现。实现企业现代化的过程中，各种工矿企业、交运企业、废旧物资回收企业与部门以及农场，都必须大力开展综合利用，变无用为有用，变废为宝，变害为利，为社会创造更多的物质财富。这是现代生产发展和科技进步的必然趋势。

首先，随着现代经济的迅速发展，现代生产力的不断提高，社会生产对资源需求不断增长，使人类社会经济活动与资源有限的矛盾日益尖锐。这突出表现在世界上各种可供开采的资源日益减少，造成各种生态系统的资源相对短缺，出现了能源、原材料以及水资源的危机。就拿对矿物资源的开发和利用来说，由于 20 世纪 40 年代以来的世界经济结构发生了重大变化，工业生产的巨大增长，使能源、资源和金属矿物资源，不断从环境中消失。现在，全世界越来越多的各种矿物从土壤岩圈中被挖出和加工，使有些矿物资源已接近枯竭。我们既要看到随着现代经济的发展和科学技术的进步，不断发现和利用新的矿物资源；又要充分看到地球上各种矿藏的富矿正在迅速被开采和减少的趋势。因而，资源短缺已成为我国现代化建设最突出的客观制约条件。所以，要通过综合利用，实现废物资源化来合理开发和充分利用我国现有的矿产资源、水资源和地质环境资源。这不仅是我国工业化、现代化建设的必然趋势，而且是以较少的资源消耗获得较多的社会财富，是实现我国工业化、现代化的必由之路。

其次，随着现代生产力的发展，不仅向生产的广度进军，而且更重要的是向生产的深度进军，即向自然深度进军。这就是由过去以外延为主的生态经济再生产转向以内含为主的生态经济再生产，因而对资源利用必然要实现由过去主要采取外延式的数量型扩大利用方式，转变为主要采取内含式的质量型扩大利用方式，即提高对资源的利用效率和综合利用水平。其中一个重要问题，就是当代科技进步，会不断地创造无污染的发展现代化生产与保护生态环境相得益彰的一体化技术。因而目前国内外正在兴起

"无废料工艺"、"无污染工艺"，使粗放经营的生态经济系统变为集约经营的生态经济系统。而开展综合利用，实现废物资源化的过程，也就是将粗放经营的单一利用资源的生态经济系统，转变成为集约经营的综合利用资源的生态经济系统的过程。这一过程是人们按照使生态经济的物质合理转换和能量合理流动的原理，设计出集约化的、多次利用的资源型的生产流程，形成一个合理的食物链（网）和投入产出链（网）或加工链（网），不但使上一个生产环节生产出的初级产品，能在下一些生产环节中进行深加工，以综合利用资源和不断增长其价值；而且使上一个生产环节产出的废料加以处理后能成为下一个生产环节的原料，将废物资源化，使整个社会生产和再生产既能产出更多的符合社会需要的物质产品，又能将废弃物减少到最低限度，甚至无废料排出。

再次，随着现代化科学技术的巨大进步，极大增强了人们认识和发现废物资源的各种有用的性质，还为充分利用资源，实现废物资源化找到有效的利用方式。综观人类社会发展史，从一定意义上说，整个人类文明就是建立在发现资源和不断采用有效方式利用资源的基础上的，是一部开发和利用资源的历史。这个历史长河，始终是与科学技术的发展紧密联系在一起的。人类对资源的开发和利用，在很大程度上要受人类认识和利用自然的能力的限制。由于现代科学技术的巨大进步，极大增强了人们认识和利用自然的能力，发现了许多资源新的有用性质，并找到充分有效利用资源的方式，因而，使过去认为对人类文明无用之物变成为有用之物。所以，我们完全可以说，人类社会生产的发展史就是一部不断变无用之物为有用之物的历史。现代生产发展和科技进步的实践证明，包括化学、物理学、生物学在内的各种科学技术的进步，尤其是新能源、新材料及信息技术等方面出现的革命，对使"人们把生产过程和消费过程中的废料投回到再生产的循环中去"，提供了越来越多的科学技术依据。例如过去被作为废渣大量排放到环境中的很多共生矿金属、稀土元素、炉渣等，现在随着科技的巨大进步，都被重新投入再生产的循环中去了，成为新的生产要素，生产出了大量的有色金属、合金钢、稀土新材料和水泥等物质产品，这不仅充分有效地利用资源，而且有效地治理环境污染，提高了再生产过程的生态环境效益。这是现代化科学技术进步的必然结果。

2. 综合利用与废物循环再利用，是实现企业经济与生态环境协调发展的客观要求。

首先，物资资源本身的构成和性质，决定了合理利用物质资源必须通过综合利用，实现废物资源化。

一是很多物质资源不是由某种物质成分单一形成而是同其他物质成分共生形成的。这突出表现在矿物资源上。我国的矿物资源具有伴生性的特征，在金属矿中往往含有多种金属成分，一个矿区往往又是以一种矿物资源为主，同时伴生着其他有用金属成分，有的多达20余种。例如在一些重金属矿中含有金、银、钴、锑、铊、钼、钛等，含量有的达到工业矿床的品位，有的甚至超过许多倍。所以，在重金属熔渣中提取和回收各种金属的价值，有的甚至超过主金属本身的价值。又如某些化工物质资源中也含有多种金属成分，硫铁矿渣除含有大量铁外，还含有许多稀有的贵重金属；钙镁磷肥生产，排出一种镍磷残渣，就含有高品位的镍、钴和铜等。可是，过去，我国的冶炼企业生产，通常冶炼只是提取其中一种主要金属成分，而其他金属则随熔渣排出，作为废渣弃之，因而伴生矿回收率很低，有的甚至只是单一的利用一种使用价值，其他共生的多种金属成分作为废渣白白排放掉，既浪费了资源，又造成环境污染。随着采、选、冶技术的发展，对伴生矿物资源的利用技术日益提高，大力开展冶炼矿渣的综合利用，就能够对矿物资源由单一使用价值利用，变为多种使用价值的利用，做到节约资源和防止环境污染。

二是某些物质资源往往不是由一种物质元素组成的，而是由许多物质元素组成的，因而，具有多种用途。例如高炉渣、化铁炉渣、铁合金炉渣等冶炼渣，这些废物资源是由与水泥类似的硅酸三钙、硅酸二钙、铁铅酸盐等活性矿物元素组成，具有水硬胶凝性，把热熔的高炉、化铁炉、铁合金炉渣用高压水水淬磨细后作水泥的混合料，可生产矿渣酸盐水泥；把钢渣水淬或粉化破碎选出废钢磨细后，可生产无熟料和少熟料钢渣水泥如钢渣、矿渣、水泥、钢渣沸石水泥等。又如粉煤灰的主要成分是二氧化硅、二氧化二铝，除与土壤的化学成分相似外，还由少量的三氧化二铁、氧化钾、五氧化二磷和微量的钼、硼、镍等元素组成。它们能为植物提供良好的养分。粉煤灰比重小于土壤，属砂质，对改良土壤结构有利，掺入粉煤灰后的土壤，空隙增多，能提高表土温度和蓄水保墒能力。所以，粉煤灰可直接用于农田改良土壤和生产肥料。

三是每一种物质资源都具有物理、化学和生物等不同性质，可以作各种不同的用途，其经济价值也大不一样。如炼油厂的副产品之一的芳烃，既可以作为燃料混入汽油烧掉，也可以制成对二甲苯，作为生产涤纶的原料，后者的经济价值是前者3~4倍；还可根据某种物质资源的理化特性，将一次利用变为多次利用和循环利用。例如塑料废渣可以回收起来加热加压成型，可得再生塑料；将废塑渣经粉碎、微波溶解、加热分解，然后冷却，可提取石油燃料。又如，提高我国工业水重复利用率，做到循环利用和一水多用，就能做到节约用水，有效缓解水资源的供需矛盾，减少污水排放量。

四是在很多物质资源之间，有许多东西具有相同的使用价值或经济效用，因而可以互相补充互相代替。这里讲的代用是指用废物资源代替原有的原料制造产品。例如利用钢渣代替石灰石作钢铁冶炼的熔剂。钢渣的氧化钙含量一般为40%~50%，比石灰石略低。但我们把热熔的钢渣用高压水淬，或把低于700℃的热渣喷水进行自身粉化，还可以把冷渣用破碎机破碎分级，按不同粒度要求直接用于烧结、高炉、化铁炉、转炉代替石灰石（石灰）熔剂，既节约了石灰石资源，又节省了石灰石分解所消耗的能源，还回收了钢渣中的废钢及其他有益元素。又如用高炉渣可以代替砂、石作滤料，处理废水；作吸收剂，回收水面石油制品等。

其次，综合利用，实现废物资源化，是发展我国现代经济的客观需要，也是现代企业发展的一项紧迫任务。这是因为，目前我国企业生态经济系统的综合生产能力还很低，突出表现为资源综合利用水平低，废物资源化生产能力低。这是目前我国微观经济有效供给能力低、社会生产力发展水平低的一个重要标志。我国能源综合利用率、工业用水的重复利用率、城市的重复利用率，我国铁矿最终开采利用率、综合利用率、煤矿石的利用率、粉煤灰的利用率、全国火电厂排出的粉煤灰的综合利用率，林业采伐、造材和加工剩余物利用率，我国的废旧物资回收利率等都很低，再生资源浪费严重。我国城市生活垃圾生产量每年达1.5亿吨之多，现在已有200多个城市处在垃圾包围之中。尤其是电子垃圾日益增多。从2003年开始，我国进入到电子产品报废的高峰期，每年至少有500万台电视机、400万台冰箱、600万台洗衣机、7000万部手机报废。因此，解决电子垃圾问题，首先要源头减量，减少报废，重点还要回收再利用和无害化处理。因此，在我国新型工业化过程中，必须提高企业生态经济系统的综合生产能力，大力开展综合利用，实现废物资源化，提高综合利用的水平。这是加快我国现代化建设的客观需要，已成为我国现代企业发展的一项紧要任务。扩大企业生产和再生产，我国应当首先考虑综合利用，实行废物资源化，提高综合利用水平，才能使物质资源达到最大的利用限度，使废弃物减少到最低限度，促进企业综合生态环境良性，协调发展。

再次，企业生产和再生产的经济活动，是人们变自然物为社会财富的活动过程，也是人与自然之间的物质变换的生态经济过程；同时也是创造良好生态环境满足自身生态需要的活动过程。这一过程，既是人们生产物质资料满足自身物质文化需要的活动过程。所以，企业经济活动只有不断实现人们这两个方面的满足，才是完整意义上的经济活动，才算真正造福于人民、造福于社会的经济活动。而综合利用，实现废物资源化是促进人与自然之间物质变换过程中保证实现人们上述两个方面的满足的一个根本途径。尤其是现阶段企业生产"三废"污染环境与破坏生态，已成为一个突出的生态经济问题。在这种情况下，大力开展综合利用，实现废物资源化，是节约物质消耗；有效利用资源，促进生态发展；降低生产成本，促进经济；减少废物量，消除污染，改善环境质量，实现企业经济与生态环境协调发展的一项有效措施。无可非议，开展综

合利用，实现废物资源化是企业的重要经济活动。我国许多企业把治理
"三废"，发展综合利用作为企业经济建设的大事来抓，并定为企业职工
的行为规范，取得了重大的成绩，积累了有效的经验。在这个基础上，
创建生态企业，发展循环经济。

（二） 发展循环经济是马克思物质循环观的题中之义

本章第一节我们论述了马克思、恩格斯的物质变换与物质循环思想，
第二节论述了他们的物质循环的生态利用原则，这两者就构成了马克思的
物质循环观；而当今我国大力发展循环经济，正是这个马克思主义生态经
济观的题中之义。这是因为，马克思的物质循环观为发展循环经济提供了
最基本的理论基础和科学依据。然而，近两年来，我国出版的几本有影响
的循环经济专著和论文集，以及一些权威报刊发表的论述循环经济的长
文，都是在鲍尔丁等人那里去找理论依据，却没有在马克思那里寻求理论
渊源。这种理论现象反映了马克思、恩格斯的物质变换与物质循环理论被
遗忘了，这是笔者在本书用一章来探讨马克思物质循环与它的生态利用的
原因之一。与此相反的是，在国际上马克思的物质变换概念在当代理论
研究和环保实践中，"常常被直接用于解释重要的环境理论和政策"，"有
很多人把其看作是现代循环经济和废弃物回收再利用思想的理论基础"。
例如，日本学者岩佐茂就直接把马克思的物质变换理论与现代循环再利
用思想联系起来，认为"循环再利用思想可区分为广义和狭义：狭义的
循环再利用指循环经济，而广义的循环再利用就是人与自然的物质变换
本身"。① 事实的确如此，尽管当年马克思没有明确提出循环经济概念，
但从当今我国学者所论述的循环经济理念和国内外发展循环经济实践来
看，我们今天看到了马克思、恩格斯物质变换与物质循环理论和循环经
济的生态经济理念与实践在根本上是相通的，并具有高度的一致性，这
是毫无疑义的。

---

① 韩立新：《马克思的物质代谢概念与环境保护思想》，《哲学研究》2002 年第 2 期。

　　循环经济的本质内涵与基本特征是对生态经济本质最充分的体现。近两年来我国出版的几部循环经济专著和论文集中，数十位作者有一个共识，这就是"循环经济本质是一种生态经济"。这与笔者的看法是一致的。对循环经济的本质内涵界定为生态经济，是符合马克思、恩格斯生态经济与物质循环思想的，也是符合中国化马克思主义生态经济协调可持续发展理论的。

　　发展循环经济是中国化马克思主义生态经济协调可持续发展理论的一个重要论点。以江泽民同志为核心的党的第三代中央领导集体十分重视发展循环经济。江泽民同志在 2002 年 10 月 16 日全球环境基金第二届成员国大会讲话中指出："合理利用资源，保护环境，是世界可持续发展的必然要求，以浪费资源和牺牲环境为代价，发展就不可能持续进行。自然资源并非取之不尽、用之不竭，而人类社会发展的需求却不断增长，如果这两方面关系处理不当，必然导致生态的恶化，严重威胁人类的生存和发展。只有走以最有效利用资源和保护环境为基础的循环经济之路，可持续发展才能得到实现。"[1] 朱镕基同志在 2002 年 11 月 25 日会见中国环境与发展国际合作委员会中外委员时也指出："环境保护是可持续发展的基础，也是可持续发展的重要支柱之一。中国在致力于发展经济的同时，把可持续发展作为国家的一项基本战略，把保护环境作为一项长期坚持的基本国策，努力实现经济效益、社会效益和环境效益的统一。中国政府将把发展循环经济放在突出位置，使环境保护和经济建设相互促进。"[2] 在 2003 年 3 月召开的十届全国人大一次会议上的政府工作报告中，他强调"要支持发展环保产业和循环经济"。[3]

　　其后，以胡锦涛同志为总书记的党中央按照"三个代表"的重要思想，把发展循环经济不仅作为实施可持续发展战略、实现经济社会与生态

　　① 《江泽民在全球环境基金第二届成员国大会上的讲话》，《人民日报》2002 年 10 月 17 日。
　　② 《朱镕基会见中国环发国际合作委员会中外委员的讲话》，《人民日报》2002 年 11 月 16 日。
　　③ 《朱镕基十届全国人大一次会议上的政府工作报告》，《人民日报》2003 年 3 月。

环境协调发展的最佳选择，而且是树立和落实科学发展观，全面建设小康社会的重大举措。胡锦涛同志在 2003 年 3 月 9 日召开的中央人口资源环境工作座谈会上强调"要加快转变经济增长方式，将循环经济的发展理念贯穿到区域经济发展、城乡建设和产品生产之中，使资源得到最有效的利用。最大限度减少废弃物排放，逐步使生态步入良性循环"。① 在 2003 年 11 月 27 日中央经济工作会议上还指出："要突出抓好节约能源、节约原材料和节约用水工作，积极开展利用新能源，搞好重要资源的综合利用，大力发展循环经济。要淘汰消耗高、污染严重的落后设备，支持研发和推广使用先进高效的节能、节水设备和器具，增强节约意识，加快建设节约型社会"。在 2004 年 3 月 10 日中央人口资源环境工作座谈会上，胡锦涛同志再一次强调指出："经济发展需要数量的增长，但不能把经济发展简单地等同于数量的增长。要充分运用我国的体制资源、人力资源、自然资源、资本资源、技术资源以及国外资源等方面的有利条件和有利因素，推动经济发展不断迈上新台阶。同时，发展又必须是可持续的，这样我们才能保证实现我国发展的长期奋斗目标。这就要求我们在推进发展中充分考虑资源和环境的承受力，统筹考虑当前发展和未来发展的需要，既积极实现当前发展的目标，又为未来的发展创造有利条件，积极发展循环经济，实现自然生态系统和社会经济系统的良性循环，为子孙后代留下充足的发展条件和发展空间……循环经济和生态省建设开始起步，人民群众环境保护意识明显增强。"② 2005 年 7 月 2 日，国务院发布了《关于加快发展循环经济的若干意见》，强调指出："必须大力发展循环经济，按照减量化、再利用、资源化原则，采取各种有效措施，以尽可能少的资源消耗和尽可能小的环境代价，取得最大的经济产出和最少的废物排放，实现经济、环境和社会效益相统一，建设资源节约型和环境友好型社会。"

上面所引证的我们党和国家领导人的这些论述，深刻地揭示了循环经

---

① 《求是》2003 年第 13 期。

② 《胡锦涛 2004 年在中央人口资源环境工作座谈会上的讲话》，《光明日报》2004 年 4 月 5 日。

济的本质、特征、内容和发展循环经济的目的、意义、作用，体现了我们党和国家对社会经济和自然生态的物质循环与转化规律的深刻认识，是根据当代发展新的实际经验丰富和发展马克思主义生态经济理论。因此，我们完全可以说，发展循环经济是我国 21 世纪增长方式从粗放型向集约型转变、走新型工业化道路的必由之路。它为我国社会主义生态经济协调发展与良性循环开辟了现实的、广阔的光明道路。

第三篇

马克思发展理论的生态经济意蕴
与当代的新发展

　　我们在第二篇探讨了马克思生态经济思想的最重要的基本原理，马克思对这些基本理论的阐述是与他的发展理论融合在一起，就使得马克思的发展理论内在的包含即蕴藏着生态经济思想，这是马克思生态经济理论的一个显著特征。马克思的发展理论，从它本真含义来看，是由经济发展理论和社会发展理论构成的，简称社会经济发展理论；从其深刻意蕴来看，它是人、社会与自然有机整体的发展理论。正是从这个意义上说，马克思的发展理论是全面（或广义）的、整体的人类社会发展学说，是经济社会发展观和生态自然发展观的有机统一观。它在当代中国的新发展一个最突出的表现，就是改革开放以来，我们党的二代领导集体开创了马克思生态经济学说与中国实际相结合的新局面，创立了经济发展和人口、资源、环境相互关系的生态经济可持续发展新学说，把马克思生态经济理论发展推向一个新阶段，从而为党的十六届三中全会提出的科学发展观奠定了坚实的理论基础。因此，马克思发展理论在当代中国的全新诠释与最大实践意义，就是在于它同 21 世纪中国的全面、协调、可持续性的发展，促进人的全面发展和社会的全面进步紧密联系在一起的。正是在这个意义上看，科学发展观和社会主义和谐社会论在逻辑上与马克思的发展理论是完全"衔接"的，是马克思的发展观在当代中国的最新发展。这些，都纳入生态马克思主义经济学的理论框架，就构建了生态经济协调可持续发展的理论模式与双赢目标，这是生态马克思主义经济学所揭示的现代发展的一条基本规律。它可以概括为"生态经济双赢规律"。所以，我们深入研究马克思发展理论与生态经济理论的本真含义和深刻意蕴，建构马克思生态经济协调可持续发展理论，是当代中国实践发展呼唤着马克思主义生态经济理论新的更大发展的一个现代表现。这对于加强马克思发展理论在全面落实科学发展观，实现社会主义和谐社会全面协调可持续发展中的指导作用是非常必要的。

第十章　生态经济可持续性发展观的
早期探索

—— 社会经济发展和可持续性的统一

　　长期以来，人们离开马克思关于自然界对人类社会的客观性、先在性和制约性的思想，研究马克思的社会经济发展理论，换言之，传统马克思主义经济学理论，只是就社会经济系统内部的物质资料生产与再生产的社会经济现象与过程来研究社会经济运动与发展的规律性；而没有将自然生态系统和社会经济系统作为一个有机整体的基础上研究社会经济运动与发展的客观规律。这样认识与理解马克思的社会经济发展理论，无论在方法论上还是认识论上，就不可能完全符合马克思的思想。虽然说，当年马克思、恩格斯创立马克思主义学说时，他们的论述中没有明确使用当今所说的生态经济与生态经济可持续发展这类新概念，但这并不能说人类社会经济可持续性发展问题没有进入马克思、恩格斯的理论视野，恰恰相反，在人类思想发展史上，正是马克思、恩格斯最早提出了现代人类可持续性发展的基本问题。正如有的学者所说的，判断一个理论家在某一学科领域是否拥有自己的学术地位，不在于他是否提出和使用过与现在完全相同的术语和相关概念，而是主要看他是否对这一理论的基本问题提出了科学的方法和带有长远指导意义的理论原则与基本观点。这就是马克思、恩格斯创立马克思主义学说时，就把人、社会和自然界紧密地联系起来，探讨它们之间的有机整体性和相互关联性，将自然生态环境对人及社会的客观性、先在性和制约性纳入现代经济社会发展之中，使人、社会与自然界构成一个有机整体。这正体现了马克思、恩格斯理论体系中的生态思想与当时生态科学强调自然有机生命体同周围世界之间的有机整体性和相互关联性的生态学思想的契合。因此，我们从人、社会和自然界有机整体发展的视角，用马克思、恩格斯的社会历史观和自然生态观相统一的理论，研究马克思的社会经济发展理论，建构马克思可持续发展理论，使之所蕴涵的生态经济可持续性发展观凸显出来，这正是当代社会经济发展和可持续发展研究常常要回归马克思的缘由。

一、转换视角研究马克思社会经济发展理论的生态意义

在马克思的理论体系中，社会历史理论和经济理论是他的主要理论建树，是他对资本主义生产方式进行详尽解剖所取得的研究成果。我们对它的研究经过了两个认识过程：首先是资本与雇佣劳动之间对抗性的社会经济关系的视角，研究马克思的社会历史理论和经济理论，这对于无产阶级及其政党推翻旧世界，建立社会主义的新社会是完全必要的，因而具有重大的理论与实践意义。其后，从这一视角转向社会主义发展的视角，深入发掘马克思的社会经济发展理论遗产，使它成为指导社会主义现代化建设的理论基础。但是，这种研究却没有为我们认识社会主义社会是一个人、社会、自然的有机整体留下多少空间，使马克思社会经济理论中的生态意义仍然被忽视、被遗忘。因此，西方生态马克思主义学派另辟了一条研究马克思社会经济发展理论的新路径，这就是努力挖掘马克思的生态学思想，而中国学者则努力挖掘马克思学说中内蕴着的生态经济可持续发展思想的精华，即建构马克思的生态经济社会发展理论，认为自然界不仅对人类社会具有优先地位，而且是作为一种内在要素存在于社会经济之中，强调人类社会和生态环境之间的内在的、有机的联系，寻求自然生态和社会经济及人类社会内部的和谐与协调发展。就其理论渊源来说，这就是源于马克思的社会历史观和自然生态观相统一的生态经济社会发展观。

（一）自然和人类社会有机统一的社会发展理论

1. 社会发展有广义和狭义之分，其发展是一种自然历史过程。马克思早就指出："社会是人同自然界的完成了的本质的统一。"① 按这个马克思主义观点，社会发展主要包括五大领域：经济领域、政治领域、社会交往关系领域、精神文化领域、自然生态领域。因为现实的自然界是人化的自然，进入人类社会的自然，是"在人类历史中即在人类社会的产生过程中形成的自然界是人的现实的自然界"。② 因此，从人、社会和自然有机整体即人类社会发展总体来看，这五大领域的发展，都是社会发展的重要组成部分，它们的共同发展、协调发展形成的综合发展，就是人类社会总体的发展，可以称之为广义社会发展论。狭义社会发展是指撇开经济发展和生态发展之后的社会其他方面的发展，这里所说的马克思社会发展理论是指狭义社会发展论。党的科学发展观规定的"统筹经济社会发展"中的"社会发展"也是指狭义的社会发展。依笔者之见，无论是广义的，还是狭义的，在马克思那里，都具有自然生态意义。

大家知道，马克思、恩格斯毕生研究资本主义生产方式所取得的科学成果的集中体现，就是他们的巨著《资本论》这部无产阶级的"圣经"，深刻而详尽地揭示了资本主义制度产生、发展、灭亡及社会主义社会取代资本主义社会的客观规律及其他们对共产主义社会框架的设想。因此，马克思在《资本论》第1卷初版序中明确宣布："我的观点是：社会经济形态的发展是一种自然历史过程。不管个人在主观上怎样超脱各种关系，他在社会意义上总是这些关系的产物。"③ 这就宣告了马克思、恩格斯的发展观是唯物主义历史观和自然观相统一的社会历史发展观。那么，我们如何理解"自然历史过程"这个概念呢？首先，生态学的历史发展为"自然历史"概念提供了科学基础。在19世纪中叶，马克思、恩格斯所处的历史

---

① 《马克思恩格斯全集》第42卷，人民出版社1979年版，第122页。
② 《马克思恩格斯全集》第42卷，人民出版社1979年版，第128页。
③ 《马克思恩格斯全集》第23卷，人民出版社1972年版，第12页。

时期，生态学的发展进入一个新阶段，其标志是科学的生态学产生，即1866 年德国生物学家海克尔最先提出生态学概念，把生态环境因素纳入生物学研究，开创了生物科学的新时代。这样，生态学科学"就构成了被普通地认作为自然历史的东西的主要组成部分"。[①] 当时，马克思、恩格斯是知道海克尔的研究工作及其科学贡献的，但是马克思、恩格斯都没有采用海克尔的生态学术语，而是采用了与海克尔的生态学概念内涵几乎等价的一个更古老的概念，这就是自然历史概念，从而表明了马克思在类似于海克尔的生态学内涵上使用了"自然历史过程"的概念。[②] 这是毫无疑义的。

马克思强调社会经济发展是自然历史过程，具有两方面的基本含义：一是它表明了社会经济发展的客观规定性，它就像自然界的规律一样，可以称之为社会运动本身的"自然规律"及"自然的发展阶段"。因此，马克思赞同地引述了俄国评论家考夫曼对他的著作所采用方法的评价："马克思把社会运动看作受一定规律支配的自然历史过程。"[③] 二是社会经济运动与发展的"自然规律"，是具有社会历史特征的客观规律。[④]

马克思强调社会经济发展是自然历史过程，其深刻内涵还在于是要强调社会经济运动与发展是自然生态因素作用的自然生态过程和社会历史因素作用的社会历史过程相统一的自然历史过程，从而揭示了社会经济运动与发展始终都存在着自然基础、自然生态因素和社会历史因素，它们同时融合着发生作用，这就是自然历史过程的现实基础。正如有的学者所说的：更重要的意义还在于指明在社会经济发展中始终有自然基础、自然条件在起作用，有自然因素融入其中。任何现实的生产方式，总表现为社会历史方面与自然方面的互渗。

2. 马克思社会发展观的有机整体内涵。

第一，马克思、恩格斯的社会发展观是建立在唯物辩证法和唯物史观

---

① J. B. Foster, *Marx's Ecology*, Monthly Review Press, 2000, p. 203.

② 郭剑仁：《福斯特的生态学马克思主义思想研究》，未发表的博士论文（内部文稿），2004年。

③ 《马克思恩格斯全集》第23卷，人民出版社1972年版，第20页。

④ 周义澄：《自然理论与现时代》，上海人民出版社1988年版，第50~51页。

基础之上的。唯物辩证法既是关于世界一切事物与现象普通的、有机联系的学说，又是"最完整深刻而无片面性弊端的关于发展的学说"。① 正因为这样，马克思、恩格斯完成了社会历史观的划时代的根本转变，使马克思唯物史观和自然观的统一理论中具有有机整体特征。马克思吸收和继承了黑格尔自然哲学的整体观念，把自然看作是一个发展过程，是一个活生生的整体，从而正如列宁所说的"把唯物主义对自然界的认识推广到对人类社会的认识"，② 不仅把被黑格尔颠倒了自然和人（社会）的认识再把它颠倒过来，融进了费尔巴哈的自然的唯物主义观念，实现了社会历史观从唯心主义向唯物主义的根本转变；而且对当时流行的机械论自然观，特别是对费尔巴哈的机械唯物主义予以批判，使马克思的自然—社会历史观脱离了自然的机械论，具有有机整体论的生态哲学特征。于是，自然和历史的对立好像是两种互不相干的事物的观点，就自行消失了。"自然的历史"和"历史的自然"，也就不再是难以理解的问题了。③ 人、社会与自然有机统一与整体发展就是一种自然历史过程。

第二，从一般意义上来说，在唯物辩证法和唯物史观的视野中，发展具有两层含义：一是世界观的含义，是指发展涵盖了整个世界系统中一切上升运动的事物，宇宙、自然界的动植物和人类社会都存在一个普通的上升的运动过程，这是个由内在必然性决定的前进的普通过程；二是社会历史发展的含义，是指社会历史领域的发展，是世界普通发展的一个特定部分，遵循普通发展的一般规律，是实践基础上的人类不断趋向自由而全面发展的运动过程，也是由内在必然性决定的不断前进过程。④

第三，正因为马克思、恩格斯的社会发展观植根于唯物辩证法和唯物史观，就使它必然具有实践的本质，换言之，社会发展的本质是实践。实践是人类社会存在的基本方式，人类在不断解决人与自然、人与社会的矛

---

① 《列宁选集》第 2 卷，人民出版社 1960 年版，第 442 页。
② 《列宁选集》第 2 卷，人民出版社 1960 年版，第 443 页。
③ 《马克思恩格斯全集》第 3 卷，人民出版社 1960 年版，第 49 页。
④ 郝立新、李红等：《关于发展涵义的哲学反思》，《天津社会科学》2003 年第 4 期。

盾的物质生活生产实践活动中生存与发展，于是，社会运动与发展就是人类实践活动的产物。因此，社会发展归根结底是人类物质生活生产和再生产的连续不断的运动过程，这是一个自然历史过程。社会发展的本质是实践，实践包含了社会的基本关系，构成了社会发展的基本领域，使社会成为一个诸多领域相互依存、相互制约、相互作用的人、社会、自然的有机整体。其中，最基本的人类社会生活生产领域就是前面所说的五大领域；而经济结构、政治结构、精神结构和生态结构则是全部社会交往关系得以正常进行与发展的最基本的社会结构，包括了协调和处理各种社会交往关系的制度与规范。所以，整体社会运动与发展就是在社会有机整体中进行的，以物质生活生产实践为基础的社会有机整体和谐与协调程度，则是社会发展的根本标尺。

　　第四，人类社会发展问题是马克思、恩格斯毕生研究的重点课题，这集中表现在他们对资本主义生产方式的研究。因此，马克思、恩格斯的社会发展理论中对现代社会即资本主义社会的生成、本质、特征和发展趋势及其对人类社会发展的影响（包括对共产主义社会的设想）作了深刻而系统的论述，构成了马克思学说中关于社会发展理论的基本框架。马克思认为，资本主义社会是继中世纪之后人类社会发展的一个新时代，这是地理大发现和大工业兴起的必然产物。资本主义社会发展创造了以往任何时代无法比拟的社会生产力和科学技术，促进了人类社会经济的迅速发展。但是，在资本主义生产方式下，一切本来具有历史进步意义的东西，却"都作为某种异己的、物的东西"，与此相对立，它们"只表现为剥削劳动的手段，表现为占有剩余劳动的手段，因而，表现为属于资本而同劳动对立的力量"。[①] 因此，资本主义社会的一切都异化了"人的异化"、"类的本质相异化"、"人同人相异化"，而在资本主义生产方式下对自然界的占有也表现为异化，于是人与自然的异化及自然异化。这是人的本质力量的异化。马克思说过："人同自身和自然界的任何自我异化，都表现在他使自身

---

① 《马克思恩格斯全集》第48卷，人民出版社1985年版，第38~39页。

和自然界跟另一个与他不同的人发生的关系上。"① 这样，资本主义生产方式中的人与自然、人与人之间对抗性矛盾发展必然把资本主义社会推向解体。② 作为一定的历史形式的资本主义社会形态就终于被抛弃，"让位给较高级的形式"，③ 这个高级的形式就是共产主义，而社会主义这个更高级形式的初级阶段。马克思所设想的共产主义社会的最本质的属性就是克服了人与自然的异化和人与人的异化，使人与自然的和谐和人与人的和谐成为人类社会发展的最高境界。因此，马克思认为，共产主义社会的发展应当是共产主义、自然主义、人道主义的完成了的本质的统一（对此，我们将在下面有关章节进一步论述）。所以，我们完全可以说，社会发展的主体是人类，社会发展的基础是自然界；社会发展的历史是人类发展的历史，也是自然发展的历史。"这两方面是密切相联的；只要有人存在，自然史和人类史就彼此相互制约"，④ 相互作用，构成人类社会发展的自然历史过程。

3. 马克思社会发展观的人学内涵。人是社会的人，人的全部活动与全部生活都是社会的，人自身的存在就是社会的活动与生活；社会是人的社会，社会的全部活动与全部生活都是人的，社会本身的存在就是人的活动与生活。因此，社会发展不仅是社会本身的发展，在实质上它更是人自身的发展，只有达到整体社会和人自身的协调发展，才是全面的深刻的发展学说，马克思的发展学说正是如此，使它必然具有鲜明的人学内涵，并构成了马克思人学的基本特征。这主要有以下几个方面：

首先，马克思明确提出了人的本质力量的对象化和人的本质是实践的科学论断。马克思指出人是对象性的存在物，有"强烈追求自己的对象的本质力量"。⑤ 他还强调指出，"工业的历史和工业的已经产生的对象性的存在，是一本打开了的关于人的本质力量的书"，"因此，如果把工业看成

---

① 《马克思恩格斯全集》第 42 卷，人民出版社 1979 年版，第 99 页。
② 《马克思恩格斯全集》第 46 卷（下），人民出版社 1980 年版，第 34 页。
③ 《马克思恩格斯全集》第 25 卷，人民出版社 1974 年版，第 999 页。
④ 《马克思恩格斯全集》第 3 卷，人民出版社 1960 年版，第 20 页。
⑤ 《马克思恩格斯全集》第 42 卷，人民出版社 1979 年版，第 169 页。

人的本质力量的公开的展示，那么，自然界的属人的本质，或者人的自然的本质，也就可以理解了"。① 在此基础上，马克思指出了"人类学"的发展观。他说："在人类历史中即人类社会的产生过程中形成的自然界是人的现实的自然界；因此，通过工业——尽管以异化的形式——形成的自然界，是真正的、人类学的自然界。"他还进一步指出："全部历史是为了使'人'成为感性意识的对象和使'人作为人'的需要成为［自然的、感性的］需要所作准备的发展史。历史本身是自然史的即自然界成为人这一过程的一个现实部分。自然科学往后将包括关于人的科学，正象关于人的科学包括自然科学一样：这将是一门科学。"② 马克思的这些论述，深刻地揭示了人的社会历史特征和自然生态特征的统一，强调了人与外部世界人化的自然界的发展关系首先是实践与被实践的关系，人的本质力量的对象化就是通过实践（劳动、生产），人才能认识和改变外部世界，同时赋予外部世界以人的特性，展示着人的本质。而人在使自己的本质力量对象化的实践过程中，又会从外部世界（包括人化的自然界）丰富自己的本质。这是自然、人、社会有机整体发展的自然历史过程。它既是人的发展过程又是社会的发展过程。理所当然的是自然界的人化过程与社会化过程。因此，在马克思的视野内，外部世界（包括人化的自然界）的发展、人类社会的发展实质上就是人的发展。

其次，马克思把人作为社会历史发展的立足点和最终目的，确立马克思主义人学的本体论。马克思认为："人就是人的世界，就是国家，社会。"③ 因此，他在《关于费尔巴哈的提纲》中明确指出："新唯物主义的立脚点则是人类社会或社会的人类。"④ 马克思的人类学与费尔巴哈的人本学的区别，不在于是否研究人，而在于"我们的出发点是从事实际活动的人"，⑤ "是现实中的个人，也就是说，这些个人是从事活动的，进行物质

---

① 《马克思恩格斯全集》第 42 卷，人民出版社 1979 年版，第 127~128 页。
② 《马克思恩格斯全集》第 42 卷，人民出版社 1979 年版，第 128 页。
③ 《马克思恩格斯选集》第 1 卷，人民出版社 1995 年版，第 1 页。
④ 《马克思恩格斯选集》第 1 卷，人民出版社 1995 年版，第 57 页。
⑤ 《马克思恩格斯全集》第 3 卷，人民出版社 1960 年版，第 30 页。

生产的"。① 因此，"社会本身，即处于社会关系中的人本身"，② 从这个意义上说，马克思认为，人类的全部力量的发展成为目的本身。这就是说，人的世界是一个价值的世界，人是社会的终极目的。③ 这些就十分明白地告诉我们，人之所以成为社会历史发展的本体，就在于人是社会历史的主体，是社会发展的本源，社会历史的全部内涵和一切活动都是人的活动所生成的，因而人的发展是社会发展的根本动力和终极目的。所以，马克思把人作为社会历史发展的本体，应该说是合理的本体论设定。社会历史发展的事实和理论逻辑要求我们只有把人作为社会历史发展的本体，才能把社会历史看成是人的社会历史，才能科学地说明自然、人、社会有机整体发展，④ 才能真正理解马克思发展观是全面的、深刻地社会发展学说。

再次，马克思揭示了社会的发展与人的发展的内在统一性。他说："社会——不管其形式如何——是什么呢？是人们交互活动的产物……人们的社会历史始终只是他们的个体发展的历史，而不管他们是否意识到这一点。"⑤ 在这里，马克思指明了社会的发展和人的发展的内在联系，这就是社会的发展与人的发展是同一过程的两个方面，是不可分割的统一。人和社会是互为前提的，人是以社会的存在为前提，社会是以人的存在为前提。离开了人就不能真正成为社会，离开了人的发展，社会历史也就无从发展；同样，社会发展是个人发展的实质与保障，没有社会的全面进步与发展，人的发展只能是一句空话。"脱离社会发展的历史进程，人的发展只能是抽象的逻辑推演；而社会发展如果不能最终体现在人的发展上，无疑是一种片面、扭曲的发展。"⑥ 因此，在马克思那里，人的发展理念始终贯穿于他的社会发展理论之中。

总之，马克思的社会发展学说是自然概念和人的概念的统一，是一元

---

① 《马克思恩格斯全集》第 3 卷，人民出版社 1960 年版，第 29 页。
② 《马克思恩格斯全集》第 46 卷（下），人民出版社 1980 年版，第 226 页。
③ 刘远传：《论人与社会的关系的双重理解》，《天津社会科学》2003 年第 1 期。
④ 刘远传：《论人与社会的关系的双重理解》，《天津社会科学》2003 年第 1 期。
⑤ 《马克思恩格斯选集》第 4 卷，人民出版社 1995 年版，第 532 页。
⑥ 李秀潭：《人类社会发展规律再认识》，浙江人民出版社 2003 年版。

论人学学说。这是指马克思的论述中，提出了人的二重性学说，揭示了人是自然属性和社会属性的内在统一，是自然生态因素与社会经济因素的有机统一体。这样，马克思确定了人的自然社会性质，不仅强调自然生态因素对社会历史因素的作用，而且突出强调社会历史因素对自然生态的因素的作用。这个问题，本书第五章第一节已作了论证，在此就不必赘述了。现在的问题是，与马克思人学理论完全不同的是，西方主流经济学的经济人假设则是古典经济学的基本理论假设。新古典经济学继承了斯密的经济人假定理论，使它成为西方主流经济学理论体系的逻辑论点和基本范畴。这种把人的本性是天生自私的当作亘古不变的"经济人假设"去演绎一切经济问题，不仅是超社会制度、超历史的，而且从根源性上没有反映人的自然本质是生态人，忽视了人的生物性和环境性。于是，笔者以马克思的人学理论为指导，"提出了一个新的理论假说：社会生态经济人理论假定"。① 其后，进一步论说：在 21 世纪的生态文明时代，经济人、社会人和生态人在现实社会经济生活中是统一的。"经济人也是社会人，首先还是生态人，每个人在现实世界'生态—经济—社会'复合系统中是集多种生态、经济、社会关系于一身的，既是个体人同时又是多种生态、经济、社会关系主体，即人在经济系统中是经济关系主体，在社会系统中是社会关系主体，在生态系统中是生态关系主体，因而，在现实世界'生态—经济—社会'复合系统中，现代经济行为主体就是生态人、经济人和社会人的有机统一整体"。"因此，社会生态经济人假设是经济人、社会人与生态人假设的有机统一论"。② 这是对马克思一元论人学学说的新发展，也是对马克思社会发展理论的新发展。

最后，笔者要强调指出的是，马克思社会发展观的人学内涵，足以表明他的社会发展观是以人为本的发展观。尤其是马克思的全部理论和实践的一个最终目标，是实现全人类的自由与解放的崇高理想，这是人类社会发展的最高境界，这就充分体现马克思以人为本的伟大人文情怀，使以人

---

① 《刘思华文集》，湖北人民出版社 2003 年版，第 442 页。
② 《刘思华文集》，湖北人民出版社 2003 年版，第 587 页。

为本成为马克思社会发展观的一个根本原则。它是党的科学发展观的坚实的理论基础。

4. 从上述马克思社会发展观的基本内涵看出，马克思社会发展观具有人和社会全面发展的特征。两者互为标志，社会全面发展的集中体现是人的全面发展，而人的全面发展是社会全面性的根本标志。我们不仅要深刻认识马克思社会发展的"全面性"，还要重视其重要性。如上所说的，马克思在《资本论》宣布人类社会形态发展是一个"自然历史过程"时，是将社会与经济看成是个有机整体，人类社会形态实质上是社会经济形态或经济社会形态的发展，正是在这个意义上看，马克思的社会发展观，也就是社会经济发展观。可见，马克思把经济发展看作是人类社会发展的重点领域。这是因为，人、社会与自然相互作用的基本领域，就是经济领域，人类物质生产实践活动是人类社会实践活动最基本的、最重要的领域，因而，马克思自然与环境理论的注意力也是主要放在人类社会的经济实践活动，即放在人类物质生产实践活动范围之内。也正是在这个意义上看，马克思的经济发展观应当说是他的唯物历史观和自然观的统一理论的极其重要组成部分，是一种社会经济与自然生态内在统一的发展观，即生态与经济内在统一的发展观。然而，令人遗憾的是，长期以来，我国经济理论界（不包括生态经济学界）多数学者都未能从生态与经济内在统一的发展观的视角，来研究马克思、恩格斯的经济思想，起初是从资本与雇佣劳动这一对抗性的经济关系的视角，来研究马克思、恩格斯的经济思想，其后，把研究视角转换到从经济增长和经济发展上，发掘马克思、恩格斯的经济发展理论，但仍然没有克服对马克思主义经济学的传统诠释的缺陷，即生态与经济相脱离的根本缺陷。下面，我们以马克思的唯物历史观和自然观相统一的发展观为指针，努力挖掘马克思、恩格斯的经济增长和经济发展理论的生态学意蕴。

（二）把马克思的经济增长理论建立在他的物质变换理论基础上

1. 首先应当肯定马克思社会经济理论体系中确实包含着系统的、完整的科学的经济增长理论。在马克思、恩格斯的著述中，的确没有直接使用过经济增长和经济增长方式这类语术。因此，马克思的经济增长理论一直没有引起人们应有的重视和认真的挖掘，甚至有人提出马克思有没有经济增长理论的疑问。与此相反，有些学者认为马克思社会经济理论中存在着丰富的经济增长思想。诸如，宋则行先生指出："马克思关于社会资本扩大再生产的论述，实际上就是资本主义经济增长理论。"① 其后，有的学者进一步指出："在马克思的政治经济学理论体系中，经济增长理论的表现形式是社会资本的再生产问题。这是因为经济增长问题，实质上就是社会资本的再生产问题。"并强调："马克思在《资本论》第一卷研究了资本的生产过程以后，在第二卷中从流通过程仔细分析了社会资本的再生产，建立起了经济学说史上第一个较为完备的经济增长理论体系。"② 而李贺军教授对马克思经济增长理论与西方经济增长理论进行比较研究也认为，"马克思关于经济增长的理论，是一个完整的思想体系"。③ 特别是 2002 年著名经济学家吴易风研究了西方经济学家论马克思经济增长理论之后，作出结论说"马克思的社会资本再生产理论是科学的、系统的、完整的经济增长理论"。④ 大家知道，在西方经济学中最早提出的经济增长理论是古典经济学派；然而，马克思却"在经济思想史上第一次揭示了社会总资本再生产和流通的科学理论体系。这一理论体系是批判地继承英国和法国古典经济学有关理论遗产的成果，也是批判斯密教条的成果"。⑤ 这里所说的马克思的社会资本再生产和流通理论体系，就是马克思的经济增长理论体系。如果说，马克思的经济增长理论同古典经济增长理论存在着某种继承关系的话，那么，马克思关于经济增长因素的全面分析，则是远远高于古典经济

① 《当代经济研究》1995 年第 1 期。
② 郭全龙：《经济增长方式转变的国际比较》，中国发展出版社 2000 年版，第 22 页。
③ 李贺军：《中国经济增长方式选择》，社会科学文献出版社 1999 年版，第 59 页。
④ 吴易风：《西方经济学家论马克思主义经济增长理论》，《中国人民大学学报》2002 年第 6 期。
⑤ 吴易风：《西方经济学家论马克思主义经济增长理论》，《中国人民大学学报》2002 年第 6 期。

增长模型之上。

继古典学派之后，西方经济学形成了把经济增长作为一个中心问题来研究的现代经济增长理论。其代表人物有哈罗德、多马、索洛、罗默等。在哈多经济增长模型中的经济增长率由储蓄率和投资率所决定，马克思用的是剩余价值积累率、剩余价值率、资本有机构成率表述经济增长因素，较之哈多用储蓄率和资本—产出率来表达，具有更深刻的社会意义。自索洛模型以后的新经济增长理论，在分析技术进步与经济增长过程中所阐述的思想，也仍然可以从马克思经济增长理论中找到渊源。现代西方经济增长理论的最大特点与优势，就是应用数学模型对现代经济增长及其影响因素进行实证研究和计量分析，显示其研究方法和分析工具的先进性，比如内生经济增长模型、知识经济增长模型等。这种新进展，也不能证明现代西方经济增长理论可以取代马克思经济增长理论。何况，"有关经济增长方式问题的研究，西方经济学家们根本就没有达到马克思的水平"。[1] 现在，西方经济学已经懂得，马克思社会资本再生产理论，特别是马克思的扩大再生产理论，就是经济增长理论。美国著名经济增长理论家多马在考察经济增长理论的历史之后说："增长模型……至少可以追溯到马克思。"[2] 因而，西方经济学家现在并不讳言马克思在经济增长理论方面所做的开创性贡献；不仅承认存在着"马克思的增长理论"和"马克思是一位增长理论家"，[3] 而且肯定马克思经济增长理论的影响力，正如罗宾逊评价时指出："马克思的扩大再生产的图式，为研究（凯恩斯的）储蓄和投资问题，以及研究资本品的生产和消费品的需求之间的平衡，提供了一种极其简单而又不可缺少的方法。它……被哈罗德和多马进一步发展为长期经济发展理

---

① 李贺军：《中国经济增长方式选择》，社会科学文献出版社1999年版，第54~56页。

② 吴易风：《西方经济学家论马克思主义经济增长理论》，《中国人民大学学报》2002年第6期。

③ 吴易风：《西方经济学家论马克思主义经济增长理论》，《中国人民大学学报》2002年第6期。

论的基础。"① 因此，她认为，从来没有一个人"能够像马克思所给予我们的观念那样有力，那样给人以启发"。

2. 马克思经济增长理论体系的内容是非常丰富的，如果以纯经济学的角度来理解的话，笔者基本上赞同吴易风教授的归纳，主要由五个部分组成：①个别资本再生产和社会资本再生产是统一的社会资本的生产总过程，它不只是个别资本运动过程，同时是相互联系、相互依存的个别资本的总和构成社会资本的运动过程。②马克思抓住了研究社会资本再生产的核心问题，这就是社会总产品在实物形式和价值形式上如何补偿问题，提出了实物构成原理即把社会总产品划分为两大部类，如价值构成原理即把社会总产品划分为三个组成部分。③马克思把社会资本再生产区别为简单再生产和扩大再生产两种类型，规定了它们的实现条件。④马克思把社会资本扩大再生产区划为两种方式，这就是外延扩大再生产和内涵扩大再生产，并规定了它们的实现条件。⑤社会资本再生产的实现条件会转变为失衡的条件。马克思论证资本主义社会资本再生产的实现条件的同时，并着重揭示了资本主义生产方式的生产社会化和生产资料私人占有之间的固有矛盾，不可能满足其实现条件，因此，马克思认为，这就使得再生产得以以正常进行的基本条件，会"转变为同样多的造成过程失常的条件，转变为同样多的危机的可能性"。② 我们这样理解和认识马克思的经济增长理论，从表面上看，似乎是很符合马克思经济学说的原意，但从实质上看，并没有真正把它融入马克思的社会经济发展理论之中，尤其是还不足以体现马克思唯物历史观和自然观相统一的发展观。在当今世界不可持续的经济增长方式尤其是在当代中国，粗放型经济增长不仅极大危害着经济社会可持续性，而且是生态环境恶化的深刻根源，在这种情况，仍然离开马克思的生态与经济相统一的发展观来理解和认识他的经济增长理论，就离开当代经济社会的现实生活太远了，是谈不上坚持和发展马克思经济增长理

---

① 吴易风：《西方经济学家论马克思主义经济增长理论》，《中国人民大学学报》2002 年第6 期。

② 《马克思恩格斯全集》第 24 卷，人民出版社 1972 年版，第 558 页。

论的。

3. 从生态与经济相统一的发展观，建构马克思的经济增长理论，其关键就在于把对经济增长的理解建立在马克思物质变换理论的基础之上。从这个新的视角研究马克思的经济增长理论，也有学者做过初步探索。例如，李贺军教授虽然没有将生态环境系统和经济社会系统作为一个有机整体的基础上研究经济增长的规律性，但是，他却抓住了把经济增长的理解建立在马克思物质变换理论的基础之上这个关键问题，是转换视角研究马克思经济增长理论迈开的可喜的一步。他在《中国经济增长方式选择》一书中指出："马克思认为，在不同的经济发展阶段，初级资源有不同的比较优势，自然条件的差异制约经济增长。经济增长所依赖的劳动过程'首先是人和自然之间的过程，是人以自身的活动来引起、调整和控制人和自然之间的物质变换过程'。这就是说，经济增长是以人对自然的支配为前提①，以人与自然之间的物质变换为内容。"他按照这个思路对马克思的经济增长理论从五个基本方面尤其是对经济增长方式及其规律进行研究，使人们对马克思的经济增长理论有了新的认识。然而，令人遗憾的是，李教授的这种研究没有进入马克思唯物历史观和自然观相统一的理论视野，故不可能揭示人与自然之间物质变换过程与经济过程之间的内在联系，这就是笔者所要解决的问题。只有解决了这个问题，才能将马克思经济增长理论纳入他的生态经济发展的理论框架之内。

首先，经济增长是社会经济因素和自然生态因素相互渗透、相互融合、共同发生作用的结果。马克思曾对劳动生产力增长因素的分析，也就是对经济增长因素的分析。他指出："劳动生产力是由多种情况决定的，其中包括：工人的平均熟练程度，科学的发展水平和它在工艺上应用的程度，生产过程的社会结合，生产资料的规模和效能，以及自然条件。"② 在这里，马克思事实上指出了决定经济增长的五大因素。依据前面阐述的马

---

① "支配为前提"应改为调整和控制为前提，"以人与自然之间的物质交换为内容"，更符合马克思的原意。

② 《马克思恩格斯全集》第23卷，人民出版社1972年版，第53页。

克思社会发展观，是社会历史因素与自然生态因素相统一的发展观，这五大因素中前四个因素作为社会经济因素也都有个自然基础，因而这五大因素实质上是社会经济因素与自然生态因素的有机统一。当我们回到马克思关于作为社会生产过程的劳动过程是人与自然之间物质变换过程的观念上来的话，那么，我们就会看到，作为自然历史过程的社会过程"是个人在一定的社会形式中并借这种社会形式而进行的对自然的占有"，① 是人通过自己的能动的创造性劳动，使人的本质力量发挥的对象化过程，这就是自然环境、生态条件和人、社会之间不间断的物质变换的经济增长过程。在这种过程中，不仅强调人的创造性劳动的能动性，而且更要重视人的本质力量的发挥要受制于自然基础及其生态环境所能容允的程度，即是经济增长要严格地建立在它的自然基础之上，而不能超越自然生态系统承载力。这是经济增长必须遵守的生态法则。

经济增长是人类劳动借助技术中介系统来实现人类社会的经济社会因素和自然界的自然生态因素相互作用的物质变换过程。因此，当我们把经济增长建立在马克思物质变换理论基础上的时候，就会发现经济增长的自然生态因素进入作为自然历史过程的社会生产过程之内，已经从人类物质生产的外部条件转化为内在要素，这就是说，作为自然生态系统构成要素的生态环境，已经由经济系统的外生变量转化为经济系统的内在变量，成为决定经济增长的内在因素。这样就把马克思自然理论关于自然生态环境作为人类社会经济的外部条件和内在要素的理论贯穿到他的经济增长理论之中，形成了重要的生态经济发展理论。这就是本书第三章所阐明的马克思是生态环境内因论的思想先驱。

第二，经济增长的实现条件是实现经济增长的核心问题。它实质上是社会总产品在实物和价值形式上如何补偿的问题，这是社会资本再生产的核心问题。依据社会经济因素和自然生态因素相统一的发展观，自然环境、生态条件和人、社会之间不间断的物质变换的经济增长过程，在本质

---

① 《马克思恩格斯全集》第 46 卷（上），人民出版社 1979 年版，第 24 页。

上是生态经济再生产过程。

　　生态经济再生产的实现问题，实质上是经济再生产和自然再生产过程中的消耗，在价值上如何得到补偿，在实物上怎样得到替换的问题，只有在生态经济生产中的消耗能够从社会产品中得到相应的补偿的条件下，生态经济再生产才能顺利进行。列宁在论述社会再生产实现问题的实质时指出："实现问题也就是分析社会产品的各部分如何按价值和物质形式补偿的问题。"① 这个原理同样适用于生态经济再生产。社会产品在物质上和价值上的补偿，便是产品的实现。那么，什么是社会产品呢？纯经济学意义上的社会产品与生态经济学意义上的社会产品，在内容上并不完全相同。在现代经济社会中，人们的全面需求的发展，要求社会生产出物质产品（或实物产品）外，还必须生产满足人们的发展，享受需要的精神产品（它既有服务产品又有实物产品）；还必须生产满足人们生存、发展、享受的生态产品（它既有服务产品又有实物产品），以保证人们的物质、精神、生态的需要。所以，现代社会产品的概念和范围要随着消费结构的变化而扩大，非实物形态的劳动成果如文艺服务、教育服务、技术服务、保健服务、旅游服务、生态服务等等，它们能满足人们的全面需求，也应纳入社会产品的范畴。因此，现代社会按其满足需要的内容应该分为物质产品、精神产品与生态产品。随着现代生态经济系统基本矛盾运动的不断加深，生态产品在现代经济发展中的地位和作用与日俱增。适宜的空气，充足的阳光，新鲜的空气，清洁的淡水等，这些生态产品直接构成社会生产的生产要素，直接构成社会再生产发展的必要条件，直接构成全体社会成员的消费对象，即人口再生产的基本条件。过去，它们是按其固有自然规律，没有人类劳动的参与，也可以自发地生产出来；现在则不行，它们按其固有自然规律，或多或少需要人类劳动的参与，才能再生产出来。因此，离开生态产品，把现代社会再生产的实现问题只局限于物质产品和精神产品的实物产品，就把产品实现问题缩小和简单化了，就会导致再生产理论与

---

　　① 《列宁全集》第 2 卷，人民出版社 1959 年版，第 128～129 页。

现代经济社会的消费结构与生产结构的现实相悖。

根据当代社会生产与再生产过程中出现人与自然物质变换出现的裂缝日益严重的情况，尤其是生态经济再生产运动中生态赤字的严重性与生态补偿的必要性，认为现代经济社会生产的社会产品应当包括三个组成部分："物质产品、精神产品、生态产品。它们的各个部分在社会再生产过程中要得到补偿，无论在价值上还是在物质上，都要求它们的生产同社会对它们的需求之间保持平衡，或者说，物质产品、精神产品、生态产品的总需求和总供给之间保持平衡。"由此，笔者提出了"生态经济再生产实现问题的核心，是经济再生产的总需求和自然再生产的总供给的平衡协调发展"的新观点。①

生态经济再生产中的经济再生产的总需求和自然再生产的总供给的平衡协调发展，既要受社会产品价值组成部分的比例关系的制约，又要受物质形态的比例关系的制约。所以，生态经济再生产过程中的消耗，能够从社会产品中得到实物和价值的补偿，就要求社会产品必须保持一个相应的实物构成和价值构成，使之符合生态经济再生产的客观要求，生态经济再生产就能顺利地进行，否则，就会使再生产过程发生困难。现代生态经济系统的基本矛盾运动，使当代生态经济再生产出现种种矛盾和困难，集中到一点，是经济再生产无限扩大的趋势和自然再生产相对缩小的趋势，形成生态经济系统运行中经济系统的总需求大于生态系统的总供给，生态再生产提供的生态产品不能满足物质、精神和人口再生产的需要，使总需求和总供给的矛盾尖锐化。因而，社会产品的价值构成和实物构成不符合生态经济再生产规律的客观要求，导致生态经济再生产陷入严重的困难境地。这种不符合生态经济再生产规律的要求，就必然使当今世界和当代中国经济增长陷入严重的生态与经济极不协调的困境。因此，我国要摆脱其困境，实现生态与经济相协调的经济增长，就必须对一切消耗尤其对生态消耗进行实物上和价值上的补偿。协调好物质补偿关系和价值补偿关系，

---

① 刘思华：《理论生态经济学若干问题研究》，广西人民出版社 1989 年版，第 300~301 页。

仍是我国生态经济再生产实现的必要条件，即是我国生态与经济相协调的经济增长的实现条件。

第三，经济增长方式本质是人与自然之间物质变换的方式。在马克思的论述中，同西方经济学一样，是没有使用过经济增长方式的术语，但是，在他经济学说中却详细地论述了扩大再生产的两种形式，剩余价值生产的两种方法和级差地租的两种形态，这些实质上就是人与自然之间物质变换的两种方式的思想，即是经济增长的两种方式的思想。

（1）马克思关于外延和内涵扩大再生产揭示了经济增长的两种形式思想。马克思把社会资本再生产区划为简单再生产和扩大再生产两种类型，在此基础上又进一步将扩大再生产区划为外延扩大和内涵扩大两种形式，这就使得经济增长的方式表现为外延扩大再生产和内涵扩大再生产的两种形式。马克思在《资本论》中分析实现扩大再生产的原因或所采用的方式时使用了外延扩大和内涵扩大这对概念，即所谓外延增长与内涵增长。马克思明确指出："如果生产场所扩大了，就是在外延上扩大；如果在生产资料效率提高了，就是在内含上扩大。"[1] 这就告诉我们，依靠增加生产要素的投入所引起的地域生产规模扩大则是外延增长；依靠提高生产要素的使用效率，使原有地域内扩大生产规模则属于内涵增长。因此，马克思认为，"生产逐年扩大是由于两个原因：第一，由于投入生产的资本不断增长；第二，由于资本使用的效率不断提高"。[2] 这两种增长方式都有一个共同的特征，那就是以资本增长为前提。马克思在论述资本积累的过程时进一步指出："积累，剩余价值转化为资本，按其实际内容来说，就是规模扩大的再生产过程，而不论这种扩大是从外延方面表现为在旧工厂之外添设新工厂，还是从内含方面表现为扩充原有的生产规模。"[3]

（2）马克思关于剩余价值生产两种方法揭示了经济增长的两种方式思想。马克思通过对绝对价值和相对价值两种生产方式的考察，来研究经济

---

① 《马克思恩格斯全集》第 24 卷，人民出版社 1972 年版，第 192 页。
② 《马克思恩格斯全集》第 26 卷 II，人民出版社 1973 年版，第 598 页。
③ 《马克思恩格斯全集》第 24 卷，人民出版社 1972 年版，第 356 页。

增长的两种方式，即是社会主义生产过程中人与自然之间物质变换的两种方式。马克思指出："把工作日延长，使之超出工人只生产自己劳动价值的等价物的那个点，并由资本占有这部分剩余劳动，这就是绝对剩余价值的生产。"① 而绝对剩余价值生产共同延长（或变相延长）工人的工作日长度而增加活劳动投入量，并相应地增长生产资料的投入量来实现产值和产量的增加，即经济增长仅仅是通过增加生产要素量的投入而实现的，这正是外延增长的特征。马克思认为，资本家追求剩余价值的欲望是无止境的，他们必然通过提高劳动生产率增加剩余价值，这就是相对剩余价值的生产。因此，相对剩余价值的生产不是以增加生产要素的投入为前提，而是以提高劳动生产率即生产要素的使用效率为前提。劳动生产率的提高又是无数资本家追求超额剩余价值的结果。资本家对超额剩余价值的追逐，迫使他们采用新科技，改善经营管理，提高劳动生产率，扩大生产的使用价值，从而实现经济增长，这正是内涵增长的特征。这也表明相对剩余价值的生产具有集约型经济增长的性质。

（3）马克思关于级差地租两种形态，揭示了经济增长的两种方式思想。马克思在《资本论》中对级差地租赖以产生的两种经营方式的考察，使用了粗放和集约这对概念，表明了人与土地之间物质变换的两种方式，从而揭示了经济增长的两种方式。级差地租Ⅰ是以增加土地、劳动力等生产要素投入量，使用粗放耕作方式，来实现产量的增加。级差地租Ⅱ是以主要依靠科技提高劳动生产率，采用集约耕作方式，来实现产量的增加。这就是说，粗放经营是同量的资本分散"投在较大的土地面积上"，② 集约经营就是同量的资本集中投在同一土地上。马克思指出，"在经济学上，所谓耕作集约化，无非是指资本集中在同一土地上，而不是分散在若干毗连的土地上"，③ "发展集约化耕作，也就是说，在同一土地上连续进行投资，这主要是或在较大程度上是在较好土地上进行"。这是"因为这种土地包

---

① 《马克思恩格斯全集》第23卷，人民出版社1972年版，第557页。
② 《马克思恩格斯全集》第25卷，人民出版社1974年版，第762页。
③ 《马克思恩格斯全集》第25卷，人民出版社1974年版，第760页。

含着只待利用的大量的肥力的自然要素，最有希望为投在它上面的资本生利"。① 这些论述，在一定意义上界定了粗放型和集约型经济增长的基本含义，并指明集约型经济增长要建立在大量的自然要素的基础之上。

（4）马克思关于两种经济增长方式相互关系和粗放型增长向集约型增长转变的生态经济思想。马克思在考察两种经济增长方式的同时，揭示了两者关系。他在论述绝对和相对剩余价值生产的关系时指出："绝对剩余价值的生产构成资本主义体系的一般基础，并且是相对剩余价值生产的起点。就相对剩余价值的生产来说，工作日一开始就分成必要劳动和剩余劳动这两个部分。"② 这就是说，绝对剩余价值是关于相对剩余价值生产而存在的，因而，外延扩大再生产为内涵扩大再生产准备了前提条件和奠定了基础。马克思还从级差地租两种形态的关系详尽的分析粗放耕作方式是集约耕作方式的基础和出发点。他说："级差地租Ⅱ的基础和出发点，不仅从历史上来说，而且就级差地租Ⅱ在任何一个一定时期内的运动来说，都是级差地租Ⅰ，就是说，是肥力和位置不同的各级土地的同时并列的耕种，也就是农业总资本的不同组成部分在不同质的地块上同时并列的使用。历史地看，这是不言而喻的。在殖民地，移民只需投很少的资本；主要的生产要素是劳动和土地。每个家长都企图在他的移民伙伴们经营的场所旁边，为自己和家属建立一个独立经营的场所。早在资本主义以前的各种生产方式下，在真正的农业中一般说来必然是这种情形。在作为独立的生产部门的牧羊业或整个畜牧业中，几乎都是共同利用土地，并且一开始就是粗放经营。"③

马克思在论述两种经济增长方式的关系时，就揭示了粗放型经济增长方式转变为集约型经济增长方式的必然性和条件。马克思认为，绝对剩余价值生产、外延扩大再生产、粗放耕作方式条件下产量的增长，都是依靠增加生产要素量的投入的结果。它不仅会遇到各种生产要素有限性或稀缺

---

① 《马克思恩格斯全集》第25卷，人民出版社1974年版，第766页。
② 《马克思恩格斯全集》第23卷，人民出版社1972年版，第557页。
③ 《马克思恩格斯全集》第25卷，人民出版社1974年版，第761页。

性的不可逾越的生态与社会的制约，而且产品量增长的源泉单一，这种只有生产要素量的增加而无质的提高的经济增长速度是缓慢的。例如，绝对剩余价值生产是通过把劳动者的工作日延长到必要劳动时间以外而使经济得到增长。但是，这种经济增长受到一定生态与社会条件的制约，即工作日的延长是有限的。工作日有一个最高界限，"这个最高界限取决于两点。第一是劳动力的身体界限"。"除了这种纯粹身体的界限之外，工作日的延长还碰到道德界限。工人必须有时间满足精神的和社会的需要，这种需要的范围和数量由一般的文化状况决定。"① 在这里，马克思指出了劳动力的消耗首先受到人自身的自然的制约也就是有个自然生态界限，因而它就是绝对剩余价值生产所受到的自然生态制约。与此同时还受到人生存的社会经济制约。如果忽视这种制约，无限度地延长工作日，劳动者就不可能正常地恢复劳动力，从而就不可能正常地进行生产劳动，就谈不上什么经济增长。而相对剩余价值生产、内涵扩大再生产、集约耕作方式条件下产量的增长，主要是通过提高生产要素的使用效率而实现的。这就可以突破仅仅延长工作日实现经济增长的局限性，使经济增长通过"劳动的技术过程和社会组织发生根本的革命"，② 投入同量的社会劳动可以创造出更多的产品，实现经济迅速增长。

粗放型经济增长方式转变为集约型经济增长方式不会自动地实现，它必须具备一系列条件。其中，马克思特别强调了两点：一是实现科技进步。马克思在谈到追加资本一旦转化为凝结着科技新发现和新发明的生产手段的意义时指出：在正常的积累过程中形成的追加资本，主要是充当利用新发明和新发现的手段，总之，是充分利用工业改良的手段。用较少量的劳动力就足以推动多量的机器和原料。用少量的劳动力推动更多的生产资料，提高生产要素的使用效率，就意味着实现集约型经济增长。二是提高劳动者素质。马克思曾指出，工人的平均熟练程度是决定劳动生产力高低的主要因素。因此，为了实现集约型经济增长，必须努力提高劳动者的

---

① 《马克思恩格斯全集》第 23 卷，人民出版社 1972 年版，第 259~260 页。
② 《马克思恩格斯全集》第 23 卷，人民出版社 1972 年版，第 557 页。

素质，培养出符合经济增长方式的新型劳动者。① 马克思这些思想用现在的话来说，就是党实施科教兴国战略所要求的提高全民族的科学文化素质，把经济建设转移到依靠科技进步和提高劳动者素质的轨道上来。

（5）当我们对马克思经济增长概念的理解建立在他的物质变换理论的基础上，并纳入到他的生态经济发展的理论框架中，那么，经济增长理论就成为经济发展理论。20世纪现代社会经济发展的实践表明，经济增长并不等于经济发展，甚至会出现"有增长而无发展"或"无发展的经济增长"结果。这种经济增长不仅不符合马克思经济增长理论，而且违背了马克思社会经济发展观。但是，没有经济增长，也就难以实现经济发展。因此，符合马克思唯物史观和自然观相统一的经济增长，是经济发展的现实基础和基本内容，是影响社会进步与可持续发展的最重要因素。所以，我们不仅要研究马克思经济增长理论和物质变换理论的内在联系，而且要进一步研究经济发展理论和物质变换理论的内在联系，使经济增长与经济发展理论成为马克思生态经济理论体系的基本内容。

马克思、恩格斯认为，资本主义生产与再生产过程绝不是单纯的资本主义经济关系的生产与再生产过程，它同时也是人类生活所必需的物质资料的生产与再生产过程。前者是具备人类社会生产与再生产过程的特殊性，这种特殊性是人类社会生产与再生产的一个特定历史形式，是具有资本主义外壳的生产与再生产过程；后者是一切人类社会生产与再生产过程的普遍性，这种共性的东西是人类社会生产与再生产的物质内容。因此，马克思、恩格斯把资本主义生产与再生产的物质内容与对抗形式相区别，撇开资本主义生产与再生产的对抗形式即资本主义经济关系的外壳，揭示出人类社会生产发展的一般特点、一般原理、一般趋势和一般规律。马克思明确指出："生产的一切时代有某些共同标志，共同规定……其中有些属于一切时代，另一些是几个时代共有的，［有些］规定是最新时代和最古

---

① 杨雪英：《可持续发展学》，中国矿业大学出版社2004年版，第225页。

时共有的。没有它们，任何生产都无从设想"。① 因此，长期以来，我国主流经济学研究是仅仅按照马克思、恩格斯从资本主义对抗性的经济关系视角来研究马克思的经济学说。当时代赋予人们的历史使命发生变化之后，对马克思的经济学说的研究视角必须改变，以适应新的时代要求。令人遗憾的是，到改革开放的发展新时期，我国经济理论界（不包括生态经济学界）研究马克思的经济学说的视角，并没有随着时代的变化而变化；而当一部分经济学家仍然从资本与雇佣劳动之间的对抗性经济关系的视角切入，研究马克思、恩格斯的经济理论，着眼点仍在揭示资本主义制度的不合理，历史局限性和暂时性及其被社会主义生产方式所取代的不可避免性等规律和原理，并把它作为指导社会主义经济建设的理论基础，这就在事实上造成理论与实践的错位。与此同时，对马克思、恩格斯在剖析资本主义生产方式时所揭示的适用于人类物质资料生产与再生产、适用于商品经济和市场经济、适用于社会化大生产的一般特点、一般原理、一般趋势和一般规律的思想，却没有进行深入、系统的挖掘和正确、应有的运用。因此，在建设我国社会主义现代化的历史责任面前，我们必须寻找一种崭新的研究视角，全面地、系统地、深刻地发掘马克思、恩格斯的经济思想遗产。鉴于人类社会历史发展，归根到底是由经济增长和经济发展所引起的，最集中地、最主要地表现为经济增长和经济发展。于是，有的理论经济学家主张应该从经济增长和经济发展这一崭新视角切入，发掘马克思、恩格斯为人类社会遗留下来的可以直接用于指导经济增长和经济发展的极其丰硕的历史遗产，为持续、稳定、协调地推进我国经济增长和经济发展做出应有的贡献。②

　　马克思、恩格斯的工业革命与产业发展思想及工农业发展思想，应该是他们的经济发展理论的重要内容。大家知道，18世纪中叶蒸汽机发明引发了资本主义工业革命，使人类社会经济发展进入资本主义大机器工业时

---

① 《马克思恩格斯全集》第46卷（上），人民出版社1979年版，第22页。
② 王元璋：《马克思主义政治经济学研究》，湖北人民出版社2001年版，第215~221页。

代，从而推动了资本主义革命与产业发展。如果说，马克思、恩格斯经济思想的最主要部分是对资本主义生产方式进行详尽的解剖所取得的研究成果，那么，我们可以说这在一定意义上是对资本主义产业革命与产业发展进行详尽解剖所取得的研究成果。换言之，马克思、恩格斯的经济发展思想，主要是资本主义大工业时代的产业革命与产业发展的理论表现。正如马克思、恩格斯在《共产党宣言》中所指出的，"蒸汽和机器引起了工业生产的革命。现代大工业代替工场手工业"，"大工业建立了由美洲的发现所准备好的世界市场。世界市场使商业、航海业和陆路交通得到了巨大的发展。这种发展又反过来促进了工业的扩展，同时，随着工业、商业、航海业和铁路的扩展，资产阶级也在同一程度上得到发展，增加自己的资本，把中世纪遗留下来的一切阶级都排挤到后面去"。[①] 他们还强调指出：资本主义大工业对"自然力的征服，机器的采用，化学在工业和农业中的应用，轮船的行驶，铁路的通行，电报的使用，整个整个大陆的开垦，河川的通航，仿佛用法术从地下呼唤出来的大量人口，——过去哪一个世纪料想到在社会劳动里蕴藏有这样的生产力呢"？[②] 其后，马克思在《资本论》第 1 卷中详细分析了产业部门生产方式的革命，尤其是工业和农业生产方式的革命，又使社会生产过程的一般条件的交通运输业发生革命。还在《资本论》第 2 卷中研究了由于交通运输工具的发展，而引起商业和世界市场的发展等。

二、建构马克思生态经济发展理论的若干重要问题

自从 20 世纪 80 年代以来，无论是当今世界还是当代中国，生态环境演变呈现恶化趋势，生态环境危机不断加深，直接威胁着现代社会经济发展和人类自身的发展。面对这种现象，国内外马克思主义学者都到马克思学说中寻求良策，从生态学视角对马克思、恩格斯的发展思想进行研究，

---

① 《马克思恩格斯选集》第 1 卷，人民出版社 1995 年版，第 273~274 页。
② 《马克思恩格斯选集》第 1 卷，人民出版社 1995 年版，第 277 页。

努力挖掘他们发展理论中内蕴着的人与自然和谐发展和生态与经济发展理论的精华。进入 21 世纪在我国全面建设小康社会，尤其全面落实科学发展观和建设社会主义和谐社会的伟大历史任务面前，必须完全克服社会经济发展和自然生态发展相脱离的纯粹的社会经济发展观，真正回归到马克思唯物史观和自然观相统一的发展观上来，从生态经济协调可持续发展这一更新视角，深入地发掘马克思、恩格斯的生态经济理论遗产，创建生态马克思主义经济学，使它真正成为指导我国社会主义现代化建设的理论基础。应该说，本书的研究任务和全部内容正是如此。因此，在这里，就没有必要对马克思、恩格斯经济发展理论中每个重要问题逐个作具体论述，而只是在本章前面论述的基础上，从马克思、恩格斯经济发展理论的总体上，选择几点反映整体特征的理论问题进行探讨，使马克思、恩格斯经济发展理论闪现出生态与经济可持续性的思想火花。

（一）建构马克思、恩格斯经济发展的生态基础理论

如前所说，影响经济增长与经济发展的各种要素、各种环境条件、各种机制途径等方面都存在着一个自然基础。在马克思、恩格斯的经济发展理论中确实蕴藏着这个重要的生态经济思想。在马克思论述中可见其多视角地论证了自然资源与自然环境是人类社会存在和经济发展的自然基础。他曾明确指出，自然是其物质财富的第一源泉，自然力与自然生产力是社会生产力发展内在源泉，并特别强调了人类劳动是人与自然之间的物质变换，就是人的"自身的自然"作用于人的"身外的自然"，这是"人通过自己的活动按照对自己有用的方式来改变自然物质的形态"。[①] 笔者还要论及的是，马克思的《资本论》中包含着极为丰富的自然力理论财富，全方位地分析了各种自然力及自然生产力是经济增长与经济发展的生态基础。马克思认为，自然力来自于自然界、人、社会三个方面，来自于自然界和人口的自然力，就是自然界的自然物质和人的自身的自然力；来自于社会

---

① 《马克思恩格斯全集》第 23 卷，人民出版社 1972 年版，第 87 页。

的自然力，这主要是来自于机器、科学与技术、劳动分工与协作、活劳动及工人劳动经验的积累、资本循环及加速资本周转的自然力，等等。这些自然力利用于生产过程，成为带来额外收益的生产要素，会使人类劳动具有更高的生产能力，提高生产力。例如马克思谈到分工与协作的自然力时就指出，"工人所以在同样的时间内创造出更多的产品，是由于协作，分工"。①"通过简单协作和分工来提高生产力"。② 他还认为，由于不同的自然环境、生产方式的自然差别导致的不同的生产领域交换中产业的社会分工，都有调节社会分工的规律，"在这里以自然规律的不可抗拒的权威起着作用"。③ 它一方面"以人本身的自然差别为基础"，另一方面以"生产的自然因素为基础"。④ 至于与分工相关的协作则是一种利用空间和时间的"社会劳动的自然力"，这种已知自然物质的存在方式进入社会生产过程，作为社会生产与再生产中的自然因素，必定会表现出自然规律的作用，⑤这也是社会生产以自然因素为基础的表现。这还体现在对劳动力的消耗上。绝对剩余价值生产，存在着"不可逾越的自然界限"，⑥ 而资本家延长劳动日是一种"违反自然的限度"的罪恶。工人们为正常工作日所进行的斗争，是符合自然规律的要求，是将社会生产建立在自然生态基础上的正义行为，是对资本家反自然行为的一种合理的否定。

马克思在《资本论》中还强调了良好的自然生态环境是创造更多的剩余价值的自然基础。劳动的自然生态环境越优越，资本的生产力就越大。马克思在谈到利用瀑布的工厂主所获得超额利润时指出："他所用劳动的已经提高的生产力，既不是来自资本和劳动本身，也不是来自对一种不同于资本和劳动、但已并入资本的自然力的单纯利用。它来自劳动的某种较大

①《马克思恩格斯全集》第 48 卷，人民出版社 1985 年版，第 41 页。
②《马克思恩格斯全集》第 47 卷，人民出版社 1979 年版，第 363 页。
③《马克思恩格斯全集》第 23 卷，人民出版社 1972 年版，第 396 页。
④《马克思恩格斯全集》第 47 卷，人民出版社 1979 年版，第 312 页。
⑤ 周义澄：《自然理论与现时代》，上海人民出版社 1988 年版，第 51 页。
⑥《马克思恩格斯全集》第 23 卷，人民出版社 1972 年版，第 515 页。

的自然生产力"。① 可见，劳动的自然生产力的差别，就极大影响直至决定着劳动生产力实现结果的社会生产力的差别，这在农业生产中表现得尤为突出。对此，马克思明确指出："农业劳动的生产率是和自然条件联系在一起的，并且由于自然条件的生产率不同，同量劳动会体现为较多或较少的产品或使用价值"。并强调指出："在这里，价值体现为多少产品，取决于土地的生产率。"②

综上所述，马克思关于社会生产、剩余价值及其社会生产力的自然基础思想，实质上就是经济增长与经济发展的生态基础思想。因此，我们建构马克思经济发展的生态基础论是马克思主义的题中应有之义。《我们共同的未来》所说的现代经济社会发展必须"绝对建立在它的生态基础上"，③ 党的生态经济可持续发展理论中所说的自然资源与生态环境是经济可持续发展和社会全面进步的基础，以及多年来笔者反复阐明的现代人类生存与经济社会发展必须以自然生态为基础的生态基础论，都可以在马克思的生态学中"自然基础论"找到理论渊源。

（二）建构马克思、恩格斯经济发展的生态经济过程理论

马克思创立的社会总资本再生产和流通的理论体系，就是经济增长与经济发展的理论体系。这个理论揭示了社会总资本再生产和流通的发展过程，也就是经济增长与经济发展的过程。如何理解这种发展过程呢？长期以来，人们用马克思主义的传统理论来解说这种过程，大都是根据斯大林在《苏联社会主义经济问题》中阐明社会主义制度下经济规律客观性时指出："经济发展的规律是反映不以人们的意志为转移的经济发展过程的客观规律"。对于斯大林在这里所说的"经济发展过程"，现在已有同志作了新解，认为经济发展过程应包括三种经济过程：生产力发展的过程，生产关

① 《马克思恩格斯全集》第25卷，人民出版社1974年版，第726页。

② 引用的这段论述中的生产率也可以译成生产力。《马克思恩格斯全集》第25卷，人民出版社1974年版，第922~923页。

③ 世界环境与发展委员会，国家环保局外办译：《我们共同的未来》，世界知识出版社1980年版，第16页。

系变化的过程，生产力与生产关系统一运动的过程。这个看法，纠正了过去把经济发展过程只说成是生产关系发展过程的传统观点的片面性，在理论上是一个进步。可惜的是，这种看法还没有完全克服传统经济学只是从社会经济系统内部的物质资料生产与再生产的经济现象和过程来研究人类社会经济运动的规律性，把经济发展过程看成纯粹是由社会经济系统本身的规律孤立支配，而不受那些支配着生态系统进化和发展规律所制约的缺陷。传统经济学是把经济过程看成是和自然生态发展无关甚至对立的纯粹的经济过程，因而将生态经济发展过程排除在经济发展过程之外。这就是传统经济学狭义的、不完全的生产观。并不符合马克思的社会生产与再生产过程二重性理论。马克思在研究资本的流通问题讨论生产时间问题时认为，劳动时间会受到自然条件制约而中断。这种中断是指"与劳动过程的长短无关，但受产品的性质和制造产品的方式本身制约的那种中断"。由于劳动对象经历物理、化学、生理变化时受到的"自然过程的支配"，劳动过程会"全部停止或者局部停止"。[①] 在这样的过程中，资本以"未完成的产品的形式"脱离劳动过程而"受自然过程的支配"，资本要缩短整个生产时间，但是，像谷物的成熟和林木的生长，"由固定的自然规律决定"，是无法人为地缩短的。这种非劳动时间的生产时间，只能遵循自然生态运动过程而定。因此，有的学者在论述马克思的这一思想时指出："如果我们把商品的生产、流通、消费看作一种商品的不能超越时间自然的生命过程，那么，时间自然的制约就不只限于生产领域，还表现于流通领域。"[②]这就是说，决定商品"寿命"不是它的社会经济属性，而是它的自然生态属性。所以，马克思才说："资本能够作为商品流通而不致遭受局部或全部丧失价值危险的那段期限的长短，当然随商品产品不同的自然性质而变化。但在任何情况下，商品的易朽性规定了商品流通时间的自然界限。"[③]这里所说的商品的易朽特性，就是指商品的自然生态性质。如果超过了这

---

① 《马克思恩格斯全集》第 24 卷，人民出版社 1972 年版，第 266 页。
② 周义澄：《自然理论与现时代》，上海人民出版社 1988 年版，第 70 页。
③ 《马克思恩格斯全集》第 50 卷，人民出版社 1985 年版，第 58 页。

个界限，"商品就会变坏"，"商品体会变成商品的尸体，而商品的美丽灵魂即价值从中消失。因此，如果说资本在其商品资本的职能中没有获得追加的价值，那么它可能丧失价值"。① 这样，经济增长与经济发展就无从谈起。因此，在马克思那里，社会总资本再生产和流通的发展过程，绝不是纯粹的价值形成与增殖的经济发展过程，同时也是自然生态发展过程，即是社会经济发展过程和自然生态发展过程的统一过程。这种统一发展过程，就是社会总资本再生产与流通的社会经济发展过程和自然生态发展过程相互联系、相互制约、相互作用、浑然一体，形成的生态经济发展过程。这就恢复了马克思、恩格斯经济发展理论的本来面目。

（三）建构马克思、恩格斯经济发展的生态经济平衡协调发展理论

在马克思的社会资本再生产理论体系中，如果说，它阐明了社会资本再生产的核心问题是社会总产品在实物与价值形式上如何补偿问题，那么我们完全可以说，实现社会资本再生产的平衡条件，就成为社会资本再生产的最基本问题。因此，社会资本再生产中必须保持一定的比例关系，才能使社会再生产平衡协调发展；否则各种比例关系失衡，就会使经济发展遭到严重阻碍。在马克思看来，不仅资本主义生产与再生产需要建立起这种比例关系，维持这种平衡；任何社会化生产与再生产都需要这样，当然社会主义生产与再生产也是如此。从表面上看，马克思考察的社会资本再生产的比例关系即平衡条件，的确是属于经济平衡问题。长期以来，用传统经济学理论来理解马克思的社会资本再生产的实现条件，也正是把它理解为在社会再生产总体上考察国民经济发展过程中各部门、各要素、各环节之间的相互平衡关系。似乎不涉及自然生态系统的平衡协调问题及其他同经济系统之间的相互平衡关系问题。其实不然，社会资本再生产需要保持的条件比例关系，绝不是纯粹的经济系统中的经济平衡问题，它同时与

---

① 《马克思恩格斯全集》第 50 卷，人民出版社 1985 年版，第 58 页。

自然生态系统中生态平衡有着紧密联系，涉及经济平衡与生态平衡的相互适应与协调发展问题。

按照马克思唯物史观和自然观相统一的发展观，把人、社会和自然看作一个有机整体，来考察社会资本的运动和平衡关系，它同世界上任何事物的存在和发展一样，是运动和平衡的统一。恩格斯在《自然辩证法》中论述物质的运动形式时深刻地指出："平衡是和运动分不开的。在天体的运动中是平衡中的运动和运动中的平衡（相对的）。但是，任何特殊相对的运动，即这里在一个运动着的天体上的个别物体的任何个别运动，都是为了确立相对静止即平衡的一种努力。物体相对静止的可能性，暂时的平衡状态的可能性，是物质分化的根本条件，因而也是生命的根本条件。……在地球上，运动分化为运动和平衡的交替：个别运动趋向于平衡，而整体运动又破坏个别的平衡。岩石进入了静止状态，但是风化、海浪、河流、冰川的作用不断地破坏这个平衡。蒸发和雨、风、热、电和磁的现象也造成同样的情景。最后，在活的机体中我们看到一切最小的部分和较大的器官的继续不断的运动，这种运动在正常的生活时期是以整个机体的持续平衡为其结果，然而又经常处在运动之中，这是运动和平衡的活的统一。"[①]因此，无论是自然界，还是人类社会，都是运动和平衡的统一。对社会资本的运动过程来说，就是克服过去只是把它看成是纯粹的经济运动过程，而应当理解为生态和经济的运动和平衡的活的统一。我们的任务，则是进行合理调节，力求保持两者之间平衡协调，使社会再生产在生态和经济平衡中运动与发展，实现经济发展的生态经济平衡。在此，笔者要强调几点：

1. 马克思的自然历史过程理论向我们指明了任何社会生产与再生产发展，总是表现为社会经济因素和自然生态因素相互融合与共同作用，才能使社会经济发展。因此，在社会资本再生产中发生作用的社会经济因素，需要保持一定的比例关系，维持经济平衡，同样，在社会资本再生产中发

---

① 《马克思恩格斯全集》第 20 卷，人民出版社 1971 年版，第 589~590 页。

生作用的自然生态因素，也需要维持生物群体与环境资源的持续平衡关系，自然生态系统才能保持动态平衡。这种生态平衡是经济平衡的生态基础，如果这种生态基础受到根本性破坏，不仅社会再生产的各种比例关系难以保持，而且必然导致整个经济运动失衡，使经济增长与经济发展丧失可持续性。

2. 马克思的社会经济运动的两重性理论向我们指明了社会资本运动，必然会带来和引起社会经济运行和自然生态演变两个方面的变化，导致和形成社会经济的变化发展和自然生态的演替进化两个层次的变化发展。因此，实现社会再生产的平衡条件，总会表现为社会经济和自然生态的平衡协调发展关系，表现在自然生态系统中是生态平衡，表现在社会经济系统中是经济平衡，不仅两者都有发展进化演替问题，而且两者相互作用使它们保持动态平衡，并相互渗透与有机结合而形成一种新的平衡形态，这就是经济发展的生态经济平衡。

3. 马克思的经济再生产过程和自然再生产过程相互交织的生态经济再生产原理，不仅适用于农业生产与再生产，也适用于整个社会生产与再生产。只是过去我们用纯经济学的观点理解马克思的实现社会资本再生产的平衡条件，似乎与自然再生产过程无关，只仅仅是整个国民经济系统内部的总需求和总供给之间的平衡与协调。现在看来，我们应当把马克思上述原理与社会资本再生产的实现条件直接联系起来考察实现社会资本再生产的平衡条件，尤其是在当代人类生产实践活动的广化与深化，社会生产与再生产过程和自然界的生态过程已经完全相互交织与相互融合而浑为一体的情况，社会资本再生产的实现条件不仅是要社会经济系统的总需求和总供给的平衡协调发展，而且还要经济再生产的总需求和自然再生产的总供给的平衡协调发展。这是生态经济再生产实现问题的核心问题，也是经济增长与经济发展具有可持续性的核心问题。

4. 从生态经济实质上看，任何一个有人类经济活动的生态系统或者说建立在生态系统基础上的经济系统，都要求社会经济发展和自然生态发展的相互适应和协调发展。因此，从社会资本再生产全过程中考察生态系统和经济系统之间以及它们各个组成部分之间的平衡关系，这是以社会经济发展对生态系统的需求与生态系统满足其需求的供给能力之间的平衡为核心，在一定时期内保持人类社会经济活动的需求与生态系统的供给之间彼此适应和相互协调。因此，"生态经济平衡既不是孤立的经济平衡，也不是孤立的生态平衡，而是以生态平衡为基础，与经济平衡相互融合、相互渗透而形成的统一有机整体。这种新的平衡形式是三大平衡的总平衡：即（a）物质资料和精神生产与再生产的各个环节（生产、交换、分配、消费）的平衡，（b）人口生产与再生产过程的各个要素（数量、质量、构成、分布）同经济发展的关系的平衡，（c）生态系统内部的各个部分（生物因子与非生物因子）的平衡，并使三大平衡互相平衡而实现生态经济系统的总体平衡与协调发展"。[1] 由此看来，从社会资本再生产全过程来考察生态经济系统中的四种生产与再生产之间的相互平衡与协调发展，这就是社会经济发展的生态经济平衡的实质所在，也是经济发展具有可持续性的实质所在。当然，把经济平衡和生态平衡作为一个有机整体进行综合平衡，这是我们在国民经济宏观管理工作中的一个新课题，它本质上是可持续经济发展综合决策管理，需要我们在实践中认真研究探索。

（四）建构马克思、恩格斯经济发展的生态经济循环理论

我们在第六章论述的物质变换理论和第九章论述的物质循环理论，就为建构马克思、恩格斯经济发展的生态经济循环理论提供了科学依据。我们还是先从马克思社会资本再生产理论揭示了资本主义方式不可能满足实现社会资本再生产的平衡条件谈起。资本主义生产方式的基本矛盾，即生产社会化与生产资料私人占有之间的矛盾，是马克思分析资本主义经济运动与发展的出发点。由于资本主义再生产所固有的对抗性矛盾，使得社会资本再生产需要的正常比例关系经常不能维护平衡关系，实际上是通过各种失衡和波动，通过不断的经济震荡和经济危机，自发地强制地实现。这

---

[1] 刘思华：《理论生态经济学若干问题研究》，广西人民出版社 1989 年版，第 112 页。

是资本主义生产方式的一种必然现象。马克思说过："资本在特殊诸部门的
应用比例，只因为一个不断的过程，才归于均衡和这个过程的不断性，是
以一种不断的不均衡为前提。它必须不断的、屡屡强力的，使这种不均
衡，归于均衡。"① 这种不均衡的扩张是资本主义生产方式本身没法解决的
问题，也正是资本主义生产无限增长的本质使得这种不均衡失去了控制，
于是周期性的经济危机也就成为资本主义生产方式的一种必然现象。正如
恩格斯所指出的："市场的扩张赶不上生产的扩张。冲突成为不可避免的
了，而且，因为它在把资本主义生产方式本身炸毁以前不能使矛盾得到解
决，所以它就成为周期性的了。资本主义生产造成了新的'恶性循环'。"②
"恶性循环"，必须伴随着对生产力的巨大的浪费和破坏。对此，我们不能
仅仅用纯经济学的观点来认识恩格斯所说的"恶性循环"，必须用前面所
论证的马克思、恩格斯关于生态经济两重性思想来理解，才符合资本主义
实际情况。在这里，至少有三个问题要弄清楚：

　　1. 恩格斯所说的"恶性循环"当然首先是指资本主义经济危机的经济
恶性循环，即是它使资本主义"陷入崩溃的深渊"。③ 然后，在经济危机
中，"社会性生产和资本主义占有之间的矛盾剧烈地爆发出来"，"商品流通
暂时停顿下来；流通手段即货币成为流通的障碍；商品生产和商品流通的
一切规律都颠倒过来了"。④ 这就是经济恶性循环表现为资本主义社会资本
再生产和流通都停顿下来，它不仅仅是经济循环的中断，而且实质上是
人、社会与自然界之间的物质变换的中断，即是生态经济再生产停顿下
来，极大地阻碍着经济循环和自然生态循环的相互转化与有机统一，造成
自然生态的恶性循环。因此，恩格斯在分析资本主义生产发展的基本条件
时，资本主义大工业发展把工厂乡村变成工厂城市的同时，却"把一切水
都变成臭气冲天的污水"，造成大工业集中和农村城市化的生态恶性循环。

---

① 马克思：《剩余价值学说史》第 2 卷，三联书店 1957 年版，第 59 页。
② 《马克思恩格斯选集》第 3 卷，人民出版社 1995 年版，第 626 页。
③ 《马克思恩格斯选集》第 3 卷，人民出版社 1995 年版，第 626 页。
④ 《马克思恩格斯选集》第 3 卷，人民出版社 1995 年版，第 627 页。

接着，恩格斯认为，只有消灭工业的资本主义性质，才有可能"消灭这种新的恶性循环"，[①] 再一次使用了"新的恶性循环"概念。很明显，它不是指单纯的经济恶性循环，同时也是指生态恶性循环，即是经济恶性循环和生态恶性循环的统一，这就是资本主义经济发展的生态经济恶性循环。

2. 由于资本主义无限扩张的本质，使资本主义"生产方式起来反对变换方式，生产力起来反对已经被它超过的生产方式"，[②] 因而资本主义无法合理调节人与自然之间的物质变换过程，不可能协调好人、社会和自然界之间的物质循环与转化关系，社会使社会资本再生产和流通过程中出现人与自然之间物质变换裂缝，使经济循环和生态循环中断，导致生态经济恶性循环。因此，当年马克思、恩格斯用大量的事实揭露了资本主义过程中出现的人、社会与自然界之间物质交换裂缝，资本主义大工业发展所造成的触目惊心的环境污染和生态破坏使资本主义经济发展具备严重的不可持续性。

3. 发达资本主义国家所走过的"先污染，后治理"的发展道路，实质上是经济的恶性循环和生态的恶性循环——相互交织的生态经济恶性循环弯路。这条以牺牲生态环境为代价实现工业化的发展道路，连资产阶级学者阿·托夫勒也承认它给人类发展带来了两个严重的恶果：一是自然资源衰竭与短缺；二是生态环境污染与破坏，导致了生态环境恶化成为现代经济社会发展面临的全球性的尖锐问题，从而使生态经济恶性循环成为全人类发展的共同问题。虽然说，当代资本主义国家治理环境、恢复生态收到某种成效，使国内的生态环境质量有所改善，但这与这些国家的垄断资产阶级推行生态殖民主义，从发展中国家，特别是经济落后的国家那里掠夺大量的自然资源、转嫁污染、剥削巨额利润分不开的。因而，发达资本主义国家的生态经济运行正在向良性循环转变是建立在发展中国家的自然资源被破坏、生态环境恶化、经济畸形发展的基础上的，即生态经济不良循环，甚至恶性循环的基础上的。这是当代资本主义制度下人、社会与自然

---

① 《马克思恩格斯选集》第 3 卷，人民出版社 1995 年版，第 646 页。
② 《马克思恩格斯选集》第 3 卷，人民出版社 1995 年版，第 627 页。

界之间物质变换和生态经济循环的新形式和新特点。正如加拿大著名学者本·阿格尔指出，当代垄断资本主义已导致过度生产和过度消费，这延续了经济危机，造成了生态危机，可以说，资本主义对生态环境所造成的破坏已超过了以往任何社会。① 因此，现代资本主义制度不可能实现真正意义上的生态经济良性循环的可持续发展。

在马克思、恩格斯的论述中，不仅无情地揭露了资本主义社会资本再生产和流通过程中生态经济恶性循环，而且对取代资本主义的社会主义、共产主义制度能够避免这种恶性循环、实现良性循环作了创造性设想。对于这种科学预测，有些学者认为它"带有理想化的色彩"，甚至"带有某种空想的性质"，笔者没有必要给予置评，只是强调马克思、恩格斯把这种设想纳入他们的科学社会主义、共产主义学说之中，这就为我们理解他们的社会主义经济发展的生态经济良性循环思想提供了理论依据，指出了正确方向及其基本途径。这些，我们在前面的有关章节从其他视角都作过论述，在此，仅从生态经济良性循环的视角进一步作几点说明。

1. 马克思、恩格斯认为，只有社会主义、共产主义才能在扬弃人与人对立的基础上扬弃人与自然的对立。马克思通过对共产主义的深刻思考之后，对社会主义、共产主义的本质特征作出界定，他说："共产主义是私有财产即人的自我异化的积极的扬弃"，是"对人的本质的真正占有"。② 一旦扬弃了私有制和异化劳动，就能像恩格斯所说的那样，"我们一天天地学会更加正确地理解自然规律"，"人们就越是不仅再次地感觉到，而且也认识到自身和自然界的一体性"，③ 这样，人类的一切社会经济活动才能按照人的本质和自然界的规律合理地加以调节，从而为合理地协调人与自然、人与人（社会）的发展关系创造条件，人与自然、人与人（社会）的和谐统一便能得到实现。

2. 社会主义制度下人们的经济活动能够按照人类的本质和自然界规律

---

① 姜建成、朱炳元：《论社会主义全球可持续发展》，《社会主义研究》2003 年第 6 期。
② 《马克思恩格斯全集》第 42 卷，人民出版社 1979 年版，第 120 页。
③ 《马克思恩格斯选集》第 4 卷，人民出版社 1995 年版，第 384 页。

合理地加以调节，这集中体现为社会主义制度能够合理调节与控制人与自然之间的物质交换关系。因此，马克思的合理调节与控制理论，深刻地揭示了在这方面社会主义比资本主义具有极大优越性。在社会主义制度下，不仅存在着人、社会和自然界的有机统一与协调发展的客观要求和必然趋势，而且存在着坚实地实现这种客观要求和必然趋势的主观条件，这就是马克思所说的"社会化的人"、"联合起来的生产者"，能够遵循自然界的物质循环和转化的客观规律，合理调节与控制人与自然之间物质变换关系，克服社会生产与再生产过程中出现物质变换裂缝，自觉地控制人、社会与自然界之间物质循环与转化关系的协调发展，促进生态循环和经济循环的畅通，避免自然生态系统运行和社会经济系统运行的恶性循环，实现生态经济良性循环。因此，马克思所说的"合理调节与控制"，应该是指社会劳动者与自然界之间物质变换关系朝着有利于人、社会和整个自然界良性循环与协调发展方向运行的能力，不断提高这种能力，是实现生态经济良性循环的根本保证。

3. 如前所述，马克思、恩格斯还开创性地探索了实现人与自然的和谐发展、生态与经济的协调发展的基本途径。这就是生态经济良性循环的基本途径。例如，恩格斯认为，消灭"新的恶性循环"，只有按照统一的总计划协调地安排自己的生产力的社会主义社会，"才能允许工业按照最适合于自己的发展，和其他生产要素的保持或发展的原则分于全国"。这是实现经济发展的生态经济良性循环的一个重要原则。实行这个原则，"只有通过城市和乡村的融合，现在的空气、水和土地的污染才能排除，只有通过这种融合，才能使目前城市中病弱的大众把粪便用于促进植物的生长，而不是任其引起疾病"。① 这段论述具有现代循环经济意蕴。用当今的话来说，就是统筹城乡协调发展，用生态链条把工业与农业、城市与乡村有机结合起来，促进城乡生态经济融合发展与良性循环，建设循环型社会。

总之，我们建构马克思、恩格斯经济发展的生态经济良性循环的理论

---

① 《马克思恩格斯选集》第3卷，人民出版社1995年版，第646~647页。

的目的不仅仅只是从思想史的角度来揭示马克思社会经济发展理论具有可持续性意义，主要的目的是要通过这个理论的建构，从马克思发展观高度来正确认识、选择能够遏制生态经济恶性循环的趋势，保证实现生态经济良性循环的道路与模式，这是建设社会主义和谐社会面临的一项重大战略任务。江泽民、胡锦涛都反复强调，实施可持续发展战略、加快转变经济增长方式、发展循环经济，"使经济建设与资源、环境相协调，实现良性循环"，尤其是"逐步使生态步入良性循环"。这同马克思、恩格斯的上述思想是一脉相承的。这正也是我们建构马克思、恩格斯经济发展的生态经济良性循环理论的理论价值与实践意义。所以，"我们必须把社会和经济的发展，建立在两种循环理论的认识基础上，即生态良性循环和经济良性循环有机统一的生态经济良性循环的扎实的理论观点上"。① 无疑，我们建构马克思、恩格斯的经济发展的生态经济良性循环理论，才能纠正那种经济发展只是经济良性循环所带来的传统的社会主义经济发展理论观念，为社会主义经济运行沿着生态经济良性循环的轨道发展提供了坚实的马克思主义理论基础。

三、马克思开创了生态经济可持续性发展观的先河

马克思的生态经济可持续性发展观，不仅表现在他的社会经济发展观的生态意蕴即可持续性思想，而且表现在他全面地、科学地揭示资本主义经济关系演变与发展规律过程，同时从人类存在和社会生活及其未来人类社会的设想的高度，对一切人类社会生产与再生产发展的自然环境与生态条件，进行了在当时历史条件下的多方面的深入探讨，这正是作为人、社会和自然之间的物质变换即人类生活与社会经济发展得以实现的永恒的自然必然性。它本质上是自然生态与社会经济协调可持续发展的问题，即是生态经济可持续性问题。因此，生态经济协调可持续性发展观，成为贯穿

---

① 刘思华：《当代中国绿色道路》，湖北人民出版社 1994 年版，第 308 页。

马克思生态经济发展理论的生命线。所以，我们完全可以说，马克思的生态经济发展理论是可持续发展观的早期探索。

（一）生态经济可持续性发展的核心内容

在这里所说的基本内容，不包括前面所论述的马克思社会经济发展观的可持续性意蕴，而是指体现在马克思理论体系中生态经济可持续性发展观的几个基本内容。其核心内容是物质交换理论。

1. 马克思物质变换理论是生态经济可持续发展理论早期探索的重要标志。本书第六章已经详细地论述马克思批判地继承并超越了李比希的物质变换思想，把作为劳动过程的生产过程的人与自然之间物质变换过程，看成不仅是纯粹的社会经济过程，同时也是自然生态过程，即是同一生产与再生产过程中不可分割的两个侧面的统一过程。这个过程的总概括，就是生态经济发展过程。它所反映的人与自然之间的物质变换关系的实质，是以人与自然的关系为基础的自然界内部生物和非生物间的关系，社会与自然界的关系，社会内部人与人间的关系相互依存、相互适应、相互作用的错综复杂的生态经济关系。马克思正是用这个理论分析了人类社会生产与再生产过程中人与自然之间物质变换关系，特别是分析了资本主义社会生产与再生产过程中人与自然之间物质变换关系的特殊社会历史形式，中断了人与自然之间正常的物质变换过程，割裂了人与自然之间正常的物质变换的生态经济关系，使人与自然之间物质变换过程出现"无法弥补的裂缝"，这就深刻地揭露了资本主义社会生产过程中人与自然物质变换关系的具有严重的不可持续性，从而科学地论证了资本主义生态危机的客观必然性和资本主义社会经济发展的不可持续性。由此产生出人类社会生产过程中人与自然之间的物质变换关系发展的不可持续性思想及未来自然—社会发展观。因此，马克思、恩格斯运用历史唯物主义原理，在认真总结人类社会历史发展规律的基础上，提出了资本主义必然灭亡，社会主义必然胜利的科学结论。这一科学结论内在的意蕴就是用社会主义取代资本主义是人类社会经济可持续发展的希望所在。在马克思的科学社会主义与共产主义学说中明确指出，取代资本主义的社会主义与共产主义，是崭新的"人与自然完成了本质的统一"的社会经济形态，是能够"在最无愧于和最适合于他们的人类本性的条件下进行这种物质变换"。可见，马克思的物质变换理论不仅无情地揭露了资本主义社会经济发展的不可持续性，而且正确地指明了社会主义与共产主义社会的生态经济合理性及其发展的可持续性，并为当代社会主义社会的生态经济可持续发展提供了科学依据与理论基础。

事实上，国内外马克思主义学者都把马克思的物质变换理论视为马克思学说中生态经济理论与可持续性思想的主要表现与基本内容。在20世纪80年代初期，许涤新先生创建中国生态经济学时，就把人与自然之间物质变换关系作为社会主义生态经济发展、演变的现实基础。正是在这个意义上说，许涤新先生是把马克思的物质变换概念，作为创立中国生态经济学理论体系的逻辑起点与理论基础。他说："马克思在他的许多著作中，特别是在他的不朽的《资本论》中，不止一次提到生态平衡和人类与自然之间的物质变换等问题。人与自然之间的物质变换，用现在生态学的语言来说，那就是生命系统与环境系统之间的相互作用。在这里，作为主体的生命系统，如果从生态经济学的角度来看，那就不宜理解为植物和动物的群体，而应该理解为组成社会并从事物质生产的人类。从这个意义上说，马克思在许多重要方面已经为生态经济学奠定了最基本的理论基础"。因此，他把生态经济学的研究对象界定为"是研究那些与自然进行物质变换并组成社会的人类同环境系统的关系"。① 笔者根据许涤新的这个指导思想，在协助他主编《生态经济学》一书所撰写的生态经济学的研究对象这一节时，进一步指出："社会物质资料生产和再生产的运动过程，是人类和自然之间进行物质变换的运动过程……人类就是这样不断往复循环地和自然进行物质变换。这是人和自然的最基本的关系，也是经济系统和生态系统最本质的联系"。是这种关系与联系把两者"耦合成为生态经济有机整体的。

---

① 许涤新：《生态经济学的探索》，《中国生态经济问题研究》文集，浙江人民出版社 1985 年版，第 3~4 页。

这一有机整体的运动发展是生态经济系统运动发展的表现，在此基础上，就构成生态经济学的研究对象"。① 其后，笔者运用马克思的物质变换理论，确定了中国生态经济学的一些最基本的理论范畴。例如，笔者在《理论生态经济学若干问题研究》一书率先提出和论证了生态经济关系的新概念，就是建立在马克思的物质变换理论基础上的。正如笔者所指出的："人类为解决物质生活资料进行的生产劳动，从来就是有两重性：人与自然环境之间物质变换的生态关系，这是问题的一个方面；与此同时，还有另一方面，即人与人之间必然要发生关系。因为人类的生产劳动是一种社会行为，只有在社会环境中并依靠社会体系的力量，才能实现同自然界的物质变换。这样，人们在社会生产过程中发生一定的、必然的、不以人们意志为转移的关系，就是生产关系即经济关系。所以，人们不仅在生产劳动中实现人与自然环境之间的物质变换，同时产生人与人之间相互交换劳动，实现个别劳动之间的社会物质变换"。这是"生态关系和经济关系的有机统一"，"就构成生态经济关系"。②

20 世纪 90 年代中期以来，中外学者对马克思的物质变换理论研究的一个显著特点，就是可持续发展领域里渗透与融合，探索马克思的可持续性思想。在我国不仅生态经济学家是这样，政治经济学家也是这样。例如李成勋先生深入研究《资本论》，发掘其中的可持续发展理论，他指出："马克思的《资本论》中，在深刻揭露资本主义制度下人和人关系的同时，也分析到了人和自然之间的物质变换关系。这种物质变换理论是同当今全世界的热点问题可持续发展理论密切相关的。可以说，马克思的物质变换理论是可持续理论的早期探索。"③ 笔者十分赞同李先生的见解，并进一步认为马克思物质变换理论是生态经济可持续性发展理论早期探索的重要标志，它成为生态马克思主义经济学的核心范畴。在国际上，以福斯特为代表的西方生态马克思主义者，把马克思的物质变换概念置于马克思学说的

---

① 许涤新主编：《生态经济学》，浙江人民出版社 1987 年版，第 3 页。
② 刘思华：《理论生态经济学若干问题研究》，广西人民出版社 1989 年版，第 47~48 页。
③ 滕藤主编：《中国可持续发展研究》（下卷），经济管理出版社 2001 年版，第 639 页。

理论体系的中心地位，建构马克思物质变换裂缝理论。他在《马克思的生态学》等论著中认为，马克思学说中对我们今天的生态讨论的最直接的贡献就是马克思的物质变换裂缝理论。福斯特从这个理论中揭示出马克思学说中的生态学思想因素即可持续性思想因素。他运用物质变换裂缝理论深入地系统地批判了现代资本主义社会不可持续性发展，肯定了只有共产主义才能真正实现可持续性发展。① 因此，我们依据马克思物质变换理论对人类社会生产与再生产过程中物质变换裂缝问题的解决，就是意味着社会主义、共产主义社会的生态经济可持续性发展。

2. 人与自然之间物质变换过程是一个不断延续与拓展的可持续性发展过程。人类和自然界之间进行物质交换是人类通过生产劳动活动不断改变自然物质的形态，同时不断把改变了形态的自然物质返向自然界的运动过程。人类就是这样不断往复循环地和自然界进行物质变换。这是人与自然的最基本的生态关系。因此，在马克思的视野内，人与自然之间的生态关系的缔结，从本质上看，就是人类与自然界之间的物质变换关系。这种物质变换是如何完成和又是怎么才能保持可持续性呢？对于前者，马克思提出了"合理调节"与"共同控制"理论，前面我们已经做过论述。在此，要进一步提出的是，马克思认为在联合生产者的社会主义社会里，必须自觉地、合理地管理人与自然之间的物质变换过程，才能实现人与自然之间物质变换关系的可持续性发展。人类与自然界之间的物质变换一定要实现可持续性发展，这是人类生产劳动活动具有可持续性发展的客观要求。马克思曾经指出："自然界是人为了不致死亡而必须与之不断交往的、人的身体。"② 这就从生态哲学理论上告诉我们，人类对自然界的依赖性即生态环境对人类的制约性，不是一时的、局部的，而是永恒的、全面的，人与自然之间所必需的物质交换一定是要"不断交往"，用当今的话来说就是一定要是可持续性的，实现人与自然之间物质变换关系的可持续发展。因

---

① 郭剑仁：《福斯特的生态学马克思主义思想研究》，未发表的博士论文（内部文稿），2004 年。

② 《马克思恩格斯全集》第 42 卷，人民出版社 1979 年版，第 95 页。

此，马克思、恩格斯在《德意志意识形态》中指出：人类与自然之间物质变换历史的"每一阶段都遇到有一定的物质结果、一定数量的生产力总和，人和自然以及人与人之间在历史上形成的关系，都遇到有前一代传给后一代的大量生产力、资金和环境"。① 可见，人与自然之间物质变换过程中人与自然以及人与人之间在历史上形成的生态经济关系，是人类社会生产实践的产物，是世代人劳动活动的结果。这是不能断截的，否则，就势必导致人类的死亡、社会文明的消失。正如马克思所指出的："任何一个民族，如果停止劳动，不用说一年，就是几个星期，也要灭亡，这是每个小孩都知道的。"② 因为停止劳动就是断截了人与自然之间物质变换过程，从而切断了作为劳动过程的生产过程中自然生态因素的基础作用，不仅根本谈不到社会生产及其发展，而且人的自然生命也就无法继续维持，甚至人本身的存在也就没有了。因此，在马克思那里，人与自然之间的物质变换过程，是一个随着人类社会生产实践活动扩展和深化的不断运动与发展过程，既是人类存在与社会经济发展在时间不断延续的过程，又是人类存在与社会发展在空间不断拓展的过程，还是人类存在与社会经济发展的内涵不断深化和丰富的生态经济运动与发展过程。这就是马克思向我们提供的人与自然之间物质变换关系可持续发展的思想，这是一个超越资本主义的社会主义、共产主义社会的生态经济可持续性发展的重要思想。

（二）　生态经济可持续性发展的三个重要观点

1. 马克思提出了："善待自然"与自然资源可持续利用的生态经济可持续性发展观。马克思再三要求人类必须自觉地、合理地调节他们与自然之间的物质变换关系的实质，就是强调人类必须也应当善待自然，对自然资源合理利用和有效保护，以保持自然界对人类的生态环境价值。这是因为，人类与自然界进行物质变换过程中如果对于自然的必然性缺乏认识和掌握，那么就会使人类的经济活动具有盲目性和反自然性，导致物质变换

---

① 《马克思恩格斯全集》第 3 卷，人民出版社 1960 年版，第 43 页。
② 《马克思恩格斯全集》第 32 卷，人民出版社 1974 年版，第 541 页。

裂缝。对此，马克思十分重视，他曾以农村为例作了说明："耕作如果自发地进行，而不是有意识地加以控制……接踵而来的就是土地荒芜，象波斯、美索不达美亚等地以及希腊那样。"[1] 尤其是马克思在科学地揭示了资本主义农业发展中人与土地之间物质变换裂缝的必然性和现实性之后，就必然会得出一个生态上可持续发展的观念。因此，马克思在《资本论》中阐述地租理论时指出："从一个较高级的社会经济形态的角度来看，个别人对土地的私有权，和一个人对另一个人的私有权一样，是十分荒谬的。甚至整个社会，一个民族，以至一切同时存在的社会加在一起，都不是土地的所有者，他们只是土地的占有者，土地的利用者，并且他们必须象好家长那样，把土地改良后传给后代。"[2] 马克思的这个论述指明了在公有制社会里，谁也不是土地的所有者，因而谁也无权随意滥用和破坏土地；大家作为土地的使用者，必须也应当以对子孙后代关心和负责的态度善待土地（即自然），实现土地这类自然资源的可持续性利用，不仅对当代人是如此，还要传递给后来的世世代代。千百年来，人们都是在掠夺性地滥用土地资源和不自觉、盲目地利用自然资源，马克思却以敏锐的生态洞察力提出要像好家长那样善待土地（自然），这完全是一种新的生态伦理观。在这里我们可以发现在马克思那里已经有了通过善待自然与资源可持续利用达到生态经济可持续发展的思想。对此，有的学者指出："我们认为，这是马克思的可持续发展思想的最精彩的表述。现代可持续发展理论的核心就是在资源利用方面对后代负责，为后代着想，给子子孙孙留下发展的空间和条件，而伟大的马克思恰恰拥有并明确表达了这个核心理念。"[3]

我们发掘马克思善待自然的生态经济可持续发展思想，就使我们找到了马克思生态经济思想的当代价值。马克思要求我们以对子孙后代关心和负责的态度利用和保护土地，并把改良后的土地传给后代，可是，当代人仍在掠夺性滥用土地和不自觉地、盲目地利用自然资源，已经把人类自身

[1]《马克思恩格斯全集》第32卷，人民出版社1974年版，第53页。
[2]《马克思恩格斯全集》第25卷，人民出版社1974年版，第875页。
[3] 滕藤主编：《中国可持续发展研究》（下卷），经济管理出版社2001年版，第648页。

发展和经济社会发展推向了不可持续的深渊。笔者在 2001 年出版的《绿色经济论》一书中论述现今人类发展所面临的土地资源问题："当今全球的土地危机，主要表现为耕地锐减、土质退化、土壤流失、土地沙漠化和荒漠化。这些给人类生存与发展带来了巨大灾难，已成为阻碍 21 世纪经济社会可持续发展的重大制约因素。""耕地退化和土质恶化令人担忧。全球耕地的 3/4 已受到中等以上程度退化，尤其是农田盐碱化问题极为严重，它在中东、北非、南美、南亚和远东各地扩展。"我国土壤不仅现有退化面积较大，而且水土流失、土壤沙化、酸化和盐渍化等现象大多在继续扩展，使土地质量差、退化严重的区域成为我国生态环境恶化严重的区域。在这种生态环境严峻形势下，我们强调马克思善待土地和自然资源可持续利用的光辉思想不仅是十分必要的，而且显示出马克思的生态经济可持续发展思想具有很强的现实性和时代感。

2. 马克思人学思想中包含着深刻的生态可持续性发展观。如前所述，马克思唯物史观和自然观相统一的发展观，具有显著的人学特征，即人的发展学说。他明确地提出了"人的本质的对象化"的科学命题，非常强调人与外部世界的对象性关系，而人是个体和群体的统一体，因而人是反映个体和"类"辩证统一关系的概念。这种关系的发展蕴涵着深刻的生态可持续性意义，突出表现在以下三个方面：

第一，马克思一贯强调人是类的存在物，而不是单个的个体的存在物。"人把自身当作现有的、有生命的类来对待，当作普遍的因而也是自然的存在物来对待。"① 在马克思那里，无论在实践上还是理论上，人以类的存在方式都是把"自身的类以及其他物的类——当作自己的对象"，② 当作自己的以类方式存在的前提条件，没有其他类的存在，人这个类的存在就不是现实的存在。因此，人的类的本质，正是在与其他物的类的交互关系中显示与确证出来的。这首先表现为马克思所说的，一个人的发展取决于他直接或间接进行交往的其他一切人的发展即类的发展。马克思这个重要

---

① 《马克思恩格斯全集》第 42 卷，人民出版社 1979 年版，第 95 页。
② 《马克思恩格斯全集》第 42 卷，人民出版社 1979 年版，第 95 页。

的人类可持续性发展思想，一方面，我们从共时性角度来看，某一特定时空内的人类不是孤立的脱离其他时空内的人类而存在的，而是以他人的类的存在为前提的，所以，自身的类的存在与发展不能危害他人的类的存在与发展。另一方面，我们从历时性角度来看，当代的人的类的存在与发展和后代人的类的存在与发展之间是一种辩证统一关系，马克思对这种代际之间的发展关系十分关注，他要求人类在处理人与自然之间的相互关系时，既要考虑当代人的类的存在与发展问题，又要考虑后代人的类的存在与发展问题，尤其他十分强调保护土地、森林、矿产资源和生态环境，给后代人的类的存在留下生存与发展的空间和条件。在此，我们还要强调指出的是，马克思关于人是类的存在物，不仅是指某个特定时空内的人的类的存在，即某个地区、某个民族、某个国家内的人类的存在，而且还是指全球的人的类的存在即全人类的存在。马克思的整个学说和他实践活动的最终目标，就是为了实现全人类的彻底解放，使人获得自由的、全面发展。马克思指出，到了共产主义，"作为目的本身的人类能力的发展，真正的自由王国，就开始了"。① 正是从这个意义上说，马克思的学说是关于人类解放和发展的学说，也正是在这个意义上说，"马克思是探讨全人类走上可持续发展道路的先驱"。②

其次，马克思所说的人作为类的存在物都把自身的类和其他物的类当作自己的对象，当然最主要的是把自然界的其他生命物种当作自己的对象，人这个类的存在，要以自然界其他生命物种的存在为前提条件，如果没有自然界和其他动植物的类与类的多样性存在，人类作为自然界的一个物种的存在也不是现实的存在。因此，马克思向我们提出了人作为类的存在物，如何处理好自身的存在和自然界及其他生命物种的类之间的对象性关系，这是直接关系着人类生存与发展的根本问题。马克思认为，人首先是直接的自然存在物，因而人这个类是同自然界及其他动植物的类共存共生的对象性关系。当然，"人不仅仅是自然存在物，而且是人的自然存在

---

① 《马克思恩格斯全集》第 25 卷，人民出版社 1974 年版，第 927 页。
② 滕藤主编：《中国可持续发展研究》（下卷），经济管理出版社 2001 年版，第 649 页。

物，也就是说，是为自身而存在的存在物，因而是类存在物"。① 因此，人这类为自身而存在并为了实现自己的本质力量，就必须与自然界及其他动植物的类进行不断交互交往，既要实现自身的本质力量，确证人这个类自身的价值，又要考虑自然界及其他动植物的类的生存与发展，绝对不能只为实现人这个类的生存与发展，而去直接或间接、有意识或无意识地剥夺自然的发展和其他动植物的类在自然界中实现自己的生存权利；尤其是绝对不能危害动植物这个类与自然界之间原本和谐的生物链，剥夺它们与大自然维系的对象性关系，否则，人这类社会自食其果，殃及自身失去与自然界及其他动植物的类的对象性关系，必然危害自身的生存与发展。因此，人这个类为了自身的生存与发展，实现自身对象性关系的同时，必须保障非人类生命种群的类与自然界的对象性关系，即保护非人类生命种群的类及其多样性。他类兴、人类则旺。正如胡锦涛同志所说的："保护自然，就是保护人类。"

再次，人不仅是把自身看作类存在物，而且是有意识的类存在物。马克思指出："人的类特性恰恰就是自由的自觉的活动"。"正因为人是类存在物，他才是有意识的存在物"，"通过实践创造对象世界，即改造无机界，证明了人是有意识的类存在物"。② 恩格斯也指出：人类对自然界的作用是"经过事先思考的、有计划的、以事先知道的一定目标为取向的行为的特征"。③ 可见，人的类本质特性就是有意识的自觉地、能动地创造对象世界，改变自然界。马克思、恩格斯这个思想向我们指明了：人的类把其他物的类当作自己的对象时，随着人类文明发展，就会越来越具有目的性和计划性。这种目的性会越来越全面，计划性会越来越周密，因而人作为有意识的类存在物在实现个体生存与发展的同时，要考虑他人及群体的生存与发展；在实现当代人类生存与发展的同时，要为后代人的类生存与发展提供条件；在实现人类自身的生存与发展的同时，要关照自然界及其他动

---

① 《马克思恩格斯全集》第 42 卷，人民出版社 1979 年版，第 169 页。
② 《马克思恩格斯全集》第 42 卷，人民出版社 1979 年版，第 96 页。
③ 《马克思恩格斯选集》第 4 卷，人民出版社 1995 年版，第 382 页。

植物的类的生存与发展。这些同当代可持续发展思想是完全一致的，而在理论深度上却要高出一筹。

当今国际可持续发展概念虽然首先是关注代际公平，把它作为可持续发展的原始含义，也是实现可持续发展的基本目标；也关注代内公平，《我们共同的未来》一书曾明确指出："虽然狭义的自然持续性（应译为可持续性——引者注）意味着对各代之间社会公正的关注，但必然合理地将其运作到每一代人内部的公平的关注。"① 然而，国际可持续发展概念对人的类与其他非人类生命物种的类的公平关注却较弱。针对这个理论上的不足，按照马克思的生态经济可持续性发展思想，笔者曾指出："可持续发展观的一个基本内涵就是它规定了现今人类不仅需要与子孙后代共享地球资源环境，而且要与其他生命物种共享地球资源环境。因此，以生态为本位的可持续发展的本质含义，可以表达为：在满足当代人生存发展需要的同时，不损害后代人生存需要的能力；在满足人类自身需要的同时，不损害非人类生命物种满足其生存发展需要的能力的发展。"②

3. 人类自觉认识和运用自然规律，努力实现近期发展和长远发展的统一。我们按照马克思、恩格斯的观点，人类能够正确认识运用自然规律和社会规律，并有能力预见和支配自身的社会经济行为可能产生的近期或远期的影响，从而实现生存与经济可持续发展。人作为有意识的类存在物，在自然和社会面前并不是一个被动的存在物，而是一个有目的、能动的、实践着的存在物。在创造对象世界，改变自然界的实践活动中，表现"人的能动和人的受动"③。这就是说，人类能够正确认识自然规律和社会规律，并通过对这些规律的正确认识来预见、规定和调节自己的社会经济实践活动，避免人类实践活动只顾追求直接的、眼前的发展而忽视间接的、长远的发展。但是，历史的事实证明，人类生存与发展所经历过的一切生

① 世界环境与发展委员会，国家环保局外办译：《我们共同的未来》，世界知识出版社 1980 年版，第 19 页。
② 《刘思华文集》，湖北人民出版社 2003 年版，第 501 页。
③ 《马克思恩格斯全集》第 42 卷，人民出版社 1979 年版，第 124 页。

产方式，尤其是在资本主义生产方式下人的生产实践活动，都只在取得劳动的最近的、最直接的有益效果。那些只是在"往后和再往后却发生完全不同的、出乎预料的影响，常常把最初的结果又消除了"。① 而我们却被完全忽视了。恩格斯这段论述使我们明显地体察到，恩格斯是从生态学角度批判了人类在历史上所犯的最大错误就是在于急功近利，过分陶醉眼前效果，忽视、牺牲长远的发展。因此，恩格斯向人类经济实践活动提出了正是当今生态经济可持续性发展的两个基本观点：

一是人类要自觉认识和运用自然规律，不能用牺牲生态环境为代价去谋求人类自身的发展。这个思想完全可以用恩格斯的这段论述来表明，他说："我们一天天地学会更加正确地理解自然规律，学会认识我们对自然界的习常过程所作的干预所引起的较近或较远的后果"，学会支配至少是我们最普通的生产行为所作的较远的自然影响。② 二是人类要自觉认识和运用客观规律，不能用谋求直接的、眼前的发展去危害间接的、长远的发展。这个思想完全可以用恩格斯的这段论述来表明，他说：我们在社会生活领域中，"也渐渐学会了认清我们的生产活动的间接的、较远的社会影响，因而我们也就有可能去支配和调节这些影响"。③ 从这两个方面，我们完全可以发现在恩格斯那里已经有了人类社会经济活动不仅要考虑人类自身的发展，还要考虑自然的发展；不仅要考虑近期的发展，还要考虑长远的发展的生态经济可持续性发展的思想。有的学者说得好：这是不能不让人叹服恩格斯的敏锐的生态洞察力和他的超越时代的可持续性思想。

（三）中国化马克思主义发展理论的可持续性发展观意蕴

从 20 世纪初以来，发展问题就成为全世界关注的重大而紧迫的理论问题和实践，并纳入马克思、恩格斯的后继者列宁、毛泽东等伟大的马克思主义者的视野内。党的十一届三中全会以后，把发展问题摆在社会主义现

---

① 《马克思恩格斯选集》第 4 卷，人民出版社 1995 年版，第 383 页。
② 《马克思恩格斯选集》第 4 卷，人民出版社 1995 年版，第 384 页。
③ 《马克思恩格斯选集》第 4 卷，人民出版社 1995 年版，第 385 页。

代化建设的首要地位，产生了邓小平发展理论和江泽民发展理论，成为邓小平理论体系和"三个代表"重要思想理论体系的核心内容，对马克思、恩格斯发展理论的新发展作出了历史性的新贡献。因此，本书把以邓小平为核心的党的第二代中央领导集体的发展思想，以江泽民为核心的党的第三代中央领导集体的发展思想，以胡锦涛为总书记的党中央继承并发展邓小平、江泽民的发展理论，统称为中国新时期的中国化马克思主义发展观。这种创新的发展理论的深刻内涵，不仅是把经济增长纳入可持续发展轨道，使经济增长带来经济发展，实现经济增长与经济发展的统一；而且使经济发展纳入可持续发展轨道，增强经济发展的可持续性，实现经济发展与可持续发展的统一。这是当代中国共产党人的马克思主义发展观，是实现中华民族伟大复兴的强大思想保证。因而当今中国化马克思主义发展理论，就不言而喻地具有生态经济可持续性发展的深刻内涵与价值向度。着重讲两个重大问题。

1. 中国化马克思主义发展理论的主要特点。中国化马克思主义发展理论是经济增长、经济发展和可持续发展的统一理论，即是加快经济发展和增强发展的可持续性的统一理论。正如胡锦涛所指出："经济发展和人口、资源、环境相协调，不断保护和增强发展的可持续性。经济发展需要数量的增长，但不能把经济发展简单地等同数量的增长。要充分运用我国……有利条件和有利因素，推动经济发展不断迈上新台阶。同时又必须是可持续的，这样我们才能保证实现我国发展的长期奋斗目标。"① 胡锦涛这个论述，揭示了中国化马克思主义发展理论的本质特征，其他特点都是从不同角度表现或补充这个本质特征。这就使这个理论具有生态经济可持续性发展的深刻内涵。在此，仅就几个问题略论如下：

第一，发展必须是速度与结构、质量、效益相统一，这是中国化马克思主义发展理论的一个基本观点。在 20 世纪 80 年代，邓小平多次强调我们要加快发展，必须保持适度的经济发展速度。他说："经济不能滑坡。凡

---

① 《胡锦涛在中央人口资源环境工作座谈会上的讲话》，《光明日报》2004 年 4 月 5 日。

是能够积极争取的发展速度还是要积极争取，当然不要求像过去想的那么高。""要采取有力的步骤，使我们的发展能够持续、有后劲"。"我们只要认真总结过去，考虑未来，我们的发展也许不但更稳、更好，而且可能会更快一点"。① 与此同时，邓小平还强调重视经济发展的质量与效益。1986年他在听取经济情况汇报的谈话中讲到外贸问题时指出："不能只讲数量，首先要讲质量。要打开出口销路，关键是提高质量。质量不高，就没有竞争能力。"② 他还针对片面追求经济增长的高速度，使经济发展出现不少问题时告诫说："速度过高，带来的问题不少，对改革和社会风气也有不利影响，还是稳妥一点好。一定要控制固定资产的投资规模，不要把基本建设的摊子铺大了。一定要首先抓好管理和质量，讲求经济效益和总的社会效益，这样的速度才过得硬。"③ 其后，即 1992 年初他在南方谈话中又强调说："能发展就不要阻挡，有条件的地方要尽可能搞快点，只要是讲效益，讲质量搞外向型经济，就没有什么可以担心的。""当然，不是鼓励不切实际的高速度，还是要扎扎实实，讲求效益，稳步协调地发展"。④

　　我们党的第三代中央领导集体根据邓小平的上述思想，总结我国经济快速高速增长过程，偏重数量扩张，单纯追求增长速度，忽视经济发展质量，效益低下的不良倾向，提出了加快发展，关键在于要走出一条既有较高速度又有较好效益的国民经济发展的新路子，并要求在经济工作中，"要把握好速度问题，速度低了不行，速度过高也不行"。因此，江泽民指出："中央指出，国民经济要保持持续、快速、健康发展，'健康'这两个字很重要。它包含的内容很多。比如说，它要求质量要高，成本要低，技术要优良，产品性能要好，等等。'持续、快速、健康'这六个字，我们要一直坚持下去，这是积多年正反两方面的经验，才确立起来的我国经济顺利运行的唯一正确的路子。这个路子来之不易啊！大家一定要深刻理解，全

---

① 《邓小平文选》第三卷，人民出版社 1993 年版，第 312~313 页。
② 《邓小平文选》第三卷，人民出版社 1993 年版，第 160 页。
③ 《邓小平文选》第三卷，人民出版社 1993 年版，第 143 页。
④ 《邓小平文选》第三卷，人民出版社 1993 年版，第 375 页。

面把握，毫不动摇地照此去做。"① 2004 年 5 月胡锦涛在江苏考察时讲话中进一步指出，"实现经济的持续快速协调健康发展和社会全面进步，必须把工作的重点放到优化经济结构、提高经济增长的质量和效益上来，切实改变高投入、高消耗、高污染、低效率的增长方式"，"坚持走新型工业化道路，努力实现速度与结构、质量、效益相统一"。②

　　第二，发展必须是经济效益、社会效益、生态效益相统一，这是中国化马克思主义发展理论的一个基本观点，也是我们党的生态经济可持续性发展观的一个根本论点。早在 1984 年 4 月，万里同志在全国生态经济科学讨论会暨中国生态经济学会成立大会上的讲话中就指出：国民经济综合平衡要保持生态平衡，讲求生态经济效益问题。他说："应当肯定，过去我们制定国民经济计划要进行经济综合平衡，兴建过大的项目要搞经济和技术论证，这是完全必要的。缺陷是很少考虑或者是根本没有考虑到保持生态平衡的问题。结果，有的大型工程，花费大量的人力、物力和投资建成了，可是他的作用却被某些生产平衡破坏的失误所抵消。不但应有的经济效益发挥不出来，反而给国家造成很大的经济损失。这种经验教训是很多的。搞经济工作一定要有生态经济的头脑。"③ 搞经济工作一定要讲求生态效益和经济效益的统一，即生态经济效益，才能避免经济损失。其后，李鹏同志《在全国城市环境保护工作会议闭幕式上的讲话》中明确提出"四化"建设要讲求"三个效益相统一"的生态经济可持续性发展的论点。他说："我们要提倡在进行'四化'建设中，'三个效益'要统一，即经济效益、社会效益、环境效益要统一。不能够生产发展了，而环境却被破坏了，不能走某些资本主义国家'先污染，后治理'的道路。"④ 到了 1999 年温家宝谈到我们国家和政府的经济建设方针时指出，"坚持经济社会发展与环境保护、生态建设相统一"，"积极推进经济增长方式由粗放型向集约

　　① 《江泽民论有中国特色社会主义专题摘编》，中央文献出版社 2002 年版，第 96 页。
　　② 胡锦涛：《把科学发展观贯穿于发展的整个过程》，《求是》2005 年第 1 期。
　　③ 万里：《社会主义建设中的一个战略性问题》，《人民日报》1984 年 4 月 6 日。
　　④ 国家环境保护总局、中共中央文献编译研究室编：《新时期环境保护重要文献选编》，中央文献出版社、中国环境科学出版社 2001 年版，第 66 页。

型转变，促进经济发展与环境保护、生态建设相协调，实现经济效益、环境效益、生态效益和社会效益相统一"。[1] 进入 21 世纪后，以胡锦涛为总书记的党中央更加重视坚持经济社会发展与环境保护、生态建设的协调与统一。2004 年 3 月胡锦涛在中央人口资源环境工作座谈会上的讲话，同年 5 月在江苏考察工作结束时讲话中，讲到推进资源利用方式的根本转变时，都强调要依靠科技进步，要通过经济、技术、法律等，"推进资源利用方式的根本转变，不断提高资源利用的经济、社会和生态效益，坚持遏制消费资源、破坏资源的现象，实现资源的永续利用"。[2]

对于我国社会主义现代化建设，要实行生态效益、经济效益、社会效益相统一的原则，这是我国生态经济和可持续发展经济学的一个基本原则，也是国内外生态经济和可持续发展学术界的一个共识。对此，笔者根据马克思主义的发展理论和效益理论，在一些论著[3]中从微观、中观、宏观经济可持续发展的视角进行全面论述，在此作点简要介绍。

生态经济与可持续发展经济学认为，生态、经济、社会三个效益是客观存在的，它们相互结合，形成一个统一的生态、经济、社会效益的有机整体。三个效益的统一化来源于"生态—经济—社会"三维复合系统的统一性。因而，三个效益共同存在于统一的可持续发展经济系统运行的活动之中。

人们经济活动的三个效益在本质上是一致的，都是指经济活动给人们带来的某种受益。这种受益在经济系统中表现为经济效益，在生态系统中表现为生态效益，在社会系统中表现为社会效益。企业是个经济、社会、生态组成的三维复合系统，就必然从经济、社会、生态三个效益反映出来。因此，企业生产经营好坏，就表现为三个效益的好坏。企业生产经营的三个效益的统一，实质上就是经济增长、生态改善、社会进步的统一。

---

①　国家环境保护总局、中共中央文献编译研究室编：《新时期环境保护重要文献选编》，中央文献出版社、中国环境科学出版社 2001 年版，第 568 页。

②　《胡锦涛在中央人口资源环境工作座谈会上的讲话》，《光明日报》2004 年 4 月 5 日。

③　主要是指笔者所著的《理论生态经济学若干问题研究》(1989)、《当代中国的绿色道路》(1994)、《刘思华选集》(2000)、《绿色经济论》(2001)、《企业经济可持续发展论》(2002) 等。

三个效益整体统一具有客观性和现实性。在现代经济条件下，人们的经济活动，企业生产和再生产，必然会带来社会经济过程和自然生态过程的变化以及相互作用，总是会给生态系统的演替进化和经济系统的变化发展带来某种影响，并对整个社会系统产生一定的后果。这就在客观上存在着经济效益、社会效益、生态效益的共生、相伴和有机统一的问题。21 世纪现代经济发展的一个重要特点，就是能够把社会生产力和生态生产力的作用有机结合起来，并以之作为推动生产力发展的综合动力。在此基础上，它也必然要求综合取得生态、经济、社会三个效益，并且实现它们的协调统一。事实上，在我国社会主义现代化建设过程中，一些企业坚持走三个效益统一的道路，取得了可喜的成绩，确证只要我们坚持走三个效益统一之路，就一定能够把这种客观要求变成现实，使社会主义生产建设不断发展，生态环境不断改善，二者同步运行，协调发展。当然，社会生产和再生产过程中，三个效益之间存在着矛盾，有时还是很尖锐的。这是由于现代生产和再生产是人们大规模消费自然资源和环境资源的经济活动过程，还会产生负效益。为了避免负效益的产生，就决定了我国现代化建设和企业生产经营必须走三个效益统一之路。

目前，我国经济发展处于新旧经济增长方式互相交错、新旧经济运行机制互相摩擦的时期，经济发展仍然沿着高投入、高消耗、低产出、低效益、重污染的不良循环轨道运行，因而企业生产和再生产是吃得多，吸收少，拉得多，造成经济效益低、生态效益差、社会效益不理想。尤其是改革开放以来，我国经济获得了前所未有的持续快速高速增长，使资源消耗增长过快，资源利用效率过低，加上资源再生率低下，带来了环境污染和生态破坏十分严重，已成为实现全面协调可持续发展的重大障碍。这就表明，在我国现代化建设的现实中确实存在着经济效益低、生态效益差、社会效益不理想的普遍现象。因此，我们强调中国化马克思主义发展观关于发展必须是"三个效益"相统一的思想就更为必要，更为重要了。

第三，发展必须以生态环境良性循环为基础，与生态环境相协调，这是中国化马克思主义发展理论的生态经济内涵的一个重要观点。1992 年李鹏在联合国环境与发展大会上，代表党、国家和政府向世界宣布：我国实行保持生态系统良性循环的发展战略。他说："经济发展必须与环境保护相协调。""各国的经济发展不能脱离环境承受能力，应该实行保持生态系统良性循环的发展战略，实现经济建设和环境保护的协调发展"。① 其后，江泽民在第四次全国环保会议上的讲话中进一步指出："任何地方的经济发展都要注重提高质量和效益，注重优化结构，都要坚持以生态环境良性循环为基础，这样的发展才是健康的和可持续的。"② 在这里，首次把健康发展建立在生态环境良性循环的基础，只有这样经济发展才具有可持续性。这完全符合马克思关于生态环境是社会经济发展的自然基础的基本原理。因此，21世纪中国经济发展必须放在生态环境良性循环的基础上，这是当代中国现代发展的必由之路。笔者曾经多次说过：在这个问题上，我们经济工作长期以来有个理论总是没有搞清楚，即经济增长和物质财富增长并不只是人类经济活动的结果，也就是说并不只是经济的循环，经济的再生产、生产、分配、交换、消费所带来的，而是从经济循环和生态循环的两种循环当中所得到的。所以，我们必须把经济发展建立在两种循环理论的认识基础上，即生态良性循环和经济良性循环有机统一的扎实的理论观点上。我们把这个理论观点纳入可持续发展领域，就能正确解决经济发展与可持续性的关系。因而，"从经济发展是否坚持生态良性循环为基础的角度来讲，经济发展确实存在既有可持续性，也有不可持续性的两种状态。因此，把21世纪中国经济发展放在生态环境良性循环的基础上，就一定能使它的可持续性得到保证，从而实现21世纪中国经济在生态与经济两个良性循环中健康的和可持续发展"。③

　　第四，发展决不能以牺牲生态环境为代价，必须是与人口资源环境相协调的可持续发展。这是中国化马克思主义发展理论的生态经济内涵的根

---

　　① 国家环境保护总局、中共中央文献编译研究室编：《新时期环境保护重要文献选编》，中央文献出版社、中国环境科学出版社2001年版，第183~184页。

　　② 国家环境保护总局、中共中央文献编译研究室编：《新时期环境保护重要文献选编》，中央文献出版社、中国环境科学出版社2001年版，第384~385页。

　　③ 《刘思华选集》，广西人民出版社2000年版，第771~772页。

本论点。我国的经济社会发展不仅要建立在生态环境良性循环的基础上，即生态良性循环的基础上；而且要建立在经济良性循环与生态环境相协调的基础上，正如江泽民所说的，"我们的经济和社会发展，应当是建立在产业结构优化和经济、社会、环境相协调基础上的发展。客观事实说明，那种以盲目扩大投资规模、乱铺摊子为基础的经济增长，其增长速度越快，资源浪费就越大，环境污染和生态破坏就越严重，发展的持续能力就越低。这是不可取的"。① 因此，他在纪念党的十一届三中全会召开二十周年大会上的讲话中，总结改革开放 20 年的我国发展的宝贵经验时强调指出："我们讲发展，必须是速度与效益相统一的发展，必须是与资源、环境、人口相协调的可持续发展。"② 为此，党和国家领导人反复强调两点：一是决不能以牺牲环境和浪费资源为代价换取经济的一时增长。江泽民说："我多次讲过，有条件的地方可以发展得快一点。但是千万要注意，在加快发展中决不能以浪费资源和牺牲环境为代价。"③ 二是发展决不能用当前的发展损害长远的发展，用局部的发展损害全局的发展。1998 年温家宝在国家环保总局干部会议上的讲话中就指出："我们的发展必须是可持续的发展，不能只顾眼前利益而牺牲长远利益，只顾局部利益而牺牲全局利益，在经济发展中要特别注意加强环境保护。"④ 近两年来，胡锦涛也是多次强调说："要彻底改变以牺牲环境、破坏资源为代价的粗放型增长方式，不能以牺牲环境为代价去换取一时的经济增长，不能以眼前发展损害长远利益，不能用局部发展损害全局利益。"⑤ 因此，我们要努力实现经济增长方式由粗放经营向集约经营的根本转变，从而实现以生态环境为代价的发展向生

---

① 国家环境保护总局、中共中央文献编译研究室编：《新时期环境保护重要文献选编》，中央文献出版社、中国环境科学出版社 2001 年版，第 384 页。

② 《江泽民在纪念党的十一届三中全会召开二十周年大会上的讲话》，《人民日报》1998 年12 月 19 日。

③ 国家环境保护总局、中共中央文献编译研究室编：《新时期环境保护重要文献选编》，中央文献出版社、中国环境科学出版社 2001 年版，第 384 页。

④ 国家环境保护总局、中共中央文献编译研究室编：《新时期环境保护重要文献选编》，中央文献出版社、中国环境科学出版社 2001 年版，第 500 页。

⑤ 《胡锦涛在中央人口资源环境工作座谈会上的讲话》，《光明日报》2004 年 4 月 5 日。

态与经济协调共荣的发展转变，促进生态经济社会全面、协调、可持续发展。

2. 人口、资源、环境同经济社会的协调发展，实质上就是生态经济协调发展。生态经济协调发展理论，是我们党的第二、第三代中央领导集体创立的关于经济建设和人口、资源、环境相互关系的生态经济可持续发展学说的最重要组成部分。中国生态经济学理论的精华，是生态经济协调发展理论，它是我国新时期现代化建设发展的客观要求和必然产物。早在1984年，万里在全国生态经济科学讨论会暨中国生态经济学会成立大会上的讲话中，就强调了用生态与经济协调发展的观点指导社会主义经济建设的必要性和极端重要性。他说："我们国家和亿万人民，在生产生活的各个方面，都需要有一个良好的生态环境，以便促进经济的发展，不断提高人民的物质文化生活水平。这就需要专家、学者从事生态经济的研究，从理论和实践的结合上来研究经济发展与自然资源和生态环境的关系，把经济效益和生态效益统一起来，使我国的经济在协调的基础上更稳定、更迅速地发展。"[①] 十多年后，江泽民进一步指出："我们的经济和社会发展，应该是建立在产业结构优化和经济、社会、环境相协调基础上的发展。"[②] 现在，我们从四个方面简述党的这一理论。

（1）生态环境和自然资源是经济社会发展的基础。这可以归纳为三个观点：

第一，生态环境和自然资源是发展生产、繁荣经济的物质源泉。国务院《关于在国民经济调整时期加强环境保护工作的决定》中指出："环境和自然资源，是人民赖以生存的基本条件，是发展生产、繁荣经济的物质源泉。管理好我国的环境，合理地开展和利用自然资源，是现代化建设的一项基本任务。"[③]

---

① 万里：《社会主义建设中的一个战略性问题》，《人民日报》1984年4月6日。
② 国家环境保护总局、中共中央文献编译研究室编：《新时期环境保护重要文献选编》，中央文献出版社、中国环境科学出版社2001年版，第384页。
③ 国家环境保护总局、中共中央文献编译研究室编：《新时期环境保护重要文献选编》，中央文献出版社、中国环境科学出版社2001年版，第20页。

第二，经济的增长，社会的发展，取决于环境和资源的支撑能力。李鹏同志在第三次全国环境保护会议上的讲话中指出："经济的发展，离不开良好的社会环境和自然环境。经济的增长，社会的发展，不仅依赖于科学技术的进步，还取决于环境和资源的支撑能力。"①

第三，良好的生态环境和长期可利用的自然资源是经济发展的基础条件。李鹏在第三次全国环境保护会议上的讲话中谈道："良好的生态环境，是经济发展的基础条件。如果这个基础条件破坏了，环境污染了，生态恶化了，不仅影响经济的发展，也影响社会的安定。"② 其后，他在第四次全国环境保护会议开幕式上的讲话中进一步指出："如果没有一个良好的生态环境和长期可利用的自然资源，人类将失去赖以生存和发展的基础，社会、经济也难以协调发展。"③ 因此，他得出结论说："合理开发资源，加强生态环境保护，是经济可持续发展和社会全面进步的基础。"④ 胡锦涛坚持这个马克思主义观点，他说："良好的生态环境是实现社会生产力持续发展和提高人们生存质量的重要基础。"⑤ 对于生态环境和自然资源是经济社会发展的基础，这条生态经济可持续发展理论的基本原理，国内外学术界把它概括为生态基础论。1984 年笔者在《学术月刊》发表的《社会主义生态经济学的重要特点》一文中，提出了现代生态经济系统运行与发展的三大生态经济规律，其中，就提出了"生态系统是基础和经济系统是主导之间相互作用的生态经济规律"。笔者指出："生态系统是基础，是指它是经济系统、整个生态经济系统的基础。人类的生存和社会经济活动离不开生态环境系统，社会生产和再生产都必须以生态系统为基础。因而，经济

① 国家环境保护总局、中共中央文献编译研究室编：《新时期环境保护重要文献选编》，中央文献出版社、中国环境科学出版社 2001 年版，第 133 页。
② 国家环境保护总局、中共中央文献编译研究室编：《新时期环境保护重要文献选编》，中央文献出版社、中国环境科学出版社 2001 年版，第 133 页。
③ 国家环境保护总局、中共中央文献编译研究室编：《新时期环境保护重要文献选编》，中央文献出版社、中国环境科学出版社 2001 年版，第 373 页。
④ 国家环境保护总局、中共中央文献编译研究室编：《新时期环境保护重要文献选编》，中央文献出版社、中国环境科学出版社 2001 年版，第 531~532 页。
⑤ 胡锦涛：《把科学发展观贯穿于发展的整个过程》，《求是》2005 年第 1 期。

系统、整个生态经济系统就建筑在生态系统之上。生态系统对经济系统这种基础作用的实质，就是生态系统为人类生存和社会经济发展提供生产和生活的良好生态环境，这是人类社会经济活动的基本条件，是社会经济发展的物质基础。经济系统是主导，是指它是生态系统、整个生态经济系统的主导……因此，生态经济系统就是在生态系统的基础作用和经济系统的主导作用及其两者相互作用中，调节人类社会经济活动与自然生态发展关系，使生态、经济两个系统之间趋于相互平衡和协调发展。"① 其后，笔者在一些论著②中把生态系统是基础，明确概括为生态基础论，这是说自然界是人类生存与发展的基础，生态环境是经济社会发展的基础，这是人类文明发展的普遍规律。因此，现代人类生存与经济社会发展必须以自然生态为基础，必须以良性循环的生态系统与生态资源的持久、稳定的供给能力为基础。

（2）经济发展同人口、资源、环境的关系问题，是强国富民安天下的大事。正确认识、处理经济发展同人口、资源、环境的相互关系，这是中国化马克思主义经济发展和人口、资源、环境相互关系学说的基本内容，它从来就是人类安身立命的重要课题，其主要论点有：

第一，正确认识处理经济发展同人口、资源、环境的关系，是事关中华民族生存和发展的大事。现在，中国是一个拥有 13 亿人口的发展中国家，庞大的人口基数和持续增长态势在一个相当长的时期内难以改变，因而将长期面临人口、资源、环境同经济发展的巨大压力和尖锐矛盾。不仅如此，中国还面临来自全球生态环境问题的威胁，这就使得本来已经短缺的自然资源和脆弱的生态环境面临更大的压力，生态环境形势相当严峻，生态环境保护与建设的任务十分艰巨。"这个问题解决不好，把地球搞坏了，其他搞得再好也白搭。人类无法生存，一切都完了！这是很简单的道

---

① 《刘思华选集》，广西人民出版社 2000 年版，第 6~7 页。
② 主要是指《论生态是农业发展的基础》（《中南财经大学学报》1992 年增刊）、《当代中国的绿色道路》（湖北人民出版社 1994 年版）、《农业生态经济基础论》（《经济研究》1996 年第 6期）、《生态本位论》（《生态经济通讯》2001 年第 7 期）等。

理。"① 因此，江泽民强调，"必须从战略的高度深刻认识处理好经济发展同人口、资源、环境的关系的重要性，把这种事关中华民族生存和发展的大事作为紧迫任务，坚持不懈地抓下去"。②

　　第二，正确认识处理人口、资源、环境的关系，是事关全面建设小康社会的大事。在 2003 年的中央人口资源环境工作座谈会上，胡锦涛、朱镕基的讲话中指出，"人口资源环境工作是强国富民安天下的大事，是全面建设小康社会的必然要求"，是"事关全面建筑小康社会目标的突现"。③ 全面小康社会是一个可持续发展的社会，它的一个基本特征，就是一个像胡锦涛同志所说的"资源节约型、环境友好型社会"，这就是全面小康社会，是雄厚的经济基础和良好的生态基础相互适应、相互协调的社会；它绝对不能建筑在经济富裕而生态贫困的极不协调的基础之上。然而，当前我国新型工业化、现代化建设仍然是以牺牲生态环境为代价来换取暂时的经济增长和经济社会发展，这是用削弱中华民族生存与发展的生态基础去增强其经济基础；如不从根本上扭转这种状况，中国特色的社会主义大厦最终会走向崩溃，导致中华民族面临空前的生态经济灾难。这绝不是危言耸听。

　　第三，人口、资源、环境问题，已经形成为制约我国经济发展和社会全面进步的重要因素。长期以来，哲学经济学的传统理论，把自然生态环境看成是经济社会发展的外部条件和外在因素。这是完全不符合马克思学说的基本原理的。因此，本书第三章专门论证了马克思的生态环境内因论，恢复了马克思生态经济可持续性发展观的本来面目。我们党的第三代中央领导集体继承和坚持了马克思这一重要思想，反复强调自然资源短缺和生态环境恶化已经成为我国经济社会可持续发展的重大制约因素。江泽民在中国科协第五次全国代表大会上的讲话指出："我国的可持续发展还受

---

　　① 国家环境保护总局、中共中央文献编译研究室编：《新时期环境保护重要文献选编》，中央文献出版社、中国环境科学出版社 2001 年版，第 266 页。
　　② 《江泽民在中央人口资源环境工作座谈会上的讲话》，《人民日报》1999 年 3 月 14 日。
　　③ 《朱镕基、胡锦涛在中央人口资源环境工作座谈会上的讲话》，《人民日报》2003 年 3 月 10 日。

着国民经济整体素质比较低，以及资源、人口、环境等方面问题的严重的制约。"① 其后，他进一步强调："实现我国经济和社会跨世纪发展目标，必须始终注意处理好经济建设同人口、资源、环境的关系。人口众多、资源相对不足，环境污染严重，已成为影响我国经济和社会发展的重要因素。"② 尤其是1998年夏天的长江流域洪灾，再次敲响了生态环境问题的警钟，事实上，我国生态环境问题对包括人的发展在内的社会经济发展所起的严重制约作用，已经远远超过了这次特大洪水所表现的程度。在当代中国，生态环境确实是一种十分短缺的生活要素和生态要素。

第四，正确处理发展经济同人口、资源、环境的相互关系，直接关系经济发展、社会全面进步和最广大人民的根本利益。生态环境问题不仅是眼前的问题，而且是长远的问题；不仅是局部的问题，而且是整体的问题；不仅是少数人的问题，而且是多数人的问题，③ 尤其是直接影响人民身体健康、生存的条件，危及子孙后代的生存与发展的问题。所以，我们党反复告诫全党：我国人口众多，人均资源相对不足；经济规模越来越大，发展很不平衡；经济发展与自然资源、生态环境的矛盾日益突出，必须正确处理发展经济同人口、资源、环境的发展关系，这"不仅关系我们能否更好地解放和发展生产力，而且关系我们能否更好地实现、发展、维护最广大人民的根本利益"。④ 因此，胡锦涛强调："切实做好人口资源环境工作，对保持国民经济持续快速健康发展、不断提高经济增长的质量和效益，对不断提高人民群众的生活质量、促进人的全面发展，对改善生态环境、促进人与自然的和谐发展，都具有十分重大的意义。"⑤ 也只有把经济发展同人口、资源、环境结合起来全盘考虑，统筹安排，才能确保经济

① 《江泽民在中国科协第五次全国代表大会上的讲话》，《人民日报》1996年5月28日第1版。

② 《江泽民在中央人口资源环境工作座谈会上的讲话》，《人民日报》1999年3月14日。

③ 国家环境保护总局、中共中央文献编译研究室编：《新时期环境保护重要文献选编》，中央文献出版社、中国环境科学出版社2001年版，第266页。

④ 《江泽民在中央人口资源环境工作座谈会上的讲话》，《人民日报》2002年3月11日。

⑤ 《朱镕基、胡锦涛在中央人口资源环境工作座谈会上的讲话》，《人民日报》2003年3月10日。

持续快速健康发展、社会全面进步和实现人的全面发展，使经济发展既满足当代人的需要，又造福于子孙后代。

（3）经济社会必须和生态环境协调发展，这是中国化马克思主义生态经济可持续发展学说的基本观点，是生态经济协调发展理论的核心理念。这是因为，实现经济社会发展和自然生态环境相互协调，这是实施可持续发展战略，走可持续发展之路的根本问题，也是全面建设小康社会，落实科学发展观的重要内容和基本要求。我国制定的《中国 21 世纪议程》开宗明义地明确指出："必须努力寻求一条人口、经济、社会、环境和资源相互协调的既能满足当代人的需求而又不对满足后代人需求的能力构成危害的可持续发展的道路。"[①] 10 年后，胡锦涛进一步指出："实施可持续发展战略，促进人与自然的和谐，实现经济发展和人口、资源、环境相协调，坚持走生产发展、生活富裕、生态良好的文明道路，这既是全面建设小康社会的必然要求，也是贯彻落实科学发展观的重要实践。"[②]

在当代中国，经济社会必须同人口、资源、环境协调发展，首先是由中国的基本国策所决定的。邓小平曾经指出："现在全国人口有九亿多，其中百分之八十是农民。人多有好的一面，也有不利的一面……这就成为中国现代化建设必须考虑的特点。"[③] 正是根据邓小平这个重要思想，明确提出："中国作为一个人口众多的发展中大国，在发展过程中面临着艰巨的人口控制与资源开发、环境保护和经济增长同步协调发展的问题。"[④]

经济社会必须同自然生态环境协调发展，这是现代生产力发展的必然趋势，是现代经济社会发展的重要特征。现代生产力发展历史的正反两个方面证明，现代人类与自然之间物质变换关系中，人类触及自然愈来愈深，而自然对人类的作用也就愈来愈大；社会对自然生态的作用越大，压力越大，而自然生态对社会的反作用就愈大，压力就愈大。这样，人与自

---

① 《中国 21 世纪议程》，中国环境科学出版社 1994 年版，第 1 页。
② 胡锦涛：《把科学发展观贯穿于发展的整个过程》，《求是》2005 年第 1 期。
③ 《邓小平文选》第二卷，人民出版社 1994 年版，第 164 页。
④ 《中国 21 世纪议程》，中国环境科学出版社 1994 年版，第 40 页。

然、社会经济与自然生态之间的相互依存关系就越来越复杂，相互作用关系就越来越深化，使得它们之间相互适应关系也就愈来愈密切，相互协调关系也就愈来愈强化。因此，经济社会发展必须与自然生态发展的状况相协调，已成为当代经济社会发展的重要特征；经济生产力发展必须与生态生产力发展的状况相协调，已成为现代生产力发展的重要特征。这是现代人类经济社会活动和现代生产力发展的必然趋势。

中国化马克思生态经济可持续发展学说，正是反映了现代社会经济和现代生产力发展的客观规律；科学地揭示了经济社会必须同自然生态环境协调发展是一条重要规律。万里同志在《中国自然保护纲要》的序言中明确指出："经济建设必须和自然保护协调发展，这是我国人民在几十年的社会主义建设实践中总结出来的一个重要经验，也是自然保护工作的一条重要规律。"① 在这里，指明了生态经济协调发展是一条客观规律，我们党遵循这一生态经济规律的要求，把它作为人们经济社会活动的指导方针。因此，我们决 "不能把保护资源和环境与发展经济割裂开来，更不能对立起来。我们必须把握发展经济同保护资源和环境的内在规律，从国家和民族的长远发展考虑，十分注意处理好经济建设同人口、资源、环境之间的关系，促进环境与经济协调发展"。②

---

① 万里：《中国自然保护纲要》序言，《光明日报》1987 年 5 月 26 日。
② 国家环境保护总局、中共中央文献编译研究室编：《新时期环境保护重要文献选编》，中央文献出版社、中国环境科学出版社 2001 年版，第 567~568 页。

第十一章　全面发展文明观的思想先声

——物质、政治、精神文明和生态文明的统一

"文明"这个术语，在马克思、恩格斯的论著中是使用频率最高的词汇之一，这表明马克思、恩格斯在创立和发展马克思主义理论的过程中，就内在地形成了马克思主义文明观，使马克思学说中蕴藏着丰富的物质文明、精神文明、政治文明的理论观点。值得重视的是，马克思、恩格斯当年虽然没有明确提出生态文明的论点，但却明确提出"人与自然界和谐"的思想，还强调通过实践活动来实现人与人（社会）相和谐。这种人与自然和人与人（社会）的和谐的思想，正是我们所说的生态文明理念。尤其是马克思、恩格斯在深刻批判资本主义文明的片面的、畸形的发展的基础上，坚定地相信并用人类文明历史发展的逻辑预言，在共产主义的框架中，人类文明是全面的、协调的发展，不仅是人与自然之间的关系是和谐协调的，而且人与人（社会）之间的关系也是和谐协调的。这就使我们从马克思共产主义学说对共产主义文明的设想中，可以体察到作为共产主义第一阶段的社会主义，是物质文明、政治文明、精神文明、生态文明有机统一与全面协调发展的思想。因此，我们完全可以说，马克思开创了社会主义四大文明全面协调发展理论的先河。

一、马克思的理论体系中人类文明思想简述

（一）人类文明思想的历史回顾

什么是文明，古往今来，不同时代、不同国度的学者从不同的视角对人类文明及其发展作出不同的解说。时至今日，对文明的界定在表述上仍

然有所不同，但就其基本内涵来说，还是没有本质区别的。为此，我们有必要对人类文明思想作简要的历史考察。

文明一词，在中国古代典籍中已有记载。例如《周易·贲》中说："文明以止，人文也。"《周易·乾》中还说："见龙在田，天下文明。"《尚书·舜典》中载"浚哲文明"，《五经疏》解释是："经天纬地曰文，照临四方曰明。"这就是说，文者纹也，就是纹理印痕；明者日月也，就是辉耀光明。《疏》又云："文明，离也，以止良也。用以文明之道，截止人也，是人之文德之教。"清代李渔在《闲情偶寄》中也说"辟草昧而致文明"。由此可知，中国古代人对文明的认识，是借用自然界的现象来说明人类社会的理想和对光明的追求，它是人文教化的道理与方法。因此，有的学者认为，中国古代典籍中所说的文明，"意指社会面貌的开化、进步、光明的状态"。[1]

近代意义的文明一词，是1756年法国米拉波侯爵在《人类之友》一书中提出的，18世纪法国启蒙学者伏尔泰、孟德斯鸠、卢梭等人的著作中都使用过文明的概念。18世纪空想社会主义者圣西门、傅立叶、欧文等的著作中都使用过文明的术语。圣西门说过："研究人类理性的进程，以便将来为改进人类的文明而努力——这就是我为自己规定的目的。"[2]到了19世纪和20世纪，文明已成为西方国家中人们的普遍用语，因而在其重要文献中大都有文明概念的阐释。徐鸿武在《关于文明概念的再探讨》一文中作了简略回顾：1961年出版的法国《世界百科全书》中就提出，文明主要是指"开化的社会"、"社会的高度发达"、"文明事业"等。1961年出版的《法国大罗拉斯百科全书》也认为，文明是"指教化、使开化动作的结果"，"指文化、技术、人道精神、教育、礼仪、传统、民俗、精华和生活方式"，还"指一个具有并实行了脱离野蛮状态的法律与习惯的民族或国家"。1964年出版的《英国大百科全书》称道，"文明的内容包括语言、宗教、信仰、道德、艺术和人类思想与理论的表态"。1973年出版的日本

---

① 徐鸿武：《关于文明概念的再探讨》，《红旗文稿》2003年第20期。
② 圣西门著，王燕生等译：《圣西门选集》，商务印书馆1979年版，第146页。

《世界文化大辞典》一书中说，"文明是指一个社会或国家精神的（艺术、宗教、道德、科学、法律等）和物质的（产业、技术、经济等）生活的总称而言"。1978 年出版的《苏联大百科全书》中也说，"文明是社会发展、物质变化和精神文化的水平和程度"。由此可知，近现代人对文明的看法，是指文明是文化发展到一定阶段的产物，这时文化和文明概念基本一致。它是指人类社会的开化发展程度和进步状态的标志，是人类社会进步、美好、发达等诸因素的总和。当然，从严格意义上说，文明应该是指人们改造自然、社会和人自身的先进成果和进步标志。

（二）马克思文明思想的主要内容

在马克思的视野里，文明是与野蛮、愚昧相对应的概念，它在本质上是反映人类社会发展程度与开化状态的概念，是人们改造自然、改造社会和自我改造积极成果的结晶，是人类实践活动的产物。在人类文明思想发展史上，马克思、恩格斯首次把文明理论建立在唯物史观的坚实基础之上，将文明产生与发展都植根于人类物质生产实践活动之中，正如恩格斯所指出的："文明是实践的事情，是一种社会品质"。[①] 因此，马克思的唯物史观肯定了物质生产实践在人类文明产生、形成与发展中的决定作用；与此同时，马克思的自然观指明了自然生态环境在人类文明产生、形成与发展中的基础作用。但这两方面是密切相连的；只要有人存在，自然发展史和人类发展史就彼此相互制约与相互影响的。相应地说，人类文明历史发展，则是自然生态环境决定作用和社会经济决定作用的辩证统一。这是马克思主义文明观的基本论点。

1. 马克思的唯物史观阐明了人类文明的起源与发展演进的基本逻辑。在马克思以前和他的同时代，就有不同的人类文明起源和发展的理论。例如黑格尔就站在唯心主义的立场上研究人类文明的起源和发展，使它蒙上了一种类似宗教神学的神秘色彩。马克思用唯物史观全面地考察了人类文

---

① 《马克思恩格斯全集》第 1 卷，人民出版社 1956 年版，第 666 页。

明的客观进程，彻底清算了唯心主义的人类文明起源与发展的种种学说，把人类文明的起源与发展奠定在唯物史观的基础上，科学地揭示了人类文明的起源与发展的基本逻辑。马克思、恩格斯在《德意志意识形态》首次阐述唯物史观的基本原理时写道："这种历史观就在于：从直接生活的物质生产出发来考察现实的生产过程，并把与该生产方式相联系的、它所产生的交往形式，即各个不同阶段上的市民社会，理解为整个历史的基础；然后必须在国家生活的范围内描述市民社会的活动，同时从市民社会出发来阐明各种不同的理论产物和意识形式，如宗教、哲学、道德等等，并在这个基础上追溯它们产生的过程。"① 这个科学论断清楚告诉我们，只有从生产力和生产关系、经济基础和上层建筑辩证统一关系的视角，才能科学地揭示人类文明的起源与发展规律。马克思正是依据人类历史发展的客观事实，对人类文明的起源与发展作了系统的考察，他在《路易斯·亨·摩尔根〈古代社会〉一书摘要》中赞同摩尔根的观点说："无论怎样高度估计财产对人类文明的影响，都不为过甚。财产曾经是把雅利安人和闪米特人从野蛮时代带进文明时代的力量。管理机关和法律建立起来，主要就是为了创造、保护和享有财产。"② 因此，财产对人类文明的起源与发展，及其推进人类发展进入文明时代，起着十分重要的作用。正因这样，马克思悉心考察财产的来源，从而最终追溯到人类文明的源头。在马克思、恩格斯看来，财产是在社会分工中形成的。"分工发展的各个不同阶段，同时也就是所有制的各种不同形式。这就是说，分工的每一个阶段还根据个人与劳动的材料、工具和产品的关系决定他们相互之间的关系。"③ 因此，在分工的基础上，形成了其他社会活动形式以及不同的所有制形式，于是就产生了阶级。所以，马克思、恩格斯认为，分工和私有制是两个同义语，讲的是同一件事情，一个是就活动而言，另一个是就活动的产品而言。他们说过：分工"首先引起工商业劳动和农业劳动的分离，从而也引起城乡分离

---

① 《马克思恩格斯全集》第3卷，人民出版社1960年版，第42~43页。
② 《马克思恩格斯全集》第45卷，人民出版社1985年版，第377页。
③ 《马克思恩格斯全集》第3卷，人民出版社1960年版，第25页。

和城乡利益的对立。分工的进一步发展导致商业劳动和工业劳动的分离"。① 可见，文明一词究其词源是与城市、商业、工业等直接有关，它的产生与发展于城市和乡村的分离与对立过程之中。马克思、恩格斯明确指出："物质劳动和精神劳动的最大的一次分工，就是城市和乡村的分离。城乡之间的对立是随着野蛮向文明的过渡、部落制度向国家的过渡、地方局限性向民族的过渡而开始的，它贯穿着全部文明的历史并一直延续到现在。"② 马克思、恩格斯的这些论述深刻地阐明了，财产和社会分工是人类文明的起源与发展的主要推动力。他们认为，"这个原理是公认的"。③

2. 马克思揭示了自然生态环境与人类文明及其发展的内在联系。在马克思、恩格斯的视野内，自然界是人类文明的母体，良好生态环境是人类文明发展的前提。这是因为，马克思唯物史观告诉我们，人类社会最基本的实践活动就是人类的生产劳动实践。因而人类文明则是生产劳动实践的产物。人类创造文明，如果"没有自然界，没有感性的外部世界，工人就什么也不能创造"。④ 马克思的这个论断告诉我们，客观存在着的自然界是人类一切实践活动的现实基础，没有自然界，人类不能创造一切文明。只有优越的生态环境才能推动人类文明的发展。根据马克思的上述思想，我们完全可以说，自然生态环境不仅是决定某个历史时期文明演变的主要因素，也是决定某个民族、地区文明演变的主要因素，甚至是影响文明存在与发展的第一因素。⑤

马克思在研究人类文明与生态环境关系时认为："文明如果是自发地发展，而不是自觉地发展，则留给自己的是荒漠。" 他还强调指出："不以伟大的自然规律为依据的人类计划，只会带来灾难"。⑥ 对此，恩格斯在《自然辩证法》中进一步指出："文明是一个对抗的过程，这个过程以其至今为

① 《马克思恩格斯全集》第 3 卷，人民出版社 1960 年版，第 24~25 页。
② 《马克思恩格斯全集》第 3 卷，人民出版社 1960 年版，第 56~57 页。
③ 《马克思恩格斯全集》第 3 卷，人民出版社 1960 年版，第 24 页。
④ 《马克思恩格斯全集》第 42 卷，人民出版社 1979 年版，第 92 页。
⑤ ［日］堺屋太一著，金泰相译：《知识价值革命》，东方出版社 1986 年版，第 270、182 页。
⑥ 《马克思恩格斯全集》第 31 卷，人民出版社 1972 年版，第 251 页。

止的形式使土地贫瘠使森林荒芜，使土壤不能产生其最初的产品，并使气候恶化。"① 这就是说，人类在创造灿烂文明的同时，严重忽视了对自然资源和生态环境的保护与建设，必然会带来生态环境恶化。从古代文明到现代文明莫不如此。因此，"我们可以认为，20 世纪后半期出现的这一现象，是和古代末期由于森林资源的枯竭和土地的沙漠化而'古代文明国'遭到衰落的情况相似"。② 可见，任何时代的人类文明，都无法摆脱文明对自然生态环境的依赖性和自然生态文明对文明的约束性。自然生态环境的衰落，也必将是人类文明的衰落。这是人类文明发展的不以人们意志为转移的客观规律。一些历史学家在研究人类文明与自然生态环境的关系时，也揭示了这个规律。他们认为，"文明之所以会在孕育了这些文明的故乡衰落，主要是由于人们糟蹋或者毁坏了帮助人类发展文明的环境"。"人类借助改善了的工具和提高了的技术，在无意中毁坏了土地的生产力"，乃至"文明人跨过地球表面，在他们的足迹所过之处留下一片荒漠"。③ 这种对人类与自然生态环境相互关系的认识，完全可以从马克思、恩格斯的文明思想中找到理论渊源。在人类历史上，人类在自然界的基础上所创造的一切文明，大多导致了奠定文明基础的自然生态环境的衰落，使大自然的报复终于降临到人类头上，人类文明也就随之毁灭。

3. 马克思、恩格斯用唯物史观作出了人类发展历史分期，提出了划分文明时代的标志。马克思在《路易斯·亨·摩尔根〈古代社会〉一书摘要》中，恩格斯在《家庭、私有制和国家的起源》中，都接受和沿用了美国学者摩尔根对人类社会历史分期的概括和术语，这就是摩尔根把人类社会从低级阶段到高级阶段的历史发展划分为蒙昧、野蛮和文明三个历史时代。正如恩格斯所说的："现在我们可以把摩尔根的分期概括如下：蒙昧时代是以获取现成的天然产物为主的时期；人工产品主要是用作获取天然产

---

① 恩格斯：《自然辩证法》单行本，人民出版社 1984 年版，第 311 页。
② ［日］堺屋太一著，金泰相译：《知识价值革命》，东方出版社 1986 年版，第 124 页。
③ ［美］弗·卡特·汤姆戴尔著，鱼珊玲译：《表土与人类文明》，中国环境科学出版社 1987 年版，第 3、5 页。

物的辅助工具。野蛮时代是学会畜牧和农耕的时期，是学会靠人的活动来增加天然产物生产的方法的时期。文明时代是学会对天然产物进一步加工的时期，是真正的工业和艺术的时期。"① 恩格斯在《家庭、私有制和国家的起源》这部著名著作中对文明时代的基本问题作了深刻而系统地阐述，在此举几点：第一，指出了人类文明和文明时代的概念的联系与区别。文明是人类实践活动的产物，而文明时代则是人类社会文明发展到一定阶段的产物。因此，恩格斯指出："文明时代是社会发展的这样一个阶段，在这个阶段上，分工，由分工而产生的个人之间的交换……完全改变了先前的整个社会。"② 第二，在蒙昧时代，狩猎和采集是主要产业，在野蛮时代，畜牧和种植是主要产业，当今学术界有些学者把这两个时代人类实践活动所创造的积极成果称之为原始文明。在文明时代，手工业的分离及其体力劳动和脑力考察的分工则是主要标志。恩格斯认为，文明时代"是由分工方面的一个新的进步开始的"，它"巩固并加强了所有这些在它以前发生的各次分工"。③ 第三，文明时代同阶级社会俱来。人类社会经过漫长的原始社会文明因素的积累，到奴隶社会，"我们就走到文明时代的门槛"。④ 可见，文明时代起始于奴隶社会，奴隶制使社会形成剥削阶级和被剥削阶级的第一次分裂。这种分裂继续存在于整个文明时代。奴隶制、农奴制、雇佣劳动制，"这就是文明时代的三大时期所特有的三大奴役形式"。⑤ 因此，恩格斯作出结论说："文明时代的基础是一个阶级对另一个阶级的剥削，所以它们全部发展都是在经常的矛盾中进行的。"⑥ 这就是说，一部文明时代发展的历史，就是一部阶级压迫和阶级斗争的历史。第四，恩格斯还论述了文明时代的在经济上的特征，揭示了文明时代发展的动力是"微

---

① 《马克思恩格斯选集》第 4 卷，人民出版社 1995 年版，第 24 页。
② 《马克思恩格斯选集》第 4 卷，人民出版社 1995 年版，第 174 页。
③ 《马克思恩格斯选集》第 4 卷，人民出版社 1995 年版，第 165 页。
④ 《马克思恩格斯选集》第 4 卷，人民出版社 1995 年版，第 165 页。
⑤ 《马克思恩格斯选集》第 4 卷，人民出版社 1995 年版，第 176 页。
⑥ 《马克思恩格斯选集》第 4 卷，人民出版社 1995 年版，第 177 页。

不足道的单个的个人的财富，这就是文明时代唯一的、具有决定意义的目的"。①

4. 马克思提出了现代文明与资本主义文明、资本主义文明与工业文明同时诞生的思想，并对资本主义文明与工业文明进行系统地科学批判。马克思在《资本论》第1版序言中明确指出，"本书的最终目的就是揭示现代社会的经济运动规律"。他在这里所说的"现代社会"就是指资本主义社会。因此，在马克思的文明理论框架内，现代文明时代始于资本主义社会，资本主义工业革命，使社会生产技术体系用工业生产技术体系代替农业生产技术体系，实现了人类社会经济发展从工场手工业经济过渡到机器大工业经济。这就是资本主义创造的工业文明。工业文明是人类文明进程的一个特定历史时代，它表明人类社会发展由农业社会转向工业社会，从农业文明转向工业文明。因此，资本主义文明首先是资本主义工业文明。马克思、恩格斯运用唯物史观，客观地论述了资本主义工业文明对人类文明历史发展作出的重大贡献，认为资产阶级在历史上确实发挥过"非常革命"的积极作用。就物质生产力而言，"资产阶级在它的不到一百年的阶级统治中所创造的生产力，比过去一切世代创造的全部生产力还要多，还要大"。② "物质的生产是如此，精神的生产也是如此。各民族的精神产品成了公共的财产"。③ 恩格斯还称资本主义文明所创造的科学、美术等是"文明中间一切精致的东西"。④ 列宁把资本主义文明发展起来的科学、教育、文化等称之为"资本主义文明的最高成就和精华。"⑤ 因此，马克思、恩格斯在《共产党宣言》中特别肯定了资产阶级对全人类文明发展作出的重大贡献。他们说："资产阶级，由于开拓了世界市场，使一切国家的生产和消费都成为世界性的了……新的工业的建立已经成为一切文明民族的生命攸关的问题。""资产阶级，由于一切生产工具的迅速改进，由于交通的极其

① 《马克思恩格斯选集》第4卷，人民出版社1995年版，第177页。
② 《马克思恩格斯选集》第1卷，人民出版社1995年版，第277页。
③ 《马克思恩格斯选集》第1卷，人民出版社1995年版，第276页。
④ 《马克思恩格斯全集》第1卷，人民出版社1956年版，第580页。
⑤ 《列宁全集》第35卷，人民出版社1985年版，第433页。

便利，把一切民族甚至最野蛮的民族都卷到文明中来了……它迫使一切民族——如果它们不想灭亡的话——采用资产阶级的生产方式；它迫使它们在自己那里推行所谓文明。"① 恩格斯在《共产主义原理》中还指出："大工业便把世界各国人民互相联系起来，把所有地方性的小市场联合成为一个世界市场，到处为文明和进步作了准备，使各文明国家里发生的一切必然影响到其余各国。"②

马克思的文明理论，应该说首先是关于资本主义文明社会产生发展并最终走向毁灭的学说。因此，马克思、恩格斯对资本主义文明发展的尖锐矛盾，进行了无情地揭露和科学批判。马克思认为，在阶级对抗或私有制占统治地位的文明时代中，人类文明的发展，人与自然、人与社会及其相互关系的发展，总以巨大苦难为代价。而资本主义及其所造就的工业文明付出的这种代价，达到了一个前所未有的程度，使资本主义文明处于劳动异化、自然异化、人的异化等非人性、非人道、片面性的极度畸形发展之中。马克思认为，在资本主义文明时代，一方面是人全面占有了自然，另一方面则是劳动者与自己的自然劳动完全分离。"劳动创造了宫殿，但是给工人创造了贫民窟。劳动创造了美，但是使工人变成畸形。"③ 因此，马克思的工业文明理论对资本主义文明的人、社会和自然的极度畸形发展的科学批判主要有四点：人与自然间关系的极度异化；个人的能力和关系的极度异化；生产力和科学技术发展的极度异化；个体与类或个人利益与公共利益间关系的极度异化。④ 正因为资本主义文明的这种极度畸形发展，它的自我否定因素也就急剧生长，使它走向毁灭。资产阶级在创造人类文明的同时，也在毁灭人类文明。资本主义发展社会生产力的同时，却在消灭自然生产力。资产阶级在传播本民族文明的同时，却在毁灭其他民族文明。马克思曾经就英国征服印度揭露资产阶级文明的极端伪善和它的野蛮

---

① 《马克思恩格斯选集》第 1 卷，人民出版社 1995 年版，第 276 页。
② 《马克思恩格斯选集》第 1 卷，人民出版社 1995 年版，第 234 页。
③ 《马克思恩格斯全集》第 42 卷，人民出版社 1979 年版，第 93 页。
④ 叶险明：《马克思的工业文明理论及其现代意义》，《马克思主义研究》2004 年第 2、3 期。

本性时就说过："他们破坏了本地的公社，摧毁了本地的工业，夷平了本地社会中伟大和崇高的一切，从而毁灭了印度的文明。"① 西方殖民主义不是对人类文明的传播，而是对人类文明的毁灭！

5. 马克思揭示了人类文明的多样性，并指明了文明的多样性和交融性是人类文明发展的基本进程。方世南先生在《马克思关于人类文明多样性思想初探》一文中阐明了马克思的这个文明思想："马克思第一次科学地、完整地和正确地说明了人类文明的多样。但是，他的贡献并不到此为止。我们认为，马克思真正关于人类文明多样性思想的突出贡献在于，他是在人类文明发展的最一般趋势（文明发展通例）和个别文明发展的特殊趋势（文明发展的特例）中，在人类文明和多样性和交融性辩证互动中展示出人类文明发展的总趋势和基本规律。"② 这段话概括了马克思人类文明发展思想，我们要遵循马克思的文明理论，去深刻认识和正确处理世界各国、各民族文明发展道路的多样性与人类文明发展的普遍规律的相互关系。任何人类文明都是共性和个性的统一。这是历史辩证法。马克思不仅肯定了人类文明存在着基本的共同特征，而且通过文明共性的概括，更清晰地说明文明的个性特征，揭示出不同时期、不同国家、不同民族文明存在与发展呈现出的差异性和多样性。有人把原始的公社所有制视为斯拉夫族特有的形式，甚至只是俄罗斯的形式，马克思通过深入研究认为："这种原始形式我们在罗马人、日耳曼人、赛尔特人那里都可以见到，直到现在我们还能在印度遇到这种形式……就会得到证明，从原始的公社所有制的不同形式中，怎样产生出它的解体的各种形式。例如，罗马和日耳曼的私人所有制的各种原型，就可以从印度的公社所有制的各种形式中推出来。"③

马克思不仅肯定了人类文明的多样性是人类社会的基本特征，而且还认为，多样性的文明之间借鉴、交流、融合，是人类文明发展的重要动力与基本趋势。我们完全可以说，人类文明史就是一部不同文明间交流与融

① 《马克思恩格斯选集》第 1 卷，人民出版社 1995 年版，第 768 页。
② 方世南：《马克思关于人类文明多样性思想初探》，《马克思主义研究》2003 年第 4 期。
③ 《马克思恩格斯全集》第 13 卷，人民出版社 1962 年版，第 22 页。

合的历史。因此，马克思高度重视多样性的文明之间正常的交流，实现不同文明之间互补与融合，推动人类文明发展。但是，马克思坚决反对一种文明对另一种采取强制甚至敌视、侵略的行为，这必然会事与愿违，适得其反。马克思说："野蛮的征服者，按照一条永恒的历史规律，本身被他们所征服的臣民的较高文明所征服。"①

21世纪是一个以和平与发展和环境与发展作为主题的可持续发展文明时代。当今人类文明的多样性、独特性与互补性、交融性正在以前所未有的灿烂景象展示在人们的面前。正如江泽民指出的那样："世界是丰富多彩的，各国文明的多样性，是人类社会的基本特征，也是人类文明进步的动力，应尊重各国的历史文化、社会制度和发展模式，承认世界多样性的现实。世界各种文明和社会制度，应长期共存，在竞争比较中取长补短，在求同存异中共同发展。"② 这一论述深刻揭示了人类社会文明发展的客观规律，是对马克思主义文明理论的新发展。

6. 马克思描绘了人类文明发展的阶段性，预测了人类文明发展的历史趋势，这就是社会主义、共产主义文明取代资本主义文明。马克思对人类文明历史发展阶段的划分始终是在历史唯物主义框架内进行的。基于财产和社会分工即生产力发展推动人类文明的趋势和发展的事实，他在《资本论》手稿中用三大社会形态理论揭示了人类文明依次嬗变的阶段性。他说："每个个人以物的形式占有社会权力。如果你从物那里夺去这种社会权力，那么就必须赋予人以支配人的社会权力。人的依赖关系（起初完全是自然发生的），是最初的社会形态，在这种形态下，人的生产能力只是在狭窄的范围内和孤立的地点上发展着。以物的依赖性为基础的人的独立性，是第二大形态，在这种形态下，才形成普通的社会物质交换，全面的关系，多方面的需求以及全面的能力的体系。建立在个人全面发展和他们共同的社会生产能力成为他们的社会财富这一基础的自由个性，是第三个阶段。第二个阶段为第三个阶段创造条件。因此，家长制的，古代的（以

---

① 《马克思恩格斯选集》第1卷，人民出版社1995年版，第768页。
② 《江泽民在庆祝中国共产党成立八十周年大会上的讲话》，《光明日报》2001年7月2日。

及封建的）状态随着商业、奢侈、货币、交换价值的发展而没落下去，现代社会则随着这些东西一道发展起来。"① 在这里，我们完全可以看到，马克思三大社会形态理论，是用人类文明社会的本质特征，来揭示人类社会形态演进的客观进程与基本趋势的。在这种意义上，"整个历史也无非是人类本性的不断改变而已"。② 三大社会形态理论，是从人对物的依赖性为基础的人的独立性和个人全面发展的自由个性的历史阶段性，也就是从人的自由和人的全面发展程度来划分了人类文明发展的阶段性，并科学预测了人类文明发展的历史趋势。在这段著名论断中"第三个阶段"，就是马克思所设想的共产主义社会。因为，在马克思的科学社会主义学说中，人类文明从低级到高级的发展，最终文明社会必然是进到一种包括社会主义文明在内的全新文明发展阶段，这就是社会主义——共产主义文明时代。马克思、恩格斯认为，共产主义"是以现代文明社会的一般情况为前提所必然得出的结论"。③ 列宁从亲自创建社会主义文明的实践中也作出结论说："只有社会主义国家才能够达到而且已经达到了高度的文明。"④ 当今资本主义文明矛盾的深化和合规律性的演进，为人类文明由资本主义文明向社会主义文明的转型开辟了广阔的道路，人类现代文明发展的过程，必然是社会主义文明逐步代替资本主义文明的历史过程。这是人类文明发展的总趋势和客观规律。

二、马克思、恩格斯四大文明全面发展的光辉思想

从前面，我们完全可以看出，马克思、恩格斯从人类社会历史发展的纵向角度，论证了人类文明发展大致经历了原始文明—农业文明即马克思称之为是一种"本来意义上的文明"⑤ ——以工业化为依托的现代文明即

---

① 《马克思恩格斯全集》第46卷（上），人民出版社1979年版，第104页。
② 《马克思恩格斯全集》第4卷，人民出版社1958年版，第174页。
③ 《马克思恩格斯全集》第1卷，人民出版社1956年版，第575页。
④ 《列宁全集》第38卷，人民出版社1986年版，第203页。
⑤ 《马克思恩格斯全集》第25卷，人民出版社1974年版，第119页。

工业文明这样三个历史发展阶段，并提出了共产主义新的文明形态的科学
设想。马克思的共产主义文明形态的科学预见，蕴藏着可持续发展文明观
的思想先声，集中反映了马克思的文明观在本质上是全面发展的文明观。
它的核心问题，就是物质文明、政治文明、精神文明和生态文明全面发
展。因此，马克思、恩格斯还从横向描绘了人类文明发展的丰富图景，这
是自然与人、与社会，以及人与人、与社会相互作用与辩证统一的文明发
展景象。在此，我们着重挖掘马克思、恩格斯关于四大文明全面发展的文
明思想。

（一）　马克思学说中人类文明结构的基本要素是四大文明

这是用马克思唯物史观和自然观之统一理论观察人类文明结构得出来
的必然结论。因此，马克思的理论体系中就必然蕴藏着丰富的四大文明的
思想先声，内在形成了马克思主义文明观。

1. 物质文明。马克思、恩格斯多次说过，人类为了生存和发展，为了
能够创造历史，必须能够生活，"首先就需要衣、食、住以及其他东西。因
此第一个历史活动就是生产满足这些需要的资料，即生产物质生活本身。
同时这也是人们仅仅为了能够生活就必须每日每时都要进行的（现在也和
几千年前一样）一种历史活动，即一切历史的一种基本条件"。[①] 这就告诉
我们，物质生活资料的满足是一切活动的原动力，物质资料生产活动是一
切历史的基本条件。物质资料生产活动是处理人与自然相互关系的基本实
践活动，是人们通过与自然变换物质、能量和信息而获取物质生活资料的
实践活动。这些物质生活资料（包括生产资料）就是人类从事物质资料生
产活动所创造的物质成果，也就是当今所说的物质文明。因此，物质文明
正是在人类物质资料生产活动过程中创造的产物与成果。它表现两个方
面：一是生产条件、生产工具、生产技术、生产规模等生产力的状况和社
会物质财富积累的程度等，二是人们日常物质生活条件的状况及生活水平

---

① 《马克思恩格斯全集》第 3 卷，人民出版社 1960 年版，第 31~32 页。

与质量的提高。可见，物质文明是指人类社会在物质生产和物质生活领域的开化程度和进步标志，是人类改造自然界过程中获得的物质成果的总和，即是人类创造物质财富的总和。

物质文明是人类社会赖以生存和发展的基本条件与物质基础。恩格斯在《卡尔·马克思》和《在马克思墓前的讲话》的两次论述马克思发现了人类历史的发展规律时，都强调了"一个简单事实"，他说："人们首先必须吃、喝、住、穿，然后才能从事政治、科学、艺术、宗教等等；所以，直接的物质的生活资料的生产，从而一个民族或一个时代的一定的经济发展阶段，便构成基础，人们的国家设施、法的观点，艺术以至宗教观念，就是从这个基础上发展起来的"。① 因此，只有在发达的物质文明的基础上，人们才会有更多的物质条件从事其他文明活动，创造其他文明成果，推动整个人类文明的不断发展。

在这里，笔者要特别强调指出的是，马克思、恩格斯认为，资本主义生产方式对现代文明时代的物质文明发展作出了重大贡献，不到一百年所造成的物质财富比"过去一切世代创造的生产力全部还要多，还要大"。因此，马克思的生产力学说，常常使用劳动生产力、社会生产力、资本生产力、物质生产力等，这些概念实质上都反映了马克思的物质文明思想，尤其说物质生产力是物质文明的另一种表述而已，等于说物质文明本质上是一种物质生产力。

2. 政治文明。在马克思、恩格斯的视野，人类在不断生产和再生产物质文明的同时，也不断地生产出适合物质生产力和人类自身生产力的体现生产关系和社会关系的各种社会制度，这就是现在人们所说的制度文明。制度文明应当包括各项社会制度，主要是经济制度、政治制度、文化制度、法律制度、家庭婚姻制度等的进步，及其人们参与制定和执行各项社会制度能力的提高。当国家产生以后，这些制度就组成为国家的经济基础和上层建筑，总称为社会制度。正如恩格斯所说的"国家是文明社会的概

---

① 《马克思恩格斯选集》第 3 卷，人民出版社 1995 年版，第 776 页。

括"。① 在这里所说的社会制度中的核心内容，就是政治文明，政治文明在
制度文明中处于核心地位。马克思在 1844 年 11 月拟定的《关于现代国家
的著作的计划草稿》中首次明确使用了"政治文明"的概念："执行权力。
集权制和等级制。集权制和政治文明。联邦制和工业化主义。国家管理和
公共管理。"② 马克思在这里所说的政治文明，无疑是指国家制度，因此，
政治文明是属于制度文明的范畴。当然，我们应当看到，马克思关于政治
文明的思想，在《共产党宣言》等重要经典著作中，都蕴涵着政治文明的
基本思想，为政治文明理论的发展奠定了科学基础。现在，我们所说的政
治文明，是指人类社会政治活动方式的进步和开化程度，是人们改造社会
的政治成果，也是人类创造的政治经验的总和。它包括政治制度文明、政
治意识文明和政治行为文明。我们党的十六大报告明确提出了"社会主义
政治文明"的新概念，并要求我们要"借鉴人类政治文明的有益成果"，
开启了建设社会主义政治文明的新航程。

3. 精神文明。马克思、恩格斯认为，人类文明是一个复杂的文明社会
系统，它包括许多复杂的物质现象和精神现象，是由诸多物质因素和精神
因素构成的统一体。因此，马克思在 1846 年 12 月 28 日《致巴·瓦·安年
柯夫的信》中批评蒲鲁东时指出：蒲鲁东先生了解，人们生产呢子、麻
布、丝绸，"可是，蒲鲁东先生不了解，人们还按照自己的生产力而生产出
他们在其中生产呢子和麻布的社会关系。蒲鲁东先生更不了解，适应自己
的物质生产水平而生产出社会关系的人，也生产出各种观念、范畴，即恰
恰是这些社会关系的抽象的、观念的表现。"③ 在这里，马克思所说的人类
在不断生产和再生产各种物质产品的同时，还会"生产出各种理论、范
畴"，尤其指不断生产和再生产各种精神产品，是人们从事精神生产活动
所创造的精神成果，也就是现在我们所说的精神文明。

马克思、恩格斯论述人类文明社会中丰富的物质内容和精神内容，就

---

① 《马克思恩格斯选集》第 4 卷，人民出版社 1995 年版，第 176 页。
② 《马克思恩格斯全集》第 42 卷，人民出版社 1979 年版，第 238 页。
③ 《马克思恩格斯选集》第 4 卷，人民出版社 1995 年版，第 538~539 页。

使用了作为物质文明的"物质生产力"和作为精神文明的"精神生产力"
这样两个相对应的概念，分别表明人类文明创造的物质成果即物质财富，
和精神成果即精神财富。尤其是他们明确界定科学是一种精神生产力，"自
然科学及其应用"都属于"精神生产领域内的进步，特别是和自然科学及
其应用方面的进步联系在一起"。① 马克思还强调指出，科学是"一般历史
发展在其抽象精华上的成果"，② 是"社会发展的一般精神成果"。③ 恩格
斯也是把科学称之为社会发展过程中的精神因素，他说："我指的是简单劳
动这一肉体要素以外的发明和思想这一种精神要素。"④ 根据马克思、恩格
斯关于精神文明的思想，所谓精神文明，是指人类社会精神生产和精神生
活的开化程度和进步标志，是人们在改造客观世界的同时改造主观世界所
获得的精神成果的总和，也是人类创造的精神财富的总和。它包括两方面
的内容：一是实体的精神成果，即科学、教育、文化、艺术等方面的进步
状态；二是意识形态的精神成果，即思想、理论、社会风尚精神面貌、伦
理道德等方面的水平提高程度。

　　4. 生态文明。关于马克思的生态文明思想，本书在第四章已作过论
述，在此，我们要强调三点：

　　第一，历史视野中的马克思的生态文明思想，是人与自然和人与人之
间相和谐的生态理念。马克思、恩格斯在《德意志意识形态》一书中指
出："历史并不是作为'产生于精神的精神'消融在'自我意识'中，历
史的每一阶段都遇到有一定的物质结果、一定数量的生产力总和，人和自
然以及人与人之间在历史上形成的关系，都遇到有前一代传给后一代的大
量生产力、资金和环境，尽管一方面这些生产力、资金和环境为新的一代
所改变，但另一方面，它们也预先规定新的一代的生活条件，使它得到一
定的发展和具有特殊的性质。"⑤ 在这里，马克思、恩格斯所说的"环境"，

① 《马克思恩格斯全集》第 25 卷，人民出版社 1974 年版，第 97 页。
② 马克思：《直接生产过程的结果》，人民出版社 1964 年版，第 124 页。
③ 马克思：《直接生产过程的结果》，人民出版社 1964 年版，第 122 页。
④ 《马克思恩格斯全集》第 1 卷，人民出版社 1956 年版，第 607 页。
⑤ 《马克思恩格斯全集》第 3 卷，人民出版社 1960 年版，第 43 页。

它是自然环境和社会环境的有机统一体，正是从这个意义上看，生态环境是自然生态环境和社会生态环境的有机统一。因此，人与自然和人与人之间在历史上形成的和谐关系，在本质上是人类社会发展过程中的生态成果和进步标志。

第二，人与自然和人与人之间的和谐关系，是人类实践活动的产物。"关于外部环境对人的影响"，马克思、恩格斯认为，"人是从感性世界和感性世界中的经验中汲取自己的一切知识、感觉等等，那就必须这样安排周围的世界，使人在其中认识和领会真正合乎人性的东西，使他能认识到自己是人"。① 这种"真正合乎人性"的"周围的世界"是需要人去创造的。因此，马克思、恩格斯在《德意志意识形态》中就提出了一个科学论断："人创造环境，同时环境也创造人。"② "既然人的性格是由环境造成的，那就必须使环境成为合乎人性的环境"。③ 因此，马克思在《关于费尔巴哈的提纲》中再次强调了人与环境的辩证关系，指出环境可以改变人，人也可能改变环境，"环境的改变和人的活动的一致，只能被看作是并合理地理解为变革的实践"。④ 这种由人的实践活动所创造的真正合乎人的本性的生态环境，是人们改造自然、社会和人自身的生态成果，是正确处理人与自然发展关系及保护自然与建设生态的生态财富的总和，这就是当今学术界所说的生态文明。

第三，马克思、恩格斯的人与自然和谐统一学说，和共产主义的文明社会设想，都是与他们的生态思想形影相随的，我们从中可以领会马克思关于人与自然和人与人和谐发展的生态文明思想。因而说，马克思、恩格斯在创建和发展马克思主义经济学说的过程中，就研究了人类经济活动和自然生态环境之间发展关系；都包含着生态文明的基本思想，为生态文明理论的发展奠定了理论基础。

① 《马克思恩格斯全集》第2卷，人民出版社1957年版，第166~167页。
② 《马克思恩格斯全集》第3卷，人民出版社1960年版，第43页。
③ 《马克思恩格斯全集》第2卷，人民出版社1957年版，第167页。
④ 《马克思恩格斯选集》第1卷，人民出版社1995年版，第59页。

（二）从马克思学说的整体性理解马克思生态文明思想的理论依据

长期以来，人们对马克思学说的基本理论的研究与把握，缺乏从马克思理论体系整体的视野解读，这就出现了用马克思整体理论体系中一种理论遮蔽另一种理论的问题，从而削弱了马克思学说的理论合力，降低了马克思学说对现实的解释力。这种偏差突出表现在对马克思关于社会形态的社会结构理论的片面性和不完善性。

1. 马克思主义唯物观视角下的人类社会形态的社会结构与社会生活的三分法则。马克思在《政治经济学批判·序言》中指出："人们在自己生活的社会生产中发生一定的、必然的、不以他们的意志为转移的关系，即同他们的物质生产力的一定发展阶段相适合的生产关系。"这些生产关系的总和构成社会的经济结构，即有法律的和政治的上层建筑竖立其上，并有一定的社会意识形式与之相适应的现实基础。物质生活的生产方式与整个社会生活、政治生活和精神生活的过程相制约。不是人们的意识决定人们的存在，相反，是人们的社会存在决定人们的意识。"社会的物质生产力发展到一定阶段，便同它们一直在其中活动的现存生产关系或财产关系（这只是生产关系的法律用语）发生矛盾。于是这些关系便由生产力的发展形式变成生产力的桎梏。那时社会革命的时代就到来了。随着经济基础的变更，全部庞大的上层建筑也或慢或快地发生变革。"① 马克思这个唯物史观的基本原理的经典论述，确实明白无误地告诉我们：人类社会的全部上层建筑和意识形态，竖立在作为生产关系总和的经济结构之基础之上，生产关系又与物质生产力的一定发展阶段相适应；这样的物质生活的生产方式制约着整个社会生活、政治生活和精神生活。恩格斯在《反杜林论》中还明确指出了社会主义社会的发展，就是经济、政治和智力的，即"经济、政治和精神的发展"。按照马克思、恩格斯的唯物史观，任何社会形

---

① 《马克思恩格斯选集》第2卷，人民出版社1995年版，第32~33页。

态社会结构，是由经济基础的经济及与这相适应的上层建筑的政治和精神
所构成。因而经济结构、政治结构和精神结构，是全部社会交往得以正常
进行的最基本的社会结构。同样，马克思、恩格斯都是把人类社会形态的
社会生活一分为三，因而经济生活、政治生活和精神生活是最基本的社会
生活。这就是马克思主义关于人类社会形态的社会结构与社会生活的三分
法则，是马克思唯物主义历史观的一条根本原理。按照这条唯物史观的根
本原理，任何社会形态都是一定经济、政治和思想文化的统一整体，而人
类社会文明就相应内含有物质、政治、精神三大文明形态的划分，使人类
文明的结构成为三大文明的有机统一。这是不言而喻的。

2. 马克思自然—历史观视角下的社会形态的社会结构与社会生活四分
法则。无论是马克思、恩格斯，还是列宁和毛泽东的社会形态的社会结构
与社会生活三分法理论，都是建立在唯物主义历史观的坚实基础之上的，
无论在理论上还是在方法上都是科学的、无懈可击的。但是这样三分法则
只是对社会形态的社会经济系统即"社会的世界"而言，不涉及社会形态
的自然生态系统即"自然的世界"，不涉及"社会的世界"与"自然的世
界"的相互关系。基于马克思学说的整体性，马克思的社会形态概念既是
一个历史唯物主义的概念、政治经济学的概念，又是一个自然发展的概
念，或者说，人类社会形态的社会结构与社会生活的构成理论，既是属于
人类发展观，又是属于自然发展观，即是两者的有机统一。因此，在马克
思整个理论体系中确立了自然、人、社会在社会形态中历史地统一与历史
地发展的理论原则，这就是马克思的自然观和历史观的有机统一论，可以
称之为马克思的自然—历史观。这种自然—历史观正是使马克思、恩格斯
关于社会形态的社会结构与社会生活包含了经济、政治、精神和生态的统
一整体的意义，使人类文明具有四大文明有机统一的意义。这是很明白的
事情。在此，我们沿着马克思的自然—历史观的思路，作几点论述。

首先，恩格斯在高度评价黑格尔的巨大功绩时认为，黑格尔首次把整
个自然的、历史的和人类精神生活的世界想象为一个运动和发展的内在联
系过程，并指出黑格尔的辩证法之所以是颠倒的，是因为它表现为"思想

的自我发展"，而事物的辩证法都只是它的反光。"而实际上，我们头脑中
的辩证法只是自然界和人类社会中进行的、并服从于辩证形式的现实发展
的反映。"① 因此，在马克思、恩格斯的理论框架中，他们的自然观和历史
观是不可分割的，而前者是后者的基石。这种唯物史观的自然观又是辩证
的、历史的。这样，马克思、恩格斯就成为把自觉的辩证法"从德国唯心
主义哲学中拯救出来并用于唯物主义的自然观和历史观的唯一的人"。② 在
人类思想史上，在这种唯物主义历史观和自然观相统一的意义上，只有马
克思、恩格斯比较系统地论述了人、社会和自然之间相互依赖、相互制
约、相互作用的辩证关系，向人们提供了自然、人、社会相互依存、相互
作用和辩证统一理论。我们可以肯定地说，在马克思的整体理论体系中，
自然、人、社会是一个统一的有机整体。马克思还将这一社会形态的社会
结构与社会生活视为社会有机体，他说："现在的社会不是坚实的结晶体，
而是一个能够变化并且经常处于变化过程中的机体。"③

其次，马克思、恩格斯的理论创造中比他们前辈高明之处，就在于科
学地把人与人的社会关系的历史，和人与自然的生态关系的历史一起来探
讨。在他们合著的《神圣家族》和《德意志意识形态》等著作中，就着重
研究了人与自然环境和人与社会环境的辩证统一等基本问题，认为自然、
人、社会的有机统一是在历史中形成与发展的。其后，马克思的《资本
论》和《法兰西内战》等，恩格斯的《反杜林论》和《自然辩证法》等
重要著作中，他们进一步深化和丰富了自然、人、社会的有机整体理论。
在马克思、恩格斯的视野内，"周围的世界"是人生存的外部环境，这是指
人类生存与发展的外部世界，包括自然界和人类社会。因为人类生活在两
个世界即"社会的世界"和"自然的世界"。正如恩格斯所说的"我们不
仅生活在自然界中，而且生活在人类社会中，人类社会同自然界一样也有

---

① 《马克思恩格斯全集》第 38 卷，人民出版社 1972 年版，第 203 页。
② 《马克思恩格斯选集》第 3 卷，人民出版社 1995 年版，第 349 页。
③ 《马克思恩格斯全集》第 23 卷，人民出版社 1972 年版，第 12 页。

自己的发展史和自己的科学"。① 恩格斯还强调指出："归根到底，自然和历史——这是我们在其中生存、活动并表现自己的那个环境的两个组成部分。"② 因此，只要有人存在，自然史和人类社会史就彼此相互影响与相互制约。"人们对自然界的狭隘的关系制约着他们之间的狭隘的关系，而他们之间的狭隘的关系又制约着他们对自然界的狭隘的关系。"③ 马克思、恩格斯这些论述告诉我们，在马克思自然—历史观的视野内，环境是自然环境和社会环境的辩证统一体；正是在这个意义上，生态环境应当是自然生态环境和社会生态环境的辩证统一体。社会形态的社会结构与社会生活应当涵盖人与自然、人与人、人与社会、人与自身等多重关系，是经济生活、政治生活、精神生活、生态生活多重领域的有机统一体。这是基于马克思科学的自然—历史观得出来的必然结论。

再次，马克思主义具有与时俱进的理论品质。马克思的唯物史观关于社会形态的社会结构与社会生活的构成理论更是如此。它是随着实践发展而发展，赋予其新内容的。马克思指出："全部社会生活在本质上是实践的。"④ 因此，我们必须把握实践这个社会结构与社会生活的本质，才能正确寻找社会形态的社会结构与社会生活构成变化的根源。在古代，人类的实践活动主要包括三种基本形式，即物质生产实践，创立和改造社会关系的实践，和创造精神生活的实践，因而古代社会的社会生活主要包括经济生活、政治生活和精神生活三个方面，这三种基本的实践活动和社会生活推动着人类文明从低级向高级发展。到了近代，尤其是随着现代经济发展到当代，社会经济与自然生态的不协调已成为现代经济发展的重大矛盾，甚至达到极其尖锐化程度；生态环境供给能力问题正在上升为这个矛盾的主要方面，自然资源正在衰竭，自然环境正在恶化，生态条件正在退化，成为全人类生存与经济社会发展面临的重大问题，使生态需求成为现代人

---

① 《马克思恩格斯全集》第 21 卷，人民出版社 1965 年版，第 322 页。
② 《马克思恩格斯全集》第 39 卷，人民出版社 1974 年版，第 64 页。
③ 《马克思恩格斯全集》第 3 卷，人民出版社 1960 年版，第 35 页。
④ 《马克思恩格斯选集》第 1 卷，人民出版社 1995 年版，第 56 页。

类的最基本的需求，满足其生态需求比以往任何时期都明显重要。因此，创造一个最无愧于和最适合于人类本性的良好的生态环境，从而保证人们的生态需求得到应有满足，已成为现代人类经济活动的一项最重要内容；使恢复、更新、保持生态环境具有现代人类生存和经济社会发展所需要的使用价值的劳动，就是保护环境、改善生态、建设自然的一种新型的劳动形式。这种生态生产实践已是人类的实践活动的一项新型的基本形式，有的学者称之为"实践的第四个基本形式"，并认为"当代人类的实践活动是由上述四种基本形式所构成的系统。这四种实践产生了社会的基本领域，即生态系统、经济系统、政治系统和文化系统。人类社会就是由这四个系统所组成的大系统"。① 这是完全符合马克思的自然—历史观的。现代人类社会作为自然、人、社会的有机统一整体，已成为一个诸多领域相互制约、相互作用的有机系统，其中最基本的社会结构是经济、政治、精神和生态四种结构，最基本的社会生活是经济、政治、精神和生态四种生活。我们把它概括为马克思主义关于人类社会形态的社会结构及社会生活的四分法则。按照四分法理论，现代人类文明主要是物质、政治、精神和生态的四大文明，每个文明既相对独立，又相互贯通、相互渗透。这是遵循马克思的自然—历史观，根据现实社会生活情况的变化，总结现代人类实践活动所创造的新鲜经验得出的科学结论，是对马克思主义社会形态的社会结构及社会生活构成理论的丰富与发展。

最后，笔者要强调指出，在唯物史观视角下，马克思、恩格斯学说对于社会形态的社会结构，对于社会生活的构成，是运用三分法则，社会形态是一定的经济、政治和思想文化的统一整体；在自然—历史观视角下，他们对社会形态的社会结构与社会生活的构成，是四分法则，社会形态是一定的经济、政治、思想文化和自然生态的统一整体。三分法则和四分法则的双重阐释，尽管视角有所不同，它们都是马克思、恩格斯根据历史唯物主义原理，分析社会形态的社会结构及社会生活构成得出来的正确结

_____

① 田启波：《科学与价值：科学发展观的双重哲学维度》，《马克思主义研究》2005年第1期。

论，都反映了马克思、恩格斯的本意。二者是互相包容与互相补充、并行不悖的，二者共同揭示了人类文明历史发展的客观规律。

三、共产主义学说的全面发展文明观意蕴

20世纪90年代以来，面对全球生态危机的严重性和尖锐性，国内外学者纷纷到马克思、恩格斯的著作中寻求良策，尤其是国内外有些生态学马克思主义者建构马克思的生态学理论，来回应生态危机与可持续发展议题对马克思学说的挑战。因此，笔者回过头来重新学马克思的社会主义、共产主义学说时，就深深感到马克思、恩格斯对社会主义、共产主义的科学预测不仅蕴涵着社会主义、共产主义文明全面发展的理论取向，而且蕴涵着社会主义、共产主义社会人与自然以及人与人之间和谐发展的可持续性文明取向，这是马克思的可持续发展文明观的理论萌芽。今天，我们努力挖掘和深刻阐释马克思关于社会主义、共产主义学说中全面发展文明观的基本观点，对于我们落实科学发展观和构建社会主义和谐社会都具有重大的理论与实践意义。

（一）共产主义文明全面发展的本质是人的全面发展

如前所述，马克思对人类社会发展的基本思路在于，不是把社会形态的社会结构与社会生活的各个领域看成为分散零乱的和封闭孤立的存在，而是视为经济、政治、精神、生态等各个基本要素相互依存与相互作用的统一的有机整体，因而人类文明发展乃是经济结构与生活，政治结构与生活，精神结构与生活，生态结构与生活等基本要素交互作用的矛盾运动的过程及其结果，这就是这些基本要素的递进、成长、变革和完善的过程以及结果。按照这个基本思想，马克思对资本主义工业文明的发展作了科学的、辩证的、全面的分析与批判。

1. 马克思对资本主义工业文明的辩论分析与科学批判。在马克思看来，资本主义工业文明开辟了人类社会历史上普遍利用自然的属性和人的

属性的现代文明时代，使个人能力具有"普遍性和全面性"，使更广阔的自然界纳入人类社会。因此，马克思指出，资本主义工业文明"一方面创造出一个普遍的劳动体系"，另一方面"创造出一个普遍利用自然属性和人的属性的体系"，一个"普遍有用性的体系，甚至科学也同人的一切物质的和精神的属性一样，表现为这个普遍有用性体系的体现者……并创造出社会成员对自然界和社会联系本身的普遍占有"。① 这就显示了人类文明发展的新的力量，产生了资本主义的"伟大的文明作用"。正因如此，在马克思的三大社会形态框架中，肯定了资本主义文明形态下，"形成普遍的社会物质变换，全面的关系，多方面的需求以及全面的能力的体系"。这就是说，资本主义工业文明确实使人类文明的全面发展，即表现为社会的全面而和谐发展和人的全面而自由发展的物质条件，开始产生和发展起来，为人们追求人类文明全面发展奠定了客观基础，正如马克思所说的：资本主义文明以自己的全部努力"不自觉地为一个更高级的生产形式创造物质条件"。②

　　资本主义工业文明，既促使人与自然关系和人与社会（包括人与人）关系的进步，又使人与自然关系和人与社会（包括人与人）关系退步，尤其是外部自然连同人自身的自然败坏导致的退步。在马克思视野内，资本主义工业文明时代，是处于异化劳动和私有制存在的现代文明时代，使工业文明不可能有社会的全面而和谐发展，不可能有人的全面而自由发展的真正实现。因此无论在马克思的早期著作，还是他们后期著作都用异化劳动理论揭露与批判资本主义文明的片面发展和畸形发展。马克思认为，资本主义工业文明发展的问题表现为：劳动者同劳动产品的异化，劳动过程本身的异化，劳动者同人类的本质的异化，人同人的异化以及人与自然的异化，即劳动者越是能从自然界获得更多的东西，他就所得越少，"越成为自然界的奴隶"。③ 这就使得资本主义文明的对抗关系，不仅集中于无产阶

---

①　《马克思恩格斯全集》第 46 卷（上），人民出版社 1979 年版，第 392~393 页。

②　《马克思恩格斯全集》第 25 卷，人民出版社 1974 年版，第 289 页。

③　《马克思恩格斯全集》第 42 卷，人民出版社 1979 年版，第 93 页。

级和资产阶级的阶级对抗关系，而且贯穿于人与自然，人与社会（包括人与人）以及人自身的不和谐不协调关系。在这种历史前提下，人与自然、人与社会以及人与人相互间的关系愈丰富、愈复杂，社会愈作为一个有机整体而发展，人与自然、人与社会相互关系以及人自身的发展所付出的代价也就愈大。资本主义工业文明，使这种代价达到了一个前所未有的程度，即人与自然、人与社会相互关系及人自身的极度片面的畸形发展。对资本主义文明的这种科学批判，作为一把钥匙去打开了人类文明历史发展的秘密，并由此对未来社会主义、共产主义文明的全面发展作出了科学预测。

2. 马克思从自然、人、社会的有机整体的视角，对社会主义、共产主义文明全面发展的科学预测。针对资本主义现代文明的全面异化现象，马克思提出了作为"一定的历史形式"的资本主义文明形态在"达到一定的成熟阶段就会被抛弃，并让位给较高级的形式"，[①] 这个高级形式就是取代资本主义文明形态的新的文明形态的共产主义，社会主义则是走向这个高级形式的过渡阶段或低级阶段。

首先，马克思在《1844年经济学哲学手稿》中对共产主义文明形态的基本特征作了初步探索。他指出："共产主义是私有财产即人的自我异化的积极的扬弃"，是"对人的本质的真正占有；因此，它是人向自身、向社会的（即人的）人的复归，这种复归是完全的、自觉的而且保存了以往发展的全部财富的"。马克思称这种共产主义"作为完成了的自然主义，等于人道主义，而作为完成了的人道主义，等于自然主义，它是人和自然界之间、人和人之间的矛盾的真正解决，是存在和本质、对象化和自我确证、自由和必然、个体和类之间的斗争的真正解决"。[②] 对未来共产主义的这种设想，表现了马克思是把共产主义社会形态看成为自然、人、社会是一个有机整体，它的整体发展就是人与自然、人与人之间的矛盾的真正解决，是自由和必然、个体和类之间斗争的真正解决的全面发展。这确实表

---

① 《马克思恩格斯全集》第25卷，人民出版社1974年版，第999页。
② 《马克思恩格斯全集》第42卷，人民出版社1979年版，第120页。

明了马克思学说之于扬弃了私有财产和异化劳动之后，高于资本主义文明形态的共产主义新的文明形态下，人与自然、人与社会有机统一以及全面发展的价值目标。

其次，马克思对自己所追求的共产主义文明全面发展的理想目标，在《共产党宣言》、《资本论》等重要著作中做了科学揭示。马克思、恩格斯在《共产党宣言》中写道："代替那存在着阶级和阶级对立的资产阶级旧社会的，将是这样一个联合体，在那里，每个人的自由发展是一切人的自由发展的条件。"① 1894 年，意大利人卡内帕请求恩格斯为即将出版的《新纪元》周刊题词，以便用精练的语言表达未来社会主义、共产主义社会的基本特征，以区别于但丁说的 "一些人统治另一些受苦难" 的旧纪元，恩格斯在回信中说最合表达这个基本思想的就是这段话，"我再也找不出合适的" 话。② 恩格斯在《共产主义原理》中也认为，未来新社会将"由社会全体成员组成的共同联合体来共同地和有计划地利用生产力，把生产发展到能够满足全体成员需要的规模；结束牺牲一些人的利益来满足另一些人的需要的状况；彻底消灭阶级和阶级对立；通过消除旧的分工，通过产业教育、变换工种，所有人共同享受大家创造出来的福利，通过城乡的融合，使社会全体成员的才能得到全面发展"。③ 对这种共产主义的基本原则，马克思在《资本论》中再次宣称：共产主义是 "以每个人的全面而自由的发展为基本原则的社会形式"。④ 同时由上可见，表述以公有制为基本特征的社会主义、共产主义文明形态，马克思是用简短的概念 "自由人联合体"、"共同联合体"。

1877 年马克思在《给〈祖国记事〉杂志编辑部的信》中进一步从自然、人、社会有机统一体的视角，对社会主义、共产主义文明形态进行科学预测，他把社会主义、共产主义理解为 "在保证社会劳动生产力极高度

① 《马克思恩格斯选集》第 1 卷，人民出版社 1995 年版，第 294 页。
② 《马克思恩格斯全集》第 39 卷，人民出版社 1974 年版，第 189 页。
③ 《马克思恩格斯选集》第 1 卷，人民出版社 1995 年版，第 243 页。
④ 《马克思恩格斯全集》第 23 卷，人民出版社 1972 年版，第 649 页。

发展的同时又保证人类最全面的发展的这样一种经济形态"。① 联系起来，我们可以十分清楚地看出，马克思学说发展过程中，从早期到后期，马克思、恩格斯从来都认为社会主义、共产主义文明全面发展的基本原则，就是人的全面而自由发展；人的全面而自由发展，又是同生产力高度发展不可分割地联系在一起的，于是构成了社会主义、共产主义文明全面发展的价值目的。

3. 马克思学说发展进程中，从来都是把社会主义、共产主义文明全面发展，和生产力高度而全面发展密切联系在一起的。因为人的全面而自由发展的高度文明，是人类文明历史发展的产物，归根到底是生产力高度而全面发展的产物。如果离开了生产力高度而全面发展，那就没有人的全面而自由发展可言，没有社会的全面而和谐发展可言。从这个意义说，实现人的全面而自由发展的现实道路，就是努力推进生产力高度而全面发展。马克思、恩格斯对社会主义、共产主义的科学预测，不仅始终是强调推翻资本主义制度，消灭私有制，而且强调必须借助于资本主义造就的高度发达的生产力，去实现"不再有任何阶级差别，不再有任何个人生活资料的忧虑"的文明社会，并且认为在这种社会制度下也是只有通过生产力的高度发展，才能促进生产关系的调整和变革，实现社会制度、社会形态的完善和更替。马克思指出："个人的全面性"即"他的现实关系和观念关系的全面性……要达到这点，首先必须使生产力的充分发展成为生产条件，使一定的生产条件不表现为生产力发展的界限"。② 马克思在这里明确提出了生产力的高度发展是社会主义、共产主义文明全面发展的前提条件与物质基础。因此，在恩格斯许多论述中都是把社会主义、共产主义制度下人的全面而自由发展，同生产力的高度发展不可分割地联合在一起，他认为，只有生产力高度发展，才有可能使社会全体成员合乎人所应有的发展，使每个人全面发挥他们各个方面的才能。也只有这样，才为社会充分

① 《马克思恩格斯全集》第 19 卷，人民出版社 1963 年版，第 130 页。
② 《马克思恩格斯全集》第 46 卷（下），人民出版社 1980 年版，第 36 页。

满足其全体成员丰裕的消费和造成充实的储备创造了可能性，才使每个人都有充分的闲暇时间从历史上遗留下来的文化——科学、艺术、交际方式等等——中间承受一切真正有价值的东西，才有可能把这一切从统治阶级的独占品变成社会的共同财富并使它进一步发展。因此，生产力高度发展"不仅可能保证一切社会成员有富足的和一天比一天充裕的物质生活，而且还可能保证他们的体力和智力获得充分的自由的发展和运用"。①

马克思在《1844年经济学哲学手稿》中对人类文明发展的未来社会的科学预言中，将社会主义、共产主义概括为"现实自然界的高度发展，人的高度发展，人与自然界的中介——劳动实践的高度发展，以及人从精神上对自然界占有的科学活动和知识产品的高度发展"。② 总之，一切生产力的高度发展，这本身就意味着社会主义、共产主义文明所需要的生产力是全面发展生产力，或者说生产力的全面发展。长期以来，人们只重视共产主义同生产力高度发展的本质的内在联系，却没有重视共产主义同生产力全面发展的本质的内在联系。本书第八章已经论述了马克思的广义生产力理论，实际上就是论述马克思的全面发展生产力理论。马克思共产主义文明全面发展理论，集中体现在人的自由而全面发展学说和生产力的高度而全面发展理论上。前者是马克思关于共产主义文明发展的价值目的，后者是马克思关于共产主义文明发展的现实道路。

"全面发展生产力"或"生产力全面发展"是马克思在《经济学手稿（1857—1858年）》中提出的概念。他说："尽管按照资本自身的本性来说，它是狭隘的，但它力求全面地发展生产力，这样就成为新的生产方式的前提，这种生产力式的基础。"这就是说与资本主义生产方式根本不同的社会主义、共产主义生产方式的前提与基础是"生产力的自由的、毫无阻碍的、不断进步的和全面的发展"。③ 马克思所说的"全面发展生产力"即

---

① 《马克思恩格斯选集》第3卷，人民出版社1995年版，第757页。

② 周义澄：《自然理论与现时代》，上海人民出版社1988年版，第29~30页。

③ 《马克思恩格斯全集》第46卷（下），人民出版社1980年版，第34页。

"发展一切生产力"，① 指的是生产力的各种因素或各种生产力的全面发展，它不仅是"个人的全面发展生产力"，而且是社会的全面发展生产力，尤其作为全面发展的生产力中最基本的是：物质生产力、精神生产力、人自身生产力和自然生产力或生态生产力的全面发展。这四种生产力高度而全面发展，也就是自然、人、社会有机整体的高度而全面发展。社会主义、共产主义文明发展，则主要表现为物质文明、政治文明、精神文明和生态文明四大文明的高度而全面发展。这是不言而喻的。

4. 共产主义文明的高度而全面发展，集中体现为人的全面而自由发展。

首先，马克思把对资本主义文明发展中，人与自然、人与社会及其相互关系的极度片面畸形发展的落脚点，放在人的全面而自由发展上。在马克思看来，资本主义私有制和人的异化是密切联系在一起的，资本主义文明的片面的畸形发展最终体现和凝聚在人自身的异化，劳动者的极度畸形发展，有着明显的片面性、工具性和有限性。基于此，马克思无情揭露了资本主义文明发展中人的异化状态，尖锐地批判了资本主义劳动异化的现象。他说："劳动对工人来说是外在的东西，也就是说，不属于他的本质的东西；因此，他在自己的劳动中不是肯定自己，而是否定自己，不是感到幸福，而是感到不幸，不是自由地发挥自己的体力和智力，而是使自己的肉体受折磨、精神遭摧残。"② 马克思还有力批判了在资本主义文明发展中人仅仅当作手段的错误倾向，他说："根据古代的观点，人，不管是处在怎样狭隘的民族的、宗教的、政治的规定上，毕竟始终表现为生产的目的，在现代世界，生产表现为人的目的，而财富则表现为生产的目的。""因此，古代的观点和现代世界相比，就显得崇高得多"。③ 按照马克思的观点，人类文明发展本质上是人的发展，而在资本主义文明发展中，人的发展又表现为异化和颠倒的状态，这是社会发展到一定历史阶段的必然产物。这就

---

① 《马克思恩格斯全集》第46卷（上），人民出版社1979年版，第173页。
② 《马克思恩格斯全集》第42卷，人民出版社1979年版，第93页。
③ 《马克思恩格斯全集》第46卷（上），人民出版社1979年版，第486页。

是说，资本主义文明发展导致了人的异化，使它不能造就人的全面而自由发展，但同时确立了作为人类追求目标的人的全面而自由发展，并为克服人的异化状态提供了前提条件，这是人的全面而自由发展的历史前提与客观基础。正是在这个意义上说，人的全面而自由发展，是现代人类文明历史发展的客观趋势与必然进程。

第二，马克思的共产主义文明全面发展的最高价值目的，就是人的全面而自由的发展。在马克思视野内，人类文明发展的价值和意义，最终要体现在和凝聚在实践活动的主体人的发展上。因而，从本质上看，人类文明发展就是人的发展，即是人的潜能得到真正的发挥，人的价值得到充分的实现，造就出具有全面素质和真正自由自觉的人，获得人的解放与全面发展，这是人类文明发展的最终目的和最高价值追求。正因如此，马克思才提出共产主义文明发展进程应当是"通过人并且为了人而对人的本质的真正占有"。① 这个价值目标在马克思的科学社会主义、共产主义全面发展文明观中居于首位。我们完全可以说，马克思所设想的社会主义、共产主义既是一种人类最进步的文明制度，又是一种人类文明追求的价值目的，它是以每个人全面而自由的发展为最高价值目标。这种价值目的是社会主义、共产主义文明的核心和灵魂，集中反映了该文明的性质，决定着演化发展的方向，为它奠定最终的合法性和正当性的基础。正是在这个意义上，马克思、恩格斯认为人的全面而自由发展是社会主义、共产主义的根本特征和基本原则。他们指出：工人们在自己的共产主义宣传（这里所说的共产主义同时也包括它的第一阶段社会主义）中说，"任何人的职责、使命、任务就是全面地发展自己的一切能力，其中也包括思维的能力"，② "根据共产主义原则组织起来的社会，将使自己的成员能够全面发挥他们的得到全面发展的才能"，③ 从而形成"社会发展、社会享用和社会活动的

---

① 《马克思恩格斯全集》第42卷，人民出版社1979年版，第120页。
② 《马克思恩格斯全集》第3卷，人民出版社1960年版，第330页。
③ 《马克思恩格斯选集》第1卷，人民出版社1995年版，第243页。

全面性"。①"在这里，人不是在某一种规定性上再生产自己，而是生产出他的全面性"。② 马克思、恩格斯这些论述告诉我们，共产主义取代资本主义之后的历史使命就在于：把片面的、空虚的、畸形发展的人变成全面联系的、丰富的、自由的人，他表现为自主的活动和全面的能力、丰富和谐的社会关系、自由的个性；个人作为个人且根据自己意愿充分自由地表现和发挥其主体性和创造性，自由地创造和展示自己的本质与独特性，自由地实现自己的个人生活和社会生活的全面性。③ 展现出人的全面而自由的发展是社会主义、共产主义文明全面发展的最终目的和最高价值追求。

第三，人的全面而自由的发展，是衡量社会主义、共产主义与资本主义本质区别的根本标准。马克思共产主义全面发展文明观及人的全面发展学说，不仅科学地阐明了人的全面而自由的发展是社会主义、共产主义的根本特征与基本原则，而且还把人的全面而自由发展作为社会主义、共产主义与资本主义的本质区别的根本标志。马克思说：资本主义"对人，对活劳动的浪费，都大大超过任何别的生产方式，它不仅浪费血和肉，而且也浪费神经和大脑。在这个直接处于人类社会实行自觉改造以前的历史时期，实际上只是用最大限度地浪费个人发展的办法，来保证和实现人类本身的发展"。④ 而社会主义、共产主义则相反，它的本质特征是"建立在个人全面发展和他们共同的社会生产能力成为他们的社会财富这一基础上的自由个性"，⑤ 是"自由人联合体"。⑥ 正因为这样，马克思、恩格斯在《共产党宣言》中充满信心地预言：只有在未来的社会主义、共产主义文明发展中，人的全面而自由的发展才会在真正意义上得到实现。他们还认为这样文明社会应该使各种关系适应于"人的全面发展"这个规律，得到正常的实现。因此，社会主义、共产主义文明历史的发展，也就是该社会

① 《马克思恩格斯全集》第 46 卷（上），人民出版社 1979 年版，第 120 页。
② 《马克思恩格斯全集》第 46 卷（上），人民出版社 1979 年版，第 486 页。
③ 吴向东：《论马克思的全面发展理论》，《马克思主义研究》2005 年第 1 期。
④ 《马克思恩格斯全集》第 25 卷，人民出版社 1974 年版，第 105 页。
⑤ 《马克思恩格斯全集》第 46 卷（上），人民出版社 1979 年版，第 104 页。
⑥ 《马克思恩格斯全集》第 23 卷，人民出版社 1972 年版，第 95 页。

全面进步和人自身全面发展相统一的历史过程。

　　然而，在相当长的时期内，人们把集中体现社会主义、共产主义本质特征的人的全面而自由发展的价值目的，推到只有到了共产主义的高级阶段才能实现。其实这并不符合马克思的原意。马克思涉及共产主义第一阶段和高级阶段的经典论述有两处：一处是《资本论》第 1 卷第一章第四节论述商品的拜物教性质及其秘密，要考察共同的劳动即直接社会化的劳动时，就提出了"设想有一个自由人联合体，他们用公共的生产资料进行劳动，并且自觉地把他们许多个人劳动当作一个社会劳动力来使用"的科学预测，这里的"自由人联合体"就是以公有制为基础的，以人的全面而自由发展为价值目的的共产主义社会。在这种社会下，"每个生产者在生活资料中得到的份额是由他的劳动时间决定的。这样，劳动时间就会起双重作用……另一方面，劳动时间又是计量生产者个人在共同劳动中所占份额的尺度，因而也是计量生产者个人在共同产品的个人消费部分中所占份额的尺度"。① 很明显，这个自由人联合体是实行按劳分配原则的社会，因而，在这里所设想的共产主义文明同时也就包括社会主义。

　　另一处是在《哥达纲领批判》中，马克思对未来新社会满怀激情，真实地描绘了共产主义文明的基本特征："在共产主义高级阶段……在随着个人的全面发展，他们的生产力也增长起来，而集体财富的一切源泉都充分涌流之后，——只有在那个时候，才能完全超出资产阶级权利的狭隘眼界，社会才能在自己的旗帜上写上：各尽所能，按需分配！"② 在这里，马克思强调的"在随着个人的全面发展"，即用现在的话来说就是逐步实现人的全面发展，是进入共产主义高级阶段的必要条件。因此，我们完全可以肯定地说，社会主义文明社会就是一个逐步实现人的全面而自由发展的文明社会。社会主义文明社会应当是人的全面而自由发展的文明社会，人的全面而自由发展是社会主义的本质要求和最高价值取向，是社会主义文明区别于资本主义文明的本质特征。因此，它也就成为衡量社会主义文明

---

① 《马克思恩格斯全集》第 23 卷，人民出版社 1972 年版，第 96 页。
② 《马克思恩格斯选集》第 3 卷，人民出版社 1995 年版，第 305～306 页。

全面而发展的根本标志，是社会主义文明优越性的集中表现。

　　江泽民在庆祝中国共产党八十周年大会上的讲话中，对马克思关于人的全面发展学说作出了新的阐释和发展。这正是以马克思关于人类社会必然走向共产主义这一基本原理，和共产主义社会必然是一个人的全面而自由发展社会的理论为指导，面向我国进入全面建设小康社会的实际，开辟了马克思人的全面发展学说的新境界。他说："我们建设中国特色社会主义的各项事业，我们进行的一切工作，既要着眼于人民现实的物质文化生活需要，同时又要着眼于人民素质的提高，也就是要努力促进人的全面发展。这是马克思主义关于建设社会主义新社会的本质要求。我们要在发展社会主义物质文化和精神文明的基础上，不断推进人的全面发展。"① 这段论述强调建设具有中国特色的社会主义，"要努力促进人的全面发展"，"不断推进人的全面发展"。在这里，它从理论上提出了"促进人的全面发展是建设社会主义新社会的本质要求"的科学论断，把实现人的全面而自由发展提升到建设中国特色社会主义的价值目的高度，纠正把人的全面而自由发展看作是共产主义高级阶段才能实现的一种理论，从而丰富和发展了马克思关于科学社会主义、共产主义学说和人的全面发展学说；从实践上，不断促进人的全面而自由发展，是建设中国特色社会主义文明发展的伟大实践，是现实的共产主义运动，是把努力促进人的全面而自由发展提到了社会主义现代化建设的最基本的、最紧迫的战略任务。

　　第四，人的全面发展，是人的发展与社会文明全面发展相统一的历史过程。所谓人的全面发展，就是"人以一种全面的方式，也就是说，作为一个完整的人，占有自己的全面的本质"。② 这就告诉我们，作为一个完整的人，应当是自然因素、社会因素、政治思想与精神因素的有机统一体，因而，人的全面的本质即人的全面发展主要包括三个层面的含义：一是人的活动特别是人劳动活动的全面发展，以及人的需要和能力的全面发展；二是人的社会关系的全面丰富、社会交往的普遍性和人对社会关系的全面

　　① 《江泽民在庆祝中国共产党成立八十周年大会上的讲话》，《光明日报》2001 年 7 月 2 日。
　　② 《马克思恩格斯全集》第 42 卷，人民出版社 1979 年版，第 123 页。

占有与共同控制的高度发展；三是人的素质的全面提高和个性自由发展。①
因此，就整个社会而言，人的全面发展实质上就是社会文明发展从必然王
国向自由王国的过渡，它强调整个社会主义社会在经济、政治、文化、生
态各个方面的全面发展，社会主义物质、政治、精神、生态文明的高度而
协调发展。就个体的人而言，人的全面发展则强调作为个体的人在各方面
的全面发展，即包括平等发展、自由发展、充分发展、和谐发展，这里的
和谐发展应当包括个人自身各个方面的和谐，个人与社会、个人与他人、
个人与集体的和谐和人与自然关系的和谐发展。因此，个人的全面发展应
当是物质、政治、精神和生态生活的全面而协调的发展，世界观、人生
观、价值观的全面发展，身体素质和心理素质的全面发展，人格、智力、
能力、体力、创造力的全面发展等。可见，只有在整个社会文明的全面发
展过程中逐步实现个人的全面而自由发展，这才是建设中国特色社会主义
文明的必由之路。因此，人的全面发展和社会文明的全面发展，是建设中
国特色社会主义同一个过程的两个方面，相互结合、相互促进的向前发
展。正如江泽民所说的那样："推进人的全面发展，同推进经济、文化的发
展和改善人民物质文化生活，是互为前提和基础的。人越全面发展，社会
的物质文化条件越充分，人越能推进人的全面发展。社会生产力和经济文
化的发展水平是逐步提高、永无止境的历史过程，人的全面发展程度也是
逐步提高、永无止境的历史过程。这两个历史过程应相互结合、相互促进
地向前发展。"②

（二）共产主义全面发展文明观是双重关系和谐协调发展文明观

　　马克思、恩格斯基于"人本身是自然界的产物，是在他们的环境中并
且和这个环境一起发展起来的"生态学思想，基于他们的自然—历史观关

---

　　①　吴向东：《论马克思的全面发展理论》，《马克思主义研究》2005 年第 1 期。
　　②　《江泽民在庆祝中国共产党成立八十周年大会上的讲话》，《光明日报》2001 年 7 月 2 日。

于"社会是人同自然的完全了的本质的统一"的基本论点，从人与自然、人与人关系的历史考察出发，最后得出的必然结论是，只有共产主义才能完全合理地解决人与自然、人与人之间的矛盾。在社会主义、共产主义文明全面发展的这个科学预测中，包含着人的全面发展是人与自然、社会的全面协调发展的深刻内涵，这是人与自然和人与人之间和谐协调发展文明观的生态文明理论。

1. 人的全面发展是人、社会、自然的和谐统一与协调发展。本书第五章详细论述马克思关于人的两重性理论时说到，马克思把人的本性界定为自然属性和社会属性的统一体。在他的视野内人有两个"身体"，即他的有机身体（血肉之躯）和无机身体（外部自然界），现实的人就生活在两个世界中：自然的世界，社会的世界。他揭示了人是在自然环境和社会环境相互制约、相互作用中存在与发展自身的。任何文明发展都是如此，马克思说："自然界的人的本质只有对社会的人说来才是存在的；因为只有在社会中，自然界对人说来才是人与人联系的纽带，才是他为别人的存在和别人为他的存在，才是人的现实的生活要素；只有在社会中，自然界才是人自己的人的存在的基础。只有在社会中，人的自然的存在对他说来才是他的人的存在，而自然界对他说来才成为人。"① 这就告诉我们，在社会的世界里，社会是处在自然环境中的社会，对人的一切社会关系，尤其是社会生态关系和人的发展，尤其人的全面发展，都不能脱离自然环境进行孤立考察。在社会主义、共产主义文明进程中，人的全面发展是同社会、自然的发展密不可分的辩证统一体，是人与社会、自然的协调发展。

首先，任何文明兴衰实质上是生态环境兴衰史。人类文明的起源、文明的延续以至文明的衰亡，都与支撑文明的生态环境有着内在的本质的联系。良好的生态环境促进了人类文明的发展，当支撑文明发展的生态环境彻底破坏，人类创造的辉煌的文明就彻底毁灭。古代文明兴衰史充分证明了这个客观规律。因此，不管人类文明如何进步，不论是古代文明的摇

---

① 《马克思恩格斯全集》第 42 卷，人民出版社 1979 年版，第 122 页。

篮，还是现代文明的后土；不论是社会的全面进步，还是人的全面发展，都需要良好的生态环境来养育和支撑，换言之，都要以生态环境良性循环为基础来发展人类文明。这是铁的生态法则。

其次，马克思在《1844 年经济学哲学手稿》中所阐明的资本主义社会中人与自然和人与人之间的异化观，正是确证了资本主义现代文明是人与自然和人与人之间的不和谐不协调。针对资本主义文明的这种异化现象，马克思提出的未来新社会的价值目标，就是异化的消除，无产阶级乃至整个人类的彻底解放，实现每个人的全面而自由的发展。只有这样，才能使资本主义现代文明那种人与社会的社会生态关系、人与自然的自然生态关系的异化所导致的人的片面、畸形发展，得到根本克服及消除，求得人与社会的发展和人与自然的发展的辩证统一，求得三者之间的协调发展。在社会主义、共产主义文明发展进程中，人的全面而自由发展应该以自然的良性循环与生态环境的协调和谐为基础，正如江泽民所说的，"促进人和自然的协调与和谐，使人们在优美的生态环境中工作和生活"①成为人的全面发展的一个基本内容。因此，自然作为人的无机身体的高度发展，应该是人的全面发展的题中应有之义。这就是说，人的有机身体和无机身体的和谐统一与协调发展，才是人的全面而自由发展的最高价值的。由此决定社会主义社会的全面进步及文明全面发展的生态路标，应该是实现人的有机身体和无机身体的和谐统一，是人类生态、社会生态和自然生态的协调发展。可见，自然、人、社会的全面、协调、可持续发展是人的全面发展的必由之路；在自然、人、社会复合生态系统中，三者良性互动之中，人的全面发展得到不断促进。这是三者发展的辩证统一与相互协调的历史过程。

再次，按照马克思人、社会与自然相互关系学说，人与自然的协调和谐发展及人的全面而自由发展，发生在同一个过程中，它们互为前提。以人与自然生态关系的丰富全面性为基础的协调和谐发展，必然伴随着人与

---

① 《江泽民在庆祝中国共产党成立八十周年大会上的讲话》，《光明日报》2001 年 7 月 2 日。

社会生态关系的协调和谐发展及人的全面发展。这样，人的全面发展就主要表现为人的社会生态关系的协调和谐和人与自然生态关系的协调和谐。只有在这种双重的协调和谐中，人的全面发展才是现实的。因此，人的全面发展是人与自然协调和谐发展、人与社会协调和谐发展的基本前提和集中表现，是社会主义文明全面发展的凝聚和体现。

2. 科学社会主义、共产主义学说提出了合理解决与协调人与自然、人与人双重矛盾的伟大目标。马克思依据唯物史观和人类文明的发展规律，他所设想的未来社会主义、共产主义文明社会，最根本的就是消除资本主义文明的人与自然和人与人之间双重不协调与不和谐；他坚定地相信，明确地预言，在社会主义、共产主义文明全面发展框架中，人及整个社会和自然界是协调和谐的，整个社会中人与人、人与社会也是协调和谐的。这双重协调和谐，正是今天现代生态学所坚持的基本原则，或者说正是今天人类所追求的建设生态文明社会的基本原则，也正是今天我们党领导全国人民所要构建社会主义和谐社会的伟大目标，这个目标体现了可持续发展的真谛。这一原则，这一真谛，完全可以用马克思生态哲学思想关于自然、人、社会有机统一的一段论述来表达："社会是人同自然界的完成了的本质的统一，是自然界的真正复活，是人的实现了的自然主义和自然界的实现了的人道主义。"① 马克思在这里，向我们提出了：人的实现了的自然主义，这是人和自然之间的自然生态关系相协调和谐的生态原则；自然界的实现了人道主义，这是人与人之间的社会生态关系相协调和谐的生态原则。马克思所说的社会是人同自然界的完全了的本质的统一，这样的社会就只能是社会主义、共产主义社会；这样的社会用今天的话来表述就是：社会主义、共产主义社会是自然、人、社会的复合生态系统。这种复合生态系统，马克思在早年用这样的语言来描述，也就是前面所引证的马克思所说的共产主义是"人和自然界之间、人和人之间的矛盾真正解决，是存在和本质、对象化和自我确证、自由和必然、个体和类之间的斗争的真正

---

① 《马克思恩格斯全集》第 42 卷，人民出版社 1979 年版，第 122 页。

解决"。其后，马克思在《资本论》中关于共产主义的自由与必然的论述，就显得更加完整而严谨。他认为，共产主义对人类来说，在某种意义上是自由王国，但在历史的终极目标意义上，它更是一个必然王国，人类必须要遵循这个必然王国的客观规律，所以就共产主义文明发展之向必然王国而言，马克思又申明："但是不管怎样，这个领域始终是一个必然王国。在这个必然王国的彼岸，作为目的本身的人类能力的发展，真正的自由王国，就开始了。但是，这个自由王国只有建立在必然王国的基础上，才能繁荣起来。"① 马克思这个人类、人类社会和自然界，不断走向协调和谐到达共产主义彼岸的动态的漫长的历史过程，揭示了人类文明发展的总趋势和基本规律。

总之，在马克思关于科学社会主义、共产主义学说中，自然、人、社会有机统一理论中，不论是早期的论述还是后期的论述，对社会主义、共产主义的科学预测，始终强调的是人和自然之间的协调和谐，人和人之间的协调和谐，② 进而提出了合理解决与协调人类文明发展的双重矛盾的伟大目标。

3. 社会主义、共产主义文明全面发展，仍然表现人与自然和人与人的双重关系、双重主题的协调和谐发展。马克思、恩格斯关于人类文明发展进程中人与自然，和人与人这样双重关系、双重主题的内在统一问题，都有精辟的论断，作出了创造性理论贡献。他们始终强调人与自然和人与人的关系都是具体的历史的统一。马克思在《1844 年经济学哲学手稿》中在设想未来的社会主义、共产主义时就说过："人同自然界的关系直接就是人和人之间的关系，而人和人之间的关系直接就是人同自然界的关系，就是他自己的自然的规定。"③ 接着，马克思、恩格斯在《德意志意识形态》中阐明历史唯物主义的基本原理时，又谈到人类文明历史发展中人与自然关系的重大作用问题，他们说"历史的每一阶段都遇到有一定的物质结果、

① 《马克思恩格斯全集》第 25 卷，人民出版社 1974 年版，第 927 页。
② 马丽:《马克思生态学思想初探》,《马克思主义研究》2000 年第 4 期。
③ 《马克思恩格斯全集》第 42 卷，人民出版社 1979 年版，第 119 页。

一定数量的生产力总和，人和自然以及人与人在历史上形成的关系，都遇到有前一代传给后一代"，①而后一代在继承前一代人所遗留下的这种双重关系。社会主义取代资本主义之后，同样继承了资本主义文明所遗留下的人与自然和人与人的双重关系双重主题。这样，社会主义文明条件下的人们就必然要与自然界、与社会构成双重关系；人与自然的自然生态关系和人与人的社会生态关系，就成为社会主义文明历史发展两大主题和两条生命线。因为离开了人与人的社会生态关系的矛盾运动，便无法说明人与自然的自然生态关系的矛盾运动，反之亦然。因而只有在人、社会、自然的复合生态系统结构框架中，才能够获得对社会主义文明，对人的存在及发展的全面性的完整解读。社会主义文明全面发展的历史过程，就是这双重关系双重主题，即两对矛盾的相互依存、相互制约、相互作用的历史过程，现实社会主义文明系统的矛盾运动的历史过程。在社会主义文明全面发展的进程中，在人与自然的自然生态关系上，"我们必须学会和地球在一起生活"；在人与人的社会生态关系上，"我们必须学会在地球上共同生活"。只有将这两条生命线统一起来把握，才能从社会主义人、社会、自然有机整体上，正确认识和自觉遵循社会主义文明全面发展的客观规律。

4. 解放人而实现人的全面发展，解放自然而使整个自然界复活，这是社会主义、共产主义文明全面发展的两大基本任务。马克思设想的社会主义、共产主义社会的理想目标，既是无产阶级乃至整个人类的解放，实现人的全面而自由发展；又是自然的解放，"使整个自然界真正复活"。在《1844年经济学哲学手稿》中，马克思就明确指出了只有在共产主义文明条件下，才能真正解放自然，"使整个自然界复活"，自然主义与人道主义才能真正达到本质上的协调和谐。因此，马克思、恩格斯就提出了现代社会变革的人与自然和人与人双重和解的两大基本任务，他们说，"我们这个世纪面临的大变革，即人同自然的和解以及人类本身的和解"。②这就告诉我们，实现人的解放和自然的解放，是社会主义、共产主义文明全面发展

①《马克思恩格斯全集》第3卷，人民出版社1960年版，第43页。
②《马克思恩格斯全集》第1卷，人民出版社1956年版，第603页。

的两项基本任务。在这里，涉及科学社会主义、共产主义学说中人的解放、社会的解放和自然的解放三者相互关系问题。在人类文明思想史上，正是马克思首次探讨了三者的相互关系。

首先，社会的解放与人的解放是自然的解放的基本前提。马克思反复强调，是资本主义制度导致人与自然和人与人的异化；消除这种双重异化，马克思寄希望于社会主义、共产主义，尤其是把自然的解放寄希望于共产主义文明全面发展和人的全面发展。因为，在马克思的共产主义理想目标中，只有共产主义文明条件下，人与自然之间的协调和谐关系才有可能真正建立起来。因此，马克思、恩格斯一贯主张，首先必须"对我们的直到目前为止的生产方式，以及同这种生产方式一起对我们的现今的整个社会制度实行完全的变革"。① 只有变革资本主义社会制度，改造资本主义生产关系，促进社会主义文明全面发展和人的全面发展，才能实现自然的解放，使自然界真正复活。

其次，社会的解放与自然的解放，是人的解放的逻辑前提与基础。因为社会的解放和自然的解放是为人的解放和全面发展，提供良好的社会生态环境和自然生态环境。马克思的科学社会主义、共产主义学说虽然是以关注人的生存为依据，以人的解放和全面发展为宗旨，但是，实现这个宗旨又有赖于社会的解放和自然的解放，通过社会文明的全面发展和自然的高度发展，来支撑与保证人的解放与全面发展。

总之，社会的解放、人的解放与自然的解放三者有机统一与协调发展，是社会主义文明全面发展的基本趋势；人、社会与自然之间互馈式的和谐发展是 21 世纪人类文明发展的必由之路。

（三）社会主义和谐社会论是全面发展文明理论的重大创新

以胡锦涛同志为总书记的党中央在十六届四中全会上，提出构建社会主义和谐社会的整体发展目标和重大战略任务，完全符合人类社会发展的

① 《马克思恩格斯选集》第 4 卷，人民出版社 1995 年版，第 385 页。

客观规律和人类文明进步的必然趋势，是中华民族对人类文明尤其是对社会主义现代文明发展作出的重大贡献。从理论上说，社会主义和谐社会理论是对马克思、恩格斯关于社会主义、共产主义全面发展文明理论的继承与发展，是建设社会主义现代文明的又一次理论升华，是对中国特色社会主义理论的又一次重大创新。从实践上看，建设社会主义和谐社会，是对社会主义现代文明建设的丰富与发展，是党实现全面建设小康社会的进一步展开与深化，是推进中国特色社会主义伟大实践发展的又一次重大创新。

1. 马克思、恩格斯关于社会主义、共产主义和谐社会的科学预见。如前所述，马克思、恩格斯在对工业文明的科学批判中，就对资本主义文明做了辩证的、深刻的分析。他们充分肯定了资本主义文明对于人类文明发展的贡献超过了以往一切文明，尤其是为未来的社会主义、共产主义新文明，创造了前所未有的物质前提。马克思说：资本主义"文明面之一是，它榨取剩余劳动的方式和条件，同以前的奴隶制、农奴制等形式相比，都更有利于生产力的发展，有利于社会关系的发展，有利于更高级的新形态的各种要素的创造"。① 与此同时，马克思、恩格斯着重揭露和批判了资本主义文明发展的片面性、畸形性、破坏性和高代价性，其中包括对全人类赖以生存发展的生态环境基础的根本性破坏。因此，按照马克思的学说，资本主义文明是在社会化生产与生产资料资本家私人占有之间的这一基本矛盾中产生与运行的，这是贯穿于资本主义文明发展始终的基本矛盾。它决定了资本主义文明是在整个社会的不合理、不公正、不协调和不和谐中运行与发展，导致现实资本主义社会就是一个片面的、畸形的、不可持续发展的社会。正因如此，马克思明确肯定空想社会主义者关于和谐社会的一系列天才设想。面对资本主义文明迅速发展所造成的社会不平等和两极分化，面对人、社会和自然界的畸形发展、异化等弊端，面对阶级矛盾突出、政治秩序混乱和社会生活极不和谐等现象，一些思想家方才提出了反

---

① 《马克思恩格斯全集》第 25 卷，人民出版社 1974 年版，第 925~926 页。

对资本主义、向往理想社会的空想社会主义。1803 年，空想社会主义者傅立叶发表《全世界和谐》一文，指出现存资本主义制度是不合理不公正的，必将为"和谐制度"所代替。1824 年，英国空想社会主义者欧文在美国印第安纳州进行共产主义试验，也是以"新和谐"命名，试图建立一种人与自然和谐、工作与生活和谐的社会。1842 年，德国空想共产主义者威廉·魏特林所著《和谐与自由的保证》一书，把社会主义社会称为"和谐与自由"的社会，并指出新社会的"和谐"是"全体和谐"；马克思把它赞誉为"天才著作"，是工人阶级"史无前例光辉灿烂的处女作"。[①] 大家知道，空想社会主义学说是马克思学说的三个理论来源之一。马克思、恩格斯在《共产党宣言》中批判了反动的社会主义和保守的或资产阶级的社会主义，却对圣西门、傅立叶、欧文等空想社会主义者的著作和有关主张给予了充分肯定，明确指出他们"关于未来社会的积极的主张，例如消灭城乡的对立，消灭家庭，消灭私人营利，消灭雇佣劳动，提倡社会和谐，把国家变成纯粹的生产管理机构"，"提供了启发工人觉悟的极为宝贵的材料"。[②] 当然，马克思、恩格斯还深刻分析了空想社会主义者的历史局限性和理论缺陷，认为他们没有揭示资本主义社会的本质及基本矛盾，没有找到实现和谐社会的基本动力，也不可能找到实现社会变革的正确途径，结果只能陷于空想。

正因如此，马克思、恩格斯以唯物史观和剩余价值学说为理论武器，提出了无产阶级革命的理论和战略策略，找到了变革资本主义、实现社会主义的现实道路，使社会主义从空想变成为科学，并正式提出了关于社会主义、共产主义和谐社会的理论命题与科学设想。马克思、恩格斯关于阶级斗争与无产阶级革命和自由人联合体的理论，实质上是一种追求和谐社会的理论。它不仅揭示了实现和谐社会是人类文明发展的历史趋势，而且指明了实现和谐社会的社会条件、主体力量和正确途径。因此，我们完全可以肯定，从本源上看，最初意义的和谐社会应该是指马克思、恩格斯所

---

① 《马克思恩格斯全集》第 1 卷，人民出版社 1956 年版，第 483 页。
② 《马克思恩格斯选集》第 1 卷，人民出版社 1995 年版，第 304 页。

设想的社会主义、共产主义和谐社会。这是针对资本主义文明的不合理、不公正、不协调、不和谐，建立一种克服资本主义内在弊病，超越不合理、不公平、不协调、不和谐的社会制度，以达到共产主义的必然王国与和谐的境界。

2. 马克思、恩格斯科学地揭示了社会主义、共产主义和谐社会的本质特征。大家知道，马克思、恩格斯的科学社会主义、共产主义学说，从根本上说，它是人类最终实现和谐社会和人的全面而自由发展的科学理论体系。因此，社会主义、共产主义和谐社会的本质规定，就是他们在《共产党宣言》中指出的"代替那存在着阶级对立的资产阶级旧社会的，将是这样一个联合体，在那里，每个人的自由发展是一切人的自由发展的条件"。① 其后，马克思在《资本论》中再次强调未来社会主义、共产主义文明社会本质上是个自由人"联合体"，是"以每个人的全面而自由的发展为基本原则的社会形式"。② 可见，人的全面而自由发展是社会主义文明社会区别于其他一切文明社会的本质特征和根本标志，是人类社会发展的最高目标，是人类文明进步的基本尺度。

胡锦涛同志在构建社会主义和谐社会的讲话中，把马克思、恩格斯提出的未来和谐社会的科学设想做了精辟概括，他说："按照马克思、恩格斯的设想，未来社会将在打碎旧的国家机器、消灭私有制的基础上，消除阶级之间、城乡之间、脑力劳动和体力劳动之间的对立和差别，极大地调动全体劳动者的积极性，使社会物质财富极大丰富、人民精神境界极大提高，实行各尽所能、各取所需，实现每个人自由而全面的发展，在人与人之间、人与自然之间都形成和谐关系。"③ 这就告诉我们：马克思、恩格斯所设想的和谐的社会主义、共产主义社会的本质特征包含这样几点基本含义：①实现和谐社会是人类历史发展和人类文明发展的必然趋势，用无产

---

① 《马克思恩格斯选集》第 1 卷，人民出版社 1995 年版，第 294 页。
② 《马克思恩格斯全集》第 23 卷，人民出版社 1972 年版，第 649 页。
③ 《胡锦涛在省部级主要领导干部提高构建社会主义和谐社会能力专题研究班上的讲话》，《光明日报》2005 年 6 月 27 日。

阶级革命推翻资本主义制度，用社会主义、共产主义文明代替资本主义文明，才能从根本上消除人类文明发展的不合理、不公平、不协调、不和谐现象，只有这样才能实现和谐社会和人的全面自由发展。②生产力的高度发展是实现和谐社会的前提条件，是共产主义文明的"绝对必需的实际前提"；生产力的充分发展，社会物质财富极大丰富，社会才能实行"各尽所能、按需分配"，才能达到真正和谐的共产主义社会。③阶级对立消灭，阶级消灭，社会关系和谐，人们的精神境界极大提高。④整个社会的生产力与生产关系、经济基础与上层建筑之间相互适应，社会各方面全面协调发展，形成人与人、人与社会、人与自然和谐共存的社会生态关系，真正实现人、自然、社会的和谐发展。⑤每个人的自由发展，各种能力全面提高和潜能充分发挥，人的多样性需求不断得到满足，人的社会关系和谐、人与自然关系和谐、人的个性充分发展即人自身和谐，三者作为一个有机整体的递进实现，才能达到真正和谐的共产主义文明社会。

在党的十六届四中全会的《决议》中，党第一次把构建社会主义和谐社会作为奋斗目标和战略任务写进党的正式文件，这是中国共产党人在新的历史时期为实现马克思、恩格斯所描绘的共产主义社会的美好蓝图和发展前景的又一次重大理论创新，是党对马克思、恩格斯关于社会主义文明建设理论的继承和发展。正如胡锦涛同志所指出的："我们党提出构建社会主义和谐社会，符合马克思主义的基本原理，符合马克思主义关于社会主义社会的科学设想。我们党在社会主义社会建设理论和实践上取得的新进展，既是对党执政经验的总结，也是对国外一些执政党执政经验教训的借鉴；既是对我国社会主义建设规律认识的深化，也是对共产党执政规律、社会主义建设规律、人类社会发展规律认识的深化；既是对中国特色社会主义理论的丰富和发展，也是对马克思主义关于社会主义社会建设理论的丰富和发展。"① 党提出构建社会主义和谐社会的理论和实践创新意义，必将随着时间的推移而日益显现，在此指出三点：

---

① 《胡锦涛在省部级主要领导干部提高构建社会主义和谐社会能力专题研究班上的讲话》，《光明日报》2005 年 6 月 27 日。

首先，党提出的构建社会主义和谐社会之于社会主义、共产主义文明社会的最为基础最大的创新价值，就在于不仅从理论上，而且在实践上实现了和谐社会与社会主义初级阶段的内在衔接，[①] 之所以使二者成功衔接，就在于实现了社会主义、共产主义文明建设同社会主义初级阶段发展直接对接。这主要基于两大历史法宝：一是我们党从来都主张并且积极推进马克思主义的中国化，用发展着的马克思主义指导中国特色的社会主义文明建设；二是我们党从来都是最高纲领和最低纲领的统一论者，把追求实现建设美好共产主义文明社会理想同现阶段建设中国特色的社会主义具体实践有机结合起来。因此，我们所要构建的社会主义和谐社会，既是一种科学理论，又是一种科学实践；既是一种崇高理想，又是一个历史过程；既是一种远大目标，又是一种现实任务。在这里，理论与实践，理论与现实，过程与目标，都达到了完美的统一。今天，我们就是要在社会主义初级阶段的现实状态中，大力推进社会主义和谐社会建设，积极推动社会主义文明发展，从而把马克思、恩格斯的真正和谐的社会主义、共产主义的科学设想一步一步地变为现实，这就充分体现了中国共产党人立足当前与着眼未来的高度统一。

其次，党提出构建社会主义和谐社会在理论与实践上的重大创新，还充分体现在是对中国特色社会主义的又一次理论升华，是中国特色社会主义理论的新发展。邓小平关于社会主义本质的科学概括是他创立的中国特色社会主义理论的核心理念，是对马克思、恩格斯的科学社会主义、共产主义学说的重大发展。对于邓小平作出的"社会主义的本质，是解放生产力，发展生产力，消灭剥削，消除两极分化，最终达到共同富裕"的科学论断，进入 21 世纪的几年间的理论与实践表明，应该强调它有两个基本点：一是突出强调"解放生产力，发展生产力"，并把它作为建设中国特色社会主义的基本出发点，这就抓住了社会主义最根本的东西，这是在科学社会主义的历史上第一次把解放生产力和发展生产，同社会主义的本质

---

① 江苏省"三个代表"重要思想研究会：《构建和谐社会：对社会主义建设认识的新突破》，《光明日报》2005 年 5 月 18 日。

直接联系起来，把它提到社会主义本质要求的高度。二是突出强调社会主义的基本属性就是要体现"消灭剥削、消除两极分化，最终达到共同富裕"，不仅把"消灭剥削、消除两极分化"纳入社会主义本质要求之中，而且将"共同富裕"作为建设中国特色社会主义的最终目标与基本落脚点，这也是抓住了社会主义最根本的东西。现在，有的人只讲第一点，不讲第二点，这是对马克思主义的社会主义本质论极大歪曲，应当引起我们高度注意。邓小平关于社会主义本质科学论断的"五句话"，是一个有机统一整体，蕴涵建设社会主义和谐社会的基本内涵，指明了实现和谐社会主义的基本条件和正确途径。以胡锦涛为总书记的党中央针对当前我国发展的新形势、新特点、新趋势，英明果断地提出构建社会主义和谐社会，把"社会和谐"写在社会主义的旗帜上，表明我们党对社会主义本质的认识，对中国特色社会主义文明建设的认识进一步深化，开辟了中国特色社会主义的新境界。

在党的十五大，党设计了建设中国特色社会主义的基本纲领，它包括经济、政治、文化三个方面的纲领：我们党关于社会主义市场经济体制的设计，逐步建立起中国特色的社会主义市场经济体制；我们党关于社会主义政治体制的设计，逐步建立起中国特色的社会主义政治体制架构；我们党关于社会主义先进文化的设计，逐步形成了社会主义的核心价值理论及其指导思想，这些都是理论和实践上的重大创新。现在，党关于社会主义和谐社会体制的设计，逐步建立和完善中国特色的社会主义和谐社会体制，使它成为与前三者居于同等的地位，中国特色社会主义基本内涵的一个崭新层面，构成中国特色社会主义事业内在的组成部分，这就在理论和实践上创新了中国特色社会主义的理论体系，并使其更加完善和丰富。

再次，党提出构建社会主义和谐社会，最根本的最大的一个创新之处，就在于拓展了社会主义现代化建设的总体布局，即中国特色社会主义事业总体格局。构建社会主义和谐社会命题的提出，就使中国特色社会主义事业的总体布局，由社会主义经济建设、政治建设、文化建设三位一体，发展为社会主义经济建设、政治建设、文化建设、社会建设四位一

体。四个方面的建设全面、协调、可持续发展，构成中国特色社会主义事
业的整体推进与共同发展。这是重大的理论与实践创新。

3. 社会主义和谐社会的科学内涵的生态经济可持续性发展意蕴。胡锦
涛同志在概括社会主义和谐社会的科学内涵时指出："根据马克思主义基本
原理和我国社会主义建设的实践经验，根据新世纪新阶段我国经济社会发
展的新要求和我国社会出现的新趋势新特点，我们所要建设的社会主义和
谐社会，应该是民主法治、公平正义、诚信友爱、充满活力、安全有序、
人与自然和谐相处的社会。"① 这"28个字"的科学内涵是十分丰富的，
前面20个字是表达人与人（社会）之间的和谐发展关系；后面的8个字
是表达人与自然及人自身之间的和谐发展关系。因此，社会主义和谐社
会，实际上是指以人为主体的社会和谐发展状态，它包括人与自然之间的
和谐、人与人之间的和谐、人与社会之间的和谐、人自身关系和谐四个方
面的基本内涵。笔者把它概括为现代社会主义文明发展的四大和谐论。

第一，社会主义和谐社会首先内含着人与自然之间关系的和谐发展，
这是人类向往和追求的美好社会的一个最高价值目标。人与自然之间的矛
盾发展到现时代的严重冲突，使人与自然的和谐统一体完全瓦解了，由此
造成环境危机和生态危机此起彼伏，直接威胁着人类自身的生存和发展。
这是当代人类的存在危机，同时也是现代经济社会的发展危机，归根到底
是人与自然发展关系的危机。因此，重建人与自然的有机统一体，使经济
社会与自然生态从相互分离走向共同繁荣、和谐发展的现代社会，就成为
构建和谐社会的现实基础和首要任务。这种重建重在与自然界互利互惠、
和谐共存、共生、共荣，使自然界在和谐社会中真正复活，人与自然在美
好的理想社会中完成了本质的统一。社会和谐寓于人与自然的和谐之中。
这是马克思对人类理想社会中人与自然和谐关系的经典描述。因此，人与
自然应该也必须是和谐发展，即社会生产力与自然生产力相和谐，社会经
济系统与自然生态系统相和谐，自然的人化与人的自然化相和谐，人的身

---

① 《胡锦涛在省部级主要领导干部提高构建社会主义和谐社会能力专题研究班上的讲话》，
《光明日报》2005年6月27日。

外自然与人自身自然相和谐，尤其是人类经济活动的需求增长与生态系统供给能力相适应，社会生产、生活排放废物量与生态系统净化能力、环境容量相适应，实现自然生态系统和社会经济系统的良性循环，真正形成人与自然共同生息与和谐、协调发展。

第二，社会主义和谐社会内含着人与人之间关系的和谐发展。从一般意义上说，所谓人与人之间的和谐关系，就是通常所说的人际关系的和谐。它包括父母与子女、夫与妻、兄弟与姐妹以及亲属之间、朋友之间、邻里之间、同事之间、上下级之间、干群之间等方面形成和谐的关系。按照马克思、恩格斯的观点，人的一切行为皆根源于利益。"人们奋斗所争取的一切'都同'他们的利益有关"，[①]"每一既定社会的经济关系首先表现为利益"。[②] 这不仅是指人们的经济行为、政治行为，甚至还包括人们的思想活动。因此，人与人之间的关系说到底是利益关系。所以，妥善协调和正确处理人们之间的各种利益关系，使人们的各种利益有机结合和均衡统一，这是实现人与人之间关系和谐的关键所在。只有紧紧抓住这个关键，才能化解人们的各种利益矛盾与冲突，实现好、保护好、发展好最广大人民的根本利益，使广大劳动者都能各尽其能地劳动，各得其所地生活，最终走向共同富裕。可见，人际关系应该也必须和谐发展，不仅要代内相和谐，而且要代际相和谐，可持续发展的目标，是要一代更比一代和谐。

第三，社会主义和谐社会内含着人与社会之间关系的和谐发展，这是人们追求的美好社会的理想和目标。人不仅是自然的人，而且是社会的人，是社会的主体；各种社会关系是人与人在其社会实践过程中发生和形成的。这样，社会的发展和人的发展是密不可分的，甚至可以说社会的发展，就是人自身的发展，两者发展是一个双向同步发展的统一运动过程。因此，人与社会应该也必须和谐发展，个人依赖社会与社会约束个人相适应，个人自由与社会认同相适应，个人利益、需要的满足与整体社会利益、需要的实现相适应，人的能力发挥与社会、公平、公正相适应；各社

---

① 《马克思恩格斯全集》第1卷，人民出版社1956年版，第82页。
② 《马克思恩格斯选集》第3卷，人民出版社1995年版，第209页。

会阶层在共同利益的基础上实现劳动合作和利益共享相适应，人民和政府之间的权力平等和利益分享相适应。只有这样，才能实现人的发展和社会的发展和谐统一，这是构建社会主义和谐社会的战略目标。

第四，社会主义和谐社会内含着人自身的和谐发展，这是社会和谐发展的根本前提和主体条件。在马克思的论述中，自然界所面对的人，是有机身体即血肉之躯与无机身体即外部自然界的统一体，是自然与社会的存在物。于是，人的自由个性和谐发展是自然和社会的产物。人自身形成和谐的关系，就是指人的身心健康即心态和谐，它包括生理和谐、心理和谐以及生理与心理和谐，这既是人的各种器官、功能的完好程度，又是人与各类物理、生物、社会和自然环境的协同进化和谐关系。因此，人自身应当地必须和谐发展，首先要有健康的人身，应该实现人的有机身体和无机身体的和谐发展；还必须要有健全的人格，正确的世界观、人生观、价值观和发展观，能正确处理个性和谐与自然、他人、社会的和谐关系，真正融入自然和社会，推动人、自然、社会之间的和谐发展。可见，人自身的和谐发展，就是要实现人的自由全面发展。所以，"在马克思、恩格斯看来，人的自由全面发展的实现，就是人自身的和谐发展。人自身的和谐发展是个理想目标，是人的充分发展、最大限度的发展，是人发展的一种最理想的状态。完全达到这个状态需要经过一个不断提高、不断完善的渐进过程"。①

4. 社会主义和谐社会的科学内涵给我们两点重要提示。

首先，上述的社会主义和谐社会的丰富内涵，还体现在和谐社会的基本特征上，或者说社会主义在和谐社会的基本特征是它的科学内涵的现实表现。对此，有的学者概括为四大特征：社会主义和谐社会是一个以人为本、经济社会全面发展的社会，是一个把公平和正义作为核心价值取向的社会，是一个创造活力得到充分激发的社会，是一个法制健全、管理有序的社会。有的学者概括为五大特征：社会主义和谐社会，是一个各尽其能

① 贾建芳：《马克思恩格斯的社会和谐思想》，《马克思主义研究》2005 年第 3 期。

并充满创造活力的社会，是一个尊重人民诉求的社会，是一个各得其所的社会，是一个和谐相处的社会，是一个共生共进的社会。这些看法在表述上大同小异，精神基本一致。总之，我们所要构建的和谐社会应该是体现社会主义、共产主义本质的、现代的、新型的和谐社会。①

其次，社会主义和谐社会的基本内涵和特征形成了"四大和谐"的有机整体。当代社会发展的大量事实表明，人与自然的关系不和谐，往往会影响人与人、人与社会的关系，并最终导致人自身关系的不和谐。同时，理论证明，人与自然的和谐发展是不可能孤立实现的，它作为人与自然的生态关系和谐，是和人与人、人与社会关系的和谐，是同人自身关系的和谐有机联系在一起的。一方面，人与自然的生态关系和谐，必然成为人与人，人与社会，人自身关系和谐的基础，并成为整个社会文明体系的基础；另一方面，人与自然的生态关系和谐又必须以人与人、人与社会、人自身关系的和谐，作为其社会条件和主体条件。因此，人们对人与自然的和谐不断追求和推进实现，也就要求着人与人、人与社会的和谐，推动着人自身的和谐的不断追求和递进实现。于是，不断追求和递进实现人与自然、人与人、人与社会、人自身四大和谐，就成为 20 世纪 80 年代以来人类社会发展和人类文明进步的大趋势，成为理论研究的新课题；现代人类从此进入了生态时代。我们党提出社会主义和谐社会的科学论断，就是顺应了这个大趋势和正确解决了这个历史课题，具有划时代的国际意义。

5. 社会主义和谐社会是四大文明全面协调发展的社会。现在，我们从广义和狭义的社会范畴有机统一的视角，进一步论述现代社会主义文明社会是一个物质文明、政治文明、精神文明、生态文明全面协调发展的和谐社会。从狭义的社会观念来看，社会建设与发展是把经济、政治、文化三大建设与发展撇开之后，其他社会方面的建设与发展。因此，社会主义和谐社会建设是社会主义现代化建设在经济、政治、文化、社会方面的四大建设之一。这种狭义的社会建设与发展的中心环节是以人为本的社会建设

---

① 参见虞云耀：《努力构建社会主义和谐社会》，《光明日报》2005 年 5 月 18 日。

与发展，集中表现为人自身关系的和谐发展。按照现代生态学的思想，将自然生态的思想扩展到人自身的关系，即人的有机身体和无机身体的和谐发展关系，社会中的个人的自由充分发展，是属于人类生态发展；这种人自身和谐则是一种扩展的生态和谐。这种狭义的社会建设与发展的基本内容，是人与人、人与社会的社会有机整体的和谐发展关系，将自然生态的思想扩展到人与人、人与社会的关系，人的社会本身就是一种社会生态关系；这种人与人、人与社会的社会生态和谐，也是一种扩展的生态和谐。①因此，狭义的社会建设与发展的关键问题，就是人与自然的生态关系建设与发展，狭义的生态和谐就是指人与自然的和谐发展即生态和谐。于是，人与自然、人与人、人与社会、人自身的整体和谐，就可以称之为广义的生态和谐；相应地，生态时代的本质特征就是对广义生态和谐（四大和谐）的不断追求和递进实现，成为人们自觉的价值取向。人们为实现人与自然和谐发展的成果，以及在此条件下所建立的伦理、规范、原则和方式及途径等成果的总和，可以称之为狭义的生态文明；人们实现四大和谐发展的成果，以及此条件下所建立的伦理、规范、原则、方式及途径等成果的总和，可以称之为广义的生态文明，也可以称之为绿色文明。

上述"四大生态和谐"正是和谐社会的基本内涵和主要特征。人们为实现四大生态和谐发展的生态文明建设，是和谐社会建设的主体工程和基础工程。这是因为，人是社会的主体，把保障全体人民的身心健康和生命安全放在第一位，实现人的有机身体和无机身体的和谐发展，提高人的生存与发展质量，这是和谐社会建设的最高价值目标。因此实现人自身关系的生态和谐发展，是社会建设的主体工程。自然是人与社会存在的基础，社会是人的社会，把保障人与自然的自然生态和谐，保障人与人、人与社会的社会生态和谐，放在优先地位，实现人、社会、自然的和谐发展，这也是和谐社会建设的根本价值目标。于是，实现人与自然、人与人、人与社会的自然与社会生态和谐发展，则是和谐社会建设的基础。正是在这个

---

① 黄志斌：《绿色和谐管理论》，中国社会科学出版社 2004 年版，第 39 页。

意义上说，四大生态和谐建设是社会主义和谐社会建设的核心，这就是说生态文明建设是社会建设的核心。可见，构建社会主义和谐社会必然是社会主义物质文明、政治文明、精神文明和生态文明四个方面的文明建设。社会主义和谐社会建设与发展，只能在四大文明全面协调发展中得以实现。这是毫无疑义的。

　　社会主义和谐社会应当也必须体现于物质文明、政治文明、精神文明、生态文明的全面协调发展之中，它是一个物质生活不断提高、政治生活不断进步、精神生活不断丰富、生态生活不断改善的良性互动的发展过程。因此，四大文明建设同构建和谐社会是完全一致的。社会主义市场经济发展，社会主义民主政治进步，社会主义先进文化进步，社会主义良好生态发展，都要落实到社会主义和谐社会这个载体上来。正如胡锦涛同志所指出的："构建社会主义和谐社会，同建设社会主义物质文明、政治文明、精神文明是有机统一的。它们既有不可分割的紧密联系，又有各自的特殊领域和规律。"① 这是从马克思的唯物史观来看和谐社会建设和现代文明发展的关系。然而，按照马克思自然—历史观来看它们的关系，应当说，构建社会主义和谐社会，同建设社会主义物质文明、政治文明、精神文明、生态文明是有机统一的。它们既有不可分割的紧密联系，又有各自的特殊领域和规律。建设社会主义物质、政治、精神、生态文明，可以为构建社会主义和谐社会提供经济、政治、文化、生态条件；而构建社会主义和谐社会又可以为社会主义四大文明发展提供社会条件和资源环境条件。它们是在不断地相互融合与相互促进中推动社会主义现代文明的不断进步与发展。

　　前面已经论述过，马克思自然—历史观对人类社会形态的社会结构与社会生活的基本看法是"四分法则"。这就是人类社会包括经济、政治、文化、生态四个基本领域；社会生活包括经济生活、政治生活、文化生活、生态生活四种基本生活；相适应地，社会文明包括物质文明、政治文

---

　　① 《胡锦涛在省部级主要领导干部提高构建社会主义和谐社会能力专题研究班上的讲话》，《光明日报》2005 年 6 月 27 日。

明、精神文明、生态文明四大基本文明。这些马克思、恩格斯的光辉思想完全适用于社会主义和谐社会。因此，从广义的社会范畴来说，社会主义和谐社会涵盖了人与自然、人与人、人与社会、人与自身四大关系，它就必然涵盖和意味着整个社会的经济、政治、文化、生态四个方面的全面协调发展，涵盖和意味着经济生活、政治生活、精神生活、生态生活四种生活的不断提高与丰富；相适应地，社会主义和谐社会的社会文明就应当也必然是物质文明、政治文明、精神文明、生态文明四大文明的全面协调发展。只有社会主义现代文明的全面协调发展，才是衡量社会主义和谐社会的根本标准，也才是社会主义现代文明发展的协调推进和整体提升的基本标志。

既然党的基本纲领"已从经济、政治、文化三位一体发展到经济、政治、文化、生态四位一体"，那么，党的基本路线规定的以经济建设为中心，不断解放和发展社会生产力，就应当发展为以"生态经济建设为中心"，解放和发展生产力；就应当发展为解放和发展生态经济生产力，"实现社会（经济）生产力和自然（生态）生产力的协调发展"。只有这样，才能使社会主义和谐社会获得发达的现代生产力。这是社会主义和谐社会建设的根本任务。因此，全面建设小康社会和全面构建和谐社会，最根本的是要坚持以生态经济建设为中心，不断解放和发展生产力，实现经济生产力和生态生产力的协调发展，使它们统一于建设中国特色社会主义的伟大实践，贯穿于社会主义和谐社会建设的整个过程，使我们不断地从胜利走向胜利。这是运用马克思生态经济理论研究社会主义初级阶段的基本纲领得出的必然结论，也是生态马克思主义经济学的一个重要论点。

第十二章　科学发展观的理论先驱

——经济社会发展观和生态自然发展观的统一

　　我们从前面的各章的分析中，可以看到马克思的生态经济思想是融合在马克思哲学和经济学的基本理论之中的，是融合在科学社会主义、共产主义学说之中的。这使马克思的人、社会与自然发展理论和社会主义、共产主义文明发展理论，在马克思学说的理论体系中占有极其重要的地位；因而，使我们完全看到了唯物主义历史观和辩证法自然观的统一理论，哲学与经济学及与科学社会主义理论的有机结合，见识了马克思关于人、社会、自然的发展，与社会主义社会发展之间内在统一的科学理论，即发展学说。马克思在运用辩证唯物主义及历史唯物世界观和方法论，对资本主义生产方式进行深刻分析的基础上，揭示了人类社会发展的基本规律，提出了社会主义、共产主义文明发展的科学设想。这些集中到一点来看，马克思是把人类社会发展视为以人为本的最终实现人的全面自由发展，这是一种全面、协调、可持续发展的过程。这就是马克思学说所阐述的人类社会发展的基本规律与必然趋势。马克思的生态学思想、自然发展观念和生态经济理论，为他的发展学说的全面性、协调性、可持续性奠定了基础。正是在这个意义上说，马克思是科学发展观的理论先驱。以胡锦涛为总书记的中央领导集体把以人为本，全面、协调、可持续的发展观写在社会主义的旗帜上，提出这一科学发展观，这是马克思主义发展观的当代新形态，是马克思主义发展观的继承、发展与重大创新。从学理上看，科学发展观是唯物主义历史观和辩证法自然观相统一的新理念，是马克思主义经济学的新范畴，因而，生态马克思主义经济学立足于马克思学说整体研究的高度，为全面理解和把握科学发展观提供了新的理论基础。

一、马克思的发展观是科学发展观的最早先声

在马克思学说的理论框架中，无疑是不可能像我们今天这样使用明确的术语来提出科学发展观问题。"但是，判断一个思想家在某一学科领域是否拥有自己的地位，不在于他是否明确提出和使用过和现在完全相同的术语和相关的概念，而是主要看他是否对这一理论的基本问题提出了科学的方法论和带有长远指导意义的理论观点"。① 马克思主义发展观在本质上是科学发展观。马克思学说博大精深，意境高远，科学发展观的基本思想和理论观点，确实包含在这个理论体系之中，尤其是包含在他的人类社会发展理论和科学社会主义、共产主义学说之中。这使得马克思、恩格斯的发展观向人类呼唤出了科学发展观的最早先声。

马克思、恩格斯继承了以往哲学关于人的思想的积极成果，科学地揭示了人的本质是自然的人和社会的人的统一体，即人是自然生态因素和社会经济因素的有机统一体。这就为以人为本和以生态为本思想的确立奠定了科学的基础。马克思创立的唯物主义历史观和辩证法自然观，在本质上就是以人为本和以生态为本的历史观、发展观和科学的方法论。因此，马克思、恩格斯从科学的世界观和方法论含义，规定了以人为本是经济社会发展观的一个根本原则或根本要求。

唯物史观的出发点是从事物质生产实践活动的现实人。马克思、恩格斯在阐述自己的唯物史观的出发点时反复地指出，"我们的出发点是从事实践活动的人"，"从现实的、有生命的个人本身出发"；② 恩格斯在《路德维希·费尔巴哈和德国古典哲学的终结》中，还将唯物史观称之为"关于现

---

① 朱炳元：《资本论的发展观》，《马克思主义研究》2005 年第 1 期。
② 《马克思恩格斯选集》第 1 卷，人民出版社 1995 年版，第 73 页。

实的人及其历史发展的科学"。① 这是唯物史观的总体概括。

我们要正确理解马克思、恩格斯提出的"现实的人"概念的基本含义。对此，我们按照马克思、恩格斯的本意来理解：首先是"现实的人"，是指从事现实的物质生产实践活动的人。马克思、恩格斯明确指出："这里所说的个人不是他们自己或别人想象中的那种个人，而是现实中的个人，也就是说，这些个人是从事活动的，进行物质生产的，因而是在一定的物质的、不受他们任意支配的界限、前提和条件下"能动表现自己的。② 在这里，马克思、恩格斯强调的是现实的人的实践活动特别是物质生产劳动实践活动，侧重于从历史主体的角度研究人类社会发展的本质与规律，他们立足于客观的、现实的物质生产实践活动的变革与发展来实现社会和人的发展。而历史进步则是社会发展和人的发展相统一的过程。正如马克思所说的："整个历史也无非是人类本性的不断改变而已。"③

其次，"现实的人"就是物质生产的承担者即生产力的承担者和生产关系的体现者；又是政治生活和精神生产的承担者和体现者。因此，"现实的人"的实践活动不仅与生产力和生产关系的矛盾运动交融在一起，而且与经济基础和上层建筑、社会存在和社会意识的矛盾运动交融在一起。在马克思、恩格斯的著作中多次说过：那些发展着自己物质生产和物质交往的人们，在改变自己的这个现实的同时，也改变着自己的思维和思维的产物。"不是意识决定生活，而是生活决定意识"，"不是社会意识决定社会存在，而是社会存在决定社会意识"，就是"人们的现实生活过程"决定人们的社会意识。唯物史观与唯心史观不同之处，就是"它不是在每个时代中寻找某种范畴，而是始终站在现实历史的基础上，不是从观念出发解释实践，而是从物质实践出发来解释观念的形成"。④

再次，现实的人，在现实的社会关系中从事物质实践活动的人，是在

---

① 《马克思恩格斯选集》第4卷，人民出版社1995年版，第241页。
② 《马克思恩格斯选集》第1卷，人民出版社1995年版，第71~72页。
③ 《马克思恩格斯全集》第4卷，人民出版社1958年版，第174页。
④ 《马克思恩格斯选集》第1卷，人民出版社1995年版，第92页。

现实的发展过程中的人。马克思、恩格斯所说的现实的人，与费尔巴哈人本学和现代人本主义，偏执于抽象的人性或抽象的"一般的人"，是完全不同的。马克思强调说："'人'？如果这里指的是'一般的人'这个范畴，那末他根本没有'任何'需要；如果指的是孤立地站在自然面前的人，那末他应该被看作是一种非群居的动物；如果这是一个生活在不论哪种社会形式中的人……那末出发点是，应该具有社会人的一定性质，即他所生活的那个社会的一定性质，因为在这里，生产，即他获取生活资料的过程，已经具有这样或那样的社会性质。"① 因此，马克思、恩格斯认为："它的前提是人，但不是处在某种虚幻的离群索居和固定不变状态中的人，而是处在现实的、可以通过经验观察到的、在一定条件下进行的发展过程的人。"②

复之，现实的人是与自然进行物质变换的人。现实的人作为从事现实的物质生产实践活动的人，这是通过人类的劳动活动表现出来的。马克思说："劳动首先是人和自然之间的过程，是人以自身的活动来引起、调整和控制人和自然之间的物质变换的过程。"③ 人与自然之间的物质变换，是人类社会最基本的经济实践。没有物质生产劳动，就只会有自然界本身的物质变换，而不会有现实的人与自然之间的物质变换，就不会有生产力发展的历史，更不会有人类社会发展的历史。马克思、恩格斯指出，"生产力的历史"，也就是"个人本身力量发展的历史"。④ 它归根到底是人与自然之间物质变换关系发展的历史，是自然生态关系和社会经济关系矛盾运动与发展的历史。这就是马克思发展观的生态经济实质。

马克思、恩格斯确立了人是人类全部关系的本质与基础。马克思、恩格斯在《德意志意识形态》中不厌其烦地告诉我们，全部人类历史的理论前提，也是自己理论的逻辑前提。就是从事现实的物质生产实践活动的

---

① 《马克思恩格斯全集》第 19 卷，人民出版社 1963 年版，第 404～405 页。
② 《马克思恩格斯选集》第 1 卷，人民出版社 1995 年版，第 73 页。
③ 《马克思恩格斯全集》第 23 卷，人民出版社 1972 年版，第 201～202 页。
④ 《马克思恩格斯选集》第 1 卷，人民出版社 1995 年版，第 124 页。

人，从而也是社会的、历史的个人，它凝结着人和自然，人和社会，社会和自然，现实和历史的最基本、最普遍的关系，体现了现实社会历史发展的本质与规律。马克思明确指出："人是全部人类活动和全部人类关系的本质、基础"。①

首先，人是社会历史发展的立足点，马克思在《关于费尔巴哈的提纲》中指出："新唯物主义的立脚点则是人类社会或社会化的人类"。② 因此，把现实的人作为研究社会历史的出发点，就会把人的实践活动、现实生产劳动作为出发点，这样能够把握一切社会生活的本质和历史发展的客观进程。正如马克思所说的："整个所谓世界历史不外是人通过人的劳动而诞生的过程，是自然界对人来说的生成过程"。③

第二，社会历史的一切都是人的实践活动的产物，人类创造的一切文明成果都是人的本质力量的表现与确证。历史什么也未做。"创造这一切、拥有这一切并为一切而斗争的，不是'历史'，而正是人，现实的、活生生的人。"④ 正是在这个意义上，列宁才作出结论说："历史是由千百万人独立创造的。"⑤ 因此，人类社会的文明史，真正的历史观和科学的发展观，必须"以人为本"。

第三，由于人创造的一切文明成果，是人的本质力量的表现与确证，其中包括人们所建立的组织等，也都不过是人的本质力量的外观和表现，对于这个意义，马克思认为："人永远是这一切社会组织的本质。"⑥

第四，以人为本代替"以神为本"和"以钱为本"，是把历史的真实内容还给历史。马克思、恩格斯虽然没有这个问题的直接论述，但这种思想是包含在他们的发展理论和科学社会主义学说之中的。恩格斯曾经说过："为了认识人类本质的伟大，了解人类在历史上的发展，了解人类勇往

---

① 《马克思恩格斯全集》第 2 卷，人民出版社 1957 年版，第 118 页。
② 《马克思恩格斯选集》第 1 卷，人民出版社 1995 年版，第 61 页。
③ 《马克思恩格斯全集》第 42 卷，人民出版社 1979 年版，第 131 页。
④ 《马克思恩格斯全集》第 2 卷，人民出版社 1957 年版，第 118 页。
⑤ 《列宁全集》第 27 卷，人民出版社 1958 年版，第 148 页。
⑥ 《马克思恩格斯全集》第 1 卷，人民出版社 1956 年版，第 293 页。

直前的进步，了解人类对个人的非理性的一贯有把握的胜利，了解人类战胜一切似乎超人的事物，了解人类同大自然进行的残酷而又顺利的斗争，直到具备自由的人的自觉，明确认识到人和大自然的统一，自由地独立地创造建立在纯人类道德生活关系基础上的新世界，为了了解这一切，我们没有必要首先求助于什么'神'的抽象概念，把一切美好的、伟大的、崇高的、真正的人的事物归在它的名下。"① 资产阶级在历史上曾经以追求人的解放和权利的名义，反对封建社会的"以神为本"的观念，也正是在这个名义下，眼前的情欲和金钱便成为人们的普遍追求，使得资本主义私有制形成钱本位取代神本位，资产阶级制造了"以资本为本"、"以利润为本"、"以金钱为本"。其实，资本、利润、金钱从来没有为本，真正为本的不过是占有资本、利润、金钱的资产阶级而已。人创造了这一切，而不是这一切创造了人。这就导致资本主义社会的人、社会、自然的全面异化。因此，马克思从《1844年经济学哲学手稿》中的异化劳动理论，到《资本论》中的三大拜物教思想，深刻揭露了资本主义社会异化劳动的突出表现形式，进而揭示了资本主义社会的劳动过程即人与自然之间的物质变换过程，以及由这种生产劳动体系所带来的全社会的非人化和反人道的性质，科学地论证了社会主义、共产主义社会文明发展，必须也应当以人为本。追求每个人全面而自由发展的合理性、合法性和正当性。正是在这种意义上，在马克思视野中，它是社会主义、共产主义的基本原则。

社会历史发展的根本目的和价值目标，是人的发展即人的自由全面发展，是马克思发展观的根本特征。这是以人为本原则的集中体现。在此，进一步强调两点：

第一，马克思揭示社会历史发展的客观规律，目的是为了人的发展。因此，马克思的唯物史观从创立开始，就蕴涵着经济社会发展以人的发展为核心的价值取向。人作为实践活动的主体，就使实践包含着主体的价值取向；而人的实践活动必须也应当是为人的生存及发展，使人成为经济社

---

① 《马克思恩格斯全集》第 1 卷，人民出版社 1956 年版，第 650 页。

会发展的终极目的。因而，马克思在《1844年经济学哲学手稿》中就提出了"人类的全部力量的发展成为目的本身"的光辉思想。他还在《神圣家族》一书中阐明了经济社会发展是有意识、有目的、有思想的人的实践活动的结果，即"历史不过是追求着自己目的的人的活动而已"。① 这就告诉我们，人的发展既是社会历史发展的内在要求，也是推动社会发展的内在动力。作为人的实践活动的目的性，这不仅是人类所具有的本质内涵，而且是人的实践活动的基本特点。因此，马克思以人类社会历史发展的基本规律为基础，探求人的解放的价值目标及其实现路径；在判定人的主体价值时，就以经济社会发展和历史进步为基本尺度和最终目标，从而科学地解决了经济社会发展与人的发展以及全面发展的统一性问题。这是马克思的社会历史观和主体价值观的有机统一，是马克思发展观的实践性和科学性的根本表现。

第二，在马克思的唯物史观看来，作为有意识、有目的、有思想的实践主体的人，其本质在理论上总是指向全面而自由发展的。正是在这个意义上说，人的全面而自由发展，就成为人类社会历史发展的客观趋势与必然进程，也必然是社会主义、共产主义社会发展的最终目的和最高价值追求，体现了人类实践活动的目的性。因此，马克思所设想的社会主义、共产主义既是一种人类最进步的最合理的文明制度，又是一种人类文明发展所追求的价值目的，它是以每个人全面而自由发展为最高价值目标的。所以，马克思把人的全面而自由发展称之为社会主义、共产主义的根本特征和基本原则。然而，马克思不是理想主义者，他清醒地认识到人的全面而自由发展的最终的、崇高的目标的实现，是一个漫长的社会历史的发展进程，最终实现必须经过许多不同的发展阶段，即使是到了共产主义社会，也是人的全面而自由发展的"开始"。到了共产主义，"作为目的本身的人类能力的发展，真正的自由王国，就开始了"，"即不以旧有的尺度来衡量的人类全部力量的全面发展成为目的本身"。② 这就要求我们"把人的自由

---

① 《马克思恩格斯全集》第2卷，人民出版社1957年版，第118~119页。
② 《马克思恩格斯全集》第46卷（上），人民出版社1979年版，第486页。

全面发展的最终目标的实现作为一个过程，在不同的发展阶段上又牢记我们发展的最终目标，我们就能把目的论和阶段论结合起来，真正确立起以人为本的发展理念"。①

　　马克思的以人为本的思想和以生态为本的思想是统一的。马克思的唯物史观和辩证自然观的统一理论，奠定了以人为本的经济社会发展观与以生态环境为本的自然生态发展观的统一性。因此，在马克思学说的理论框架中，以人为本的发展观念与以生态为本的发展理念并不矛盾，相反，都是统一的。② 正是基于这一认识，马克思在阐明社会历史发展时，就把人道主义和自然主义有机地结合起来，他明确指出："共产主义，作为完成了的自然主义，等于人道主义，而作为完成了的人道主义，等于自然主义"。③ 毋庸置疑，在马克思那里，以人为本和以生态为本是一而二、二而一的。这就是说，马克思的发展观，是完成了自然主义和完成了人道主义的统一观，或者说，它是生态自然观和经济社会观的统一观。在此，略述几点：

　　第一，人类的实践活动创造一切文明成果，这一切是人的本质力量的表现与确证；这个实践的、历史的唯物主义观点，一旦进入生态即自然的、辩证的唯物主义领域，马克思就认为，人是自然界发展到一定阶段的产物，是与自然界环境一起发展起来，"历史本身是自然史的即自然界成为人这一过程的一个现实部分"。④ 因而，没有自然界就没有人本身，"没有自然界，没有感性的外部世界，工人就什么也不能创造"。⑤ 虽然说，生产力是经济社会发展和历史进步的根本动力，但离开了自然生态环境这个根本前提条件，社会生产力的发展就是无源之水和无本之木。正是从这个意义上说，自然生态环境构成了生产力的原初源泉，可以称之为生产力发展

　　① 朱炳元：《资本论的发展观》，《马克思主义研究》2005 年第 1 期。
　　② 方世南：《马克思社会发展理论的深刻意蕴与当代价值》，《马克思主义研究》2004 年第 3 期。
　　③ 《马克思恩格斯全集》第 42 卷，人民出版社 1979 年版，第 120 页。
　　④ 《马克思恩格斯全集》第 42 卷，人民出版社 1979 年版，第 128 页。
　　⑤ 《马克思恩格斯全集》第 42 卷，人民出版社 1979 年版，第 92 页。

及经济社会发展的第一源泉。这是马克思的生态自然观和生态经济观的一个基本观点。

第二，马克思在《1844 年经济学哲学手稿》中提出了"自然界是人的无机身体"、"人靠自然界生活"的著名论断，这是马克思的以生态为本的发展观的内在根据。因而，马克思、恩格斯的论述反复阐明自然界对人类生存发展的决定性基础作用，确证它是经济社会发展的自然基础。不仅如此，马克思还分析了自然生态环境是作为人的精神的无机界，他说，"从理论领域说来，植物、动物、石头、空气、光等等，一方面作为自然科学的对象，一方面作为艺术的对象，都是人的意识的一部分，是人的精神的无机界"。① 因此，自然生态环境不仅对人类物质生活的发生与发展，而且对人类精神生活的发生和发展都是有基础性、对象性和本体论的重大意义。马克思强调人类的实践活动，尤其是物质生产实践活动是人类存在和经济社会发展的现实基础，那么，自然生态环境则是这个现实基础的原初基础。我们可以称它是人的发展和经济社会发展的第一基础。这也是马克思生态自然观和生态经济观的一个基本观点。

第三，马克思的生态自然观认为，自然界所面对的现实的人，是人的自身自然即有机身体（血肉之躯）与身外自然即无机身体的统一体。因此，人的发展与全面发展，一方面要坚持以人为本的发展观，它内在地包含着人的发展和经济社会发展以自然生态环境为本的思想；另一方面要坚持以生态为本的发展观，它内在地包含着人的发展和经济社会发展要以人为本的思想。至此，我们必然得出一个合乎逻辑的结论：无论是从唯物史观和辩证法自然观的统一观，还是从生态唯物主义的本体论上说，以人为本就是以生态为本，或者说以生态为本就是以人为本。

第四，我们还要指出的是，马克思、恩格斯关于"现实的人"和"现实的自然界"及其相互关系的思想，是他们以人为本和以生态为本的统一的客观依据。本书第一篇已经论述过，马克思、恩格斯一贯认为，人与自

---

① 《马克思恩格斯全集》第 42 卷，人民出版社 1979 年版，第 95 页。

然界具有不可分割的联系，是内在统一、融为一体的。现实的人总是存在
于自然之中的人，现实的自然总是人的自然。人与社会具有不可分割的联
系，是内在统一，融为一体的。现实的人总是社会的人，社会总是现实人
的社会，社会是人的真正的共同体和人的生命存在安身立命的家园，而自
然都是人的天生的母体和人的生命存在人的安身立命的第一家园。我们只
有对马克思关于"现实的人"和"现实的自然界"及其相互关系作出这样
双重的解释，才能真正理解和把握马克思的以人为本和以生态为本辩证统
一关系的本体论和辩证法特征。现在我们把它纳入历史唯物主义和生态唯
物主义，理所当然的是生态马克思主义经济学的基本概念和根本特征。

　　马克思的发展观是可持续发展观，这是马克思发展观的又一基本特
征。对此，本书第十章重新认识、努力挖掘了马克思的经济发展理论和社
会发展理论，深入探讨、认真梳理马克思的生态学和生态经济思想。我们
发现，从新的视角仰视这些思想理论，不仅不能说人类社会经济可持续性
发展问题没有进入马克思、恩格斯的理论视野，而是恰恰相反，在人类思
想发展史上，正是马克思、恩格斯最早提出了现代人类可持续性发展的基
本问题。因此，我们从人、社会和自然界有机整体发展的视角，用马克
思、恩格斯的社会历史观和自然生态观相统一的理论，勾画马克思可持续
发展理论，就使它所蕴涵的生态经济可持续性发展观凸显出来，清楚地展
现出马克思社会经济发展与可持续性的有机统一观，及其生态经济可持续
发展的实质。所以，我们完全可以说，马克思的发展观是生态经济可持续
性发展理论的早期探索。

　　在此，笔者要强调的是，我们要"重读马克思"重读他的经济学哲学
论著，就必须要按照生态时代和可持续发展经济时代的客观需要，用新的
视角深入研究马克思的物质变换理论。正是这座储量丰富的"思想金矿"，
蕴涵着丰富的生态经济可持续性发展的思想先声，成为马克思发展观具有
可持续性的重要特征。这是本书第六章所论述的生态马克思主义经济学的
一个基本原理。

　　马克思在《资本论》中揭露资本主义剥削制度实质的同时，也深刻地

揭露了资本主义条件下，人与自然的物质变换过程中存在着严重的不可持续性问题。他在第一卷中说：资本主义生产"破坏着人和土地之间的物质变换"，"从而破坏土地持久肥力的自然条件"。在第三卷中马克思称它为物质变换的"裂缝"，明确指出：资本主义生产的各种条件，"在社会的以及生活的自然规律决定的物质变换过程中造成了一个无法弥补的裂缝，于是就造成了地力的浪费"，"使大地日益贫瘠"。这就是资本主义条件下自然与社会之间的物质变换过程中出现的裂缝现象。这种现象，在现实中突出表现为生态自然条件恶化，实质上是反映资本主义条件下人与自然及自然的异化，人与人（社会）的异化，使资本主义发展具有严重的不可持续性。因此，在马克思创立的科学社会主义、共产主义学说中，明确提出只有到了消灭人剥削人的制度和实现生产资料社会占有，建立社会主义制度之后，才有可能消除人、社会和自然的异化现象，从而解决自然和社会之间的物质变换的裂缝，克服不可持续性。他明确指出："社会化的人，联合起来的生产者，将合理地调节他们与自然之间的物质变换……在最无愧于和最适应于他们的人类本性的条件下进行这种物质交换。"对马克思这段精辟论述，本书第六章已做过解说，在这里再次强调两点：一是"合理地调节他们与自然之间的物质变换"，这个原则的实质，就是强调人们的生产劳动实践活动，必须对自然界即对自然资源的合理利用和自然环境的有效保护，保持生态可持续性，使人和自然的物质变换具有可持续性。这就充分展现了马克思生态经济思想中生态自然观的本质内容。二是在社会主义条件下劳动者，不仅能够合理地调节人与人（社会）的社会经济关系，而且也能够合理地调节人（社会）与自然的自然生态关系，使经济社会发展和生态自然发展能够协调运行，生态经济发展即具有可持续性。因此，国内外学术界都认为，物质变换理论也可以称为生态经济理论。不仅如此，生态马克思主义者认为，还必须把马克思的物质变换理论，看成为生态经济可持续性发展理论，才能充分展现马克思物质变换理论是与时俱进的马克思主义发展观的理论品质。所以，笔者进而言之，只有这样认识、把握它，才能准确体现马克思物质变换理论是生态马克思主义经济学发展观的思想特质。

二、马克思发展观在当代中国的最新认识与重大发展

马克思的发展观在现时代的科学性和强大生命力，集中体现在中国共产党人提出的科学发展观上。换言之，党的科学发展观是源于马克思的发展观，是对马克思主义发展观的积极继承与重大创新，是马克思主义发展观的当代新形态。党的十六届三中全会决定提出："坚持以人为本，树立全面、协调、可持续的发展观，促进经济社会和人的全面发展。"并强调"按照统筹城乡发展、统筹区域发展、统筹经济社会发展、统筹人与自然和谐发展、统筹国内发展和对外开放的要求"，"建立促进经济社会可持续发展的机制"，推进改革与发展。① 这是以胡锦涛为总书记的党的中央领导集体第一次明确地把我们党的发展观完整地概括为科学发展观。科学发展观对当今人类社会发展问题的本质、内涵、目的、规律和要求等方面，进行了深入探索和全新阐发，回应了当代中国在 21 世纪新阶段发展所面临的重大经济、政治、文化、社会和生态等各个领域的挑战，以比较完整的理论形态提出了当代中国特色社会主义的新发展观，为我们在构建社会主义和谐社会与全面建设小康社会，解读发展现状，破解发展难题，转变发展观念，创新发展模式，提高发展质量，探索科学发展道路，实现更好更快的科学的发展，提供了科学指导思想。鉴于党和国家领导人以及一些主要文件对科学发展观已经做了明确的论述，也鉴于学术界、理论界对它的讨论与阐述已有诸多展开，因此，本书就不打算全面论述科学发展观，而主要是依据马克思发展观是唯物史观与辩证法自然观的统一观的思想，对科学发展观的某些重大问题作出生态马克思主义经济学的诠释，阐明科学发展观是生态经济学视角下的生态马克思主义经济学的发展观。

---

① 《中共中央关于完善社会主义市场经济体制若干问题的决定》，人民出版社 2003 年版，第12~13 页。

（一）以人为本和以生态为本的内在统一

如前所述，马克思人的二重性学说所揭示的人的本质，为以人为本思想和以生态为本思想的确立奠定了科学的基础。在马克思学说的理论体系中，唯物史观和辩证法自然观是统一的，其本质就是以人为本的发展观与以生态为本的发展观是统一的。科学发展观，正是这种统一观的当代中国发展进程中的生动体现和新发展，实质上是一种全新的马克思主义人学观。它既体现了以人为本是马克思主义发展观的本质规定，又体现了以生态为本是马克思主义发展观的本质规定。

1. 科学发展观第一次把以人为本，作为我们党指导发展的根本思想与原则，写在社会主义的旗帜上，表明了我们党对社会主义本质与发展认识的新境界。

首先，以人为本是科学发展观首要的基本内涵，这充分表现在科学发展观坚持以"人民群众是历史创造者"的唯物史观为思想基础，对社会主义发展的主体作出了新的阐明。科学发展观认为，发展主体是多层的，应当包括：类存在意义的人即群体主体，社会群体意义上的人即社会主体，具有独立人格与个性的个人即个体主体，三者相互存在、互为条件、缺一不可。因此，以人为本的人，是包括一切中国特色社会主义事业的建设者和劳动者。同时，科学发展观还纠正了把发展看成了少数人的发展，或忽视后代人的发展的错误观念；提出了代内公平和代际公平的发展主体观，[①]即代内平等和代际平等的发展主体观。一方面是社会主义发展必须是全体人民的发展，是代内主体公平性、平等性发展，实现个体和群体的发展的统一；只有少数人的"发达富贵"没有绝大多数人的"温饱、安康、富裕"，不是合理的、人道的科学发展。另一方面是社会主义发展必须是当代人的发展要为后代人发展提供条件，是代际公平性平等性发展，实现当代人和后代人的发展的统一；只是当代人"发达富贵"，剥夺了后代人发

① 《科学发展观是对马克思主义发展观的继承与发展》，《光明日报》2004年8月24日B1版。

展的基础和条件，也不是合理的、人道的科学发展。

第二，科学发展观揭示了社会主义以人为本的发展观，以人为本是社会主义发展的本质与灵魂，它具有三层基本含义。一是对人的主体地位的新提升，是对人在经济社会发展中的主体地位与主导作用的全面肯定，它既强调人在经济社会发展中的主体地位和目的地位，又强调人在经济社会发展中的价值主体和主体作用。二是突出了发展主体的价值取向，把全体人民的可持续生存与全面发展作为发展的最高价值目标，始终强调尊重人、关心人、理解人、爱护人、解放人、发展人、依靠人、为了人和塑造人，把满足人的发展愿望、全面需求和促进人的全面发展作为推动发展的根本出发点和最终归宿。三是以人为本的第一要务是凸显人是社会主义发展的根本本质和最终目的，即把发展的目的归结到人的生活本身，从人的美好生活的高度来审视发展，始终坚持以人为根本、以人为目的来谋发展、促发展，把关注人的生活世界，关注人本身的生存和发展的命运放在首位，同时倡导对人以外的任何事物都注入人性化的人文精神与理念，给予人性化的思考与深厚的人文关怀，消除一切反人性和反生态的不合理的不人道的不可持续的发展。

第三，以人为本最为重要的含义就是以全体人民的根本利益为本，始终强调把人民群众作为发展的利益主体，真心诚意为人民群众谋利益。在这里，科学发展观和人民利益观是完全统一的。那么，全体人民的根本利益应当包括什么样的利益呢？从实现人的可持续生存与全面发展为最高价值目标，从全体人民的根本利益出发谋发展、促发展，不断满足人民群众日益增长的物质文化生态需要，就必须切实保障人民群众的经济权益、政治权益、文化权益和生态权益，让发展的成果惠及全体人民，尤其要维护好、实现好、发展好最广大人民的基本权益，坚持"基本权益优先"即"基本权利优先"和"基本需要优先"的原则。人民群众的基本权利，是指那些与人的可持续生存与发展需要直接有关的权利，如生命健康权、劳动权、受教育的权利，享受呼吸新鲜空气、喝纯洁的水、吃放心的食物，在良好的生态环境中生活的生态环境权等，对于任何个人来说，这在人的所有权益中，必须优先受到合理的尊重和保护，这些基本权利、基本需要必须优先得到实现。这是科学发展观的主旨。正如胡锦涛和温家宝同志反复强调的，坚持科学发展观的一个重要方面，就是要着力、有效解决人民群众切身利益的突出问题。正是在这个意义上讲，以人民利益为本是贯彻落实科学发展观的价值所在和根本落脚点。

　　第四，是以人为本还是以物为本，这是任何发展观必须解决的最基本问题。对这个最基本的问题有两种根本不同的回答：一种是以物为本的传统发展观，一种是以人为本人的科学发展观。以物为本是相对以人为本而言的，"物"主要是指由经济增长而带来的物质财富的增加。以物为本的发展观，是工业文明时代的基本特征，它是一种物质至上的价值观。这种传统经济学的发展观是"以物质财富的增长为核心，以经济增长为唯一价值目标，并认为经济增长必然带来社会财富增加和人类文明福利，而物质财富的无限增加可以拯救人类一切陷入苦难之中的生灵，因此，追求经济的无限增长及追求物质财富的无限增加是至高无上的"。[1] 可见，传统发展观最根本特征是把经济增长本身作为发展的目的和唯一的价值尺度，只是追求物质财富的增长和人的物质生活的提高，这就必然形成了以物为本的经济，例如"以化学为本的农业依靠着数量有限的石油资源，并在迅速地侵蚀我们的表层土壤，是不可持续的"，又如"以矿物燃料为本的交通和能源体系也是不可持续的"。[2] 因此，我们完全可以说以物为本的发展观是一种片面的、失调的、不可持续的发展观，天生具有反人性和反生态的属性。与此相反，以人为本的发展观确认人是发展的最高价值目的，是对现代经济社会发展和社会主义发展价值追求的新提升，规定了现代经济社会运行与发展的根本目的，是提高全体人民的生存质量，是为了"创造我们幸福生活和美好未来"，从而确立了把全体人民的身心健康和生命安全放在第一位，实现人的有机身体和无机身体的和谐发展，保障人和自然的共

---

　　① 刘思华主编：《可持续发展经济学》，湖北人民出版社1997年版，第2页。

　　② ［美］A. 科尔曼著，梅俊杰译：《生态政治——建设一个绿色社会》，上海译文出版社2002年版，第121页。

同安康与福祉，让全体人民真正地幸福地生活，促进人的全面发展。这是崇高理想和现实运动有机统一的永无止境的历史发展过程。这正是科学发展观的真谛，也是生态马克思主义经济学发展观的真谛。

2. 科学发展观第一次把以人为本的发展理念写在社会主义的旗帜上，意味着在社会主义旗帜上彰显以生态为本的发展理念，表明了关切社会主义文明"什么样的发展才是好的发展"的新境界，必将指导中国特色社会主义现代化建设步入科学发展道路。在此，做几点具体阐述：

第一，以人为本的全面性规定包含着以生态为本，它是以人为本的生态学表述，是人和谐发展的本质要求，是人的可持续生存和全面发展的客观要求。我们在前面已说过，马克思的发展观是以人为本的发展观和以生态为本的发展观的内在统一。马克思的人与自然相互关系学说明白无误地告诉我们：现实的自然界，是人所面对的自然界，是人自身的自然与人身外的自然即外部自然的统一体，在其现实上，它是一切生态关系（包括人类生态和社会生态）的总和；现实的人，是自然界所面对的人，是有机身体和无机身体即外部自然界的统一体，在其现实性上，它是一切社会关系（包括社会生态关系）的总和。因此，马克思曾形象地说过，人有两个身体，一个是他的血肉之躯即有机身体，还有一个是无机身体即外部自然界。人是生活在两个世界之中，一个是自然的世界，还有一个是社会的世界。因此，人的本性应该是两重的统一。人的本性是在人的实践活动中表现出来的。人既表现为社会的经济、政治、文化生活实践中的人，具有社会的经济、政治和文化本质，又表现为自然生态生活实践中的人，具有自然生态本质。这就决定了以人为本的价值取向所反映的人的本性应当是两重统一，这是以人为本本质内涵的全面性规定：不仅要以社会的经济、政治、文化生活实践中的人为本，即以一切社会关系总和的人为本，而且要以自然生态生活实践中的人为本，这就是以自然生态人为本，即以生态为本。前者是以人为本的经济学哲学表达，显示了以人为本是经济社会发展观；后者是以人为本的生态学表达，显示了以生态为本是生态自然发展观。科学发展观体现了以人为本所反映的人的本性是经济社会本质和生态自然本质的高度统一，凸显了以人为本内涵的全面性规定。它遵循马克思的唯物史观和辩证法自然观的统一理论，把人放在经济社会发展的本位，这是科学发展观的题中应有之义，这也内在要求把生态放在经济社会发展的本位，是科学发展观的题中应有之义，实现了以人为本和以生态为本的有机统一。这正是从人和自然是个有机整体的视角理解、认识、把握人的可持续生存与全面发展。因此，任何符合人类本性的发展，总是表现为以人为本与以生态为本相互交织、相互渗透、融合起作用，不断促进人的和谐发展，并与自然相和谐的协调发展。

第二，科学发展观作为以人为本的发展观，旨在实现人与自然和谐共存、可持续发展的发展观，这实质上是以生态为本的发展观。因为，它要求人们重新认识生态自然对人存在的价值，将生态自然系统纳入人的可持续生存与全面发展的空间，在充分肯定人的价值和权益的同时，承认、重视生态自然的价值和权益。自然运行与生态发展，是地球生态系统的良性循环为基础的本位，追求保持生物圈的基本生态过程和生命维持系统的完整性、多样化和生态环境总体状态的相对稳定与协调发展。这是人类经济实践活动的基础，是社会政治精神生活的根基，更是人的和谐发展与和谐社会的基石。正如有的学者指出的："在自然—社会生态关系中，自然是社会生态产生与存在的源泉，社会生态以自然生态为根基，没有自然生态的依托和奉献，社会生态就无以存在。"[1] 科学发展观强调以人为本是对人性崇高层面的充分肯定，把人的可持续生存与全面发展、社会的全面进步和谐地置于人与自然生态、人与社会生态、人自身生态各方面关系的协调发展之中。因此，我们在认识和处理人与自然、生态与经济的发展关系时，就必须以生态为本，才能真正求得经济社会系统和生态自然系统的良性循环与和谐发展，不断促进人的和谐发展和社会的和谐发展。

第三，科学发展观是人的全面发展观和经济社会全面发展内在统一的新发展观。首先，以人为本就是经济运行与发展要以人的发展为根本、为

---

① 刘京希：《国家与社会关系的政治生态理论诉求》，《文史哲》2005 年第 2 期。

目的，强调一切经济社会活动必须关心人、尊重人、理解人、依靠人、保护人、解放人、发展人，使经济社会发展是由人来作为并最终都是为了人自身的全面、协调、可持续的发展，从而真正实现经济社会的全面、协调、可持续的发展。然而，人是自然存在与社会存在相互依存、相互制约的统一体，人首先是一个生命体，自然存在是第一位的。震惊世界的"非典"危机，这场全球性的社会生态灾难，就是人本身的存在危机，标志着人的自然存在已上升到人的存在的首要位置。人首先作为一种生命物种而存在于自然界，内在要求以人为本，首先是要珍惜、关爱、保护人的生命，维护人的安全，保障人的健康。这就又内在要求一切经济社会活动必须把全体人民的身心健康和生命安全放在第一位；我国经济社会运行与发展的根本目标，就是要达到这个根本目的。因此，坚持以人为本和提倡以生态为本并不矛盾的①，相反，却是统一的，即以人为本是内在要求一切经济社会活动要以生态为本。由此决定我国经济社会运行与发展的生态路标，应该是实现人的和谐发展，这就是人的有机身体和无机身体的和谐发展，人类生态和自然生态的协调发展，从而达到以人为本和以生态为本的内在统一。其次，以生态为本就是经济社会运行与发展必须以自然生态环境为基础，必须以生态发展并以持久、稳定的供给能力为基础，把人的发展和经济社会运行与发展和谐地置于、融于自然生态环境良性循环之中，使经济社会归属于生态自然；关心自然、尊重自然、解放自然、建设自然，就成为人的存在，即人存在的组成部分。我们可以说，关心、尊重、解放、建设自然，本质上就是关心、尊重、解放、发展人类自己。这样，以生态为本特别强调人作为一种生命物种，与自然界的其他生命物种都是同一巨大的存在之链上的环节，从根本上清除只顾及人自身的生存利益，而漠视了地球上其他生命物种的存在利益这个积习难改的反生态现象。因此，以生态为本最根本的就是人类经济社会活动，应当也必须承认和尊重非人类物种生存，维护所有生命物种的共同利益及地球生物圈的整体利

---

　　① 生态和物是两个根本不同的概念，把以生态为本看成是以物为本，这是对马克思的自然理论的误解和现代生态学理论的无知。

益，重新树立人的生命物种形象，把关心、尊重其他生命物种的命运视为
人的一种道德使命，把其他生命物种当手足，走向与其他生命物种同生共
存的至高境界；把人与自然和谐协调发展，作为实现经济社会和人的全面
发展的一种依赖和内在的要求，是社会主义现代文明发展的一种新的存在
方式。至此，我们看到在马克思那里的以生态为本与以人为本一致性的思
想，在中国社会主义现代化建设中得到继承与发展。正如胡锦涛在中央人
口资源环境工作座谈会上的讲话中所说的："保护自然就是保护人类，建设
自然就是造福人类。"① 这个马克思主义的论断，深刻的阐释了保护自然与
保护人类、建设自然与造福人类的内在统一性，强调了人的存在和自然的
存在关系上的双向价值，集中表达了科学发展观的以人为本和以生态为本
有机统一的生存智慧和伦理意蕴。

（二）经济社会发展观和生态自然发展观的统一

我们论证了科学发展观是以人为本和以生态为本的内在统一，确实是
抓住了它是经济社会发展观与生态自然发展观有机统一的本质和要害。前
面还从科学发展观的生态经济理论源头上，阐明了马克思的科学的发展观
是经济社会发展观与生态自然发展观的有机统一观。作为马克思主义发展
观的继承、发展及重大创新的科学发展观，理所当然是经济社会发展观与
生态自然发展观的有机统一观，这是毫无疑义的。仅仅是这种逻辑推理是
不够的，还必须从科学发展观所揭示的发展内涵和发展规律进行阐述，才
能使这个新命题更具科学性与真理性。

1. 科学发展观将人、社会与自然看作一个有机整体，来界定发展内涵
是由经济、政治、文化和生态四个基本要素发展构成的整体发展，丰富、
完善和发展了马克思主义发展观关于发展内涵的思想。

首先，科学发展观拓宽了对发展内涵的认识，围绕着什么是发展，为
了什么发展，什么样的发展和怎样发展等问题，赋予发展更加丰富的内

---

① 《胡锦涛在中央人口资源环境工作座谈会上的讲话》，《光明日报》2004 年 4 月 5 日第
1 版。

涵，对发展的基本内容构成做了新界定。它主张发展既包括物质的也包括精神的，既包括经济的也包括社会的，既包括人也包括自然的，还强调发展既要看局部的和眼前的，也要看全局整体的和长远的；既重视当代的发展，又要关注后代的发展。只有达到这种多重统一的发展，才是合理的、人道的科学发展。因此，科学发展观将中国特色社会主义发展视为经济发展、政治发展、文化发展和生态发展之间互动共存与和谐发展，不断促进人的全面发展和社会的全面进步，实现社会主义发展的和谐与完美。

第二，经济政治文化生态相统一的发展，是中国特色社会主义发展的基本内容。如前所述，按照唯物史观和辩证法自然观的统一理论，任何社会形态都是经济形态、政治形态、文化形态和生态形态的有机统一，任何社会的发展都应当是经济、政治、文化、生态互动共存与和谐发展的结果。尤其是21世纪人类发展正在进入生态时代，现代社会主义发展更加凸显出是经济、政治、文化和生态互动共存与和谐发展的根本特征。在这四大领域发展的有机统一体中，经济发展是主导，政治发展是保障，文化发展是先导，生态发展是基础，四者紧密关联、互相渗透、相辅相成，统一于中国特色社会主义现代发展之中，不断促进社会主义物质文明、政治文明、精神文明和生态文明的全面协调发展。这是科学发展观对我们究竟需要什么样的发展的新认识、新回答，充分反映了它作为全新发展理念的生态经济取向。

第三，经济社会与自然生态相和谐、相协调的发展，是中国特色社会主义发展的科学发展道路的基本问题。现代发展是经济社会和自然生态的和谐协调发展，它包括物质生产的发展，也包括政治、文化、科技、社会的发展，还包括自然生态环境的发展，并且是经济发展必须与政治、文化、科技、社会、自然生态环境的发展相协调。在当今人类社会发展尤其是当代中国社会主义发展中，经济社会与自然生态互相依赖、不可或缺，实现经济社会发展与生态自然发展的有机统一与和谐发展，这是中国特色社会主义发展的显著特征，也是构建社会主义和谐社会与全面建设小康社会，必须坚持的正确方向与发展道路。这集中体现了科学发展观作为全新发展观的生态经济思想特质。

第四，我们要强调指出的是，这些年来，学术界在讨论可持续发展问题时，有这样一种论调，所谓自然界本身无所谓可持续发展，甚至断言，自然本身不存在发展问题。这种认识既不符合马克思、恩格斯的辩证法自然观，又不符合自然演变的客观实际。马克思谈到人类和其他生物的起源与变异时，就明确提出了"地球发展"的问题。[①] 恩格斯更是明确指出，唯物辩证法揭示了自然运动和发展的普遍规律，因而发展是个普遍存在的现象，宇宙、自然界的动植物和人类社会都是一个上升的运动与发展过程。正是在这个意义上，马克思、恩格斯把人类社会历史发展看成是自然发展史和人类发展史的相互制约。近两百年前的旧唯物主义者费尔巴哈也承认过自然界的发展，他曾经明确指出："自然界没有开端，也没有终点，自然界中的一切都处于相互联系之中。""地球并不总是像目前的样子，它毋宁说是经历一系列的发展和进化之后，才达到目前的状况。"[②] 只不过费尔巴哈没有从人的历史活动，从社会生产劳动实践上来说明自然界的发展。而马克思主义比费尔巴哈高明之处，正是克服了他的这个根本缺陷，把自然生态发展建立在人类实践活动的坚实基础之上。科学发展观高度重视人与自然的和谐共存，特别强调人与自然和谐发展的生态文明发展尤其重要，这从根本上说，既要保持人类本身的可持续发展，又要保持自然界的可持续发展。

2. 科学发展观的基本指向，是追求经济、社会、人口、资源、环境相和谐的协调发展，追求人的可持续生存与全面发展。它的这种主旨概括起来包括两层含义：人与自然的自然生态关系和谐的协调发展，人与人的社会生态关系和谐的协调发展。只有这种双重的和谐的协调发展才是真正的科学发展；也只有在这种双重的和谐的协调发展中，才能真正保障人的可持续生存，不断促进人的全面发展。

我们对科学发展观主旨的认识和把握，应当以人与自然的自然生态关

---

① 详见《马克思恩格斯全集》第31卷，人民出版社1972年版，第250页。
② 转引自周义澄：《自然理论与现时代》，上海人民出版社1988年版，第45页。

系的和谐协调发展作为科学发展的前提与基础。因为，在世界工业文明发展的进程中，人类按照西方工业文明的基本价值理念，通过随意支配主宰自然，肆意征服掠夺自然，以牺牲生态环境换取现代文明的发展，从而满足人自身的物质要求，使人与自然的和谐统一完全瓦解，由此酿成了严重的环境危机、生态危机乃至整个大自然危机，使人类遭受着空前的生态灾难，直接威胁着人类自身的生存与发展，这就是当今人类不可持续发展危机。可见，在当今发展过程中，如果不能正确认识和处理人与自然的自然生态关系，人类也难免葬身于生态灾难之中。所以，我们完全可以这样说，没有可持续发展的资源、环境、生态，就没有可持续性的科学发展，也就没有人的可持续生存与全面发展。对此，笔者已经反复论证过："人与自然的和谐协调发展，是生态文明的根本标志，是自然生态发展观的核心理念。21世纪是生态文明建设的世纪，无论是全面发展，还是协调发展，尤其是可持续发展都是与自然生态环境良性循环不可须臾分离的发展；离开了人与自然和谐统一的生态发展就没有全面、协调、可持续发展可言。"[①] 至此，我们必然得出一个合乎逻辑的结论：从生态唯物主义的本体论的意义上说，自然生态环境良性循环与可持续性发展既是发展的第一基础，又是发展的终极目标。

把正确认识和处理发展过程中人与自然的自然生态关系，作为关于发展的一个基本答案来回答历史的同时，科学发展观也把重视人与人的社会生态关系作为发展的又一个基本问题来回答。当今严重的生态环境危机，与其说是自然失调不良循环的表征，是"天灾"，毋宁说是人与人的社会生态关系不和谐、不协调的真实反映，是"以天灾形式出现的人灾"。马克思曾经深刻地指出："人们对自然界的狭隘的关系制约着他们之间的狭隘的关系，而他们之间的狭隘关系又制约着他们对自然界的狭隘的关系"。[②]这就告诉我们，人与自然的自然生态关系，与人与人的社会生态关系，不是相互排斥的，而是相互依存的，是紧密相连的有机统一。因为离开了人

① 刘思华：《关于科学发展观的几个问题》，《内蒙古财经学院学报》2004年第3期。
② 《马克思恩格斯全集》第3卷，人民出版社1960年版，第35页。

与人（社会）之间的矛盾运动便无法说人与自然及社会与自然之间的矛盾运动，反之亦然。因此，只有在人、社会、自然的复合生态系统整体框架中，才能够获得对经济社会发展、对人的存在与发展的全面性的完整解读。科学发展观正是如此。它从人与人的社会生态关系，与人与自然的自然生态关系，从二者互为逻辑前提入手，着眼于正确认识并协调人与人的社会生态关系，来处理人与自然的自然生态关系，是一种人道主义的价值观；着眼于正确认识并协调人与自然的自然生态关系，来处理人与人的社会生态关系，是一种自然主义的价值观。这是以人为本和以生态为本的双重的价值取向的有机统一，是生态经济两重性在发展观上的反映，是科学发展观在经济社会发展观和生态自然发展观上有机统一的体现。

3. 科学发展观不仅更明晰地界定了以人为本是它的本质内涵，而且更科学的诠释了全面发展、协调发展和可持续发展是它的三大基本规定与基本内涵。同时，在继承前人关于人类社会发展普遍规律的认识基础上，科学发展观以马克思主义的实践的思维方式，深刻揭示和全面阐明了包括现代社会主义社会在内的现代人类社会的全面发展规律、协调发展规律和可持续发展规律，深化了我们党对社会主义现代化建设与社会主义文明发展规律的认识。它是对马克思发展观的三大基本特征的新发展，也是对生态马克思经济学发展观关于经济社会发展与生态自然发展内在统一的三大规律的深刻揭示和精确阐述。

第一，社会主义社会全面发展规律。在马克思学说的理论框架中，社会全面发展范畴是人类社会历史发展规律的客观反映。一部人类社会的发展史，就是一部人类社会从片面发展不断走向全面发展的历史。因此，马克思、恩格斯把人类社会全面发展当作一个价值论范畴，作为一种否定性的辩证法，一种批判的武器、衡量的尺度，在厚重的历史和经济学分析中，论证了人类社会全面发展不仅仅是一个纯粹的社会道德理论，是人类社会发展的客观规律性的要求，而且它本身正是逐步实现于社会的发展运动过程之中。资本主义工业文明、商品经济的发展，为社会全面发展的实现提供了客观可能性，造就了现实的客观物质基础；资本主义文明发展又是极其片面的、畸形的，根本不可能满足一部历史的要求，因而扬弃和超越资本主义，实现社会主义社会全面发展的目标，也就成为历史的必然。①

科学发展观对社会主义社会全面发展规律的新揭示，是反思追求单一经济增长的片面发展观即传统发展观的必然结果。传统经济学的发展观把追求 GDP 增长等同于发展，发展等同于可持续发展，最终导致了不合理的、不科学的片面发展，带来了自然危机、社会危机和人身危机等日益严重的不可持续性发展问题。因此，科学发展首先是全面的发展，而不是片面的发展；只有全面发展才能做到合理的、科学的发展。

科学发展观认为，当今人类社会是由经济、政治、文化、人口、资源、环境等子系统构成的有机整体，或者说是由生态系统、经济系统、政治系统、文化系统四个基本系统构成的生态经济社会有机整体，或称之为整个社会大系统。它们之间相互联系、互为条件、相互作用、缺一不可，共同推动着社会主义文明的全面发展与全面进步。这是当今人类社会发展的普遍规律，更是社会主义社会文明发展的客观规律。科学发展观指明了社会的全面发展和人的全面发展的有机统一，经济社会的全面发展和生态自然的全面发展的有机统一的最高境界，它强调社会主义社会必须也应当是社会主义经济、政治、文化、生态等各个方面全面发展的社会，必须也应当是社会主义物质文明、政治文明、精神文明、生态文明全面发展的社会。因此，中国特色社会主义现代化建设的伟大实践，归根结底就是不断推进社会主义经济发展、政治发展、文化发展、生态发展的全面发展，不断促进社会主义物质文明、政治文明、精神文明、生态文明全面发展的伟大实践，这是建设社会主义和谐社会的必然进程和客观规律。

第二，社会主义社会协调发展规律。现代人类社会发展的理论与实践告诉我们，人的全面发展和社会的全面进步，主要表现为人与人（社会）的关系和谐的协调发展和人（社会）与自然的关系的和谐的协调发展，只有在这种双重的和谐的协调发展中，人的全面发展和社会的全面进步才是

---

① 郁建兴：《科学发展观：社会主义建设指导思想的重大转型》，《马克思主义研究》2004 年第 5 期。

现实的。因此，合理的科学的发展，应当是协调的发展而不是失调的发展。摒弃畸形的、失调的发展，实现和谐的协调的发展，这是科学发展观的立足点与基本要求。

胡锦涛同志在论述科学发展观所规定的协调发展时指出："协调发展，就是要统筹城乡发展、统筹区域发展、统筹经济社会发展、统筹人与自然和谐发展、统筹国内外和对外开放，推进生产力和生产关系、经济基础和上层建筑相协调，推进经济、政治、文化建设的各个环节、各个方面相协调。"① 这"五个统筹"是实现科学发展观的根本要求，协调发展则是"五个统筹"的一条主线，它贯通和总揽"五个统筹"的主旨。协调发展是事物及其内部诸方面保持量或度的相互平衡和相互适应的和谐关系，是整个社会大系统处于和谐的状态。只有这样，才能使整个社会大系统中各子系统之间有序联系、协调一致，在运动中不断保持良性循环的活动和生机，否则，整个社会大系统就无法发挥其最优功能，就难以取得最大效益。传统发展观把追求经济增长作为发展的根本目标和价值标准，致使整个社会大系统诸构成要素之间、各个子系统之间的不相适应情况经常发生，有时甚至出现严重的失调现象。例如，一些发展中国家因单一的经济的畸形发展而导致整个社会大系统的功能失调，经济结构的严重失调，以致这些国家原有社会问题没有缓解，而新的严重问题频频出现，如贫富两极分化、价值观紊乱、失调环境恶化等。发达国家则出现了物质的富有与精神的空虚、经济的繁荣与道德的堕落、科学技术的进步与生态自然的退化等共存并生的社会病态。按照协调发展的原则和标准来衡量当今中国的客观现实，我们在很多方面程度不同地存在着不和谐、不协调的现象，有的还是相当严重的。一些地区和领域因过于注重 GDP、基础设施等硬指标，对促进经济可持续发展和提高国际竞争力的教育、卫生、环保等方面，以及对公共机构和民主化进程等方面重视力度不够，因而出现了发展失调的问题。同时，我国城乡差距持续扩大、地区发展差距持续扩大、贫

① 《胡锦涛在中央人口资源环境工作座谈会上的讲话》，《光明日报》2004 年 4 月 5 日第1 版。

富差距持续扩大、经济发展与社会发展失调、资源环境与发展失调、经济增长与就业增长失调等发展问题，也日趋严重；许多地方长期采取浪费资源、破坏生态、污染环境的掠夺式发展方式，使人与自然的矛盾、生态与经济的矛盾日益突出。这些发展的不和谐、不协调的问题，必须按照协调发展规律，落实科学发展观，以求得到有效的解决。

由上而论，中国社会主义现代化建设不仅要坚持全面发展的原则，而且要坚持协调发展的方针。科学发展观提出要协调城乡发展，就是要逐步改变城乡二元经济结构，有效解决"三农"问题，形成以城带乡、城乡联动、城乡经济社会良性循环与整体发展的新格局；要协调区域发展，就是要逐步缩小东部与中西部的发展差距，省、自治区、直辖市的发展差距，以及各省市区内部地区的发展差距，解决地区发展不平衡的问题，形成各地区互动、优势互补、相互促进、共同发展的新格局；协调经济社会发展，就是要关注经济发展过程中日益凸显的社会发展问题，努力解决"一条腿"长（指经济）、"一条腿"短（指社会）的经济社会发展失衡问题，形成经济社会互动、相互促进、共同繁荣的新局面；协调人与自然的发展，就是要关注经济社会发展进程中日益凸显的生态自然发展问题，解决自然生态建设严重滞后于经济建设的建设失衡问题，努力建设资源节约型、环境友好型和生态保护型社会，形成人与自然和谐共存与和谐发展的新局面；协调国内发展与对外开放，就是要适应经济与环境全球化融合发展的趋势，努力解决国内外两种资源、两个市场发展不相适应问题，形成国内外互补、相互促进、协调发展的新格局。

我们还要强调指出的是，社会主义社会协调发展，应当是社会经济系统、自然生态系统以及社会经济内部，所包含的不同领域相互适应、相互促进、共同发展的状态，是经济、政治、文化、生态相互依赖、相互作用、相互推动，是国际间、区域间人口、资源、环境相互配合、相互影响、共同发展的状态。因此，社会主义社会协调发展的过程，是经济、政治、文化、生态环境协调推进的发展过程，表现为物质文明、政治文明、精神文明、生态文明全面协调发展，并在此基础上促进社会和人的全面发展的整合过程，即是社会主义社会整体发展的过程。

第三，社会主义社会可持续发展规律。只有全面和协调发展才能达到可持续发展。合理的科学的发展是可持续发展，而不是非持续发展。因此，可持续发展是科学发展生命线。中国社会主义现代化建设，既要坚持全面发展的原则和协调发展的方针，又要坚持可持续发展的战略。科学发展观对可持续发展规律的新揭示，不仅是对国际可持续发展理论的成果借鉴，而且是对中国化马克思主义生态经济可持续发展观的合理延伸与最新发展。

科学发展观不是对现存的国内外可持续发展理论的简单复述，而是在总结国内外实践可持续发展的经验教训的基础上，对可持续发展理论作了新阐述，主要表现在以下几点：

一是科学发展观作为一种建立在科学价值判断基础上的发展观，把可持续发展建立在唯物史观和辩证法自然观相统一的坚实理论基础之上，是以人为本和以生态为本的价值取向的双重统一。由此决定了它所阐明的可持续发展的价值定位也是双重统一：既是实现以人的可持续生存与全面发展为导向的可持续发展，又是实现以自然的健康、稳定、发展为导向的可持续发展；既要从人的尺度去理解、把握、处理人与自然的和谐协调发展关系，又要以生态的尺度去理解、把握、处理人与自然的和谐协调发展关系，确立了人和自然的可持续发展价值目标。从前者来说，以人为本就是指，人既是发展的主体又是发展的终极目标，应当把人的可持续生存与全面发展尤其是人的身心健康、生命安全、幸福生活放在发展的第一位，确保人的可持续发展；从后者来说，以生态为本就是如前所说的，自然生态环境既是发展的第一基础，又是发展终极目标，就是把人及整个社会的发展建立在自然生态环境良性循环和健康、稳定发展的基础之上，确保自然的可持续发展。在此，笔者还要再次强调一个马克思主义的伟大真理：人类来源于自然界，自然是人类的母亲，我们依靠自然生活。人类再高贵，主体性再强大，都不超越自然生态环境对人的制约性和人对自然的依存性。没有自然生态环境的可持续发展，就没有人自身的可持续发展，也就没有人类社会的可持续发展。因此，科学发展观下的可持续发展，不仅指人的可持续发展是发展的终极目的，而且自然的可持续发展也发展的终极目的。只有确立了人与自然可持续发展的双重价值目标，才是最终实现了真正合理的科学的发展。当然，自然的可持续发展，既是为了人的可持续发展与全面发展，又是为了自然自身的健康生存与可持续发展，所以相对于人的发展，它既是手段又是目的。传统发展观把经济增长本身看成发展的目的与唯一价值尺度，不仅把人只是作为发展的手段，而且也把自然只作为发展的手段，致使人与自然依存发展目的的双重丧失。而科学发展观对可持续发展规律的新揭示，就在于把以人为本的发展和以生态为本的发展有机统一起来，使人与自然的发展目的的价值取向获得双重确立，使自然的可持续发展对于人的可持续发展既是手段又是目的，达到了完美的统一，并使不断促进人的自由、全面、完整、充分、和谐的发展既是检验人本的尺度又是检验生态的尺度，也达到完美的统一。

二是科学发展观把可持续发展建立在生态哲学的坚实理论基础之上，从人、社会和自然有机整体的新视角认识、理解、把握可持续发展问题。它重新界定了合理的、科学的发展，旨在使长期以来自然生态非持续型的经济社会和人的发展，转向自然生态可持续型的经济社会和人的全面发展，从而凸显出人的可持续发展、社会的可持续发展和自然生态的可持续发展的有机统一，即是人、社会与自然有机整体的可持续发展。这是科学发展观对包括社会主义社会发展在内的现代社会发展规律的新探索，是它作为一种新的可持续发展观的价值特征，是它扬弃和超越以往所有发展观的重要标志。

三是科学发展观把可持续发展建立在生态经济学和可持续发展经济学的坚实理论基础之上，从生态、经济、社会有机整体出发，以新视角认识、理解、把握可持续发展问题。生态哲学的生态世界观认为，人、社会与自然界是个复合生态系统，客观存在的是自然生态和社会经济互相依存、互相制约、互相作用、互相转化的生态经济社会有机整体。在当今世界系统实际运行的概念模型，则是"生态—经济—社会"的生态经济社会有机整体，这个有机整体的健康运行与可持续发展，主要表现为生态可持续性、经济可持续性、社会可持续性的和谐统一与协调发展。这三种可持续性是可持续发展在自然、经济、社会三大领域的体现。它们相互联系、相互适应、相互制约、相互作用，共同构成可持续发展整体。在这个统一整体中，是以生态可持续性为基础、经济可持续性为主导，社会可持续性为先导为保证的可持续发展。这是三种可持续性的高度统一与协调发展。[①]它根植于生态可持续性，成为经济社会可持续性的基础，也成为人类社会总体可持续发展的基础。尽管可持续发展涉及人类社会大系统的各个领域、各个环节、各个方面之间有序联系，协调一致，但从总体和长期来看，只有生态系统领域（包括资源系统和环境系统）内自然生态因素才是决定可持续性发展的基本要素。就是说，生态可持续性对经济社会的可持续性起基础作用、决定作用。而在三种可持续性高度统一与协调发展中，其核心是生态可持续性和经济可持续性的内在统一与协调发展。曾任世界银行行长的巴伯·可纳布尔精辟地概括为："和谐的生态就是良好的经济。"我国有的学者认为："如何以最小的环境损失换取最大的经济发展是可持续发展的核心。"科学发展观的生态经济价值目标，就是追求全面降低发展成本，减少发展代价的可持续性发展，就在于从成本和收益两个方面着眼，用最小的发展成本实现最大的发展收益。这主要体现在降低环境成本、资源成本和社会成本，把发展尤其是经济发展的生态代价和社会成本减少到最低限度，建立起真正的可持续发展的经济社会。这种的发展才是合理的、科学的发展。实践证明，按照科学发展观的根本要求，实现资源节约发展、环境友好发展、生态安全发展，这类生态型发展能够保持生态可持续性发展，才是真正的经济可持续性发展。它既是在自然意义的生态自然的可持续发展，又是在社会意义上的经济社会的可持续发展，是生态可持续性和经济可持续性相互依存、相互作用、相互转化、相互融合的生态经济协调可持续发展，是科学发展观生态经济意蕴的集中表现。

---

① 《中国环境年鉴 1990》，中国环境科学出版社 1990 年版，第 561 页。

4. 从历史过程来看，生态与经济协调可持续发展是理想与现实的统一，是一个不断推进的历史过程。

首先，生态马克思主义经济学所揭示的生态经济协调发展的客观规律具有多方面的内容，但是，生态经济的基本矛盾运动，则是推动生态经济社会有机整体向前发展的根本的规律。这是因为，生态经济基本矛盾并非始于当代，从某种意义上说，自从有了人类经济活动，这个矛盾就已存在并发生作用。只是在过去漫长的经济社会发展进程中，就人类社会总体而言即人类文明发展总体而言，生态经济的基本矛盾并不突出。自工业革命以来，现代生态经济系统基本矛盾运动发展进入一个新的历史时期，其集中表现就是人与自然极端不和谐、生态与经济极其不协调，导致生态经济问题成为一个全球性的十分尖锐的重大问题，非常严峻地摆在当代人类的面前。一方面，人类经济社会活动需求的无限扩大，同自然生态系统负荷过重而供给能力的相对缩小的矛盾日益尖锐；另一方面，人类经济社会活动对自然生态环境容量的需求不断增长，同有限的自然生态系统净化能力及容量超负荷而承载能力下降的矛盾日益尖锐。正是这一现代生态经济系统基本矛盾的运动，使生态经济协调可持续发展成为生态经济社会有机整体发展的内在逻辑和必然趋势，推动着生态经济协调可持续发展由低级形态向高级形态不断演进。

其次，生态马克思主义经济学发展观认为，生态自然与经济社会双赢发展，既是人类经济社会实践活动所追求的一种理想目标与境界，又是一个历史生成的现实发展过程。前者贯穿于后者之中，并通过后者来不断实现。这是一个逐步提高，不断推进的历史过程，在不同的历史阶段具有不同的实现形式和具体内容。在我国现阶段构建社会主义和谐社会，全面建设小康社会的新时期，生态经济双赢发展的实现形式和具体内容，主要表现为发展循环经济，建设资源节约型、环境友好型、生态安全型的经济社会，实现节约发展、清洁发展、生态发展这类绿色文明发展等。因此，走科学发展道路，坚持经济社会发展与自然保护、环境治理、生态建设相统一，当代人发展与后代人发展相统一，局部发展与整体发展相统一，近期发展与长远发展相统一，人自身发展与其他生物物种发展相统一，社会发展与自然发展相统一，这些是基于生态经济协调可持续发展规律的科学认识而作出的必然选择，是一个不断实现的历史过程。

再次，无论从当今世界还是从当今中国，要比较充分地满足生态自然与经济社会双赢发展的实现条件和实现生态经济协调可持续发展，必须有相应的物质基础、社会与自然条件，这只能是一个不断发展和进步的过程，并且是逐步提高、永无止境的历史过程。历史上每一重大发展、进步，对人和自然来说都具有某种发展、解放的意义，是经济社会与生态自然走向协调可持续发展的必要阶梯。这就使得生态经济双赢发展的理想具有巨大的历史感和现实感，表明这一价值理想不是抽象的浪漫主义的主观想象，更不是人为制造出来的现代神话，而是以人类经济社会实践发展为基础，一个非虚幻的现实历史过程。

附录

社会主义生态文明的若干
基本理论问题

论社会主义生态文明三个基本
概念及其相互关系①

　　党的十八大确立了社会主义生态文明的新理念、新理论，构建了建设社会主义生态文明的宏伟蓝图，制定了社会主义生态文明建设的基本任务、指导原则、总要求、着力点和行动方案；并向全国人民发出了"努力走向社会主义生态文明新时代"的伟大号召。这是社会主义文明乃至全人类文明发展史上的一个新的里程碑。在这里，党的十八大在十七大首次使用建设生态文明和生态文明理念的基础上，又使用了生态文明建设的新概念，并使三者成为坚持和发展中国特色社会主义文明的三个关键词。据我们对国内外有关生态文明学术资料的考证，生态文明、建设生态文明、生态文明建设，是中国学者20世纪80年代中后期在当今世界率先提出的新概念、新思想，并于1986年至1990年纳入社会主义生态文明的理论框架，构成社会主义生态文明理论体系的三个基本概念。因此，世界生态文明思想发展史表明，从社会主义生态文明的理论自觉与理论自信来说，生态文明、建设生态文明、生态文明建设，是从中国语境中产生出来的话语词汇、科学思想理论，并非是从西方传入中国的"外来词"西方话语；生态文明的新理念、新思想、新理论，不是源自西方发达资本主义国家，而是中国学者自主创立的，是中国马克思主义学人的伟大创造。然而，近几年来，在我国学术界甚至理论界生态文明观念的"非马克思主义"的阐释颇为盛行，建设生态文明与生态文明建设的"非社会主义"解释日渐流行，

――――――――

　　①　本文系作者与方时姣教授合著。

有人竟说："人类追求生态文明的基本思想源自西方发达国家"，它"在生态文明建设上也取得了重大成就"。这是无稽之谈。与此同时，在目前生态文明研究中还有个突出现象，这就是在"浩如烟海"的生态文明及有关论著中，大都用生态文明定义替代生态文明建设和建设生态文明概念，使三个基本概念混为一谈，形成生态文明理念"三等式"：生态文明＝建设生态文明＝生态文明建设。在关于生态文明理论的基本诠释中，三者概念及其相互关系，是其中一个基础性理论问题，涉及中国特色社会主义文明发展尤其是经济发展的现实与未来的重大问题，迫切需要作深入的理论探讨。鉴于刘思华先生自 20 世纪 80 年代中期至本世纪头 10 年间的论著，对社会主义生态文明的三个基本概念都做过阐释，现就在过去的基础上深究这三个基本概念，对于深刻理解与正确认识生态文明的社会主义本质属性与科学内涵、科学把握社会主义生态文明的本质要求和实践指向，从而克服、消除建设生态文明和生态文明建设的"非社会主义"之说是十分必要的。

一、生态文明理念的马克思主义诠释

生态文明理念的科学定位，其实质就是确定它的历史地位。生态文明既是人类文明发展新阶段的时代标记，又是社会主义文明发展的一个新标识。因此，科学地准确地界定生态文明的定义，就同界定可持续发展的概念一样，是"没有人能明确其本质属性与科学内涵的定义"，即使有人能作出准确界定，恐怕也很难得到学界和政界的认同。从 20 世纪 80 年代中期至今日，经过二十多年的思索与探究，人们对生态文明概念与内涵诠释，仍然是众说纷纭，可能有几十种不同的具体表述，没有一个大多数学者、专家公认和广泛使用的定义。应当说，这个问题又是生态文明研究的逻辑起点与核心问题，是无法绕过的元问题。在研究这个问题的过程中我们先从众多生态文明定义中选出两类引用较多的、具有代表性的定义来辨析，吸取有益成分。

　　1. 生态文明定义中的"成果总和论"的合理性和局限性。各种生态文明定义中，"成果总和论"是党的十八大以前一些学者认同的生态文明概念。它有两个表述：一是"二合论"，如从 20 世纪 90 年代中期开始，就有学者认为，所谓生态文明，是指人类在改造客观世界的同时又主动保护客观世界，积极改善和优化人与自然的关系，建设良好的生态环境所取得的物质与精神成果的总和。二是"三合论"，如在党的十七大以后，就有一些学者将生态文明概念表述为，所谓生态文明，是指人们在改造客观物质世界的同时，不断克服改造过程中的负面效应，积极改善和优化人与自然、人与人的关系，建设有序的生态运行机制和良好的生态环境所取得的物质、精神、制度方面成果的总和。

　　无论是"二合论"还是"三合论"的生态文明定义，都是按照《中国大百科全书·哲学卷》所界定的文明概念为蓝本，进行扩展和延伸而成为生态文明的概念。1987 年出版的《中国大百科全书·哲学》把文明界定为："人类改造世界的物质和精神成果的总和"。[①] 2009 年再版把文明概念界定为："人类在认识和改造世界的活动中所创造的物质的、制度的和精神的成果的总和。"我国一些学者就是根据《中国大百科全书·哲学卷》的第一版的"二分法"和第二版的"三分法"来表述生态文明的定义的。在此，我们先来认同它们的合理性，主要表现在两个方面：一是它们是用一种进步历史观来认识文明的演进和生态文明的客观性，表达了文明和生态文明的进步性，反映了它们是人类开化状态和社会进步的标志。二是"成果总和论"的生态文明概念是以人和自然和谐共生这个生态文明的基石来揭示生态文明的本质内涵，从而表征着人类处理与自然之间的相互关系的进步状态和所达到的文明程度。这种从人与自然发展关系的层面来揭示人类社会发展和文明进步的本质特征，其学术思想与路径应当说是合理的。但是，《中国大百科全书·哲学》文明概念却有明显的局限性，故有的学者把它称之为传统的文明定义。这是因为这个定义是"基于工业文明时代人

---

　　① 《中国大百科全书·哲学》，中国大百科全书出版社 1987 年版，第 924 页。

类社会对人与自然关系的认识"，基本上是工业文明的理论概念与学理表现。它的理论本质存在三大缺陷。① 传统文明定义"基于人与自然二分的机械论自然观"，将人与自然的关系界定为"改造与被改造的关系"；把生态环境视为文明进步的外在要素，并把人类生态实践创造的生态成果排斥在全部积极成果之外。总之，传统文明定义没有走出工业文明理论的窠臼。自 20 世纪 90 年代中期以来，我国一些学者基于文明的传统定义对生态文明概念界定和内涵阐释，无疑是会打上了传统文明定义的印记，不同程度地带有工业文明理论的痕迹。难以准确体现生态文明的生态时代和社会主义时代内在一致性的时代特征，不能全面反映生态文明是自然、人、社会有机整体的综合整体性概念，因而无法揭示生态文明的社会主义本质属性。

2. 生态文明定义中的"文化伦理形态"的合法性（正当性）与片面性。对生态文明基本概念的探讨，进入 2006 年下半年后，由学术界扩展到政界。突出表现在国家环保部副部长潘岳所发表的研究社会主义生态文明的文章，对实际工作部门颇有影响。他在《学习日报》等报刊上发表文章指出，"生态文明是指人类遵循人、自然、社会和谐发展这一客观规律而取得的物质与精神成果的总和，是以人与自然、人与人、人与社会和谐共生、良性循环、全面发展、持续繁荣为基本宗旨的文化伦理形态。"②，我们姑且将其称为"文化伦理形态论"。河北省环保局局长姬振海主编的《生态文明论》一书中，直接用了潘岳同志的这一定义，③ 既没有注释又没有写参考文献，这就导致知名学者诸大建教授主编的《生态文明与绿色发展》一书中，把这个生态文明的概念说成是姬振海界定的，而且在注释中把页码写错了，即姬著是第 2 页写成第 8 页，并主观断定这个概念是"通常意义上国内大多数人理解和广泛使用的生态文明的概念"。这是否符合

① 详见王奇等：《生态文明内涵解析及其对我国生态文明建设的启示》，《鄱阳湖学刊》2012年第 1 期。
② 潘岳：《社会主义生态文明》，《学习日报》2006 年 9 月 5 日。
③ 见姬振海主编：《生态文明论》，人民出版社 2007 年版，第 2 页。

我国学术界和理论界的实际，还需要调查研究。但是该书把这个定义定性为是一个生态文明的哲学辨析意义上的概念应该说是很有道理的。

诸大建教授之所以把这个概念说成是大多数人理解和广泛使用的，可能是这个概念已写进党的十七大报告辅导读本之中。2007 年 10 月由人民出版社出版的《十七大报告辅导读本》一书中写道："生态文明是以人与自然、人与人、人与社会和谐共生、良性循环、全面、持续繁荣为基本宗旨，以建立可持续的经济发展模式，健康合理的消费模式及和睦和谐的人际关系为主要内涵，倡导人类在遵循人、自然、社会和谐发展这一客观规律的基础上追求物质和精神财富的创造和积累"。它既是理想的境界，也是实现的目标。这就不仅是一个生态文明的哲学辨析意义上的概念。它注入了经济内容，可惜没有抓住要害，即生态文明首先是一种新的经济形态，其次在实践层面上看，才是一种新经济发展道路及经济发展模式。《十七大报告辅导读本》的这个概念，被 2007 年度国家社会科学重大项目"我国生态文明发展战略研究"的阶段性成果全文抄录，不是全文引用。只是在"主要内涵"和"倡导人类在遵循"之间加上了"以建设资源节约型、环境友好型及天人和谐、人际和谐型社会为目标"。[①] 这些情况表明，党的十七大以来，像生态文明的本质内涵这种研究生态文明理论与实践，最基本理论前提问题的论述存在着人云亦云、互相抄录、使研究工作缺乏创新，并滞后于生态与生态经济实践的发展。对生态文明定义的"文化伦理形态"论，首先要指出的是，这个概念的具体表述仍然打上了传统文明概念"二分法"的印记，人类实践活动创造的"全部成果"中生态成果缺位，表现了该定义的一个片面性。然而，从总体上看，这个定义比"成果总和"论在学理层面上有所创新：一是该定义将"人类遵循人、自然、社会和谐发展这一客观规律"。[②] 作为生态文明的立论基础和前提，这就把生态文明概念纳入了马克思主义的理论框架，为它奠定了社会主义的理论基础。二是这个界定明确了生态文明基本内涵及主要内容是人与自

[①] 引自《光明日报》2008 年 4 月 15 日第 11 版。

[②] 这个文字表述不够准确，应当表述为自然、人、社会有机整体和谐协调发展规律。

然、人与人、人与社会和谐共生，这实质上肯定了"三个和谐发展"是生态文明的基本价值，从而注入了生态文明的社会主义本质的某些特质。在马克思、恩格斯那里，只有社会主义、共产主义才能在最无愧于和最适合于他们的人类本性的条件下进行合理地调节人与自然之间的物质变换关系，真正实现"人类与自然的和解以及人类本身的和解"的价值目标。正是在这个意义上说，这个定义揭示了生态文明本质的主要内容，但创造生态文明的主体抽象化，未能体现社会主义、共产主义本质属性。

现在的问题还在于，这个定义的最终结论并非准确地反映了生态文明的全貌，即把生态文明形态界定为"文化伦理形态"。这是个片面性，极大伤害了生态文明的本质属性与科学内涵。不管界定者的主观愿望如何，在客观上是明白无误地告诉人们，在这里的"文化伦理"的"文化"，就是我们党的十七大、十八大报告中所说的"社会主义文化建设"中的文化概念，正是毛泽东同志所说的"一定的文化（当作观念形态的文化）是一定社会的政治和经济的反映"。① 因此，这里的文化概念其本质"是指精神、意识、观念"，"文化只是文明在精神、观念、意识领域中的一种表现"。② 从学理层面上说，众所周知，"文明和文明进步，都是整体性、综合性的概念。"③ 这就是说任何文明形态都是经济的、政治的、精神的及社会各领域的综合有机体，生态文明更是如此，它的本质是生产力、生产关系（经济基础）、上层建筑有机统一体。即把文化和伦理做复合词来使用，这就准确地表明"文化伦理"是文明在精神、意识形态的上层建筑中的一种重要表现，是构成社会形态的基本内容。因此，把生态文明形态界定为"文化伦理形态"，这实际上是抽去了生态文明形态生成、存在与演进的物质层面的基本内涵，否认了它首先是物质生产力的体现，是一种经济形态的文明，导致它空心化而成为没有经济内涵的文明形态。生态马克思主义

---

① 《毛泽东著作专题摘编》下卷，中央文献出版社2003年版，第1551页。
② 戴圣鹏：《试论马克思恩格斯的文明概念》，《哲学研究》2012年第4期。
③ 田心铭：《从"家庭、私有制和国家的起源"看马克思恩格斯文明思想》，《马克思主义研究》2013年第7期。

经济学哲学认为，生态文明应当是生态和谐、经济和谐、社会和谐相统一的社会经济形态。

3. 把生态文明概念、理论牢固建立在生态马克思主义经济学哲学理论基础之上。遵循生态马克思主义经济学哲学原理，对生态文明进行重新界定，首先必须坚持三个基本原则：第一，必须把生态文明定义建立在马克思主义自然、人、社会有机整体和谐协调发展理论的坚实基础上。生态文明理念、理论应该是对马克思、恩格斯唯物史观和自然观相统一理论的深刻证明与科学运用。第二，必须肯定生态文明是社会形态和经济形态内在统一的社会经济形态。生态文明理念、理论应该是对马克思、恩格斯社会经济形态和社会文明形态相统一的深刻证明和科学运用。第三，必须把人与人的发展问题和自然与生态发展问题回归人类文明发展理论视野，使人的解放与全面发展和自然的解放与高度发展成为生态文明发展的双重终极目的与最高价值取向。

其次，要科学分析和积极吸收以往生态文明定义中有益成分，尤其是对生态文明概念的某些马克思主义诠释，创新生态文明概念。在生态文明定义的"文化伦理形态"论提出的同时，刘思华教授在 2006 年出版的巨著《生态马克思主义经济学原理》一书中，深入探讨了现代经济社会发展和人类文明进步的基本规律，并在此基础上提出了社会主义和谐社会的科学内涵和社会主义生态文明的科学内涵"是一枚硬币的两面"。他指出："社会主义和谐社会包括人与自然之间的和谐、人与人之间的和谐、人与社会之间的和谐、人自身关系和谐四个方面的基本内涵。笔者把它概括为现代社会主义文明发展的四大和谐论。"[①] 在此基础上，他进一步指出："人与自然、人与人、人与社会、人自身的整体和谐，就可以称之为广义的生态和谐；相应地，生态时代的本质特征就是对广义生态和谐（四大和谐）的不断追求和递进实现，成为人们自觉的价值取向……人们实现四大和谐发展的成果，以及此条件下所建立的伦理、规范、原则和方式及途径

① 刘思华：《生态马克思主义经济学原理》，人民出版社 2006 年版，第 284 页。

等成果的总和谐，可以称之为广义的生态文明，也可以称之为绿色文明。"① 对此，我们把它称之为生态文明定义的"四大和谐"论。

根据上述原则和要求，在 2012 年冬我们在撰写国家社科基金研究报告时，对生态文明概念作出这样的界定：联合劳动者遵循自然、人、社会有机整体和谐协调发展的客观规律，以人与人的发展和自然与生态发展的双重终极目的为最高价值取向，在全面推进人与自然、人与人、人与社会、人与自身和谐共生共荣为根本宗旨的生态经济社会实践中，所取得的"四大和谐"的伦理、规范、原则、方式及途径等全部成果的总和，是以重塑和实现自然生态和社会经济之间整体优化、良性循环、健康运行、全面和谐与协调发展为基本内容的社会经济形态。

现在，我们对生态文明概念的新界定强调几点：

第一，这个新界定揭示了生态文明的社会主义本质属性。一是科学社会主义、共产主义学说告诉我们：只有消灭了异化劳动和私有制的社会主义、共产主义条件下，"社会化的人"、"联合起来的生产者"才能够自觉地认识和运用社会经济规律和自然生态规律，在社会主义劳动者的实践活动中，才能主动地合理地积极地调节他们与自然之间的物质变换关系，实现自然生态和社会经济之间的全面和谐协调发展。这是社会主义本质的基本内涵。二是该定义中确立了人与自然、人与人、人与社会、人与自身及四者之间的整体和谐价值观，这也正是社会主义本质的基本价值，构成生态文明的核心价值观。三是该定义通过把"自然生态和社会经济有机整体全面和谐协调发展"纳入生态文明的定义之中，使生态经济社会全面和谐协调发展构成它的本质内涵，从而鲜明地反映了生态文明的社会主义本质属性。对于中国特色社会主义更是如此。正如党的十七大报告所指出的："社会和谐是中国特色社会主义的本质属性"，生态经济和谐也是中国特色社会主义的本质属性。正是在这个意义上说，社会主义生态文明是生态和谐、经济和谐、社会和谐内在统一的崭新文明形态。

---

① 刘思华：《生态马克思主义经济学原理》，人民出版社 2006 年版，第 489～490 页。

　　第二，这个新界定坚持贯彻马克思主义自然、人、社会有机整体理论，把社会主义看成自然、人、社会有机整体，肯定了自然、人、社会有机整体和谐协调发展是社会主义文明发展的基本规律，强调社会主义劳动者的生态经济社会实践活动必须也应当遵循自然生态规律、社会经济规律、人自身的规律及三者相统一的自然、人、社会有机整体和谐协调发展规律，只有这样，才能既准确地反映了生态文明是整体性、综合性的科学概念，又鲜明地体现了生态文明的社会主义本质内涵。我们在《生态马克思主义经济学原理》一书中，系统地论述了马克思、恩格斯自然、人、社会有机整体理论，在此基础上，阐明了马克思、恩格斯自然、人、社会有机整体理论，从而揭示了马克思、恩格斯自然、人、社会有机整体和谐协调发展是社会主义、共产主义文明发展的基本规律。因此我们完全可以说，马克思、恩格斯自然、人、社会有机整体和谐协调发展，是马克思主义的一个根本问题。尤其马克思、恩格斯从资本主义工业文明是一个由资本主义生产关系造成的人、社会、与自然生态全面异化的文明形态的视角来论证科学社会主义学说的合理性和科学性，使自然、人、社会有机整体和谐协调发展成为科学社会主义学说的一个基本思想，并提供了自然、人、社会有机整体和谐协调发展的美好图景。我们把生态文明概念建立在自然、人、社会有机整体和谐协调发展理论的基础之上，不仅替这个概念奠定了马克思主义的理论基础，而且为生态文明的社会主义本质属性与基本特征提供了科学依据。

　　第三，这个新界定高扬了马克思主义对资本主义工业文明的科学批判精神，从根本上变革了工业文明的理论与实践归旨，确立了社会主义生态文明的理论与实践归旨。在资本主义工业文明时代内，包括人自身在内的社会的一切都被商品化了，将人和自然都作为实现资本无限积累而进行征服、剥夺、索取的对象与工具，使人类实践活动的目的和手段的关系完全颠倒了，使自然、人、社会全面异化。生态文明之所以是人类文明发展的崭新境界，就在于把这个颠倒的关系再颠倒过来，即人和自然都是社会实践活动的终极目的。由此决定了社会主义文明发展既要保证满足人的可持续生存与全面发展的需要，又要保证满足非人类生命物种可持续生存与生态系统健康发展的需要。这是社会主义生态文明的根本价值立场与最高价值追求。因此，人的解放与全面发展和自然解放与高度发展始终是社会主义、共产主义文明发展的最终价值追求与最高价值取向，就必然成为生态文明的理论与实践选择的最高价值取向与双重终极目的。因此，我们要强调建设生态文明，绝不能仅仅理解为抽象的人与自然的内在统一与和谐共生，而是以人的解放与全面发展和自然解放与高度发展有机统一为基本范畴的自然、人、社会有机整体全面和谐协调发展，这是社会主义、共产主义文明发展的客观规律。据此而言，这个新界定就凸显了生态文明是社会主义的一个本质属性和理论内涵，它不仅具有同农业文明、工业文明相比较的人类文明发展新阶段的时代标记，而且具有同资本主义文明相区别的社会主义文明发展新时代的时代标识。

二、生态文明两种表现形态与相互关系

1. 生态文明是广义生态文明和狭义生态文明的内在统一。目前我国学术界关于生态文明的说法可谓仁者见仁、智者见智，但却有一个共同的学术路径，即众多研究者通常在两种意义上理解和阐释生态文明理念，形成广义和狭义生态文明之说。这是生态文明两种表现形态的第一层含义。所谓广义的生态文明，是人们通常所说的纵向的文明演进视角，或者说历史性角度来认识和理解生态文明。它是指继原始文明、农业文明、工业文明（包括后工业文明）之后的全新的文明形态，标志着人类文明发展进入了一个新阶段。所谓狭义的生态文明，是指人们常说的从横向的社会文明结构视角，又称同（共）时性视角来认识和理解生态文明。它是指与物质文明、政治文明、精神文明、和谐社会文明并列的一种文明形态。广义生态文明论的理论本质是人类文明发展的历史形态维度，反映人类文明形态演进规律；狭义生态文明的理论本质是社会整体文明的结构形态维度，反映社会文明构成要素互动规律。两种规律相互作用的合力，推动着生态文明

产生、成长并从低级形态（阶段）向高级形态（阶段）不断发展。

　　生态文明有广义和狭义之分，这是观念形态上的生态文明之说。这种区分只有相对意义，而全面认识和正确把握两者的内在统一比两者之间的区分更为重要。在学理层面上，生态文明是一种全新文明价值观和社会经济形态发展观，即铸造一种与以往人类文明形态不同的全新文明形态及社会经济发展形态。这是它的理论形态，可以表述为建设生态文明。在实践层面上，生态文明是一种全新文明模式及社会经济模式，即构建一种与以往人类文明模式及社会经济模式不同的全新的文明建设模式及社会经济发展模式。这是它的实践形态，可以表述为生态文明建设。可见，生态文明是理论形态和实践形态的有机统一，故我们不能把生态文明的广义和狭义之分完全割裂开来，甚至绝对化，说成是不同性质的两种生态文明形态。①因此，我们很有必要进一步强调广义和狭义生态文明的内在统一性。

　　首先，生态马克思主义经济学哲学告诉我们："马克思、恩格斯特别强调人与自然的和谐统一，就在于这种和谐是人、社会、自然有机统一的核心问题。因此……人类物质生产实践活动应当追求的一个基本目标与目的归宿，就是人与自然和谐统一的生态文明。"②"这种文明就是人与自然和谐相处与共同进化、生态与经济协调发展与共同繁荣的生态文明。"③所以，无论是广义还是狭义的生态文明，都强调人与自然和谐协调发展，两者具有同一个本质和核心即人与自然的和谐共生共荣，都表征着人与自然相互关系的进步状态。当然，应当说广义的生态文明是在更高的起点上实现人与自然和谐协调发展的理想状态所达到的更高文明程度，标志着人类文明演进的一个更高阶段。而狭义的生态文明则是联合劳动者在现阶段生态经济社会实践中处理人与自然之间关系时所达到的现实文明程度，是社会整体文明的一个新组成部分，更是中国特色社会主义文明体系中一个有

---

　　① 有人把广义的生态文明说成是一种"价值理性"，称之为"生态文明1"；把狭义生态文明说成是一种"工具理性"，称之为"生态文明2"这实质上是把它们界定为两种性质不同的生态文明形态。

　　② 刘思华：《生态马克思主义经济学原理》，人民出版社2006年版，第153~154页。

　　③ 刘思华：《生态文明是21世纪可持续发展的鲜明特色》，《生态经济》1999年第2期。

机组成部分，并与整个社会的其他文明形态一起构成社会整体文明。

其次，值得人们注意的是，在我国学界和政界有人借深化对生态文明的理解，否认广义的生态文明的合理性和合法性，只是从人类社会文明的平面构成性即现实文明结构性上理解它，即狭义的生态文明，并断言它就是党的十七大、十八大所说的生态文明。"其实，生态文明的合法性基础主要不是这种平面构成性（即文明结构形态维度）而是其历史构成性（即文明历史形态维度）。众所周知，人类文明历经原始文明、农业文明到工业文明，在当代又由工业文明转向生态文明。从这个意义上讲，生态文明是人类文明的新发展、新阶段、新形态，生态文明是一个整体意义的人类文明，它统领了物质文明、精神文明和政治文明以及严格意义上的生态文明（即生态系统的文明）。"① 今天，我们在中国特色社会主义语境下，从社会主义物质文明、精神文明、政治文明和生态文明的统一整体来认识社会主义生态文明，正是把社会主义生态文明当作整体性概念来准确把握它。这就是说，只有从自然、人、社会有机整体和谐协调发展的高度认识和理解社会主义生态文明，才符合社会主义生态文明的本质内涵，才体现科学社会主义的本质内涵，这正是运用马克思主义自然、人、社会有机整体和谐协调发展理论的生动体现。

2. 生态文明是建设生态文明和生态文明建设的有机统一。这是生态文明两种表现形态的第二层含义。我们对生态文明的理论形态和实践形态在理论概括与逻辑表述上，就有"建设"作为生态文明的前缀和后缀之分的两个概念，即"建设生态文明"与"生态文明建设"。前者是生态文明在观念上的表现形态，后者是生态文明在现实中的表现形态，是理想与现实的有机统一。在此，我们要强调指出的是两者的同义语建设社会主义生态文明和社会主义生态文明建设，都是中国学界和政界马克思学人的首创；直到今日，不要说国外政界，就连国外学术界还没有使用这两个概念，确实属于中国人的独创。

---

① 吴苑华：《奥康纳的环境史视界意义探微》，《马克思主义研究》2013 年第 3 期。

（1）两个概念的源流。1984 年我国著名生态学家叶谦吉先生在苏联率先使用生态文明这个词，并对它从生态学及哲学的视角下了定义。当时没看到国内报道此事，也没有相关文献记载。2010 年第 1 期《马克思主义与现实》发表了澳大利亚著名环境伦理学家阿伦·盖尔的《走向生态文明》一文谈到"对于生态文明的呼吁，最初是叶谦吉 1984 年在苏联，之后 1987 年在中国"，才得知此事。《走向生态文明》中所说的 1987 年在中国，显然是指叶先生在 1987 年全国农业问题讨论会上，奋力疾呼开展"生态文明建设"，并接受《中国环境报》记者的专访，明确指出："国外有识之士认为，21 世纪将是生态学的世纪，这是科学的预见，但我认为，更确切地说，21 世纪应是生态文明建设的世纪。"与此同时，1984 年第 2 期的《莫斯科大学学报·科学社会主义》发表了《在成熟社会主义条件下培养个人生态文明的途径》一文中，使用了生态文明这个词，但对它没有作出界定，更没有把它看作人类文明演进的新的历史形态，只是作为个人的生态意识修养的提升。

我国学界最早探索社会主义文明发展问题，是在 1986 年全国（上海）第二次生态经济学科学研讨会上，刘思华教授在发言中把生态文明纳入社会主义文明的框架，率先提出了"社会主义物质文明、精神文明、生态文明的协调发展的论点"。[①] 并在提交给此次会议的《生态经济协调发展论》研究报告中，提出了"社会主义物质文明建设、精神文明建设、生态文明建设的同步协调发展"的新思想。[②] 1987 年《理论生态经济学若干问题》一书定稿中，深刻阐述了社会主义制度下人民群众的物质需要、精神需要、生态需要的实现过程，就是社会主义物质文明、精神文明、生态文明三大文明建设过程。[③] 1988 年在《社会主义初级阶段生态经济的根本特征与基本矛盾》一文中，首次提出创建生态文明的新概念，并进一步论述了

① 王亚东主编：《强国丰碑》，中央文献出版社 2005 年版，第 419 页。
② 刘思华：《刘思华可持续经济文集》，中国财政经济出版社 2007 年版，第 402 页。
③ 刘思华：《理论生态经济学若干问题研究》，广西人民出版社 1989 年版，第 273~277 页。

生态文明建设的重要性。① 1991 年他最早使用"创建社会主义生态文明"的新表述，即建设社会主义生态文明的新命题，并认为"只有把建设高度的物质文明、精神文明、生态文明和社会主义民主，都作为现代化建设的基本任务和奋斗目标，才符合社会主义现代化发展的客观规律。"② 接着在《生态时代论》中，从人类文明形态的变革、创新、转型的高度，把建设生态文明作为一个核心问题加以阐明，他指出："创建生态文明，重建人与自然和谐统一，实现生态与经济协调发展，这是现代经济社会发展的中心议题。""这方面社会主义比资本主义具有极大的优势，社会主义在创建工业文明的同时，还要根据当代全球性的生态环境严峻现实，将工业文明推向生态文明，为人类历史发展的第三次转变作出积极的巨大贡献。"③ 其后的十余年间，我国学界发表的论著中，对社会主义生态文明，建设社会主义生态文明或建设生态文明，社会主义生态文明建设这三个科学概念几乎无人使用。针对这个情况，刘思华先生在 2004 年的中国生态经济学第六届会员代表大会上发表了"再论社会主义四大文明建设全面协调发展"的长文，从社会主义现代化建设的实践创新与马克思主义文明理论的理论创新相结合，进一步阐述了这三个科学概念；并运用社会主义基本矛盾学说，揭示了"建设社会主义物质文明、政治文明、精神文明、生态文明是社会主义基本矛盾运动与发展的必然要求"，"是建设中国特色社会主义社会发展史上的重要里程碑"，"社会主义生态文明建设是 21 世纪中国现代化建设的宏伟壮举"。④ 现在，值得欣慰的是，党的十八大明确地将"社会主义生态文明"、"建设社会主义生态文明"写进党代会报告，尤其是写入党章，在《中国共产党章程（修正案）的决议》中也明确规定"全面推进社会

---

① 刘思华：《社会主义初级阶段生态经济的根本特征与基本矛盾》，《广西社会科学》1988 年第 4 期。

② 刘思华：《企业生态环境优化技巧》，《管理思维技巧大全》第 6 卷，科学出版社 1991 年版，第 477 页。

③ 刘思华：《刘思华文集》，湖北人民出版社 2003 年版，第 319、323 页。

④ 中国生态经济学会主编：《生态经济理论与实践研讨会文集》，内部印刷，2004 年，第 20~26 页。

主义市场经济……社会主义生态文明建设。"这就开拓了中国特色社会主义理论的新境界，是马克思主义生态文明观中国化的新发展。

（2）建设生态文明即建设社会主义生态文明是社会主义发展与经济发展理念、价值选择、发展方向、战略任务、发展目标即发展愿景，在本质上是社会主义文明形态与文明形态结构的生态变革与转型和绿色创新与创建，是社会主义文明发展乃至全人类文明进步的伟大创造。

所谓建设生态文明，是指联合劳动者按照生态文明的本质属性、科学内涵与实践指向，坚持科学社会主义的正确方向和基本原则，以解决当今自然、人、社会之间全面异化的工业文明发展危机为时代使命，努力推进人与自然、人与人、人与社会、人与自身和谐共生共荣、自然生态和社会经济的全面协调发展，实现中国特色社会主义文明形态和文明结构形态的生态变革、绿色创新与全面转型发展，建设成为生态经济社会有机整体和谐协调发展的全新文明形态，使人类文明发展跨进真正意义上（即人类文明的本真形态）的生态文明新阶段，或者说真正走进社会主义生态文明新时代。"这是建设社会主义生态文明的主旨，是实践马克思主义人、社会、自然有机整体和谐协调发展理论的生动体现。"① 对此着重讲两点：

一是建设生态文明作为社会主义文明和人类文明发展的一种新的发展理念，首先是一种价值。党的十八大在十七大首次提出"建设生态文明"发展理念的基础上，进一步提出领导全国人民建设社会主义生态文明和努力走向社会主义生态文明新时代的伟大号召，更加凸显了建设社会主义生态文明的新的发展理念，展现出社会主义文明和人类文明发展的科学社会主义方向和理想蓝图。有学者说得好："我国提出建设生态文明，是构建人与自然相和谐、国与国相和谐、人与人相和谐的一种理想"②，这是我们党在总结国内外发展尤其是世界工业文明发展进程中的经验教训，是在对资本主义工业文明时代的自然、人、社会有机整体全面反思的深刻反思的基

---

① 刘思华：《生态文明与绿色低碳经济发展总论》，中国财政经济出版社 2011 年版，第10 页。

② 姜亦华：《用生态理性匡正经济理性》，《红旗文稿》2012 年第 8 期。

础上，为从根本上解决工业文明发展造成人类生存与发展困境问题，实现自然、人、社会有机整体和谐协调发展作出的价值选择，是一种崇高的价值理想。它的终极价值理想，就是实现马克思共产主义学说所设想的人的解放与自由全面发展、自然的解放与高度发展、文明全面进步与社会全面发展。这是未来人类文明与社会发展的必然趋势。正如十八大报告所指出："建设生态文明，是关系人民福祉、关乎民族未来的长远大计。"我们顺应这种发展趋势和适应这种长远大计的价值选择，是一种高度的价值自觉，鲜明地体现了我们党领导全国人民创建社会主义生态文明的根本价值立场与最高价值追求，正确地反映了全国人民对人类文明发展的美好期望和憧憬。① 因此，建设生态文明赋予了社会主义文明的新时代内涵和新的历史使命：即建设人与自然、人与人、人与社会、人与自身和谐共生共荣、生态经济社会有机整体全面协调可持续发展的社会，这就是最高阶段与最高形态的生态文明社会。这是 21 世纪把我国建设成富强、民主、文明和谐社会主义现代化国家、实现中华民族伟大复兴的中国梦的最高层次含义与理想境界。

二是建设生态文明，是区别社会主义文明和资本主义文明的一个重要标志，甚至可以说是个最终标志。马克思、恩格斯对社会主义、共产主义文明的科学设想中，始终强调的是人与自然和人与人之间的和谐协调。所以，他们所设想的未来社会主义、共产主义文明社会，最根本的就是消除资本主义文明的人与自然和人与人之间双重不和谐不协调，实现人类"面临的大变革，即人类同自然和解以及人类本身的和解"。② 到那里，人类社会才最终建立起"人与人之间、人与自然间极明白而合理的关系"。③ 这样的社会是"人与自然之间、人与人之间的矛盾真正解决"④ 的共产主义社会。用今天的话来说，这种共产主义社会就是真正意义上的生态文明社

---

① 徐贵权：《当代中国生态文明建设的价值性审视》，《马克思主义与现实》2008 年第 4 期。
② 《马克思恩格斯全集》第 1 卷，人民出版社 1956 年版，第 603 页。
③ 《马克思恩格斯全集》第 23 卷，人民出版社 1972 年版，第 96 页。
④ 马克思：《1844 年经济学哲学手稿》，人民出版社 1985 年版，第 77 页。

会。当今中外生态马克思主义坚持和发展科学社会主义、共产主义学说中
人与自然和人与人（社会）和谐协调的生态文明光辉思想，他们认为：马
克思、恩格斯"坚定地相信，明确地预言，在社会主义、共产主义文明全
面发展框架中，人及整个社会和自然界是协调和谐的，整个社会中人与
人，人与社会也是协调和谐的……正是今天人类所追求的建设生态文明社
会的基本原则"。[①] 这就是说，只有社会主义、共产主义文明才是真正的人
类文明历史的开端，而这一本真形态的文明就是生态文明。[②] 因此，建设
社会主义生态文明既是当今社会主义文明发展的根本方向，又是人类文明
未来发展的根本方向，从一定意义上说，建设社会主义生态文明在很大程
度上决定生态文明乃至最终关系到社会主义文明发展的未来，是向共产主
义迈进的价值追求和必由之路。

（3）生态文明建设是生态文明理念、理论在联合劳动者生态创造性实
践中的现实表现，是对以往人类文明发展模式与文明建设结构模式的生态
变革与绿色创新转型的重塑过程；或者说是人民建设生态文明的绿色路径
与途径，实现对以往文明发展模式与文明建设模式扬弃与超越的构建过
程。因此，生态文明建设理念也有狭义和广义两种意义。所谓狭义的生态
文明建设，是指在尊重、顺应、保护自然的前提下，以谋求人与自然和谐
发展为灵魂与主旨，大力推进"自然生态系统的文明"建设。这是与物质
文明建设、政治文明（制度文明）建设、精神文明建设、和谐社会文明建
设相并列的文明建设领域之一，是整个社会文明建设的一个领域（方面）。
很明显，党的十八大提出的生态文明建设观念和确立的"五位一体"总布
局中生态文明建设，是一种狭义的生态文明建设。

所谓广义的生态文明建设是一种扬弃、超越工业文明发展模式及经济
社会发展模式的文明建设模式。在当代中国语境下的生态文明建设，是以
人类文明发展的生态变革、文明形态创新与全面转型为时代背景，又是在

---

① 刘思华：《生态马克思主义经济学原理》，人民出版社 2006 年版，第 452 页。
② 曹孟勤：《生态文明是文明的真实形态》，《中国地质大学学报（社会科学版）》2013 年第
3 期。

以发展为第一要义的语境下的生态文明建设，必然具有多维价值取向与实践指向；在促进人与自然和谐共生共荣的同时，要达到人与人、人与社会、人与自身的和谐协调发展。这就会促使人们对工业文明时代的经济、政治、文化、科技、社会实践活动的意义、价值、方式的重新思考与历史反思，进而变革、创新、重构文明发展模式。正是在这个意义上说，中国社会主义现代化建设不仅仅是经济建设、政治建设、文化建设、社会建设的"四位一体"，而应当是加上生态建设的"五位一体"的文明建设体系。① 因此，广义的生态文明建设是指我国社会主义现代化的各方面，各领域诸层面的文明结构乃至全过程的整个社会文明建设的重塑过程，充分显示生态文明整体性的本质特征。正如党的十八大所指出的"把生态文明建设放在突出地位，努力建设美丽中国"。在这里，生态文明建设赋予了广义的生态文明建设含义，其本质是建设生态文明，"努力建设美丽中国"，就是努力创建生态文明的绿色中国。

　　党的十七大和十八大虽然使用了生态文明、建设生态文明和生态文明建设三个基本概念，但都没有界定，尤其是十八大报告对生态文明建设的国家战略作了论述，也没有给它下定义。迄今为止，中外学术界除刘思华外没有人给生态文明建设即社会主义生态文明建设概念作出理论诠释及逻辑表述，② 而是大都用生态文明定义代替生态文明建设定义。有学者发文指出："根据有关文献资料，在国内外首次对生态文明建设进行马克思主义界定的应该是刘思华教授，他在1994年出版的《当代中国的绿色道路》一书中指出，生态文明建设是根据我国社会主义条件下劳动者同自然环境进行物质交换的生态关系和人与人之间的经济关系的矛盾运动，在开发利用自然的同时，保护自然，提高生态环境质量，使人与自然保持和谐统一的关系，有效解决经济社会活动的需求与自然生态环境系统供给之间的矛

---

　　① 张荣华：《中国特色社会主义生态文明建设论析》，《理论学刊》2008年第8期。

　　② 2013年6月出版的《生态文明建设概论》一书竟在封面宣称："在当今世界第一次对生态文明建设下了比较明确的定义并进行诠释"，这完全不符合事实。有读者指出在封面上自我吹嘘确实罕见。更为不良的是，该书没有对生态文明建设概念作出理论诠释及逻辑表述，有读者说封面是虚假广告。

盾，以保证满足人民的生态需要。"① 其后，他在 1997 年出版的《可持续发展经济学》、2001 年出版的《绿色经济论》和 2004 年发表的《再论社会主义四大文明建设全面协调发展》等，重申并强调了这个定义。② 并把"以保证满足人民的生态需要"修改为"以既保证满足当代人福利增长的生态需要，又能够提供保障后代人发展能力的必要的资源与环境基础"；2004 年的论文中，表述为"社会主义生态文明建设"。这是一个生态马克思主义的经济学哲学意义上的定义。表明生态文明建设的理论本质是以生态为本，即主要是要以增强、提高自然生态系统适应现代经济社会发展的生态供给能力（包括资源环境供给能力）为出发点和落脚点，既要建构优化自然生态系统，又要推进社会经济运行与发展的全面生态化，建立起具有生态合理性的绿色创新经济社会发展模式。这个定义为我们指明了生态文明建设的实践指向，是谋求生态建设、经济建设、政治建设、文化建设与社会建设相互联系、相互促进、相得益彰、不可分割的统一整体文明建设，用生态理性绿化整个社会文明建设结构，实现物质文明建设、政治文明建设、精神文明建设、和谐社会建设的生态化发展。这是中国特色社会主义生态文明建设的真谛。

三、深化对生态文明三个基本概念的社会主义本质认识

社会主义生态文明既是人类文明发展所追求的最高形态的理想境界，又是人类文明的生态变革、绿色创新与全面生态化转型发展的具体实践，是理想与现实的有机统一的历史生成的客观进程。这种统一性在中国语境下，主要表现为建设生态文明和生态文明建设的有机统一。从上面的分析中，我们可以看出：建设生态文明的要旨与着力点是要创建一种与以往人

---

① 高红贵：《关于生态文明建设的几点思考》，《中国地质大学学报（社会科学版）》2013 年第 5 期。

② 刘思华：《刘思华可持续经济文集》，中国财政经济出版社 2007 年版，第 128、255、268 页；中国生态经济学会主编：《生态经济理论与实践研讨会文集》，2004 年内刊，第 26 页。

类文明形态不同的全新的文明形态，即社会形态和经济形态内在统一的社会经济形态。这是人类文明形态和社会文明形态结构的创新。它的理论场域的侧重点应当是人类文明发展历史形态维度的理论概括与学理表现，主要体现生态文明的理论形态，展现出人类文明发展的理想蓝图、本质要求与正确方向。生态文明建设的要旨与着力点是要在医治工业文明模式生态缺位的黑色弊端的基础上，构建一种与以往人类文明模式不同的全新文明模式，即创建一种生态内生经济发展模式。这是人类文明建设和建设结构模式的创新。它的理论场域的侧重点应当是现实社会文明建设结构模式重构的理论概括与学理表现，主要反映生态文明的实践创新，展现出对以往人类文明模式及经济社会发展模式的根本变革、全面创新与绿色重塑的生态创造性实践。因此，建设生态文明引领并贯穿于生态文明建设之中，通过后者不断实现。这是一个逐步提高、不断推进的历史发展过程。当然，建设社会主义生态文明要完全符合自然生态规律、社会经济规律、人自身的规律以及三者有机整体和谐协调发展规律的客观要求，只有到了马克思所设想的共产主义社会才能实现。因为，这种共产主义"是私有财产即人的自我异化的积极的扬弃"，是"作为完成了自然主义，等于人道主义，而作为完成了的人道主义，等于自然主义，它是人和自然之间、人和人之间的矛盾的真正解决，是存在和本质、对象化和自我确证、自然和必然、个体和类之间斗争的真正解决。"① 因此，以生态马克思主义经济学哲学观点来看，21 世纪人类文明发展已经进入生态文明和绿色发展时代，使高级阶段和高级形态的生态文明的崇高理想具有历史感和现实感，不是浪漫主义的激情主观想象，更不是人为制造出来的现代绿色神话，而是以现代人类对以往人类文明模式及经济社会发展模式生态变革、全面创新与绿色重构的生态创造性实践为基础的理想与现实的统一、方向与过程的统一，是一个由低级形态向高级形态不断演进的历史发展过程。据此而言，社会主义生态文明不仅是人类文明发展的理想蓝图，即马克思、恩格斯共产主义

---

① 《马克思恩格斯全集》第 42 卷，人民出版社 1979 年版，第 120 页。

文明形态的科学预见的当代形态，而且是立足于现实社会主义文明发展的科学思考，是理想性和现实性高度统一的科学理论。这是用生态马克思主义经济学哲学理论观察人类文明演进和文明发展得出来的必然结论。二位国外学者在论述未来和现实的关系时指出："未来已产生于现在之中"，"把未来看作过去的总和，现在思想行动的一部分，其思想基础孕于现在之中，未来在现在已经开始。"①

　　综上所述，在社会主义生态文明的理论框架中，生态文明、建设生态文明、生态文明建设同社会主义生态文明、建设社会主义生态文明、社会主义生态文明建设是同义词，它们都是当代马克思主义生态文明观的根本论点，并构成中国特色社会主义理论体系的基本观点。然而，令人遗憾的是，运用马克思主义的立场、观点、方法，尤其是运用生态马克思主义经济学哲学理论，研究生态文明的理论与实践，真正认识生态文明三个基本概念的社会主义本质属性的学者并不多，导致生态文明问题研究的西化、异化的现象较为严重。例如有些学者把西方经济学的环境污染治理思想，这种西方工业文明先污染后治理的理论表现，说成为生态文明理论，尤其把西方资本主义工业文明发展走过的先污染后治理的老路，说成为"西方国家'先污染后治理'的生态文明建设的老路"，② 进而使有的青年学者得出"西方发达国家生态文明建设的资本主义本质"这种相矛盾的说法，等等。那种认为西方发达资本主义国家建设生态文明取得了重大成就，生态文明建设已经走到世界前列，生态文明在西方资本主义文明发展逐渐成熟，并将此概括为"资本主义生态文明建设道路"。对此笔者不敢苟同。这种论调正如有的学者所批评的那样，不仅论证了资本主义文明成功地战胜了发达国家的生态危机，而且是建设生态文明的全球开拓者和领导者，也即"生态资本主义"或"绿色资本主义"是完全可以实现的。③ 这在理

---

　　① ［韩］赵永植：《重建人类社会》（中译本），东方出版社1995年版，第83页。
　　② 王宏斌：《当代中国建设生态文明的途径选择及其历史局限性与超越性》，《马克思主义与现实》2010年第1期。
　　③ 郇庆治：《"包容互鉴"：全球视野下的"社会主义生态文明"》，《当代世界与社会主义》2013年第2期。

论上说不通，在实践上也不符合事实。迄今为止，当今世界还没有一个发达资本主义国家的执政党把建设生态文明作为自己治国理政的新理念，更没有确立生态文明建设的国家战略，甚至有许多西方国家的执政党在议会中拒绝讨论生态文明建设相关议题。我国出现的生态文明的"非社会主义"说教的根本错误就在于把西方发达资本主义国家对内实行生态资本主义，对外实行生态帝国主义，说成是西方发达资本主义国家的建设生态文明和生态文明建设，离马克思主义甚远啊！

（本文原载《马克思主义研究》2014 年第 8 期，收录时有几处作了修改）

对建设社会主义生态文明论的再回忆

2007年党的十七大首次把"建设生态文明"写进党代会报告,使我深受鼓舞,故发表了2万字的《对建设社会主义生态文明的基本回忆——兼论我的"马克思主义生态文明观"》的长文。① 现在,党的十八大把生态文明提到前所未有的高度,确立了社会主义生态文明在中国特色社会主义道路、理论、制度建设中的战略地位;尤其是党章修正案明确提出:"中国共产党领导人民建设社会主义生态文明",使它成为我们党治国理政的重大理念和重要战略思想,故做对建设社会主义生态文明论的再回忆。

党的十八大在十七大的基础上,明确地把"社会主义生态文明"写进党代会报告,尤其是写入党章,这在我们党的历史上尚属首次。即使在报告的第八部分专门论述"大力推进生态文明建设",虽然没有前缀词社会主义,但在本质也讲的我国社会主义生态文明建设。对此,十八大关于《中国共产党章程(修正案)》的决议说得十分清楚:"全面推进社会主义市场经济……社会主义生态文明建设。"因此,大会秘书处负责人就章程修正案答新华社记者同时也明确指出:把报告第八部分有关论述增写在党章修正案总纲中,"既阐明了建设社会主义生态文明的总要求和指导原则,又阐明了生态文明建设的着力点"。② 社会主义生态文明是中华文明发展之根,是建设中国特色社会主义之基。如果只是抽象地讲人与自然和谐共生的生态文明,就脱离了建设发展中国特色社会主义文明的根基。因此,在今日之中国,高举中国特色社会主义伟大旗帜,就必须坚持建设社会主义

---

① 详见《中国地质大学学报(社会科学版)》2008年第4期。
② 引自《光明日报》2012年11月19日第4版。

生态文明，这是一个马克思主义真理。

一、创立社会主义生态文明的新学说（略）

二、建设社会主义生态文明的新阐述

建设社会主义生态文明是社会主义生态文明科学理论体系中的核心理念，也是建设发展中国特色社会主义的一个核心理念。我在国内外最早提出建设社会主义生态文明新观念，并对它进行马克思主义的论证与阐述，按论著的时间顺序回忆如下：

我在研究社会主义初级阶段理论时，1988 年 4 月发表了《社会主义初级阶段生态经济的根本特征与基本矛盾》一文中指出：在论述创建物质文明和精神文明的同时，首次提出创建生态文明的新概念，[①] 成为我创立的生态经济协调可持续发展论新学说和社会主义生态文明理论的一个根本论点。进入 20 世纪 90 年代，我就从社会主义社会经济形态的文明转型的新高度，提出和阐述建设社会主义生态文明的新问题。首先在 1991 年出版的《管理思维经营技巧大全》丛书中，论述"社会主义现代文明和企业现代化的重要标志"时，明确提出："我们把保护和改善生态环境，创造社会主义生态文明，作为社会主义现代化建设的一项战略任务，努力实现经济社会和自然生态的协调发展。"[②] 据有人对我国学术文献的考证，这是我国理论与学术界最早提出了"建设社会主义生态文明"的新命题，就将建设生态文明规定为"社会主义范畴。因此，在我的所有论著中，就有了'创建社会主义生态文明'即'建设社会主义生态文明'或简称'创建生态文

---

① 详见《刘思华选集》，广西人民出版社 2000 年版，第 223 页。

② 刘思华：《企业生态环境优化技巧》，《管理思维经营技巧大全》(6)，科学出版社 1991 年版，第 477 页。

明'即'建设生态文明'的新表述。"① 这是我创立的社会主义生态文明理论的一个基本结论。

1992 年夏秋，我在《生态时代论》的长篇演讲中，专门论述了生态时代与现代社会主义的相互关系，就把建设生态文明作为一个核心问题加以阐述，指出："创建生态文明、重建人与自然和谐统一，实现生态与经济协调发展，这是现代经济社会发展的中心议题。""在这方面社会主义比资本主义具有极大的优势，社会主义在创建工业文明的同时，还要根据当代全球性的生态环境严峻现实，将工业文明推向生态文明，为人类历史发展的第三次转变作出积极的巨大贡献。"② 这些论点在 1994 年出版的《当代中国的绿色道路》一书中公开发表了。在该书中还提出建设富强民主文明的社会主义现代国家，必须通过发展现代市场经济，创建社会主义物质文明和精神文明，也必然要借助现代市场经济的发展去创建社会主义生态文明。③

进入 21 世纪以来，随着建设中国特色社会主义实践不断发展，我对社会主义生态文明理论研究不断深入，在从学理上进一步阐明社会主义生态文明理论的基础上，从中国特色社会主义生态文明建设与实践发展中提出和揭示建设社会主义生态文明和中国特色社会主义经济社会形态创新转型的内在一致性，并使之构成中国特色社会主义生态文明建设道路与文明发展理论的基本论点。2002 年发表的《生态文明与可持续发展问题再探讨》一文中，第三部分的标题就是"建设生态文明，实现可持续发展战略与人类实践的价值取向"，我从生态文明一般性作了一些新阐述。在此，仅引证三点。④ 一是我站在 21 世纪是人类文明进步新时代的高度，认为"21 世纪应该是生态文明建设的世纪，将重建人、社会与自然在新的更高层次的

---

① 刘思华：《对建设社会主义生态文明的若干回忆》，《中国地质大学学报（社科版）》2008 年第 4 期。

② 《刘思华文集》，湖北人民出版社 2003 年版，第 319、323 页。

③ 刘思华：《当代中国的绿色道路》，湖北人民出版社 1994 年版，第 17 页。

④ 刘思华：《生态文明与绿色低碳经济发展总论》，中国财政经济出版社 2011 年版，第 105~108 页。

和谐统一，使生态环境与经济社会在新的更高水平的协调发展，就成为生态文明时代的根本标志。正是在这个意义上说，实施可持续发展战略要求人们按照生态经济社会整体发展观来追求和实现'生态—经济—社会'复合系统高度整合、整体优化、良性运行与协调发展，这是建设生态文明的核心。"现在看来，这个论断适用于实施绿色经济发展战略和创新驱动发展战略，实现科学发展，都要抓住建设生态文明的这个核心问题。二是在国内外首次提出了建设生态文明，实施可持续发展战略的双重价值取向与终极目的论："现代人类实践必须是也应当是以人类与自然界的共存共荣为价值取向"，要求"人类突破只把自身需要与利益作为唯一的、终极的价值尺度的狭隘眼界，促使人类实践的价值取向发生这样的转换：由只是为人类生存发展的需要与利益作为人类实践的唯一的终极的价值尺度转变为与此同时也必须把非人类物种的需要和整个生物圈的整体利益作为人类实践的终极价值尺度，构成可持续发展实践的两重最终目的"。三是"建设生态文明，实施可持续发展战略，是21世纪人类的基本实践活动，也是实现人类实践两重终极价值的伟大实践。"2004年10月，我向中国生态经济学会第六届会员代表大会提交了《再论社会主义四大文明建设全面协调发展》的论文，该文在重申了我1991年提出的"创建社会主义生态文明，是社会主义现代化建设的一项战略任务"的基础上，运用社会主义基本矛盾学说，揭示了"建设社会主义物质文明、政治文明、精神文明、生态文明，是社会主义基本矛盾运动与发展的必然要求。而在社会主义条件下，人同自然之间的生态关系和人与人之间的经济关系的矛盾运动，是社会主义基本矛盾运动在生态经济领域中的集中表现。因而，建设社会主义生态文明也是社会主义基本矛盾运动的必然要求。"于是，我进一步指出："建设社会主义物质文明、政治文明、精神文明、生态文明"，"是建设中国特色社会主义社会发展史上的重要里程碑……是中华民族发展史上的一个新的里程碑。"①

---

① 详见中国生态经济学会编：《生态经济理论与实践研讨会文集》，内部印刷，2004年，第20~26页。

自 2003 年以来，我和我指导的博士后方时姣教授在研究和撰写《生态马克思主义经济学原理》等论著中，按照马克思主义唯物史观的观点和方法，从生态文明的一般性和特殊性的有机统一，把社会主义生态文明纳入生态马克思主义经济学哲学的理论框架，对建设社会主义生态文明又作出了一些新概括，尤其是明确建设社会主义生态文明的实践目标："就是构建生态与经济协调的可持续的现代经济发展模式；促进 21 世纪发展进入生态环境发展的经济社会发展双赢的新时代。这正是生态马克思主义经济学揭示的现代发展的一条基本规律。"①

其后，我不断坚定社会主义生态文明的理论自觉和理论自信，从理论和实践相结合上不断加以论证和阐明建设社会主义生态文明的新命题、新理论，并使其构成为中国特色社会主义理论体系的一个根本论点。在这几年间，我自觉地把建设社会主义生态文明理论研究作为自己的历史责任和神圣使命，在创造性地回答中国特色社会主义文明发展提出的新问题、新课题中推进建设社会主义生态文明新理论的创新发展。首先，2008 年 4 月发表了一篇近 2 万字的《对建设社会主义生态文明的基本回忆——兼述我的"马克思主义生态文明观"》长文；仅以此文的正、副题就展示了中国马克思主义经济学家对建设社会主义生态文明的高度的理论自觉和坚定的理论自信。本文既系统地又简要地论述了我首创建设社会主义生态文明新理论的认识过程和主要观点，在此，强调两点：一是对建设生态文明的理论定位："从社会主义现代文明形态区分的视角，就有生态文明或社会主义生态文明和建设社会主义生态文明即建设生态文明的新表述。""因此，在我的所有论著中，对此就有了'创建社会主义生态文明'即'建设社会主义生态文明'或其简称'创建生态文明'即'建设生态文明'的新表述。它是我创立的生态文明理论的一个基本结论，即是我的'马克思主义生态文明观'的一个基本论点。"正是在这个意义上看我把党的十七大提出的

---

① 刘思华:《生态马克思主义经济学原理》，人民出版社 2006 年版，第 534 页。

"建设生态文明"看成"建设社会主义生态文明"这个科学新概念的同义词。① 现在，我可以断言，建设社会主义生态文明的新理论，是我创立的社会主义生态文明理论的核心理念。这是我对建设生态文明理论的马克思主义研究所得出来的合乎逻辑的基本结论。二是明确把建设社会主义生态文明纳入中国特色社会主义理论体系之中："党的十七大首次把'建设生态文明'写入党代会报告，意味着在中国特色社会主义伟大旗帜上彰显建设社会主义生态文明的发展理念，使它从学界马克思主义视野进入政界马克思主义视野，成为马克思主义中国化的一个最新成果"，"成为中国特色社会主义理论体系的一个重要论点"，"表明建设社会主义生态文明已成为我们党治国理政的新观念，让全党全国人民清楚地看到一幅崭新的社会主义现代文明建设路线图。"②

其次，2009 年 3 月发表了《中国特色社会主义生态文明发展道路初探》一文，它集中到一点，就是探索建设社会主义生态文明是坚持走"中国特色社会主义道路不可缺少的重要组成部分"。在此，作几点回忆：一是"建设社会主义生态文明的主旨，是遵循自然、人、社会有机整体和谐协调发展规律，推进人与自然、人与人、人与社会、人自身和谐共生共荣，实现生态经济社会的科学发展、和谐发展、绿色发展"。二是首次提出建设社会主义生态文明的经济社会是 21 世纪中华文明发展的主旋律："建设生态文明，发展民主政治经济，是实现中华文明伟大复兴的主旋律，是当代中国社会主义社会文明发展的生态回归"。三是首次提出了"建设社会主义生态文明，是中国特色社会主义道路不可缺少的重要组成部分"的新论断。此文认为党的十七大所说的中国特色社会主义道路的问题，是实现社会主义现代化的四项基本任务即"四个建设"，和一个总体目标即"一个建设"。对此，"我把它们称之为这条道路的'一个总纲'和'四个

---

① 刘思华：《生态文明与绿色低碳经济发展总论》，中国财政经济出版社 2011 年版，第 173、185 页。

② 刘思华：《生态文明与绿色低碳经济发展总论》，中国财政经济出版社 2011 年版，第 188~189 页。

基本点'，构成中国特色社会主义道路的基本内容。"于是，我提出建设社会主义生态文明，是发展中国特色社会主义现代化事业的总体目标和总体布局的一个基本方向；因而，中国特色社会主义道路应当由"一个总纲"和它的"五个基本点"构成，这是中国特色社会主义道路的理论提升。①

　　再次，2010 年 5 月我向一个国际会议提交了《论发展中国特色社会主义的"三大法宝"——对建设生态文明·发展绿色经济·构建和谐社会相互关系问题的探讨》长文，其后收录在中国社会科学院马克思主义研究学部编的《36 位著名学者纵论中国共产党建党 90 周年》和作为《生态文明与绿色低碳经济发展论丛》总序出版。在此，略列举几点：一是把建设生态文明和发展绿色经济同构建和谐社会一样提升到我们党的重大战略思想的高度，"从理论上说，这三大重要战略思想，是中国特色社会主义发展理论与经济发展理论的基本观点"，是"发展中国特色社会主义的三个基本问题……概括为发展中国特色社会主义的'三个主要法宝'。"② 二是将建设社会主义生态文明概括为中国特色社会主义实践的基本形式之一。"我们按照科学发展观的客观要求，建设生态文明，发展绿色经济，构建和谐社会的伟大实践，是中国特色社会主义实践的基本形式，应该说是 21 世纪中国发展的主旋律。"③ 三是揭示了建设社会主义生态文明和构建社会主义和谐社会的内在一致性。"建设生态文明，构建和谐社会……最终创造一个自然生态和社会经济有机整体和谐协调可持续发展的社会。这是建设生态文明的真谛，也是构建和谐社会的要旨。""甚至可以说建设社会主义生态文明和构建社会主义和谐社会的目标和任务，是同一个问题的两个方面。"④四是提出了建设社会主义生态文明创新经济发展的双重战略任务、经济发

---

①　详见刘思华：《中国特色社会主义生态文明发展道路初探》，《马克思主义研究》2009 年第 3 期。

②　刘思华：《论发展中国特色社会主义的"三大法宝"》，原载《36 位著名学者纵论中国共产党建党 90 周年》文集，中国社会科学出版社 2011 年版，第 406 页。

③　刘思华：《论发展中国特色社会主义的"三大法宝"》，原载《36 位著名学者纵论中国共产党建党 90 周年》文集，中国社会科学出版社 2011 年版，第 406、410、412 页。

④　刘思华：《论发展中国特色社会主义的"三大法宝"》，原载《36 位著名学者纵论中国共产党建党 90 周年》文集，中国社会科学出版社 2011 年版，第 406、410、412 页。

展模式的双重转型、经济体制的双重转轨。①

　　最后，2011 年 5 月我发表了《正确认识和积极实践社会主义生态文明》的长篇专访，针对近年来一些思想认识和实际工作情况，回答了建设社会主义生态文明的若干重要理论和实践问题，有几点值得回忆与强调的。② 第一，对建设生态文明理论的马克思主义研究，是我创立的中国特色社会主义生态文明理论的精华，"也是我创建生态马克思主义经济学的一个核心问题。" 第二，针对国内外学术界基本上不认同 "建设社会主义生态文明" 的新概念，我再次肯定和重申 "建设社会主义生态文明的新命题，是个科学概念"，"是科学社会主义的新发展"。③ 第三，我们必须也应当遵循社会主义生态文明的本质属性和基本特征与原则的客观要求，努力解决建设生态文明的几个重大问题：一是构建绿色创新经济发展模式，形成社会主义生态文明的创新经济形式。二是努力实现我国经济社会发展的三大战略目标，即是实现人与自然、人与人、人与社会的 "三大和解"，最终创造一个生态和谐、经济和谐、社会和谐相统一的和谐生态经济社会。三是尽快扭转自然生态恶化的趋势，努力解决生态环境资源约束的难题；尽快扭转社会生态恶化的趋势，努力解决收入差距过大、贫富分化严重的难题。④

　　从上述回忆中，我们可以清楚看到，二十几年来，我不仅从学理上而且从中国特色社会主义文明发展的基本实践中，不断论证和阐述建设社会主义生态文明的新命题，这是我对马克思主义文明理论和生态文明观的一种信念和追求。长期以来，虽然未能得到我国学术界生态文明研究者的赞同，使我这方面论著的引用参考率较低，但我在创建生态马克思主义经济学中不断增强马克思主义文明理论和生态文明观的理论自觉和理论自信，始终旗帜鲜明、毫不动摇地坚持和发展建设社会主义生态文明的新理论。

---

　　① 详见上文的第六、七、八三部分。
　　② 刘思华：《生态文明与绿色低碳经济发展总论》，中国财政经济出版社 2011 年版，第196 页。
　　③ 刘思华：《正确认识和积极实践社会主义生态文明》，《马克思主义研究》2011 年第 5 期。
　　④ 刘思华：《正确认识和积极实践社会主义生态文明》，《马克思主义研究》2011 年第 5 期。

现在，党的十八大在继十七大之后再次把"建设生态文明"写入党代会报告，使我在国内外率先提出的"建设生态文明"走进了二次党代会报告。尤其使我深感欣慰的是，党的十八大明确地把"建设社会主义生态文明"写进报告，并写入党章飘扬在我们党的伟大旗帜上，这在我们党历史上尚属首次。这是马克思主义文明理论和生态文明观在当代中国的新发展，是对中国特色社会主义理论体系的一个历史性新贡献，还是人类文明发展史上的巨大进步，更是社会主义文明发展史上的巨大进步，具有里程碑式的意义。

三、探索中国特色社会主义生态文明的新道路

中国特色社会主义生态文明的科学理论，不仅是社会主义文明形态、结构与文明建设结构的理论创新，而且是社会主义现代文明发展道路的理论创新。1994 年在《当代中国的绿色道路》一书中，我提出和探索当代中国社会主义现代化建设的绿色发展道路问题，"对建设现代社会主义，生命革命、生态文明建设与中国现代经济发展的战略、模式、道路的关系及国民经济发展集约化和生态化等重大理论与实际问题，都进行了比较深刻的阐明和有益的探讨。"① 而在《可持续发展经济学》一书中，则是"把发展社会主义市场经济放在社会主义—市场经济—生态环境三维坐标的新视角来审视、探索如何实现社会主义制度完善—现代市场经济发展—生态环境改善的内在统一与协调发展，走出一条发展社会主义市场经济的可持续发展道路。"② 2004 年在《再论社会主义四大文明建设全面协调发展》一文中，论述了"全面建设小康社会的宏伟目标，就是中国特色社会主义经济、政治、文化、生态等多领域全面发展的奋斗目标"，"揭示了中国特色社会主义是社会主义市场经济、社会主义民主政治、社会主义先进文化、

---

① 刘思华：《当代中国的绿色道路》，湖北人民出版社 1994 年版，第 3 页。
② 刘思华主编：《可持续发展经济学》，湖北人民出版社 1997 年版，第 222 页。

社会主义良好生态的有机统一"① 的总体目标或总任务。直到 2006 年在《生态马克思主义经济学原理》一书中，从广义和狭义的社会范畴有机统一的视角，进一步论述社会主义和谐社会"是一个物质生活不断提高、政治生活不断进步、精神生活不断丰富、生态生活不断改善的良性互动的发展过程。"因此，"社会主义市场经济发展，社会主义民主政治进步，社会主义先进文化进步，社会主义良好生态发展，都要落实到社会主义和谐社会这个载体上来。""它们是在不断地相互融合与相互促进中推动社会主义现代文明的不断进步与发展。"② 这些论述，应该说是中国特色社会主义道路"五位一体"总体目标的思想先声与最早学理表述。

党的十七大以后，我不仅仅是在理论上把社会主义生态文明纳入中国特色社会主义的理论体系之中，而且在实践上把建设社会主义生态文明纳入中国特色社会主义道路的基本框架之中，探索中国特色社会主义生态文明发展道路，大家知道，党的十七大把中国特色社会主义道路概括为："在中国共产党领导下……建设社会主义市场经济、社会主义民主政治、社会主义先进文化、社会主义和谐社会，建设富强民主文明和谐的社会主义现代化国家。"这个概括明确了建设发展中国特色社会主义的四项基本任务即"建设四个文明"和一个总体目标即总任务即"一个总体建设"。"我把它们称之为这条道路的'一个总纲'和'四个基本点'，构成中国特色社会主义道路的基本内容。"③ 这就是党的十七大确立的建设中国特色社会主义"四位一体"的总体目标，我又称之为"四位一体"中国特色社会主义现代化建设总任务。这是党的十七大规定的中国社会主义道路一个基本内涵。因此，我认为"党的十七大报告没有把另一项基本任务，这就是建设社会主义生态文明作为发展道路的一个基本点；而是规定为实现全面建设小康社会奋斗目标的五大新要求之一，这实质上也是发展中国特色社会主义的一项基本任务"。于是，我提出了"建设社会主义生态文明是中国特

---

① 中国生态经济学会：《生态经济理论与实践研讨会》文集，内部印刷，2004 年，第 20 页。

② 刘思华：《生态马克思主义经济学原理》，人民出版社 2006 年版，第 491 页。

③ 刘思华：《中国特色社会主义生态文明发展道路初探》，《马克思主义研究》2009 年第 3 期。

色社会主义道路不可缺少的重要组成部分"的新论断，就使"发展中国特色社会主义现代化事业的总体目标和它的'五个领域建设'；中国特色社会主义道路的'一个总纲'和它的'五个基本点'，就完全一致了。"①

现在，党的十八大把中国特色社会主义道路概括为："在中国共产党领导下……建设社会主义市场经济、社会主义民主政治、社会主义先进文化、社会主义和谐社会、社会主义生态文明……建设富强民主文明和谐的社会主义现代化国家。"这就使中国特色社会主义道路由"四个基本点"扩展到"五个基本点"，因而建设中国特色社会主义的总体目标从"四位一体"发展到"五位一体"，成为中国特色社会主义道路的一个基本内涵，使中国特色社会主义道路的基本内涵更加丰富、更为科学，为我们坚持中国特色社会主义道路、全面实现社会主义现代化建设的总体目标开辟了广阔的道路。

至此，我们完全可以说，党的十八大给建设生态文明的新定位，就是建设社会主义生态文明是中国特色社会主义道路、理论、制度的重要组成部分，从而确立了建设社会主义市场经济、民主政治、先进文化、和谐社会、生态文明的中国特色社会主义道路五位一体总体目标，又称之为建设中国特色社会主义的"五位一体"总体目标，凸显出我们党对中国特色社会主义的道路自信、理论自信和制度自信，具有重大的理论、实践意义与深远的历史意义。在此强调三点：

第一，中国特色社会主义文明发展道路理论与实践的重大创新。在我国学界，当然首先是笔者从1991年起到今天，就提出和不断论述"建设社会主义生态文明是社会主义现代化建设"的一项战略任务、基本任务和奋斗目标，"这是生态时代赋予我们的伟大历史使命"，这是建设现代社会主义的必然进程和客观规程。② 当党的十七大首次把"建设生态文明"写进党代会报告之后，胡锦涛同志就提出："党的十七大强调要建设生态文

① 刘思华：《中国特色社会主义生态文明发展道路初探》，《马克思主义研究》2009年第3期。
② 详见刘思华：《生态文明与绿色低碳经济发展总论》，中国财政经济出版社2011年版，第15~18、43页。

明，这是我们党第一次把它作为一项战略任务明确提出来。"① 但是，党的十七大没有把它作为中国特色社会主义道路的一个基本点，只是规定了为全面建设小康社会奋斗目标的五大新要求之一。然而，随着建设中国特色社会主义实践的发展，建设生态文明的生态实践，已是坚持中国特色社会主义道路的基本实践的一种新型的实践形式。因此，"建设社会主义生态文明，探索中国特色生态文明发展道路，是建设发展中国特色社会主义的内在要求与必然进程，是中华文明生态复兴的时代洪流。"② 党的十八大以战略眼光、自觉站在人类文明发展历史高度，在科学总结中国特色社会主义发展道路的基本实践基础上，把建设生态文明作为中国特色社会主义道路的"五个基本点"之一，构成建设中国特色社会主义五位一体总体目标，使建设社会主义生态文明成为马克思主义生态文明观中国化的一个最新成果，是中国特色社会主义理论的一个基本观点，具有普通合法性的中国特色社会主义道路的政治表述，尤其是被写入党章修正案，成为我们党治国理政的一项基本纲领，这是对中国特色社会主义道路本质的一个重大发现，体现了我们党对中国特色社会主义道路本质属性与基本特征的认识提到了一个新高度，标志着我们党对社会主义现代文明发展规律认识的深化与提升，进入了新境界，这是我们党开拓中国特色社会主义文明发展道路理论与实践的一个重大创新。

第二，党的十八大确立了建设中国特色社会主义"五位一体"总体目标，实现了社会主义文明形态结构和文明发展道路的重大创新。建设社会主义市场经济实质上是创建社会主义物质文明，建设社会主义民主政治实质上是创建社会主义政治文明，建设社会主义先进文化实质上是创建社会主义精神文明，建设社会主义和谐社会就是构建社会主义和谐社会文明（即狭义社会文明），建设社会主义生态文明就是创建社会主义生态文明新形态。它们都统一于建设中国特色社会主义生态经济社会有机整体全面和

---

① 中央文献研究室编：《科学发展观重要论述摘编》，中央文献出版社 2008 年版，第 45 页。

② 刘思华：《生态文明与绿色低碳经济发展总论》，中国财政经济出版社 2011 年版，第 223 页。

谐协调发展之中，形成中国特色社会主义文明形态的整体，是社会主义物质、政治、精神、生态四大文明和社会主义和谐社会文明的统一整体，使我们更加自觉、更加坚定地推进社会主义市场经济、民主政治、先进文化、和谐社会、生态文明建设全面和谐协调发展，这是建设发展中国特色社会主义的客观进程，是中国特色社会主义文明发展的基本态势。在此，笔者还要强调的是，坚持中国特色社会主义道路，建设富强民主文明和谐社会主义现代化国家，是我们建设中国特色社会主义"五位一体"总体目标。它既是社会主义中国逐步实现全面和谐协调发展、全面进步的基本实践，又是中国特色社会主义文明全面和谐协调发展、全面进步的历史的重要的标志。它既是逐步实现人的全面发展的基本实践，又是人的全面发展的历史的重要标志。因此，确立建设中国特色社会主义"五位一体"总体目标，使中华文明开辟了建设社会主义生态文明与和谐生态经济社会发展的新道路，标志着坚持中国特色社会主义道路，推动中国特色社会主义发展进入一个新阶段。

第三，党的十八大确立中国特色社会主义道路"五位一体"总体目标的同时，"确立了社会主义经济建设、政治建设、文化建设、社会建设、生态文明建设的中国特色社会主义事业'五位一体'①总体布局，完善了建设富强民主文明和谐的社会主义现代化国家的奋斗目标。"② 这个奋斗目标，就是笔者所说的建设中国特色社会主义"五位一体"总体目标。"五位一体"总体目标是从中国特色社会主义文明形态结构而言，是马克思主义文明理论在当代中国的新发展，体现了我们党对中国特色社会主义文明理论的最新贡献。"五位一体"总体布局是从社会主义现代化建设领域和文明建设结构而言，是社会主义建设理论在当代中国的新发展，体现了我们党对中国特色社会主义建设理论和文明建设理论的最新贡献。

从理论逻辑来说，"五位一体"总体目标是"五位一体"总体布局的前提，后者是建立在前者的基础之上，通过后者实现前者。前者的要害是

---

① 关于社会主义现代化建设"五位一体"总体布局，笔者将另写文章专门探讨。
② 引自十八大秘书处负责人答新华社记者问，《光明日报》2012 年 11 月 19 日。

建设生态文明的"新定位"，后者的要害是生态文明建设的新部署。因此，前者是坚持中国特色社会主义道路，建设发展中国特色社会主义的"方向盘"与"导航仪"；后者则是其"路线图"与"车轮子"，两者是紧密相连、不可分割的有机整体。我们完全可以说，两个"五位一体"是坚持中国特色社会主义道路，建设中国特色社会主义的同一个问题的两个方面。它们将中华文明和人类文明体系由原来的仅仅局限于"社会的世界"，扩展到"自然的世界"，实现了人类文明形态和社会主义文明形态结构、文明建设结构、文明发展道路及三者有机统一的重大创新，具有划时代的里程碑的意义。

四、走向社会主义生态文明的新时代

我们党深刻认识和正确把握当今世界文明发展的新态势和中国特色社会主义文明发展的新特征与大趋势，顺应 21 世纪生态文明与绿色经济时代发展的历史潮流，首次把"社会主义生态文明新时代"写入党的十八大报告，将建设生态文明和生态文明建设提升到人类文明形态创新转型的时代高度，这是我们党对社会主义文明理论和中国特色社会主义文明建设理论的一个重大创新。建设生态文明与生态文明建设"融入经济建设、政治建设、文化建设、社会建设各方面和全过程，努力建设美丽中国，实现中华民族永续发展"。这种科学发展绝不是走向高度发达的工业文明旧时代，而是"走向社会主义生态文明新时代"。这是中国特色社会主义文明发展和人类文明发展规律与演化逻辑的必然走向和内在要求。因此，走向社会主义生态文明新时代的马克思主义新论断、新理论，为建设美丽中国与中华文明发展指明了社会主义方向，是我们党和国家在新时期新阶段坚持中国特色社会主义道路一个突出的最新表现。社会主义生态文明新时代的马克思主义论断，是我创立的社会主义生态文明科学理论的一个基本结论，即是我的"马克思主义生态文明观"的一个基本论点。在此，按照二十几年来我学术研究的理论轨迹作几点简略的回忆。

1. 自觉站在人类文明发展的时代高度，将社会主义生态文明牢固地建立在生态时代理论的基础之上，揭示了社会主义生态文明新时代的历史必然性和现实客观性，从 1992 年的《生态时代论》的学术演讲到 1994 年的《当代中国的绿色道路》一书的出版，我比较系统地、全面地论述了生态文明兴起的历史必然性与现实客观性，阐明了生态文明的时代特征与实践基础，揭示了生态时代与建设生态文明及生态文明建设和社会主义时代、社会主义文明发展等相互关系，得出了一个合乎逻辑的结论："生态时代，是社会主义最终胜利、共产主义必然来到的时代。这就是中国生态经济协调学派的时代观、未来观。"[1] 经过 20 年的中国特色社会主义文明发展实践证明，这个马克思主义的科学结论准确地表明，社会主义中国的生态时代，就是社会主义生态文明新时代。这是当代中国马克思主义学派的时代观、未来观。在此，按照论著原意摘引几点：

（1）目前人类文明历史发展处于大转变的历史时期，"人与自然的发展关系来看，要从人是自然的主宰变为自然的伙伴，由征服、掠夺自然转为保护、建设自然，使其与自然保持和谐统一，已成为人类历史发展的必然趋势。这是一个划时代的大转变，正是在这个意义上说，现在我们开始重建人与自然和谐统一的时代，就是生态时代。"因此，"我们所说的生态文明，是指人与自然、社会经济与自然生态的发展关系进入了一个崭新的时代。"[2]

（2）从人类社会文明发展演变的历史来看，大致可以划分为三个时代四个阶段：第一个时代是人类依附并初步利用自然的蒙昧时代；第二个时代是人类掠夺自然、破坏生态而导致生态危机的征服时代，这个时代经历了人与自然发展的两个阶段；第三个时代是重建人与自然的有机统一达到新的更高水平的和谐协调发展的生态时代。"这是人类进化与发展的历史产物，是人与自然发展关系的必然趋势，不可抗拒的历史潮流。"[3] 其后，我

[1] 《刘思华文集》，湖北人民出版社 2003 年版，第 326 页。
[2] 《刘思华文集》，湖北人民出版社 2003 年版，第 310 页。
[3] 详见《刘思华文集》，湖北人民出版社 2003 年版，第 310~312、475 页。

在《生态本位论》一文中认为"世界发展正在迈向生态时代"，强调"人类正在进入生态时代，生态时代已降临中华大地。这是世界系统运行的必然进程，是人类文明发展的基本走向……因而生态时代具有历史必然性和客观现实性。生态时代的现代文明，本质上是生态文明；没有生态文明，就没有真正的现代新文明。21 世纪应该是生态文明发展的世纪，这准确地反映了世界文明发展在 21 世纪的人、社会与自然关系发展的新特点。"① 很明显，它更准确地反映了中华文明发展在 21 世纪的人、社会与自然关系发展的新特点，社会主义中国正在进入生态时代。

（3）按照唯物史观的观点，生态时代的本质内涵"不仅是人与自然环境的协调发展关系，而且是人与社会环境的协调发展关系，还是这两种发展关系的互相依赖、互相制约、互相作用的有机统一。"这就决定了"生态时代的本质特征，就是把现代经济社会运行与发展切实转移到良性的生态循环和经济循环的轨道上来，使人、社会与自然重新成为有机统一体，实现生态环境与经济社会的可持续协调发展。因此，实现人与自然在新的更高层次的和谐统一，达到生态与经济在新的更高水平的协调发展，这是生态时代的根本标志。所以，建立在生态良性循环基础上的生态与经济的协调发展，就成为生态时代的首要的、本质特征，生态时代的其他特征，都是从不同角度表现和补充这个本质特征。"② 应当说社会主义生态文明新时代的本质内涵与特征更是如此。

（4）我从马克思学说的整体性解读科学社会主义学说，分析了"在社会主义制度下不仅存在着人、社会与自然界和谐协调发展的内在要求和必然趋势，而且存在着实现这种内在要求和必然趋势的社会条件"，提出了几点创新观点：一是揭示了生态时代的本质和社会主义的本质具有内在一致性："社会主义的发展过程，必然表现为经济与生态、社会与环境、人、社会与自然界和谐协调发展的过程。""社会主义的本质及其发展趋势，同生态时代的本质及其发展趋势，是完全一致的。正是从这个意义上说，社

---

① 详见《刘思华文集》，湖北人民出版社 2003 年版，第 310~312、475 页。
② 《刘思华文集》，湖北人民出版社 2003 年版，第 318~319 页。

会主义开辟了人、社会与自然界和谐协调发展的新时代。"① 这就是社会主义生态文明新时代的最早表述。二是正是从上述科学分析中,我认为:"现代社会主义开始找到了开辟这个新时代的现代经济社会发展的理想体制与运行方式",明确指出:"社会主义为人、社会与自然界和谐统一与协调发展开辟了广阔的现实道路","在这方面社会主义比资本主义具有极大的优势。社会主义在创建工业文明的同时,还要根据当代全球化的生态环境的严峻现实,将工业文明推向生态文明,为人类历史发展的第三次转变作出积极的巨大贡献。这是社会主义发展在当代的必然的最佳选择。"② 三是坚定社会主义人、社会与自然界和谐协调发展的道路自信、理论自信、制度自信。我在一些著述中认为,马克思曾经向我们指明了社会主义能够自觉地协调人、社会与自然的发展关系,创造一个最无愧和最适合于人类本性的生态环境,使社会主义社会的发展、社会主义劳动者的生活同自然规律相协调,达到共同生息与繁荣昌盛的理想境界。"我们坚信,社会主义社会发展,一是会成为像马克思所预言的那样,人、社会与自然界之间的发展关系进入一个新时代"③,这就是"社会主义最终胜利、共产主义必然来到的时代"。④ 即是社会主义生态文明新时代。

2. 在我的一些重要论著中不仅把社会主义生态文明新时代论建立在生态时代理论的基础上,而且从当今世界和当代中国发展的实践出发,站在21世纪新时代发展的高度,把建设生态文明和生态文明建设纳入生态经济协调可持续发展学说的理论框架,论证了社会主义生态文明新时代的本质内涵与基本特征。我曾说过,在一定意义上说,"生态时代是现代社会主义时代。"⑤ 现在,按论著原文摘引几点:

(1) 我在《生态马克思主义经济学原理》一书中,根据当今世界文明和中国特色社会主义文明发展的新情况、新态势,从马克思学说的整体性

---

① 《刘思华文集》,湖北人民出版社 2003 年版,第 318~319 页。
② 《刘思华文集》,湖北人民出版社 2003 年版,第 322~323、322、325 页。
③ 《刘思华文集》,湖北人民出版社 2003 年版,第 322~323、322、325 页。
④ 刘思华:《当代中国的绿色道路》,湖北人民出版社 1994 年版,第 22 页。
⑤ 《刘思华文集》,湖北人民出版社 2003 年版,第 323 页。

解读马克思的生态学和生态经济思想，认为现代人类社会作为自然、人、社会的有机统一整体，"应当涵着人与自然、人与人、人与社会、人与自身等多重关系，是经济生活、政治生活、精神生活、生态生活多重领域的有机统一体。这是基于马克思科学的自然—历史观得出来的必然结论。"① 按照这个结论，我将"四大生态和谐"界定为生态文明与生态时代和社会主义和谐社会的本质属性。② 于是在《中国特色社会主义生态文明发展道路初探》一文，就很自然写道："建设社会主义生态文明的主旨，是遵循自然、人、社会有机整体和谐协调发展规律，推进人与自然、人与人、人与社会、人自身和谐共生共荣，实现生态经济社会的科学发展、和谐发展、绿色发展。这是发展中国特色社会主义的崭新实践。我们完全可以说，在科学发展观的指导下，建设社会主义生态文明，是中华文明发展的一个建设中国特色社会主义生态文明的新时代正在到来。"③ 在这里，不仅是国内外率先明确提出社会主义生态文明新时代的科学概念，而且规定了它的本质属性是"四大生态和谐"及其内在要求。因此，中国特色社会主义生态文明新时代，是科学发展新时代、和谐发展新时代、绿色发展新时代。正是在这个意义上看，我把"社会主义开辟了人、社会与自然界和谐统一与协调发展的新时代"看成"社会主义生态文明新时代"这个科学新概念的同义语，不断论述它的基本内涵和特征。

（2）社会主义人、社会与自然界的和谐统一与协调发展的新时代，是人类文明"三重转变"的创新发展新时代。鉴于当今人类文明与中华文明正在由工业文明走向生态文明的文明形态创新转型的大趋势，这种客观要求必须赋予建设社会主义生态文明的时代特征。对此，我在一些论著中都作了论证和阐明，提出了当今人类文明发展的"三重转变"的新论点。当今人类文明和中华文明发展正处于一个巨大变革时期，它有三个基本特征

① 刘思华：《生态马克思主义经济学原理》，人民出版社 2006 年版，第 441、483~484、489 页。

② 刘思华：《生态马克思主义经济学原理》，人民出版社 2006 年版，第 441、483~484、489 页。

③ 刘思华：《中国特色社会主义生态文明发展道路初探》，《马克思主义研究》2009 年第 3 期。

及重要标志:①

从现代文明形态的视角来看,当今人类文明即将走出征服、掠夺自然,以牺牲生态环境为代价求得生存与发展的工业文明时代,正在步入保护、建设自然,以重建人与自然和谐统一的共同生息与共同繁荣的生态文明时代,正在形成不可阻挡的时代洪流。从现代经济形态的视角来看,现代经济已开始由以物质资源尤其是有限自然资源为主要依托的物质经济时代,正在转向以信息、知识、智力资源为主要依托的知识经济时代,这是对工业经济形态的根本性变革即现代经济创新转型。从现代经济社会发展道路的视角来看,现代经济社会发展开始由生态与经济极不协调的不可持续发展时代,正在走向生态与经济社会相互促进与相互协调的可持续发展时代。因此,我作出结论说:"21世纪必然是生态文明、知识经济与可持续发展经济'三位一体'的新时代。""正是站在这个新时代的高度,21世纪应该是建设生态文明的世纪,将是重建人、社会与自然在新的更高层次的和谐统一,使生态环境与经济社会在新的更高水平协调发展,促进21世纪人类文明进入生态环境和经济社会'双赢'发展的新时代。这是建设生态文明的真谛,成为生态文明时代的根本标志。"② 现在,我要进一步指出的是,这个真谛和标志,准确地体现了社会主义生态文明的本质内涵与基本特征。因此,这种新时代只能是社会主义生态文明新时代。这是毫无疑义的。

(3) 从21世纪人类文明和中华文明发展的时代高度,明确社会主义生态文明新时代的本质要求与历史命使。早在1986年笔者在提出马克思主义生态经济协调发展论的新原则时,就认为今日之中国发展战略转变的时代要求与历史命使,就是要把"中国经济建设真正转变到严格按照生态经济协调发展规律办事的轨道上来,自觉地协调人们经济活动与自然生态发

① 刘思华:《绿色经济论》,中国财政经济出版社2001年版,第44~46页;《企业经济可持续发展论》,中国环境科学出版社2002年版,第1~2页;《发展绿色经济推进三重转变》,《湖北21世纪经济研究文集》,中国地质大学出版社1999年版,第539~542页。
② 刘思华:《生态文明与绿色低碳经济发展总论》,中国财政经济出版社2011年版,第194页。

展关系，实现人与自然的和谐相处、社会与自然的和谐发展，开创中国社会主义经济社会发展的新时期，也就是中国社会主义物质文明、精神文明和生态环境建设的同步协调发展的新时期。"① 这是中国特色社会主义现代化建设"三位一体"总体布局的最早理论表述。因而社会主义三大文明建设和谐协调发展，既是中国社会主义经济社会发展新时期的内在要求，又是社会主义现代化建设新时期赋予我们的历史使命。其后，尤其在《生态马克思主义经济学原理》一书中，比较系统地论述了科学发展的本质要求和历史使命，它突出表现为"科学发展观将中国特色社会主义发展视为经济发展、政治发展、文化发展和生态发展之间的互动共存与和谐发展，不断促进人的全面发展和社会的全面进步，实现社会主义发展的和谐与完美"。② 它使我们在建设发展中国特色社会主义的基本实践中，能够从社会主义人、社会、自然的有机整体和谐协调发展，"推动我国现代化建设以牺牲生态环境为代价的历史时期，真正转向大规模经济建设、政治建设、文化建设、社会建设和大规模生态环境建设同步进行与协调发展的新时期。一个建设社会主义生态文明的新时代正在到来。"③ 在这里，笔者明确提出了社会主义现代化建设"五大建设"内在统一与协调发展的新论断，实现"五大建设"的有机统一与协调发展，既是建设社会主义生态文明的本质要求，又是走向社会主义生态文明新时代的历史使命与根本标志。

我曾在《当代中国的绿色道路》等著述中说过：中华文明发展史表明，中华民族是农业革命的先行者、创新者，创造了辉煌的农业文明；却是近代工业革命的落位者，工业文明的后进者，必将创造比农业文明和工业文明更加辉煌灿烂的生态文明。李政道先生在给上海世博会的寄语里说："过去中国错过了经典力学的 17 世纪，错过了电磁学的 18 世纪，错过了相对论和量子力学的 20 世纪，绝不能再错过 21 世纪。"这番话不仅是对

① 《刘思华可持续经济文集》，中国财政经济出版社 2007 年版，第 402 页。
② 刘思华：《生态马克思主义经济学原理》，人民出版社 2006 年版，第 525 页。
③ 刘思华：《对建设社会主义生态文明论的若干回忆》，《中国地质大学学报（社会科学版）》2008 年第 4 期。

科学研究而言，也是对中华文明错过了工业文明发展的历史机遇而言。在此，我要强调的是，改革开放三十多年间，中华民族是建设工业文明的补课者，创造了世界文明发展史上的经济奇迹，即物质文明发展奇迹，并成为生态革命的先行者。在马克思主义学者看来，真正的生态文明并没有率先在西方发达资本主义国家兴起，而是在东方发展中社会主义中国兴起。党的十七大和十八大彻底打开了全党全国人民发展中国特色社会主义和建设社会主义生态文明的眼界，开启了建设社会主义生态文明的新航程。党的十八大开辟了建设社会主义生态文明的新航路，使中华民族成为探索中国特色社会主义生态文明发展道路的先行者、创新者，大步走向社会主义生态文明新时代。因此，我们绝不能错过 21 世纪人类文明从工业文明向生态文明创新转型的历史机遇，一定要在 21 世纪把一个当今以工业文明为主导的多元文明形态结构社会主义文明大国，建设成为社会主义生态文明富国与绿色经济强国，实现中国特色社会主义文明形态跨越发展。中华民族一定要用社会主义生态文明引领世界文明发展的正确方向和光辉未来。这是人类文明发展的新的希望！更是中华文明发展的新的希望！

（本文主要内容原载《中国地质大学学报（社会科学版）》2013 年第 5 期）

社会主义生态文明理论研究的创新与发展
——警惕"三个薄弱"与"五化"问题

　　党的十八大在十七大提出的"建设生态文明"的基础上，确立了社会主义生态文明的新理论，构建了建设社会主义生态文明的宏伟蓝图，制定了社会主义生态文明建设的基本任务、指导原则、总要求、着力点和行动方案。这是中华文明乃至全人类文明历史上的伟大壮举。应当以建设生态文明为价值取向、发展绿色经济为主题、推进绿色发展为主线，为实现中华民族伟大复兴的中国梦贡献绿色力量。

　　习近平多次强调并系统阐述了实现中华民族伟大复兴的中国梦。25 年前，笔者论及"社会主义物质文明、精神文明、生态文明三大文明建设的根本问题"时明确指出："实现社会主义满足人民群众的全面需要，达到社会主义物质文明、精神文明、生态文明的高度统一，这是社会主义现代文明的重要特色，也是国家富强、民族兴旺、人民幸福的重要标志。"① 这同习近平提出的中国梦核心内涵与逻辑表述是一致的，是中国梦的一个重要的理论基础和科学依据。

　　21 世纪以来，尤其是党的十七大以来，生态文明问题成为学术理论研究的热点。然而，综观对生态文明问题的研究，存在着"三个薄弱"：除少数马克思主义者外，生态文明的马克思主义研究比较薄弱；社会主义生态文明基础理论研究比较薄弱；建设社会主义生态文明的方向性、战略性研究比较薄弱；在研究成果中，"伪生态文明论"、"半生态文明论"的成果

---

　　① 刘思华：《理论生态经济学若干问题研究》，广西人民出版社 1989 年版。

不少，其主要表现为"五化"：

第一，西化。从目前情况来看有两种表现：其一，一些学者尤其是青年学者全盘移植和照搬西方理论与方法研究生态文明，这种西化倾向虽然不是主流，但值得注意；其二，有些中国学者似乎变成了西方人，无论写文章还是写书，谈生态文明首先是从西方谈起，那些崇拜西方的学者把生态文明概念与理论的话语权即发明权奉献给西方学者，毫无根据地断定生态文明观念理论起源于西方，否认中国学者最早提出生态文明概念和自主创立的生态文明理论。这是 21 世纪以来生态文明研究的一个主要倾向。笔者认为，生态文明、建设生态文明、生态文明建设、社会主义生态文明、社会主义生态文明建设、建设社会主义生态文明、社会主义生态文明新时代，[①] 是中国学者 1984 年至 1992 年期间在当今世界率先提出来的原创性的学术话语，是从中国语境中产生的科学思想、理论，是中国学人尤其马克思主义学人的伟大创造；并非是从西方传入中国的外来词与西方话语、理论。这充分显示了中国学者对生态文明与社会主义生态文明的理论自觉与理论自信。

第二，标签化。21 世纪是由工业文明走向生态文明的新时代。当今发达国家处于后工业文明时代，早已进入后工业社会即所谓信息社会，当代发展中国家则处于工业文明时代，都存在着生态环境资源问题与可持续发展问题。因此，在中国不少学者研究生态文明，不仅把它看成是解决一切生态环境资源与可持续发展问题的理论与实践成果的"大口袋"，而且是解决一切与生态环境资源与可持续发展问题相关的理论与实践成果的"大口袋"，尤其是把发展工业文明与解决生态环境资源及其克服工业文明黑色发展弊端的相关理论与实践成果，都披上生态文明的华丽外衣，使其观念、思想、理论贴上了生态文明与社会主义生态文明的标签，统统放进生态文明的"大口袋"，这种标签化就是泛化，导致"伪生态文明论"、"半生态文明论"混迹于世。

---

① 这些社会主义生态文明科学理论的基本论点，先后被写进党的十七大、十八大报告和十八大党章修正案及其决议。

第三，功利化。当今中国功利学术风气严重，轻生态文明的基础性、方向性、战略性问题研究，有意回避本体论问题，甚至只关注建设生态文明的具体的策略、技术、手段研究，在表层上提出生态文明建设的政策建议和实现途径。停留在这种层次定位和实践的生态文明，就被功利化了，仅仅具有工具意义，难以取得原创性理论成果。

第四，庸俗化。是指一些学者没有研究过生态文明，但为了某种需要就把人类文明发展历史形态说成依次经历了四个时代的"生态文明"，即"原始状态的生态文明、农业社会的生态文明、工业社会的生态文明以及未来更高形态的生态文明"。这种奇谈怪论极大地伤害了生态文明的本质属性和科学内涵，把它庸俗化。如有位生态文明研究专家说："生态文明是人类活动与自然环境的一种互利耦合形态。"按照这个逻辑表述，不仅生态文明，而且农业文明甚至工业文明都是一种"耦合形态"，这就抹杀了人类文明发展依次经历的四种历史文明形态的本质区别，是生态文明庸俗化现象。

第五，异化。两年前笔者就意识到：目前中国学界除少数马克思主义学者外，绝大多数学者只研究生态文明一般，生态文明的社会主义方向和原则在他们的视野内消失了；有些学者竟然提出资本主义生态文明和社会主义生态文明的本质区别这个伪命题。这就是说绝大多数研究者未能在社会主义生态文明理论平台上回应当前中国生态文明建设的议题，甚至有学者把生态文明纳入工业文明的理论框架，把它说成"是实现传统工业化向新型工业化转变的必然选择"，这样的研究成果没有走出工业文明理论的窠臼，有的甚至陷入新自由主义的理论陷阱。这实质上是用工业文明的思维定势来研究生态文明问题，是生态文明研究异化的主要表现。从实践层面说，普遍存在着用"生态文明一般"来"裁剪"、"框定"和总结我国和发达国家实施生态化发展战略、生态环境保护和建设的实践，把修补、改善、克服工业文明弊端的实践，说成是建设生态文明或生态文明建设。党的十七大后，掀起一股生态文明与绿色发展省际排名风。我国进入工业文明社会时间不久，就进行全国省际"生态文明水平"（此概念不科学——

引者）排名。"北上广"居全国三甲。这是不符合目前中国处于工业文明社会客观现实的，应当是工业文明发展水平排前三名，才符合实际情况。2013 年春，发生震惊中外的京冀津强雾霾污染事件，击碎了北京生态文明和绿色发展全国第一的神话。从学理上说，把建设工业文明的理论概括与学理表现说成是生态文明的理论概括与学理表现，这更是生态文明研究异化的重要表现。有些论著大谈西方学界对生态文明理论的重要贡献。这是指美国环境哲学、环境伦理学、生态政治学及包括《寂静的春天》、《增长的极限》为代表的环境政治理论、以《我们共同的未来》为代表的可持续发展理论以及西方环境经济学、资源经济学等。这些学科和理论都是 1995 年以前问世的，当时西方学术界不要说生态文明理论，连生态文明概念也没有提出，还没有自觉地从人类文明形态由工业文明向生态文明演进的维度来回应生态环境资源和可持续发展议题，严格地说，像环境伦理学、资源环境经济学是调整、克服工业文明发展黑色弊端的理论概括与学理表现，怎么能说它们是属于生态文明的理论范畴呢？从生态文明思想发展史来看，在没有生态文明理论自觉的语境下，中外一切有关人口、资源、环境、生态、自然及其可持续发展等思想理论，尽管其中蕴藏着生态文明思想，确实是为生态文明理论形成提供了重要的思想资源，但这正如马克思主义的三个来源并不构成马克思学说的理论内容一样，只能是生态文明的理论来源而不是生态文明理论本身。

3 年前，生态马克思主义学者郇庆治认为："我们可以相信，在一个相当长的时期内，生态文明的理论向度比实践向度更重要。"[1] 因此，一些马克思主义学者呼吁建构中国特色社会主义生态文明科学理论体系。只有加强社会主义生态文明基础性、方向性、战略性的马克思主义研究，取得创新性理论成果，并以创新理论引领创新实践，才能有效纠正、克服上述"五化"现象。按照社会主义生态文明的本质要求和实践指向，把中国特色社会主义文明从工业文明转移到生态文明发展轨道上来，在此仅举一例说明之。

---

[1] 郇庆治：《社会主义生态文明：理论与实践向度》，《江汉论坛》2009 年第 9 期。

在传统社会主义条件下，计划经济有一个内在矛盾，就是增长逻辑与生态逻辑之间的矛盾。在中国特色社会主义条件下，生态经济社会有机整体运动发展进入了经济运行发展的新时期，但生态经济基本矛盾不仅没有解决与消失，而且转移到市场经济体系之中，从而显得更加尖锐与深刻。同时，社会主义市场经济内部产生了生态逻辑与资本逻辑之间的生态经济矛盾，构成了社会主义市场经济的一个矛盾。随着社会主义市场经济不断发展，"资本的逻辑"已差不多成为支配中国经济社会运行的主导，这个生态经济基本矛盾更是日益尖锐与不断加深。生态马克思主义认为，"资本的文明"按其本性是与生态文明相对立的。建设社会主义生态文明必须对抗资本逻辑，首先是消解、克服资本逻辑对市场经济发展、社会文化、价值观、思想意识形态尤其是经济意识形态等社会主义价值取向的吞噬，从而有效驾驭、引导、驯服资本逻辑，走出一条超越"资本的文明"的中国特色社会主义生态文明发展道路。这是坚持和发展中国特色社会主义的根本任务。① 可见，深入研究社会主义市场经济的生态经济基本矛盾运动发展状况、特点及其变化趋势，促进社会主义生态经济社会有机整体的绿色变革与绿色发展，这是社会主义生态文明理论研究的一个历史性课题，也是中国特色社会主义理论研究的一场攻坚战。

党的十八大首次把绿色发展（包括循环发展、低碳发展）写入党代会报告，意味着中华民族伟大复兴所开辟的建设社会主义生态文明发展道路，是绿色发展与绿色崛起的科学发展道路。可以把绿色发展表述为：以生态和谐为价值取向，以生态承载力为基础，以有益于自然生态健康和人体生态健康为终极目的，旨在追求人与自然、人与人、人与社会、人与自身和谐发展为根本宗旨，以绿色创新为主要驱动力，以经济社会各个领域和全过程的全面生态化为实践路径，实现代价最小、成效最大的生态经济社会有机整体全面和谐协调可持续发展。因此，绿色发展必将使人类文明进步和经济社会发展更加符合自然生态规律、社会经济规律和人自身的规

---

① 习近平：《坚持节约资源和保护环境基本国策　努力走向社会主义生态文明新时代》，见http：//news. xinhuanet. com/politics/2013−05/24/c_ 115901657. htm，2013−05−24。

律即"支配人本身的肉体存在和精神存在的规律"。[1] 完全也可以得出一个人类文明时代发展特征的结论：工业文明是黑色发展时代，生态文明是绿色发展时代。如果说人类对地球存在极限的认识，是 20 世纪人类头等重要的发现，是科学的最大贡献；那么，"中国智慧"对从工业文明黑色发展向生态文明绿色发展巨大变革的认识，是 21 世纪中华文明发展头等重要的发现，是科学的最大贡献。

（本文系作者所作的中国生态经济建设·2013 杭州论坛开幕词，原载《毛泽东邓小平理论研究》2014 年第 2 期）

---

① 《马克思恩格斯选集》第 3 卷，人民出版社 1995 年版，第 455 页。

坚持和加强生态文明的马克思主义研究

　　1996 年 5 月 20 日《中南财经大学校报》发表该报记者所写的题为"尽展才思报效中华"的长篇报道，总结了我 20 年来教学、科研的经历和成就时说："只有在党的十一届三中全会后，他才真正走上了社会主义经济理论研究的正确道路，成为忠诚于党、忠诚于马克思主义的理论战士。"事实正是这样。1940 年 3 月 19 日，我出生在湖北省云梦县刘子船村的一个贫穷家庭，1964 年 7 月原湖北大学经济系毕业后，分配到原中共中央马列主义研究院从事马克思主义经济学研究工作。1977 年 8 月恢复工作后，在广西大学等单位从事马克思主义政治经济学和生态经济学教学和科研工作，其后到原中南财经大学工作，主要研究领域是生态经济学、可持续发展经济学、绿色经济学及其研究生的教学工作。进入 21 世纪以来，我不仅从这些绿色学科的学科建设与发展的视角深化对它们的研究，而且从创立学派的新方向研究它们的马克思主义形态，即是创建生态马克思主义经济学理论体系。35 年的学术生涯，在取得了一系列开创性的学术成果中，贯穿着一条"绿色线索"，这就是社会主义生态文明创新理论，甚至可以说，它贯穿在我们全部论著之中。正如有的学者指出的，显示出刘教授的生态文明理论的独创性、时代性、科学性、实践性、前瞻性。

一、二重理论转折：走上社会主义生态文明理论研究的学术之路

　　第一重理论转折发生在 20 世纪 80 年代初期，我的经济学研究由传统

经济学的研究转向新兴、交叉经济学的研究。这种理论转折可以说是个长期历史发展过程。长期以来，传统经济学尤其是政治经济学的研究，是以生态与经济相脱离为特征的，从而形成了许多纯经济学的传统观念，用它们指导人们的经济社会实践活动，就会使经济社会发展走上与自然生态环境相脱离甚至尖锐对立的发展道路，世界工业化与工业文明发展的历史，不是充分证明了这一点吗？因而传统经济学无法解决当今存在的自然资源枯竭、环境质量恶化、生态条件退化等严重的生态经济问题，也就不能解决人们经济社会活动与自然生态环境之间发展关系的重大理论和实际问题，在协调人与自然之间和谐发展，促进生态与经济协调发展道路上，显得无能为力，必然导致传统经济学向生态经济学的转变。

在党的十一届三中全会之后至 20 世纪 80 年代初期，中国学术界的一些学科如生态学、经济学、环境科学等，分别从各自学科的角度，研究社会经济与自然生态的辩证关系，论证社会经济必须同生态环境协调发展。1980 年 8 月，杰出马克思主义经济学家、中国生态经济学奠基人许涤新院士发起召开了首次生态经济座谈会，揭开了我国创立生态经济学新学科的序幕。这时，许涤新学术团队成员程福祜先生到广西南宁开会，找到我说，许老希望具有马克思主义经济学坚实理论基础的人参加创建生态经济学，你很适合。我接受了这个建议，就开始了把学习西方生态经济学和自己独立创新相结合，走我国自己发展社会主义生态经济学的新道路。1982 年在江西南昌召开了全国第一次生态经济科学讨论会，这是我国学者跨学科联合讨论生态与经济协调发展的盛会。在这次会议上，我发表了《社会主义经济建设必须与生态平衡同步发展》的论文，作了《充分发挥社会主义制度在保持生态平衡方面的优越性》的发言，并担任大会理论方法组组长。1984 年 4 月，在北京召开了全国生态经济科学讨论会暨中国生态经济学会成立大会，时任国务院副总理万里到会作了重要讲话，强调了用生态与经济协调发展的观点指导我国社会经济建设的重要性。我担任大会基本理论组组长，提出组织全国生态经济研究力量编写《生态经济学》一书的建议，获得与会代表的赞同和许涤新理事长的采纳。其后，我亲自组织和主办了在桂林召开的全国生态经济学大纲讨论会，并主持起草了我国第一份集中集体智慧的生态经济学大纲。在此基础上，我协助许涤新院士主编了《生态经济学》，是该书统编之一。该书于 1987 年 9 月出版，被原国家教委推荐为全国高校统编教材，成为中国生态经济学诞生的重要标志。与此同时，1985 年夏，我开始撰写生态经济学的个人学术专著，并于同年冬组织了一个全国性的生态经济协调发展问题研究小组，次年 5 月提出了"生态经济协调发展论"的研究报告，初稿原文近 4 万字。这个报告首次把我国学者几年来提出和论证的经济社会发展必须同生态环境协调发展的观点与论述，明确概括为"生态经济协调发展论"，提出和论证了生态经济协调发展规律。1987 年 10 月专著定稿，书名定为"理论生态经济学若干问题研究"；该书于 1989 年 4 月出版。这部 37 万字的个人学术专著完成了创立生态经济协调发展新学说的时代使命。该书荣获 1995 年全国高校首届人文社会科学优秀成果二等奖，标志着我国生态经济学已跨入中国经济科学先进行列。2000 年杰出马克思主义经济学家、时任中国生态经济学会理事长刘国光在总结中国生态经济学产生与发展 20 周年的论文再次肯定说："在许老的领导下，我们经过 10 年左右的努力，社会主义的生态经济学从建立到形成一个新学科的科学体系。1987 年 9 月，许涤新同志主编的《生态经济学》出版；1989 年 4 月，刘思华同志所著的《理论生态经济学若干问题研究》出版，以生态经济协调发展理论为核心的社会主义生态经济学初步形成。"

与此同时，第二重理论转折是发生在 20 世纪 80 年代初中期，我在研究生态经济协调发展理论的进程中，开拓了人类文明形态演进的新的理论空间，走上以自己的独创性来构建社会主义生态文明科学理论发展的新道路。这种理论创新与转折更是长期历史发展过程。在此，我强调几点：

（1）随着传统经济学向生态经济学的理论转向，必然会伴随着纯马克思主义经济学向马克思主义生态经济学的理论转向，两者结伴而行是我的马克思主义经济学理论研究的必然进程。这种理论转折克服了过去纯马克思主义经济学研究和马克思、恩格斯的生态学思想与生态经济理论不相干的缺陷，赋予了马克思、恩格斯学说与马克思主义经济学的生态内涵与时代价值；但它并未超越马克思、恩格斯的理论体系中尤其是科学社会主义、共产主义学说中，自然、人、社会在经济社会形态中历史地统一与历史地发展的理论原则，而只是恢复了这条唯物史观的根本原理的本真形态，即是科学社会主义固有价值的回归。这就为我创建社会主义生态文明科学理论提供了理论基础、理论内涵和开辟了创新的理论视野。例如，长期以来，马克思主义经济学的传统理论，是把社会主义生产目的内涵，概括为物质和文化两个部分，通常说成物质需要和精神需要两类需要。这就是说传统理论把人自身生活和生产消耗生态环境质量的需求，即人自身的生态需求，排斥在经济社会发展的需求尤其是人的消费需求之外，不能构成社会主义生产目的的基本内涵。对此，1984 年我在《生产目的与生态平衡》一文中，在我国率先提出和使用"生态需要"的新概念，认为满足人民的生态环境需要是构成社会主义生产目的的重要内涵。其后，在撰写《理论生态经济学若干问题研究》一书的第十章"生态经济全面需求理论"时，把"生态需要"作为马克思主义生态经济学的一个基本范畴，系统地阐述了生态需求是现代人的全面需求的显著特征，是现代人的最基本的需求，现代人的全面需求中，最基本的有三要素——生态需求、物质需求、精神需求。因此，马克思主义生态经济学作出一个合乎逻辑的结论：社会主义生产目的是保证满足全体人民生态、物质、精神的全面需要，这是保证全体人民"过最美好的、最幸福的生活"的客观要求，是社会主义文明发展的重要特征和根本宗旨，从而奠定了社会主义生态文明理论的唯物史观基础。具体来说，我以唯物史观为指导，在 20 世纪 80 年中期和 90 年代初期的论著中，提出和论证社会主义物质文明、精神文明、生态文明的高度统一与协调发展的论点，明确指出：在社会主义制度下，生态需要、物质需要、精神需要三类需要的实现过程，就是三个文明建设过程："人民群众的物质需要及其满足程度和实现方式，构成社会主义物质文明的基本内容；人民群众的精神需要及其满足程度和实现方式，构成社会主义精神文明的基本内容；人民群众的生态需要及其满足程度和实现方式，构成社会主义生态文明的基本内容，也是社会主义物质文明和精神文明的重要表现。因此，在社会主义制度下，人民群众的全面需要及其满足程度和实现方式，是社会主义物质文明、精神文明、生态文明三大文明建设的根本问题。"

（2）我遵循经济社会形态的演进和人类文明形态的演变之统一的唯物主义历史观的理论原则，不断探索社会主义生态文明的创新理论。我很赞同把马克思、恩格斯的社会形态译成经济社会形态，因为在他们那里，经济社会形态是指以经济关系为骨骼的整个社会形态，它同社会形态应当是同义词。应当说，马克思、恩格斯的社会形态学说就是经济社会形态学说。这样，不仅更加符合马克思、恩格斯著作的原意，而且更能体现马克思主义哲学与经济学之统一，马克思、恩格斯自然环境理论与唯物主义社会历史理论之统一，为我们深刻理解和正确把握马克思主义生态学思想和生态经济理论，尤其是正确认识和准确把握社会主义生态文明是经济形态和社会形态内在统一的经济社会形态，提供了历史唯物主义的理论基础和唯物主义历史观的理论内涵。在马克思、恩格斯的理论框架中，经济社会形态概念既是历史唯物主义的概念、政治经济学概念，又是一个自然发展观概念和人类发展观概念，即又是一个人类文明形态演替的概念。因此，经济社会形态和人类文明形态是同一事物（人类社会）的两种表现形态，至多只能在观念中而不能在实现中把它们互相分开。经济社会形态发展是一个自然历史过程，经济社会形态的发展演进过程同时也是人类社会文明形态的更替过程。在马克思关于三大经济社会形态的理论框架里，是把整个人类生存与经济社会发展的历史划分为三个历史时代，与此相适应的是人类文明依次更替是三大文明形态。与第一种经济社会形态相适应的是人与自然的朴素的同质的和谐统一时代，我把这个时代的人类文明形态称之为农业文明（原始农业是农业文明形态的历史前提与主要准备）。它是粗糙的和谐的历史发展形态。与第二种经济社会形态相适应的是近代人类改造、探索自然、破坏生态、污染环境而导致生态危机的征服时代，我把这个时代的人类文明形态称之为工业文明。它是人、社会与自然一种分离与对立，是极不和谐、极不协调的对抗的历史发展形式。与第三种经济社会形态相适应的是人类重建自然、人、社会有机统一达到新的更高水平的生态时代，即是马克思、恩格斯寄希望的社会主义、共产主义文明，我把这个时代的人类文明形态称之为生态文明。它是人与自然、人与人、人与社会的矛盾真正解决的、更高水平的和谐统一与协调发展的历史发展形态。因此，我才将生态文明看成为人类文明发展的更高阶段和最高形态。在科学社会主义、共产主义学说那里，社会主义、共产主义文明才是人类社会文明的本真形态，这种文明形态就是生态文明。这就是说，生态文明才是社会主义、共产主义文明的本真形态，我把它概括为社会主义生态文明的新概念、新理论。

（3）按照我研究社会主义生态经济学的时代特征和理论内涵的学术思路，一个必然的逻辑是会从它的文明属性的高度，推进纯马克思主义经济学的生态转向。美国著名生态马克思主义理论家福斯特认为，当下马克思主义理论最伟大的壮举恐怕是生态转向。这种理论转折使我发现了社会主义生态经济学和社会主义生态文明论，有着共同的中心论题与理论场域，这就是人与自然和谐统一，生态与经济协调发展。因此，我在20世纪八九十年代的论著中多次指出：传统经济学是"人与自然相分裂，生态与经济相脱离的工业文明时代的理论概括与学理表现"；而生态经济学"是人与自然和谐统一、生态与经济协调发展的生态文明时代的理论概括与学理表现"。用马克思主义生态经济学指导生态文明时代的发展，创建一种全新的社会主义文明，"这种文明就是人与自然和谐相处与共同进化、生态与经济协调发展与共同繁荣的生态文明。"这不仅揭示了社会主义生态经济学，而且揭示了社会主义生态文明论的时代特征与科学内涵，将它牢固地建立在马克思主义自然、人、社会有机整体和谐协调发展理论的基础之上，为构建社会主义生态文明科学理论提供了理论前提与理论核心。

二、纵横探索：构建社会主义生态文明的创新理论①

我从当今中国社会主义文明发展的横向维度和人类社会文明历史发展的纵向维度的有机统一，构建了社会主义生态文明的基本框架，初步形成了社会主义生态文明的创新理论。现在，按照我的学术探索的理论轨迹作几点简要论述。

1. 我从当今中国社会主义文明发展的横向视角，构建社会主义文明形态结构和文明建设及文明建设结构的新理论。

一是从 1984 年的《生产目的与生态平衡》一文至 1997 年的《可持续发展经济学》一书，我把创新社会主义生产与社会主义文明发展的目的理论作为理论支撑点并以此开始，探索、构建社会主义现代文明的"三位一体"文明形态。因此，我在《可持续发展经济学》一书中总结说："从 20 世纪 80 年代后期以来，笔者在一些论著和学术会议上反复阐述，社会主义现代文明，应该是社会主义物质文明、精神文明、生态文明的内在统一，社会主义现代化建设，应该是社会主义物质文明建设、精神文明建设、生态文明建设的有机统一与协调发展。"这是从社会主义现代文明形态区分和现代化建设区分的两个角度来概括社会主义三大文明内在统一与协调发展理论，前者是社会主义现代文明形态结构的理论创新，后者是社会主义现代文明建设结构的理论创新。无论是前者还是后者，都是社会主义生态文明论新学说的基本内容。

二是在社会主义生态文明新观念和社会主义三大文明协调发展理论形成过程中，我从上述两个角度逐步建立起社会主义四大文明全面协调发展理论，构建了社会主义文明的"四位一体"的文明形态。从 1991 年的《企业生态环境优化技巧》一书至《再论社会主义四大文明建设全面协调

---

①　本部分由方时姣教授起草，在此表示深深的谢意。

发展》等论著，不断阐述社会主义物质文明、政治文明、精神文明、生态文明全面协调发展应当是建设中国特色社会主义现代文明的基本实践与互动发展规律；并把它纳入中国特色社会主义理论体系中。我明确地指出："中国特色社会主义理论体系中的社会主义现代文明形态的整体就是社会主义物质文明、政治文明、精神文明、生态文明的统一整体。这是马克思主义文明理论在当代中国的新发展，是对中国特色社会主义理论体系的新贡献。"尤其是我把它纳入生态马克思主义经济学哲学的理论框架之中，不仅使它成为我创建生态马克思主义经济学理论体系中的一个基本理论与根本原理，而且使社会主义和谐社会的社会文明成为社会主义四大文明理论的集中表现，这是社会主义生态文明科学理论的新发展。

三是我在探讨社会主义和谐社会理论时，深深感到按照科学社会主义、共产主义学说的理论框架和基本要求，社会主义和谐社会必然涵盖整个社会文明的和谐发展，它包括经济、政治、精神、生态四个基本方面的全面和谐协调发展，故明确指出"社会主义和谐社会的社会文明就应当也必然是物质文明、政治文明、精神文明、生态文明四大文明的全面和谐协调发展。"这就意味着社会主义现代文明的"四位一体"的文明形态，拓展到"四大文明"与和谐社会文明内在统一的"五位一体"的文明形态，从而构建了社会主义物质文明、政治文明、精神文明、生态文明和社会主义和谐社会文明的内在统一、并举共建与全面和谐协调发展的理论模式，为中国特色社会主义现代化建设"五位一体"总体布局奠定了马克思主义文明理论基础，提供了理论依据。

2. 我从人类文明历史发展的纵向视角，构建人类文明形态和文明形态演进的发展道路的新理论。

一是我沿着马克思、恩格斯科学社会主义、共产主义学说的理论思路，论证了人类社会文明发展大致经历了原始文明、农业文明即马克思称之为一种"本来意义上的文明"，以工业化为依托的工业文明这样三个历史文明形态发展阶段，并概括了马克思、恩格斯提出的社会主义、共产主义新的文明形态的科学设想。这种科学设想用今天的话语来表达，就是社会主义生态文明形态的科学预见。可见，科学社会主义、共产主义文明形态的科学预见，蕴藏着社会主义生态文明理论的思想先声，集中反映了马克思主义文明理论在本质上是社会主义文明全面和谐协调发展的生态文明观。这就使我们从科学社会主义、共产主义文明形态的科学设想中，体察到作为共产主义第一阶段的社会主义文明形态，应当是超越资本主义工业文明形态，是内在于科学社会主义本质属性之中的社会主义生态文明形态。

　　二是我按照经济社会形态演进和人类文明形态演进一致性的历史唯物主义社会历史观的理论思路，并根据第一种经济社会形态向第二种经济社会形态转变的一般规律和20世纪下半叶以来的现实经济社会发展与实际经济社会生活的经验进行理论推断，把马克思、恩格斯的三大经济社会形态演进的理论加以补充和发展，论述了人类社会文明形态演进经历三大文明形态的必然趋势，从而提出了社会主义、共产主义新文明形态发展的科学设想。在《生态时代论》、《当代中国的绿色道路》等论著中写道："生态时代是社会主义最终胜利、共产主义必然到来的时代。农业革命创造农业文明，到被比它高级的工业文明所代替，经历了一万年之久。工业革命创造工业文明，至今已有近三百年的发展历史。我们可以预言，生态革命创造比工业文明更高级的生态文明，以及生态文明从低级阶段向高级阶段发展，也必将会经历一个相当长的历史时期。在这个历史时期，正是社会主义不断前进，社会主义制度不断发展、日益完善，直到最终胜利，向共产主义过渡的历史时期。到那时，人类社会才最终建立起'人与人之间和人与自然之间极明白而合理的关系'。这种社会是'人与自然之间、人与人之间的矛盾的真正和解'"的共产主义生态文明社会。

　　三是我参加撰写方时姣教授主持的国家社科基金项目研究报告时，总结了社会主义生态文明的纵向研究的基本内容与理论体系，现用简表表示如下：

社会主义生态文明理论的基本内容与科学体系纵向表

文明形态	农业文明	工业文明	生态文明
革命形式	农业革命	工业革命	生态革命
中心产业	农业产业	工业产业	生态产业
生态力类型	手工业生产力	大机器生产力	生态经济生产力又称绿色生产力（包括知识生产力）
经济形态	农业经济	工业经济	生态经济又称绿色经济
经济形式	自然经济	增长经济	创新经济
时代发展特征	黄色发展时代	黑色发展时代	绿色发展时代
技术社会形态	农业社会	工业社会	生态社会又称绿色社会
制度社会形态	奴隶社会和封建社会	资本主义社会	社会主义、共产主义社会

　　四是我从人类社会文明发展的纵向和横向两种视角的有机统一中，探索与构建社会主义生态文明的创新理论。近三十年来我在一些论著中多次说过：在人类和人类文明发展史上，任何时候和任何地域，不论是什么民族也不论是什么国家，构成人类社会文明的基本要素都应当是包括经济、政治、精神和生态四大基本要素。这是用马克思、恩格斯唯物史观和自然观之统一理论观察人类社会文明结构得出来的必然的理论结论。按照这个理论结论，我们完全可以说中国特色社会主义现代文明形态应当也必须是社会主义物质文明、政治文明、精神文明、生态文明的统一整体文明形态。这是用人类社会文明发展的纵向和横向两种视角的有机统一论观察社会主义文明形态得出来的必然结论。这种科学结论意味着社会主义生态文明是广义和狭义生态文明的内在统一。所谓广义的生态文明，是从纵向的文明形态演进的视角来认识和理解生态文明。它是指继原始文明、农业文明、工业文明（包括后工业文明）之后的全新的文明形态，标志着人类文明发展进入了一个新阶段。这是人类文明发展历史形态维度的理论概括。所谓狭义的生态文明，是从横向的社会文明结构的视角来认识和理解生态文明。它是指与物质文明、政治文明、精神文明、和谐社会文明并列的一

种文明形态，是整个社会文明的一个有机组成部分。因此，社会主义生态文明是广义和狭义生态文明的内在统一。

3. 我在20世纪90年代初中期，确立了生态革命论、生态时代论、生态文明观的统一理论，才最终构建了社会主义生态文明理论的新学说。从1992年的《生态时代论》到1994年的《当代中国的绿色道路》，我全面地论证了生态文明兴起的历史必然性和现实客观性，揭示了生态文明的时代特征与生态实践基础，阐明了生态革命与生态时代、生态革命与创建生态文明、生态时代与社会主义时代、社会主义现代文明与生态文明建设等相互间的辩证关系，从而确立了生态革命论、生态时代论和生态文明观的统一理念，只有确立这一生态文明理论基础的统一理论，才能最终确立生态文明与社会主义生态文明理论，真正使它成为科学理论。对于这个"统一理论"，我针对有学者把"低碳革命"称之为"第四次工业革命"的观点，再次考察人类文明发展史后，在中国生态经济建设2011"北工大"论坛开幕词中论述了几点，在此仅指出两点：

第一，人类社会生产力发展引起人类文明更替的三次伟大革命：这就是人们常说的一万年前的农业革命，是人与自然之间物质变换关系与方式的第一次飞跃，使人类获得了手工生产力；18世纪的工业革命，是人与自然之间物质变换关系与方式的第二次飞跃，使人类获得了大机器生产力；20世纪60年代以后，随着全球生态危机日益加深，人类需要进行一场生态革命，进入21世纪后兴起的生态革命，是人与自然之间物质变换关系与方式的第三次飞跃，将会使人类获得比机器生产力、信息生产力更加完备、更高层次的绿色生产力。

第二，三次伟大革命使人类文明形态与文明时代发生三次更替：农业革命引起人类经济社会发展第一次巨大变革，创造了灿烂的农业文明，使人类文明由原始文明时代进入农业文明时代；工业革命引起人类经济社会发展第二次巨大变革，创造了辉煌的工业文明，使人类文明农业文明时代进入工业文明时代；生态革命必将引起人类经济社会发展第三次巨大变革，一定会创造比工业文明更加辉煌灿烂的生态文明，使人类文明由工业文明时代进入生态文明时代。

现在，我要强调指出的是，在 20 世纪 90 年代期间，我的重要论著中多次呼吁加强生态文明建设，这是"迈向 21 世纪的工程壮举"，"21 世纪是生态文明建设的世纪"。针对近年来世界著名学者里夫金把"人类经济社会发展第三次巨大变革"说成是 21 世纪的"第三次工业革命"的论断，受到我国主流的权威媒体的青睐，大肆宣传，我必须对上述呼吁进一步提出：21 世纪是生态革命的世纪，是建设生态文明的世纪，决不是"第三次工业革命"的世纪。因此，建设生态文明决不是走向资本主义工业文明的旧时代，而是走向社会主义生态文明的新时代。这是符合人类社会文明历史发展的总趋势，更是中国特色社会主义文明发展的必然走向。

三、终身追求：对生态文明的马克思主义研究

25 年前，我著的《理论生态经济学若干问题研究》一书中论述"社会主义物质文明、精神文明、生态文明三大文明建设的根本问题"时明确指出："实现社会主义满足人民群众的全面需要，达到社会主义物质文明、精神文明、生态文明的高度统一，这是社会主义现代文明的重要特征，也是国家富强、民族兴旺、人民幸福的重要标志。"这同习近平同志提出的中国梦核心内涵与逻辑表述完全一致的，充分显示出中国学界和政界马克思主义创立的社会主义生态文明的创新理论，是实现中华民族伟大复兴的中国梦的一个最新最重要的理论基础，并构成了中国梦的完整理论结构，是实现中国梦的一个新价值追求。从那时起，我就把构建社会主义生态文明科学理论作为社会主义生态复兴的绿色中国梦的一种信念和追求，其本质就是对科学社会主义、共产主义的坚定信仰，对马克思主义真理的执着追求，始终不渝的对生态文明进行马克思主义研究。概括起来有几点体会。

第一，忠于科学社会主义、共产主义信仰，追求马克思主义真理，这是我的"马克思主义生态文明观"的灵魂。已故的杰出马克思主义经济学

家宋涛先生曾经指出："1988 年许涤新去世后，刘思华教授沿着他开辟的马克思主义道路前进，经过二十年的学术积累，在经济学教学与科研中马克思主义被'边缘化'的情况下，坚信马克思主义经济学是科学的经济思想理论体系，以献身于在坚持中发展马克思主义经济学的求真精神，克服种种困难，撰写了大型学术著作《生态马克思主义经济学原理》"。生态马克思主义是现代生态学与马克思主义相结合的产物，是人类文明从工业文明向生态文明的现代文明转型的一种理论形态。因此，拙著集中体现了马克思主义文明理论与生态文明思想及其新发展的社会主义生态文明创新理论的全部精华。正是在这个意义上说，生态马克思主义经济学是重建人与自然和谐统一，实现生态与经济协调发展的社会主义生态文明的创新经济学。它充分体现了我对科学社会主义、共产主义的坚定信仰，对马克思主义真理的执着追求，这种忠于信仰、追求真理的科学精神，不仅表现在通过理论研究著书立说的创新成果，传播社会主义生态文明理念、思想、理论；还突出表现在通过近三十年来全国生态经济学术活动，把我个人的学术追求，变成我领导的学会全体会员的学术追求和强烈呼声，使学界马克思主义的生态文明理论成果，走进政界马克思主义的视野，成为马克思主义中国的一个最新理论成果，并具有普遍合法性的中国特色社会主义现代文明发展的重大战略思想和政治表述。这是我始终不渝的学术追求。

第二，要以高度的社会主义生态文明的理论自觉和理论自信，才能坚持和深化对生态文明的马克思主义研究。30 年来，由于我对马克思、恩格斯创立的科学社会主义、共产主义学说科学性的深刻认识，对这个马克思主义学说真理性的坚定信仰，就能自觉地把社会主义生态文明理论研究作为自己的历史责任和学术使命，并成为这个被同仁们称为"百分之百的学术平民"的一种人生追求。这种高度的理论自觉和理论自信，是努力坚持和不断深化社会主义生态文明创新理论研究的基本前提。

我和少数马克思主义学者都认为，从世界生态文明思想发展史来看，西方学者对后工业社会文明即后工业文明做了大量研究工作，使他们的论著中蕴藏着许多生态文明思想。但是，在 20 世纪七八十年代至九十年代前期，由于他们没有以马克思主义唯物史观为指导，没有当代生态文明的理论自觉和理论自信，就难以自主地提出生态文明的新观念、新理论，当然，也就不可能自觉地提出社会主义生态文明的新观念、新理论。即使是西方生态马克思主义及生态社会主义学者，因他们生活在当代资本主义世界中，其学术使命是对生态危机根源的资本主义诠释，从生态的视阈深刻地论证了社会主义文明取代资本主义文明的历史必然性、客观必要性和可能性，创立了生态社会主义的新学说，蕴藏着丰富的社会主义生态文明的思想火花和灿烂星光。但是正如我在《对建设社会主义生态文明论的再回忆》一文中所说的"由于他们主要任务是对生态危机及其消除它的马克思主义研究，不是建设生态文明的马克思主义研究，因而就不可能站在社会主义文明发展创新转型的历史高度，提出建设社会主义生态文明的新理念，创立社会主义生态文明的新理论。这个历史使命就很自觉地落在生活在社会主义文明世界中的中国马克思主义学者身上了"。因此，从 20 世纪80 年代中期开始，我就主动地、自觉地承担起这个时代使命，构建社会主义生态文明的理论框架，揭示社会主义生态文明发展的基本规律，对社会主义生态文明、建设社会主义生态文明、社会主义生态文明建设等这些基本概念和新理论，不断进行马克思主义论证和阐述，在回答中国特色社会主义文明发展提出的新问题、新课题中推进社会主义生态文明创新理论的新发展。现在，我们党的十八大继十七大之后再次把"建设生态文明"写入党代会报告，使我在国内外率先提出的"建设生态文明"走进了二次党代会报告，尤其使我深感欣慰的是党的十八大明确把"建设社会主义生态文明"写进报告和新党章，并发出了"努力走向社会主义生态文明新时代"的伟大号召，从而确立了社会主义生态文明的新理论，构建了社会主义生态文明的宏伟蓝图；制订了社会主义生态文明建设的基本任务、指导原则、总要求、着力点和行动案，以及党的十八届三中全会《决定》中作出了"加快生态文明制度建设"的战略决策。所有这些，我完全可以说，这是中华文明乃至全人类文明历史上的伟大壮举，是社会主义文明发展史上的巨大进步，具有里程碑式的意义。

　　第三，我对生态文明的马克思主义研究始终必须以马克思主义唯物史观和马克思主义生态经济学说为指导，从学理上不断论证和阐明社会主义生态文明理论的科学性和真理性，这是我的"马克思主义生态文明观"的理论特质与生命线。因此，三十多年来，我始终排除新自由主义经济学的不良影响，坚持运用马克思主义的立场、观点、方法和基本原理探索与构建社会主义生态文明的科学理论体系。仅举三个具有原创性例子说明之。①坚持和发展马克思、恩格斯自然、人、社会有机整体理论，奠定了社会主义生态文明创新理论的基石。在我的一些重要论著中，尤其是《生态马克思主义经济学原理》一书中，比较系统阐明了在人类思想史上，只有马克思、恩格斯科学地论述了自然、人、社会之间相互依赖、相互制约、相互作用的辩证统一关系，向人们提供了自然、人、社会是一个统一的有机整体理论。这是马克思主义唯物史观的一条根本原理。它在科学社会主义、共产主义学说，则是自然、人、社会有机整体和谐协调发展理论，我就把社会主义生态文明的新理念、新理论牢固地建立在马克思、恩格斯自然、人、社会有机整体和谐协调发展理论的基础之上，并构成为它的理论核心。②我从马克思、恩格斯学说的整体性解读他们的生态学与生态经济理论和生态文明思想，使之成为社会主义生态文明创新理论的理论渊源、理论基础和理论内涵。众所周知，在马克思主义唯物史观视角下，任何经济社会形态都是一个经济、政治、思想文化的统一整体，人类社会文明就相应是物质文明、政治文明、精神文明"三位一体"的整体文明形态。但是，从马克思、恩格斯学说的整体性来看，他们的自然观和历史观是不可分割的有机统一整体，我把此称之为马克思主义自然—历史观。它在科学社会主义、共产主义学说中，社会主义经济社会形态是一定经济、政治、精神和生态的统一整体，整个社会文明就相应是社会主义物质文明、精神文明"三位一体"的整体文明形态或加生态文明的"四位一体"的整体文明形态。沿着这一理论思路，我进一步提出了社会主义四大文明与和谐社会文明内在统一与全面和谐协调发展的理论模式，为中国特色社会主义现代化建设"五位一体"总体布局奠定了坚实的马克思主义理论基础。③我遵循马克思、恩格斯学说中经济社会形态的演进和人类文明形态的演进一致性理论，确立了生态革命论，生态时代化、生态文明论的统一理论，论证了人类经济社会形态的三次更替与人类文明形态的三次更替的高度一致性，揭示了人类社会由资本主义工业文明与后工业文明进入社会主义生态文明新时代，走向未来社会主义生态社会，这是人类经济社会历史发展的总趋势；社会主义生态文明从低级阶段与低级形态向高级阶段与高级形态发展，必然是社会主义初级阶段向中级阶段、高级阶段发展，直至进入共产主义生态文明社会，这是社会主义生态文明发展的历史趋势。这是我在《生态马克思主义经济学原理》等重要论著中得出来的马克思主义的历史结论。

4. 我构建社会主义生态文明创新理论，不仅是始终坚持科学社会主义基本原理，而且是同人类文明发展的现时代特征和今日中国特色社会主义文明实践紧密结合起来的，是社会主义文明发展趋势与客观规律的理论概括与学理表现。我在一文总结我的"马克思主义生态文明观"的实践特征时说过，我立足社会主义初级阶段的基本国情，对这个基本国情的科学分析，用当今世界和当代中国发展的新实践，来论证和阐述社会主义生态文明理论。因此，我才在一个研究报告作出这样结论：社会主义生态文明创新理论的最大价值，"就在于不仅在学理层面上，而且在实践层面上，实现了生态文明同中国特色社会主义的内在衔接，之所以使二者成功对接，就在于实现了中国特色社会主义生态文明建设同社会主义初级阶段生态经济社会发展直接对接，把追求实现建设美好生态文明社会理想同现阶段发展中国特色社会主义社会经济绿色转型与生态创新的具体实践有机结合起来，从中国特色社会主义生态文明建设与实践发展中提出和揭示建设生态文明和中国特色社会主义经济社会形态创新转型的内在一致性，并使之成为开拓社会主义生态文明建设与发展道路的理论反映。"

5. 不断提升社会主义生态文明的理论自觉和理论自信，毫不动摇地坚持对生态文明的马克思主义研究，努力推进社会主义生态文明理论创新发展，这是我始终不渝的学术追求。现在，社会主义生态文明科学理论体系还很不完善，有待系统的阐述，一些重大理论问题有待在学理上科学论证，它对国内外重大实际问题的解释力有待进一步增强。尤其是目前生态文明研究学术话语体系还存在着"失语"的严重问题，这突出表现在生态危机根源的"非资本主义"的解释非常盛行，生态文明概念的"非马克思主义"的阐释颇为流行，建设生态文明与生态文明建设的"非社会主义"的诠释日益传播等，致使生态文明研究的"西化"、"异化"、"标签化"即"泛化"、"功利化"、"庸俗化"现象日渐明显。因此，我在中国生态经济建设 2013 杭州论坛开幕词中明确指出：从总体上看，"生态文明的马克思主义研究比较薄弱，社会主义生态文明基础理论研究比较薄弱"，进一步增强社会主义生态文明的理论自觉与理论自信，加强生态文明的马克思主义研究，仍然是中国马克思主义学人的神圣使命和历史任务。我现已 74 岁了，社会主义生态文明理论研究之路任重道远。我要活到老、学到老、研究到老。怀着对科学社会主义、共产主义崇高理想无限深厚情感，对马克思主义真理执着追求，继续认真履行马克思主义生态经济学家、理论家的历史责任和时代使命，一定会克服重重困难，努力推进社会主义生态文明理论创新发展，为实现中华民族伟大生态复兴的绿色中国梦奋斗终身。

（本文原载《毛泽东邓小平理论研究》2014 年第 5 期，原文副标题为"我是如何构建社会主义生态文明创新理论的"）

主要参考文献

著作类

[1]《马克思恩格斯全集》第 1 卷，人民出版社 1956 年版。

[2]《马克思恩格斯全集》第 2 卷，人民出版社 1957 年版。

[3]《马克思恩格斯全集》第 3 卷，人民出版社 1960 年版。

[4]《马克思恩格斯全集》第 4 卷，人民出版社 1958 年版。

[5]《马克思恩格斯全集》第 7 卷，人民出版社 1959 年版。

[6]《马克思恩格斯全集》第 13 卷，人民出版社 1962 年版。

[7]《马克思恩格斯全集》第 16 卷，人民出版社 1964 年版。

[8]《马克思恩格斯全集》第 19 卷，人民出版社 1963 年版。

[9]《马克思恩格斯全集》第 20 卷，人民出版社 1971 年版。

[10]《马克思恩格斯全集》第 21 卷，人民出版社 1965 年版。

[11]《马克思恩格斯全集》第 23 卷，人民出版社 1972 年版。

[12]《马克思恩格斯全集》第 24 卷，人民出版社 1972 年版。

[13]《马克思恩格斯全集》第 25 卷，人民出版社 1974 年版。

[14]《马克思恩格斯全集》第 26 卷Ⅰ，人民出版社 1972 年版。

[15]《马克思恩格斯全集》第 26 卷Ⅱ，人民出版社 1972 年版。

[16]《马克思恩格斯全集》第 26 卷Ⅲ，人民出版社 1974 年版。

[17]《马克思恩格斯全集》第 27 卷，人民出版社 1972 年版。

[18]《马克思恩格斯全集》第 31 卷，人民出版社 1972 年版。

[19]《马克思恩格斯全集》第 32 卷，人民出版社 1974 年版。

［20］《马克思恩格斯全集》第 38 卷，人民出版社 1972 年版。

［21］《马克思恩格斯全集》第 42 卷，人民出版社 1979 年版。

［22］《马克思恩格斯全集》第 39 卷，人民出版社 1972 年版。

［23］《马克思恩格斯全集》第 45 卷，人民出版社 1985 年版。

［24］《马克思恩格斯全集》第 46 卷（上），人民出版社 1979 年版。

［25］《马克思恩格斯全集》第 46 卷（下），人民出版社 1980 年版。

［26］《马克思恩格斯全集》第 47 卷，人民出版社 1979 年版。

［27］《马克思恩格斯全集》第 48 卷，人民出版社 1985 年版。

［28］《马克思恩格斯全集》第 50 卷，人民出版社 1985 年版。

［29］《马克思恩格斯选集》第 1、2、3、4 卷，人民出版社 1995 年版。

［30］ 马克思：《机器·自然力和科学的应用》，人民出版社 1978 年版。

［31］ 马克思：《直接生产过程的结果》，人民出版社 1964 年版。

［32］《资本论》（书信集），人民出版社 1976 年版。

［33］《列宁全集》第 3 卷，人民出版社 1983 年版。

［34］《列宁全集》第 4 卷，人民出版社 1984 年版。

［35］《列宁全集》第 28 卷，人民出版社 1956 年版。

［36］《列宁全集》第 30 卷，人民出版社 1957 年版。

［37］《列宁全集》第 27 卷，人民出版社 1958 年版。

［38］《列宁选集》第 1、2、3、4 卷，人民出版社 1960 年版。

［39］ 列宁：《哲学笔记》，中共中央党校出版社 1990 年版。

［40］ 斯大林：《苏联社会主义经济问题》，人民出版社 1952 年版。

［41］《毛泽东著作选集》（下册），人民出版社 1986 年版。

［42］《毛泽东文集》第 8 卷，中央文献出版社 1996 年版。

［43］《邓小平文选》第二卷，人民出版社 1983 年版。

［44］《邓小平文选》第三卷，人民出版社 1993 年版。

［45］《江泽民论有中国特色社会主义（专题摘编）》，中央文献出版社 2002 年版。

［46］ 刘思华：《理论生态经济学若干问题研究》，广西人民出版社

1989 年版。

　　[47]　刘思华:《当代中国的绿色道路》,湖北人民出版社 1994 年版。

　　[48]　刘思华主编:《可持续发展经济学》,湖北人民出版社 1997 年版。

　　[49]《刘思华选集》,广西人民出版社 2000 年版。

　　[50]　刘思华:《绿色经济论》,中国财政经济出版社 2001 年版。

　　[51]　刘思华:《企业经济可持续发展论》,中国环境科学出版社 2002 年版。

　　[52]　刘思华:《企业生态环境优化技巧》,《管理思维经营技巧大全》第 6 卷,科学出版社 1991 年版。

　　[53]《刘思华文集》,湖北人民出版社 2003 年版。

　　[54]　刘思华等主编:《绿色经济导论》,同心出版社 2004 年版。

　　[55]　许涤新主编（刘思华统编):《生态经济学》,浙江人民出版社 1987 年版。

　　[56]　滕藤等主编:《可持续发展的理念、制度与政策》,社会科学出版社 2004 年版。

　　[57]　解保军:《马克思自然观的生态哲学意蕴》,黑龙江人民出版社 2002 年版。

　　[58]　雷毅:《深层生态学思想研究》,清华大学出版社 2001 年版。

　　[59]　周义澄:《自然理论与现时代》,上海人民出版社 1988 年版。

　　[60]《西方学者论——〈1844 年经济学哲学手稿〉》,复旦大学出版社 1983 年版。

　　[61]　余谋昌:《生态哲学》,陕西人民教育出版社 2000 年版。

　　[62]　董建新:《人的经济学研究》,广东人民出版社 2001 年版。

　　[63]　欧阳志远:《生态化》,中国人民大学出版社 1994 年版。

　　[64]　潘吉星主编:《李约瑟文集》,辽宁科学技术出版社 1986 年版。

　　[65]　刘宗超:《生态文明观与中国可持续发展走向》,中国科技出版社 1997 年版。

　　[66]　余正荣:《生态智慧论》,中国社会科学出版社 1996 年版。

［67］ 王伟：《生存与发展》，人民出版社1995年版。

［68］ 李明华等：《人在原野——当代生态文明观》，广东人民出版社2003年版。

［69］ 国家环境保护总局、中共中央文献研究室：《新时期环境保护重要文献选编》，中央文献出版社、中国环境科学出版社2001年版。

［70］ 李秀潭：《人类社会发展规律再认识》，浙江人民出版社2003年版。

［71］ 李贺军：《中国经济增长方式选择》，社会科学文献出版社1999年版。

［72］ 滕藤主编：《中国可持续发展研究》，经济管理出版社2001年版。

［73］《中国21世纪议程》，中国环境科学出版社1994年版。

［74］ 黄志斌：《绿色和谐管理论》，中国社会科学出版社2004年版。

中文译著类

［1］［美］蕾切尔·卡森：《寂静的春天》（中译本），吉林人民出版社1997年版。

［2］［美］弗·卡特等：《表土与人类文明》（中译本），中国环境科学出版社1987年版。

［3］ 世界环境与发展委员会编：《我们共同的未来》（中译本），世界知识出版社1989年版。

［4］［美］比尔·麦克基本：《自然的终结》（中译本），吉林人民出版社2000年版。

［5］ 巴里·康基纳：《封闭的循环》（中译本），吉林人民出版社1997年版。

［6］［美］丹尼斯·米都斯等：《增长的极限》（中译本），吉林人民出版社1997年版。

［7］［美］芭芭拉·沃德等：《只有一个地球》（中译本），吉林人民出版社1997年版。

［8］［英］皮尔斯等:《绿色经济的蓝图》(中译本)，北京师范大学出版社 1996 年版。

［9］［英］达尔文:《达尔文会议录》(中译本)，商务印书馆 1998 年版。

［10］［美］培根:《新工具》(中译本)，商务印书馆 1984 年版。

［11］［美］詹姆斯·奥康纳:《自然的理由——生态马克思主义研究》(中译本)，南京大学出版社 2003 年版。

［12］［法］巴斯夏:《和谐经济论》(中译本)，中国社会科学出版社 1995 年版。

［13］［英］马歇尔:《经济学原理》，商务印书馆 1981 年版。

［14］［法］佩鲁:《新发展观》(中译本)，华夏出版社 1997 年版。

［15］［法］奥古斯特·科尔纽:《马克思恩格斯传》(中译本)，三联书店 1980 年版。

［16］［苏］列·阿·列昂节夫:《恩格斯和马克思主义经济学说》(中译本)，贵州人民出版社 1954 年版。

［17］［英］赫胥黎:《人类在自然界的位置》(中译本)，科学出版社 1971 年版。

［18］［德］A. 施密特:《马克思的自然概念》(中译本)，商务印书馆 1988 年版。

［19］［美］赫尔曼·E. 戴利:《超越增长:可持续发展的经济学》(中译本)，上海译文出版社 2001 年版，

［20］［美］加勒特·哈丁:《生活在极限之内:生态学、经济学和人口禁区》(中译本)，上海译文出版社 2001 年版。

［21］［美］丹尼尔·A. 科尔曼:《生态政治:建设一个绿色社会》(中译本)，上海译文出版社 2001 年版。

［22］［美］唐奈勒·H. 梅多斯等:《超越极限:正视全球性崩溃，展望可持续的未来》(中译本)，上海译文出版社 2001 年版。

［23］［美］巴里·康芒纳:《与地球和平共处》(中译本)，上海译文出

版社 2001 年版。

［24］［美］罗伯特·艾尔斯：《转折点：增长范式的终结》（中译本），上海译文出版社 2001 年版。

［25］［日］堺屋太一：《知识价值革命》（中译本），东方出版社 1986 年版。

［26］［法］雅克·德里达：《马克思的幽灵》（中译本），中国人民大学出版社 1999 年版。

报刊类

［1］李兴耕译：《马克思至今仍然是具有重大现实意义的人物》，《当代世界社会主义问题》2005 年第 1 期。

［2］赵凌云：《生态马克思主义与马克思主义当代发展》，《伦理学研究》2005 年第 2 期。

［3］［美］拉斯金等，刘墉安译：《生态学与马克思主义》，《国外社会科学》1992 年第 1 期。

［4］刘思华：《生态马克思主义经济学论纲》，《海派经济学》2005 年第 11 期。

［5］胡锦涛：《在省级主要领导干部提高构建社会主义和谐社会能力专题研究班上的讲话》，《光明日报》2005 年 4 月 27 日。

［6］高放：《加强对马克思主义科学的整体研究》，《马克思主义与现实》2005 年第 3 期。

［7］万里：《社会主义建设中的一个战略性问题》，《人民日报》1984 年 4 月 6 日。

［8］江泽民：《在第四次环境保护会议上的讲话》，《人民日报》1996 年 6 月 19 日。

［9］刘长明：《生态是生产力之父——兼论生态优先规律》，《文史哲》2000 年第 6 期。

［10］姜建成等：《论社会主义与全球可持续发展》，《社会主义研究》

2003 年第 6 期。

　　[11]［苏］包洛夫斯基赫：《经济学中的生态问题》（中译文），《生态经济》1986 年第 3 期。

　　[12] 刘思华：《关于科学发展观的几个问题》，《内蒙古财经学院学报》2004 年第 3 期。

　　[13] 韩立新：《马克思的物质代谢概念与环境保护思想》，《哲学研究》2002 年第 2 期。

　　[14] 吕薇洲：《论三种社会形态和五种社会形态的关系》，《郑州大学学报（哲社版）》1998 年第 1 期。

　　[15] 许涤新：《马克思与生态经济学》，《社会科学战线》1983 年第 3 期。

　　[16] 柯宗瑞：《生态生产力论》，《学术季刊》1991 年第 1 期。

　　[17] 叶险明：《马克思的工业文明理论及其现代意义》，《马克思主义研究》2004 年第 2、3 期。

　　[18] 李绪蔼：《关于生产力的几个问题》，《厦门大学学报（社科版）》1991 年第 4 期。

　　[19] 宁怀芳：《对生产力范畴的几个理论问题的探索》，《郑州大学学报（社科版）》1983 年第 2 期。

　　[20] 胡锦涛：《在中央人口资源环境工作座谈会上的讲话》，《光明日报》2004 年 4 月 5 日。

　　[21] 郝立新等：《关于发展涵义的哲学反思》，《天津社会科学》2003 年第 4 期。

　　[22] 吴易风：《西方经济学家论马克思主义经济增长理论》，《中国人民大学学报》2002 年第 6 期。

　　[23] 胡锦涛：《把科学发展观贯穿于发展的整个过程》，《求是》2005 年第 1 期。

　　[24] 江泽民：《在纪念党的十一届三中全会召开二十周年大会上的讲话》，《人民日报》1998 年 12 月 19 日。

［25］徐鸿武：《关于文明概念的再探讨》，《红旗文稿》2003 年第 20 期。

［26］方世南：《马克思关于文明多样性思想初探》，《马克思主义研究》2003 年第 4 期。

［27］田启波：《科学与价值：科学发展观的双重哲学维度》，《马克思主义研究》2005 年第 1 期。

［28］吴向东：《论马克思主义的全面发展理论》，《马克思主义研究》2005 年第 1 期。

［29］江泽民：《在庆祝中国共产党成立八十周年大会上的讲话》，《光明日报》2001 年 7 月 2 日。

［30］贾建芳：《马克思恩格斯的社会和谐思想》，《马克思主义研究》2005 年第 3 期。

［31］朱炳元：《资本论的发展观》，《马克思主义研究》2005 年第 1 期。

［32］方世南：《马克思社会发展理论的深刻意蕴与当代价值》，《马克思主义研究》2004 年第 3 期。

［33］刘京希：《国家与社会关系的政治生态理论诉求》，《文史哲》2005 年第 2 期。

［34］郁建兴：《科学发展观：社会主义建设指导思想的重大转型》，《马克思主义研究》2004 年第 5 期。

［35］杨鲁慧：《论科学发展观的理论渊源及发展》，《马克思主义研究》2004 年第 5 期。

责任编辑:吴焰东

封面设计:肖　辉

图书在版编目(CIP)数据

生态马克思主义经济学原理(修订版)/刘思华 著.

　-北京:人民出版社,2006.12(2014.10 修订)

ISBN 978－7－01－013543－4

Ⅰ.①生…　Ⅱ.①刘…　Ⅲ.①马克思主义-生态经济学-研究

　Ⅳ.①F062.2

中国版本图书馆 CIP 数据核字(2014)第 101181 号

生态马克思主义经济学原理
SHENGTAI MAKESI ZHUYI JINGJIXUE YUANLI

(修订版)

刘思华　著

人民出版社 出版发行

(100706　北京市东城区隆福寺街 99 号)

北京龙之冉印务有限公司印刷　新华书店经销

2006 年 12 月第 1 版

2014 年 10 月第 2 版　2014 年 10 月北京第 1 次印刷

开本:710 毫米×1000 毫米 1/16　印张:38.75

字数:560 千字

ISBN 978－7－01－013543－4　定价:88.00 元

邮购地址 100706　北京市东城区隆福寺街 99 号

人民东方图书销售中心　电话 (010)65250042　65289539